사회계열

교과세특 탐구주제 바이블

서수환 장곡고등학교 진로전담교사

- 주요 대학 교사자문위원 활동
- 2009 개정 교육과정 교과서 집필
- 〈성공적인 대입을 위한 면접 바이블〉, 〈학과연계 독서탐구 바이블〉 집필

유홍규 서신여자고등학교 진로전담교사

- 충남진학교육지원단, 충남진학지도협의회
- 2022 개정 교육과정 고등학교 〈진로와 직업〉 집필
- 〈성공적인 대입을 위한 면접 바이블〉, 〈학과연계 독서탐구 바이블〉 등 집필

안준범 광주 중앙고등학교 진로전담교사

- 現) 건국대학교 진로진학상담전공 겸임교수
- 2022 개정 교육과정 고등학교 〈진로와 직업〉 교과서 집필

안병선 광덕고등학교 진로전담교사

- 2022 개정 교육과정 고등학교 〈진로와 직업〉 교과서 집필
- 〈성공적인 대입을 위한 면접 바이블〉, 〈학과연계 독서탐구 바이블〉 집필

이남설 수원외국어고등학교 진로전담교사

- 주요 대학 교사자문위원, 한국교원연수원 고교학점제 대표강사
- 네이버 카페 '진로진학상담 무작정 따라하기', '1만시간의법칙으로 명문대학가기' 운영자
- 2022 개정 교육과정 고등학교 〈진로와 직업〉 교과서 집필
- 〈독서탐구 바이블〉, 〈직업 바이블〉, 〈면접 바이블〉, 〈학생부 바이블〉, 〈교과세특 탐구주제 바이블〉, 〈교과세특 기재 예시 바이블〉 등 다수 집필
- 진로 포트폴리오 〈하이라이트〉(고등학교) 개발
- 엑셀을 활용한 '교과세특 전문가', '진로 기반 학생부', '진로 진학 수시 상담', '1만 시간의 법칙 공부 시간 관리' 등 다수 프로그램 개발

김래홍 신평고등학교 진로전담교사

- 충청남도진학교육지원단
- 충청남도고교학점제전문지원단
- 주요 대학 교사자문위원

허정욱 의정부여자고등학교 영어교과교사

- 〈성공적인 대입을 위한 면접 바이블〉, 〈학과연계 독서탐구 바이블〉 집필

전소영 청학고등학교 영어교과교사

- 경기도교육청 학교생활기록부 강사요원
- 구리남양주교육청 학교생활기록부 현장지원단
- 디지털 기반 교육혁신 선도학교 터치교사단 및 현장지원단
- 경기도 미래교실연구회
- 창의인성영어수업디자인연구회
- 네이버 블로그 '꿈꾸는 영어쌤' 운영자 (학교생활기록부 업무 및 영어 수업) https://bit.ly/46UO9Jr
- 유튜브 '꿈꾸는 영어쌤' 운영자 (학교생활기록부 및 에듀테크) https://bit.ly/3Tmz0cT
- 〈학생부 바이블〉 집필

고재현 성남여자고등학교 국어교과교사

- 유튜브 '고재쌤' 운영
- 대입, 고입, 공부법, 학생부종합전형, 면접 관련 컨설팅 다수
- 한국외국어대학교 대입교사자문위원회 자문위원
- 〈성공적인 대입을 위한 면접 바이블〉, 〈학과연계 독서탐구 바이블〉 집필

은동현 대구 함지고등학교 국어교과교사

- 네이버 밴드 '고등학교 담임샘들의 시너지' 운영자 https://band.us/@sorry95
- 대구가톨릭대학교 사범대학 국어교육과 산학협력 교수
- '주제 탐구활동 기획 및 기재 전략', '학교생활기록부 차별화 전략', '고교학점제와 28대입 전략' 등 중고등학교 대상 특강 다수 진행
- 고등학교 학교생활기록부 컨설팅 자문위원 활동
- 前) 국어과 연구 교사(대구시교육청)
- 前) '중등교사 특색 있는 수업 발표대회' 국어계열 1등급 수상(대구시교육청)
- 〈교과세특 추천 도서 300(공학계열)〉, 〈출제자의 시선〉 집필

강서희 안양문화고등학교 진로전담교사

- 2022 개정 교육과정 〈성공적인 직업생활〉 교과서 집필
- 〈10대를 위한 홀랜드 유형별 유망 직업 사전〉, 〈교과세특 탐구주제 바이블〉, 〈교과세특 추천 도서 300〉, 〈학생부 바이블〉 등 다수 집필
- 2022 개정 교육과정 〈직업계고 진로 워크북〉, 2022 개정 교육과정 〈중학교 창체 진로활동 워크북〉 집필
- 〈청소년을 위한 직업 카드〉, 〈미래 유망 신직업 카드〉, 〈MBTI 롤모델 카드〉, 〈드림온 스토리텔링 보드게임〉, 〈원하는 진로를 잡아라 보드게임〉 등 다수 개발

한승배 양평 청운고등학교 진로전담교사

- 前) 청소년 사이버범죄예방 교과연구회, 정보통신윤리교육 교과연구회 회장
- 前) 전국선플교사협의회 회장
- 네이버 카페 '꿈샘 진로수업 나눔방' 운영자 https://cafe.naver.com/jinro77
- 2022 개정 교육과정 중학교, 고등학교 〈진로와 직업〉 교과서 집필
- 2015 개정 교육과정 중학교, 고등학교 〈진로와 직업〉, 〈성공적인 직업생활〉, 〈기술·가정〉 교과서 집필
- 〈10대를 위한 직업 백과〉, 〈미리 알려주는 미래 유망 직업〉, 〈직업 바이블〉, 〈10대를 위한 홀랜드 유망 직업 사전〉, 〈유 노 직업 퀴즈 활동북〉, 〈학습만화 직업을 찾아라〉 집필
- 〈학과 바이블〉, 〈학생부 바이블〉, 〈고교학점제 바이블〉, 〈교과세특 탐구주제 바이블〉, 〈교과세특 추천 도서 300〉, 〈면접 바이블〉, 〈학과연계 독서탐구 바이블〉, 〈특성화고 학생을 위한 진학 바이블〉, 〈미디어 진로탐색 바이블〉 집필
- 〈청소년을 위한 학과 카드>, 〈청소년을 위한 직업 카드〉 개발
- 〈드림온 스토리텔링 보드게임〉, 〈원하는 진로를 잡아라 보드게임〉 개발

김강석 숭신여자고등학교 진로전담교사

- 한국교원연수원 고교학점제 대표강사
- UN청소년환경총회 자문 및 심사위원
- 前) 경기진로전담교사협의회 부회장
- 前) 교육과정평가원, 환경부, 교육부, 한국과학창의재단 자문위원
- 〈학과 바이블〉, 〈나만의 진로 가이드북〉, 〈학생부 바이블〉, 〈교과세특 탐구주제 바이블〉, 〈면접 바이블〉 집필
- 2009 ~ 2022 교육과정 환경 및 진로 교과서 등 총 10종의 교과서 집필
- 고등학교 진로 부교재 〈하이라이트〉 등 다수의 진로 관련 도서 집필
- 청소년 진로·직업 온라인 교육 콘텐츠 '초현실 세계가 온다, 메타버스의 세계' 개발
- KB은행 진로 영상 제작(교육부, 전국진로진학협의회)

차례

들어가기 전에

1. 교과 세부능력 및 특기사항(교과세특)이란

1 교과학습 발달상황이란?

학교생활기록부 중 교과 학습 발달상황에서는 학생의 학업능력을 확인할 수 있는 핵심 자료로 학업에 대한 수월성과 충실성을 살펴볼 수 있다. 이곳에서는 수강자 수, 등급, 원점수, 평균, 표준편차 등을 종합적으로 고려한 과목별 학업성취도와 선택교과 이수 현황을 통해 학업역량을 확인할 수 있으며, 전공 및 진로와 관련된 교과 이수 현황과 성취도를 통해 학업 우수성 및 전공(계열) 적합성을 확인할 수 있다. 이와 함께 학년별 성적 추이와 전반적인 교과에서 균형 잡힌 고른 성취 등을 통해 학생의 성장 잠재력과 발전 가능성, 그리고 학업에 임하는 성실성을 엿볼 수 있다.

교과 담당 선생님의 기록인 세부능력 및 특기사항은 학생의 수업태도, 수업활동 및 학습내용(발표, 토론, 실험 등), 과제 수행 과정 및 내용, 교사와의 상호작용 등 정량적인 수치에서 드러나지 않는 학생의 학업 역량 및 인성적 측면을 살펴볼 수 있는 의미 있는 자료이다. 더불어 학업에서 어려움을 극복하고 자신의 방식으로 발전하려는 모습을 통해 자기주도적 학습태도를 확인할 수 있다. 따라서 평소 학교 수업을 충실히 준비하고 적극적으로 참여하려는 것이 중요하다.

대학에서는 이렇게 평가해요.

1. 학생부교과전형에서는 학업 성취도가 지원자의 학업 역량을 평가하는 주요 지표가 된다.
2. 학생부종합전형에서는 학업 역량, 진로 역량, 공동체 역량 등을 판단하는 여러 요소 가운데 하나로 활용되고 있다. 등급과 원점수뿐만 아니라 이수 과목, 이수자 수, 평균과 표준편차 등을 종합적으로 평가한다.
3. 종합적인 학업 성취도와 함께 학년의 변화에 따른 성적 변화를 함께 고려해 발전 가능성 등을 평가한다.
4. 다양한 과목 구분에 따라 학기별로 분석된 자료를 참고해 지원자의 학업 성취도를 평가하고 전 과목이나 주요 과목을 통해 전체적인 학업 능력을 평가하며, 지원자가 전공하고자 하는 분야와 관련된 교과목에 대한 개별적인 평가를 진행한다.
5. 세부능력 및 특기사항 기록 내용을 통해서 교과 수업에서 이루어진 학습 활동을 바탕으로 학생이 실제 습득한 학업 역량과 학업 태도를 종합적으로 평가한다.
6. 수업과 과제수행 과정에서 학생이 보여 준 주도적인 학업 노력, 열의와 관심, 성취 수준, 다양한 탐구 방법의 모색 등 의미 있는 지적 성취에 대한 교사의 관찰 결과에 주목한다.
7. 교과 관련 독서, 토론, 글쓰기, 탐구 활동, 실험 등 다양한 학습 경험에 대한 교사의 기록 내용을 참고로 학생의 학업 태도를 파악한다.
8. 교과 세부능력 및 특기사항을 통해 자기 주도적인 배움의 확장성, 토론이나 실험, 과제 수행, 집단 학습 같은 다양한

학습 경험과 창의성, 자기 주도성, 학업에 대한 열정 등을 평가한다.

9. 교과 수업 중 각종 탐구활동에 얼마나 자기 주도적으로 참여하였는지, 본인의 역량을 키우기 위해 어떤 프로그램에 관심을 갖고 참여하였는지를 평가한다.

❷ 교과 세부능력 및 특기사항

교과 세부능력 및 특기사항은 흔히 '교과 세특'이라고 줄여서 사용한다. 교과 세특은 과목 담당 교사가 한 학기 동안 수업 시간을 통해 관찰한 학생의 성장 과정과 탐구 모습을 기록하는 항목이다. 단순한 성취 결과보다 과목별 성취 기준에 따른 성취 수준의 특성 및 참여도, 태도 등 특기할 만한 사항을 구체적이고 객관적으로 입력한다.

또한 교과 세특에 기재된 내용을 통해 수업 환경을 확인하고, 과목별 수업 시간에 나타난 학생의 자세, 태도, 교과 관련 활동, 탐구 과정, 성취와 결과, 개인의 우수성 등을 전체적으로 확인해 종합적으로 평가한다.

대학은 세특 항목을 통해 학업 역량 및 진로 역량 외에도 공동체 역량, 학습 태도, 성실성, 적극성, 창의성, 문제해결 능력 등 다양한 역량을 평가할 수 있다. 과제수행 과정 및 결과, 수업 시간 내 토론, 모둠활동, 발표의 주도성 등을 통해 드러난 모습을 통해 학생이 가진 대부분의 역량을 파악할 수 있다 해도 과언이 아니다. 따라서 세특 기록에 자신의 역량이 구체적으로 잘 나타나도록 적극적으로 수업에 참여한다면 긍정적인 평가를 받을 수 있다.

❸ 교과 세부능력 및 특기사항의 중요성

교과 세부능력 및 특기사항이 중요한 이유는 과목의 수업 시수가 창의적 체험활동 전체 시수보다 많기 때문이다. 여러 과목의 평가가 모여 서술되기 때문에 물리적으로 시간이 더욱 많으며 내용도 창의적 체험활동보다 많아 지원자에 대한 정보가 풍성하다.

또한 학생에 대한 평가가 보다 객관적이다. 창의적 체험활동의 진로활동이나 행동특성 및 종합의견의 경우 담임교사가 기재하기 때문에 한 사람의 서술이지만, 교과 세특은 고교 3년 동안 여러 명의 교과 담당 교사가 한 학생을 평가하는 것이어서 상대적으로 더 높은 신뢰도를 가지게 된다.

2. 탐구활동 방법 및 결과물

❶ 탐구활동이란

탐구활동에 관하여 명확하게 정의된 내용은 없다. 하지만 고등학교에서 이루어지는 탐구활동은 '평소 의문을 가지고 있던 다양한 문제를 여러 가지 방법을 이용하여 해결해 가는 것으로, 학생 스스로 탐구주제를 정하고 주제에 맞게 탐구를 설계하며, 탐구를 통하여 문제를 해결해 가는 일련의 활동'이라고 할 수 있다.

즉 학생이 궁금하던 문제를 찾아 효과적인 방법을 스스로 모색하고, 그 방법으로 문제를 해결한 뒤 이를 다른 사람에게 알리는 과정을 의미한다.

❷ 탐구활동의 종류

이러한 탐구활동에는 관찰, 실험, 현장조사, 문헌조사 등이 있다.

1. 관찰
식물의 재배나 동물의 사육, 에너지 사용 실태
2. 실험
다양한 기구 및 약품을 활용한 실험
3. 현장조사
수목원 또는 동물원 견학
4. 문헌조사
전문 서적 또는 논문 조사

❸ 탐구활동 결과물 예시

탐구활동 후에는 발표 및 전시 이외에도 다음과 같은 다양한 결과물을 만들 수 있다.

탐구활동 결과물	예시
지필 결과물	연구보고서, 담화, 편지, 포스터, 계획서, 시, 브로슈어, 팸플릿, 질문지, 자서전, 에세이, 서평, 보고서, 사설, 영화 스크립트.
프레젠테이션 결과물	연설, 토론, 연극, 노래, 뮤지컬, 구두 보고, 패널 토론, 드라마 연극, 뉴스 방송, 토론, 춤, 제안서, 데이터 표현(차트 등), 전시, 사진
테크놀로지 결과물	컴퓨터 토론, 컴퓨터 그래픽, 프로그램, 웹사이트, 커뮤니티 맵핑 자료
미디어 결과물	오디오테이프, 슬라이드 쇼, 비디오테이프, 작도, 회화, 조각, 콜라주, 지도, 스크랩북, 역사적 증언, 사진 앨범
연습 결과물	프로그램, 매뉴얼, 작업 모형, 아이디어 노트, 통화 일지 등
계획 결과물	계획서, 예측, 입찰, 로드맵, 순서도, 일정표
구성 결과물	물리적 모형, 소비자 제품, 시스템, 과학적 실험, 음악회

3. 탐구주제 선정 방법

이러한 탐구활동을 위해 가장 먼저 해야 할 일은 바로 탐구주제를 선정하는 것이다.

"좋은 교과 학생부(세특)의 시작은 좋은 탐구주제 선정부터"

좋은 탐구활동 그리고 좋은 교과 세부능력 및 특기사항의 시작은 좋은 주제 선정부터라는 말이 있듯이 탐구활동을 하는 데 있어 가장 중요한 것이 바로 탐구주제 선정이다. 하지만 대부분 학생이 탐구주제 선정에 어려움을 겪고 있다.

그 이유 중 하나가 너무 큰 욕심으로 실현 불가능한 탐구주제를 선정하거나 주제에 대한 기본적인 이해가 없기 때문이다. 또한 모둠활동의 경우 모둠원과의 합의 과정에서 많은 시간과 열정을 소비하게 되면서 탐구 시작부터 너무 많은 에너지를 쓰기 때문에 주제 선정에 어려움을 겪게 된다.

그러므로 탐구주제를 선정할 때는 평소 교과 수업을 들을 때나 자신이 희망하는 전공(계열) 분야에 관련해서 품었던 호기심을 해결하기 위한 탐구주제를 선정해야 한다. 우리 주변의 아주 작고 사소한 소재라 할지라도 평소 무심히 지나쳤던 것들에 조금만 더 관심을 갖고 의문을 품어 본다면 좋은 탐구주제가 될 수 있다.

그 외에도 TV나 도서 그리고 매체를 통해 접했던 것들을 떠올려 보거나, 일상 속에서 불편함을 느꼈던 것들을 찾는 과정 중 내가 더 알고 싶은 것을 탐구주제로 선정할 수 있다.

1 탐구주제 선정 시 유의할 사항

1) 이 주제를 선정할 충분한 이유(동기)가 있는가?
2) 주제에 대한 충분한 흥미가 있고 나의 전공, 계열과 연계된 문제인가?
3) 고등학교 수준에 적합한 주제인가?
4) 새롭고 독창적인 문제인가?
5) 탐구 진행 시 충분한 시간과 기술을 가지고 있는가?
6) 고등학생으로서 필요한 자료의 수집이 가능한가?
7) 모둠원들의 능력과 지식으로 해결할 만한 주제인가?

선정 이유	흥미/관련성	난이도	독창성	시간	자료 수집	해결 가능성
주제 선정 시 충분한 이유(동기)가 있는가?	주제에 흥미, 희망 전공과의 관련성이 있는가?	고등학교 수준에 적합한 주제인가?	새롭고 독창적인 문제인가?	탐구활동 진행 시 충분한 시간이 있는가?	고등학생으로서 필요한 자료의 수집이 가능한가?	모둠원들의 능력과 지식으로 해결 가능한가?

tip 탐구활동의 독창성

이를 위해 탐구주제를 선정할 때 독창성을 고려해야 한다. 독창성은 탐구의 생명이자 가장 중요한 요소이다. 탐구의 독창성은 새로운 사실이나 소재의 발견, 새로운 이론의 발견을 통해 달성할 수 있다. 하지만 이미 다루어진 사실이나 소재를 대상으로 하더라도 그것을 다루는 원리나 방법이 새롭고, 이미 밝혀진 이론을 적용하더라도 결과물이 새로운 것이라면 이 또한 충분히 독창성이 있다고 볼 수 있다.

② 학교에서 배운 내용에서 탐구주제 찾아보기[1]

대학의 평가자들은 학생을 평가할 때 고교의 교육과정에 충실했는지에 관심이 있다. 예를 들어 지원자가 〈생명과학〉 과목을 이수했다면 '효소의 작용'을 제대로 이해했는지 확인하고 싶어 한다. 그래서 학교생활기록부에는 효소의 작용을 잘 이해했는지를 알 수 있게 특기사항을 기록한다. 그런데 우수한 학생을 선발하려고 하는 대입 과정에서는 교과 내용의 이해에만 그치면 좋은 평가를 받지 못한다. 그다음이 있어야 한다.

효소의 작용을 배울 때 활성화 에너지와 기질 특이성에 대해서도 배운다. 여기서는 적어도 세 개의 과학적 개념을 이해해야 한다. '효소', '활성화 에너지', '기질 특이성'이다. 이를 알게 되었다면, 이 개념들로 생명체의 다양한 기관에서 벌어지는 현상을 분석할 수 있어야 한다. 즉 적용할 수 있어야 한다. 쉽게 말해 학교에서 배운 내용을 써먹을 줄 알아야 한다는 것이다.

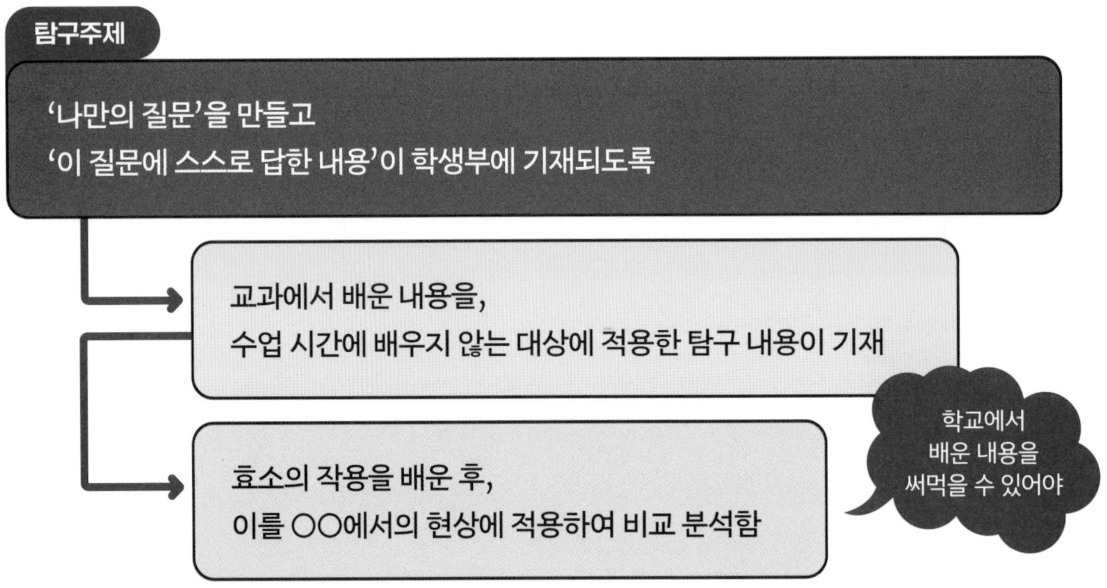

즉 **교과 내용을 이해한 후, 그 내용에 관심을 가지고 궁금해 하는 호기심이 필요하다.**

예를 들어 대기권의 층상 구조에는 대류권, 성층권, 중간권, 열권이 있다. 이 중 오존층이 있는 곳은 성층권으로 이는 수업 시간에 배우는 내용이다. 그런데 이 내용에 더 호기심을 가지게 된다면 다음과 같은 질문을 할 수 있으며, 이는 좋은 탐구주제가 된다.

"왜? 오존층은 성층권에만 있을까?"

또한 **좋은 탐구주제를 위해서는 개념을 이용하여 어떤 현상을 이해할 수 있도록 심화 질문을 만들고 책이나 논문을 통해 그 답을 찾는 과정이 필요**하다.

---

1. 의약 계열 특기사항은 이렇게 관리하세요(문성준, 〈조선에듀〉, 2023. 4. 28)

| 심화 질문을 만들고 책이나 논문을 통해 그 답을 찾아보기 |

• 효소의 작용에 문제가 있다면 어떤 질병을 앓게 될까?

• 그 질병은 어떻게 치료할 수 있을까?

책: 궁금한 내용을 큰 틀에서 여러 다른 개념과 현상을 연결 지어 이해할 수 있음 (탐구의 확장)

논문: 구체적인 데이터와 깊이 있는 설명과 분석을 얻을 수 있음 (새로운 지식 습득 가능)

그 외에도 학생 수준에 맞는 문제해결 과제를 설정하고 해결방안을 구상해 보는 것이 중요하다. 즉 효소의 내용을 배운 후 효소를 이용한 치료제 개발 가능성에 대해 학생 수준에 맞는 자료를 찾고 제시한다면 좋은 탐구주제와 세특이 될 수 있다.

다음은 〈생명과학〉 과목을 이수하고 '효소의 작용'을 주제로 진행한 탐구활동에 대한 교과 세부능력 및 특기사항의 예시이다.

학생부 예시 : 생명과학

효소의 작용을 배운 후, 인체에 소화기관에서 작용하는 립아제 효소의 활성 이상으로 발병하는 췌장암 질환의 치료 가능성을 책과 심화 자료를 참고하여 탐구함. 립아제 효소가 비활성 상태에서 ○○한 이유로 작용하지 못함을 알고, 비활성 상태에 대한 약물 실험에서 ○○한 과정으로 호전됨을 바탕으로 치료 가능성을 제시함.

'○○'에는 매우 구체적인 내용이 기재되어야 탐구 과정도 드러나고 근거를 바탕으로 한 탐구 내용도 담을 수 있음.

마지막으로 대학은 지원자가 기본적으로 고교 교육과정에 충실했는지를 본다. 문학 과목에서 문학 비평 개념을 배웠다면 이를 교과서 외 문학 작품에 적용해서 분석하는 탐구활동을 해야 한다. 국어 교과에서 매체별 특징적인 언어 현상을 배웠다면 특정 매체의 언어 현상을 더 구체적으로 분석할 수 있어야 한다.

하지만 하나의 주제를 가지고 한 과목에서만 심화 탐구를 해서는 안 된다. 국어, 영어, 사회, 과학, 교양 등 다양한 과목과 연결 지어 탐구할 수 있다면 예시와 같이 관련 주제를 연결하여 탐구가 가능하다.

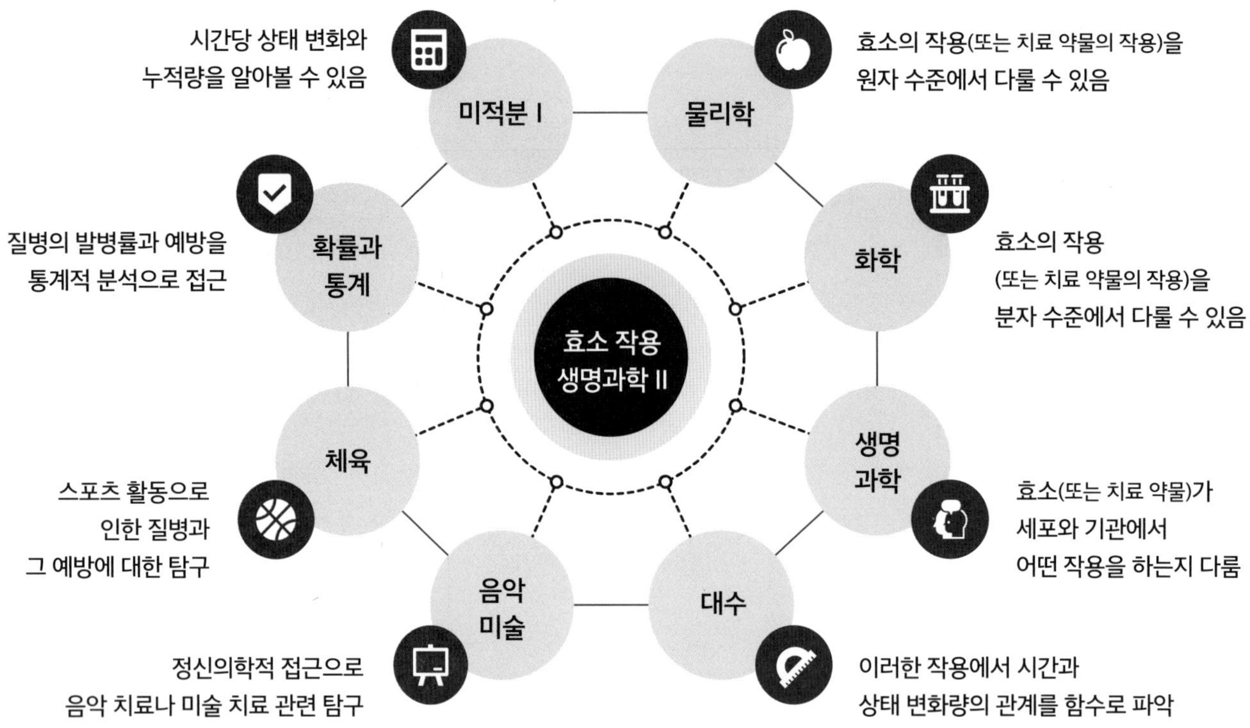
시간당 상태 변화와
누적량을 알아볼 수 있음
미적분 I
물리학
효소의 작용(또는 치료 약물의 작용)을
원자 수준에서 다룰 수 있음
질병의 발병률과 예방을
통계적 분석으로 접근
확률과
통계
화학
효소의 작용
(또는 치료 약물의 작용)을
분자 수준에서 다룰 수 있음
효소 작용
생명과학 II
체육
생명
과학
스포츠 활동으로
인한 질병과
그 예방에 대한 탐구
효소(또는 치료 약물)가
세포와 기관에서
어떤 작용을 하는지 다룸
음악
미술
대수
정신의학적 접근으로
음악 치료나 미술 치료 관련 탐구
이러한 작용에서 시간과
상태 변화량의 관계를 함수로 파악

③ 선택 교육과정을 통한 탐구주제 선정하기

탐구주제를 선정하는 가장 좋은 방법은 학교 수업시간에 배운 내용에 호기심을 가지고 이를 심화·확장하는 것이다.

지금까지 배운 교과에서 자신이 진행한 교과활동의 목록을 확인하고 학교 교육과정을 살펴보아 올해 또는 다음 연도의 선택교과 중 심화 또는 확장할 수 있는 주제를 검토해 탐구 로드맵을 작성한다면 고등학교 과정 전체의 탐구주제를 명확히 할 수 있을 것이다.

이때 다음과 같이 질문을 통해 탐구주제를 구체화하면 좋은 탐구주제를 선정할 수 있다.

탐구주제 선정의 팁!

- 이전 연도 학생부 교과세특에서 나의 탐구 역량이 드러난 탐구주제 목록을 나열한 후, 그중에서 심화 또는 확장 가능한 주제를 추출하기
- 올해 교과 수업을 통해 호기심을 갖게 된 주제가 있는지 질문형으로 적어 보기
- 내년도 교육과정 편제표를 확인한 후, 자신의 전공 적합성이 드러날 과목을 선택하여, 이번 주제와 연계될 수 있는 탐구주제 로드맵을 구상하기(주제 심화, 확장, 융합)
- 사회적 또는 범세계적으로 최근 이슈가 되고 있는 내용이 무엇인지 키워드로 적어 보기
- DBpia, 국회전자도서관 등을 통해 기존 연구논문의 주제 및 제언에서 주제 참고하기
- 자신이 나열한 주제들 중에서 나의 진로, 적성 분야와 관련된 주제 선정하기

이를 위해 아래와 같이 자신이 배운 교과 중 기억에 남는 내용을 정리하고 2, 3학년 때 선택할 교과를 정리할 필요가 있다.

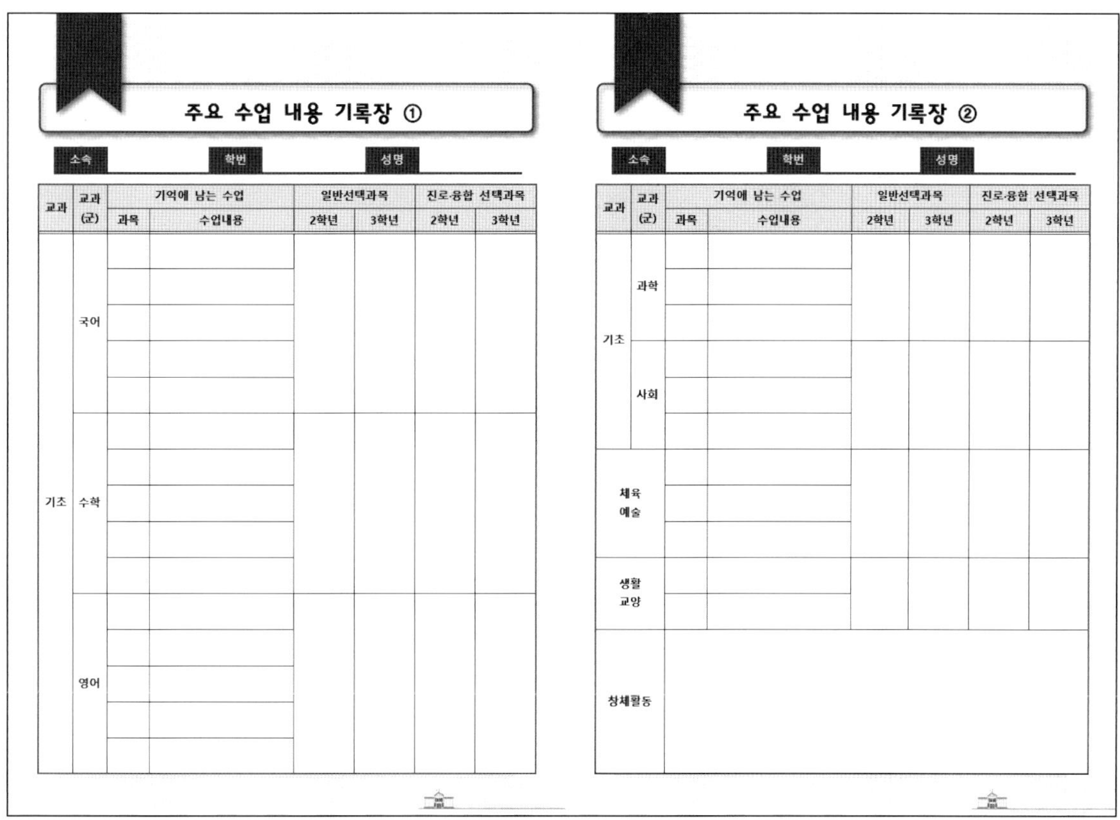

주요 수업 내용 기록장 ①

소속 / 학번 / 성명

교과	교과(군)	기억에 남는 수업		일반선택과목		진로·융합 선택과목	
		과목	수업내용	2학년	3학년	2학년	3학년
기초	국어						
	수학						
	영어						

주요 수업 내용 기록장 ②

소속 / 학번 / 성명

교과	교과(군)	기억에 남는 수업		일반선택과목		진로·융합 선택과목	
		과목	수업내용	2학년	3학년	2학년	3학년
기초	과학						
	사회						
체육 예술							
생활 교양							
창체활동							

4 키워드를 활용한 탐구주제 선정하기

고등학교 교과수업 및 자신이 희망하는 학과에 대해 호기심이 크지 않다면 교과 세특을 위한 탐구주제를 단박에 선정하기란 어려운 일이다. 그런 경우 호기심을 가지고 있는 키워드를 먼저 생각하고 이 키워드를 활용해 탐구주제를 선정하는 것도 방법이 될 수 있다.

예를 들어 지속가능경영이 궁금하다면, 국립중앙도서관, 국회전자도서관, 국가전자도서관, 구글 학술 검색, 네이버 학술정보, DBpia 등에서 검색을 통해 선행연구를 확인할 수 있다. 선행연구를 통해 다음 과정을 이해하고 새로운 아이디어를 만들 수 있다.

1) 탐구하려고 하는 주제와 관련하여 어떤 이론들이 있고 얼마만큼 연구가 진행되었는지 파악
2) 선행연구에서 연구 문제 도출, 연구 가설 설정, 그리고 연구 방법 등을 포함한 다양한 측면에서 장애 요인이나 한계점은 없는지 확인
3) 선행연구에서 다루지 않은 변인들이 무엇이며 학생 수준에서 다룰 수 있는 변인이 무엇인지 추론
4) 선행연구 분석을 통해 자신이 탐구할 주제에 대한 새로운 아이디어 생산

국회전자도서관의 경우 '인포그래픽 → 연관어 분석'을 통해 최근 키워드와 연관된 단어들을 검색할 수 있어 이를 통해 탐구주제의 내용을 심화·확장할 수 있다.

5 탐구주제 아이디어 떠올리기[2]

탐구주제는 어떻게 선정해야 할까? 평소에 내가 관심을 가졌던 대상이나 하고 싶은 연구 분야가 있었다면 정리해 보자. 이 단계에서는 가능한 한 많은 아이디어를 떠올리는 것이 좋다. 브레인스토밍, 친구와의 논의, 자료 찾기 등 여러 방법을 통해 아이디어를 끌어내 보자. 아래 제시된 방법을 활용해도 좋다.

---

2. 〈자유 주제 탐구 학생 안내서〉 김성원 외 5명, 한국과학창의재단(2020)

- 내가 관심 있는 주제(topic)를 선택한다. 평소에 더 알고 싶거나 궁금했던 주제가 있을 것이다. 주제를 선정하면 꽤 긴 시간 동안 그 주제에 관해 연구하게 된다. 그러니 신중하게 선택하자.
- 인터넷으로 검색해 보자. 이미 수행된 연구 프로젝트나 보고서를 포함하여 내가 수행하게 될 분야 전반에 대한 일반적인 정보를 수집해 보자.
- TV나 인터넷에서 내가 들어 본 적이 있는 주제를 떠올려 보자. 무엇이 있었는가?
- 내 가족과 관련된 이슈를 생각해 보자. 특정한 주제에 관심이 가는 개인적인 이유가 있을 수도 있다.
- 교과서나 잡지 또는 관련 도서 등을 펼쳐 보고 아이디어를 얻자.
- 최근 학교에서 배운 내용이 무엇이었나? 더 알아보고 싶은 것이 있었다면 무엇인가?

연구 주제를 결정했다면 이제 해야 할 일은 구체적인 형식의 질문을 만드는 것이다. 이때, '왜'보다는 '어떻게, 무엇이, 언제, 누가, 또는 어떤'을 이용해 질문을 만들어 보도록 하자. "왜 물고기의 수정체는 사람의 수정체와 다르게 생긴 걸까?"같은 질문은 범위가 너무 넓어서 실험을 통해 알아보기가 어렵다. 이 질문을 좀 더 구체적으로 쪼개어 다음과 같이 과학 실험이 가능한 질문으로 만들 수 있다. "물속 환경에서 잘 적응하기 위한 어류 수정체의 구조는 무엇일까?"

이러한 과정을 통해 연구 주제를 결정했다면 실제 연구를 수행할 수 있는 주제로 구체화해야 한다. 이를 위해 다음 그림을 활용하면서 연구 주제를 선정해 보자.

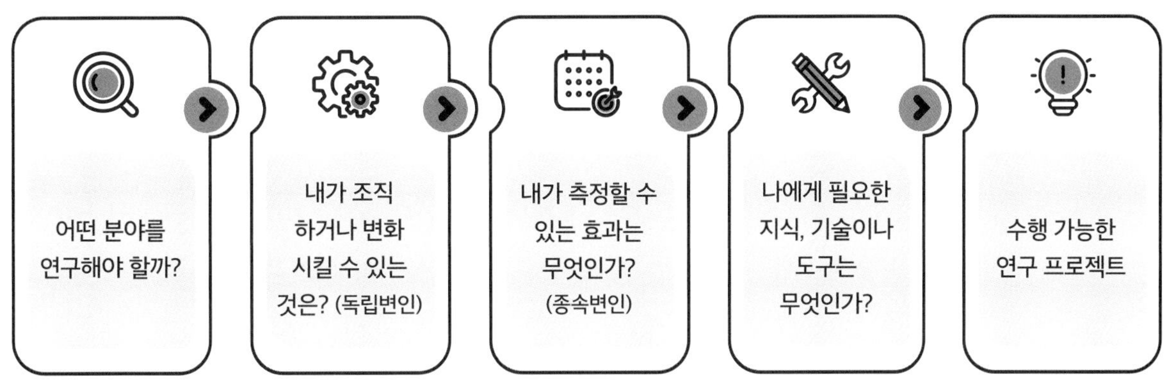

4. 교과 세특 탐구활동 수행 방법

탐구주제가 선정되었다면 본격적으로 다음과 같이 탐구활동을 수행해야 한다.

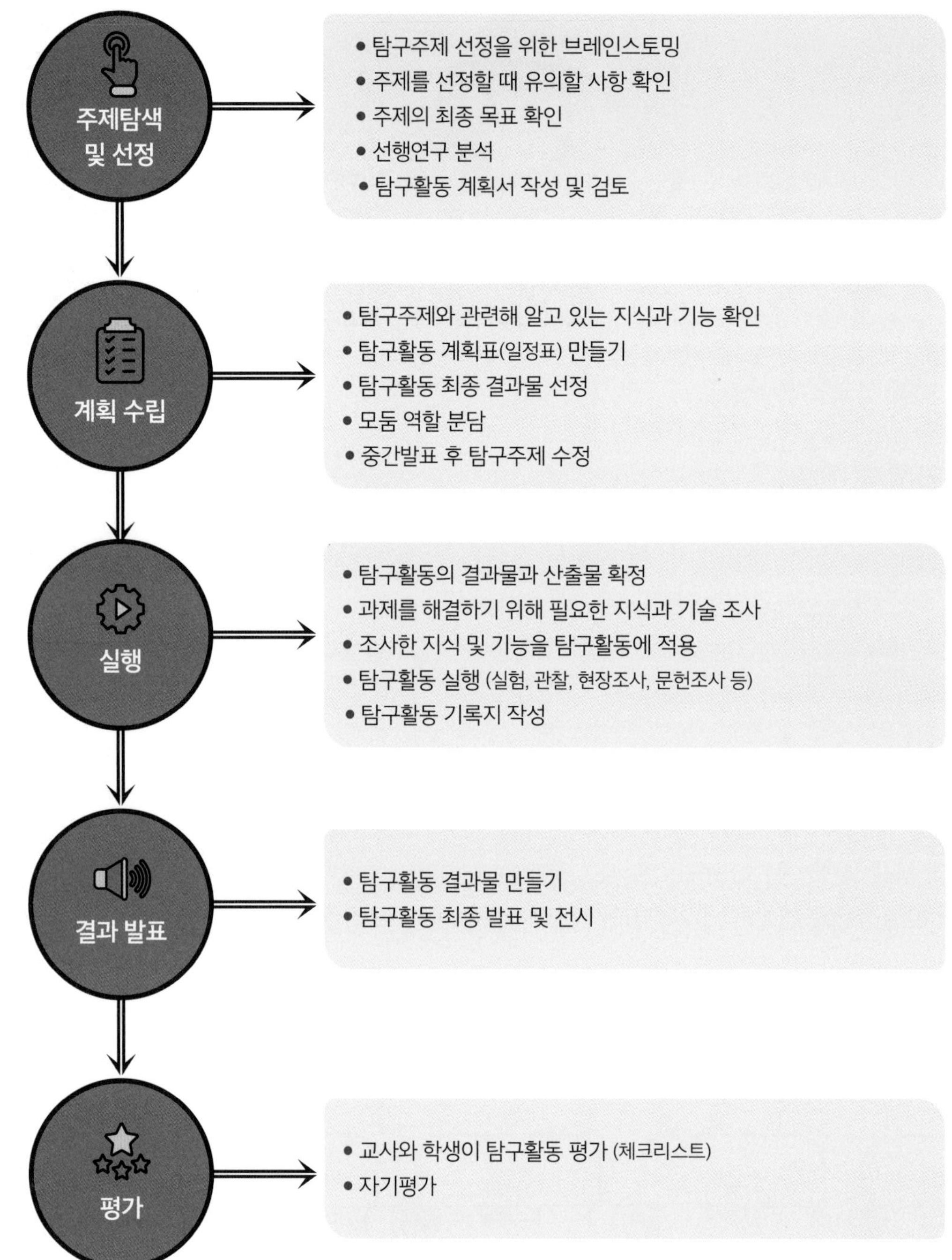

주제탐색 및 선정
• 탐구주제 선정을 위한 브레인스토밍
• 주제를 선정할 때 유의할 사항 확인
• 주제의 최종 목표 확인
• 선행연구 분석
• 탐구활동 계획서 작성 및 검토
계획 수립
• 탐구주제와 관련해 알고 있는 지식과 기능 확인
• 탐구활동 계획표(일정표) 만들기
• 탐구활동 최종 결과물 선정
• 모둠 역할 분담
• 중간발표 후 탐구주제 수정
실행
• 탐구활동의 결과물과 산출물 확정
• 과제를 해결하기 위해 필요한 지식과 기술 조사
• 조사한 지식 및 기능을 탐구활동에 적용
• 탐구활동 실행 (실험, 관찰, 현장조사, 문헌조사 등)
• 탐구활동 기록지 작성
결과 발표
• 탐구활동 결과물 만들기
• 탐구활동 최종 발표 및 전시
평가
• 교사와 학생이 탐구활동 평가 (체크리스트)
• 자기평가

무엇보다 탐구활동의 과정에서 예상했던 결과와 다르게 나올 경우 왜 예상과 다른 결과가 나오게 되었는지 분석하는 과정이 꼭 필요하다.

탐구활동은 탐구 과정을 통해 희망 전공 관련 또는 교과의 호기심을 채워나가는 것이다. 하지만 좋은 결과만 좋은 탐구활동이 되는 것은 아니다. 탐구활동을 수행하는 과정에서 다양한 문제 상황에 대처하는 과정, 탐구활동을 통해 모둠원과 의사소통하고 갈등을 해결하는 과정, 그리고 이 모든 과정을 통해 배우고 느낀 점을 통해 앞으로 탐구 과정에서 성장하는 모습이 탐구활동을 하는 더 큰 이유가 될 것이다.

구분	교과(군)	공통 과목	선택 과목		
			일반 선택	진로 선택	융합 선택
보통 교과	국어	공통국어1 공통국어2	화법과 언어 독서와 작문 문학	주제 탐구 독서 문학과 영상 직무 의사소통	독서 토론과 글쓰기 매체 의사소통 언어생활 탐구

공통 과목
수능
X
공통국어1
절대평가
5단계
상대평가
5등급

단원명 | 듣기·말하기

| 🔍 | 화자, 청자, 상황 맥락, 사회·문화적 맥락, 담화 공동체, 담화 관습, 대화, 토론, 쟁점, 논증

[10공국1-01-01]

대화의 원리를 고려하여 대화하고 자신의 듣기·말하기 과정과 공동체의 담화 관습을 성찰한다.

➔ 대화 상황에서는 자신의 말이 상대방에게 미칠 영향을 고려하고, 상대를 배려하는 마음으로 예의를 지키는 것이 중요하다. 가령 창문을 닫아달라고 말하는 상황에서는 명령형보다 의문형으로 말하는 간접 화법 등이 바람직하다. 공동체 사회에서 이러한 간접 화법이 사회 구성원들에게 각각 어떻게 인식되는지를 예를 들어 분석해 보자.

관련 학과 경영학과, 경영정보학과, 경제금융학과, 경제학과, 글로벌경영학과, 글로벌비즈니스학과, 신문방송학과, 심리학과, 행정학과

《선을 넘지 않는 사람이 성공한다》, 쟝사오헝, 정은지 역, 미디어숲(2022)

[10공국1-01-02]

논제의 필수 쟁점별로 논증을 구성하고 논증이 타당한지 평가하며 토론한다.

➔ 최근 인공지능이 탑재된 로봇이 식당 내에서 서빙을 하는 경우나, 무인으로 운영되는 편의점 등이 늘어남에 따라 상대적으로 식당 직원, 편의점 직원들의 임금 체계를 바꿔야 한다는 논의가 전개되고 있다. 그러나 이는 일자리가 감소하고 평준화된다는 차원에서도 문제가 제기된다. '일자리의 변화'에 대해 쟁점이 될 수 있는 점을 찾아서, 이 쟁점들이 반영된 정책 논제를 만들어보자.

관련 학과 경영학과, 경영정보학과, 경제금융학과, 경제학과, 사회학과, 사회복지학과

《자동화와 노동의 미래》, 아론 베나나브, 윤종은 역, 책세상(2022)

단원명 | 읽기

| 🔍 | 독자, 배경지식, 경험, 의미, 능동적 구성, 상황 맥락, 사회·문화적 맥락, 목적, 점검·조정, 문제 해결, 읽기 전략, 긍정적 정서, 사회적 독서 문화

[10공국1-02-01]

다양한 글이나 자료를 읽으며 논증의 타당성을 평가하고 자신의 관점을 바탕으로 논증을 재구성한다.

- 공공 문서는 정보 전달의 목적을 지닐 때와 설득의 목적을 지닐 때가 있다. 설득의 목적을 지니는 공공 문서는 그 논증의 타당성을 잘 살펴보면서 읽어야 할 것이다. '탄소국경조정제도 이행법' 초안과 관련된 보도문과 칼럼 등을 비교하면서 읽고, 각각의 글들이 논증의 타당성을 갖추기 위해 어떠한 근거들을 제시하고 있는지 분석해 보자.

관련 학과 경영학과, 경제학과, 공공인재학과, 공공행정학과, 경제금융학과, 도시행정학과, 신문방송학과, 언론정보학과, 행정학과

《효과적인 설득을 위한 논리적 글쓰기》, 여세주, 살림(2013)

[10공국1-02-02]

자신의 진로나 관심 분야와 관련한 다양한 글이나 자료를 찾아 주제 통합적으로 읽고, 읽은 결과를 공유한다.

- 《문화의 해석》의 저자인 클리퍼드 기어츠는 '중층 기술(thick description)'을 토대로 문화의 구조를 파악하는 것이 중요하다고 말한다. 이 기술적 방법론이 루스 베네딕트의 《국화와 칼》에서 어떻게 적용되는지를 모둠끼리 탐구해 보자. 나아가 이 중층 기술을 '우리 반 문화 이해하기'의 방법으로 활용하여, 자신의 반 문화를 탐구한 결과를 발표해 보자.

관련 학과 문화콘텐츠학과, 사회복지학과, 사회학과, 정치외교학과, 행정학과

문화의 해석

클리퍼드 기어츠, 문옥표 역, 까치(2009)

책 소개

문화 연구가 '현상 기술(thin description)'이 아니라 '중층 기술(thick description)'이 되어야 한다고 말하는 이 책은 예컨대 '눈을 깜빡이는 행위'가 '은밀한 사인(윙크)', '조롱'을 넘어서서 '흉내', '조롱의 흉내'를 나타내는 등의 다양한 경우도 있음을 염두에 두고 판단해야 한다고 말한다. 저자는 카메라로 찍어내는 현상적 기술에 담긴 깊이 있는 의도 및 시스템을 파악하는 중층 기술의 의의를 강조한다.

세특 예시

주제 통합적 읽기의 방법 중 '특정 개념이 다른 구체적인 상황에 적용된 경우를 찾아 개념의 적용 과정을 탐구하는 것'을 연마하기 위해, '문화의 해석(클리퍼드 기어츠)'을 읽고 '국화와 칼(루스 베네딕트)'에 적용된 중층 기술의 적용 과정을 파악하는 심화 독서를 진행함. 특히 '기리' 문화를 미국인의 눈으로는 어떻게 분석하는지에 대해 자세하게 설명하는 과정에서 적용력, 분석력이 두드러짐.

단원명 | 쓰기

| 🔍 | 필자, 기호, 매체, 인간의 생각과 감정, 의미 구성, 상황 맥락, 사회·문화적 맥락, 의사소통 목적, 문제 해결, 쓰기 전략, 쓰기 경험, 쓰기 윤리, 의사소통 문화

[10공국1-03-01] ●●●

내용 전개의 일반적 원리를 고려하여 사회적 쟁점에 대한 자신의 견해를 정교하게 표현하는 글을 쓴다.

➔ 사회적 쟁점을 잘 이해하고 그것에 대해 자신의 생각을 말하기 위해서는 우선 자신의 삶과 관련된 주제들을 잘 살펴보는 것이 중요하다. 자신을 둘러싼 사회 현상을 먼저 생각해 보고 그것에 관한 심층적인 자료를 찾아 본 후, 자신의 견해를 덧붙여 평가하고, 마지막으로 그 견해에 대해 친구들과 의논해 보는 '쟁점 파악하기 활동 4단계'를 진행해 보자. 이후 이 단계가 반영된 한 편의 글을 작성해 보자.

관련 학과 사회계열 전체

《주제 연구》, 경희대학교 후마니타스칼리지 글쓰기 교과 교재편찬위원회, 경희대학교출판문화원(2020)

[10공국1-03-02] ●●●

다양한 언어 공동체의 특성을 고려하며 필자의 개성이 드러나는 글을 쓴다.

➔ 정보 전달을 위한 기사문이나 설득을 위한 광고문을 작성할 때는 필자의 개성을 드러내면서도 보도 준칙이나 윤리 등을 준수해야 한다. 자신의 관심사와 관련된 기사문, 광고문, 광고 매체 등을 찾아 그 글의 개성이 어디에서 드러나는지 생각해 보고, 이러한 개성이 특정 언어 공동체에서는 어떤 방식과 양상으로 수용될지에 대해 예측하는 글을 작성해 보자.

관련 학과 광고홍보학과, 문화콘텐츠학과, 미디어커뮤니케이션학과, 신문방송학과, 언론정보학과

《슬기로운 광고생활》, 백승곤, 민속원(2023)

단원명 | 문법

| 🔍 | 규칙과 원리, 문법 탐구, 체계와 구조, 의미 생성 자원, 관습적 규약, 문화적 산물, 의사소통의 결과물, 언어 주체로서의 정체성, 국어 의식

[10공국1-04-01] ●●●

언어 공동체가 다변화함에 따라 다양해진 언어 실천 양상을 분석하고, 언어 주체로서 책임감을 가지며 국어 생활을 한다.

➔ 우리나라의 기사문을 다른 나라에 일대일로 번역하여 제시하는 과정은 그 나라가 지니는 사회·문화적인 외적 맥락을 고려하는 과정을 전제한다. 정보 전달을 주목적으로 하는 기사문을 상정하고, 이것을 번역하는 데 필요한 맥락을 목록화하여 급우들과 이야기해 보자. 나아가 번역한 기사문을 원문과 비교하여 그 의미가 얼마나 변했는지 현지 학생들과 SNS를 통해 소통한 후 결과를 기록해 보자.

관련 학과 문화콘텐츠학과, 미디어커뮤니케이션학과, 법학과, 사회복지학과, 사회학과, 신문방송학과, 언론정보학과, 정치외교학과, 행정학과

《기자는 무엇으로 사는가?》, 박선규, 미다스북스(2023)

[10공국1-04-02] ●●●

음운 변동을 탐구하여 발음과 표기에 올바르게 적용한다.

➲ 광고 매체를 제작할 때 '동음이의어, 다의어'를 활용하거나, 자모음을 유사하게 배치하거나, 음운 변동을 활용하여 유사한 소리를 내는 단어를 사용하는 경우가 많다. 예컨대 "같이[가치] 가는 삶이 가치[가치]가 있다." 등이 그러하다. 이러한 예시를 들어서, 자신이 좋아하는 콘텐츠나 사물, 인물 등을 학급 친구들에게 홍보하는 광고문을 작성해 보자.

관련 학과 경영학과, 경제학과, 광고홍보학과, 무역학과, 문화콘텐츠학과, 미디어커뮤니케이션학과, 신문방송학과, 언론정보학과, 호텔경영학과

《광고 언어》, 김정우, 커뮤니케이션북스(2015)

[10공국1-04-03] ●●●

다양한 분야의 글과 담화에 나타난 문법 요소 및 어휘의 표현 효과를 평가하고 적절한 표현을 생성한다.

➲ 압존(壓尊) 표현은 문장의 주체가 화자보다 높고, 청자보다는 낮은 경우에 주체를 청자보다 낮춰 말하는 높임 표현이다. 이러한 높임 표현은 아직 군대 및 여러 직장 사회에서도 쓰이고 있는데, 이러한 압존 표현의 다양한 예시를 만들어보고, 구체적인 상황과 높임의 방법 등을 분석하여 비교해 보자. 나아가 이러한 직장의 구조적 특성을 분석하고 압존 표현의 적절성에 대해 토의해 보자.

관련 학과 경영학과, 경찰행정학과, 공공인재학과, 공공행정학과, 사회학과, 행정학과, 호텔경영학과

《기업문화, 조직을 움직이는 미래 에너지》, 기업문화Cell, 아템포(2023)

단원명 | 문학

| 🔍 | 인간의 삶, 형상화, 타자와의 소통, 갈래, 작가와 독자, 사회와 문화, 문학사, 수용·생산, 해석, 감상, 비평, 창작, 향유, 자아 성찰, 공동체

[10공국1-05-01] ●●●

문학 소통의 특성을 고려하며 문학 소통에 참여한다.

➲ 최인호의 《타인의 방》은 타인과 교류하지 못하는 현대인의 소외 현상을 다룬 작품이다. 이렇게 문학 작품이 사회의 특정 현상을 반영하고 있을 때, 우리 독자들은 이러한 문학 작품을 감상함으로써 사회 현상을 간접적으로 체험하게 된다. 문학 작품을 통해 사회 현상을 간접 체험한 경우를 설명해 보고, 이렇게 형상화된 문학으로 마주한 사회 현상에 대한 자신의 심정적인 감상에 대해 자유롭게 토의해 보자.

관련 학과 사회계열 전체

《타인의 방》, 최인호, 민음사(2005)

[10공국1-05-02] ●●●

갈래에 따른 형상화 방법의 특성을 고려하며 작품을 수용한다.

➲ 국민이나 예상 고객 등을 대상으로 하는 홍보 문구, 광고 문구를 만들기 위해 '서정, 서사, 교술, 극'의 네 갈래의 형식을 먼저 이해한다면 더욱 창의적인 문구를 만들 수 있을 것이다. '우리 학급을 소개합니다'라는 콘셉트에 맞게 위의 네 갈래 중 하나를 선택하여 우리 반의 특성을 재치 있게 알리는 글을 만들어 보자. 나아가 이러

한 글을 만들 때 어떠한 문학적 표현을 활용했는지 설명해 보자.

관련 학과 경영학과, 경제학과, 광고홍보학과, 무역학과, 문화콘텐츠학과, 미디어커뮤니케이션학과, 신문방송학과, 언론정보학과, 호텔경영학과

《다 팔아버리는 백억짜리 카피 대전》, 오하시 가즈요시, 신찬 역, 보누스(2022)

[10공국1-05-03]

작품 구성 요소의 유기적 관계와 맥락에 유의하여 작품을 수용하고 생산한다.

신라 시대의 승려인 혜초가 고대 인도의 5천축국(天竺國)을 다닌 후 쓴 작품인 <왕오천축국전(往五天竺國傳)>은 실제로 중앙아시아 일대까지 다닌 기행문적 성격을 내포하고 있다. 이 작품이 어떠한 지역학·지리학·문화학적 가치를 지니는지를 분석해 보고, 이 작품 외에도 우리 문학 작품에 나타난 '타국에 대한 서술'의 타당성을 다양한 실증적 데이터를 통해 검증, 평가해 보자.

관련 학과 경영학과, 관광학과, 광고홍보학과, 국제통상학과, 도시행정학과, 무역학과, 문화콘텐츠학과, 미디어커뮤니케이션학과, 사회학과, 소비자학과, 신문방송학과, 언론정보학과, 정치외교학과, 지리학과, 항공서비스학과, 호텔경영학과

《<왕오천축국전>을 읽다》, 박용진 외 1명, 학고방(2020)

단원명 | 매체

| 🔍 | 소통을 매개하는 도구 · 기술 · 환경, 소통 방식, 소통 문화, 주체적인 수용과 생산, 정체성 형성, 사회적 의미 구성, 자신과 타인의 권리, 건강한 소통 공동체

[10공국1-06-01]

사회적 의제를 다룬 매체 자료를 비판적으로 분석한다.

확증편향은 '자신의 가치관, 신념, 판단 따위와 부합하는 정보에만 주목하고 그 외의 정보는 무시하는 사고방식'으로 정의된다. 우리가 사회적 의제를 비판적으로 봐야 하는 이유는 바로 이런 확증편향에 빠지지 않기 위해서이다. 확증편향은 미디어가 부추기기도 하는데, 이러한 사례를 조사해 보고 이러한 미디어적인 장치가 우리에게 주는 영향을 사례를 들어 정리해 보자.

관련 학과 경영학과, 경제학과, 경찰행정학과, 공공인재학과, 공공행정학과, 관광학과, 광고홍보학과, 국제통상학과, 금융보험학과, 도시행정학과, 무역학과, 문화콘텐츠학과, 미디어커뮤니케이션학과, 법학과, 사회복지학과, 사회학과, 세무학과, 소비자학과, 신문방송학과, 언론정보학과, 정치외교학과, 행정학과, 회계학과

《확증편향》, 안천식, 옹두리(2021)

[10공국1-06-02]

소통 맥락과 매체 특성을 고려하여 다양한 목적의 매체 자료를 제작한다.

공무원 등의 공적인 업무를 하는 이가 시민들과 소통을 한다면, 오히려 더 긍정적인 효과를 부를 수 있을 것이다. 실제로 해당 시는 물론이거니와 타 시·도의 국민들도 큰 호응을 보내기도 한다. '공직 행사, 국정 운영'이라는 딱딱한 소재가 어떠한 소통 맥락 및 매체 특성과 어우러져서 많은 이들에게 호응을 얻었는지 이유를 분석해 보고, 이러한 방법을 반영하여 '내가 대통령이 되었을 때의 세상'을 다른 사람들이 명확하게 이해할 수 있게

끔 영상을 제작해 보자.

관련 학과 관광학과, 광고홍보학과, 국제통상학과, 도시행정학과, 문화콘텐츠학과, 미디어커뮤니케이션학과, 신문방송학과, 언론정보학과, 행정학과

《유토피아》, 토머스 모어, 박문재 역, 현대지성(2020)

공통 과목	수능	공통국어2	절대평가	상대평가
	X		5단계	5등급

단원명 | 듣기·말하기

| 🔍 | 청중 분석, 상호작용, 언어적 표현, 준언어적 표현, 비언어적 표현, 매체, 발표, 상황 맥락, 사회·문화적 맥락, 쟁점, 이해관계, 협상, 사회적 소통 윤리

[10공국2-01-01]

청중의 관심과 요구에 맞게 내용을 구성하여 발표하고 청중의 질문에 효과적으로 답변한다.

➲ 발표 상황에서 청중과의 상호작용은 매우 중요한 요소이다. 청중의 흥미를 유지하기 위한 다양한 전략을 활용하여 발표하기, 청중의 질문에 효과적으로 답변하며 소통하기 등은 발표 상황에서 직접적으로 청중과 상호작용하는 전략에 해당한다. 그런데 정부의 각 부처에서 국민을 상대로 발표하는 발표문처럼, 발표의 상황 맥락이나 사회·문화적 맥락에 따라 이러한 발표 전략이 유효하지 않은 경우가 있다. 이와 유사한 사례를 추가로 찾아보고, 맥락에 따른 발표 전략의 특성에 대해 탐구하여 보고서를 작성해 보자.

관련 학과 사회계열 전체

《**생각정리 스피치**》, 복주환, 천그루숲(2023)

[10공국2-01-02]

쟁점과 이해관계를 고려하여 문제를 해결할 수 있는 대안을 탐색하며 협상한다.

➲ 협상은 개인이나 집단, 더 나아가 국가 간에 서로의 이해관계가 달라 갈등이 생겼을 때 그 갈등을 해결하기 위한 목적으로 서로의 입장 차를 좁혀가며 의견을 조정해 나가는 의사소통의 한 방식이다. 이러한 의사소통 방식을 '협력적 의사소통'이라고 하는데, 이것은 민주 시민으로서 반드시 갖추어야 할 역량 중 하나이다. 사회 집단이나 국가 간의 갈등과 관련하여 진행되고 있는 협상 사례를 찾아 쟁점을 분석하고, 이를 바탕으로 문제 해결을 위한 다양한 대안을 탐색해 보자. 또한 민주 시민으로서 갖추어야 할 협력적 소통 역량에 대해 탐구해 보자.

관련 학과 경영학과, 공공행정학과, 국제통상학과, 도시행정학과, 무역학과, 법학과, 신문방송학과, 언론정보학과, 정치외교학과

《**협력적 의사소통**》, 신의식, 양성원(2019)

[10공국2-01-03]

사회적 소통 과정에서 말의 영향력을 고려하여 책임감 있게 듣고 말한다.

➲ '인플루언서'는 영향력을 행사하는 사람이라는 의미의 신조어로, 기존의 연예인, 정치인뿐 아니라 블로거, 유튜버, BJ 등에 이르기까지 그 범위가 넓어지고 있다. 이들은 개인의 말이 사회에 미치는 영향력을 고려하여 거짓된 내용을 타인에게 전달하는 것을 경계하고, 상대를 존중하는 표현을 사용하는 등 사회적 소통 윤리를 지키

기 위해 노력해야 함에도 불구하고 그러지 못하는 경우가 많다. 인플루언서의 영상을 찾아 시청하면서 사회적 소통 윤리에 부적합한 표현을 찾아 문제점을 분석해 보자. 또한 문제적 의사소통의 근본적 원인이 무엇인지에 대해 탐구해 보고, 이를 바탕으로 디지털 커뮤니케이션에서의 반시민성을 주제로 탐구 보고서를 작성해 보자.

관련 학과 경영학과, 광고홍보학과, 국제통상학과, 문화콘텐츠학과, 미디어커뮤니케이션학과, 법학과, 신문방송학과, 언론정보학과, 정치외교학과

디지털 커뮤니케이션 윤리와 시민성

금희조 외 7명, 성균관대학교출판부(2022)

책 소개

이 책은 코로나19 팬데믹 사태가 장기화되면서 온라인상에서 허위 정보, 혐오 표현 등 문제적 소통 경향이 증가하는 상황에 대한 문제의식에서 출발하여, 우리 사회의 건강한 소통을 위해 필요한 디지털 커뮤니케이션 윤리와 시민성 확립을 위한 이론적 틀과 현실적 방안을 함께 제시한다.

세특 예시

말의 영향력을 고려하여 책임감 있게 듣고 말하기 수업 후, 온라인상에서 발견되는 문제적 의사소통의 사례를 수집하고 그 특성을 분석함. 또한 그러한 문제적 의사소통의 근본적 원인을 알아보기 위해 '디지털 커뮤니케이션 윤리와 시민성(금희조 외 7명)'을 찾아 읽으며 디지털에서의 반시민성의 개념 및 결정 요인을 정리하고, 연계 독서를 통해 메타버스의 특성을 분석한 내용과 관련지어 디지털 커뮤니케이션 윤리의 필요성에 대해 발표함.

단원명 | 읽기

| 🔍 | 내용의 타당성·신뢰성·공정성, 표현의 적절성, 비판적 읽기, 주제 통합적 읽기, 사회·문화적 맥락, 읽기 목적 및 전략, 글 재구성하기, 읽기 과정의 점검 및 조정

[10공국2-02-01]

복합 양식으로 구성된 글이나 자료에 내재된 필자의 관점이나 의도, 표현 방법을 평가하며 읽는다.

➔ 흔히 선진국이라 불리는 국가들은 여러 사건을 겪으면서 미디어 공정성의 필요성을 인식하고 이를 지키기 위해 노력해 왔다. 우리나라의 공영 방송 KBS에서도 그동안 공정성 논란을 일으켰던 방송 프로그램에 대한 사과문 발표와 함께 '공정성 가이드라인'을 발표하며 미디어 공정성을 지키기 위해 노력해 오고 있지만, 이에 대한 평가가 엇갈리는 것이 현실이다. 방송 공정성 심의 사례와 연계하여 KBS '공정성 가이드라인'을 찾아 읽으면서 공정성 판단의 세부 기준을 비판적으로 분석해 보고, 국어과 교육과정의 읽기 영역에서 내용의 타당성을 평가하는 기준 중 하나로 공정성을 제시하는 이유에 대해 발표해 보자.

관련 학과 광고홍보학과, 문화콘텐츠학과, 미디어커뮤니케이션학과, 신문방송학과, 언론정보학과

《미디어 공정성 연구》, 윤석민, 나남(2015)

[10공국2-02-02] ●●●

동일한 화제의 글이나 자료라도 서로 다른 관점과 형식으로 표현됨을 이해하며 읽기 목적을 고려하여 글이나 자료를 주제 통합적으로 읽는다.

➲ 러시아-우크라이나 전쟁으로 인한 에너지 공급 불안정, 글로벌 인플레이션으로 인한 화석 연료 가격 폭등으로 일상생활에 필수적인 전기, 가스 등의 에너지 요금이 급격히 인상되면서 국민들의 생활에 큰 부담이 되고 있다. 이로 인해 우리 사회에서는 에너지 요금과 관련한 논쟁이 뜨거운 상황인데, 시장의 관점, 사회 공공성의 관점, 생태적 관점 등 각 관점에 따라 에너지 요금의 책정 기준 및 인상에 대한 입장에 차이가 있다. 각 관점에서 에너지 요금 논쟁을 다루는 글을 찾아 읽으며 내용을 비교·분석해 보고, 유의미한 정보를 선별·재구성하여 에너지 요금 논쟁에 대한 자신의 생각을 발표해 보자.

관련 학과 경영학과, 경제학과, 경제통상학과, 공공행정학과, 국제통상학과, 도시행정학과, 무역학과, 사회학과, 정치외교학과, 행정학과

《자이언트 임팩트》, 박종훈, 웅진지식하우스(2022)

[10공국2-02-03] ●●●

의미 있는 사회적 독서 활동에 참여함으로써 타인과 교류하고 다양한 지식이나 정보, 삶에 대한 가치관 등을 이해하는 태도를 지닌다.

➲ 반려동물을 기르는 사람이 천만 명에 이르는 시대가 되었지만, 사회의 변화를 제도가 따라가지 못해 문제가 발생하고 있다. 반려동물을 기르는 가구에 일정 세금을 부과하여 동물 복지와 관련된 재원으로 활용하려는 목적으로 '반려동물 보유세'에 대한 논의가 진행 중이지만, 반려동물을 기르는 가구의 입장에서는 현재 반려동물 양육비에 대한 부담이 큰 상황에서 부담을 가중시킨다는 주장을 하고 있다. 정부는 동물 복지 외에도 실질적으로 반려동물 의료보험 혜택을 받을 수 있게 하고, 반려동물 등록 의무화를 통해 유기 동물 문제도 해결하겠다는 취지를 밝혔지만, 여전히 사회적으로 찬반 논란이 뜨겁다. 반려동물 보유세에 대한 글을 읽으며 논란의 쟁점을 분석해 보고 이에 대한 카드 뉴스를 제작·공유하여 대중의 의견을 수렴하고 분석해 보자.

관련 학과 경제학과, 공공행정학과, 도시행정학과, 법학과, 사회복지학과, 사회학과, 세무학과, 신문방송학과, 언론정보학과, 행정학과

《동물에 대한 인간의 예의》, 이소영, 뜨인돌(2020)

단원명 | 쓰기

| 🔍 | 언어 공동체, 쓰기 윤리, 작문 관습, 쓰기 과정 및 전략의 점검, 사회적 책임, 논증 요소, 논증하는 글쓰기, 신뢰할 수 있는 자료, 복합 양식 자료, 공동 보고서 쓰기

[10공국2-03-01] ●●●

언어 공동체가 공유하는 작문 관습의 특성을 이해하고, 쓰기 과정과 전략을 점검하며 책임감 있게 글을 쓴다.

➲ 대한민국 국민들 사이에서 통용되는 단어 중에 '기레기'가 있다. 이는 '기자'와 '쓰레기'를 합성한 신조어로, 기사의 수준이나 사실성뿐만 아니라 기자의 평상시 행태 등으로 한국 언론의 수준을 현저히 떨어뜨리는 기자로

서의 직업 전문성이 부족한 사람 또는 그러한 현상을 말한다. 검증되지 않은 자료를 사용한 기사, 자극적인 제목에 전혀 부합하지 않는 내용을 전달하는 기사, 정치적으로 편향된 기사 등 문제가 되는 기사문을 찾아 읽어 보며, '기레기'가 오늘날 우리 사회에서 개선되지 않고 더욱 양산되고 있는 구조적 원인에 대해 탐구해 보자. 더 나아가 해당 현상에 대한 해결책을 고민해 보며 '언어 공동체의 쓰기 윤리'를 주제로 발표해 보자.

관련 학과 광고홍보학과, 문화콘텐츠학과, 미디어언론학과, 미디어커뮤니케이션학과, 방송영상학과, 신문방송학과, 언론정보학과, 정보사회미디어학과

《기레기를 피하는 53가지 방법》, 송승환, 박영사(2021)

[10공국2-03-02] •••

논증 요소에 따른 분석을 바탕으로 효과적으로 내용을 조직하여 논증하는 글을 쓴다.

➲ 개인형 이동 장치(Personal Mobility·PM)는 대여 서비스를 제공하는 공유 이동 장치 사업이 전국적으로 활성화되면서 이용자 수가 급격히 증가하고 있다. 그런데 개인형 이동 장치 관련 사고가 급증하고 무분별한 주차로 인한 문제가 발생해 정부가 개인형 이동 장치 관련 도로교통법을 강화했지만, 여전히 사회적인 문제로 남아 있다. 프랑스 파리의 경우, 개인형 이동 장치로 인한 각종 사고가 잇따르자 공유 이동 장치 서비스의 존폐에 대해 투표로 시민들의 의견을 조사했고, 그 결과 89%가 폐지에 찬성하여 2023년 9월 1일부로 공유 이동 장치를 퇴출하기로 했다. 이처럼 개인형 이동 장치는 편리성 측면에서 미래의 새로운 교통·이동 수단이라는 가능성이 있지만, 관련 법과 제도의 미흡으로 발생하는 여러 문제가 사회적 논란거리가 되고 있다. 개인형 이동 장치의 존폐에 대한 자신의 생각을 정리하여 주장과 근거를 바탕으로 논증하는 글을 써보자.

관련 학과 경찰행정학과, 공공인재학과, 공공행정학과, 도시행정학과, 법학과, 사회학과, 신문방송학과, 언론정보학과, 행정학과

《아무지게, 토론!》, 박정란, 북트리거(2021)

[10공국2-03-03] •••

신뢰할 수 있는 정보를 종합하여 복합 양식 자료가 포함된 공동 보고서를 쓴다.

➲ 글로벌 명품 브랜드들은 브랜드의 홍보 효과를 높이기 위해 연예계 스타들을 앰배서더(브랜드 홍보 대사)로 선정하는데, 최근 유명 브랜드들의 앰배서더 연령대가 대폭 낮아지면서 이목을 끌고 있다. 미성년 스타들이 잇따라 명품 브랜드의 앰배서더로 발탁되는 상황에서, 만 14세의 어린 나이로 브랜드 최연소 앰배서더가 된 한 걸그룹 멤버에 관한 기사는 연일 화제가 되기도 했다. 브랜드 입장에서는 어린 연령대의 모델을 기용함으로써 고착화된 명품의 이미지에서 탈피하고 인지도와 선호도를 높일 수 있으나, 일각에서는 청소년들에게 과도한 명품 소비를 자극한다는 우려 섞인 목소리도 나오고 있다. 이러한 상황을 고려하여 청소년의 명품 구매 행위에 영향을 미치는 요소들을 찾아 분석하고, 청소년의 명품 소비 실태에 대한 보고서를 작성해 보자.

관련 학과 경영학과, 광고홍보학과, 무역학과, 문화콘텐츠학과, 미디어커뮤니케이션학과, 사회학과, 소비자학과, 신문방송학과, 언론정보학과

《로빈슨 크루소의 사치》, 박정자, 기파랑(2021)

단원명 | 문법

| 🔍 | 국어의 변화, 국어의 역사성, 신조어, 언어의 사회 반영, 국어 문화 발전, 한글 맞춤법, 국어 생활 성찰 및 개선, 문제 해결적 사고, 국어 의식

[10공국2-04-01]

과거 및 현재의 국어 생활에 나타나는 국어의 변화를 이해하고 국어 문화 발전에 참여한다.

시간의 흐름에 따라 언어의 의미나 형태가 생성, 소멸, 변화의 과정을 거치는 특성을 '언어의 역사성'이라 한다. 언어는 시간의 흐름에 따른 사회 변화와 맞물려, 언어 사용자들이 새로운 개념을 표현하기 위한 적절한 단어가 필요하다고 생각할 때 생성되는 경우가 많다. 미국의 유명 사전 출판사에서는 타인의 심리나 상황을 조작해 타인에 대한 지배력을 강화한다는 의미의 단어인 '가스라이팅'을 '2022년 올해의 단어'로 선정했다. 가스라이팅은 1938년 스릴러 연극 <가스등(Gaslight)>에서 유래된 '정신적 학대'를 일컫는 용어이다. 아직 표준국어대사전에는 등재되어 있지 않지만, 앞으로 이 단어가 많은 대중에게 영향을 줄 경우 신조어로서 사전에 등재될 수 있을 것이다. 이처럼 변화하는 사회상과 관련지어 우리 사회에서 영향력이 커지고 있는 단어를 찾아 관련 현상을 탐구하고, 해당 단어를 가상으로 표준국어대사전이나 지식 백과사전에 신조어로 등재한다면 어떤 설명을 포함하여 등재할 것인지 발표해 보자.

관련 학과 사회계열 전체

《명쾌하고 야무진 최신 경제용어 해설》, 권기대, 베가북스(2021)

[10공국2-04-02]

한글 맞춤법의 원리를 적용하여 국어 생활을 성찰하고 문제를 해결한다.

카페에서 종업원이 "손님, 주문하신 음료는 1만 원이십니다.", "주문하신 커피 나오셨습니다."라고 표현하는 것을 들어본 경험이 있을 것이다. 이런 표현은 국어의 높임 표현에서 벗어난 일종의 '엉터리 존댓말'이라고 할 수 있는데, 이런 존댓말을 사용하는 것이 사실상 감정 노동이라는 설문 조사 결과가 있다. 종업원 중 대다수는 해당 존댓말이 잘못된 줄 알면서도 사용하는 경우가 많았는데, 그 이유는 고객이 무례하다고 느낄까 봐 그렇게 말한다는 응답이 1위를 차지했다. 이처럼 '사물 존대', '백화점 높임법'이라고도 불리는 잘못된 높임 표현은 지나치게 고객을 존중하도록 강요하는 우리 사회의 '갑질' 문화에서 비롯된 것이라고 할 수 있다. 언어와 사고의 관계를 바탕으로 해당 사회 현상을 분석하고, 엉터리 존댓말과 관련한 우리 사회의 국어 생활을 성찰하는 활동을 통해 우리 사회를 긍정적으로 변화시킬 수 있는 방안을 고민해 보자.

관련 학과 경영학과, 관광학과, 광고홍보학과, 무역학과, 문화콘텐츠학과, 미디어커뮤니케이션학과, 사회복지학과, 사회학과, 소비자학과, 신문방송학과, 언론정보학과, 항공서비스학과, 호텔경영학과

《영어학자의 눈에 비친 두 얼굴의 한국어 존대법》, 김미경, 소명출판(2020)

단원명 | 문학

| 🔍 | 한국 문학사, 작가 맥락, 독자 맥락, 사회·문화적 맥락, 문학사적 맥락, 문학의 수용과 생산, 주체적 관점에서의 작품 해석, 작품의 가치 평가, 해석의 다양성

[10공국2-05-01]

한국 문학사의 흐름을 고려하여 작품을 수용한다.

서사 문학은 작품이 창작된 당대의 사회 현실을 반영하는 특징을 갖고 있다. 이런 이유로 우리는 소설 작품을 읽으면, 그 작품이 창작되었던 당대의 사회가 어떤 모습이었는지를 추론할 수 있다. 박지원의 <허생전>은 17세기 조선 후기의 현실을 실학파의 입장에서 비판적으로 바라보는 작가의 시각이 담긴 고전 소설 작품으로, 주인공 '허생'을 통해 명분과 허례허식을 중시하는 기존 유교 사회의 지배층을 비판하고 이를 극복할 수 있는 여러 대응책을 제시하고 있다. 특히 이 작품은 조선 후기의 경제 현실을 사실적으로 드러내고 있어, 경제적 측면에 초점을 맞추어 작품을 감상하면 또 다른 유의미한 문학 감상 활동으로 이어질 수 있다. 이런 맥락에서 <허생전>을 읽으며 작품이 창작된 조선 후기의 경제 현실은 어떠했는지 분석해 보고, 현대 사회의 기준에서 '허생'의 경제 행위를 어떻게 평가할 수 있는지 탐구해 보자.

관련 학과 경영학과, 경제학과, 공공인재학과, 공공행정학과, 국제통상학과, 금융보험학과, 도시행정학과, 무역학과, 사회학과, 소비자학과, 정치외교학과, 행정학과, 호텔경영학과, 회계학과

《박지원 소설집》, 박지원, 서해문집(2022)

[10공국2-05-02]

주체적인 관점에서 작품을 해석하고 평가하며 문학을 생활화하는 태도를 지닌다.

고려 시대 문인 이곡의 <차마설(借馬說)>은 작가가 말을 빌려 탄 경험을 바탕으로 소유에 대한 작가의 가치관을 제시한 수필이다. 작가는 이 세상 모든 것은 원래 특정한 누군가의 소유가 아니라 잠시 빌린 것일 뿐이므로, 외물에 따라 마음이 수시로 변하는 것은 허망한 일이라고 지적한다. 이 작품은 국어 교과서에 고전 문학 작품으로 소개되기도 했는데, 이는 물욕으로 인해 여러 문제 현상이 발생하는 우리 사회의 현 상황에서 <차마설>을 학생들에게 가르칠 만한 가치가 있는 '고전(古傳)'으로 판단했기 때문이라고 볼 수 있다. 하지만 우리가 속한 사회가 개인의 사유재산을 인정하는 자본주의, 자유주의 사상을 토대로 하고 있다는 점을 고려한다면, 이 작품이 전달하는 주제에 대해 조금 다르게 평가할 수도 있을 것이다. <차마설>을 현대 사회의 여러 모습을 고려하여 현대적 관점에서 해석 및 평가해 보고, 자신의 해석과 평가를 설득력 있게 전달하기 위한 글을 써보자.

관련 학과 경영학과, 경제학과, 국제통상학과, 금융보험학과, 무역학과, 문화콘텐츠학과, 사회학과, 세무학과, 소비자학과, 신문방송학과, 언론정보학과, 정치외교학과, 행정학과, 회계학과

《설(說)_이야기》, 정연우, 파랑새미디어(2014)

단원명 | 매체

| 매체 비평 자료, 비판적 수용, 주체적 수용과 생활화, 사회·문화적 맥락, 매체의 변화, 매체 기반 소통, 소통 문화, 성찰하기

[10공국2-06-01]

매체 비평 자료를 비판적으로 수용하고 자신의 관점을 담아 매체 비평 자료를 제작한다.

최근 몇 년간 아파트 가격의 폭등과 그 이후 이어지는 폭락으로 인해 집값에 대한 관심이 뜨거워지면서, TV 프

로그램에 부동산 관련 전문가가 출연하는 사례가 많아지고 있다. 그런데 TV에 출연하는 전문가들 중에는 타당한 근거를 바탕으로 집값의 폭등과 폭락 시기를 모두 맞힌 사람도 있지만, 매번 폭등과 폭락 중 하나의 입장에서만 주장하다가 특정 시기에 부동산의 가격 변화에 대한 예측이 적중한 전문가로서 출연한 사람들도 있다. 그런데 그들의 잘못된 예측 자료를 무비판적으로 수용하여 집을 사거나 팔았다면, 소위 '벼락거지'나 '영끌족의 비명'으로 소개되는 신문 기사의 주인공이 되었을 수도 있을 것이다. 이처럼 정보가 넘쳐나는 시대에는 정보를 비판적으로 수용하는 태도를 반드시 지녀야만 한다. 앞으로의 집값 변화를 예측하는 매체 비평 자료를 찾아 읽으며 주장의 타당성을 비판적으로 분석해 보고, 이를 바탕으로 집값 변화에 대한 본인의 관점을 담아 매체 비평 자료를 제작해 보자.

관련 학과 **경영학과, 경제학과, 공공행정학과, 금융보험학과, 도시행정학과, 문화콘텐츠학과, 미디어커뮤니케이션학과, 부동산학과, 사회학과, 소비자학과, 신문방송학과, 언론정보학과, 행정학과, 회계학과**

《오윤섭의 부동산 가치투자》, 오윤섭, 원앤원북스(2018)

[10공국2-06-02]

매체의 변화가 소통 문화에 끼치는 영향을 탐구한다.

현재 전 세계적으로 가장 영향력 있는 온라인 매체는 단연 유튜브 플랫폼이라고 할 수 있다. 참여와 창의성을 두 개의 축으로 하며, 지금 이 순간에도 발전하고 있는 유튜브 플랫폼은 그 어떤 매체들보다도 현대인의 삶에 지배적인 영향을 미치고 있다. 책이나 신문 등을 통해 소통하던 시대에서 컴퓨터의 인터넷 기사나 블로그 등을 통해 소통하는 시대로, 그리고 유튜브 동영상을 찾아보며 유튜브 내의 채팅 기능으로 소통하는 지금에 이르기까지, 우리 사회는 발달을 거듭하는 매체의 변화가 소통 문화에 미치는 영향을 몸소 느끼고 있다. 정보를 읽는 것에서 보고 듣는 것으로 패러다임이 바뀌어가는 상황에서 읽기는 여전히 유효한지, 지금의 이 상황을 '리터러시의 위기'로 봐야 할지, 아니면 '리터러시의 변동'으로 봐야 할지, 이 시대의 리터러시 교육은 어떤 모습이어야 하는지 등 많은 고민이 요구되는 시기임에는 틀림없다. 유튜브 매체의 특성에 대한 분석을 바탕으로, 유튜브라는 매체가 우리의 소통 문화에 어떤 변화를 가져오고 있는지 탐구해 보자.

관련 학과 **사회계열 전체**

《유튜브는 책을 집어삼킬 것인가》, 김성우 외 1명, 따비(2020)

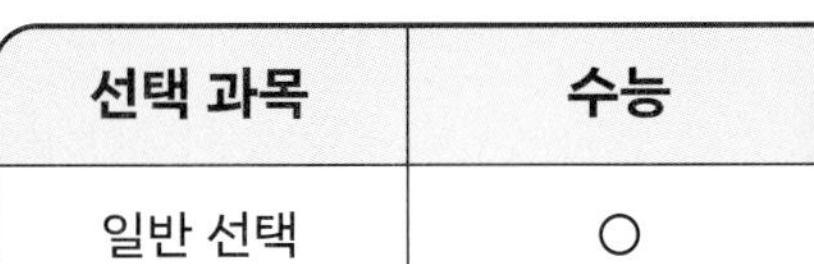

화법과 언어

선택 과목	수능	절대평가	상대평가
일반 선택	○	5단계	5등급

| 🔍 | 의사소통 목적과 맥락, 담화 참여자, 음성 언어, 의미 구성, 사고 행위, 언어적 실천, 소통 행위, 의미 기능, 맥락, 담화 수행, 비판적 사고, 능동적 참여, 언어생활 성찰, 문화 형성

[12화언01-01]

언어를 인간의 삶과 관련지어 이해하고, 국어와 국어 생활이 시간의 흐름에 따라 변화하는 양상을 분석한다.

'쌀'이라는 말은 영어로 'rice'로 번역되지만 'The rice crop is easily damaged by droughts.(벼는 가뭄을 잘 탄다.)'라는 문장으로 보건대, 꼭 쌀이 아니어도 벼나 밥 등이 rice로 번역되기도 한다. 즉 번역에서는 번역어와 피번역어가 1:1 대응 관계를 형성하지 않을 수도 있다는 것인데, 그 이유에 대해 해당 단어들이 각국의 문화에 따라 어떤 양상으로 인식되는지를 분석하여 발표해 보자.

관련 학과 공공인재학과, 공공행정학과, 관광학과, 광고홍보학과, 도시행정학과, 무역학과, 문화콘텐츠학과, 미디어커뮤니케이션학과, 법학과, 사회복지학과, 사회학과, 신문방송학과, 언론정보학과, 지리학과, 행정학과

《번역과 사회》, 세르게이 튤레네프, 조성은 외 2명 역, HUINE(2022)

[12화언01-02]

표준 발음을 이해하고 정확하게 발음하는 국어 생활을 한다.

'표준 발음'이라는 것의 '표준'은 일반적으로 명확하게 규정하기는 어렵다. 우리나라에서 표준어는 사전적으로 '교양 있는 사람들이 두루 쓰는 현대 서울말'로 정하고 있다. 그렇다면 '사투리, 방언'이 지니는 음운적 특성은 무엇이고, 이러한 방언을 사회적·행정적으로 균형감 있게 반영할 수 있는 실마리는 무엇인지, 그리고 그것이 정당한지에 대해 '미니 심포지엄'을 열어 의견을 나누어보자.

관련 학과 법학과, 사회학과, 사회복지학과, 지리학과, 행정학과

《말의 무게》, 뤼시 미셸, 장한라 역, 초록서재(2022)

[12화언01-03]

품사와 문장 구조에 대한 지식을 활용하여 언어 자료를 분석하고 설명한다.

품사 중 '수식언'에 해당하는 '관형사, 부사'나, 문장 성분 중 '부속 성분'에 해당하는 '관형어, 부사어'는 일반적으로 후행하는 체언이나 용언, 문장 전체 등을 수식하는 기능을 지닌다. 현재 우리가 정보 포털 서비스 등을 통해 열람할 수 있는 공문서에서 이러한 '수식언, 부속 성분' 등의 쓰임을 찾아보고, 이 품사나 성분의 쓰임이 '간결한 문장 표현'의 차원에서 적절한지 모둠원끼리 분석해 보고, 이를 고쳐 쓰는 활동을 해보자.

관련 학과 경찰행정학과, 공공인재학과, 공공행정학과, 군사학과, 도시행정학과, 행정학과

《민족주의와 미디어의 공공성》, 주재원, 커뮤니케이션북스(2016)

[12화언01-04]

단어의 짜임과 의미, 단어 간의 의미 관계를 중심으로 어휘를 이해하고 담화에 적절히 활용한다.

➲ 명사 파생 접사 '-질'은 사전적 의미로 보았을 때 '직업이나 직책에 비하하는 뜻을 더하는 접미사'나, '주로 좋지 않은 행위에 비하하는 뜻을 더하는 접미사(순사질, 회장질, 노름질, 싸움질 등)'의 의미가 있다. 이러한 단어를 순화하는 것이 옳은지, 아니면 그대로 방송 등에 내보내는 것이 옳은지에 대해 토의해 보자. 특히 '-질'이 아닌 다른 여러 어근, 접사에 의한 조어법의 의미상의 타당성을 여러 차원에서 점검하는 과정을 서로 토의해 보자.

관련 학과 **문화콘텐츠학과, 미디어커뮤니케이션학과, 신문방송학과, 언론정보학과, 행정학과**

《신문·방송의 언어와 표현론》, 박갑수, 역락(2020)

[12화언01-05]

담화의 맥락에 적절한 어휘와 문법 요소를 선택하여 화자의 태도를 드러낸다.

➲ "1관은 이쪽이십니다.", "이 가방은 500만 원이십니다." 등의 표현은 과도한 주체 높임 표현이다. 그러나 항공 서비스나 호텔 서비스 등 고객의 만족도를 최상으로 여겨야 하는 직업군에서 이러한 과도한 높임 표현이 사용되곤 한다. 이러한 극존칭 표현이 적절한지에 대해 토의해 보고, 이러한 현상이 일어나게 된 원인 및 바람직한 언어 순화 표현은 무엇인지에 대해 보고서로 정리해 보자.

관련 학과 **경영학과, 경제학과, 관광학과, 광고홍보학과, 국제통상학과, 금융보험학과, 무역학과, 문화콘텐츠학과, 미디어커뮤니케이션학과, 사회학과, 세무학과, 소비자학과, 신문방송학과, 언론정보학과, 항공서비스학과, 호텔경영학과, 회계학과**

《나는 이렇게 불리는 것이 불편합니다》, 이건범 외 7명, 한겨레출판(2018)

[12화언01-06]

담화의 구조를 고려하여 적절한 어휘와 문장으로 응집성 있는 담화를 구성한다.

➲ 뉴스, 유튜브, 광고, 인터넷 플랫폼, 나아가 교과서에서 나타나는 수많은 담화 구조는 경우에 따라 인종, 성별, 직업, 연령 등에 기반한 사회적 불평등이 정당화되거나 재생산되는 하나의 장치일 수 있다. 이를 비판적으로 보기 위해서는 담화의 구성 요소에 대한 철저한 분석이 수반되어야 한다. 평소 자신이 읽었던 기사문을 하나 선정하여, 이 기사문과 견해가 다른 또 다른 기사문을 찾아 비교하여 그 기사문들의 담화 구조를 분석하고, 기사문의 작성 의도와 주제 의식을 비교하는 토의 활동을 해보자.

관련 학과 **미디어커뮤니케이션학과, 사회학과, 신문방송학과, 언론정보학과**

《담화와 권력》, 반 데이크, 경진출판(2022)

[12화언01-07]

다양한 유형의 담화와 매체를 대상으로 언어의 공공성을 이해하고 평가한다.

➲ '팟캐스트'는 라디오 매체와 비디오 매체를 결합한 방송 매체의 갈래로서, 전통적인 라디오 매체의 특성을 반영하기도 하면서 새로운 SNS 매체의 특성까지 고려해야 한다. 팟캐스트에서의 '언어의 공공성'은 무엇인지 자신의 견해를 담아 제시해 보고, 이를 토대로 '우리 학교의 매력'에 대해 공공성을 담은 방송 시나리오를 작성하여 모둠별로 실제로 방송을 진행해 보자.

관련 학과 광고홍보학과, 문화콘텐츠학과, 미디어커뮤니케이션학과, 신문방송학과, 언론정보학과, 행정학과

《디지털·미디어 리터러시 수업》, 르네 홉스, 윤지원 역, 학이시습(2021)

[12화언01-08] ●●●

자아 개념이 의사소통 방식에 미치는 영향을 인식하고 협력적인 관계 형성에 적절한 방식으로 대화한다.

➲ 기업과 소비자(BtoC), 기업과 기업(BtoB)의 대화에서는 기업을 하나의 '자아'로 보고, 그 자아와 다른 자아가 협력적 관계를 맺을 수 있도록 대화해야 한다. 특히 최근에는 기업과 소비자 간의 공감적 대화 등이 매우 중요한데, 기업의 과실로 소비자가 피해를 본 경우나 그 반대의 경우를 가정하여 이때는 어떤 방식으로 자아 노출을 하고 협력적 대화를 할 것인지에 대해 시나리오를 모둠별로 작성하여 실제로 시연해 보자.

관련 학과 경영학과, 경제학과, 관광학과, 광고홍보학과, 국제통상학과, 금융보험학과, 무역학과, 세무학과, 소비자학과, 호텔경영학과, 회계학과

《비즈니스 커뮤니케이션》, 임창희 외 1명, 청람(2023)

[12화언01-09] ●●●

정제된 언어적 표현 전략 및 적절한 준언어적·비언어적 표현 전략을 활용하여 발표한다.

➲ 기업 내에서의 '프레젠테이션'은 언어적·준언어적·비언어적 표현을 적절하게 활용하면 그 능률을 올릴 수 있다. '우리 반 아이들에게 소개하고 싶은 미래의 사업 아이템'을 발표하되, 이러한 준언어적·비언어적 표현을 적절하게 섞어서 발표해 보자. 청중은 이러한 표현 전략이 주제와 내용 전달에 적절한지에 대해 '체크리스트'를 만들어 평가해 보자.

관련 학과 경영학과, 경제학과, 관광학과, 광고홍보학과, 국제통상학과, 금융보험학과, 무역학과, 세무학과, 소비자학과, 호텔경영학과, 회계학과

《세계 최고의 말하기 비법》, 오카모토 준코, 정문주 역, 스타리치북스(2022)

[12화언01-10] ●●●

화자의 공신력을 이해하고 효과적인 설득 전략을 활용하여 연설한다.

➲ 행정 부처에서의 연설은 '권위 있는 이'의 말을 토대로 공신력을 확보하고, 그 메시지의 전파 및 확립으로 진행되는 경우가 있다. 이러한 '제도, 법 확립'의 차원에서 공신력 있는 연설이 어떤 의의가 있는지 분석하고, '솔직하고 수용적인 태도'가 공신력에 영향을 미칠 수 있다는 사실을 토대로 이러한 방법론을 적용하여 '숙박형 현장 체험 학습 추진'을 설득하기 위한 연설을 해보자.

관련 학과 공공인재학과, 공공행정학과, 도시행정학과, 법학과, 사회복지학과, 사회학과, 정치외교학과, 행정학과

아리스토텔레스 수사학
'연설'에 관한 가장 체계적이고 분석적인 저서
2,400년 동안 읽히고 연구되어 온 '설득의 기술'

아리스토텔레스 수사학

아리스토텔레스, 박문재 역, 현대지성(2020)

책 소개

수사학은 우리에게 단순하게 '말을 꾸미는 일', '말을 아름답게 하는 일' 등으로 인식되기 마련이지만, 《아리스토텔레스 수사학》은 '인성, 이성, 감성' 등으로 나누어 '타인을 설득하기 위한 방법'을 이야기한다. 특히 단순히 기법에만 국한한 것이 아니라, 말이라는 행위를 둘러싼 인간들의 근원적인 감정, 정서의 변화를 매우 자세하게 설명하고 있어서 우리에게 총체적인 인문학적 감수성을 길러줄 것이다.

세특 예시

설득을 위한 말하기를 학습하는 과정에서 이성적 설득 전략, 감성적 설득 전략과 더불어 화자의 공신력이 효과적일 수 있음을 학습함. 이 공신력에 대해 더 자세하게 이해하고자 '아리스토텔레스 수사학(아리스토텔레스)'을 읽고 '나를 좋아하게 하는 것'이 무엇보다 중요하다는 사실을 내면화하고 이를 토대로 자신의 평소 언어 습관, 타인의 말을 듣는 태도 등을 수정하고자 하는 계획을 세움. 나아가 일일 포럼을 통해 '숙박형 현장 체험 학습 추진' 연설을 위한 시나리오를 작성하고, 이를 전 교사와 학생들 앞에서 연설하여 많은 이들의 박수를 받음.

[12화언01-11]

토의에서 주제와 관련된 다양한 자료를 통해 공동체의 문제를 분석하고 합리적으로 해결한다.

- 소비자 심리를 고려한 '우리 지역 관광 상품 기획 회의'를 모의로 진행하기 위해, 우리 지역이 가진 문제를 '인구, 지리, 교통, 문화'로 나누어 분석하여 자신의 의견을 마련해 보자. 이때 통계청 인구 자료, 지역 지도, 문화 관광 가이드 등을 참고하고, 지역 누리집에 접속하여 지역에 대한 많은 자료를 조사하여 정리해 보자.

관련 학과 경영학과, 관광학과, 문화콘텐츠학과, 소비자학과, 지리학과, 호텔경영학과

《관광을 통한 지역 만들기 성공 사례집: 일본 편》, 안용주, 선문대학교출판부(2019)

[12화언01-12]

주장, 이유, 근거를 비판적으로 검토하여 논증의 타당성, 신뢰성, 공정성에 대해 반대 신문하며 토론한다.

- 최근 '노 키즈 존', '노 배드 페어런츠 존'에 이어 '노 타투 존'도 생겨나고 있다. 이러한 가게 운영에 대해 설왕설래가 잦은데, 특히 '업주 스스로의 판단'이라는 관점과 '사회적 책임'이라는 관점이 서로 부딪히고 있다. 이러한 가게 운영이 필요한지에 대해 반대 신문식 토론을 진행해 보자. 특히 상대방의 근거가 얼마나 구체적으로 주장을 뒷받침하는지에 대한 '타당성 검증'을 토대로 토론해 보자.

관련 학과 경영학과, 관광학과, 문화콘텐츠학과, 사회복지학과, 사회학과, 소비자학과, 지리학과, 호텔경영학과

《소통을 꿈꾸는 토론학교 사회·윤리》, 김범묵 외 1명, 우리학교(2019)

[12화언01-13]

상황에 맞는 협상 전략을 사용하여 서로 만족할 수 있는 대안을 찾아 의사결정을 한다.

➡ 지역 내의 '폐기물 처리장 건립'은 해당 지역 주민과의 여러 회의, 공식적·비공식적인 공청회를 통해 이루어지는 행정 구조를 지니고 있다. 이러한 공청회 및 다차례의 협상 과정에서 지역 공공 기관 협상자 대표와 지역 주민 대표는 어떠한 협상 과정을 거칠지에 대해 자료를 조사해 보고, 가상의 협상 시나리오를 마련하되 '상대방과 나의 이득을 최대화하기 위한' 방법적 차원을 반영해 보자.

관련 학과 경찰행정학과, 공공인재학과, 공공행정학과, 도시행정학과, 행정학과

《폐기물처리》, 김인배 외 2명, 동화기술(2023)

[12화언01-14] ●●●

기호를 활용한 사회적 행위로서의 국어 생활을 성찰하고 문제점을 개선하는 태도를 지닌다.

➡ '광고 언어'는 해당 상품이나 서비스를 홍보하기 위해 예상 독자, 청자의 언어생활을 고려한 새로운 언어 기호 체계를 사용하는 경우가 있다. 예컨대 줄임말, 의도적인 맞춤법 파괴 등이 그러하다. 이러한 광고 언어 사용의 홍보 효과 및 문제점에 관련된 사례를 찾아 토의해 보고, 나아가 모둠별로 특정 상품이나 서비스를 홍보하는 문구를 제작한 후 그 원리를 소개해 보자.

관련 학과 광고홍보학과, 문화콘텐츠학과, 미디어커뮤니케이션학과, 신문방송학과, 언론정보학과

《마케터의 문장》, 가나가와 아키노리, 김경은 역, 인플루엔셜(2020)

[12화언01-15] ●●●

언어 공동체의 담화 관습을 이해하고, 다양성을 존중하는 의사소통 문화 형성에 기여하는 태도를 지닌다.

➡ 경찰이나 군대, 혹은 특정 기업, 사회의 언어 사용 양상이나 담화 관습은 '신속성, 정확성, 규율, 규칙, 상명하복' 등의 문화 체계를 반영하는 경우가 있다. 경우에 따라 상대방의 말을 끊거나 반드시 두괄식으로 설명하거나 개조식으로 말하는 관습도 있을 수 있다. 우리의 일상생활과 달리 전개되는 특정 언어 공동체의 담화 관습을 찾아보고, 이러한 관습에 대한 견해를 나누어보자.

관련 학과 관광경영학과, 경영학과, 경찰행정학과, 공공인재학과, 공공행정학과, 군사학과, 도시행정학과, 정치외교학과, 행정학과

《대한민국 군대를 말한다》, 김진형, 맥스미디어(2017)

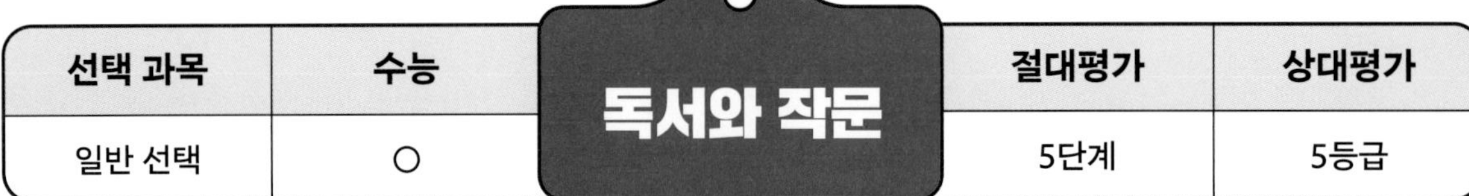

선택 과목	수능	독서와 작문	절대평가	상대평가
일반 선택	○		5단계	5등급

| 🔍 | 문어 의사소통, 사회·문화적 맥락, 독서 전략 및 관습, 사실적 읽기, 비판적 읽기, 추론적 읽기, 주제 통합적 읽기, 작문 전략 및 관습, 정보 전달 글쓰기, 논증하는 글쓰기, 성찰하는 글쓰기

[12독작01-01]

독서와 작문의 의사소통 방법과 특성을 이해하고 문어 의사소통 생활을 주도적으로 실천하고 성찰한다.

➜ 필자는 자신이 속한 사회의 상황과 요구 등 사회·문화적 맥락을 반영하여 글을 쓴다는 점, 독자는 필자가 작성한 글을 읽는 행위를 통해 그 사회에 대해 간접적으로 이해하는 경험을 할 수 있다는 점에서 작문과 독서는 사회적 의사소통 행위임을 알 수 있다. 이러한 사회적 의사소통 행위가 겉으로 드러나는 결과물이 바로 작가의 출판과 독자의 도서 구매 행위이다. 최근 서점의 인기 도서 매대에 'AI', '챗GPT' 등의 단어가 포함된 제목의 책들이 많이 놓여 있다는 것은, 이 단어들이 현재 우리 사회의 핵심 키워드라는 것, 그리고 우리 사회가 이 키워드에 대한 정보를 담은 글을 원한다는 것을 의미한다. 현재 인터넷 서점의 경영, 경제, 사회, 정치, 행정, 문화, 법, 언론 등 각 분야의 인기 도서 목록을 확인하며 현재 우리 사회의 여러 분야를 관통하는 사회적 요구가 무엇인지 분석해 보고, 구체적으로 관련 도서를 찾아 읽으면서 해당 주제에 대한 탐구 보고서를 작성해 보자.

관련 학과 사회계열 전체

《트렌드 코리아 2023》, 김난도 외 9명, 미래의창(2022)

[12독작01-02]

독서의 목적과 작문의 맥락을 고려하여 가치 있는 글이나 자료를 탐색하고 선별한다.

➜ 건의문은 어떤 문제나 쟁점에 대해 개인이나 기관에 문제 해결을 요구하거나 해결 방안을 제안하고자 쓰는 글을 말한다. 건의문은 문제를 적극적으로 해결하고자 하는 민주적 문화를 형성하는 데 도움이 되기에 작문을 하는 행위 그 자체로도 가치가 인정된다. 하지만 실제로 건의문을 통해 사회의 여러 문제가 해결되고 있음을 곳곳에서 확인할 수 있어 더욱 의미가 있다. 실례로 특정 유튜브 채널의 주유소 내 흡연 영상이 논란이 된 상황에서, 한국석유유통협회가 주유소 흡연으로 인한 분쟁과 안전사고 예방을 목적으로 국민건강증진법상 금연 구역에 주유소를 포함시켜 달라는 내용의 건의문을 제출하기도 했다. 이처럼 우리 사회에서 해결이 필요한 문제 상황을 선정하여 관련 내용에 대해 탐구하고, 이를 바탕으로 작문에 필요한 내용을 구성하여 건의문을 작성해 보자.

관련 학과 사회계열 전체

《더 좋은 나라, 이렇게 하면 어떨까?》, 임도빈, 윤성사(2021)

[12독작01-03]

글에 드러난 정보를 바탕으로 글의 내용을 파악하고 글에 드러나지 않은 정보를 추론하며 읽는다.

'시사평론'이란 현재의 정치 및 사회 현상에 대해 논하여 비평하는 것을 말한다. 시사평론에서는 특정 주제나 이슈에 대한 필자의 의견이 논리적으로 서술되는데, 신문, 잡지 등에 실리는 칼럼이나 사설, 논설 등도 시사평론의 영역에 해당한다. 평론의 '평(平)'이 '평평하다'를 의미하는 만큼, 시사평론은 개인의 의견을 설파하더라도 어느 한쪽의 입장을 대변하는 것이 아니라 사회와 국민 전체에 유익한 의견과 평가를 제시하는 데 그 목적이 있다. 그러나 최근의 시사평론은 정치 및 사회에 대한 진정한 평가를 논하기보다는 평론을 전하는 언론사의 정치적 입장을 대변하는 경향성을 보이기도 한다. 특히 진영 논리로부터 자유롭지 못한 모습에, 공정하고 깊이 있는 시사평론이 사라지고 있다는 우려의 목소리도 있다. 최근에 쓰인 시사평론 한 편을 읽고 필자가 지적하는 사회의 문제가 무엇인지 분석한 후 글에서 생략된 내용 또는 숨겨진 글쓴이의 의도를 추론하여 글의 공정성을 판단해 보자.

관련 학과 **경영학과, 경제학과, 공공인재학과, 공공행정학과, 국제통상학과, 도시행정학과, 법학과, 사회복지학과, 사회학과, 세무학과, 신문방송학과, 언론정보학과, 정치외교학과, 행정학과**

《고성국의 정치 평론 그리고 정치》, 고성국, 실크로드(2020)

[12독작01-04]

글의 내용이나 관점, 표현 방법, 필자의 의도나 사회·문화적 이념을 평가하며 읽는다.

'돈으로 시간을 살 수 있다면?'이라는 질문이 유행하던 시기가 있었다. 그런데 지금은 시간을 굳이 돈을 들여서 살 필요 없이, 기술로 시간을 살 수 있을 듯하다. 이를 실현 가능하게 해주고 있는 것이 바로 OpenAI의 챗GPT이다. 이 기술을 제대로만 활용하면 누군가의 1년이 나에게는 1분이 될 수도 있다. 이런 이유로 챗GPT는 출시된 지 고작 두 달 만에 월 활성 사용자(MAU) 1억 명을 돌파하는 기록을 세웠다. 그런데 한편으로는 인류의 많은 부분을 대체할 수 있는 혁신 기술의 등장에 불안감을 느끼는 사람들도 많다. 챗GPT로 인해 설 자리를 잃을 위기에 처한 직장인들이 그렇다. 그 때문에 챗GPT의 강점과 함께 인류에게 닥친 위협을 경고하고, 챗GPT의 한계와 함께 인류의 생존 전략에 대해 자신의 생각을 표현하는 글이 많아졌다. 이런 글을 찾아 읽어보면서 글의 내용이나 필자의 의도 등을 평가해 보고, 이를 바탕으로 챗GPT의 위협과 인류의 생존 전략에 대한 자신의 생각을 글로 작성해 보자.

관련 학과 **경영학과, 공공인재학과, 공공행정학과, 국제통상학과, 사회학과, 신문방송학과, 언론정보학과, 정치외교학과, 행정학과**

《챗GPT의 위협과 선물》, 윤종완, BOOKK(2023)

[12독작01-05]

글을 읽으며 다양한 내용 조직 방법과 표현 전략을 찾고 이를 글쓰기에 활용한다.

최근 MZ세대 사이에서 개인의 신념이나 가치관을 담아 소비하는 '미닝 아웃(Meaning Out)' 트렌드가 확산되고 있다. 동물성 원료를 사용하지 않거나 동물 복지를 우선으로 생각하는 '비건 뷰티', '비건 패션'이 유행하는 것도 이러한 미닝 아웃 트렌드의 사례이다. 아울러 친환경 제품을 생산하거나 사회적 책임을 다하는 기업의 제품을 일부러 소비하려는 경향도 미닝 아웃에 해당할 수 있다. 이러한 미닝 아웃 소비를 통해 사람들은 공정을 추구하는 과정에서 자아 존중감을 향상하고, 더 나아가 사회적으로도 긍정적 에너지를 생성할 수 있다. 이와 같은 미닝 아웃 소비의 경향과 사례를 주제로 기사문을 작성하기 위해 내용을 조직해 보고, 효과적으로 기사문의 내용을 전달하기 위한 표현 전략을 탐구해 보자.

관련 학과 경영학과, 경제학과, 광고홍보학과, 문화콘텐츠학과, 미디어커뮤니케이션학과, 사회학과, 소비자학과, 신문방송학과, 언론정보학과

《요즘 소비 트렌드》, 노준영, 슬로디미디어(2022)

[12독작01-06]

자신의 글을 분석적·비판적 관점으로 읽고, 내용과 형식을 효과적으로 고쳐 쓴다.

➲ 18~19세기 산업 발전의 원동력이었던 석탄이 지금은 탄소 배출의 주원인으로 꼽히게 되면서 골칫덩어리로 전락했다. 이에 전 세계적으로 기후 재앙을 피하기 위한 탄소 중립 대책의 필요성에 대해 공감대가 형성된 상황이고, 우리 정부 역시 2050년까지 탄소 중립을 시행하겠다는 목표를 밝힌 바 있다. 세계 주요 국가의 탄소 배출량과 탄소 중립 정책을 비교·분석해 보며 탄소 중립을 위한 국가별 실질 기여도에 대해 탐구해 보자. 그리고 탄소 중립 정책에 대한 선진국과 개발도상국 간의 입장 차이에 대해 조사하고, 개발도상국의 입장에서 세계의 탄소 중립 정책에 대한 의견을 연설문 형식으로 작성한 후 글의 내용과 형식을 점검하고 고쳐 써보자.

관련 학과 경영학과, 공공행정학과, 국제통상학과, 도시행정학과, 무역학과, 미디어커뮤니케이션학과, 법학과, 사회학과, 신문방송학과, 언론정보학과, 정치외교학과, 행정학과

《기후변화와 유럽연합》, 박상철, 박영사(2023)

[12독작01-07]

인간과 예술을 다룬 인문·예술 분야의 글을 읽고 삶과 예술에 대한 자신의 생각을 담은 글을 쓴다.

➲ 2017년 11월 국가인권위원회에서 '노 키즈 존'이 차별 행위라고 판단을 내렸지만, 권고 사항이었기 때문에 여전히 노 키즈 존을 유지하는 사업장이 많아 지금까지도 이 문제는 논란이 되고 있다. 노 키즈 존 사안과 관련된 각 권리 주체가 각자의 이유로 자신의 입장을 고수하고 있지만, 때로는 각자의 위치에 따라 아무리 공정하게 판단하려 한들 편향될 수도 있음을 알아야 한다. 그동안 당연한 줄로만 알았던 우리 사회의 차별 사례를 찾아 분석하고, 이러한 사례들에서 사람들이 차별을 인식하고 생각을 바꿀 수 있게 이끌기 위해서는 어떠한 노력과 대책이 필요한지에 대한 내용으로 라디오 사연을 작성해 보자.

관련 학과 공공인재학과, 공공행정학과, 문화콘텐츠학과, 미디어커뮤니케이션학과, 법학과, 사회복지학과, 사회학과, 신문방송학과, 언론정보학과, 행정학과

《선량한 차별주의자》, 김지혜, 창비(2019)

[12독작01-08]

사회적·역사적 현상이나 쟁점 등을 다룬 사회·문화 분야의 글을 읽고 사회·문화적 사건이나 역사적 인물에 대한 관점을 담은 글을 쓴다.

➲ 최근 우리 사회는 극악무도한 범죄 소식으로 인한 불안감이 크다. 그리고 이러한 범죄에 대한 낮은 형량 때문에 국민들이 느끼는 공분은 상상을 초월한다. 특히 여성이나 아동 대상의 성범죄가 근절되지 않다 보니, 해당 범죄에 대한 처벌 수위를 높여야 한다는 여론이 커지고 있다. 한국의 성범죄 처벌의 적절성 논란에 대한 글을 읽으며 쟁점을 파악하고, 정말 우리나라가 성범죄에 대해 관대한지를 우리나라의 다른 범죄에 대한 형량, 그리고 다른 나라의 동일 범죄에 대한 형량 등과 비교하며 탐구해 보자. 그리고 이를 바탕으로 성범죄 처벌의 적절성 여부에 대한 자신의 관점을 담아 기사문을 작성해 보자.

관련 학과 경찰행정학과, 공공인재법학과, 공공행정학과, 국제법무학과, 미디어커뮤니케이션학과, 법무행정학과, 법학과, 사회학과, 신문방송학과, 언론정보학과, 행정학과

성범죄 성매매 성희롱

강민구, 박영사(2021)

책 소개

이 책은 성범죄에 대한 개관을 통해 성범죄의 유형에 대해 안내하고, 특별법상 성범죄 규정이나 성범죄 관련 양형 기준, 성범죄 재발 방지를 위한 제도 등에 대한 내용을 소개하고 있다. 특히 근래에 사회적 약자를 더욱 보호하기 위해 바뀐 각종 처벌 규정들을 반영한 판례들까지 소개하고 있다.

세특 예시

사회적 쟁점을 다룬 글 읽기 수업 후 '성범죄 처벌 수위의 적절성에 대한 논란'을 주제로 한 관련 글들을 찾아 읽으며 쟁점을 파악함. 이 과정에서 우리나라 성범죄 처벌 수위가 정말 낮은지에 대한 호기심이 생겨, 뉴스 기사를 검색해 최근 발생한 성범죄 사건들의 형량에 대해 찾아봄. 그리고 성범죄 관련 규정이나 양형 기준을 알아보기 위해 '성범죄 성매매 성희롱(강민구)'을 찾아 읽고, 이를 통해 성범죄 사건들의 형량에 대한 법적 근거를 확인함. 또한 우리나라의 다른 범죄에 대한 형량, 다른 나라의 유사 범죄에 대한 형량과의 비교를 통해 우리나라 성범죄 처벌의 적절성에 대한 본인의 관점을 담아 기사문을 작성한 점이 인상적임.

[12독작01-09]

과학·기술의 원리나 지식을 다룬 과학·기술 분야의 글을 읽고 과학·기술의 개념이나 현상을 설명하는 글을 쓴다.

- 기후 변화, 인구 및 사료 곡물의 수요 증가 등 다양한 원인으로 세계적인 식량 부족의 시대로 들어선 지금, 과학·기술을 통해 식량 위기의 해법을 찾으려는 움직임이 계속되고 있다. 음식물 쓰레기를 퇴비로 만들거나 가뭄 해결을 위한 인공 강우 기술을 고안하는 등 식량 생산 시스템을 개선하는 연구가 진행되고 있고, 소를 사육하는 대신 고기 세포에서 새로운 고기를 만들어내는 배양육 실험을 통해 육제품을 그대로 재현해 내기도 한다. 식량 위기 극복을 위한 과학·기술에 대한 글을 읽으며, 핵심 기술에 적용된 과학적 원리에 대해 탐구해 보자. 또한 이를 바탕으로 식량 위기의 해결책이 될 수 있는 과학·기술을 소개하는 글을 작성해 보자.

관련 학과 경영학과, 경제학과, 공공인재학과, 공공행정학과, 국제통상학과, 무역학과, 미디어커뮤니케이션학과, 사회복지학과, 사회학과, 소비자학과, 신문방송학과, 언론정보학과, 정치외교학과, 행정학과

《인류를 식량 위기에서 구할 음식의 모험가들》, 아만다 리틀, 고호관 역, 세종서적(2021)

[12독작01-10]

글이나 자료에서 가치 있는 정보를 수집하고 효과적으로 조직하면서 정보를 전달하는 글을 쓴다.

- 우리나라는 집을 살 때는 '취득세', 집을 팔 때는 '양도세', 그리고 집을 보유하고 있을 때는 '보유세'를 납부한다. 자산을 취득했으니 취득세를 내고, 자산을 팔 때는 시세 차익으로 소득이 생겼으니 양도세를 내는 것은 이해될 수 있다. 하지만 보유세는 조금 다르다. 특히 실거주 목적의 1주택자는 집을 팔지 않는 이상, 가격이 올랐다고 해서 이득이 되는 것이 전혀 없음에도 불구하고 세금을 내야 한다. 심지어 집값이 상승하면 상승한 가격

으로 보유세를 내야 하기에 논란이 된다. 사실 이러한 조세 정책에는 부동산 시장의 과열을 막기 위한 정부의 의도가 반영되어 있다. 이처럼 세금은 국가의 방향성과 밀접한 연관이 있기에, 세상을 이해하려면 세금에 대한 이해는 필수적이다. 세상을 바꿔온 다양한 세금의 사례에 대한 정보를 수집하며 탐구해 보고, 이를 바탕으로 세금의 기능에 대한 발표문을 작성해 보자.

관련 학과 경영학과, 경제학과, 공공행정학과, 금융보험학과, 법학과, 사회학과, 세무학과, 신문방송학과, 언론정보학과, 행정학과, 회계학과

《세상을 바꾼 엉뚱한 세금 이야기》, 오무라 오지로, 김지혜 역, 리드리드출판(2022)

[12독작01-11]

글이나 자료에서 타당한 근거를 수집하고 효과적인 설득 전략을 활용하여 논증하는 글을 쓴다.

➲ 학교폭력 피해자의 복수를 다룬 드라마 <더 글로리>의 인기와 심심찮게 보도되는 유명인들의 학교폭력 이슈로 인해, 최근 학교폭력에 대한 엄중한 대처 방안을 요구하는 목소리가 커지고 있다. 교육부는 강경 대책의 일환으로 학교폭력 가해자의 학교생활기록부 징계 이력의 보존 기간을 늘리고, 2026학년도부터는 모든 대입 전형에 학교폭력 조치 사항을 의무적으로 반영하는 방안을 발표했다. 하지만 학교폭력의 가장 효과적인 예방 대책이라는 호응과 동시에 부작용에 대한 우려의 시선도 존재한다. 특히 가해자에 대한 낙인 효과와 학교폭력 관련 소송이 증가할 것이라는 지적들이 있어, 학교폭력 내용을 학교생활기록부에 기재하는 문제는 지속적인 검토가 필요하다. 학교폭력에 관한 기록 보존 기간 연장을 주제로 찬성과 반대 자료를 탐구하여 필요한 정보를 선별한 후 자신의 의견을 논리적으로 서술해 보자.

관련 학과 경찰행정학과, 공공행정학과, 법학과, 사회학과, 신문방송학과, 언론정보학과, 행정학과

《학교폭력 해부노트》, 이수정 외 1명, 테크빌교육(2021)

[12독작01-12]

정서 표현과 자기 성찰의 글을 읽고 자신의 정서를 진솔하게 표현하거나 자신의 삶을 성찰하는 글을 쓴다.

➲ 최근 서점가에서 관심도가 높은 키워드는 바로 '자기 계발'이다. 베스트셀러 10위권 중 절반 이상이 자기 계발서일 정도로 자기 계발 분야 서적의 인기가 높다. 이러한 '자기 계발 열풍'은 경제 불황의 장기화와 그에 따른 심리적·사회적 불안을 안정시키고자 하는 사람들의 노력이 반영된 하나의 사회적 현상이라 할 수 있다. 특히 복잡한 철학보다는 진솔한 자신만의 언어로 삶에 대한 통찰과 조언, 위로를 전하는 에세이들이 베스트셀러 순위의 최상위권을 차지하고 있다. 이를 통해 더 나은 미래를 위해, 또는 더 나은 사람이 되기 위해 성찰하고자 하는 현대인들의 희망을 엿볼 수 있다. 베스트셀러 자기 계발서들에 대한 분석을 바탕으로 현재 우리 사회의 모습을 탐구해 보자. 또한 필자의 삶에 대한 태도나 가치관이 드러난 글을 읽으며, 이러한 글이 지니는 가치에 대해 탐구해 보자.

관련 학과 사회계열 전체

《역행자》, 자청, 웅진지식하우스(2023)

[12독작01-13]

다양한 글을 주제 통합적으로 읽고 학습의 목적과 교과의 특성을 고려하여 학습을 위한 글을 쓴다.

➲ 장기화된 경기 불황과 지속적인 제품 가격 상승에도 불구하고 명품 브랜드의 제품을 사기 위해 아침부터 줄을 서는 현상은 여전한데, 이러한 현상을 나타내는 개념이 바로 '베블런 효과'이다. 가격이 비싸면 오히려 허영심

또는 과시욕으로 수요가 증가한다는 것인데, 10만 원 안팎의 빙수를 줄 서서 먹거나, 20만 원대 케이크를 구매하기 위해 수십, 수백 통의 전화를 거는 소비 행태도 베블런 효과로 설명할 수 있다. 반대로 다른 사람들이 너무 많이 사는 재화나 상품은 오히려 구매하지 않고 차별적인 소비를 시도하는 현상을 의미하는 '스놉 효과'라는 용어도 있다. 이처럼 현대인의 소비 현상을 설명할 수 있는 경제 용어를 선정하여 그와 관련된 글과 자료를 탐구한 후 용어의 개념, 현상의 원인 및 사례 등에 관한 보고서를 작성해 보자.

관련 학과 **경영학과, 경제학과, 광고홍보학과, 국제통상학과, 금융보험학과, 문화콘텐츠학과, 미디어커뮤니케이션학과, 사회학과, 소비자학과, 신문방송학과, 언론정보학과, 호텔경영학과, 회계학과**

《소비자의 마음》, 멜리나 파머, 한진영 역, 사람in(2023)

[12독작01-14] ●●●

매체의 유형과 특성을 고려하며 글이나 자료를 읽고 쓴다.

➡ 다양한 매체를 통해 정보를 전달할 때 특정한 프레임, 즉 일종의 틀을 씌움으로써 정보의 해석에 영향을 미치는 것을 '프레이밍(Framing)'이라고 한다. 프레이밍은 특정 정보를 선택하거나 강조 혹은 무시함으로써 정보를 받아들이는 사람들의 인식과 가치관을 바꿀 수 있기에 여론 형성에 크게 관여할 수 있다. 최근에는 'MZ세대'라는 용어가 온라인상에서 확산되면서, 개인주의적이고 거침없는 의사 표현, 조직에 헌신하지 않는 문화 등이 MZ세대의 특성인 것처럼 보도되거나 미디어 콘텐츠로 제작 및 확산되는 과정에서 세대 간 갈등을 조장하여 문제가 되었다. 신문, 영상, 뉴미디어 등 매체의 특성에 따른 프레이밍의 사례를 분석하고, 프레이밍의 위험성과 정보의 비판적 수용을 주제로 한 카드 뉴스를 제작해 보자.

관련 학과 **경영학과, 경제학과, 광고홍보학과, 국제통상학과, 문화콘텐츠학과, 미디어커뮤니케이션학과, 사회학과, 소비자학과, 신문방송학과, 언론정보학과, 정치외교학과, 회계학과**

《위험한 프레임》, 정문태, 푸른숲(2017)

[12독작01-15] ●●●

독서와 작문의 관습과 소통 문화를 이해하고 공동체의 소통 문화 및 담론 형성에 책임감 있게 참여한다.

➡ 대법원 법원행정처는 2023년 2월 '압수 수색 영장 사전심문제' 신설을 주요 내용으로 하는 형사소송규칙 개정안을 입법 예고했다. 개정안에는 "법원은 필요하다고 인정한 때에는 압수 수색 영장을 발부하기 전 심문 기일을 정해 압수 수색 요건 심사에 필요한 정보를 알고 있는 사람을 심문할 수 있다."라는 조항을 추가한다는 내용이 담겼다. 법원은 압수 수색에 필요한 사실 관계를 좀 더 세밀하게 살피겠다는 의도를 설명했지만, 검찰에서는 수사 정보 유출의 우려가 있어 수사의 밀행성을 해친다는 이유로 강력하게 반발하고 있다. '압수 수색 영장 사전심문제'를 둘러싼 쟁점에 대한 탐구를 바탕으로, 자신의 주장을 뒷받침할 수 있는 근거를 마련하여 공동체의 담론 형성에 참여해 보자.

관련 학과 **경찰법학과, 경찰행정학과, 국제법무학과, 법무행정학과, 법학과, 신문방송학과, 언론정보학과**

《압수·수색 절차의 개선방안에 관한 연구》, 사법정책연구원, 사법정책연구원(2016)

선택 과목	수능	문학	절대평가	상대평가
일반 선택	O		5단계	5등급

| 문학의 인식적·윤리적·미적 기능, 내용과 형식의 관계, 문학 감상의 맥락, 한국 문학의 역사와 성격, 문학의 공감적·비판적·창의적 수용, 문학의 수용과 창작, 문학의 가치, 문학의 생활화

[12문학01-01]

문학이 인간과 세계에 대한 이해를 돕고, 삶의 의미를 깨닫게 하며, 정서적·미적으로 삶을 고양함을 이해한다.

사회 곳곳에서 수평적이고 탈권위적인 문화를 조성하기 위해 소위 '갑질' 행태를 근절하는 엄중한 대책을 세우고 있다. '갑질 문화'는 역사적으로 오랫동안 뿌리내려 온 악질적인 관습으로, 이는 작자 미상의 고전 소설 <춘향전>에서도 사또로 부임한 변학도가 기생의 딸, 즉 천민인 춘향에게 억지로 수청을 들도록 강요하며 온갖 횡포를 부리는 장면에 잘 묘사되어 있다. 이처럼 과거에는 신분, 성별, 관직 등의 차이에서 생기는 상하 관계로 인한 갑질이 당연시되었는데, 과거에 비해 평등해졌다고는 하나 여전히 현대에도 다양한 형태의 갑질이 남아 있다. 다양한 요소로 인해 형성되는 갑을 관계가 나타난 문학 작품을 감상하고, 작품 속의 갑을 관계 및 갑질 행태와 유사한 사례를 기사문에서 찾아 문학 작품과 현실을 비교하여 비평문을 작성해 보자.

관련 학과 경영학과, 공공인재학과, 광고홍보학과, 문화콘텐츠학과, 미디어커뮤니케이션학과, 사회학과, 신문방송학과, 언론정보학과, 항공서비스학과, 호텔경영학과

《한국사회와 갑질문화》, 이진호, 이담북스(2018)

[12문학01-02]

문학의 여러 갈래들의 특성과 문학의 맥락에 대해 이해한다.

1960년대에 접어들며 사회 문제를 비판하고 사회를 변화시키는 문학의 현실 참여적 기능이 강조되면서 '참여시'가 현대시의 한 갈래로 등장했다. 정치 및 사회의 현실적인 문제에 적극적으로 대응하면서 비판적인 의식을 표출했던 참여시는 당시의 억압적인 시대 상황에 저항하고자 하는 의지를 주로 나타냈다. 특히 이동순의 시 <개밥풀>에는 이러한 참여시의 특성이 잘 나타나 있다. 논이나 연못의 물 위를 떠다니는 개밥풀을 통해 삶의 뿌리 없이 떠도는 민중들의 모습을 그려낸 <개밥풀>은 당시 민중의 연대 의식과 끈질긴 생명력을 잘 표현했다고 평가된다. 다른 참여시 작품을 찾아 작품이 창작된 사회·문화적 맥락을 고려하여 시를 감상하고, 여러 참여시를 비교·분석하며 참여시의 특성과 역할에 대해 탐구해 보자.

관련 학과 공공인재학과, 공공행정학과, 도시행정학과, 문화콘텐츠학과, 미디어커뮤니케이션학과, 법학과, 사회복지학과, 사회학과, 신문방송학과, 언론정보학과, 정치외교학과, 행정학과

《김수영과 신동엽》, 이승규, 소명출판(2008)

[12문학01-03]

주요 작품을 중심으로 한국 문학의 범위와 갈래, 변화 양상을 탐구한다.

➔ 오늘날 우리 사회 분열의 위기감을 고조시키는 요소로 비판받는 거대 양당의 극한 대립은 조선 시대의 붕당 정치에서부터 시작되었다고 볼 수 있다. 붕당은 학문적·정치적 견해를 같이하는 사람들이 모여 형성되었는데, 붕당 간의 대립으로 인해 유배를 떠나는 사람들도 많았다. 이러한 유배 생활을 통해 자신의 처지와 무고함, 임금에 대한 충심 등을 노래한 가사(歌辭) 작품들이 꽃피우게 되었다. 최초의 유배 가사로 알려진 조위의 <만분가> 역시 자신의 억울함을 호소하면서도 임에 대한 변치 않는 충절을 드러내고 있어, 이후로 이어지는 유배 가사의 전형이 되었다. 조선 시대의 정치 현실을 배경으로 창작된 유배 가사들을 비교·분석해 보고, 유배 가사의 특징과 변화 양상에 대해 탐구해 보자.

관련 학과 경영학과, 공공행정학과, 문화콘텐츠학과, 미디어커뮤니케이션학과, 사회학과, 신문방송학과, 언론정보학과, 정치외교학과, 행정학과

《유배, 그 무섭고도 특별한 여행》, 염은열, 꽃핀자리(2015)

[12문학01-04] •••

한국 문학에 반영된 시대 상황을 이해하고 문학과 역사의 상호 영향 관계를 탐구한다.

➔ 개화기 이후 서구 문물의 유입은 광복과 한국 전쟁을 거치며 미국의 영향으로 밀물처럼 밀려 들어왔다. 당시 서구의 문물들은 대체로 우리의 전통적인 것보다 우월한 것으로 여겨졌으며, 이에 따라 젊은 층들 사이에 무비판적·무차별적으로 외국의 물건과 문화를 수용하는 경향이 나타났다. 1987년에 발표된 장정일의 시 <하숙>은 이러한 당시 사회의 모습을 잘 나타내는데, "리바이스 청바지", "켄트 꽁초", "파이오니아 앰프" 등 온통 서양의 물건들로 둘러싸인 하숙방, 그리고 그 하숙방에서 주체성 없이 대자로 누워 있는 '녀석'의 모습을 비판적인 시각으로 묘사하고 있다. <하숙>의 역사적·사회적 배경에 대한 탐구를 바탕으로, 작품이 발표될 당시의 사회와 오늘날의 모습을 비교·분석한 후 오늘날의 사회에서 <하숙>이 비판하는 대상과 같은 사례를 찾아 비판적 관점에서 신문 기사를 작성해 보자.

관련 학과 경영학과, 광고홍보학과, 국제통상학과, 무역학과, 문화콘텐츠학과, 미디어커뮤니케이션학과, 사회학과, 소비자학과, 신문방송학과, 언론정보학과

《햄버거에 대한 명상》, 장정일, 민음사(2002)

[12문학01-05] •••

한국 작품과 외국 작품을 비교하며 읽고 한국 문학의 보편성과 특수성을 파악한다.

➔ 일제에 대한 울분과 광복에 대한 염원을 동시에 담고 있어 일제강점기의 대표적 저항시로 손꼽히는 이상화의 <빼앗긴 들에도 봄은 오는가>는 일제에 빼앗긴 국토와 국권을 "지금은 남의 땅", "빼앗긴 들" 등으로 나타내며 저항 의식을 표출한 작품으로 유명하다. 마찬가지로 서구의 식민 치하에 있었던 아프리카의 현실을 나타낸 다비드 디오프의 시 <아프리카> 역시 1950년대 서구의 식민 정치와 동화 정책에 반발하며 창작된 작품이다. 흑인 문화의 전통과 존엄성을 중시하는 '네그리튀드 운동'의 일환으로 창작된 <아프리카>는 당당했던 아프리카의 과거와 처참한 현재, 밝은 미래에 대한 확신 등이 잘 나타나 있다고 평가된다. <빼앗긴 들에도 봄은 오는가>와 <아프리카>를 비교하여 감상하며 공통적인 문제의식을 탐구한 후 일제강점기 저항 문학의 보편성과 특수성에 대한 글을 써보자.

관련 학과 광고홍보학과, 국제통상학과, 무역학과, 문화콘텐츠학과, 미디어커뮤니케이션학과, 사회학과, 신문방송학과, 언론정보학과, 정치외교학과, 행정학과

《빼앗긴 들에도 봄은 오는가》, 이상화, 시인생각(2013)

[12문학01-06] ●●●

문학 작품에서는 내용과 형식이 긴밀하게 연관됨을 이해하며 작품을 수용한다.

➔ '액자식 구성'은 이야기 속에 하나 또는 여러 편의 내부 이야기가 들어 있는 구성을 말한다. 액자식 구성이 사용된 조세희의 〈뫼비우스의 띠〉는 세상을 바라보는 학생들의 고정 관념을 깨고자 하는 수학 교사의 강의가 외부 이야기로, 부동산업자에게 사기를 당한 '앉은뱅이'와 '꼽추'의 이야기가 내부 이야기로 구성되어 있다. 내부 이야기는 1970년대의 도시 빈민을 상징하는 앉은뱅이와 꼽추가 결국 악덕 부동산업자를 살해하는 것으로 마무리되는데, 피해자와 가해자의 고정 관념이 무너진 내부 이야기가 고정 관념에 대한 문제 제기를 했던 외부 이야기와 밀접하게 연관되며 피해자와 가해자를 구분하기 어려운 왜곡된 현실을 비판하고 있다. 액자식 구성이 사용된 소설 작품 중 하나를 선택하여 감상하고, 소설의 내용 전개 및 주제 구현과 관련하여 액자식 구성이 갖는 효과를 탐구하여 보고서를 작성해 보자.

관련 학과 **경찰행정학과, 공공행정학과, 문화콘텐츠학과, 미디어커뮤니케이션학과, 법학과, 사회복지학과, 사회학과, 신문방송학과, 언론정보학과, 정치외교학과, 행정학과**

《난장이가 쏘아올린 작은 공》, 조세희, 이성과힘(2024)

[12문학01-07] ●●●

작품을 공감적, 비판적, 창의적으로 감상하며, 다양한 방식으로 작품에 대해 비평한다.

➔ 일제강점기의 비참한 현실을 사실적으로 형상화한 이용악의 시 <낡은 집>은 암울한 현실에 등 떠밀려 고향을 떠난 '털보네'의 이야기를 어린아이인 화자가 관찰하는 형식으로 그려내고 있다. 마치 '털보네'의 개인적 이야기를 전달하는 것 같지만, 사실 '털보네'는 당시 가난과 핍박을 견디지 못하고 만주나 시베리아 등지로 떠날 수밖에 없었던 우리 민족을 대표한다. 극심한 가난과 시대적 비극으로 인해 아이의 출생마저 축복할 수 없는 비정함, 그리고 터전을 떠나서도 행복한 미래를 그릴 수 없는 작품 속 '털보네'의 모습은 일제 치하에서 우리 민족 전체가 겪어야만 했던 시련을 나타내고 있다. <낡은 집>을 읽은 후 '털보네', 더 나아가 우리 민족이 겪었던 고난에 대한 자신의 생각을 정리해 보고, 현대 사회에도 이 작품에 나타난 상황과 비슷한 경우가 있는지 탐구하여 작품에 대한 감상평을 작성해 보자.

관련 학과 **공공인재학과, 공공행정학과, 국제통상학과, 도시행정학과, 문화콘텐츠학과, 미디어커뮤니케이션학과, 사회복지학과, 사회학과, 신문방송학과, 언론정보학과, 정치외교학과, 행정학과**

《낡은 집》, 이용악, 열린책들(2022)

[12문학01-08] ●●●

작품을 읽고 새로운 시각으로 재구성하거나 주체적인 관점에서 작품을 창작한다.

➔ 1930년대 서울을 배경으로 한 이태준의 소설 〈복덕방〉은 급격한 근대화의 물결 속에 소외된 구세대와 이기적이고 위선적인 신세대 간의 갈등을 다루고 있다. 무려 80여 년 전 소설이지만, 세대 간 갈등과 급변하는 사회에 적응하지 못하는 계층은 여전히 존재하기에 오늘날의 우리에게도 시사하는 바가 크다. 특히 코로나19 팬데믹 이후 매장마다 갖춰놓은 키오스크를 제대로 이용하지 못하거나 배달, 원격 줄서기 등 애플리케이션을 활용하지 못해 불편을 겪는 고령층의 사례가 점차 증가하고 있는데, 이들을 가리켜 '디지털 소외 계층'이라 부를 만큼 사회적 문제로 떠오르고 있다. 이태준의 〈복덕방〉을 읽고, 정보화의 흐름에서 소외되고 있는 오늘날 노년층의 이야기로 인물, 사건, 배경을 재구성하여 〈복덕방〉을 패러디해 보자. 또한 '디지털 소외 계층' 문제의 해결 방안을 탐구해 보자.

관련 학과 경영학과, 경제학과, 관광학과, 광고홍보학과, 금융보험학과, 문화콘텐츠학과, 미디어커뮤니케이션학과, 사회복지학과, 사회학과, 소비자학과, 신문방송학과, 언론정보학과, 행정학과

《복덕방》, 이태준, 종합출판범우(2012)

[12문학01-09] ●●●

다양한 매체로 구현된 작품의 창의적 표현 방법과 심미적 가치를 문학적 관점에서 수용하고 소통한다.

➲ SNS의 발달이 인간의 의사소통에 미친 수많은 영향 중 하나로, 짧은 길이로 소통하려는 경향이 커진 것을 꼽을 수 있다. 그중 '140자의 마법'으로도 불린 트위터는 140자의 글자 수 제한을 둠으로써 사람들이 전달하고자 하는 바를 보다 효율적이고 간결하게 표현할 수 있도록 했다. 공학자이자 소설가인 곽재식은 이러한 트위터의 특징을 활용하여 140자 안에서 기승전결을 갖춘 이야기를 자신의 트위터 계정에 연재하였으며, 이를 엮어 《140자 소설》로 펴내기도 했다. 《140자 소설》을 읽고, 본래 트위터 계정에 연재되었던 소설이라는 점을 고려하여 작품 속에 매체의 특성이 반영된 부분을 찾아보자. 또한 140자라는 한정된 분량 안에서 각각의 내용과 주제가 어떻게 전달되고 있는지 탐구하여 작품의 특징을 분석해 보자.

관련 학과 경영학과, 광고홍보학과, 문화콘텐츠학과, 미디어커뮤니케이션학과, 사회학과, 소비자학과, 신문방송학과, 언론정보학과

《140자 소설》, 곽재식, 구픽(2016)

[12문학01-10] ●●●

문학을 통하여 자아를 성찰하고, 타자를 이해하며 상호 소통한다.

➲ 최은영의 소설 <씬짜오, 씬짜오>는 베트남 사람인 투이네 가족과 한국 사람인 '나'의 가족 사이에서 일어난 베트남 전쟁의 상처로 인한 갈등을 다룬 작품이다. 투이네 가족과의 저녁 식사 자리에서 '나'는 한국은 단 한 번도 다른 국가에 피해를 주지 않았다고 이야기하지만, 투이네 가족은 자신들이 베트남 전쟁에서 한국군이 저지른 민간인 학살의 피해자라고 말한다. 이에 '나'의 엄마는 즉시 사과했지만 '나'의 아빠는 자신의 형도 베트남 전쟁에서 죽었고 그것은 단지 전쟁이었을 뿐이라고 말하여 이들 가족은 서서히 멀어지게 된다. <씬짜오, 씬짜오>에 대한 감상을 바탕으로 투이네 가족의 참상을 대하는 아빠의 태도에 대해 독서 토론을 진행해 보자. 또한 타인을 이해하는 일의 가치, 더 나아가 다른 문화를 대할 때 지녀야 할 바람직한 태도에 대한 고민을 바탕으로 작품에 대한 서평을 작성해 보자.

관련 학과 관광학과, 국제통상학과, 군사학과, 무역학과, 문화콘텐츠학과, 미디어커뮤니케이션학과, 사회복지학과, 사회학과, 신문방송학과, 언론정보학과, 정치외교학과, 지리학과

《쇼코의 미소》, 최은영, 문학동네(2016)

[12문학01-11] ●●●

문학을 통해 공동체가 처한 여러 문제들을 이해하고 문제 해결에 참여하는 태도를 지닌다.

➲ 우리 사회에는 소외 계층으로 분류되는 사람들이 많이 존재한다. 이러한 소외 계층을 포용하고 사회적으로 통합하기 위해 우리 사회는 여러 분야에 걸쳐 노력하고 있는데, 문학 또한 예외가 아니다. 시인 하종오는 <동승>에서 외국인 노동자에 대한 차별적 시각을 반성하고, <신분>에서는 이주민과 정주민의 동등한 인간적 가치 및 공존의 가능성을 제시하고 있다. 이처럼 소외 계층에 대한 차별의 문제를 해결하기 위해 문학계에서도 부단히 노력하고 있다. 이와 관련한 문학 작품들을 찾아 감상하고, 우리 사회의 소외 계층 문제 해결을 위해 문학이 어

떤 역할을 하고 있는지를 작품의 사례를 바탕으로 탐구하여 보고서를 작성해 보자.

관련 학과 공공인재학과, 문화콘텐츠학과, 미디어커뮤니케이션학과, 사회복지학과, 사회학과, 신문방송학과, 언론정보학과, 정치외교학과, 행정학과

《국경 없는 농장》, 하종오, 도서출판b(2015)

[12문학01-12]

주체적인 문학 활동을 생활화하여 지속적으로 문학을 즐기는 태도를 지닌다.

➔ 오늘날 우리 사회는 개인주의라는 명목하에 실제로는 타인의 이익은 무시하고 자신의 이익만을 과도하게 추구하는 이기주의에 빠져 있는 사람들이 많다. 김용준의 수필 <강희자전과 감투>는 글쓴이가 책을 팔았다가 책방 주인으로부터 다시 산 경험과, 벼슬을 돈으로 사기 위해 상경한 G 군을 질책한 경험을 연결하여 과도한 이익을 추구하는 당대 세태를 비판하며 독자들에게 교훈을 전달하는 작품이다. 이 작품 외에도 이러한 주제 의식을 전달하는 문학 작품은 예나 지금이나 꾸준히 창작되고 있는데, 이처럼 문학을 통해 부정적인 세태를 비판하는 작품들을 찾아 읽고, 작품과 사회 현상을 연결하여 작품에 대한 추천사를 작성해 보자. 그리고 시대와 관계없이 비슷한 사회 현상을 다루고 있는 작품들의 추천사를 한데 묶어 문학잡지의 특별 기획안을 제작해 보자.

관련 학과 문화콘텐츠학과, 미디어커뮤니케이션학과, 사회학과, 신문방송학과, 언론정보학과, 정치외교학과

《김용준 수필선집》, 김용준, 김진희 편, 지식을만드는지식(2017)

선택 과목	수능	주제 탐구 독서	절대평가	상대평가
진로 선택	X		5단계	5등급

| 관심 분야, 책과 자료, 통합적 읽기, 주체적 탐구, 비판적·창의적 독서, 자신의 관점과 견해 형성, 주도적 독서, 삶의 성찰 및 계발

[12주탐01-01]

주제 탐구 독서의 의미를 이해하고 관심 있는 분야에서 탐구할 주제를 탐색한다.

'STP' 마케팅 전략은 '세분화(segmentation)', '타기팅(targeting)', '포지셔닝(positioning)'의 3단계로 이루어진다. 원활한 세분화 및 타기팅 전략을 위해서는 마케팅 대상 지역에 대한 지정학적 정보, 인구 분포, 기존 시장, 시설, 문화 등에 대한 세밀한 분석이 필요하다. 자신이 살고 있는 지역에 특정 기업이나 매장, 점포를 입점한다고 가정하고, 이를 위해 다양한 자료 탐색 활동을 통해 '어떤 점포를 입점하면 좋은가?'에 대한 세부 주제를 만들어 보자.

관련 학과 경영학과, 경제학과, 관광학과, 국제통상학과, 금융보험학과, 무역학과, 세무학과, 소비자학과, 지리학과, 호텔경영학과, 회계학과

《마케터, 마케팅을 말하다》, K-마케팅포럼, 이노다임북스(2019)

[12주탐01-02]

학업과 진로 탐색을 위해 주제 탐구 독서의 목적을 수립하고 주제를 선정한다.

'서로가 함께 행복한 의사소통을 하는 사회'를 만드는 것을 삶의 모토로 하여 진로를 탐색하고자 할 때 하버마스가 제시한 '공론장' 개념을 익히기 위한 독서 활동 계획을 세워보자. 이후 자신이 생각하는 '공론장'을 설정해 보고, 반성적 실마리를 찾아 진로를 구체화하는 계획을 발표해 보자.

관련 학과 광고홍보학과, 문화콘텐츠학과, 미디어커뮤니케이션학과, 사회학과, 신문방송학과, 정치외교학과, 언론정보학과

《공론장의 구조변동》, 위르겐 하버마스, 한승완 역, 나남(2001)

[12주탐01-03]

관심 분야의 책과 자료가 지닌 특성을 파악하며 주제 탐구 독서를 한다.

《국화와 칼》은 일본 문화를 자국민의 관점이 아닌 미국인의 관점에서 본 독특한 책이다. 제3자의 입장에서 중층 기술을 통해 기록되었기 때문에 해당 문화를 더 깊이 있게 파악할 수 있다. '만분의 일의 은혜 갚음', '인정의 세계', '어린아이는 배운다' 등의 흥미로운 주제가 많기 때문에, 이 부분을 찾아 읽으면서 일본 문화가 어떤 특성을 가졌는지를 한 가지씩만 파악하고, 이를 한국 문화와 비교하는 내용을 마련하여 모둠별로 발표해 보자.

관련 학과 관광학과, 국제통상학과, 무역학과, 문화콘텐츠학과, 사회복지학과, 사회학과, 정치외교학과, 지리학과

《국화와 칼》, 루스 베네딕트, 김윤식 외 1명 역, 을유문화사(2019)

[12주탐01-04]

주제와 관련된 책이나 자료를 탐색하면서 신뢰할 수 있고 가치 있는 정보를 선정하여 분석하며 읽는다.

《경영학으로의 초대》는 경영학의 다양한 학문적 스펙트럼을 소개함으로써, 우리가 흔히 마케팅으로만 알고 있는 경영학에 대한 이해를 도모하고 있다. 이 책에서 소개하는 회계, 재무, 인적자원관리, 유통 등 경영학의 다양한 분야를 모둠별로 관심사를 고려하여 나누어 분석하며 읽고, 원래 모둠으로 돌아와서 각자의 모둠원들에게 해당 내용을 알려주는 방식의 '직소 읽기 프로젝트'를 진행해 보자.

관련 학과 **경영학과, 경제학과, 관광학과, 광고홍보학과, 국제통상학과, 금융보험학과, 무역학과, 문화콘텐츠학과, 세무학과, 소비자학과, 회계학과**

《경영학으로의 초대》, 강승완 외 16명, 한경사(2020)

[12주탐01-05]

주제에 관련된 책과 자료를 종합하여 읽으며 자신의 관점과 견해를 형성한다.

'촉법소년' 형사처벌의 필요성에 대한 갑론을박이 이어지고 있다. 이와 관련한 찬성과 반대 입장의 자료나 책 등을 모두 살펴본 후 해당 견해의 장단점을 비교해 보자. 이 과정을 토대로 자신의 견해는 어떠한지 '미니 심포지엄'을 통해 제시하되, 관련 책의 내용을 인용할 때는 출처를 밝히고 주장에 대한 합리적인 근거를 제시해 보자.

관련 학과 **경찰행정학과, 공공인재학과, 공공행정학과, 군사학과, 도시행정학과, 문화콘텐츠학과, 미디어커뮤니케이션학과, 법학과, 사회복지학과, 사회학과, 신문방송학과, 언론정보학과, 정치외교학과, 행정학과**

《촉법소년, 살인해도 될까요?》, 김성호, 천개의바람(2023)

[12주탐01-06]

매체를 포함한 다양한 방법으로 주제 탐구 독서의 과정이나 결과를 사회적으로 공유하고 소통한다.

'튀르키예 지진'과 관련해 원인, 피해 상황, 피해자 증언, 각국 상황, 국제 관계의 흐름, 우리 정부의 움직임, 현장 교육 상황 등을 다양한 자료나 서적을 통해 파악하고, 이를 '카드 뉴스' 형태로 만들어 교내 학생들에게 알려보자. 특히 튀르키예 지진 피해 아동을 위한 캠페인이 실질적 도움을 주기 위한 프로그램이 될 수 있도록 학생들과 소통해 보자.

관련 학과 **광고홍보학과, 국제통상학과, 문화콘텐츠학과, 미디어커뮤니케이션학과, 사회복지학과, 사회학과, 신문방송학과, 언론정보학과, 정치외교학과, 지리학과, 항공서비스학과**

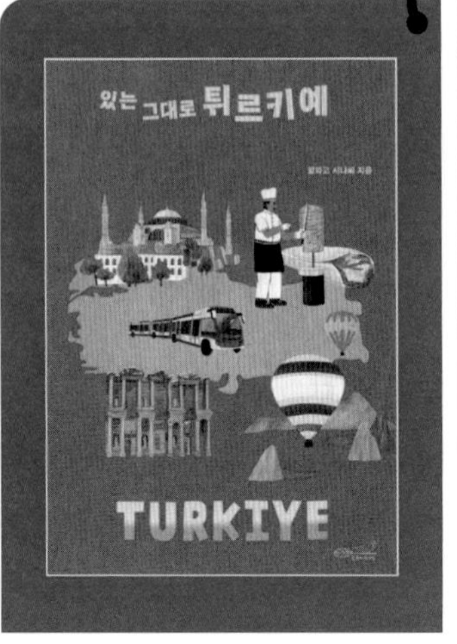

책 소개

튀르키예에서 귀화한 한국인 알파고 시나씨가 형제의 나라 튀르키예의 이모저모를 생생하게 알려주는 책이다. 특히 지리, 기후, 역사, 사회, 문화, 예술 등의 학술적이고 학문적인 내용 속에 다양한 볼거리, 먹을거리, 즐길 거리 등이 녹아들어 독자의 이해의 깊이와 즐거움을 더해준다.

세특 예시

튀르키예 지진에 대한 글감을 읽고, 지진이 발생한 자연과학적 원인부터 전개, 피해 상황, 후속 조치까지의 전 과정을 다룬 카드 뉴스를 제작하여,

있는 그대로 튀르키예

알파고 시나씨, 초록비책공방(2023)

'튀르키예 지진 피해 아동 구호를 위한 굿즈 제작' 프로그램을 학교 차원에서 진행하기 위한 홍보 캠페인의 도구로 사용함. 특히 '있는 그대로 튀르키예(알파고 시나씨)'의 '튀르키예의 교육 제도'를 읽고, 현지 홈페이지 등을 검색해 현재 교육이 원활하게 이루어지지 못하는 튀르키예의 상황을 카드 뉴스에 반영하는 등의 능동적 태도가 돋보임.

[12주탐01-07]

주제 탐구 독서를 생활화하여 주도적으로 삶을 성찰하고 계발한다.

➲ '나만의 세계여행' 계획을 세우기 위해 관광, 문화 콘텐츠와 관련한 여러 책을 읽어보고, 자신이 가고 싶은 국가, 지역과 그 이유를 정리해 보자. 특히 이 과정에서 한 가지가 아닌 다양한 이유를 마련하여 자신의 관심사를 확장해 보자. 이후 이러한 내용을 토대로 '세계여행으로 나아가는 나의 삶'이라는 제목의 글을 작성하여 친구들 앞에서 발표해 보자.

관련 학과 관광학과, 광고홍보학과, 문화콘텐츠학과, 사회학과, 지리학과, 항공서비스학과, 호텔경영학과

《세계 방방곡곡 여행 일기》, 마스다 미리, 이소담 역, 북포레스트(2023)

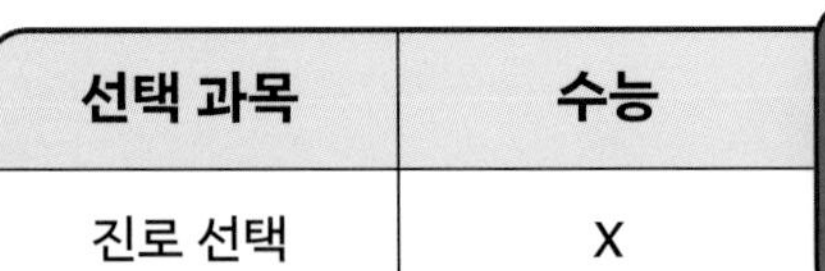
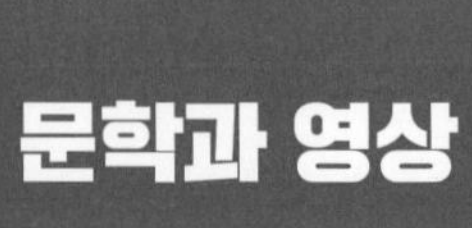

문학과 영상

선택 과목	수능	절대평가	상대평가
진로 선택	X	5단계	5등급

| 🔍 | 형상화, 언어 예술, 영감, 상상력, 시각적 요소와 청각적 요소의 결합, 현실 세계, 상상의 세계, 변용과 창조

[12문영01-01]

문학과 영상의 형상화 방법과 그 특성을 이해한다.

➲ 현진건의 <술 권하는 사회>는 지식인이 일제강점기에 할 수 있는 것이 아무것도 없기 때문에 술을 마시는 것에 대해 "이 사회가 술을 건네는 것"이라고 말하며, 이를 아내가 온전하게 이해하지 못하는 데서 생기는 갈등을 다루고 있다. 이러한 사회 현상을 영화로 반영할 때 인물의 연기, 소품, 대사 등으로 어떻게 '1920년대 당시 지식인의 내적 갈등'을 구현할 수 있을지에 대해 모둠원들과 의논해 보고, 간단한 영화 대본 두세 신(scene)을 만들어보자.

관련 학과 **광고홍보학과, 문화콘텐츠학과, 미디어커뮤니케이션학과, 사회복지학과, 사회학과, 신문방송학과, 언론정보학과, 정치외교학과, 행정학과**

《운수 좋은 날》, 현진건, 애플북스(2014)

[12문영01-02]

양식과 매체에 따른 특성과 효과를 고려하여 문학 작품과 영상물을 해석하고 비평한다.

➲ 김승옥의 <서울 1964년 겨울>은 서로 알지 못하는 세 사람이 우연히 만나 겪게 되는 일을 그린 작품이다. 젊은이들의 무의미한 의사소통, 그리고 그 가운데서도 생기는 계층적·기호적 차이에 의한 소외를 그리고 있다. 특히 등장인물인 '사내'의 자살은 이러한 주제 의식을 극명하게 표현하는데, 이후 '개미'가 '나'의 바지를 붙잡는 듯한 '상징적' 장면을 영화, 방송 등의 영상 매체에서 어떠한 신 구성으로 표현할 수 있을지 토의해 보자.

관련 학과 **문화콘텐츠학과, 미디어커뮤니케이션학과, 사회학과, 신문방송학과, 언론정보학과**

《서울 1964년 겨울》, 김승옥, 문학과지성사(2019)

[12문영01-03]

문학 작품과 영상물 간의 영향 관계와 상호작용의 효과를 파악한다.

➲ 이황의 <도산십이곡(陶山十二曲)>, 이이의 <고산구곡가(高山九曲歌)> 등은 조선 시대의 고유한 시조의 풍격을 드러내기에 가장 타당한 작품들이다. 이러한 시조의 내용, 형식 등을 우리나라의 문화재, 서적, 코스메틱, 의류, 식품 등에 접목하여 '한국적 이미지'를 살릴 수 있는 구체적인 방안에 대해 논의하고, 이를 토대로 '고전 시가를 토대로 한 마케팅 방법론 공유 심포지엄'을 열어서 소통해 보자.

관련 학과 **경영학과, 경제학과, 관광학과, 광고홍보학과, 국제통상학과, 금융보험학과, 무역학과, 세무학과, 소비자학과, 호텔경영학과, 회계학과**

《도산십이곡》, 이재흥, 어문학사(2011)

[12문영01-04]

문학 창작과 영상 창작의 요소와 기법을 바탕으로 문학 작품과 영상물을 수용·생산한다.

➲ 최근 공공 기관의 공무원의 삶이나 행정 체계, 조직 문화, 혹은 이러한 것과 관련된 다양한 에피소드를 유튜브 콘텐츠로 만드는 경우가 많다. 이러한 영상 매체 제작의 긍정적인 면과 관련지어서, 우리 학교를 다른 사람에게 홍보하기 위해서는 어떠한 창작 요소를 넣거나 기법을 추구해야 할지에 대해 반 구성원과 토의해 보고, 이를 토대로 실제 '학교 홍보 매체' 제작 계획을 세워보자.

관련 학과 공공인재학과, 공공행정학과, 도시행정학과, 문화콘텐츠학과, 사회복지학과, 사회학과, 정치외교학과, 행정학과

《스토리보드 제작 노하우》, 데이비드 할랜드 루소 외 1명, 안영진 역, 비즈앤비즈(2019)

[12문영01-05]

소재가 유사한 문학 작품과 영상물을 비교하면서 통합적으로 수용한다.

➲ 김려령의 소설《완득이》는 영화로도 개봉되어 많은 사랑을 받았다. 소외 계층의 삶을 다룬 이 작품과 윤흥길의《아홉 켤레의 구두로 남은 사내》를 서로 비교해 보고, '소외된 이들의 삶'이 작품의 플롯 및 스토리를 형성하는 데 어떠한 양상으로 기능하는지에 대해 토의해 보자. 특히 서로 소재가 유사하나 갈래를 다르게 설정했을 때의 효과를 중심으로 '소외'라는 개념에 대한 자신의 견해를 밝혀보자.

관련 학과 공공인재학과, 공공행정학과, 관광학과, 광고홍보학과, 도시행정학과, 문화콘텐츠학과, 미디어커뮤니케이션학과, 법학과, 사회복지학과, 사회학과, 신문방송학과, 언론정보학과, 정치외교학과, 지리학과, 행정학과

《완득이》, 김려령, 창비(2008)

[12문영01-06]

문학 작품과 영상물을 효과적으로 전달할 수 있는 경로와 매체를 선택하여 공유한다.

➲ 보카치오의《데카메론》은 '10일 동안의 이야기'라는 뜻으로, 흑사병에 감염되는 것을 예방하기 위해 교회로 피신한 이들의 이야기를 다루고 있다. '첫째 날 이야기', '둘째 날 이야기' 식으로 전개되는 이 책의 하루에 해당하는 부분을 읽고, 이 내용을 친구들이 쉽게 이해할 수 있게끔 기사문 형태로 만들어 학교 SNS 일간지에 게재해 보자.

관련 학과 문화콘텐츠학과, 미디어커뮤니케이션학과, 법학과, 사회학과, 소비자학과, 신문방송학과, 언론정보학과, 정치외교학과, 지리학과

《데카메론》, 조반니 보카치오, 진성 역, 린(2021)

[12문영01-07]

문학과 영상에 관련된 진로와 분야에서 요구하는 문화적 소양에 대해 탐구한다.

➲ 이태준의 <달밤>이나 <복덕방> 같은 소설을 창작하기 위해서는 작중 인물들에 대한 '공감'과 '연민'의 정서가 나타나야 할 것이다. 타인에게 절대적으로 공감하고 연민을 느낀다는 것은 그 인물을 무조건적이고 긍정적으로 존중한다는 것인데, 소설 창작자로서 이러한 시각과 소양을 가지려면 어떤 노력을 해야 할지 토의해 보자. 또한 <달밤>이나 <복덕방>의 작중 인물들에게 우리는 현재 어떤 정서를 느끼는지도 논의해 보자.

관련 학과 공공인재학과, 공공행정학과, 도시행정학과, 문화콘텐츠학과, 미디어커뮤니케이션학과, 법학과, 사회복지학과, 사회학과, 신문방송학과, 언론정보학과

《이태준 작품집》, 이태준, 범우(2022)

[12문영01-08]

문학 작품과 영상물을 비판적으로 수용하며 자신의 삶을 성찰한다.

정희성 시인의 <숲> 중 "제가끔 서 있어도 나무들은 / 숲이었어" 구절에서 나무와 숲이 각각 상징하는 의미에 대해 친구들과 함께 생각해 보고, 사회 속에서 자신이 나무, 숲이었던 경험에 대해 자유롭게 이야기를 나누어 보자. 이후 우리 주변에서 일어나는 여러 사회 현상을 찾아 이를 '나무와 숲'의 관점에서 의미를 찾아보고, 모둠별로 성찰 일지를 작성해 보자.

관련 학과 사회계열 전체

《답청》, 정희성, 책만드는집(2014)

[12문영01-09]

문학 작품과 영상물을 통해 창의적 사고를 표현하고 세계와 적극적으로 소통하는 태도를 가진다.

간단하면서도 강렬한 인상을 주는 광고를 만드는 데 있어서 '시의 한 구절'을 짓는 것은 좋은 방법이 될 수 있다. 처음에는 여러 시 작품들을 보면서 이것을 광고에 어떻게 활용할지에 대해 토의해 보고, 다양한 수사법 중 1~2개를 선택하고 이를 활용하여 특정 기업에서 마케팅하는 생산품이나 서비스 등의 광고 문구를 만들어보자.

관련 학과 경영학과, 경제학과, 관광학과, 광고홍보학과, 국제통상학과, 세무학과, 소비자학과, 지리학과, 항공서비스학과, 행정학과, 호텔경영학과, 회계학과

《인문학으로 광고하다》, 박웅현 외 1명, 알마(2009)

[12문영01-10]

문학 작품과 영상물의 수용과 생산 활동에 따르는 윤리적 책임을 인식하면서 주체적이고 능동적으로 참여한다.

하종오 시인의 <동승>, <국경 없는 농장의 나날> 등은 외국인 근로자에 대한 한국인들의 차별적인 시선과 행동을 보여주면서 다문화 사회를 살아가는 우리들의 안일한 태도에 경종을 울린다. 이러한 작품을 수용하면서 우리들이 가져야 할 지구촌 사회에서의 윤리적 의식, 책임은 무엇인지 생각해 보고, 이 작품을 통해 소통하는 관점에서 나타날 수 있는 여러 견해에 대해서도 자신의 생각을 정리하여 모둠별로 토의해 보자.

관련 학과 공공인재학과, 공공행정학과, 관광학과, 국제통상학과, 무역학과, 문화콘텐츠학과, 사회복지학과, 사회학과, 정치외교학과, 지리학과, 항공서비스학과, 행정학과, 호텔경영학과

《국경 없는 농장》, 하종오, 도서출판b(2015)

선택 과목	수능	직무 의사소통	절대평가	상대평가
진로 선택	X		5단계	5등급

| 직무 의사소통의 목적, 맥락, 매체, 표현 전략, 의사소통 역량, 공동체·대인 관계 역량, 직무 정보의 관리 및 활용과 조직 및 표현, 갈등 조정하기, 문제에 대한 대안 탐색 및 해결

[12직의01-01]

직무 의사소통의 목적과 맥락, 매체, 참여자 특성을 이해하고 적절한 표현을 사용하여 능동적으로 소통한다.

➲ 판결문은 대개 일반인들에게는 어렵고 딱딱한 것, 법 지식이 없다면 이해할 수 없는 것으로 여겨진다. 그런데 최근 이러한 판결문을 어떻게 하면 좀 더 쉽게 쓸 수 있을지를 고민하는 판사들이 늘고 있다. 부산지방법원의 한 판사는 판결 이후 피고인의 삶이나 사회에 조금이나마 변화를 일으킬 수 있기를 바라며, 판결문 중 그나마 자유롭게 쓸 수 있는 '양형 이유' 작성에 공을 들인다고 밝힌 바 있다. 예컨대 동반 자살 시도를 했다가 실패한 피의자들이 석방 이후 또다시 삶을 포기하지 않도록 마음을 움직이는 공감과 이해의 판결문을 쓰는 등 판결이 판결로만 그치지 않게 노력하는 것이다. 이와 같은 판결문 사례를 찾아 읽어보고, 최근 관심 있는 문제와 관련된 판례에 대해 피고인 또는 사회에 전하고 싶은 메시지를 담아 직접 판결문의 '양형 이유' 부분을 작성해 보자.

관련 학과 경찰법학과, 국제법무학과, 미디어커뮤니케이션학과, 법무행정학과, 법학과, 신문방송학과, 언론정보학과

《어떤 양형 이유》, 박주영, 모로(2023)

[12직의01-02]

직무 공동체의 다양한 소통 문화와 직무 환경 변화에 적합하게 자기를 소개하고 면접에 참여한다.

➲ 최근 사교육계 카르텔, 건설업계 카르텔, 법조계 카르텔 등 각종 이권 카르텔 관련 뉴스 기사의 보도가 많아지면서, 이를 척결하기 위한 노력이 지속되고 있다. '카르텔'이란 동종 기업들이 이윤의 극대화를 위해 담합하는 행위로, 이러한 행위의 결과는 소비자의 피해로 이어진다. 따라서 정부는 담합 행위의 방지를 위해 담합 행위를 스스로 신고하는 기업에게 과징금을 면제하거나 감면해 주는 '리니언시 제도'를 운영 중이다. 카르텔의 형성 조건, 리니언시 제도의 정착을 위한 조건 및 부작용 등에 대한 탐구를 바탕으로, 각종 이권 카르텔이 난무하는 상황에서 기업 간의 정당한 협력을 보장하면서도 부당한 공동 행위를 척결할 수 있는 방안을 포함하는 면접 예상 답변 또는 자기소개서를 작성해 보자.

관련 학과 경영학과, 경찰행정학과, 공공인재학과, 공공행정학과, 국제통상학과, 무역학과, 법학과, 사회학과, 정치외교학과, 행정학과, 회계학과

《담합 이야기》, 이성복, 생각의집(2019)

[12직의01-03]

효과적인 진로 탐색 및 직무 수행을 위해 다양한 방법으로 정보를 수집하고 분석하여 내용을 이해하고 평가한다.

➲ 인플레이션의 완화를 위해 세계 각국에서 고강도 정책을 실시하는데도 좀처럼 문제가 해결되지 않자, 이에 대한 다양한 분석이 나오고 있다. 대개 물가가 오르면 소비 심리가 위축되면서 소비자들이 지출을 줄이는 것이 일반적이지만, 이러한 상황에서도 오히려 소비 증가 추세가 나타나 관심을 끌고 있다. 특히 여행이나 콘서트 등 '즐거운 경험'에 대한 지출을 아끼지 않는 소비자들의 특성이 인플레이션의 새로운 주범이라고 하며, 이를 반영한 '투어플레이션', '펀플레이션'과 같은 신조어까지 생겨나고 있다. 오늘날의 인플레이션의 원인을 경제 및 사회적 측면에서 탐구해 보고, 인플레이션의 통상적 원인과 비교하여 분석해 보자. 또한 소비자학에 대한 자료를 바탕으로 과거의 소비와 현대의 소비 경향을 분석하여 최근의 인플레이션을 설명하는 보고서를 작성해 보자.

관련 학과 **경영학과, 경제학과, 관광학과, 문화콘텐츠학과, 미디어커뮤니케이션학과, 사회학과, 소비자학과, 신문방송학과, 언론정보학과, 호텔경영학과, 회계학과**

《인플레이션 이야기》, 신환종, 포레스트북스(2021)

[12직의01-04]

적절한 매체를 사용하여 직무에 필요한 정보를 체계적으로 관리하고 활용한다.

➲ 인간은 재화나 서비스를 소비함으로써 만족감을 얻게 되는데 이러한 주관적 만족의 정도를 '효용'이라 하고, 재화나 서비스를 추가로 소비할 때 얻게 되는 만족의 정도를 '한계 효용'이라 한다. 그런데 인간은 재화나 서비스를 처음으로 소비할 때는 만족감이 높지만 추가적인 소비가 이어질수록 만족감이 떨어지는데, 이를 설명한 이론이 '한계 효용 체감의 법칙'이다. 이 법칙은 한정된 자원을 가진 소비자가 소비 행위를 위한 판단을 할 때 주요 기준으로 작용하기 때문에, 경제학 전반 및 소비자 선택의 이론에서 중요한 개념으로 다루어진다. '한계 효용 체감의 법칙'이 경제 정책, 제품 가격 및 생산량 결정, 마케팅 전략 등에 활용되는 사례를 찾아 분석해 보고, 이를 바탕으로 경제 현상 분석 리포트를 작성해 보자.

관련 학과 **경영학과, 경제학과, 공공인재학과, 공공행정학과, 광고홍보학과, 미디어커뮤니케이션학과, 사회학과, 소비자학과, 신문방송학과, 언론정보학과, 항공서비스학과, 행정학과, 호텔경영학과, 회계학과**

《최강의 실험경제반 아이들》, 김나영, 리틀에이(2022)

[12직의01-05]

정보를 효과적으로 조직하여 직무의 목적·대상·상황에 적합하게 표현한다.

➲ 최근 흉기 난동 사건이 곳곳에서 이어지며 불안감이 높아지는 가운데, 직장인 익명 커뮤니티에 한 경찰이 "경찰은 과잉 진압으로 배상 소송에 휘말리게 되는 경우가 많아 범인에 대해 소극적으로 대처할 수밖에 없다. 국민은 각자도생하라."라는 내용의 글을 올려 논란이 되었다. 실제로 흉기 난동범을 진압하는 과정에서 경찰이 물리력을 사용하는 경우 민사 소송 등에서 배상 책임을 지게 되는 판례가 적지 않다. 이에 법무부는 정당한 물리력 행사는 형사 처벌 대상이 되지 않는 '위법성 조각 사유'에 해당되므로 경찰의 물리적 진압 행위를 정당행위, 정당방위로 인정하도록 지시한 바 있다. 위법성 조각 사유를 기준으로 경찰의 물리력 행사의 정당방위 여부를 판단해 보고, 우리나라의 정당행위 및 정당방위 관련 법의 한계에 대한 자신의 생각과 그에 관한 정보를 짜임새 있게 조직하여 기사문을 작성해 보자.

관련 학과 **경찰법학과, 경찰행정학과, 국제법무학과, 군사학과, 법무행정학과, 법학과, 신문방송학과, 언론정보학과**

《꼬리 밟고 쏙쏙 경찰법 이야기》, 이동환, 유원북스(2023)

[12직의01-06]

직무 수행 과정에서 발생하는 의사소통 문제와 대인 관계 갈등에 대해 대화와 협의로 대처하고 조정한다.

도시 재생의 일환으로 실시되어 오던 마을 벽화 그리기 사업은 젊은 예술가들의 재능과 열정, 그리고 도시 속 아날로그 감성을 느낄 수 있게 해주고, 벽화 마을로 탈바꿈한 곳은 관광 명소로 자리 잡으며 사람들의 관심을 받아왔다. 그러나 유동 인구의 폭발적인 증가로 고질적인 문제인 교통 혼잡, 소음과 쓰레기가 발생하면서 마을 거주민과 시 공무원이 대립하는 상황이 종종 생겨나고 있다. 이와 관련하여 양측의 주장과 근거, 갈등의 원인 등을 분석하고, 이를 바탕으로 시 공무원의 입장에서 마을 거주민을 설득하는 상황을 가정하여 대화와 협의로 대처하고 조정하는 연습을 해보자.

관련 학과 공공인재학과, 공공행정학과, 관광학과, 도시행정학과, 문화콘텐츠학과, 미디어커뮤니케이션학과, 사회학과, 신문방송학과, 언론정보학과, 정치외교학과, 행정학과

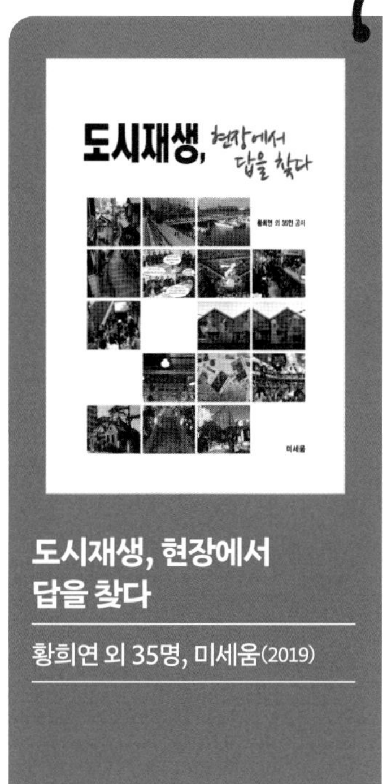

도시재생, 현장에서 답을 찾다

황희연 외 35명, 미세움(2019)

책 소개

이 책은 도시 재생 전문가 36인이 국내외의 도시 재생 성공 사례를 활용하여 지속가능한 도시 재생의 해법을, 역사 자산을 활용한 도시 재생, 장소 재편집을 통한 도시 재생, 문화 경제 기반의 창의 융합 도시 재생, 협치 행정과 시민에 의한 도시 재생, 사람 중심 현장 기반의 도시 재생 등 5가지 기준으로 나누어 제시하고 있다.

세특 예시

벽화 그리기 사업을 둘러싼 갈등과 협상에 대해 학습한 후 지역별 도시 재생 사업으로는 어떤 것이 있는지, 그리고 진행 과정에서 발생한 갈등은 어떤 협상 과정을 통해 해결되었는지를 찾아보기 위해 '도시재생, 현장에서 답을 찾다(황희연 외 35명)'를 찾아 읽음. 이를 통해 사업별로 다르게 나타나거나 여러 사업에 걸쳐 공통적으로 나타나는 쟁점 및 이해관계를 분석하고, 성공적인 도시 재생 사업의 진행을 위한 협상의 중요성 및 협상 과정에서 활용할 수 있는 주요 전략을 조사하여 발표함.

[12직의01-07]

직무 공동체의 의사결정 과정에 적극적으로 참여하여 대안을 탐색하고 합리적으로 문제를 해결한다.

'그린워싱(Greenwashing)'이란 기업이 녹색 경영을 실천하고 있다고 대외적으로 홍보하지만 실제로는 친환경 경영을 하지 않는 것을 말한다. 이런 행위가 사회적으로 논란이 되자, 우리나라에서는 소비자 기만행위 방지를 위해 '그린워싱 방지법'이 발의되기도 했다. 이에 ESG 경영을 홍보했다가 자칫 그린워싱이라는 낙인이 찍히는 것이 두려워 친환경 정책에 대해 침묵으로 일관하거나 구체적인 관련 정책을 더 이상 제시하지 않는 '그린허싱(Greenhushing)'을 하는 기업들이 늘고 있다. 하지만 기후 변화에 대응하기 위한 저탄소 사회의 구현은 인류의 필수 과제이기 때문에 이러한 상황을 타개할 대안이 필요하다. 그린허싱이 나타나는 이유를 사회·경제적 관점에서 탐구해 보고, 문제 상황을 해결할 수 있는 대안을 시민, 기업, 정부의 측면으로 나누어 모색하여 경제 이슈 보고서를 작성해 보자.

관련 학과 경영학과, 경제학과, 공공인재학과, 공공행정학과, 광고홍보학과, 미디어커뮤니케이션학과, 사회학과, 소비자학과, 신문방송학과, 언론정보학과

《ESG 생존경영》, 이준희 외 5명, 중앙북스(2023)

[12직의01-08]

직무 상황에서 구성원들과 다양한 매체를 활용하여 적극적으로 협업하고 언어 예절을 갖추어 소통한다.

지난해 서울시장이 정부에 저출산 대책으로 제안하면서 논의가 시작된 외국인 가사 도우미 정책이 서울에 시범 도입될 예정이다. 아직은 시범 사업 수준이지만, 저출산의 원인 중 하나인 가사와 양육 부담을 덜어줄 것으로 기대되고 있다. 하지만 외국인 가사 도우미에게 내국인이나 다른 외국인 근로자들과 마찬가지로 최저임금을 적용해 월 200만 원이 넘는 임금을 지급하고, 외부 숙소에서 가정으로 출퇴근하는 방식으로 결정이 나면서 정책의 실효성이 떨어진다는 지적이 나오고 있다. 이에 맞벌이 부부 대상 바우처제 시행, 시간제 매칭 플랫폼으로의 전환 등 보완책에 대한 논의가 이어지고 있다. 외국인 가사 도우미 정책 도입 시 예상되는 문제점과 보완책, 저출산 문제의 근본 원인에 대한 해결책, 다른 나라의 저출산 대책 등에 대한 탐구를 바탕으로, 정책의 실효성을 높이기 위한 공청회 발제문을 작성해 보자.

관련 학과 공공인재학과, 공공행정학과, 도시행정학과, 미디어커뮤니케이션학과, 사회복지학과, 사회학과, 신문방송학과, 언론정보학과, 정치외교학과, 행정학과

《인구 위기》, 알바 뮈르달 외 1명, 홍재웅 외 1명 역, 문예출판사(2023)

[12직의01-09]

개인의 권리와 정보 보안에 대한 책무를 인식하면서 직무 의사소통에 참여한다.

인터넷이 고도로 발달한 현대 사회에서 새로운 소식을 처음으로 목격하고 전달하는 주체는 더 이상 언론이 아니다. 이제 언론은 단순히 뉴스를 전달하는 것이 아니라, 새로운 정보들을 조합하고 의미를 부여하여 차별화된 가치를 만들어내야 한다. 이처럼 인터넷 공간을 활용하여 다양한 주체들에 의해 공개된 정보, 아이디어, 콘텐츠 등을 수집하고, 이를 통해 의미 있는 기사를 생산하고 배포하는 일련의 활동을 '오픈 소스 저널리즘'이라고 한다. 오픈 소스 저널리즘은 보다 풍성하고 다양한 정보를 전달할 수 있다는 장점이 있지만, 이미 공개된 정보들을 활용한다는 점에서 저작권, 초상권 등의 개인 권리 보호에 취약할 수 있다는 우려도 있다. 오픈 소스 저널리즘의 사례 분석을 통해 발전 가능성과 향후 과제에 대해 탐구해 보고, 저널리즘에서의 개인 권리 보호에 대한 책무성을 주제로 기사문을 써보자.

관련 학과 광고홍보학과, 디지털콘텐츠학과, 문화콘텐츠학과, 미디어커뮤니케이션학과, 신문방송학과, 언론정보학과, 정보사회미디어학과

《데이터 저널리즘》, 조너선 그레이 외 2명, 정동우 역, 커뮤니케이션북스(2015)

[12직의01-10]

직무 환경의 변화에 대응하여 지속적으로 자기를 계발하고, 직무 의사소통에 능동적이고 협력적으로 참여하는 태도를 지닌다.

짧은 동영상 형태로 제공되는 '숏폼(Short-form)' 콘텐츠의 인기가 높아지면서 유통업계에서도 숏폼 콘텐츠를 마케팅의 주요 전략으로 적극 활용하고 있다. 특히 아이돌의 노래와 춤을 따라 하는 '챌린지'의 형식을 빌려 소비자들이 직접 참여할 수 있도록 이벤트나 캠페인을 기획하는 마케팅도 증가하는 추세이다. 가령 브랜드 로고

송에 맞춰 댄스 챌린지에 참여하거나, 상품과 관련된 간단한 손동작을 따라 하고 주변에 공유하는 등 MZ세대의 마음을 사로잡는 다양한 전략을 내세우고 있다. 숏폼의 인기 비결을 MZ세대의 특성과 연계하여 탐구해 보고, 시중에 유통되는 브랜드 및 상품 중 하나를 선정하여 숏폼 형태를 활용한 마케팅 방안을 기획해 보자.

관련 학과 경영학과, 경제학과, 광고홍보학과, 문화콘텐츠학과, 미디어커뮤니케이션학과, 사회학과, 소비자학과, 신문방송학과, 언론정보학과

《숏폼 콘텐츠 머니타이제이션》, 김용태 외 2명, 작가출판(2022)

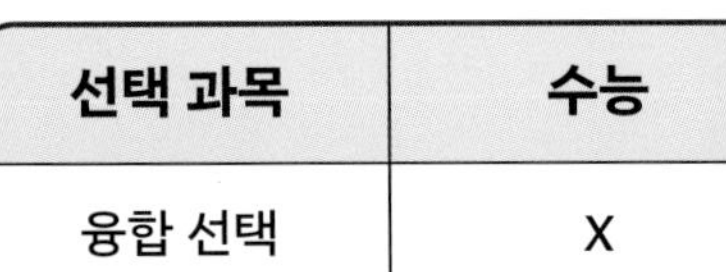

선택 과목	수능	독서 토론과 글쓰기	절대평가	상대평가
융합 선택	X		5단계	5등급

| 🔍 | 주체적·협력적 의미 발견 및 구성, 사회적 소통 행위, 개인과 공동체의 문제 해결, 능동적·협력적 참여, 존중, 유연한 자세

[12독토01-01]

개인이나 공동체의 관심사를 고려하여 읽을 책을 선정한 후 질문을 생성하고 주체적으로 해석하며 책을 읽는다.

➲ 경영학의 시작은 '소비자의 마음을 읽는 것'이라고 볼 수 있다. 따라서 CEO가 가져야 할 덕목 중 하나는 '인간 행동에 대한 전반적 이해력'일 것이다. 경영학을 전공하는 데 있어서 '인간의 심리'라는 관심사를 토대로, 인간의 소비 심리나 경제적 패턴 등을 다룬 책을 읽고 이를 토대로 전략적이면서 윤리적인 경영, 마케팅 전략을 만들어 토의해 보자.

관련 학과 경영학과, 경제학과, 관광학과, 광고홍보학과, 국제통상학과, 세무학과, 소비자학과, 지리학과, 항공서비스학과, 행정학과, 호텔경영학과, 회계학과

《사장을 위한 심리학》, 천서우룽, 홍민경 역, 센시오(2023)

[12독토01-02]

대화, 토의, 토론 등 적절한 방법을 활용하여 서로 다른 생각과 관점을 존중하며 독서 토론을 한다.

➲ 교차로에서 차량 신호등이 적색일 때 우회전을 해야 하는 경우 운전자의 정지 의무가 명확해지는 도로교통법 시행규칙에 대해, 도로교통법과 교통 시스템, 차량 통행 환경 등과 관련된 다양한 책을 읽고 '시행규칙의 적절성'이라는 주제로 토의해 보자. 특히 '심포지엄'의 방식을 활용하여 자신의 입장을 근거를 들어 설명하고 질의를 받는 방식으로 2~3차시로 진행해 보자.

관련 학과 경찰행정학과, 공공인재학과, 공공행정학과, 군사학과, 법학과, 사회복지학과, 사회학과, 행정학과

《도로교통법: 법령, 시행령, 시행규칙》, 해광 편집부, 해광(2024)

[12독토01-03]

독서 토론의 내용을 바탕으로 쓰기 목적, 독자, 매체를 고려하여 글을 쓰고 공유한다.

➲ 레비스트로스의 《슬픈 열대》를 읽고 '문명과 야만'의 관계, 차이, 원주민 부족의 삶에 대한 우리들의 인식 등에 대해 다양한 이야기를 나누어보자. 그리고 이를 토대로 '타인을 바라보는 자세'에 대해 자신의 생각을 정리해 보고, 자신의 정서 표현을 목적으로 스스로를 예상 독자로 삼아 인쇄 매체를 통해 '자기 성찰 보고서'를 작성해 보자.

관련 학과 관광학과, 국제통상학과, 무역학과, 문화콘텐츠학과, 미디어커뮤니케이션학과, 사회복지학과, 사회학과, 정치외교학과, 지리학과

《슬픈 열대》(리커버), 클로드 레비스트로스, 박옥줄 역, 한길사(2022)

[12독토01-04] ●●●

인간의 삶에 대한 다양한 시각과 해석이 담긴 책을 읽고 독서 토론하고 글을 쓰며 자아를 탐색하고 타자와 세계를 이해한다.

➲ 막스 베버의《프로테스탄트 윤리와 자본주의 정신》은 프로테스탄티즘이 강조하는 금욕적·절제적 삶이 자본주의 정신의 맹아가 되었다고 말한다. 이러한 자본주의의 성격, 자본주의 속 나 자신과 사회의 존재 방식에 대한 자료를 찾아 '세미나' 형식으로 토의해 보고, 이를 토대로 자신의 삶을 정리하는 '자기 성장 보고서'를 작성해 보자.

관련 학과 경영학과, 경제학과, 금융보험학과, 사회복지학과, 사회학과, 세무학과, 소비자학과, 정치외교학과, 지리학과, 행정학과, 호텔경영학과, 회계학과

《프로테스탄트 윤리와 자본주의 정신》, 막스 베버, 박성수 역, 문예출판사(2023)

[12독토01-05] ●●●

다양한 분야의 정보가 담긴 책을 읽고 독서 토론을 하고 글을 쓰며 학습이나 삶에 필요한 지식을 확장하고 교양을 함양한다.

➲ 《나를 지키는 최소한의 법 이야기》는 '손이 닿지 않아도 폭행입니다', '복잡한 인간관계를 도와주는 법' 등 책 속의 이야기처럼, 우리 일상에서 마주하게 되는 장면이나 사건, 순간들을 법의 시각에서 해석하여 법에 대해 무지한 이들에게 큰 도움을 주는 책이다. 이 책을 읽으면서 새롭게 알게 된 법 정보에 주목하여 이러한 법을 지키거나 권리를 찾기 위한 자신의 행동 강령들을 만들어보자.

관련 학과 공공인재학과, 공공행정학과, 군사학과, 도시행정학과, 법학과, 사회복지학과, 정치외교학과, 행정학과

《나를 지키는 최소한의 법 이야기》, 양지열, 자음과모음(2022)

[12독토01-06] ●●●

사회적인 현안이나 쟁점이 담긴 책을 읽고 독서 토론을 하고 글을 쓰며 공동체 문제를 해결하고 사회적 담론에 참여한다.

➲ 노동, 토지, 빈곤, 교육, 종교, 농업과 관련해 평등과 불평등, 차별의 문제에는 많은 이견이 존재한다. 이러한 사회 문제에 대한 관점을 확립하기 위해《사회문제를 보는 새로운 눈》을 읽고, 세상의 여러 현상을 바라보고 해석하는 생각의 힘을 길러보자. 그리고 이 중 특정 주제를 골라 모둠별·학급별로 각자의 견해를 소통하는 '집단 토의'의 시간을 가져보자.

관련 학과 공공인재학과, 공공행정학과, 군사학과, 도시행정학과, 법학과, 사회복지학과, 정치외교학과, 행정학과

《사회문제를 보는 새로운 눈》, 이창언 외 3명, 선인(2013)

[12독토01-07] ●●●

독서 토론과 글쓰기의 특성을 이해하고 독서, 독서 토론, 글쓰기에 능동적으로 참여한다.

➲ 스토리텔링은 문화 콘텐츠에 서사 구조를 부여함으로써 보다 문화적인 본질을 효과적으로 드러내면서도, 문화 산업적으로도 많은 대중들의 사랑을 이끌어낼 수 있을 것이다. 문화 콘텐츠와 관련된 책을 읽고 만화, 영상, 음악, 문자 등과 관련된 문화 콘텐츠에 스스로 재미있는 이야기를 부여하여 짧은 웹 소설로 만들고, 이를 반 친구들과 공유해 보자.

관련 학과 관광학과, 광고홍보학과, 문화콘텐츠학과, 미디어커뮤니케이션학과, 사회학과, 신문방송학과, 언론정보학과, 정치외교학과, 지리학과, 행정학과, 호텔경영학과, 회계학과

《문화콘텐츠 스토리텔링》, 정창권, 북코리아(2022)

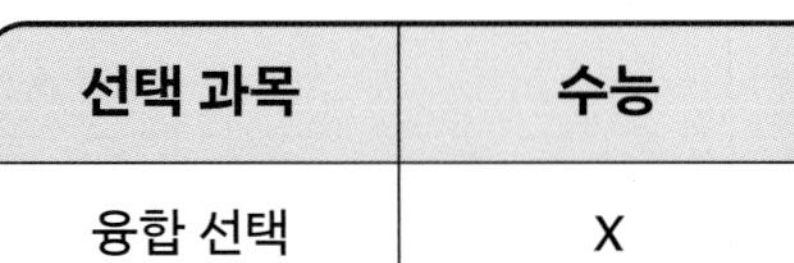

선택 과목	수능	매체 의사소통	절대평가	상대평가
융합 선택	X		5단계	5등급

현실에 대한 재현물, 사회·문화적 맥락, 생산자의 의도 및 관점, 디지털 기술의 발전, 매체 자료의 표현 방식, 의미 구성, 의사소통 맥락, 소통 방식, 비판적 이해, 적극적인 참여와 공유, 디지털 시대의 시민, 매체 환경 조성

[12매의01-01]

매체의 기능과 역할에 대한 이해를 바탕으로 시대별 매체 환경과 소통 문화의 변화 과정을 탐색한다.

한 사회가 지니는 사회·문화적 특성은 그 사회에서의 매체 의사소통의 성격, 방법과 관련이 있을 것이다. 고려, 조선 시대의 '봉화'부터 시작하여 전화, 라디오, 휴대전화, 스마트폰 등을 거쳐 온라인 플랫폼 미디어로 소통하기까지의 사회적인 환경, 배경, 맥락 등을 여러 학술 자료를 통해 조사해 보고, 이러한 맥락 속에서의 '언어'는 '발전, 순환, 진화, 퇴화, 유지' 중 어느 단계에 있는지에 대해 자신의 생각을 이야기해 보자.

관련 학과 관광학과, 광고홍보학과, 문화콘텐츠학과, 미디어커뮤니케이션학과, 사회학과, 신문방송학과, 언론정보학과, 정치외교학과, 지리학과, 행정학과, 호텔경영학과, 회계학과

《미디어의 이해》, 마셜 맥루언, 김성기 외 1명 역, 민음사(2019)

[12매의01-02]

소셜 미디어나 온라인 동영상 플랫폼 등의 디지털 매체 환경에서 청소년 문화가 지닌 문제와 가능성을 탐구한다.

유튜브 매체를 보면 경찰, 군대에서 종사하는 이들의 '애국심'이 무엇이냐에 대한 갑론을박이 일어나기도 한다. 이처럼 연령대나 계층, 직업 등에 따라서 애국심에 대한 정의와 개념이 달라진다면, 우리가 생각하는 애국심이란 무엇인지에 대해 여러 소셜 미디어나 유튜브 매체를 찾아본 후 이에 대해 함께 의논해 보는 시간을 가져보자.

관련 학과 경찰행정학과, 공공인재학과, 공공행정학과, 군사학과, 도시행정학과, 법학과, 정치외교학과, 행정학과

《정치적 감정》, 마사 누스바움, 박용준 역, 글항아리(2019)

[12매의01-03]

영화, 게임, 웹툰 등의 매체 자료가 현실을 재현하는 방식을 분석하며 생산자의 의도나 관점을 파악한다.

게임 '드래곤 퀘스트'는 주로 중세 시대의 기사 문화를 배경으로 하고 있지만, 판타지적인 면이 있기 때문에 현실을 낭만적 방식으로 재현했다고 평가받는 게임이다. 이러한 재현 방식의 구체적인 양상을 파악해 보고, 이러한 점이 게임 소비자에게 어떻게 어필할지를 분석한 후 생산자 및 머천다이저의 마케팅 의도를 도출해 보자.

관련 학과 경영학과, 경제학과, 관광학과, 광고홍보학과, 국제통상학과, 금융보험학과, 무역학과, 문화콘텐츠학과, 세무학과, 소비자학과, 호텔경영학과, 회계학과

《드래곤 퀘스트 일러스트레이션즈》, 토리야마 아키라, 서울미디어코믹스(2018)

[12매의01-04]

디지털 매체 환경에서 매체 생산자의 관점을 파악하고 매체 자료의 신뢰성을 판단한다.

➲ 디지털 매체 환경에서의 결재 시스템인 '전자 결재' 시스템은 신속성 등의 이점이 있지만, 문서를 토대로 하는 생산자와 수용자 간의 역동적인 의사소통이 어렵다는 단점도 있다. 이러한 환경 속에서 전자 문서 생산자의 자료의 신뢰성을 파악하기 위한 방법이 무엇일지 생각해 보고, 생산자 입장에서의 신뢰성을 높이기 위한 문서 제작 방법론을 모둠별로 생각해 보자.

관련 학과 공공인재학과, 공공행정학과, 도시행정학과, 문화콘텐츠학과, 미디어커뮤니케이션학과, 법학과, 사회복지학과, 사회학과, 정치외교학과, 행정학과, 회계학과

《스마트 전자정부론》, 명승환, 윤성사(2023)

[12매의01-05]

사회적 규범과 규제가 매체 자료의 생산과 소통에 미치는 영향을 조사하고 그 의미를 탐구한다.

➲ 5·18 민주화 운동이 일어났던 1980년의 언론과 매체는 사회적인 규제에 의해 제한적인 정보만 공유되었다. 이러한 규제의 의미는 무엇인지 토의해 보고, 국가 차원에서 매체 자료의 생산과 소통에 개입하는 것이 올바른지에 대해 '세미나' 형식으로 의견을 나누어보자. 이 결론에 대해서도 모둠별로 의견을 정립하여 SNS를 통해 소통해 보자.

관련 학과 공공인재학과, 공공행정학과, 관광학과, 광고홍보학과, 국제통상학과, 미디어커뮤니케이션학과, 법학과, 사회학과, 신문방송학과, 언론정보학과, 정치외교학과, 행정학과

《10대와 통하는 미디어》, 손석춘, 철수와영희(2023)

[12매의01-06]

개인적·사회적 관심사에 대한 자신의 관점이 드러나는 주제를 선정하여 설득력 있는 매체 자료를 제작하고 공유한다.

➲ 2023년 이스라엘-하마스 전쟁은 군사, 외교, 종교, 지리 등 다양한 영역과 관련이 있다. 특히 그렇다 보니 이 전쟁에 대한 여러 가짜 뉴스가 생산·공유되기도 한다. 이러한 상황에서 이 전쟁에 대한 자신의 관점을 많은 자료를 통해 정리해 보고, '이스라엘-하마스 전쟁을 멈춰야 하는 이유'라는 주제로 자신의 생각을 리포트로 만들어서 공유해 보자.

관련 학과 경찰행정학과, 공공인재학과, 공공행정학과, 관광학과, 광고홍보학과, 군사학과, 도시행정학과, 문화콘텐츠학과, 미디어커뮤니케이션학과, 법학과, 사회복지학과, 사회학과, 신문방송학과, 언론정보학과, 정치외교학과, 지리학과, 행정학과

《이스라엘에 대한 오해》, 김종철, 브래드북스(2021)

[12매의01-07]

매체 자료의 생산자이자 수용자로서 권리와 책임을 인식하고 사회적 가치와 문제에 대해 소통한다.

➲ '기업의 사회적 책임(CSR)'은 기업이 '사회적 요구', 요컨대 이익 추구의 목적을 벗어나 타인과 공동체를 위해 노력하는 일련의 활동을 말한다. CSR을 추구하는 기업의 사례들을 '광고'의 차원에서 조사한 후, 기업이 광고를 통해 자신의 사회적 행위의 의도를 드러내는 구체적인 방식을 분석해 보자. 나아가 매체 수용자로서 이러한

광고를 어떠한 방식으로 수용해야 할지에 대해서도 모둠별로 토의해 보자.

관련 학과 **광고홍보학과, 경영학과, 경제학과, 국제통상학과, 금융보험학과, 무역학과, 세무학과, 소비자학과, 항공서비스학과, 호텔경영학과, 회계학과**

《넥스트 CSR 파타고니아》, 서진석 외 1명, mysc(엠와이소셜컴퍼니)(2019)

선택 과목	수능	언어생활 탐구	절대평가	상대평가
융합 선택	X		5단계	5등급

| 🔍 | 언어 자료의 수집 및 분석, 주체적·능동적 언어문화, 언어생활에 대한 민감성 및 책임감, 언어를 통한 정체성 실현과 관계 형성 양상, 사회적 담론 형성의 맥락과 과정, 공공 언어 사용

[12언탐01-01]

자신의 언어생활에서 의미 있는 탐구 주제를 발견하여 탐구 절차에 따라 언어 자료를 수집하고 비판적으로 분석한다.

최근 국내외 설문 조사 결과에 따르면 MZ세대의 약 40%가 '번아웃 증후군'을 경험했다고 한다. 다른 세대에 비해 MZ세대의 번아웃 경험 비율이 상대적으로 높다 보니, 기성세대는 MZ세대를 '특별한 고생이나 부족함 없이 자라나 이기적이고 참을성이 없다'며 따가운 시선으로 바라본다. 그런데 정말 MZ세대가 기성세대에 비해 비교적 편안한 삶을 살아왔기 때문에 '번아웃 세대'로 불릴 만큼 고통을 겪고 있는 것일까? 오히려 MZ세대가 지금껏 살아오면서 마주했던 우리 사회의 현실로 인해 번아웃 증후군에 쉽게 노출되는 것은 아닐까? MZ세대와 관련하여 우리 사회의 구조적 모순에 대해 탐구해 보고, 이를 바탕으로 'MZ세대의 번아웃은 누구의 책임인가'를 주제로 보고서를 작성해 보자.

관련 학과 가족복지학과, 경영학과, 경제학과, 미디어커뮤니케이션학과, 사회학과, 신문방송학과, 언론정보학과, 행정학과

《번아웃 세대》, 곽연선, 스리체어스(2022)

[12언탐01-02]

언어 자료를 평가·해석하고 그 결과를 공유하며 자신과 공동체의 언어생활에 대한 민감성과 책임감을 지닌다.

지역 특색을 담은 상품을 생산하고 소비하는 현상을 일컫는 '로코노미(Loconomy)'는 지역(Local)과 경제(Economy)의 합성어로, 최근 식품 및 유통업계를 중심으로 소비의 트렌드를 형성하는 주요 흐름 중 하나로 떠오르고 있다. 진도산 대파를 주원료로 하는 햄버거나 우도의 땅콩이 함유된 막걸리 등 지역 특산물을 활용한 식품뿐 아니라 지역 고유의 문화를 느끼고 체험할 수 있도록 하는 숙박과 같이, 전반적인 소비 경향에서 지역의 가치를 중시하는 현상이 두드러지며 '로코노미'라는 새로운 단어도 등장하게 된 것이다. 로코노미 현상의 사례를 조사 및 분석하여 지역 고유의 가치에 주목하게 된 사회적 배경과 원인을 탐구해 보자. 또한 새로운 현상에 대한 단어가 만들어질 때 한글이 아닌 영어 등 외국어 표현이 주로 사용되는 이유를 분석해 보고, 이러한 경향에 대한 자신의 의견을 작성해 보자.

관련 학과 경영학과, 경제학과, 공공인재학과, 관광학과, 광고홍보학과, 문화콘텐츠학과, 미디어커뮤니케이션학과, 사회학과, 소비자학과, 신문방송학과, 언론정보학과, 지리학과, 행정학과

《로컬전성시대》, 어반플레이, 어반플레이(2019)

[12언탐01-03] ●●●

글과 담화의 소통 맥락을 고려하여 다양한 분야 및 교과의 언어 자료에 나타난 표현 특성과 효과를 탐구한다.

➲ 최근 언론이나 학계에서 국제 정세를 분석할 때 '신냉전'이라는 용어를 빈번히 사용하고 있다. 신냉전은 미국과 소련이 여러 분야에서 철저히 대치했던 과거의 냉전과 유사하게, 미국과 중국, 러시아를 중심으로 한 패권 경쟁에 따라 나타나는 전 세계적인 현상을 이른다. 2022년 러시아의 우크라이나 침공과 이에 대한 중국의 지지는 세계 사회에 신냉전 시대가 도래했음을 의미한다. 그런데 '신냉전'이라는 표현은 아직 사회과학 분야에서 확립된 용어가 아니다 보니, 이러한 언어 표현에 담긴 언어 사용 주체의 의도를 분석할 필요가 있다. 과거의 냉전과 신냉전을 비교·대조하며 신냉전의 특성을 분석해 보고, 신냉전이라는 언어 표현에 담긴 의도를 탐구해 보자. 또한 신냉전으로 표현되는 미·중 패권 경쟁 속에서 한국이 외교적 자율성을 지키면서 살아남기 위한 방안에 대해 탐구해 보자.

관련 학과 경제학과, 국제관계학과, 국제법무학과, 국제통상학과, 무역학과, 미디어커뮤니케이션학과, 사회학과, 신문방송학과, 언론정보학과, 정치외교학과

《신냉전에서 살아남기》, 최용섭, 미지북스(2022)

[12언탐01-04] ●●●

가정, 학교, 사회의 언어 사용에 나타난 정체성의 실현 양상과 관계 형성의 양상을 탐구한다.

➲ 최근 65세 이상 고령 인구가 900만 명을 넘어설 정도로 고령화가 급속히 진행되는 가운데, 세대 간 갈등과 부양 부담 증가 등으로 인해 노인에 대한 부정적 이미지가 커져 노인 혐오 문제로 이어지는 사례가 많아지고 있다. 이에 경기도의회에서는 기존의 '노인'이라는 호칭이 갖는 이미지를 탈피하고자 65세 이상을 '선배 시민'으로 칭하는 입법을 추진했다. 단순한 호칭의 전환이지만, 돌봄이나 부양의 대상으로 인식되었던 노인을 '선배 시민'이라 부름으로써 생산적 이미지를 부여할 수 있다는 취지인 것이다. '노인'을 포함한 우리 사회의 다양한 호칭어를 조사하여 해당 어휘에 반영된 개인적·사회적 정체성을 파악해 보고, 호칭 등 용어나 어휘의 변화가 가져오는 정체성의 변화에 대해 탐구해 보자.

관련 학과 공공인재학과, 공공행정학과, 광고홍보학과, 문화콘텐츠학과, 미디어커뮤니케이션학과, 사회복지학과, 사회학과, 신문방송학과, 언론정보학과, 행정학과

《나는 이렇게 불리는 것이 불편합니다》, 이건범 외 7명, 한겨레출판(2018)

[12언탐01-05] ●●●

다양한 매체 환경에서 사회적 담론이 형성되는 맥락과 과정을 탐구한다.

➲ 일부 식당과 카페 등을 중심으로 '팁(tip)'을 요구하는 사례가 SNS상에서 알려지며, 팁 문화의 도입을 우려하는 여론이 거세다. 미국, 캐나다 등지에서는 서비스에 대한 보답으로 팁을 제공하는 것이 일반적이지만 우리나라에서는 낯선 개념이기에 거부감이 더욱 강한 데다, 최근 물가 상승으로 소비자의 부담이 커진 상황에서 팁 요구까지 더해져 반감의 목소리가 적지 않다. 한편으로는 팁 문화의 도입이 더 나은 서비스를 제공하는 동기가 될 수 있기에, 고객의 만족도를 높이는 하나의 방법으로써 선순환을 기대해 볼 수 있다는 긍정적인 의견도 있다. 각종 매체 자료에서 팁 문화에 관한 글을 찾아 읽고, 각각 어떠한 관점으로 팁 문화를 바라보고 있는지 분석하여 사회적 담론이 형성되는 과정을 탐구해 보자. 이를 바탕으로 팁 문화에 대한 자신의 의견을 담아 신문에 기고할 칼럼을 작성해 보자.

관련 학과 경영학과, 문화콘텐츠학과, 미디어커뮤니케이션학과, 사회학과, 소비자학과, 신문방송학과, 언론정보학과, 항공서비스학과, 호텔경영학과

《미국 문화 충돌과 이해 꿀팁 88가지》, 신재동, 보민출판사(2023)

[12언탐01-06]

품격 있는 언어생활의 특성을 이해하고 공공 언어 사용의 실제를 탐구한다.

➲ 최근 건설업계에서는 아파트에 고유한 정체성을 부여하고 브랜드의 가치를 높이기 위해 작명에 심혈을 기울이고 있다. 아파트의 고유한 특징과 장점을 강조하기 위해 덧붙이는 특별한 애칭을 '펫네임'이라고 하는데, 입지 및 공간적 특색을 강조하기 위해 아파트 이름에 펫네임을 하나씩 덧붙이다 보니 이름의 글자 수만 25자에 달하는 아파트도 나타났다. 이에 국립국어원 공공언어과에서는 이러한 작명의 부작용을 우려하며 소통하기 쉬운 우리말로 만들 것을 권유했고, 서울시에서는 아파트 명칭 관련 공개 토론회를 개최하여 권고 수준의 가이드라인 마련을 검토하고 있다. 논란이 되는 아파트 이름의 사례를 분석하며, 이런 현상으로 인해 발생하는 부작용에 대해 탐구해 보자. 또한 도로명 주소 체계의 원리 및 장점에 대한 탐구를 바탕으로, 실효성 있는 아파트 명칭 가이드라인을 구상해 보자.

관련 학과 공공인재학과, 공공행정학과, 도시계획학과, 도시행정학과, 미디어커뮤니케이션학과, 부동산학과, 사회학과, 신문방송학과, 언론정보학과, 행정학과

《보는 순간 사게 되는 1초 문구》, 장문정, 블랙피쉬(2021)

[12언탐01-07]

언어가 우리 삶에서 담당하는 역할을 이해하고, 주체적·능동적으로 바람직한 언어문화를 실천한다.

➲ 인간의 생각이나 느낌을 전달하는 수단인 언어에는 언어 공동체의 가치관이 반영되기 마련이기에, 특정 공동체의 문화나 가치관을 파악하는 방법으로 공동체의 언어 사용 실태를 분석하기도 한다. 우리말의 경우 '학부형', '녹색어머니회', '맘카페', '저출산' 등의 표현에서 차별적 요소를 발견할 수 있는데, 특히 '저출산'의 경우 법률 명칭에서도 사용되고 있어 자칫 출산율 감소 현상의 책임을 여성에게 전가한다는 인식을 심어줄 우려가 있다는 문제가 제기되고 있다. 우리 사회에 존재하는 각종 차별적 언어 표현을 찾아, 해당 언어 표현이 처음 사용되었을 때의 우리 사회의 문화나 가치관에 대해 탐구해 보자. 그리고 당시와 지금의 문화 및 가치관의 차이를 분석하고, 이를 바탕으로 차별적 언어 표현의 대체어를 만들어 '평등 언어 사전'을 제작해 보자.

관련 학과 가족복지학과, 공공인재학과, 공공행정학과, 광고홍보학과, 문화콘텐츠학과, 미디어커뮤니케이션학과, 사회복지학과, 사회학과, 신문방송학과, 언론정보학과, 행정학과

《차별어의 발견》, 김미형, 사람in(2023)

※관련 기사 목록 확인하기

구분	교과(군)	공통 과목	선택 과목		
			일반 선택	진로 선택	융합 선택
보통 교과	영어	공통영어1 공통영어2 기본영어1 기본영어2	영어I 영어II 영어 독해와 작문	직무 영어 영어 발표와 토론 심화 영어 영미 문학 읽기 심화 영어 독해와 작문	실생활 영어 회화 미디어 영어 세계 문화와 영어

공통 과목	수능	공통영어1	절대평가	상대평가
	X		5단계	5등급

단원명 | 이해

| 🔍 | 원격 근무, 커뮤니케이션 방식 변화, 인공지능, 법적 책임, 윤리적 문제, 화자의 심정, 인물의 의도, 생물 다양성, 사회적 격차, 원인과 결과, 성 불평등, 정책 제안, 모순적 상황, 지구 친화적 방식, 유기 동물 보호 의식 확산, 정서적 관계, 지속가능성, 스마트 그리드 기술, 인권 문제, 심리 사회적 건강, 낙인, 정서 복원

[10공영1-01-01] ●●●

말이나 글에 포함된 세부 정보를 파악한다.

➲ 코로나19 팬데믹은 전 세계적으로 거의 모든 산업 분야에 큰 변화를 가져왔고, 그중에서도 가장 두드러진 변화는 바로 '원격 근무'라는 개념이 일상생활에 통합된 것이다. 이런 변화는 직장에서의 업무 처리 방식뿐만 아니라 사람들 간의 상호작용, 커뮤니케이션 방식, 심지어 집 안에서 생활하는 방식까지도 크게 바꾸었다. 이런 변화가 고령자, 학생 등 다양한 연령대와 직업군에 어느 정도까지 영향을 미치고 있는지 영어로 조사해 보자.

관련 학과 경제학과, 공공인재학과, 미디어커뮤니케이션학과, 사회복지학과, 사회학과, 신문방송학과, 언론정보학과, 행정학과

《10대를 위한 코로나바이러스 보고서》, 코니 골드스미스, 김아림 역, 오유아이(2022)

[10공영1-01-02] ●●●

말이나 글의 주제나 요지를 파악한다.

➲ 우리 생활의 다양한 분야에서 중요한 역할을 하게 된 인공지능이 범죄나 실수를 저질렀을 때 법적 책임이 누구에게 돌아갈지를 결정하는 것은 복잡한 문제가 되었다. 자율주행차가 사고를 일으켰을 때 사고의 책임이 알고리즘을 개발한 엔지니어에게 있는지, 아니면 운전자에게 있는지와 같이 현재의 법률 체계에서는 충분히 해결되지 않는 문제가 있다. 인공지능이 잘못 행동할 때의 윤리적 문제와 법적 책임에 관한 기사 'AI accountability: Who's responsible when AI goes wrong?'을 읽고 AI 거버넌스 정책을 구현한 사례를 조사하여 발표해 보자.

관련 학과 경영학과, 경제학과, 미디어커뮤니케이션학과, 법학과, 사회학과, 언론정보학과, 정치외교학과, 행정학과

《AI 전쟁》, 하정우 외 1명, 한빛비즈(2023)

[10공영1-01-03] ●●●

말이나 글의 분위기나 화자나 인물의 심정 및 의도 등을 추론한다.

➲ 마이크로소프트사는 2030년까지 탄소 네거티브를 실현하겠다는 전략을 선언했다. 탄소 네거티브는 넷제로

보다 한 단계 더 나아간 개념으로, 지금까지 배출한 탄소의 제거는 물론, 대기 중에 있는 더 많은 탄소까지 모두 제거하겠다는 보다 적극적인 의미이다. 관련 기사 'It's critical: can Microsoft make good on its climate ambitions?'를 읽고 마이크로소프트사의 지속가능성을 위한 노력과 이에 대한 다양한 견해를 정리해 보자. 그리고 기사 작성자가 마이크로소프트사에 대해 어떤 시각을 가지고 있는지를 분석하여 발표해 보자.

관련 학과 **경영학과, 경제학과, 공공행정학과, 관광학과, 광고홍보학과, 국제통상학과, 도시행정학과, 무역학과, 문화콘텐츠학과, 미디어커뮤니케이션학과, 법학과, 사회학과, 소비자학과, 신문방송학과, 언론정보학과, 정치외교학과, 행정학과**

《넷제로 카운트다운》, 이진원 외 1명, 초록비책공방(2023)

[10공영1-01-04]

말이나 글에 나타난 일이나 사건의 논리적 관계를 파악한다.

➔ 기후변화는 원주민 및 아프리카계 여성과 다양한 계층의 여성(소녀, 노인, 장애인 등)의 생계, 건강, 안전에 심각한 위협을 가한다. 특히 기후 위기와 성별 문제가 복잡하게 교차하여 기존의 성 불평등이 증대되면서 여성은 식량, 물, 연료 등을 확보하는 데 부당한 책임을 지게 되고, 재난 발생 시 생존 가능성은 낮아지고 부상 위험은 증가하는 등 사회적, 경제적 격차를 겪고 있다. 이와 관련된 글 'Explainer: How gender inequality and climate change are interconnected'를 읽어보고 여성과 소녀들이 기후변화로 인해 겪는 어려움에 대해 조사하고, 이러한 문제를 해결하기 위해 취해야 할 정책을 제안해 보자.

관련 학과 **경제학과, 공공인재학과, 공공행정학과, 국제통상학과, 무역학과, 문화콘텐츠학과, 미디어커뮤니케이션학과, 법학과, 사회복지학과, 사회학과, 신문방송학과, 언론정보학과, 정치외교학과**

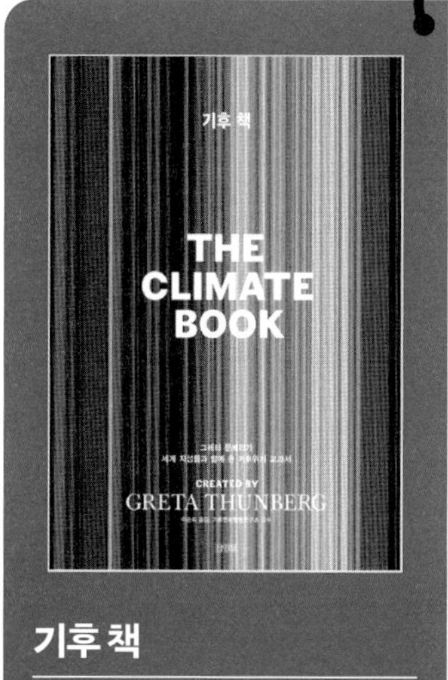

기후 책

그레타 툰베리, 이순희 역, 김영사(2023)

책 소개

이 책은 기후학, 지구물리학, 해양학, 경제학, 보건학, 역사학 등 각 분야 전문가들의 글과 통계 자료를 바탕으로 인류가 직면한 기후 문제들을 과학적으로 설명하고, 우리가 지금의 기후 위기를 해결하기 위해 실질적으로 무엇을 할 수 있는지에 대한 방안을 제시한다. 우리에게는 아직 미래를 바꿀 기회가 있으며, 지금부터라도 바로 변화를 위해 행동해야 한다는 메시지를 전달하고 있다.

세특 예시

'기후변화가 여성과 소녀들에게 미치는 영향'이라는 영문 기사를 읽고, 기후 위기가 기존의 성 불평등 문제를 증폭시키고 사회적 약자인 여성과 소녀들의 생계, 건강, 안전에 특히 위협을 가한다는 사실에 관심을 가지고 탐구 활동을 진행함. 기후 문제의 심각성과 함께, 특정 취약 집단에게 자원 확보라는 부당한 책임이 전가되는 문제점에 대해 알아보기 위해 '기후 책(그레타 툰베리)'을 찾아 읽음. 기후변화가 유발한 식량 부족 문제가 다시 특정 집단에게는 성 불평등이라는 또 다른 문제도 함께 유발한다는 점에서, '기후변화가 단순히 환경적 문제가 아니라 인간의 건강과 삶에 직접적 영향을 미치는 중요한 사회적 문제다'라는 의견을 밝혀 통찰력을 보여줌. 기후변화 대응 정책 수립 시 노인, 장애인, 소수 인종 등에게 발생할 수 있는 성 불평등, 사회적 불평등 문제도 함께 고려하여 직접 해결책을 구상해 보는 모습이 돋보임.

[10공영1-01-05] ●●●

말이나 글에 포함된 표현의 함축적 의미를 추론한다.

➲ 인스타그램과 페이스북 등 소셜 미디어에서 유기견 영상이나 유기견 구조 요청 글을 보고 동물을 데려와 키우는 이들이 늘어나고 있다. 하지만 지자체와 동물 보호 단체 등에 따르면, 유기견을 이용하는 '비즈니스'도 같이 형성되고 있다. 지방자치단체가 주는 지원금, 입양 희망자들에게 받는 각종 책임비, 해외 입양비, 후원금 등을 돈벌이 수단으로 생각하는 이들이 일부 시장에 끼어드는 것이다. 유기견에 대한 인식과 우리 사회가 직면한 유기견 문제와 관련한 정책을 분석해 보고, 효과적인 동물 보호 체계 구축 방안을 모색해 보자.

관련 학과 경영학과, 경제학과, 관광학과, 국제통상학과, 도시행정학과, 문화콘텐츠학과, 미디어커뮤니케이션학과, 법학과, 사회복지학과, 사회학과, 신문방송학과, 언론정보학과, 지리학과

《유비쿼터스 반려동물과의 행복한 동행》, 이정완, 좋은땅(2023)

[10공영1-01-06] ●●●

말이나 글의 전개 방식이나 구조를 파악한다.

➲ 한때 거침없이 성장 가도를 달리던 중국 경제는 잇따른 문제에 몸살을 앓고 있고, 미래에 대한 불신이 커져 절망에 이르고 있다. 소비자들은 지출을 미루고, 기업은 투자와 일자리 창출을 꺼리고 있다. 또한 중국 국가통계국은 국가 경제 문제를 여실히 보여주는 '청년 실업률' 공개를 중단하겠다고 밝혔다. 이러한 중국의 경제위기가 범죄율, 군사 전략, 도시 발전 패턴에 미칠 영향을 예측해 보자.

관련 학과 경영학과, 경제학과, 경찰행정학과, 관광학과, 국제통상학과, 군사학과, 금융보험학과, 무역학과, 법학과, 사회학과, 세무학과, 신문방송학과, 언론정보학과, 정치외교학과, 행정학과

《중국발 세계 경제위기가 시작됐다》, 미야자키 마사히로 외 1명, 안유화 역, 센시오(2020)

[10공영1-01-07] ●●●

말이나 글의 이해를 위한 적절한 전략을 적용한다.

➲ 전기차와 내연기관 차량이 발생시키는 소음의 수준을 비교해 보고, 전기차 산업의 성장이 도시의 소음 수준에 미치는 영향을 알아보자. 특히 관련 기사 'Modern approaches to electric vehicle noise and vibration'을 읽고 이러한 기술 변화가 도시 생활의 질을 어떻게 개선하는지 분석하여 발표해 보자.

관련 학과 공공인재학과, 공공행정학과, 도시행정학과, 미디어커뮤니케이션학과, 사회학과, 신문방송학과, 언론정보학과

《전기차 첨단기술 교과서》, 톰 덴튼, 김종명 역, 보누스(2021)

[10공영1-01-08] ●●●

말이나 글에 나타난 다양한 관점이나 의견을 포용적인 태도로 분석한다.

➲ 일본의 후쿠시마 원전 오염수 방류 문제는 일본과 그 주변 국가들 사이에 외교적 갈등을 야기했다. 주변 국가들은 일본의 오염수 방류 문제를 국제기구에 제기하고, 일본산 수산물 수입 금지 조치를 시행하고, 방류 관련 정보 공개와 투명성 확보 등을 요구하고 있다. 후쿠시마 오염수 방류 문제가 일본과 주변 국가들 사이에 어떤 외교적 반응을 초래했는지 분석해 보고, 이것이 각 나라의 외교 정책과 사회적 반응에 어떤 영향을 미쳤는지 조사해 보자.

관련 학과 경영학과, 경제학과, 관광학과, 광고홍보학과, 국제통상학과, 문화콘텐츠학과, 미디어커뮤니케이션학과, 소비자학과, 신문방송학과, 언론정보학과, 정치외교학과

《방사능 팩트 체크》, 조건우 외 1명, 북스힐(2021)

단원명 | 표현

| 인포그래픽, 정보 보안, 국제 네트워크, 수면 패턴, 작업 효율성, 대응 방안, 해결책, 의료 접근성, 정책 분석, 공정성, 지속 가능 발전 목표, 통계 자료, 기술의 사회적 영향

[10공영1-02-01]

실물, 그림, 사진, 도표 등을 활용하여 내용을 설명한다.

➔ 인포그래픽 기사 'How Much Does it Take to be the Top 1% in Each U.S. State?'를 읽고 미국의 각 주에서 1%가 되려면 얼마가 필요한지 확인해 보고, 소득 기준과 세금률이 어떻게 결정되는지, 그리고 이러한 패턴이 지역 사회 및 국가 전체의 경제 정책과 어떻게 관련되어 있는지 분석하여 발표해 보자.

관련 학과 경영학과, 경제학과, 관광학과, 금융보험학과, 법학과, 사회복지학과, 사회학과, 세무학과, 소비자학과, 신문방송학과

《세금의 세계사》, 도미닉 프리스비, 조용빈 역, 한빛비즈(2022)

[10공영1-02-02]

사실적 정보나 지식을 말이나 글로 전달한다.

➔ 해저 케이블은 전 세계적인 통신 및 정보 공유에 중추적인 역할을 한다. 관련 기사 'Information Warfare in the Depths: An Analysis of Global Undersea Cable Networks'를 읽고 해저 장치 보안에 대한 위협 요소들을 국제 네트워크 복잡성, 지역 법과 정책 등의 측면에서 조사하여 발표해 보자.

관련 학과 국제통상학과, 무역학과, 미디어커뮤니케이션학과, 법학과, 사회학과, 신문방송학과, 언론정보학과, 정치외교학과

《해양·해저플랜트 공학》, 신동훈 외 1명, 에이퍼브프레스(2022)

[10공영1-02-03]

경험이나 계획 등을 말하거나 기술한다.

➔ 영문 기사 'The Link Between Sleep and Job Performance'를 읽고 주변 사람들을 대상으로 설문 조사를 실시하여 수면 패턴(아침형, 야행성, 또는 중간형)을 파악하고 이것이 어떻게 그들의 일상생활에 영향을 미치는지를 관찰해 보자. 수면 패턴과 작업 효율성 및 만족도의 연관성을 분석하여 발표해 보자.

관련 학과 사회계열 전체

《라이프 타임, 생체시계의 비밀》, 러셀 포스터, 김성훈 역, 김영사(2023)

[10공영1-02-04]

자신의 생각이나 의견, 감정, 감상 등을 표현한다.

➲ 어릴 때부터 인터넷, 스마트폰 등을 일상적 도구로 이용해 온 세대인 요즘 청소년들이 이전에는 접근하기 힘들었던 도박, 마약 등에 쉽게 노출되고 있다. 최근 청소년 사이버 도박과 마약 범죄가 급격히 증가하고, 다크 웹과 불법 사이트에 청소년이 여과 없이 노출되고 있는 현실을 조사해 보고, 이에 대한 우리의 대응 방안과 해결책을 찾아보자.

관련 학과 경찰행정학과, 공공행정학과, 법학과, 사회학과, 신문방송학과, 언론정보학과

《뷰티풀 보이》, 데이비드 셰프, 황소연 역, 시공사(2019)

[10공영1-02-05]

듣거나 읽은 내용을 요약하여 말하거나 기술한다.

➲ 디지털 건강 관리 기술이 도입되면서, 디지털 헬스케어가 사회 내에서 접근성과 공정성 문제를 어떻게 해결할 수 있는지에 대해 관심이 집중되고 있다. 관련 기사 'This is what healthcare leaders see as the future for digital health'를 읽고 디지털 건강 관리 기술의 도입이 특정 집단의 의료 접근성 문제에 어떤 영향을 미칠 수 있는지 알아보고, 핵심 내용을 요약하여 보고서를 작성해 보자.

관련 학과 사회계열 전체

디지털 헬스케어 전쟁

노동훈, 청춘미디어(2021)

책 소개

이 책은 디지털 헬스케어의 개념과 필요성, 그리고 시장의 발전을 다루고 있다. 의료적 전문 지식을 다양한 사례와 함께 비교적 쉽게 서술하면서, 디지털 헬스케어가 현재 의료계에 어떤 영향을 미치는지, 그리고 미래에 어떻게 발전해 나갈 것인지에 대해 깊이 있는 분석을 제공한다. 또한 디지털 헬스케어의 중요성을 설명하면서, 이를 이해하고 적용하는 데 필요한 기본적인 지식과 실용적인 방법을 제시하고 있다.

세특 예시

'의료 리더들이 생각하는 디지털 건강의 미래'라는 영문 기사를 읽은 후 디지털 헬스케어의 개념과 필요성, 그리고 시장의 발전에 대해 분석하기 위해 '디지털 헬스케어 전쟁(노동훈)'을 읽고 디지털 헬스케어 기술이 특정 집단의 의료 접근성 문제에 어떤 영향을 미칠 수 있는지에 대해 탐구함. 이를 바탕으로 디지털 헬스케어 기술이 의료 접근성을 개선한 다양한 사례와 효과를 조사하고, 연구 결과를 정리하여 보고서를 작성함. 또한 핵심 내용을 시각적으로 표현하기 위해 인포그래픽을 제작하여 학급 게시판에 게시함. 디지털 헬스케어 기술이 의료 시스템에 미치는 긍정적인 영향을 논리적으로 설명하고, 이를 통해 사회적 불평등 문제 해결 방안을 제안함으로써 비판적 사고와 문제 해결 능력을 보여줌.

[10공영1-02-06]

어휘나 표현을 점검하여 내용을 명확하게 전달한다.

➲ 여러 미디어 형태 중 소셜 미디어가 여론과 청중에게 가장 실질적인 영향을 미칠 수 있음이 입증된 이후, 소

셜 미디어는 정치인, 마케터, 브랜드, 기업, 심지어 개인이 강력한 미디어 도구로 사용해 왔다. 관련 글 'The impact of social media on public opinion'을 읽고 소셜 미디어가 여론에 영향을 미치는 다양한 사례를 조사하고 정리하여 발표해 보자.

관련 학과 문화콘텐츠학과, 미디어커뮤니케이션학과, 신문방송학과, 언론정보학과

《착한 소셜 미디어는 없다》, 조현수, 리마인드(2023)

[10공영1-02-07]

적절한 전략과 다양한 매체를 활용하여 상황과 목적에 맞게 말하거나 쓴다.

UN의 지속 가능 발전 목표(UN-SDGs)는 선진국과 개발도상국, 저개발국을 포함한 모든 국가가 인류의 번영을 위해 힘씀과 동시에 환경을 보호할 것을 촉구하고 있다. UN-SDGs 채택을 통해 다양한 국가적 상황에 따라 유연성을 발휘해, 각 국가에 가장 적절하고 관련 있는 목표 내 세부 목표와 지표를 골라 척도로 삼을 수 있게 됐다. 우리나라에서 시행하는 SDGs 관련 정책 중 '지속가능발전법', '저탄소녹색성장기본법', '국제개발협력기본법'에 대한 시각 자료와 통계 자료 등을 활용하여 발표 자료를 만들어보자.

관련 학과 사회계열 전체

《지속가능한 지역 만들기》, 카케이 유스케, 조지영 역, 차밍시티(2023)

[10공영1-02-08]

상대방의 생각이나 관점을 존중하고 언어 예절을 갖추어 표현한다.

이제는 거의 모든 대기업이 여러 AI 시스템을 보유하며, AI 배포를 전략의 필수 요소로 간주하고 있다. 하지만 AI의 윤리적 사용에 관한 규제도 함께 필요하다는 목소리가 높아지고 있다. 관련 기사 'Great promise but potential for peril'을 참고하여, '기업은 자신이 하는 일의 윤리적 측면을 진지하게 생각해야 하며, 민주시민으로서 우리는 기술과 기술의 사회적·윤리적 영향에 대해 스스로 교육해야 한다.'라는 주장에 대해 자신의 의견을 발표해 보자.

관련 학과 사회계열 전체

《AI 이후의 세계》, 헨리 A. 키신저 외 2명, 김고명 역, 윌북(2023)

공통 과목	수능	공통영어2	절대평가	상대평가
	X		5단계	5등급

단원명 | 이해

| 세부 정보, 배경지식, 주제, 요지, 분위기, 심정, 의도, 논리적 관계, 함축적 의미, 전개 방식, 구조, 적절한 전략, 관점, 의견, 포용적 태도, 이해, 비언어적 자료, 요약, 어휘, 표현, 소통

[10공영2-01-01]

말이나 글에 포함된 세부 정보를 파악한다.

➲ 현대 사회에서 반려동물은 우리 삶에 많은 의미를 부여한다. 더 많은 사람들이 반려동물과 함께 삶을 공유하며 유대감을 형성하고 있고, 반려동물과 인간의 관계는 동물과 사람 사이의 단순한 연결 이상으로, 많은 사람들에게 정서적, 심리적인 이익을 제공한다. 한편으로는 유기견, 유기묘, 펫로스 증후군 등의 문제가 제기되고 있고, 반려동물을 위한 숙박 서비스도 생겨나고 있다. 관심 있는 사회계열 학과와 반려동물의 연관성에 대해 영어 자료를 읽고 발표해 보자.

관련 학과 사회계열 전체

《어서 오세요, 펫로스 상담실입니다》, 조지훈, 라곰(2023)

[10공영2-01-02]

말이나 글의 주제나 요지를 파악한다.

➲ 지리적 위치는 국가나 지역의 경제 발전 수준에 큰 영향을 미친다. 자연 자원의 분포, 교통망, 기후 조건 등은 특정 지역의 경제 발전을 촉진하거나 방해할 수 있다. 예를 들어 남아메리카의 안데스 산맥은 주요 자연적 장애물로 작용하여 해당 지역의 경제 발전을 방해하고 있다. 산악 지형으로 인해 교통망을 구축하기 어려워 물류 비용이 증가하고, 이는 무역과 산업 성장을 저해한다. 사회과학적 관점에서 지리적 불평등이 어떻게 경제적 격차를 초래하는지 분석하고, 이를 해결하기 위한 정책적 방안을 제시해 보자. 특히 교통 인프라 개선, 자원 분배 정책 등이 경제적 격차의 해소에 미치는 영향을 영어 자료를 통해 탐구하고 발표해 보자.

관련 학과 사회계열 전체

《지포그래픽 세계화의 세계》, 로랑 카루에, 윤예니 역, 이다미디어(2022)

[10공영2-01-03]

말이나 글의 분위기나 등장인물의 심정 및 의도 등을 추론한다.

➲ 연설문은 연설자가 청중 앞에서 자신의 생각이나 주장을 발표하기 위해 작성하는 글로, 정교한 구조와 간결하고 명확한 문체, 논리력과 설득력을 갖춰야 하며, 청중에게 감동과 공감을 주는 울림이 있어야 한다. 유명한 연

설문으로는 윈스턴 처칠의 의회 연설(1940년 5월 13일, 'I have nothing to offer but blood, toil, tears, and sweat.')이 있다. 자신이 관심 있는 인물의 연설문을 통해 말의 분위기와 의도를 추론하여 분석하고 발표해 보자.

관련 학과 사회계열 전체

《영국 명연설문 베스트 30》, 강홍식, 탑메이드북(2013)

[10공영2-01-04] ●●●

말이나 글에 나타난 일이나 사건의 논리적 관계를 파악한다.

'님비 현상(NIMBY, Not In My Back Yard)'은 공공의 이익에는 부합하지만 자신이 속한 지역에는 이롭지 않은 일을 반대하는 지역 이기주의를 말한다. 이 용어는 1980년대 미국에서 처음 사용된 이후, 쓰레기 소각장이나 원자력 발전소, 장애인 학교 등과 같은 기피 시설이 자신의 거주 지역에 들어서는 것을 반대하는 주민들의 행동을 지칭한다. 님비 현상으로 인해 공공 정책이 제대로 시행되지 못하거나 지역 주민들 사이에 갈등이 발생하는 등 사회적 비용이 증가하고 있다. 님비 현상의 사례를 영어로 조사하고 해당 사건을 정리하여 발표해 보자.

관련 학과 사회계열 전체

《정치적 부족주의》, 에이미 추아, 김승진 역, 부키(2020)

[10공영2-01-05] ●●●

말이나 글에 포함된 표현의 함축적 의미를 추론한다.

책의 제목은 책의 내용을 함축적으로 표현하고 독자의 관심을 끌기 위한 중요한 요소이다. 로버트 J. 고든의 《미국의 성장은 끝났는가(The Rise and Fall of American Growth: The U.S. Standard of Living since the Civil War)》는 경제와 관련된 중요한 주제를 다루는 책 중 하나로, 이 책의 제목은 경제를 엔진에 비유하며 경제가 부를 창출하는 힘을 강조하고 있다. 자신이 관심 있는 사회계열 서적의 영어 제목을 찾아보고, 책의 제목과 내용을 비교하면서 제목이 가진 함축적 의미에 대해 발표해 보자. 또한 한국어 번역판 제목은 원제와 다른 의미로 정했는지도 알아보자.

관련 학과 사회계열 전체

미국의 성장은 끝났는가

로버트 J. 고든, 이경남 역, 생각의힘(2017)

책 소개

저자는 이 책에서 미국의 경제성장과 생활 수준을 역사적으로 분석하며, 이미 둔화된 생산성, 상승세가 심화되는 불평등, 정체된 교육, 인구 고령화, 대학생들의 학자금 대출 급증과 연방정부 부채 등의 역풍에 발목이 잡힐 것이라고 주장한다. 또한 인공지능과 로봇이 전대미문의 속도로 생산성을 향상시킬 것이라는 주장에 대해서도 회의적이며, 미국 역사상 처음으로 젊은 세대의 생활 수준이 부모 세대보다 못한 시대가 시작될 것이라고 경고한다. 이와 함께 과거의 위대한 전진에 기대기보다 우리 앞에 놓인 도전을 극복할 수 있는 새로운 해법을 찾아야 한다고 역설한다.

세특 예시

'미국의 성장은 끝났는가(로버트 J. 고든)'를 영어로 읽고, 미국 경제성장의 역사와 미래 전망에 대해 심도 있게 학습함. 사회과학, 특히 경제학에 큰 관심을 보이며, 책의 핵심 내용을 효과적으로 요약하고 발표하는 능력을

크게 향상시킴. 저자가 지적한 미국 경제성장의 6가지 역풍(인구 고령화, 교육 정체, 불평등 심화 등)에 대한 부분을 읽고, 각 요인이 어떻게 경제성장을 저해할 수 있는지 영어로 요약함. 이 과정에서 경제학 및 사회학 관련 전문 용어를 자연스럽게 습득하고 활용하는 모습을 보임.

[10공영2-01-06]

말이나 글의 전개 방식이나 구조를 파악한다.

뉴스 알고리즘은 디지털 플랫폼에서 사용자가 선호하는 정보를 바탕으로 자동으로 뉴스 기사를 추천하는 기술이다. 이러한 알고리즘은 사용자가 보고 싶은 정보만 제공하여 정보 편향을 강화하고, 여론의 다양성을 축소하는 문제가 있다. 뉴스 알고리즘이 현대 사회에서 여론 형성과 정보 소비에 미치는 영향을 분석하고, 이로 인해 발생하는 사회적 분열과 정보의 편향성을 완화하기 위한 대안을 탐구해 보자. 특히 알고리즘 투명성의 중요성, 그리고 그 사회적 책임과 관련된 영어 뉴스를 찾아 읽고 자신이 이해한 내용을 발표해 보자.

관련 학과 사회계열 전체

《뉴스 영어의 결정적 표현들》, 박종홍, 사람in(2021)

[10공영2-01-07]

다양한 매체의 말이나 글을 비판적으로 이해한다.

국가 간 상호 연결성과 통합을 증가시키는 과정인 세계화는 이제 그 영향을 줄이거나 역전시키고 세계적 이익보다 국가 이익을 우선시하려는 탈세계화의 방향으로 진행되고 있다. 자국우선주의가 심화되는 상황 속에 탈세계화와 자국우선주의가 미치는 영향을, 부의 양극화, 극우 정치인의 등장, 혐오 정서의 확산 등 자신이 관심을 가진 사회 분야의 영어 자료를 활용, 분석하여 발표해 보자.

관련 학과 경제학과, 공공행정학과, 도시행정학과, 법학과, 사회복지학과, 사회학과, 세무학과, 신문방송학과, 언론정보학과, 행정학과

《초거대 위협》, 누리엘 루비니, 박슬라 역, 한국경제신문(2023)

[10공영2-01-08]

말이나 글의 이해를 위한 적절한 전략을 적용한다.

글의 종류나 소재에 따라 읽기 전략을 다르게 적용해야 하는 이유는 글의 구조와 흐름이 다르기 때문이다. 예를 들어 설명문이라면 글의 중심 내용을 파악하는 것이 중요하므로 훑어 읽기, 중심 내용 파악하기 등의 전략을 적용할 수 있다. 현대 사회에는 다양한 형태의 혐오가 만연해 있다. 이러한 혐오는 다양한 이유와 배경으로 발생할 수 있으며, 사회적·문화적·경제적인 요소들이 혐오를 조장하거나 막는 역할을 할 수 있다. 자신이 관심 있는 분야에서 혐오가 발생한 사례를 찾아보고, 이와 관련된 글을 읽기 전략을 사용하여 읽고 그 내용을 발표해 보자.

관련 학과 사회계열 전체

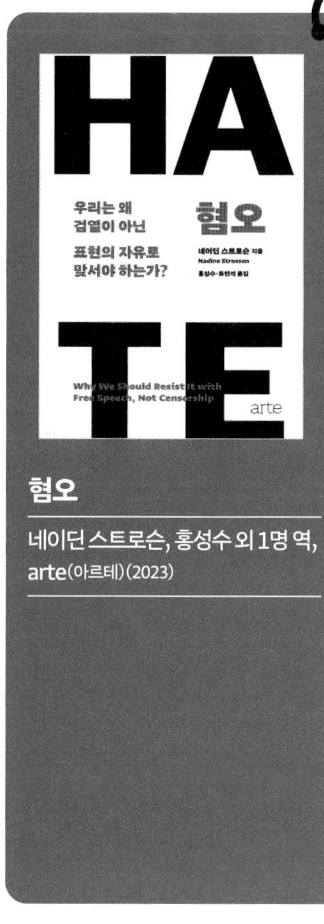

혐오

네이딘 스트로슨, 홍성수 외 1명 역, arte(아르테)(2023)

책 소개

이 책은 혐오 발언과 표현의 자유에 관한 중요한 논의를 제시한다. 저자는 검열을 통한 혐오 발언의 제한이 문제의 본질적인 해결이 아니라고 주장하며, 오히려 표현의 자유를 통해 사회적 변화와 개선을 이끌어내야 한다고 강조한다. 이 책은 현대 사회에서 점점 강화되는 혐오 발언에 대한 규제와 그로 인한 부작용에 대해 깊이 있게 탐구하며, 표현의 자유의 중요성과 그 가치를 재조명한다.

세특 예시

'혐오(네이딘 스트로슨)'를 읽고 혐오 표현이 늘어나는 현상과 이에 대한 규제 및 부작용에 대해 알게 되었고, 표현의 자유의 중요성과 그 가치에 대한 이해를 높임. 이후 해당 주제를 자신이 관심을 갖고 있는 언론과 미디어 분야와 연관시켜 주제 탐구 활동을 진행함. 혐오 표현의 사례를 미디어 콘텐츠로 분석하는 프로젝트를 통해 미디어 리터러시 능력을 발휘함. 책의 내용을 깊이 이해하고, 이를 바탕으로 다양한 미디어 플랫폼에서 나타나는 혐오 표현의 유형과 영향을 체계적으로 분석하여 보고서를 작성함. 특히 소셜 미디어에서의 혐오 표현 확산 메커니즘에 주목하여 알고리즘의 역할과 '에코 체임버' 효과 등을 심층적으로 조사함. 이 과정에서 빅데이터 분석 도구를 활용하여 특정 키워드를 중심으로 한 혐오 표현의 확산 양상을 시각화하는 능력을 보여줌.

단원명 | 표현

| 🔍 | 목적, 맥락, 생각, 감정, 정보, 지식, 전달, 소통, 단어, 어구, 문장, 의사소통 기능, 어휘, 언어 형식, 이야기, 서사, 운문, 친교, 사회적 목적, 정보 전달, 의견 교환, 주장, 묘사, 설명, 요약

[10공영2-02-01]

실물, 그림, 사진, 도표 등을 활용하여 내용을 설명한다.

➲ 회계는 경제적 의사결정을 위한 정보를 수집·측정·처리·전달하는 과정을 말한다. 기업의 재무 상태, 경영 성과, 현금 흐름을 측정하여 이해관계자들에게 정보를 제공하고, 기업의 경영 효율성의 평가와 개선을 목적으로 한다. 관심 있는 기업을 선정하여 비언어적 자료로 제시된 정보나 시각 자료 등을 적절히 활용하여 해당 기업의 회계 사항을 독자의 이해도를 높일 수 있도록 영어로 발표 자료를 만들고 이를 설명해 보자.

관련 학과 경영학과, 경제학과, 공공인재학과, 공공행정학과, 국제통상학과, 금융보험학과, 도시행정학과, 무역학과, 사회학과, 소비자학과, 정치외교학과, 행정학과, 호텔경영학과, 회계학과

《돈의 흐름이 보이는 회계 이야기》, 구상수, 길벗(2019)

[10공영2-02-02]

사실적 정보나 지식을 말이나 글로 전달한다.

학교는 지식과 기술을 습득하는 공간이지만, 사회적 계층에 따라 교육 기회가 불평등하게 제공되는 문제도 발생한다. 학교 내에서 발생하는 사회적 계층화는 학생들의 성적, 교우 관계, 교사의 기대 수준 등에 영향을 미치며, 이는 경제적 배경에 따라 학업 성취도에 큰 격차를 초래할 수 있다. 특히 저소득층 학생들은 학습 자원과 교과 외 활동에서 배제되기 쉬우며, 이는 장기적으로 경제적 불평등을 심화할 수 있다. 이러한 교육 불평등의 원인과 학교 내 사회적 계층화가 학생들의 성취도에 미치는 영향을 사회학적 관점에서 분석하고, 이를 해소하기 위한 교육 복지와 정책적 대안을 영어로 작성하고 발표해 보자.

관련 학과 사회계열 전체

《학교의 재발견》, 더글러스 다우니, 최성수 외 1명 역, 동아시아(2023)

[10공영2-02-03]

경험이나 계획 등을 말하거나 기술한다.

희망하는 전공을 공부하기 위한 계획을 구체적인 목표와 학업 계획 및 일정, 학습 방법 등을 포함하여 영어로 발표해 보자. 작성 시에는 최대한 구체적인 내용으로 준비하고, 계획의 실행 가능성에 대한 질문에 대비하며 자신의 열정과 의지를 보여줄 수 있도록 작성한다. 예를 들어 "금융보험학과에 진학하여 기업재무론, 보험통계, 생명보험수학 등을 수강하여 기초 학업 능력을 갖추고 다양한 활동을 통해 단순한 회계 처리가 아니라 금융, 보험, 계리 및 통계에 관한 국제적 수준의 전문적인 지식을 갖고 싶다."라고 쓸 수 있다.

관련 학과 사회계열 전체

《다가온 미래 새로운 직업》, 한국고용정보원 미래직업연구팀 외 7명, 드림리치(2022)

[10공영2-02-04]

자신의 생각이나 의견, 감정, 감상 등을 표현한다.

'equality'와 'equity'는 모두 '평등'을 뜻하지만, 그 의미에는 다소 차이가 있다. equality는 모든 사람이 동등한 권리와 기회를 갖는 것을 의미하고, equity는 모든 사람이 자신의 능력과 노력에 따라 공정하게 대우받는 것을 뜻한다. 경제에서 equality는 소득과 부의 분배를 통해 달성될 수 있다. 즉 세금과 복지 정책을 통해 소득과 부의 불평등을 완화함으로써 모든 사람들이 동일한 조건을 가질 수 있도록 하는 것이다. 반면 equity는 기회의 평등을 통해 달성될 수 있다. 평등 및 불평등의 개념을 자신이 관심 있는 사회 분야와 연관시켜 조사하고 이에 대한 자신의 생각을 발표해 보자.

관련 학과 사회계열 전체

책 소개

《좋은 불평등: 글로벌 자본주의 변동으로 보는 한국 불평등 30년》(최병천)은 한국에서의 불평등 문제를 깊이 있게 다룬 책이다. 이 책은 글로벌 자본주의의 변화와 그 영향을 중심으로 한국의 불평등 문제의 원인과 심화 과정을 분석한다. 저자는 한국의 불평등이 단순히 경제적인 문제가 아니라 사회적, 문화적 배경과도 깊게 연관되어 있다고 지적한다. 또한 모든 불평등이 나쁜 것은 아니며, 어떤 불평등은 사회의 발전을 위해 필요하다는 관점을 제시한다.

세특 예시

'좋은 불평등(최병천)'을 읽고 토론하는 과정에서, 경제적 불평등에 대한

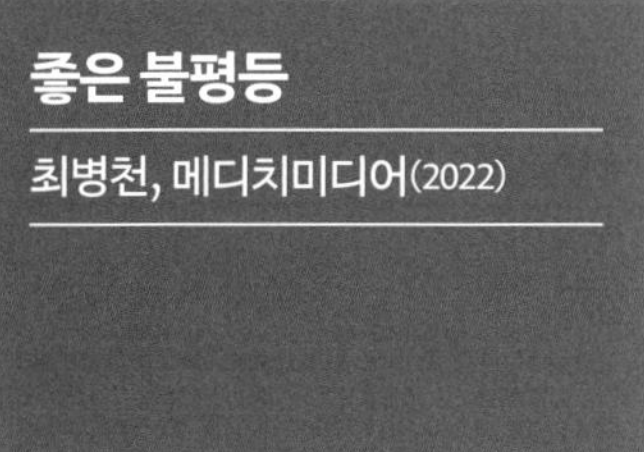

자신의 생각과 의견을 명확하게 표현하는 능력을 향상시킴. 책의 핵심 개념인 '좋은 불평등'과 '나쁜 불평등'에 대해 자신의 해석을 영어로 설명하며, 불평등의 다양한 측면을 비판적으로 분석함. 특히 능력과 노력에 따른 보상의 차이를 '좋은 불평등'으로, 기회의 불평등을 '나쁜 불평등'으로 구분하는 저자의 관점에 대해 자신의 의견을 논리적으로 피력함.

[10공영2-02-05] ●●●

듣거나 읽은 내용을 요약하여 말하거나 기술한다.

➲ '스노브(snob)'는 사회적 지위와 인간의 가치 사이에 연관이 있다고 믿는 사람을 뜻하며, 여기서 파생된 단어인 '스노비즘(snobbism)'은 사회적 지위, 부의 양, 교육 수준 또는 문화적 취향과 같은 요소에 기반하여 자신이 다른 사람들보다 뛰어나다고 믿는 개인의 행동 또는 태도를 나타내는 용어이다. 사회적 스노비즘을 나타내는 사람들은 종종 자신의 사회 계급이나 지위가 다른 이들보다 우월하다고 생각하며, 다른 사회·경제적 배경을 가진 사람들을 피하거나 폄하한다. 스노비즘이 생겨나게 된 원인, 스노비즘의 어원, 스노비즘의 역사 등 관심 학과와 연관된 내용을 조사하여 해당 영문 자료를 요약하여 발표해 보자.

관련 학과 사회계열 전체

《베블런의 과시적 소비》, 소스타인 베블런, 소슬기 역, 유엑스리뷰(2019)

[10공영2-02-06] ●●●

다양한 소통의 목적에 맞게 말하거나 글로 표현한다.

➲ 표현의 자유는 민주주의 사회에서 중요한 권리로 인정받고 있지만, 혐오 표현의 문제로 인해 그 한계가 논란이 되고 있다. 혐오 표현은 특정 인종, 성별, 성적 지향 등의 이유로 상대방을 비하하거나 차별하는 발언을 말하며, 사회적 갈등과 폭력을 조장할 수 있다. 표현의 자유와 혐오 표현 간의 균형을 어떻게 유지할 수 있을지 영어 자료를 찾아보고 자신의 주장을 영어로 작성해 보자.

관련 학과 사회계열 전체

《인간의 130가지 감정 표현법》, 안젤라 애커만, 서준환 역, 인피니티북스(2019)

[10공영2-02-07] ●●●

어휘나 표현을 점검하여 내용을 명확하게 전달한다.

➲ 서평은 책의 내용을 요약하고, 주제와 메시지를 분석하고, 책의 장점과 단점을 평가하는 글이다. 서평을 통해 책의 주요 내용과 사회학적 주제를 쉽게 이해할 수 있으며, 책의 장점과 단점을 파악함으로써 더 비판적이고 분석적으로 읽을 수 있다. 또한 서평은 책에 대한 다양한 사회학적 관점을 제시하기 때문에 새로운 시각을 가질 수 있다. 사회학을 공부하는 입장에서 사회 구조, 불평등, 계층 문제와 관련된 서적의 영어 서평을 읽고, 그 책에 대한 자신의 생각과 비교해 보며 공통점과 차이점을 정리하여 발표해 보자. 사회학적 이론과 실제 사례를 통해 책의 내용을 비판적으로 평가하고, 이를 자신의 학문적 관심사와 어떻게 연결할 수 있는지 분석하고 영어로 발표해 보자.

관련 학과 사회계열 전체

《서평의 언어》, 메리케이 윌머스, 송섬별 역, 돌베개(2022)

[10공영2-02-08] •••

적절한 전략과 다양한 매체를 활용하여 상황과 목적에 맞게 말하거나 쓴다.

➜ SNS는 현대 정치에서 중요한 역할을 하며, 특히 선거에서 정치적 메시지와 정보를 전달하는 주요 수단으로 쓰인다. 하지만 SNS를 통한 허위 정보와 가짜 뉴스의 확산은 정치적 혼란을 낳기도 한다. SNS가 정치적 소통과 여론 형성에 미치는 영향에 대한 영어 자료를 읽고 긍정적·부정적 효과를 평가하여 영어로 작성해 보자.

관련 학과 사회계열 전체

소셜 미디어 프리즘

크리스 베일, 서미나 역, 상상스퀘어(2023)

책 소개

이 책의 원제는 'Breaking the Social Media Prism: How to Make Our Platforms Less Polarizing'이다. 저자는 현대 사회에서 소셜 미디어가 어떻게 우리의 의견과 인식을 왜곡하는지, 그리고 이로 인해 사회가 얼마나 극단적으로 분열되는지를 탐구한다. 소셜 미디어가 개인의 실제 의견보다 극단적으로 보이게 만드는 '프리즘' 효과를 설명하며, 이러한 효과가 어떻게 공적 공간에서의 대화와 논의를 어렵게 만드는지를 분석하고 있다.

세특 예시

'소셜 미디어 프리즘(크리스 베일)'을 읽고 경제 분야에서의 SNS 활용에 대해 심도 있게 탐구함. 특히 경제 동향과 금융 리터러시 관련 주제로 SNS 게시물을 작성하는 과제에서 뛰어난 통찰력과 창의성을 보여줌. 다양한 금융 플랫폼의 특성을 정확히 이해하고, 각 매체에 적합한 영어 표현과 문체를 구사함. 해시태그를 효과적으로 활용하여 최신 경제 트렌드를 간결하게 전달하고, '암호화폐와 블록체인 기술의 경제적 영향'에 대한 설득력 있는 스크립트를 작성하는 등 플랫폼 특성에 맞는 차별화된 접근을 보여줌. 특히 복잡한 경제 개념을 일반 대중이 이해하기 쉽게 설명하는 능력이 돋보임. 인플레이션, 금리 변동, 주식 시장 동향 등 시의성 있는 경제 이슈에 대한 인포그래픽을 제작하여 인스타그램에 게시하는 프로젝트를 수행함. 이 과정에서 데이터 시각화 능력과 경제 분석력을 효과적으로 결합하여 높은 호응을 얻음.

[10공영2-02-09] •••

다른 사람과 의견을 조율하며 문제 해결을 위해 협력한다.

➜ 미국의 (인종·남녀 차별 등으로 인한) '사회적 약자 우대정책'은 대표적인 소수집단 우대정책 중 하나로, 대학 입학과 고용 절차에서 소수인종에 대한 긍정적인 차별을 도입하는 정책이다. 이는 과거 차별의 영향을 보완하고 다양성을 촉진하기 위해 시행되고 있지만 역차별이나 정당성 논란이 제기되고 있다. '사회적 약자 우대정책은 차별 문제를 해결할 수 있을까?'라는 주제로 자신의 의견을 영어로 써보자. 이후 타인의 의견을 경청하고 자신의 의견을 논리적으로 제시하며, 문제 해결 과정에서 조원들과 합의하여 최종 결정문을 영어로 작성해 보자.

관련 학과 사회계열 전체

《공정하다는 착각》, 마이클 샌델, 함규진 역, 와이즈베리(2020)

선택 과목	수능	영어 I	절대평가	상대평가
일반 선택	○		5단계	5등급

단원명 | 이해

| 🔍 | 미래 직업, 핵심 스킬, 트렌드 분석, 성별 격차, 경제적 영향, 미래 예측, 필자의 시각, 디지털 폭력, 사례 분석, 논리적 관계, 함축적 의미 분석, 젠더 평등, 대응 방안, 문화적 유사성, 사회적 변화, 포용적 태도

[12영I-01-01]

말이나 글의 세부 정보를 파악한다.

➲ 2023년 세계경제포럼(WEF) 보고서 'The Future of Jobs Report 2023'에서는 미래 사회와 직업 트렌드에 대한 예측을 제시한다. 해당 보고서를 찾아 읽어보고, 미래의 직업 시장에서 중요할 것으로 예상되는 스킬 3가지를 선택하고 그렇게 선택한 이유를 영어로 정리해 보자.

관련 학과 사회계열 전체

《세계미래보고서 2023》, 박영숙 외 1명, 비즈니스북스(2022)

[12영I-01-02]

말이나 글의 주제나 요지를 파악한다.

➲ 2023년 세계경제포럼에서 'Global Gender Gap Report 2023'이 발표되었다. 이 보고서는 성별 간 격차에 대한 평가 및 예측을 제공한다. 해당 보고서를 찾아 읽어보고 성별 간 격차가 경제와 사회에 어떤 영향을 미치는지, 주제와 요지를 파악하여 영어로 정리해 보자.

관련 학과 경제학과, 공공인재학과, 법학과, 사회복지학과, 사회학과, 신문방송학과, 언론정보학과, 정치외교학과

《세계 성평등 1위 아이슬란드의 비밀 스프라카르》, 엘리자 리드, 지은현 역, 꾸리에북스(2022)

[12영I-01-03]

화자나 필자의 심정이나 의도를 추론한다.

➲ 메타버스는 최근 IT 업계에서 가장 핫한 키워드 중 하나이다. 메타버스는 가상 세계에서 실제 세계와 같은 경험을 할 수 있는 공간을 말한다. 'The future of Metaverse and its impact on your business'라는 기사를 찾아 읽어보고, 작성자가 메타버스의 미래에 대해 어떤 시각을 가졌는지 분석하고 그 의도를 파악하여 발표해 보자.

관련 학과 경영학과, 경제학과, 관광학과, 광고홍보학과, 문화콘텐츠학과, 미디어커뮤니케이션학과, 소비자학과, 신문방송학과, 언론정보학과, 지리학과, 호텔경영학과

《메타버스》, 김상균, 플랜비디자인(2020)

[12영I-01-04]

말이나 글에서 일이나 사건의 논리적 관계를 파악한다.

최근 사회 네트워크 서비스(SNS)와 온라인 커뮤니티의 확산으로 인해 디지털 폭력 문제가 심각해지고 있다. 특히 사이버 혐오 발언, 디지털 스토킹 등의 문제로 사람들이 심리적 고통을 겪게 되면서 사회적인 문제로 대두되고 있다. 'Social Media Violence'라는 글을 찾아 읽어보고, 작성자가 디지털 폭력과 사회 간의 논리적 관계와 영향을 어떻게 이해하고 있는지 분석하여 발표해 보자.

관련 학과 문화콘텐츠학과, 미디어커뮤니케이션학과, 법학과, 사회학과, 신문방송학과, 언론정보학과

《A에서 Z까지 스토킹, 데이트 폭력, 디지털 성범죄》, 신현덕, 법문북스(2023)

[12영I-01-05]

말이나 글의 맥락을 바탕으로 어구나 문장의 함축적 의미를 추론한다.

최근 스마트폰과 SNS의 활용이 증가하면서 정보 소비 방식이 크게 변화했다. 특히 젊은 세대들은 TV나 신문 등 전통 매체보다 SNS를 통해 정보를 얻는 경우가 많아졌다. 그러나 이런 변화 속에서 '가짜 뉴스'라는 새로운 문제점이 도출되었다. 이와 관련된 글 'A Discourse of the Impact of Disinformation and Fake News on Social Media'를 찾아 읽어보고, SNS와 가짜 뉴스가 정보 소비에 어떤 영향을 미치는지 분석하여 정리해 보자.

관련 학과 사회계열 전체

《서사의 위기》, 한병철, 다산초당(2023)

[12영I-01-06]

말이나 글의 전개 방식이나 구조를 파악한다.

최근 세계 각국에서는 젠더 평등에 대한 인식이 높아지면서 여성의 사회참여가 확대되고 있다. 그러나 여전히 성별 기반의 격차와 차별은 존재한다. 관련 자료 'Gender equality in the 21st century: Overcoming barriers to women's leadership in global health'를 읽어보고, 세계 각국에서 직면하고 있는 젠더 평등 문제와 해결 방안을 탐구해 보자.

관련 학과 사회계열 전체

《남성은 여성에 대한 전쟁을 멈출 수 있다》, 마이클 코프먼, 이다희 역, 바다출판사(2019)

[12영I-01-07]

적절한 전략을 활용하여 다양한 매체로 된 말이나 글의 의미를 파악한다.

AI가 법률 분야에서 점점 중요한 역할을 하고 있으며, 특히 법률 서비스의 자동화, 판례 분석 등 다양한 활용이 가능하다. 하지만 이로 인한 직업 소멸과 데이터 보호 문제 등 여러 가지 이슈가 있다. 'The Impact of AI on the Legal Industry - Opportunities and Challenges'라는 기사를 찾아 읽어보고, AI가 법률 분야에 미치는 영향과 이에 대한 대응 방안을 탐구해 보자.

관련 학과 법학과, 사회학과, 신문방송학과, 언론정보학과

《인공지능과 인간의 협업 시대가 왔다》, 정용균, 율곡출판사(2020)

[12영Ⅰ-01-08]

우리 문화 및 타 문화의 다양한 관점에 대해 포용하고 공감하는 태도를 가진다.

오늘날의 글로벌 세계에서는 일, 학업 또는 영구 이주를 위해 다른 나라로 이주하는 개인이 새로운 문화에 성공적으로 적응하는 것이 점점 더 중요해지고 있다. 관련 기사 'Successful adaptation after immigration helped by cultural similarities'를 참고하여 다양한 문화 배경에서 온 이민자들이 자신들의 전통과 새로운 환경 사이에서 어떻게 균형을 유지하는지 알아보고, 이민자들의 적응 과정 및 그에 따른 사회적 변화를 분석해 보자.

관련 학과 사회계열 전체

《이주여성 문화적응 생애담 스토리텔링》, 김영순 외 4명, 북코리아(2023)

단원명 | 표현

국제 노동자, 경제적 영향, 신재생 에너지, 지속가능한 발전, 네트워크, 정보 전파, 기후변화, 심리적 영향, 가짜 뉴스, 프로젝트 계획, 디지털 소외, 공정 사회, 포괄적 사회, 글쓰기 윤리, 소셜 미디어, 봉사 활동, 실행 및 분석, 사회적 불평등, 정책 제안

[12영Ⅰ-02-01]

사실적 정보를 말이나 글로 설명한다.

현재 전 세계적으로 증가하는 노동자 이동은 전 세계 여러 나라에 큰 영향을 미치고 있다. 관련 자료 'The Impact of International Labor Migration on the Socio-Economic Development of the Region'을 참고하여 노동자 이동이 국가 간 경제 및 사회적 변화에 어떤 영향을 미치는지 알아보고 발표해 보자.

관련 학과 경영학과, 경제학과, 국제통상학과, 법학과, 사회복지학과, 사회학과

《당신은 나를 이방인이라 부르네》, 고기복 외 22명, 후마니타스(2023)

[12영Ⅰ-02-02]

경험이나 계획 또는 일이나 사건을 말이나 글로 설명한다.

세계가 기후변화의 부정적인 영향을 완화하고, 지구를 오염시키는 유한한 화석연료에 대한 의존도를 낮춰야 하는 과제에 직면함에 따라 재생 가능 에너지 기술이 점점 더 중요해지고 있다. 관련 기사 'The role of renewable energy technologies in sustainable development'를 찾아 읽고, 신재생 에너지의 도입이 기후변화 완화와 지속가능한 미래 구축에 어떻게 기여하는지 조사하여 발표해 보자.

관련 학과 사회계열 전체

《재생에너지와의 공존》, 안희민, 크레파스북(2023)

[12영Ⅰ-02-03]

상대방을 배려하고 존중하는 태도로 자신의 의견이나 감정을 표현한다.

➲ 소셜 네트워크는 이제 대다수 사람들의 일상생활에 통합되었고, 더 이상 친구와 연락을 유지하기 위해 소셜 네트워크를 사용하는 것이 아니라 소셜 네트워크에서 사용할 수 있는 정보를 기반으로 의견을 형성한다. 관련 자료 'Opinion Formation on the Internet: The Influence of Personality, Network Structure, and Content on Sharing Messages Online'을 참고하여 온라인 소셜 네트워크가 개인의 의견 형성과 정보 전파에 어떻게 영향을 미치는지 탐구해 보자.

관련 학과 사회계열 전체

《착한 소셜 미디어는 없다》, 조현수, 리마인드(2023)

[12영Ⅰ-02-04] •••

듣거나 읽은 내용을 말이나 글로 요약한다.

➲ 브리트 레이(Britt Wray)의 TED 영상 'How climate change affects your mental health'를 시청하고, 지구온난화와 같은 기후변화가 사람들의 심리에 미치는 영향에 대해 알아보자. 특히 기후변화와 관련된 생존 전략의 필수적인 부분으로 다뤄져야 하는 것이 무엇인지, 화자의 주장을 요약하여 발표해 보자.

관련 학과 미디어커뮤니케이션학과, 신문방송학과, 언론정보학과

《최종경고 :6도의 멸종》, 마크 라이너스, 김아림 역, 세종서적(2022)

[12영Ⅰ-02-05] •••

서신, 신청서, 지원서 등의 서식을 목적에 맞게 작성한다.

➲ 현대 사회에서 '가짜 뉴스'는 심각한 사회적 문제로 대두되고 있다. 정보의 왜곡으로 인해 개인이 잘못된 의사결정을 하게 될 수 있으며, 극단적으로는 민주주의를 위협할 수도 있다. 이에 대응하기 위한 창의적인 해결책이 필요한데, 이러한 해결책의 실현을 위해 필요한 자금을 기부받기 위한 펀딩 신청서를 'Project Overview / Detailed Plan / Budget / Project Outcomes / Closing Remarks'의 항목을 모두 포함하여 영어로 작성해 보자.

관련 학과 경영학과, 경제학과, 광고홍보학과, 문화콘텐츠학과, 미디어커뮤니케이션학과, 소비자학과, 신문방송학과

《포스트트루스》, 리 매킨타이어, 김재경 역, 두리반(2019)

[12영Ⅰ-02-06] •••

글의 구조나 내용 및 표현을 점검하고 쓰기 윤리를 준수하여 고쳐 쓴다.

➲ 기술 발전은 가상 세계에서의 연결성을 증대시키지만, 동시에 디지털 소외와 같은 사회적 격차도 부각시킨다. 관련 글 'Don't let the digital divide become the new face of inequality'를 읽고 이러한 문제들이 개인 및 사회에 미치는 영향을 분석하고, 공정하고 포괄적인 디지털 사회를 구축하기 위한 방안을 제안하는 글을 작성해 보자.

관련 학과 사회계열 전체

《디지털 미디어와 소외》, 최선욱, 커뮤니케이션북스(2016)

[12영Ⅰ-02-07] •••

다양한 매체와 적절한 전략을 활용하여 정보를 창의적으로 전달한다.

➔ 소셜 미디어 플랫폼에서 지역 사회 봉사활동에 대한 인식을 높이는 캠페인 전략을 기획해 보자. 관련 글 'How Volunteer Organizations Can Use Social Media'를 참고하여 실제로 캠페인을 기획하고 실행해 보자. 그리고 그 결과를 분석한 뒤, 디지털 매체가 사회참여와 변화에 어떻게 기여할 수 있는지에 대해 탐구해 보고 이를 영어로 발표해 보자.

관련 학과 사회계열 전체

《소셜 미디어》, 김대호 외 9명, 커뮤니케이션북스(2012)

[12영I-02-08] ●●●

협력적이고 능동적으로 말하기나 쓰기 과업을 수행한다.

➔ 부동산 가격 상승은 사회적 불평등을 증대시키는 주요 요인 중 하나이다. '부동산 가격 상승에 따른 주거비 부담 증가가 저소득층의 생활 수준에 미치는 영향은 어떠한가'에 대해 팀을 이루어 조사를 진행해 보자. 또한 관련 기사 'How high property prices can damage the economy'를 참고하여 부동산 가격 상승이 미치는 영향을 지역별, 연령별, 직업별로 파악해 보고, 이를 바탕으로 사회적 불평등 해소를 위한 정책을 제안해 보자. 팀별로 발표 자료를 작성하고, 발표를 통해 다른 팀과 토론을 진행해 보자.

관련 학과 경영학과, 경제학과, 공공행정학과, 금융보험학과, 법학과, 사회복지학과, 사회학과, 행정학과

《사회적 갈등과 불평등》, 강원택 외 4명, 푸른길(2018)

선택 과목	수능	영어 II	절대평가	상대평가
일반 선택	○		5단계	5등급

단원명 | 이해

| 🔍 | 세부 정보, 주제, 요지, 심정, 의도, 논리적 관계, 추론, 함축된 의미, 맥락, 전개 방식, 구조, 매체 자료, 전략, 문화, 관점, 포용, 공감, 태도, 어조, 목적, 소통 방식, 행동, 성격, 억양, 표현

[12영 II-01-01]

다양한 주제에 대한 말이나 글의 세부 정보를 파악한다.

➲ 그린워싱(Greenwashing)이란 기업의 대외 이미지를 제고하고 환경을 생각하는 소비자나 투자자의 관심을 끌기 위해, 환경의 지속가능성에 대한 약속이나 책임 있는 관행을 과장하거나 허위로 주장하는 행위를 말한다. 그린워싱 기업은 오해의 소지가 있는 라벨, 마케팅 슬로건 또는 이미지를 통해 제품이나 기업 운영이 실제보다 환경 친화적이라는 인상을 줄 수 있도록 이를 의도적으로 게시하여 회사의 관행을 크게 바꾸지 않고도 지속가능하고 친환경적인 제품과 서비스에 대한 수요 증가를 이끌어내는 것이다. 그린워싱의 사례에 관한 영어 자료를 읽고 정리하여 발표해 보자.

관련 학과 사회계열 전체

《그린워싱 주의보》, 이옥수, 스리체어스(2022)

[12영 II-01-02]

말이나 글의 주제나 요지를 파악한다.

➲ TED는 Technology, Entertainment, Design의 앞 글자를 따서 만든, 전 세계의 다양한 분야에서 활동하는 사람들이 모여 아이디어를 공유하는 글로벌 커뮤니티이다. 과학과 비즈니스, 글로벌 이슈, 예술 등 다양한 주제에 대한 18분 이내의 짧고 영향력 있는 강연인 'TED Talks'로 가장 잘 알려져 있다. 대표적인 강연의 예로 '스타트업이 성공하는 가장 큰 이유(The single biggest reason why start-ups succeed)'가 있다. 이 강연에서 '아이디어랩'의 창업자이자 전 CEO인 빌 그로스(Bill Gross)는 스타트업 성공의 가장 큰 이유가 무엇인지에 대해 이야기한다. 해당 영상 또는 자신이 관심 있는 영상을 시청하고 요지를 정리하여 영어로 발표해 보자.

관련 학과 사회계열 전체

《TED 프레젠테이션》, 제레미 도노반, 김지향 역, 인사이트앤뷰(2020)

[12영 II-01-03]

말이나 글에 나타난 화자, 필자, 인물 등의 심정이나 의도를 추론한다.

➲ 인터뷰(interveiw)는 두 사람 또는 그 이상의 사람이 서로 질문과 답변을 주고받는 대화 형식으로, 목표 지향적,

상호작용적, 구조적이라는 특징이 있다. 사진과 관련된 인터뷰의 예시로, 퓰리처상 수상 포토저널리스트 에린 맥팔랜드의 러시아-우크라이나 전쟁에 관한 CNN 인터뷰가 있다. 맥팔랜드는 러시아-우크라이나 전쟁을 통해 포토저널리즘의 중요성을 재확인하며, "포토저널리즘은 전쟁과 같은 비극을 기록하고, 사람들의 마음을 움직이며, 세상을 변화시키는 힘을 가지고 있다."라고 말한 바 있다. 해당 인터뷰 또는 자신이 관심 있는 분야와 관련된 인터뷰를 선택해, 전반적인 상황과 맥락을 이해하면서 말이나 글에 명시적으로 드러나지 않은 화자의 심정이나 어조, 의도나 목적을 추론하여 발표해 보자.

관련 학과 사회계열 전체

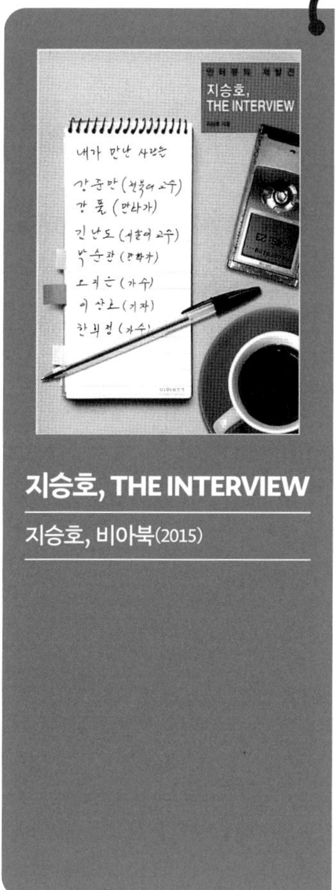

지승호, THE INTERVIEW

지승호, 비아북(2015)

책 소개

이 책은 전문 인터뷰어로 15년 이상 활동한 저자가 인터뷰의 본질과 방법에 대해 이야기한 책이다. 저자는 인터뷰를 "타인의 생각과 경험을 듣고, 그것을 공유하는 행위"라고 정의하며, 인터뷰는 단순히 정보를 수집하는 것이 아니라 사람과 사람 사이의 소통을 통해 새로운 지식과 통찰을 얻는 과정이라고 말한다. 이 책은 인터뷰의 개념과 목적, 인터뷰의 준비, 인터뷰의 진행, 인터뷰의 기록, 인터뷰의 분석과 평가 등 인터뷰의 기본 개념부터 실전 노하우까지 다양한 주제를 다루고 있다.

세특 예시

'지승호, THE INTERVIEW(지승호)'를 읽고 심층 인터뷰 기법과 인물 분석 방법을 학습한 후, 이를 바탕으로 미국 경제학자 폴 크루그먼의 인터뷰를 심도 있게 분석함. 영어로 진행된 인터뷰 전문을 꼼꼼히 독해하며, 크루그먼 교수의 발언에 담긴 경제학적 통찰과 사회적 함의를 정확히 포착하는 뛰어난 분석력을 보여줌. 특히 글로벌 경제 불평등, 기후변화의 경제적 영향, 그리고 포스트 팬데믹 경제 정책에 대한 크루그먼 교수의 견해를 분석하며, 그의 진보적 경제관과 사회정의에 대한 신념을 예리하게 포착해 냄. 인터뷰에서 사용된 고급 경제학 용어와 정책 관련 표현들을 정확히 이해하고 해석하는 과정에서 뛰어난 영어 독해력과 사회과학적 소양을 발휘함.

[12영Ⅱ-01-04]

말이나 글에서 일이나 사건의 논리적 관계를 추론한다.

➲ 《아내를 모자로 착각한 남자(The Man Who Mistook His Wife for a Hat)》는 미국의 신경학자 올리버 색스가 1985년에 출간한 책으로, 심한 안면 인식 장애를 앓던 음악 교사가 자기 아내의 머리카락을 모자로 착각하고 쓰려고 했다는 첫 에피소드에서 착안해 제목을 지었다. 총 24편의 이야기로 구성되어 있고, 뇌 기능의 결핍과 과잉, 지적 장애를 지닌 환자들에게서 발견되는 발작적 회상, 변형된 지각, 비범한 정신적 자각 등의 이야기를 들려준다. 이 책은 원서의 저작권이 만료되어 원서를 자유롭게 읽을 수 있다. 24편 중 관심 있는 이야기 한 편을 원서로 읽고, 이야기의 상황이나 맥락을 전반적으로 이해하면서 사건의 인과 관계, 인물 간의 관계, 사건 전개 순서 등을 정리해 보자.

관련 학과 사회계열 전체

《아내를 모자로 착각한 남자》, 올리버 색스, 조석현 역, 알마(2016)

[12영Ⅱ-01-05]

말이나 글의 맥락을 바탕으로 함축된 의미를 추론한다.

글의 제목에 비유적 언어를 사용하면 독자의 흥미를 끌면서 글의 내용을 함축적으로 표현할 수 있으며, 말하고자 하는 바의 핵심을 강조하는 효과가 있다. "The U.S. is facing a 'perfect storm' of economic woes"(<The New York Times>, 2023-07-20) 등과 같이 경제 기사에서 'perfect storm'이란 용어를 흔히 사용하는데, 이 용어가 다양한 요인이 결합하여 극단적인 상황을 초래하는 것을 의미하면서 여러 가지 악재로 어려움을 겪고 있는 상황을 비유적으로 표현할 수 있기 때문이다. 자신이 관심 있는 분야의 영어 기사에서 함축적인 의미가 표현되는 경우를 찾아보고 그 의미와 효과를 발표해 보자.

관련 학과 사회계열 전체

《문예 비창작: 디지털 환경에서 언어 다루기》, 케네스 골드스미스, 길예경 외 1명 역, 워크룸프레스(2023)

[12영Ⅱ-01-06]

다양한 유형의 말이나 글의 전개 방식이나 구조를 파악한다.

소유보다는 특별한 경험과 깊이 있는 취미 생활을 하기 위한 소비 형태로의 전환이 빠르게 진행되고 있다. 이러한 경향으로 인해 소유보다는 경험에 가치를 두는 소비 형태가 사회 전반에 확산되고 있으며, 월 단위로 이용하고자 하는 구독 경제 및 가전 렌털 시장이 급격히 성장하고 있다. 또한 깊이 있고 밀도 있는 취미 생활을 추구하는 디깅(digging) 소비 트렌드도 더욱 확산되고 있다. 소비 트렌드를 설명하는 글을 읽고 글의 전개 방식과 구조를 파악해 보자.

관련 학과 사회계열 전체

《구독경제 101》, 스노우볼랩스, 스노우볼랩스(2023)

[12영Ⅱ-01-07]

적절한 전략을 적용하여 다양한 매체 자료의 말이나 글을 이해한다.

이민자를 통해 인구 문제를 해결하는 것은 세계적으로 널리 활용되는 방법이다. 싱가포르, 미국, 독일이 대표적인 예이다. 저출산과 고령화가 심각한 문제로 대두되고 있는 상황에서, 노동력 부족을 해소하고 경제성장을 촉진하기 위해 이민자를 적극적으로 유치하는 국가들이 많다. 독일은 유럽에서 이민자를 특히 많이 유치하는 국가 중 하나이다. 독일은 2015년부터 난민 위기에 대응하기 위해 적극적으로 난민을 수용했으며, 이후에도 다양한 형태의 이민자를 유치하고 있다. 이민자에 대한 글을 읽고 이를 조사하여 발표해 보자.

관련 학과 사회계열 전체

《연을 쫓는 아이》, 할레드 호세이니, 왕은철 역, 현대문학(2022)

[12영Ⅱ-01-08]

다양한 문화와 관점에 대해 포용하고 공감하는 태도를 가진다.

청소년 등급제는 미디어 매체의 청소년 유해성을 판단하여 청소년의 접근을 제한하는 제도이다. 청소년의 건전한 성장을 보호하기 위해 마련된 것으로, 영화, 비디오물, 게임물, 방송 프로그램 등에 적용되고 있다. 청소년 등급제를 통해 청소년들이 유해한 미디어 매체로부터 보호받고 건강한 가치관을 형성할 수 있다는 찬성의 의견도 있지만, 청소년의 표현의 자유를 침해한다는 비판을 받기도 한다. 또한 청소년 등급제 때문에 청소년들은 자신의 관심사에 맞는 미디어 매체를 접할 기회가 제한될 수 있다는 지적도 있다. 국가마다 다른 청소년 등급제와 관련된 사례를 조사하고, 그 배경과 원인을 설명하는 글을 영어로 작성해 보자.

관련 학과 사회계열 전체

《왜 엄하게 가르치지 않는가》, 베른하르트 부엡, 유영미 역, 뜨인돌(2014)

단원명 | 표현

사실적 정보, 감상, 느낌, 배려, 존중, 의견, 주장, 요약, 재구성, 전략, 설득, 자기소개서, 이력서, 서식, 보고서, 점검, 쓰기 윤리, 매체, 정보 전달, 창의적, 효과적, 의견 교환, 협력, 능동적

[12영Ⅱ-02-01]

다양한 주제에 대한 사실적 정보를 말이나 글로 설명한다.

공정무역은 개발도상국 농민과 노동자의 삶의 질을 개선하기 위한 목적으로 설립된 무역 시스템이며 공정한 가격, 사회적 책임, 환경보호 등과 같은 원칙을 바탕으로 한다. 공정무역이 개발도상국 농민, 노동자의 삶의 질 개선과 지속가능한 발전 촉진에 기여하고는 있지만, 가격 상승과 지속가능성, 개발도상국 농민, 노동자의 삶의 질을 실질적으로 개선하고 있는지에 대해선 의문이 제기되고 있다. 공정무역과 관련된 글을 조사하여 이에 대한 정보를 영어로 작성해 보자.

관련 학과 사회계열 전체

《세상에 대하여 우리가 더 잘 알아야 할 교양 1: 공정무역, 왜 필요할까?》,
아드리안 쿠퍼, 전국사회교사모임 역, 내인생의책(2010)

[12영Ⅱ-02-02]

지식과 경험을 활용하여 자신의 감상이나 느낌을 표현한다.

기본소득은 모든 국민에게 일정한 금액을 조건 없이 지급하는 정책으로, 최근 경제적 불평등 해소와 자동화로 인한 일자리 감소 문제 해결의 방안으로 주목받고 있다. 그러나 재정적 부담과 노동 의욕 저하 등의 부작용에 대한 우려도 존재한다. 기본소득이 경제에 미치는 긍정적·부정적 영향을 분석하고, 이를 도입한 국가들의 사례를 조사하여 자신의 의견을 영어로 표현해 보자.

관련 학과 사회계열 전체

《AI 시대 복지 패러다임의 전환, 기본소득》, 김능현, 메이킹북스(2023)

[12영Ⅱ-02-03]

상대방을 배려하고 존중하는 태도로 자신의 의견이나 주장을 제시한다.

'던바의 수'는 영국의 진화 심리학자 로빈 던바가 제안한 인간의 사회적 네트워크 규모에 대한 가설이다. 던바는 인간의 뇌 크기와 사회적 정보 처리 능력이 비례한다는 가정하에, 인간이 유지할 수 있는 사회적 관계의 수는 약 150명이라고 주장했다. 던바의 수는 인간의 사회적 관계에 대한 통찰을 제공했다는 점에서 주목을 받았지만, 가설의 근거가 불충분하고 인간관계의 다양성을 고려하지 못했으며 문화적 차이를 고려하지 못한다는 비판도 있다. 동물에도 던바의 수가 적용되는지 조사하여 그 정보를 글로 설명해 보자.

관련 학과 사회계열 전체

《**침팬지 폴리틱스**》, 프란스 드 발, 장대익 외 1명 역, 바다출판사(2018)

[12영Ⅱ-02-04]

다양한 주제에 대해 듣거나 읽은 내용을 재구성하여 요약한다.

'지방 소멸'은 대한민국의 지방 지역에서 인구가 급격히 감소하여 지역 사회가 유지되기 어려운 상태에 이르는 현상을 말한다. 저출산과 고령화는 지방 소멸의 가장 큰 원인인데, 대한민국의 합계출산율은 2023년 기준 0.81명으로 세계 최저 수준이다. 일자리 부족도 지방 소멸의 주요 원인인데, 대한민국의 산업 구조가 제조업에서 서비스업으로 전환되면서 지방의 제조업 일자리가 감소하고 있다. 지방 소멸과 관련한 영어 뉴스를 찾아서 관심 있는 학과와 연결시켜 주제를 정하고 이를 요약해 보자.

관련 학과 사회계열 전체

인구소멸과 로컬리즘

전영수, 라의눈(2023)

책 소개

이 책은 인구 충격을 혁신의 기회로 바꿀 새로운 로컬리즘을 제안하고 있다. 이와 더불어 생사의 기로에 선 대한민국 지방 도시를 위한 다양한 전략과 아이디어를 제공한다. 한국 정부는 그동안 상당한 예산을 저출산 대책으로 투입했지만 효과가 거의 없었기에, 저자는 생각과 방법을 바꿀 것을 제안하고 있다. '뉴 로컬리즘'을 제시하며, 새로운 지방 전략을 통해 절망의 공간을 희망의 현장으로 바꿀 수 있을 것이라고 말한다.

세특 예시

'인구소멸과 로컬리즘(전영수)'을 읽고, 읽은 내용을 재구성하여 요약하는 능력을 보여줌. 행정학을 전공하려는 학생답게, 인구 감소와 로컬리즘이 지방자치에 미치는 영향을 심도 있게 분석함. 책의 내용을 행정적 관점에서 체계적으로 정리하여 인구 소멸이 지역 사회에 미치는 영향을 파악하고, 이를 바탕으로 논리적이고 구조적인 요약문을 작성함. 특히 다양한 매체 자료를 활용하여 내용을 보완하고, 비판적 사고를 통해 행정적인 해결 방안을 제시함.

[12영Ⅱ-02-05]

적절한 전략을 활용하여 논리적으로 대상을 설득한다.

논문 메타분석은 여러 연구 결과를 통합하여 하나의 결론을 도출하는 연구 방법이다. 메타분석은 관련 연구 선정, 결과 데이터 추출, 추출한 데이터 분석으로 이루어진다. 연구의 규모를 확대해 보다 신뢰성 있는 결론을 도출할 수 있고, 연구의 편향을 줄일 수 있으며, 결과를 종합적으로 이해할 수 있다는 장점이 있다. 논문 메타분석은 연구 결과를 종합적으로 이해하고, 보다 신뢰성 있는 결론을 도출하는 데 유용한 방법으로 활용되고 있다. 자신이 관심 있는 분야에서 메타분석법을 사용하여 주제를 선정하고 이를 영어로 발표해 보자.

관련 학과 사회계열 전체

《쉽고 편하게 메타분석》, 김지형, 북앤에듀(2019)

[12영Ⅱ-02-06]

자기소개서, 이력서, 보고서 등의 서식을 목적에 맞게 작성한다.

➲ 글로벌 거버넌스는 국가 간 협력과 조정 메커니즘을 통해 전 세계적인 문제를 해결하고자 하는 시스템을 의미한다. 기후변화, 팬데믹, 테러리즘 등 초국가적 문제를 해결하기 위해서는 국제적인 협력이 필수적이지만, 국가 간 이익 충돌과 정치적 불신으로 인해 원활한 협력이 이루어지지 않는 경우가 많다. 글로벌 거버넌스의 필요성과 한계를 조사하고 이를 영문 보고서로 작성하여 발표해 보자. 일반적인 영문 보고서는 제목 페이지(Title Page), 요약(Abstract)과 목차(Table of Contents), 주요 내용을 설명하는 본문(Body), 주요 내용을 요약하고 결론을 도출하는 결론(Conclusion)과 참고 문헌(References)의 순으로 구성한다.

관련 학과 사회계열 전체

《인구소멸과 로컬리즘》, 전영수, 라의눈(2023)

[12영Ⅱ-02-07]

글을 쓰는 과정에서 글의 내용과 형식을 점검하고 쓰기 윤리를 준수하여 고쳐 쓴다.

➲ 플랫폼 노동은 디지털 플랫폼을 매개로 이루어지는 노동으로 음식 배달, 택시 운전, 가사도우미, 프리랜서 등 다양한 형태로 존재한다. 플랫폼 노동자는 플랫폼 기업에 고용되지 않은 경우가 많으며, 플랫폼 기업과 노동자 간의 계약 관계는 불분명하고 노동 시간과 장소가 유연하다. 이와 같은 형태의 노동은 장점도 많지만, 고용 관계가 불분명하고 임금 및 복지 수준이 낮아 불안정한 경우가 많다는 단점도 지적된다. 외국 플랫폼 노동의 사례에 관한 영어 자료를 조사하여 영어 보고서를 작성해 보자.

관련 학과 사회계열 전체

플랫폼 노동은 상품이 아니다

제레미아스 아담스 프라슬, 이영주 역, 숨쉬는책공장(2020)

책 소개

이 책은 핵개인의 출현과 그로 인해 다가올 미래를 예견한다. 먼저 학벌 인플레이션, 돌봄 과도기, 투명 사회, 과잠 계급, 돌봄 과도기, 효도의 종말, 이연된 보상 등의 키워드를 통해 지금의 시대를 살펴본다. 이와 동시에 한국인보다 서울러, 5분 존경 사회, 글로벌 계급장, AI 동료, 권위자와의 직거래, 마이크로 커뮤니티, 미정산 세대 등 앞으로 우리가 맞이할 핵개인 시대를 예보한다. 핵개인의 시대에 각자의 생존을 위해 우리가 앞으로 취해야 할 무장, 앞으로 지녀야 할 태세, 앞으로 획득해야 할 자립에 관해 이야기하고 있다.

세특 예시

영어 서평 쓰기 활동에서 '플랫폼 노동은 상품이 아니다(제레미아스 아담스 프라슬)'를 읽고 플랫폼 노동의 윤리적 문제에 깊은 관심을 보임. 영어로 책과 관련된 에세이를 작성하는 과정에서 논리적이고 체계적인 사고를 바탕으로 글의 내용을 구성하였으며, 동료 피드백을 통해 내용을 보완하고 수정하는 능력을 보여줌. 특히 쓰기 윤리를 준수하여 표절 방지 및 올바른 인용 방법을 잘 적용하였고, 발표 활동에서는 자신감 있게 자신의

의견을 발표하고, 피드백을 적극적으로 수용하여 글을 더욱 완성도 있게 다듬는 모습을 보여줌.

[12영Ⅱ-02-08]

다양한 매체를 활용하여 정보를 창의적이고 효과적으로 전달한다.

결혼 제도는 사회의 경제, 문화, 종교 등 다양한 요인에 영향을 받는다. 농경 사회에서는 부계 상속을 위해 일부일처제가 일반적으로 채택되었고, 유목 사회에서는 여성의 노동력이 중요하기 때문에 일처다부제를 흔히 볼 수 있었다. 현대 사회에서는 결혼 제도의 변화가 일어나고 있다. 여성의 사회 진출이 증가하고 인권에 대한 인식이 확대됨에 따라 결혼의 형태와 의미도 다양화되고 있다. 예를 들어 동성 결혼이 합법화된 국가가 늘어나고, 비혼주의자도 증가하고 있다. 관심 있는 국가의 결혼 제도를 조사하고 이를 영어로 발표해 보자.

관련 학과 사회계열 전체

《세 종교 이야기》, 홍익희, 행성B잎새(2014)

[12영Ⅱ-02-09]

원활한 의견 교환을 위해 협력적이고 능동적으로 의사소통 활동에 참여한다.

소셜 네트워크 서비스(SNS)는 많은 사람들의 삶의 중심에 있다. SNS는 지리적 거리를 초월하여 관계를 형성할 수 있게 하며 다양한 사람들과의 교류와 정보 공유의 기회를 제공하지만, 피상적인 관계 형성, 중독성, 사이버 폭력 등의 부작용도 만만치 않다. '크라우드펀딩과 SNS를 결합한 지역 복지 사업 모델 연구', 'SNS 사용과 오프라인 사회 활동 간의 상관관계 분석' 등 자신이 관심 있는 사회과학 분야와 연관된 SNS 관련 주제를 영어 기사, 서적 등을 참고·조사하여 발표해 보자.

관련 학과 사회계열 전체

《SNS 마케팅의 7가지 법칙》, 이이타카 유타 외 2명, 박수현 역, 새로운제안(2024)

선택 과목	수능	영어 독해와 작문	절대평가	상대평가
일반 선택	X		5단계	5등급

단원명 | 독해

| 🔍 | 배경지식, 목적, 맥락, 글의 의미 파악, 다양한 지식 습득, 다양한 정보 습득, 내용 파악, 추론, 비판적 수용, 읽기 전략, 지식 정보 활용, 문화의 다양성, 포용적 태도, 공감적 이해, 문화적 감수성

[12영독01-01]

글의 세부 정보를 파악한다.

➲ 이그노벨상은 종종 인간의 비합리적인 행동에 대한 연구에 주어진다. 이는 행동경제학과 밀접하게 관련되는데, 행동경제학에서는 인간이 합리적인 경제적 의사결정을 하지 않는 경우를 연구한다. 이그노벨상을 수상한 연구 중에는 사람들이 물건을 구매할 때 가격이 아닌 감정에 따라 결정을 내리는 사례들에 대한 연구도 있다. 경제적 의사결정에서 인간의 감정적, 비합리적 행동이 경제적 결과에 미치는 영향을 분석하고, 이그노벨상 수상 연구와 행동경제학의 관계를 조사하여 발표해 보자.

관련 학과 사회계열 전체

《이그노벨상 읽어드립니다》, 김경일 외 2명, 한빛비즈(2022)

[12영독01-02]

글의 주제나 요지를 파악한다.

➲ 한국에서는 1996년 헌법재판소가 사형 제도가 헌법에 위반되지 않는다는 결정을 내린 이후, 사형 제도의 존폐에 대한 논쟁이 계속되고 있다. 2019년부터 헌법재판소가 사형 제도의 위헌 여부에 대한 재판을 진행하고 있지만, 아직까지 결론이 나지 않은 상황이다. 세계적으로는 사형 제도를 폐지하는 추세가 이어지고 있다. 2023년 기준으로, 전 세계 106개국이 사형 제도를 전면 폐지했으며, 14개국은 사실상 사형 제도를 폐지한 상태이다. 한국은 사형제를 유지하고 있는 57개국 중 하나이다. 사형 제도에 대한 찬성 혹은 반대 입장의 영어 글을 읽고 그 내용을 발표해 보자.

관련 학과 사회계열 전체

《세상에 대하여 우리가 더 잘 알아야 할 교양 11: 사형 제도, 과연 필요한가?》,
케이 스티어만, 김혜영 역, 내인생의책(2012)

[12영독01-03]

화자나 필자의 심정이나 의도를 추론한다.

➲ 미디어 기사는 보통 객관적 사실을 전달한다고 하지만, 실제로는 필자의 관점이나 의도가 포함될 수 있다. 경

제 기사나 사회 문제를 다룬 기사에서 필자의 어조, 통계 사용 방식, 특정 사례의 선택 등을 통해 그들이 독자에게 전달하고자 하는 메시지나 의도를 추론할 수 있다. 특히 경제적 불평등이나 정치적 갈등을 다룬 영어 기사에서 필자가 특정 계층이나 정책에 대해 어떤 태도를 가지고 있는지 분석하여 발표해 보자.

관련 학과 사회계열 전체

《밥 딜런: 시가 된 노래들 1961-2012》, 밥 딜런, 황유원 역, 문학동네(2016)

[12영독01-04]

글의 구조를 고려하여 내용의 논리적 관계를 파악한다.

교육신경과학 분야의 선도적인 사상가 토드 로즈는 그의 저서 《평균의 종말》에서 평균이 모든 사람에게 적용되지는 않으며, 사람은 저마다 고유한 재능과 능력을 지녔다고 주장한다. 평균은 단지 한 집단 내 사람들의 평균적인 능력을 나타내는 지표일 뿐이며, 개인의 능력을 평가하는 데는 적합하지 않다는 것이다. 저자는 평균의 종말이 교육, 비즈니스, 사회 등 다양한 분야에 영향을 미칠 것이라고 말한다. 평균에 맞추어 교육을 받으면 개인의 잠재력을 발휘할 수 없고, 평균에 맞추어 비즈니스를 운영하면 경쟁에서 뒤처질 수 있고, 평균에 맞추어 사회를 운영하면 불평등이 심화될 수 있다고 한다. 이 책의 한 챕터를 읽고 글의 논리적 관계를 파악하여 발표해 보자.

관련 학과 사회계열 전체

《평균의 종말》, 토드 로즈, 정미나 역, 21세기북스(2021)

[12영독01-05]

글의 맥락과 배경지식을 활용하여 함축적 의미를 추론한다.

명언은 짧은 문장에 깊은 의미를 담은 말로, 비유적인 표현을 통해 삶의 지혜와 동기부여, 위로를 전해준다. 대표적인 명언 하나를 꼽자면, 윈스턴 처칠의 "Democracy is the worst form of government, except for all the others.(민주주의는 최악의 정부 형태이지만, 그보다 나은 것도 없다.)"를 들 수 있다. 처칠은 민주주의가 완벽한 형태는 아니지만 가장 나은 형태의 정치체제라고 믿었다. 민주주의는 국민의 자유와 권리를 보장하고, 사회의 발전을 이끌 수 있는 정치체제이기 때문이다. 이러한 명언을 찾아 맥락과 배경지식을 활용하여 설명해 보자.

관련 학과 사회계열 전체

《나를 살리는 인생 영어 명언 100》, 필미필미TV, 넥서스(2022)

[12영독01-06]

글의 전개 방식이나 구조를 파악한다.

기후변화 문제는 국제 사회에서 중요한 정치적 이슈가 되었으며, 국가 간 협력이나 갈등을 촉발하고 있다. 선진국과 개발도상국 간의 책임 분담 문제, 탄소 배출 규제, 재생 에너지 전환 등이 기후 재앙에 대한 정치적 대응에서 핵심 논점으로 떠오르고 있다. 기후 재앙과 국제 사회에 관한 영어 자료에서 국가 간의 정치적 갈등을 분석하고, 국제적 협력이 어떻게 이루어지고 있는지를 글의 전개 방식이나 구조를 파악하며 읽고 이를 발표해 보자.

관련 학과 사회계열 전체

《빌 게이츠, 기후재앙을 피하는 법》, 빌 게이츠, 김민주 외 1명 역, 김영사(2021)

[12영독01-07]

다양한 매체로 표현된 정보를 파악한다.

노인 빈곤율은 65세 이상 노인 중 소득이 중위 소득의 50% 미만인 사람의 비율을 말한다. 노인 빈곤율은 노인의 경제적 어려움을 나타내는 지표로, 노인 인구의 증가와 고령화로 인해 사회 문제로 부각되고 있다. 한국은 노인 빈곤율이 경제협력개발기구(OECD) 회원국 중 높은 편에 속하는데, 그 이유는 저축 부족, 낮은 노동 참여율, 연금 제도의 한계 등이 있다. 노인 빈곤을 해결하기 위한 사회적 관심과 노력이 필요한 시점이다. 노인 빈곤율과 관련된 영어 자료를 찾아보고 이를 분석하여 발표해 보자.

관련 학과 사회계열 전체

《빈곤 과정》, 조문영, 글항아리(2022)

[12영독01-08]

다양한 의견과 문화에 대한 공감적 이해와 포용적 태도를 가진다.

급속히 진행되는 고령화로 인해 노인들의 경제적, 사회적 양극화와 고립 및 가족적 위기를 맞게 되었다. 최근 한국에서는 다양한 로봇이 노인 돌봄 분야에 적용되고 있다. 보건소에서는 '로봇 선생님'이 노인들의 치매 예방을 위한 인지 훈련 수업을 진행하는가 하면, 병원에서는 간병인을 보조하는 로봇이 돌아다니고 있다. 혼자 사는 노인들의 집에서 노인들과 함께 생활하는 로봇도 있다. 소위 말하는 '효도 로봇'이 등장하면서, 초고령 사회에서 기술을 통해 노인의 삶의 질을 높이고 노인 돌봄의 부담을 완화할 수 있을 것으로 기대되고 있다. '효도 로봇' 등 AI 기술이 자신의 관심 분야에 가져올 변화에 대한 영어 자료를 찾아보고 해외 사례를 소개해 보자.

관련 학과 사회계열 전체

《미래출현》, 황준원, 파지트(2022)

[12영독01-09]

적절한 읽기 전략을 적용하여 자기 주도적으로 읽기 활동에 참여한다.

윌리엄 골딩의 소설 《파리대왕(Lord of the Flies)》은 인간의 본성과 사회의 본질을 다룬 고전적인 작품으로 평가받고 있다. 이 작품은 2차 세계대전 중에 영국 공군의 폭격으로 무인도에 표류한 소년들의 이야기를 통해, 인간의 본성은 선천적으로 선하지 않으며, 사회의 규범과 법률이 없다면 폭력과 혼돈으로 치닫게 된다는 메시지를 전달하고 있다. 이 작품은 저작권이 만료되어 손쉽게 원문을 접할 수 있다. 한 학기 한 권 읽기 프로젝트로 해당 서적 또는 자신이 관심 있는 학과 관련 영어 원서를 매일 조금씩 읽고 서평을 써보자.

관련 학과 사회계열 전체

《파리대왕》, 윌리엄 골딩, 이덕형 역, 문예출판사(1999)

단원명 | 작문

다양한 정보, 효과적 표현, 글의 목적, 맥락, 글의 의미 구성, 효과적 정보 전달, 의견 교환, 쓰기 전략, 자기 주도적 태도, 작문, 문화의 다양성, 이해, 포용적 태도, 협력적 문제 해결

[12영독02-01] •••

다양한 주제에 대한 사실적 정보를 글로 설명한다.

➲ 뉴스 기사는 사실에 근거한 정보를 제공하고, 주관적인 의견이나 해석을 배제해야 하며, 신뢰할 수 있는 출처에서 제공된 정보를 바탕으로 이해하기 쉽게 논리적으로 작성해야 한다. 영어 뉴스를 제공하는 언론사로 영국 방송공사(www.bbc.com), USA 투데이(www.usatoday.com), 코리아 헤럴드(www.koreaherald.com), 코리아 타임즈(www.koreatimes.co.kr) 등이 있다. 관심 있는 주제를 정하여 영어 뉴스에서 제공하는 사실적 정보를 확인하고, 뉴스의 주요 내용, 해당 뉴스가 발생한 배경과 뉴스가 미치는 영향을 정리하여 영어로 발표해 보자.

관련 학과 사회계열 전체

《어른의 문해력》, 김선영, 블랙피쉬(2022)

[12영독02-02] •••

자신의 경험이나 계획, 사건을 글로 설명한다.

➲ 정부나 공공기관에서 시행하는 정책들은 종종 예상과 다르게 실패로 끝나기도 한다. 예를 들어 복지 정책이 의도한 대로 사회적 불평등을 완화하지 못하거나, 경제 정책이 경기 회복 대신 더 큰 불황을 초래할 수 있다. 정책 실패는 사회적 신뢰도와 정부의 권위에 부정적인 영향을 미치며, 특히 사회적 약자들이 그로 인한 피해를 더 크게 받는다. 자신이 관심 있는 분야의 정책 중에서 의도와는 다르게 실패로 끝난 사례를 조사하고 정리하여 영어로 발표해 보자.

관련 학과 사회계열 전체

《빠르게 실패하기》, 존 크럼볼츠 외 1명, 도연 역, 스노우폭스북스(2022)

[12영독02-03] •••

포용적 태도로 자신의 의견이나 감정을 제시한다.

➲ 젠더(gender)는 성별(sex)과 구별되는 개념으로, 사회·문화적으로 구성된 성 역할, 성 표현, 성 정체성 등을 포함하는 개념이다. 따라서 젠더는 생물학적 성별과는 별개이며, 개인의 선택과 경험에 의해 형성될 수 있다. 젠더의 개념은 젠더 정체성(gender identity), 젠더 표현(gender expression), 젠더 역할(gender role) 등으로 나뉠 수 있다. 젠더의 개념을 조사하여 자신과 다른 관점을 포용적 태도로 이해하고 존중하며, 언어 예절을 갖추어 젠더에 대한 자신의 생각을 영어로 발표해 보자.

관련 학과 사회계열 전체

책 소개

《차이에 관한 생각: 영장류학자의 눈으로 본 젠더》(프란스 드 발)는 영장류학자인 저자가 영장류의 젠더 행동을 연구한 결과를 바탕으로, 인간의 젠더에 대한 새로운 시각을 제시한다. 이 책은 젠더에 대한 기존의 통념을 깨고, 젠더의 다양한 측면을 이해할 수 있도록 도와준다. 영장류학적 관점에서 젠더를 이해함으로써, 인간의 젠더가 어떻게 형성되고 유지되는지, 그리고 젠더의 다양성과 유연성이 무엇을 의미하는지 생각해 볼 수 있다.

차이에 관한 생각

프란스 드 발, 이충호 역, 세종서적(2022)

세특 예시

시대적, 사회적 편견을 깨고 위대한 업적을 이뤄낸 여성 동식물학자에 관한 교과서 지문을 읽고 자신의 진로와 관련된 어휘들을 찾아보는 추가 학습을 하였고, 분사 구문의 다양한 형태를 익히는 연습 문제를 집중력을 갖고 풀어냄. 또한 추가 독서 프로젝트에 참여하여 '차이에 관한 생각: 영장류학자의 눈으로 본 젠더(프란스 드 발)'를 읽고 영장류학적 관점에서 젠더를 이해함으로써, 인간의 젠더가 어떻게 형성되고 유지되는지, 그리고 젠더의 다양성과 유연성이 무엇을 의미하는지에 대한 생각을 갖게 되었다는 영어 서평을 작성함.

[12영독02-04]

읽은 내용을 재구성하여 요약한다.

학교는 작은 사회와 같아서, 학생들 간의 집단 형성과 계층화가 자주 나타난다. 학생들은 주로 사회적 배경, 성적 수준, 문화적 취향에 따라 서로 다른 집단을 형성하며, 이러한 집단 내에서 사회적 위계가 형성되기도 한다. 이 계층화는 학생들 간의 학업 성취도와 학교생활에 큰 영향을 미칠 수 있으며, 때로는 학교 내에서 사회적 갈등을 야기하기도 한다. 이러한 문제를 해결하기 위해서는 학교 내 계층화와 집단 형성이 어떻게 나타나는지, 그리고 그로 인해 어떤 사회적 문제가 발생하는지를 탐구하는 것이 필요하다. 이와 관련한 연구와 사례를 다룬 영어 자료를 읽고 이를 요약하여 발표해 보자.

관련 학과 사회계열 전체

《덴마크 행복교육》, 정석원, 뜨인돌(2019)

[12영독02-05]

자기소개서, 이력서, 이메일 등의 서식을 목적과 형식에 맞게 작성한다.

고객 서비스 이메일은 고객 불만을 해결하고 기업의 이미지를 유지하는 중요한 역할을 한다. 고객의 요청이나 불만 사항에 대해 이메일을 통해 적절히 대응하는 방식은 고객의 심리와 행동에 큰 영향을 미친다. 심리학적 관점에서 고객의 불만을 해결하는 이메일 작성의 효과적인 방법을 연구하고, 그로 인해 소비자 충성도와 만족도가 어떻게 변화하는지 살펴보며, 영어 이메일 작성 사례를 참고하여 작성해 보자.

관련 학과 사회계열 전체

《영문자기소개서 ENGLISH SELF-INTRODUCTION》, 김종훈, 양서원(2007)

[12영독02-06]

내용이나 형식에 맞게 점검하고 쓰기 윤리를 준수하여 고쳐 쓴다.

'롱테일(Long Tail)'은 결과물의 80%는 조직의 20%에 의해 생산된다는 '파레토 법칙'에 반하는 개념으로, 80%의 '사소한 다수'가 20%의 '핵심 소수'보다 뛰어난 가치를 창출한다는 이론이다. 이는 20%의 핵심 소수에 집중하는 기존의 경제 패러다임에 도전하는 개념이다. 롱테일 현상이 나타나는 이유로는 정보 기술의 발달, 저장 및 유통 비용의 감소, 개인화 마케팅의 발전 등이 있다. 통계 자료를 참고하여 이러한 법칙의 유효성에 대한 글을 영어로 작성하고 출처를 밝히는 연습을 해보자.

관련 학과 사회계열 전체

《비즈니스 모델의 탄생》, 알렉산더 오스터왈더 외 1명, 유효상 역, 비즈니스북스(2021)

[12영독02-07]

다양한 매체를 활용하여 형식 및 목적에 맞게 정보를 전달한다.

➔ Data.gov는 미국 정부가 제공하는 오픈 데이터 포털 사이트로, 다양한 기관에서 수집한 데이터를 누구나 자유롭게 사용할 수 있도록 제공하는 플랫폼이다. 이 플랫폼에는 인구와 관련된 광범위한 데이터가 포함되어 있으며, 인구 통계, 연령별 인구 분포, 인구 이동, 출생률과 사망률, 인구 밀집도와 같은 사회 전반에 대한 데이터가 영어로 제공된다. 이를 통해 인구의 증가와 감소, 특정 지역의 인구 구조 변화 등을 분석할 수 있다. 관심 있는 인구 관련 통계 자료를 활용하여 인구 변화가 사회와 경제에 미치는 영향을 발표해 보자.

관련 학과 사회계열 전체

《빅데이터 시대, 올바른 인사이트를 위한 통계 101×데이터 분석》, 아베 마사토, 안동현 역, 프리렉(2022)

선택 과목	수능	직무 영어	절대평가	상대평가
진로 선택	X		5단계	5등급

| 🔍 | 직무 의사소통, 목적, 맥락, 의미 구성, 의미 전달, 의사소통 전략, 배경지식, 진로, 문화의 다양성, 지구 친화적, 포용적 태도, 협력적 의사소통, 청정에너지, 윤리적 패션, 녹색 라벨, 유기농 면, 탄소 발자국, 박테리오파지, 사회적 책무, 연합 학습, 신뢰 네트워크, 디지털 리터러시, 데이터 보호 교육

[12직영01-01]

진로 및 직무 관련 주제에 관하여 주요 내용을 파악한다.

➲ O*Net Online(www.onetonline.org)은 미국 노동부에서 운영하는 사이트로, 다양한 직업 정보를 제공하며 직업 설명, 직업 전망, 교육 요구 사항, 연봉, 기술 등을 확인할 수 있다. 경영학을 전공하려는 학생들은 이 사이트를 통해 경영 관련 직업 시장을 이해하고, 자신의 적성에 맞는 경영 분야의 직업을 찾을 수 있다. 경영학을 전공하면 경영 컨설턴트, 마케팅 매니저, 재무 분석가, 프로젝트 매니저와 같은 다양한 경영 관련 직종에 진출할 수 있다. 또한 직업에 필요한 리더십, 재무 분석, 전략적 사고 등의 기술과 지식을 습득하고, 경력을 계획하고 발전시킬 수 있다. 관심 있는 직종을 해당 사이트에서 찾아 조사한 후, 이를 영어로 발표해 보자.

관련 학과 사회계열 전체

《나에게 꼭 맞는 직업을 찾는 책》, 폴 D. 티거 외 2명, 이민철 외 1명 역, 민음인(2021)

[12직영01-02]

직무 수행과 관련된 말이나 대화를 듣고 상황 및 화자 간의 관계를 파악한다.

➲ Coursera(www.coursera.org)는 다양한 대학과 기업이 운영하는 온라인 강좌를 제공하는 영어 기반 플랫폼으로, 예를 들어 심리학을 전공하려는 학생들에게는 다양한 심리학 관련 교육을 제공한다. 심리학 이론, 인지심리학, 발달심리학, 임상심리학 등 다양한 분야에서 전문적인 주제를 탐색할 수 있으며, 무료 강좌도 있다. 또한 전 세계의 학생들과 함께 학습하는 기회를 제공하며, 서로 다른 문화와 배경을 가진 사람들과 심리학적 관점을 교환할 수 있는 기회를 얻을 수 있다. 관심 있는 심리학 강좌를 찾아보고 수강한 후 배운 내용을 발표해 보자.

관련 학과 사회계열 전체

《코세라: 무크와 미래교육의 거인》, 박병기, 거꾸로미디어(2021)

[12직영01-03]

진로 탐색 및 직무 수행과 관련된 일이나 사건의 절차나 순서를 파악한다.

➲ CareerOneStop(www.careeronestop.org)은 미국 노동부가 운영하는 사이트로, 직업의 주요 업무, 책임, 요구 사항 등을 설명하고, 직업의 미래 성장 가능성, 고용 전망 등에 대한 정보도 제공한다. 또한 직업 수행에 필요한 교육 수준 및 분야, 직업의 평균 연봉 및 급여 범위를 알려주며, 직업에 필요한 기술과 기술 수준, 직업 관련 교육 및

학습 리소스를 제공한다. 자신이 희망하는 분야의 직업을 해당 사이트에서 조사하고, 미국에서 직업을 얻는 데 필요한 조건을 조사하여 발표해 보자.

관련 학과 사회계열 전체

《일자리 혁명 2030》, 박영숙 외 1명, 비즈니스북스(2017)

[12직영01-04] •••

직무 수행과 관련된 정보에 대해 적절한 의사소통 전략을 적용하여 묻고 답한다.

➲ 두문자어(acronym)는 의사소통의 효율성과 정보 전달력 향상, 전문성의 표현으로 사용이 증가하고 있다. 어떤 분야를 공부하거나 관심이 있는 경우 이러한 두문자어를 이해하는 것은 복잡한 개념이나 정보를 간결하게 표현하는 데 유용하며, 이를 통해 의사소통을 보다 효율적으로 할 수 있다. 경영 분야의 대표적인 두문자어로는 B2C(Business to Consumer, 기업과 소비자 간 거래), DM(Direct Marketing, 직접 마케팅), ERP(Enterprise Resource Planning, 기업 자원 계획), M&A(Mergers and Acquisitions, 기업 인수 합병), UX(User Experience, 사용자 경험), UI(User Interface, 사용자 인터페이스) 등이 있다. 자신이 관심 있는 분야의 두문자어를 조사하고 이를 발표해 보자.

관련 학과 사회계열 전체

《중요한 용어만 한눈에 보는 경제용어사전 1007》, 상식연구소, 서원각(2022)

[12직영01-05] •••

직무 수행과 관련된 사실적 정보를 다양한 매체를 활용하여 재구성하여 전달한다.

➲ 리튬은 전기차 배터리의 핵심 소재 중 하나인데, 전기차의 수요 증가로 전 세계 리튬 공급이 부족해지고 있다. 리튬 자원이 특정 지역에 집중된 현상을 조사해 보고, 리튬의 수입국과 수출국이 국제 무역에 미치는 영향에 관해 탐구해 보자. 또한 관련 자료 'The world needs 2 billion electric vehicles to get to net zero. But is there enough lithium to make all the batteries?'를 읽어보고, 이러한 자원 불균형을 해결하거나 완화하기 위한 대응 전략에 대해 '기술 혁신', '재활용 방안', '국제 협력' 등의 측면에서 토의해 보고, 탐구한 내용을 토대로 짧은 영상, 인포그래픽, 발표 자료 등을 제작하여 발표해 보자.

관련 학과 경영학과, 경제학과, 국제통상학과, 법학과, 사회학과, 신문방송학과, 언론정보학과, 지리학과

《배터리의 미래》, M. 스탠리 위팅엄 외 3명, 이음(2021)

[12직영01-06] •••

진로 탐색 및 직무 수행 상황이나 목적에 맞는 서식의 글을 작성한다.

➲ 디자이너 에이미 파우니(Amy Powney)의 다큐멘터리 영화에 관한 기사 'There is lots of talk and no action: designer Amy Powney's quest to make sustainability more than just a buzzword'를 읽고, 패션 산업에서 '녹색 라벨'이나 '유기농 면'과 같은 지속가능성 표현의 사용과 그 실제 의미에 대해 조사해 보자. 또한 이러한 전략이 실제로 환경과 사회에 어떠한 영향을 미치는지 알아보고, 이러한 전략이 실제로 지속가능한 패션에 기여하는지, 아니면 단지 마케팅 전략일 뿐인지에 대해 탐구하여 보고서를 작성해 보자.

관련 학과 사회계열 전체

《지구를 살리는 옷장》, 박진영 외 1명, 창비(2022)

[12직영01-07] ●●●

직무와 관련된 문화의 다양성에 대해 공감하며 협력적으로 소통하는 태도를 가진다.

➔ 현재 노동 시장에서는 고용 불균형과 고용주들의 유연성 부족이 큰 문제로 대두되고 있다. 관련 글 'Part-Time Employees Want More Hours. Can Companies Tap This 'Hidden' Talent Pool?'을 읽고, 고용 불균형과 고용주들의 문제점을 분석하고, 그것이 사회·경제적 측면에서 어떤 영향을 끼치고 있는지를 탐구해 보자.

관련 학과 사회계열 전체

《한국 노동 시장의 해부》, 요코타 노부코, 요코타 노부코 역, 그린비(2020)

[12직영01-08] ●●●

직무 의사소통과 관련하여 개인의 권리와 정보 보안에 대한 책무성을 인식한다.

➔ 개인 데이터는 더 이상 개인의 소유물이 아니라, 경제적 가치를 가진 자산으로 인식되고 있다. 이러한 변화는 개인 데이터 산업에 큰 변화를 가져오고 있다. 특히 소비자 불신과 시장 경쟁은 개인 데이터의 가치와 그 활용에 큰 영향을 미치고 있다. 관련 글 'The New Rules of Data Privacy'를 읽고, 소비자 불신과 시장 경쟁이 개인 데이터의 경제적 가치와 사회적 역할을 어떻게 재구성하는지에 대해 탐구해 보자. 특히 개인 데이터 산업의 미래 방향과 그에 따른 사회적 변화에 대해서도 탐구하여 의견을 공유해 보자.

관련 학과 경영학과, 경제학과, 광고홍보학과, 문화콘텐츠학과, 법학과

《난독화, 디지털 프라이버시 생존 전략》, 핀 브런튼 외 1명, 배수현 외 1명 역, 에이콘출판사(2017)

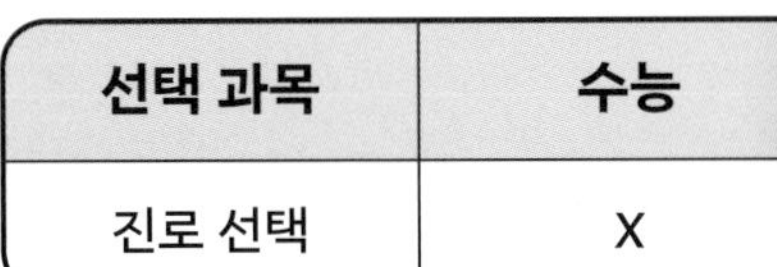

선택 과목	수능	영어 발표와 토론	절대평가	상대평가
진로 선택	X		5단계	5등급

단원명 | 발표

| 🔍 | 발표 목적, 적절한 표현의 사용, 다양한 매체 활용, 명확한 전달, 의사소통 능력, 발표 전략, 배경지식, 논리적 구성, 비판적 사고력, 청중의 언어, 문화적 다양성, 상호 협력적 소통

[12영발01-01]

발표의 목적과 맥락에 맞게 정보를 수집하고 발표 개요를 준비한다.

➲ 유튜브, 틱톡, 인스타그램 등 소셜 미디어 플랫폼을 기반으로 활동하는 크리에이터들은 자신만의 콘텐츠를 통해 수익을 창출하는 새로운 경제 모델을 만들고 있다. 이는 기존의 미디어 산업과 광고 시장에 큰 변화를 일으키고 있다. 크리에이터 이코노미의 성장 배경과 그 경제적·사회적 영향을 분석하고, 성공적인 크리에이터 전략을 조사하여 영어로 개요를 작성하고 발표해 보자.

관련 학과 사회계열 전체

《크리에이터 이코노미》, 김현우, 클라우드나인(2024)

[12영발01-02]

자신이 경험한 일화나 듣거나 읽은 이야기를 이야기 구조에 맞게 소개한다.

➲ 제인 애덤스(1860~1935)는 미국의 사회운동가로, 1931년 니컬러스 머리 버틀러와 함께 노벨 평화상을 수상했다. 그녀는 1889년 이민자를 위한 미국 최초의 사회복지시설 '헐 하우스(Hull House)'를 설립했다. 성인을 위한 야간 학교와 유치원, 어린이 클럽, 자선 식당, 미술관, 카페, 체육관, 수영장, 제책소, 음악 학교, 연극단, 도서관, 작업장 등을 갖춘 대규모 시설이었다. 1915년에는 국제여성평화자유연맹 이사장으로 선출되었다. 제인 애덤스 또는 자신이 관심 있는 인물을 조사하여 그의 생애를 이야기 구조에 맞게 영어로 소개해 보자.

관련 학과 사회계열 전체

《헐하우스에서 20년》, 제인 애덤스, 심대관 역, 지식의숲(2012)

[12영발01-03]

사물, 개념, 방법, 절차, 통계 자료 등에 대한 사실적 정보를 설명한다.

➲ 인공지능은 인간이 할 수 있는 일을 보다 잘 수행할 수 있도록 발전하고 있으며, 인간의 지능을 초월하는 잠재력으로 인간의 지능을 대체할 가능성이 꾸준히 제기되어 왔다. 이러한 우려가 현실이 될 경우, 인공지능이 인간의 일자리를 대체함에 따라 실업률이 증가하고, 인간의 존재 가치가 위협받으며, 사회가 양극화되어 불안정해질 위험이 있다. 인공지능은 인간의 삶을 개선할 수 있는 잠재력이 있지만, 그에 따른 위험도 존재한다. 따라

서 인공지능의 발전을 지속하면서 그 위험을 최소화하기 위한 노력이 필요하다. 인공지능이 자신이 희망하는 전공 분야에 미칠 수 있는 영향을 영어로 된 자료를 활용하여 발표해 보자.

관련 학과 사회계열 전체

《80억 인류, 가보지 않은 미래》, 제니퍼 D. 스쿠바, 김병순 역, 흐름출판(2023)

[12영발01-04]

사실, 가치, 정책 등에 대한 자신의 관점을 설득력 있게 전달한다.

우생학은 유전적으로 우수한 인간의 번식은 장려하고, 유전적으로 열등한 인간의 번식은 억제함으로써 인류의 질을 향상시키고자 하는 학문이다. 우생학이 회사 경영 및 조직 문화에 반영된다면 직원 선발과 평가에서 기업의 다양성을 저해하고, 소수자의 차별을 조장하고, 특정 집단의 직원을 차별하는 조직 문화를 조성하는 등의 위험이 있다. 기업 또는 행정 조직을 운영하는 관점에서 우생학의 원리를 비판하고 설득력 있는 글을 작성해 보자.

관련 학과 사회계열 전체

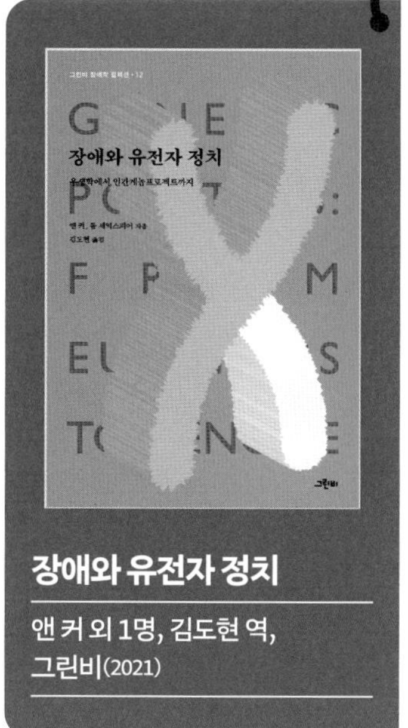

장애와 유전자 정치

앤 커 외 1명, 김도현 역, 그린비(2021)

책 소개

이 책은 우생학의 역사와 우생학이 어떻게 현대의 유전자 연구와 인간게놈프로젝트에 영향을 미쳤는지를 탐구한다. 저자들은 유전자와 장애에 관한 다양한 사회적, 정치적, 윤리적 문제들을 집중적으로 조명하며, 이러한 문제들이 현대 사회에서 어떻게 다루어져 왔는지와 앞으로 어떻게 다뤄져야 하는지에 대한 생각을 밝히고 있다.

세특 예시

영자 신문 기사 쓰기 활동에서 우생학에 대한 글을 작성함. '장애와 유전자 정치 - 우생학에서 인간게놈프로젝트까지(앤 커 외 1명)'를 읽고 책의 내용을 요약하여 우생학의 역사, 유전자와 장애에 관한 다양한 사회적, 정치적, 윤리적 문제를 설명하고, 현대 사회에서 우생학이 어떤 식으로 영향을 미치고 있는지를 설명하는 글을 영어로 작성함.

[12영발01-05]

다양한 매체를 활용하여 정보 윤리를 준수하며 발표한다.

뒷담화를 하는 사람의 심리에는 타인의 잘못이나 허물을 지적함으로써 자신의 감정을 해소하려는 의도가 크게 작용한다. 또한 타인을 폄훼하고 험담을 통해 또 다른 사람들과의 공통의 관심사를 찾거나 관심을 끌기 위한 심리도 작용한다. 이로 인해 사회적으로 유리한 관계를 형성할 수도 있지만, 갈등을 유발하고 공동체의 결속을 약화시키는 등의 부작용도 존재한다. 타인을 험담하는 심리와 관련된 내용을 조사하여 출처를 밝히고 저작권의 범위를 지키면서 이를 발표해 보자.

관련 학과 사회계열 전체

《소문, 나를 파괴하는 정체불명의 괴물》, 미하엘 셸레, 김수은 역, 열대림(2007)

[12영발01-06]

문화 간 다양한 언어적·비언어적 의사소통 방식을 이해하고 적용한다.

➔ 국제 협상에서는 각국의 문화적 배경에 따라 의사소통 방식이 크게 달라질 수 있다. 예를 들어 일본의 협상 문화는 침묵을 중요한 의사소통의 일부로 여기지만, 미국의 협상 문화는 즉각적이고 직접적인 답변을 선호한다. 이처럼 문화에 따라 협상에서의 언어적·비언어적 의사소통 전략은 다르게 적용된다. 사회과학적 관점에서 국제 협상에서의 문화 간 의사소통 방식의 차이를 분석하고, 효과적인 협상 전략을 개발하기 위한 방법을 찾아 발표해 보자.

관련 학과 사회계열 전체

《언어의 탄생》, 빌 브라이슨, 박중서 역, 유영(2021)

[12영발01-07]

적절한 발표 기법 및 의사소통 전략을 적용한다.

➔ 기업이나 조직에서의 리더십 발표는 직원들의 동기부여와 성과에 중요한 영향을 미친다. 비언어적 의사소통, 목표 설정, 명확한 메시지 전달 등 리더십 발표에서 효과적으로 사용되는 기법들을 연구하고, 이러한 발표 기법이 조직의 성과에 어떻게 기여하는지를 분석해 보자. 경영학적 관점에서 리더십 커뮤니케이션의 중요성을 탐구하고, 발표를 통해 조직 내 긍정적 변화를 촉진할 수 있는 전략을 발표해 보자.

관련 학과 사회계열 전체

《CEO를 감동시키는 소통의 비밀》, 강정흔, 미래와경영(2010)

단원명 | 토론

| 🔍 | 현금 없는 사회, 소외 계층, 경제 격차, 토론 개요, 슈링크플레이션, 사회적 인식, 사회적 영향, 인권 문제, 스포츠워싱, 반박 논리, 입론서 작성, 디지털 광고, 독점 구조, 정보 윤리, 다문화사회, 사회 통합, 개인 정보 보호, 정책 비교, 제안 발표, 성찰

[12영발02-01]

토론의 목적과 맥락에 맞게 정보를 수집하고 토론 개요를 준비한다.

➔ 현금 없는 사회에서는 사회적 소외 계층과 경제적 약자 계층이 어떻게 영향을 받는지 알아보자. 관련 글 'The Pros and Cons of a Cashless Society'를 참고하여 전자 결제가 주류인 사회에서는 현금을 사용할 수 없는 사람들이 어떤 어려움을 겪는지, 또한 기존의 경제 격차가 어떻게 확대되는지를 꼼꼼하게 조사하여, 현금 없는 사회가 해결해야 할 과제들에 대해 의견을 공유해 보자.

관련 학과 사회계열 전체

《디지털 화폐가 이끄는 돈의 미래》, 라나 스워츠, 방진이 역, 북카라반(2021)

[12영발02-02]

학술 자료, 통계, 사례 등 주장에 대한 근거를 설명한다.

'슈링크플레이션(Shrinkflation)'은 줄어든다는 뜻의 '슈링크(shrink)'와 물가 상승을 의미하는 '인플레이션(inflation)'을 합친 용어이다. 제품의 가격은 그대로 두면서 크기나 수량을 줄이거나 품질을 낮춰 간접적인 가격 인상 효과를 내는 것을 의미한다. 슈링크플레이션에 대한 사회적 인식의 변화를 학술 자료, 통계 등을 활용하여 탐구해 보자. 특히 관련 글 'Shrinkflation' isn't a trend - it's a permanent hit to your wallet'를 찾아 읽고 슈링크플레이션 현상이 사회에서 어떻게 인식되고 있으며, 그 인식이 어떻게 변화해 왔는지를 분석해 보자. 또한 소비자의 선택권과 공정한 거래를 침해할 수 있는 중요한 사회적 이슈인 슈링크플레이션이 소비자 행동, 시장 경쟁, 그리고 정책 결정에 어떤 영향을 미치는지를 탐구하여 보고서를 작성해 보자.

관련 학과 경영학과, 경제학과, 금융보험학과, 사회복지학과, 사회학과, 세무학과, 소비자학과, 신문방송학과, 언론정보학과, 행정학과, 회계학과

《보이지 않는 가격의 경제학》, 노정동, 책들의 정원(2018)

[12영발02-03]

토론 논제에 대한 자신의 관점을 설득력 있게 전달한다.

5G 이후의 통신 기술로 주목받고 있는 '6G'에 대해 알아보자. 6G는 어떤 특징을 가질 것이며, 우리 생활에 어떤 변화를 가져오게 될까? 관련 영상 '6G-What lies beyond 5G network technology?'를 찾아 시청하고, 6G의 도입이 사회, 경제, 문화 등 다양한 분야에 어떤 변화를 가져올 것인지를 예측하고, 이에 따른 문제점과 해결 방안을 모색해 보자.

관련 학과 사회계열 전체

《6G 이동통신의 이해》, 김석준, 커뮤니케이션북스(2021)

[12영발02-04]

상대방 주장의 논리를 분석하여 반대 심문하며 토론한다.

사우디아라비아는 최근 몇 년 동안 다양한 스포츠 이벤트를 개최하거나 후원하면서 스포츠워싱 전략을 적극적으로 활용하고 있다. 관련 기사 'Saudi-backed LIV Golf tournament accused of sportswashing'을 찾아 읽고, 이 대회가 사우디아라비아의 인권 문제에 대한 국제적 인식을 어떻게 바꿨는지, 그리고 이러한 스포츠 원정 대회가 실제로 국가 이미지를 긍정적으로 변화시키는 효과적인 방법인지에 관해 탐구해 보자. '사우디아라비아의 LIV 골프 대회가 국제적 이미지를 긍정적으로 변화시킨다.'라는 주장의 논리를 분석하고, 이에 대해 인권 침해와 관련한 반박 논리를 세우는 입론서를 작성해 보자.

관련 학과 국제통상학과, 미디어커뮤니케이션학과, 신문방송학과, 언론정보학과, 정치외교학과

《복지정치의 두 얼굴》, 안상훈 외 5명, 21세기북스(2015)

[12영발02-05]

다양한 매체를 활용하여 정보 윤리를 준수하며 토론한다.

디지털 광고 시장은 현재 메타와 구글이 독점하다시피 하고 있다. 이 두 기업은 전 세계 디지털 광고 지출의

절반을 차지하고 있으며, 이에 따라 다른 기업들의 경쟁 기회가 제한되고 혁신이 억제되는 문제가 생겼다. 이러한 독점적인 구조는 사용자의 정보에도 영향을 미치며, 정보 윤리의 중요성을 부각시킨다. 관련 글 'Social media poses 'existential threat' to traditional, trustworthy news'를 찾아 읽고, 이러한 독점적인 구조가 사용자의 정보에 어떤 영향을 미치는지, 어떤 정보 윤리 문제가 생기는지에 대해 함께 고민하고 토론해 보자. 두 기업이 독점적인 위치를 차지하고 있는 상황을 분석하고, 이로 인해 경쟁이 부재하고 혁신이 제한되는 문제에 관해 탐구하고, 정보 윤리는 어떻게 지켜져야 하는지 발표해 보자.

관련 학과 **경영학과, 경제학과, 공공인재학과, 공공행정학과, 법학과, 사회학과, 소비자학과, 신문방송학과, 언론정보학과**

《디지털 미디어 인사이트 2024》, 김경달 외 5명, 이은북(2023)

[12영발02-06]

문화 간 다양한 언어적·비언어적 의사소통 방식을 이해하고 적용한다.

➔ 현대 다문화사회에서는 서로 다른 문화를 이해하고 존중하는 것이 중요하며, 이를 통해 사회적 통합을 이루는 것이 요구된다. 하지만 최근 영국에서는 다문화주의가 실패했다는 주장이 제기되었고, 이로 인해 사회 통합에 대한 논의가 촉발되었다. '다문화사회에서 사회 통합을 이루기 위한 방안은 무엇인가?'에 대해 탐구해 보자. 관련 기사 'Debating the 'success' of multiculturalism misses the point - it's simply part of life in Britain today'를 참고하여 다양한 문화에서 나타나는 언어적, 비언어적 의사소통 방식을 분석하고, 이를 통해 어떻게 사회적 통합을 도모할 수 있는지에 대해 의견을 발표해 보자.

관련 학과 **관광학과, 국제통상학과, 문화콘텐츠학과, 미디어커뮤니케이션학과, 사회복지학과, 소비자학과, 신문방송학과, 언론정보학과, 정치외교학과**

교육자를 위한 다문화교육과 세계시민교육 방법론

김진희, 박영스토리(2022)

책 소개

이 책은 다문화 교육과 세계시민 교육에 대한 복합적인 이론과 실천 전략을 다룬다. '정답'을 제시하기보다는 교육자의 시각에서 끊임없이 성찰하고, 다문화 교육과 세계시민 교육의 실천에서 나타나는 고민과 난관을 공감하면서 해결책을 제안한다. 이와 함께 다문화 교육과 세계시민 교육의 복잡성을 감안하여, 실제 교육 현장에서의 적용을 위한 이론적 기반을 제공한다. 또한 저자의 국내외 교육 현장 경험을 바탕으로 실제 교사들이 직면하는 문제를 이해하고, 그에 대한 해결책을 제시하는 데 중점을 둔다.

세특 예시

영문 기사 '다문화주의의 성공에 대한 논쟁은 핵심을 놓치는 것이다 - 그것은 단지 오늘날 영국에서의 일상생활의 일부일 뿐이다'를 읽고 영국에서 제기된 '다문화주의의 실패' 논란에 대해, 다문화주의는 영국의 현실이며 이를 수용하고 존중하는 것이 사회적 통합을 이루는 데 더 중요하다는 점을 파악하여 '다문화사회에서 사회적 통합을 이루는 방안'에 대한 탐구 활동을 진행함. 연계 독서로 '교육자를 위한 다문화교육과 세계시민교육 방법론(김진희)'을 읽고 '다문화사회에서 사회 통합을 이루기 위한 방안'에 대해 조사하여 보고서를 작성함. 다양한 문화를 이해하고 존중하는 것을 강화하기 위한 다문화 교육과 세계시민 교육을 적극 도입해야 하며, 비언어적 의사소통 방식의 이해를 통해 서로 다른 문화 간의 교류와 상호

이해를 증진해야 하고, 이를 위해 언어 교육뿐만 아니라 문화 교육도 강화해야 한다고 강조함. 또한 사회적 통합을 위한 정책과 제도를 마련하고, 이를 효과적으로 실행해야 한다는 내용을 보고서에 충실히 작성하였으며, 무엇보다도 다문화주의를 수용하고 존중하는 사회적 분위기를 조성하는 데 노력을 기울여야 한다고 주장함.

[12영발02-07] ●●●

적절한 토론 기법 및 의사소통 전략을 적용한다.

➲ 현재 디지털 기술의 발전과 함께 개인 정보 보호가 전 세계에서 중요한 이슈로 대두되고 있다. 각 나라마다 개인 정보 보호에 대한 법률이나 정책이 다르며, 이로 인해 국제적인 협력과 규제 조화가 필요한 상황이다. 관련 자료 'Privacy and data protection: Increasingly precious asset in digital era says UN expert'를 참고하여, 다양한 국가들의 개인 정보 보호 정책을 비교 연구하고, 그중에서 어떤 점이 효과적인지, 또 어떤 점이 개선되어야 하는지를 분석해 보자. 이를 바탕으로 국제적 협력을 통해 어떻게 개인 정보 보호를 더욱 효과적으로 할 수 있는지에 대한 의견을 공유해 보자.

관련 학과 국제통상학과, 미디어커뮤니케이션학과, 법학과, 신문방송학과, 언론정보학과, 정치외교학과

《유럽연합의 개인정보보호법, GDPR》, 김상현, 커뮤니케이션북스(2022)

[12영발02-08] ●●●

토론 과정 및 결과에 대해 평가하고 비판적으로 성찰한다.

➲ 럭셔리 상품의 소비가 더욱 다양한 연령대와 사회 계층으로 확산되고 있다. 이를 '럭셔리의 민주화'라고 부르며, 이는 사회 계층의 변화를 반영하는 주요 지표 중 하나이다. 이러한 변화가 사회 계층에 어떤 영향을 미치는지를 탐구하고, 관련 기사 'Luxury brands study personas as they try to stay relevant'를 참고하여 '럭셔리 소비의 민주화가 사회적 불평등에 어떤 영향을 미치는지'에 대해 토론해 보자.

관련 학과 경영학과, 경제학과, 관광학과, 문화콘텐츠학과, 미디어커뮤니케이션학과, 사회복지학과, 사회학과, 소비자학과

《디지털 시대의 소비자와 시장》, 이은희 외 5명, 시그마프레스(2020)

선택 과목	수능		절대평가	상대평가
진로 선택	X	심화 영어	5단계	5등급

단원명 | 이해

| 🔍 | 인공 배아, 이주민 가족, 세대 간 문화적 간극, 사회와 경제적 문제, 이주 농부의 삶, 이주민 가족, 생성형 인공지능, 고령화 인구, 가치 기반 소비, ESG 기준, 환경 정보 표시, 블록체인 기술, 지속가능성, 우주 쓰레기, 노이즈 캔슬링, 인류세, 횡재세, 문화의 다양성, 포용성, 몰록의 함정

[12심영01-01]

다양한 주제나 기초 학문 분야 주제의 말이나 글의 주요 내용을 파악한다.

➲ 영문 자료 'Structure Matters: Dynamic Models of Complete, Day 14 Human Embryos Grown from Stem Cells in a Weizmann Lab'에 따르면, 최근 이스라엘과 영국에서 공개된 연구에서는 난자, 정자, 자궁 없이 합성 배아 모델을 만들었다고 한다. 인공 배아 연구는 생명과학의 한 분야로, 생명의 시작과 발달에 대한 새로운 이해를 제공하며, 인체의 이해와 병의 치료에 중요한 역할을 할 수 있다. 그럼에도 불구하고 이 연구는 여러 가지 윤리적·사회적 문제를 일으키고 있다. 이러한 인공 배아의 등장이 가족 구조나 인구 동향에 미칠 영향, 인공 배아가 야기할 수 있는 윤리적·법적 측면의 문제를 예측하고, 이를 바탕으로 사회학적 탐구를 진행해 보자.

관련 학과 **미디어커뮤니케이션학과, 법학과, 사회학과, 신문방송학과, 언론정보학과**

《인간 배아는 누구인가》, 후안 데 디오스 비알 코레아 외 1명, 가톨릭생명윤리연구소 역, 가톨릭대학교출판부(2018)

[12심영01-02]

다양한 장르의 말이나 글에서 화자, 필자, 등장인물 등의 심정이나 의도를 추론한다.

➲ 미국이나 다른 선진국으로의 이주는 현재 전 세계에서 많은 사람들이 꿈꾸는 일이다. 그러나 이주 과정은 꿈과는 달리 많은 어려움을 동반하며, 특히 사회적·경제적 적응은 큰 도전이 될 수 있다. 한국 영화 <미나리>는 이런 이주민 가족의 삶을 그린 작품으로, 이주민 가족이 새로운 사회에 적응하면서 겪는 어려움과 도전을 현실적으로 보여준다. 관련 기사 'Minari Depicts Asian Culture and the American Dream'을 읽고, 영화 <미나리>를 통해 이주민 가족들이 사회적·경제적 문제에 어떻게 대처하는지 분석해 보자. 다양한 장면에서 등장인물들의 심정이나 의도를 추론하고, 이를 바탕으로 이주민 가족들이 새로운 환경에서 어떤 전략을 사용하여 적응하는지에 대해 분석해 보자. 특히 부모와 자녀 간의 차이점을 중점적으로 살펴보며, 이를 통해 세대 간의 문화적 간극과 그 해결 방안에 대해서도 탐구해 보자.

관련 학과 **경제학과, 문화콘텐츠학과, 미디어커뮤니케이션학과, 법학과, 사회복지학과, 사회학과**

《킴스 패밀리 인 아메리카》, 김지나, 왕의서재(2020)

[12심영01-03]

다양한 장르의 말이나 글을 듣거나 읽고 이어질 내용을 예측한다.

대량의 텍스트 데이터로 훈련된 거대 언어 모델이 점점 더 인간과 유사한 응답과 행동을 모방할 수 있다는 내용을 다룬 영문 자료 'AI Could Replace Humans in Social Science Research'에 따르면, AI 모델은 광범위한 인간 경험과 관점을 표현할 수 있으며, 기존에 인간이 참여하는 방법보다 더 자유롭게 다양한 응답을 생성할 수 있어 연구에서 일반화 가능성의 우려를 줄이는 데 도움이 될 수 있다고 한다. 기사의 내용을 토대로 사회과학 계열에서의 AI 모델에 대해 예측해 보고 이에 대한 보고서를 작성해 보자.

관련 학과 사회계열 전체

《세계미래보고서 2023》, 박영숙 외 1명, 비즈니스북스(2022)

[12심영01-04]

말이나 글의 구성 방식을 파악하여 내용의 논리적 관계를 추론한다.

ESG(Environmental, Social, Governance) 기준은 기업의 환경, 사회, 지배구조에 대한 행동을 평가하는 척도이다. 관련 글 'The Rise of Values-driven Consumption Behaviour in Retail'을 참고하여 ESG 기준이 기업의 경영 전략에 어떻게 반영되어 있는지를 파악하고, 이 변화가 소비자의 구매 결정에 어떤 영향을 미치는지 분석해 보자. 특히 기업의 지속가능한 제품 개발과 사회 공헌 활동이 소비자들의 구매 행동과 가치 인식에 어떻게 영향을 미치는지 탐구해 보자. ESG 기준이 도입된 후 기업의 경영 전략이 어떻게 변화했는지, 그리고 이것이 사회 변화에 어떤 영향을 미쳤는지도 탐구하여 발표해 보자.

관련 학과 경영학과, 경제학과, 무역학과, 사회학과, 소비자학과, 회계학과

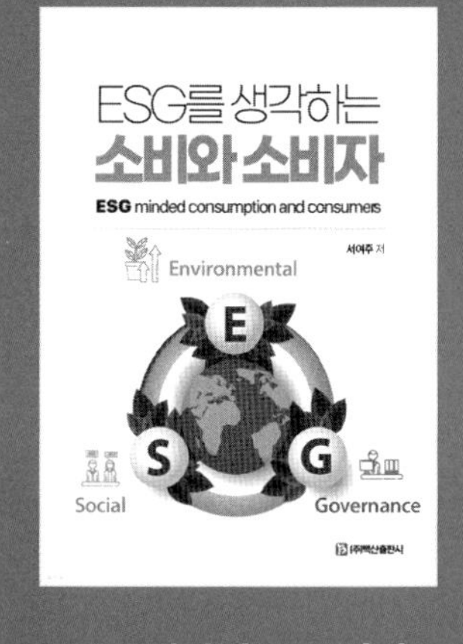

ESG를 생각하는 소비와 소비자

서여주, 백산출판사(2023)

책 소개

이 책은 최근에 크게 주목받고 있는 ESG에 대해 깊이 있게 다루고 있다. ESG에 대한 이해가 필요한 요즘, 이 책은 기업의 ESG 활동이 소비자의 소비 의사 결정에 어떻게 영향을 미치는지를 중점적으로 살펴본다. 코로나로 변화된 '삶의 문법'에 맞춰 '기업의 삶의 문법' 또한 달라져야 함을 강조하며, 기업이 ESG를 통해 어떻게 소비자와의 신뢰를 구축하고, 사회적 책임을 다하는지에 대해 설명한다. 또한 소비자의 관점에서 ESG를 바라보는 방법을 쉽게 이해할 수 있도록 돕는다.

세특 예시

'ESG를 생각하는 소비와 소비자(서여주)'를 읽고 ESG 경영과 소비자 행동이 경제에 미치는 영향을 심도 있게 탐구함. 다양한 매체 자료를 활용하여 ESG와 관련된 경제적 이슈를 분석하고, 이를 경제학적 시각에서 적용할 수 있는 방안을 모색하는 능력을 보여줌. 매체 자료를 비교 분석하여 ESG 요소가 경제적 의사결정에 미치는 영향을 파악하였으며, 이를 바탕으로 논리적이고 체계적인 글쓰기 능력을 발휘함. 책의 내용을 바탕으로 논리적이고 체계적인 에세이를 작성하였으며, 다양한 전략을 적용하여 매체 자료의 주제와 요지를 정확히 이해하고 분석하는 과정에서 비판적 사고와 문제 해결 능력을 향상시킴.

[12심영01-05]

말이나 글로 표현된 어휘, 어구, 문장의 함축적 의미를 맥락에 맞게 추론한다.

➲ 노이즈 캔슬링 기술은 소음을 제거하는 데 사용되는 기술로, 이를 통해 편안한 환경을 만들 수 있다. 영문 자료 'New plasma-based noise cancelling tech may silence rooms, planes, and even cars'를 참고하여, 현재는 헤드폰이나 차량에서 주로 작동하지만 방 전체에 이 기술을 적용하는 것과 같은 새로운 방식의 활용에 대해 알아보자. 노이즈 캔슬링 기술의 원리와 과정을 좀 더 자세히 분석하고, 이 기술의 사회적 영향과 잠재적인 긍정적인 변화에 대해 추론하여 발표해 보자.

관련 학과 미디어커뮤니케이션학과, 사회학과, 소비자학과

《다른 방식으로 듣기》, 데이먼 크루코프스키, 정은주 역, 마티(2023)

[12심영01-06]

다양한 매체의 말이나 글에 표현된 의견이나 주장을 비판적으로 평가한다.

➲ 횡재세는 경제학, 정치학, 사회학 등 다양한 학문에서 중요한 이슈로 다루어지고 있다. 횡재세가 유럽의 경제에 미치는 영향, 특히 취약 계층이나 특정 산업에 미치는 영향을 탐구해 보고, 유럽연합의 횡재세 정책 결정 과정과 각 회원국의 대응을 분석해 보자. 관련 글 'What European Countries Are Doing about Windfall Profit Taxes'를 찾아 읽고, 유럽연합과 각 회원국의 횡재세 관련 정책을 분석하고, 그것이 각국의 경제 및 사회에 어떤 영향을 미치는지에 대한 자신의 평가를 공유해 보자. 특히 탐구 과정에서 다양한 매체의 정보를 활용하여 비판적으로 평가해 보자.

관련 학과 경영학과, 경제학과, 금융보험학과, 무역학과, 문화콘텐츠학과, 미디어커뮤니케이션학과, 법학과, 사회복지학과, 사회학과, 세무학과, 회계학과

《세금의 흑역사》, 마이클 킨 외 1명, 홍석윤 역, 세종서적(2022)

[12심영01-07]

우리 문화 및 타 문화의 생활 양식, 사고방식, 의사소통 방식에 관한 말이나 글을 듣거나 읽고 문화의 다양성에 대한 포용적인 태도를 기른다.

➲ 영문 기사 'What is Mondiacult? 6 take-aways from the world's biggest cultural policy gathering'은 문화가 지속가능한 발전의 중요한 목표가 될 것이라는 유네스코 세계문화정책및지속가능발전회의(Mondiacult)의 추천에 대해 다루고 있다. 우리 문화와 타 문화의 생활 양식, 사고방식, 의사소통 방식의 차이를 이해하고, 이러한 다양성이 어떻게 사회적 동질성과 평화를 증진하는지를 알아보자. 또한 이를 통해 문화의 다양성을 포용하는 태도를 기르고, 다양한 문화를 존중하고 이해하는 사회를 만드는 방안에 대해 발표해 보자.

관련 학과 광고홍보학과, 문화콘텐츠학과, 사회학과, 정치외교학과

《크로스 컬처》, 박준형, 바이북스(2017)

[12심영01-08]

적절한 전략을 적용하여 다양한 매체로 표현된 말이나 글을 이해한다.

➲ TED의 영상 강의 'The deadly trap that could create an AI catastrophe'에서, 과학 커뮤니케이터 리브 보에리는 경쟁은 혁신과 성장의 원동력이 될 수 있지만 단기적 이익이 장기적 지속가능성을 앞선다면 파괴적인 결과를 초래할 수 있다고 말한다. 뉴스 매체의 클릭바이트 문제를 중심으로 '몰록(Moloch)의 함정'이 어떻게 사회적 이슈를 야기하는지

를 분석해 보자. 이를 통해 미디어의 역할과 사회적 영향력을 탐구하고 이러한 문제의 해결 방안을 발표해 보자.

관련 학과 경영학과, 경제학과, 공공인재학과, 법학과, 사회학과

《디지털 미디어 인사이트 2024》, 김경달 외 5명, 이은북(2023)

단원명 | 표현

| 토론, 적절한 어휘와 표현, 의견 전달, 의사소통 능력, 토론 전략, 논리적 사고, 비판적 사고력, 언어와 문화적 다양성, 존중, 상호 협력적 소통

[12심영02-01]

사실적 정보를 기술하거나 설명한다.

➲ 사회복지사와 상담사는 사람들의 삶의 질을 개선하는 일이라는 공통점이 있는 반면 차이점도 있다. 사회복지사는 주로 사회적 지원 프로그램을 통해 복지 서비스를 제공하고, 상담사는 정신 건강 및 심리 상담을 통해 개인의 심리적 문제를 돕는다. 이와 같이 자신의 관심 분야에서 두 가지 직업을 선택해 교육 요건, 주요 역할, 근무 환경, 연봉 등을 비교하고 각 직업의 사회적 역할을 설명하는 활동을 해보자. 그리고 각 직업의 사실적 정보를 영어로 요약하고 차이점을 분석해 발표해 보자.

관련 학과 사회계열 전체

《학과바이블》, 한승배 외 2명, 캠퍼스멘토(2023)

[12심영02-02]

다양한 장르의 글을 읽고 자신의 감상이나 느낌을 표현한다.

➲ 그리스 신화에서 메데이아는 남편 이아손에게 배신당한 후 그에 대한 극단적인 복수를 실행하는 비극적 인물이다. 메데이아의 복수는 인간 본성과 감정의 복잡성을 보여주며, 그것이 단순한 보복을 넘어 깊은 슬픔과 배신감에서 비롯된 것임을 드러낸다. 이 신화를 읽고, 배신과 복수가 인간의 감정과 행동에 어떤 영향을 미치는지, 그리고 메데이아의 결정을 어떻게 이해할 것인지 자신의 느낌을 영어로 표현해 보자.

관련 학과 사회계열 전체

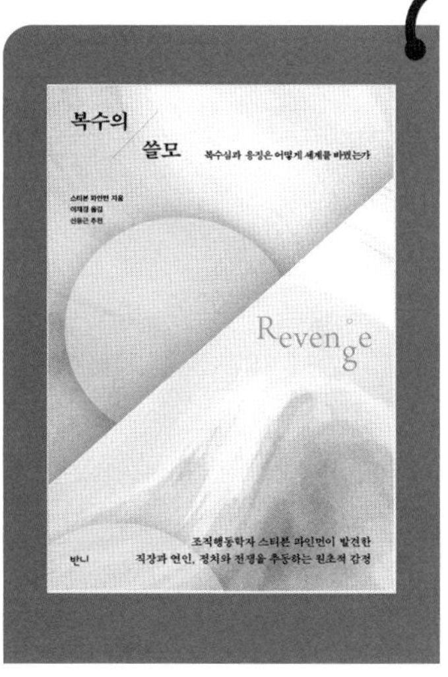

책 소개

이 책은 복수심과 응징의 역사와 그것들이 어떻게 인간의 사회와 문화, 역사에 영향을 미쳤는지를 깊이 있게 탐구하고 있다. 스티븐 파인먼은 복수심이 인간의 본성에 깊이 뿌리박힌 감정임을 밝히며, 그것이 어떻게 다양한 문화와 역사적 맥락에서 표현되었는지를 분석한다.

세특 예시

'복수의 쓸모(스티브 파인먼)'를 읽고 복수의 심리적, 사회적 영향에 대한 깊이 있는 이해를 보여줌. 영어로 작성한 감상문에서 복수의 양면성을 날카

복수의 쓸모

스티븐 파인먼, 이재경 역, 반니(2023)

롭게 분석하며, 개인과 사회에 미치는 영향을 다각도로 고찰하였음. 특히 책에서 다룬 복수 사례들을 비판적으로 검토하고, 각 상황에 대한 건설적인 대안을 제시하는 능력이 돋보임. 창작 활동에서는 복수를 주제로 한 영어 단편소설 'The Echo of Revenge'의 개요를 작성하였는데, 복수심의 순환적 본질과 그 파괴적 결과를 통해 독자가 복수의 의미에 대해 깊이 생각하게 만드는 탁월한 서사 구조의 틀을 완성함.

[12심영02-03]

상대방의 의사소통 방식을 고려하여 의견을 조정하며 토의한다.

2023년 10월 7일, 팔레스타인 무장 정파 하마스가 이스라엘을 향해 로켓포를 발사하면서 이스라엘과 하마스 간의 무력 충돌이 발생했다. 하마스는 이스라엘의 예루살렘 통제에 항의하기 위해 공격을 감행했다고 밝혔다. 이스라엘은 하마스의 공격에 즉각 보복 공격을 시작하는 등 이 지역의 분쟁이 끊이지 않고 있다. 하마스의 공격에 찬성하는 주장으로는 저항의 권리, 자기 방어 및 팔레스타인 국민의 지지를 얻기 위한 정치적 목적을 들고 있지만, 반대하는 입장에서는 폭력의 연속성, 죄 없는 민간인의 피해와 평화 프로세스의 방해 등을 말하고 있다. 해당 사건에 대한 찬성 또는 반대 의견을 제시하며 토의 활동을 해보자.

관련 학과 사회계열 전체

《중동전쟁》, 임용한 외 1명, 레드리버(2022)

[12심영02-04]

듣거나 읽은 내용을 자신의 말이나 글로 요약한다.

TED(www.ted.com)는 다양한 강연 영상을 제공한다. 사회 문화와 관련된 영상의 예시로 '캔슬 문화를 재구성해 봅시다(Let's reframe cancel culture)'가 있다. 미국 언론인 에이미 챈들러(Amy Chandler)는 이 강연에서 '캔슬 문화'라는 용어의 의미를 재정립하고, 이를 보다 건설적으로 활용할 방법을 제안한다. 그녀는 최근에는 이 용어가 너무 광범위하게 사용되어, 무고한 사람들을 공격하거나 변화를 위한 노력을 방해하는 데 사용되고 있다고 지적한다. 해당 강연 영상이나 자신이 관심 있는 사회 문화 분야의 영상을 보고 자신의 말로 요약하여 영어로 발표해 보자.

관련 학과 사회계열 전체

《TED 프레젠테이션》, 제레미 도노반, 김지향 역, 인사이트앤뷰(2020)

[12심영02-05]

말이나 글의 내용을 비교·대조한다.

경제 분야의 대립되는 의견이나 주장은 경제 정책을 수립하고 시행하는 데 중요한 역할을 한다. 대표적인 예로 재정 정책과 통화 정책을 들 수 있는데, 이 둘은 정부가 경제에 영향을 미치기 위해 사용하는 정책이다. 재정 정책으로는 정부의 지출과 세금을 조절하고, 통화 정책으로는 통화량을 늘리거나 줄여서 국내의 경제 흐름을 통제하고 조절한다. 재정 정책과 통화 정책의 효과에 대해서는 다양한 의견이 존재한다. 이와 같이 경제적인 논점에 대립되는 주장에 대한 글을 읽고 비교하여 발표해 보자.

관련 학과 사회계열 전체

《돈을 찍어내는 제왕, 연준》, 크리스토퍼 레너드, 김승진 역, 세종서적(2023)

[12심영02-06]

다양한 매체의 정보를 재구성하여 발표한다.

음모론은 일반적으로 알려지지 않은 소수의 사람들이 주도하여 사회나 세계에 큰 영향을 미치는 사건이나 현상을 은밀하게 계획하고 실행했다는 주장을 말한다. 정부, 기업, 종교 단체, 유명인 등 권력이나 영향력을 가진 집단이나 개인이 배후 세력으로 지목된다. 대표적인 음모론으로는 미군의 외계인 납치설, 미국의 51구역, 달 착륙 조작설, 일루미나티와 프리메이슨 등이 있다. 관심 있는 분야의 음모론을 조사하고 그 글의 타당성, 신뢰성, 객관성 등을 고려하여 주장의 잘못된 점을 제시하고 영어로 발표해 보자.

관련 학과 사회계열 전체

음모론

안-빌헬름 반 프로이엔, 신영경 역, 돌배나무(2020)

책 소개

이 책은 음모론이라는 주제를 심리학적 관점에서 깊이 있게 탐구하고 있다. 저자는 음모론이 어떻게 형성되고 퍼져나가는지, 그리고 이러한 믿음이 개인과 사회에 어떠한 영향을 미치는지를 분석한다. 또한 음모론의 원인과 그것이 가져오는 심리적·사회적 효과, 그리고 이러한 믿음을 어떻게 다루어야 하는지에 대한 실질적인 방안을 제시한다.

세특 예시

사실과 의견 구분하기 활동에서 음모론을 조사하고, 관심 분야와 관련된 음모론의 영어 기사를 조사하는 활동에 참여함. '음모론(안-빌헬름 반 프로이엔)'을 읽고 음모론의 원인과 그것이 가져오는 심리적·사회적 효과, 그리고 이러한 믿음을 어떻게 다루어야 하는지에 대한 실질적인 방안을 알아보는 계기가 되었다고 서평을 작성함.

[12심영02-07]

글의 내용과 형식을 점검하여 정보 윤리에 맞게 고쳐 쓴다.

과거에 '대보름'은 한국에서 중요시하던 전통 명절 중 하나였다. 대보름은 음력 정월 15일을 의미하며, 주로 한반도와 주변 지역에서 기념했다. 대보름에는 노래와 춤, 풍물놀이와 같은 전통 놀이를 즐기고, 산행을 하는 등 지역에 따라 다양한 형태로 명절을 기렸다. 그러나 요즘에는 전통 명절로서의 의미가 퇴색해 큰 주목을 받지 못하고 그 중요성도 크게 떨어졌다. 그 이유와 배경, 대보름의 의의를 영어로 작성하여 발표하고 다른 나라의 명절과 비교해 보자.

관련 학과 사회계열 전체

《세계의 축제와 문화》, 김용섭, 새로미(2019)

[12심영02-08]

적절한 전략을 적용하여 다양한 언어·문화적 배경을 가진 영어 사용자와 공감하며 소통하는 태도를 가진다.

➲ Biography Chart(인물 연표)는 특정 인물의 생애를 연대순으로 정리한 표를 말한다. 인물의 출생, 사망, 주요 활동, 업적 등을 기록하여 인물의 삶과 영향을 한눈에 파악할 수 있다는 장점이 있다. Biography Chart를 작성할 때는 인물에 대해 충분히 이해한 후 핵심 내용을 표 형식으로 연대순으로 정리하여 보는 이가 알기 쉽도록 해야 한다. 자신의 전공 희망 분야에서 관심 있는 인물의 Biography Chart를 영어로 작성해 보자.

관련 학과 사회계열 전체

《챗GPT 활용해 한 달 만에 자서전 쓰기》, 김연욱, 마이스터연구소(2023)

선택 과목	수능	영미 문학 읽기	절대평가	상대평가
진로 선택	X		5단계	5등급

다양한 장르, 다양한 주제, 문학 작품, 이해, 표현, 감상, 비평, 비판적 사고력, 창의적 사고력, 적절한 어휘와 표현, 의사소통 능력, 토론 전략, 논리적 사고, 언어와 문화적 다양성, 상호 협력적 소통, 예술성, 심미적 가치, 독자와 소통

[12영문01-01]

다양한 장르와 주제의 문학 작품을 읽고 주요 내용을 요약한다.

경제학과 관련된 문학 작품을 감상하는 것은 경제에 대한 이해를 넓히고, 경제에 대한 새로운 시각을 얻을 수 있는 좋은 기회이다. 특히 작품이 경제학의 원리와 이론을 얼마나 정확히 이해하고 직간접적으로 연관되어 있는지, 어떠한 경제 이론을 염두에 두고 메시지를 전달하는지를 생각하면서 감상하도록 한다. 예시로 2008년 서브프라임 모기지 사태를 예측한 헤지 펀드 매니저들의 이야기를 다루며 경제학의 기본 원리를 보여주는 《The Big Short》(Michael Lewis)이 있다. 자신이 관심 있는 작품을 읽고 주요 내용을 요약해 보자.

관련 학과 사회계열 전체

《빅 숏 Big Short》, 마이클 루이스, 이미정 역, 비즈니스맵(2010)

[12영문01-02]

문학 작품을 읽고 필자나 인물의 의도나 목적을 파악한다.

문학은 작가의 사고와 감정의 반영이다. 작가나 캐릭터의 생각과 목적을 이해하는 것은 작품을 깊이 있게 해석하는 데 필수적이다. 작품의 주제와 핵심 내용을 살피고, 그 구조와 전개를 고려하면서 사용된 언어와 표현을 검토하면 작가나 캐릭터의 생각을 알 수 있다. 작품에서 작가가 전하려는 메시지와 표현하려는 감정을 생각해 보며, 자신이 관심 있는 분야와 관련된 주제의 문학 작품을 선택하여 작가의 의도를 이해하고 공유해 보자.

관련 학과 사회계열 전체

《스토리의 유혹》, 피터 브룩스, 백준걸 역, 앨피(2023)

[12영문01-03]

문학 작품을 읽고 자신의 느낌이나 감상을 공유하고 표현한다.

문학 작품을 읽고 자신의 느낌이나 감상을 공유하고 표현하는 것은 문학 작품을 더 풍부하게 이해하고 즐길 수 있는 방법이다. 자신의 느낌이나 감상을 공유하고 표현함으로써 작품에 대한 자신의 생각과 관점을 정리하고, 다른 독자들과 작품에 대한 의견을 나눌 수 있다. 작품의 내용과 주제를 중심으로 생각하거나, 작품의 내용 중에서 인상 깊었거나 공감했던 부분이 무엇인지, 작품의 주제를 어떻게 이해했는지를 생각해 보며, 자신이 감상한 작품에 대한 글을 영어 커뮤니티에 작성하고 다른 이들의 감상과 비교해 보자.

관련 학과 사회계열 전체

《데이비드 댐로쉬의 세계문학 읽기》, 데이비드 댐로쉬, 김재욱 역, 앨피(2022)

[12영문01-06]

다양한 매체를 활용하여 문학 작품의 내용을 다양한 관점으로 분석·비평한다.

➲ 문학 작품에는 정해진 답이 없으며, 독자에 따라 다양한 의미 이해와 해석이 가능하다. 이것이 문학의 아름다움 중 하나이며, 작가의 의도와 독자의 개인적인 경험, 문화적 배경 등이 작품의 해석에 영향을 미치는 이유이다. 작품을 해석할 때 기존의 비평이나 해석에 의존하지 않고, 작품의 주인공을 다른 등장인물로 대체하는 방법 등을 적용해 보자. 자신의 생각이나 감상을 바탕으로 매체를 활용하고 다양한 자료를 분석·종합하여 독창적인 비평문을 작성하거나 발표해 보자.

관련 학과 사회계열 전체

《낭만적 거짓과 소설적 진실》, 르네 지라르, 김치수 외 1명 역, 한길사(2022)

[12영문01-07]

문학 작품을 읽고 우리 문화와 타 문화의 생활 양식, 사고방식, 의사소통 방식의 차이와 다양성에 대해 비교·분석한다.

➲ 문학 작품에 나타난 타 문화의 생활 양식, 사고방식, 의사소통 방식을 우리 문화와 비교하여 이해하고, 문화 간 차이와 다양성을 비교·분석하는 능력을 기를 수 있다. 《Pachinko》(Min Jin Lee)는 한국계 일본인 가족의 이야기를 다룬 영문 소설이다. 이 작품은 한국과 일본의 역사적인 배경과 이민자 가족의 삶을 통해 다양한 주제를 다루며, 가족의 사랑과 희생을 강조한다. 이 작품 또는 다른 작품을 읽고 우리 문화와 타 문화의 생활 양식, 사고방식, 의사소통 방식의 차이와 다양성에 대해 비교·분석하여 발표해 보자.

관련 학과 사회계열 전체

《파친코》, 이민진, 신승미 역, 인플루엔셜(2022)

[12영문01-08]

문학 작품을 읽고 표현이나 주제의 예술적 가치에 대한 심미적인 태도를 기른다.

➲ 문학 작품은 언어를 통해 작가의 생각과 감정을 표현한다. 작품의 표현 방식을 통해 작가의 창의성과 예술적 감각을 느낄 수 있고, 작품의 주제에 대해 생각해 봄으로써 작가의 생각과 철학을 이해할 수 있다. 대표적인 작품으로 《위대한 개츠비(The Great Gatsby)》(F. Scott Fitzgerald)를 들 수 있다. 이 소설은 1922년 여름, 미국의 '황금시대'라 불리는 1920년대를 배경으로 한다. 이 시기는 빠른 산업 성장, 소비자 수요의 증가 및 중대한 문화적 변화의 시기로 특징지어진다. 소설은 당시의 사치와 문화적 변화를 반영하며, 부유층과 빈곤층 사이의 격차를 묘사하고 있다. 이 작품 또는 다른 작품을 읽고 표현에 대해 조사하고 발표해 보자.

관련 학과 사회계열 전체

《위대한 개츠비》, 프랜시스 스콧 피츠제럴드, 김욱동 역, 민음사(2003)

선택 과목	수능	심화 영어 독해와 작문	절대평가	상대평가
진로 선택	X		5단계	5등급

단원명 | 독해

| 🔍 | 스마트폰 센서, 음주 문화, 사회적 변화, 사회적 계층, 등장인물 분석, 펨테크, 기업 분석, 윤리적 소비, 경제적 영향, 사회적 파괴, 설득적 글쓰기, 소비자 행동, 사회적 영향, 사회 경제적 불평등, 인종 차별, 문화적 변화, 대응 전략, 변화 예측, 대응 전략 수립

[12심독01-01]

다양한 분야의 기초 학문 주제에 관한 글을 읽고 주요 내용을 파악한다.

➲ 음주 운전으로 인한 사고를 예방하는 데 큰 역할을 할 수 있는 '개인의 음주 상태를 실시간으로 판단하는 스마트폰 센서 기술'이 개발되었다. 관련 영문 기사 'Smartphone sensors able to detect alcohol intoxication with high accuracy'를 참고하여 이 기술이 음주 문화에 어떤 영향을 미칠지, 그리고 이 기술로 인해 사회가 어떻게 변할 수 있는지에 대해 생각해 보자.

관련 학과 경찰행정학과, 법학과, 사회학과, 행정학과

《디지털 전환 시대 리더가 꼭 알아야 할 의료데이터》, 김재선 외 4명, 지식플랫폼(2023)

[12심독01-02]

이야기나 서사 및 운문을 읽고 필자나 등장인물의 심정이나 의도를 추론한다.

➲ 최근 사회에서 격차가 심화되고 있는 계층 간 공정성의 문제를 조지 오웰의《동물농장》의 등장인물들인 '메이저', '스퀼러', '존즈', '나폴레옹', '스노볼'을 통해 탐구해 보자. 각 캐릭터가 대변하는 사회적 계층이나 이념은 무엇인지, 그들의 행동과 선택이 주변 환경에 어떤 영향을 미치는지 분석해 보자.

관련 학과 법학과, 사회복지학과, 사회학과

《동물농장》, 조지 오웰, 도정일 역, 민음사(2001)

[12심독01-03]

글의 구성 방식을 고려하여 논리적 관계를 추론한다.

➲ FemTech(펨테크)의 발전이 여성의 사회적 참여와 경제적 기여도에 어떤 영향을 미치는지 탐구해 보자. 관련 기사 'The dawn of the FemTech revolution'을 찾아 읽고, FemTech 기업들이 여성의 고용과 경제활동에 어떤 변화를 가져오는지를 조사하여 분석해 보자. 또한 FemTech 기업들이 여성의 고용을 촉진하고 여성 창업가를 돕는 방법에 대해서도 알아보자.

관련 학과 경영학과, 경제학과, 무역학과, 법학과, 사회학과, 소비자학과

《국내외 펨테크 산업분석보고서》, 비피기술거래·비피제이기술거래, 비티타임즈(2022)

[12심독01-04] •••

글의 맥락과 배경지식을 활용하여 함축적 의미를 추론한다.

➲ 최근 소비자들의 구매 패턴은 단순히 제품의 품질에 주목하는 데서 벗어나 그 제품이 어떤 과정을 통해 생산되었는지, 그 과정에서 윤리적인 요소가 고려되었는지에 대한 관심으로 확장되고 있다. 이를 '윤리적 소비'라고 부르는데, 이는 소비자들의 가치관과 소비 형태의 변화를 보여주는 중요한 키워드이다. 영문 기사 'Ethical consumerism: Spending money on your values'를 참고하여 윤리적 소비의 현황과 추세를 분석하고, 이에 따른 기업들의 대응 전략이 어떻게 변화하고 있는지 살펴보자. 또한 윤리적 소비가 경제에 미치는 영향, 특히 기업의 생산 전략과 마케팅 전략, 그리고 궁극적으로는 경제 구조에 어떤 변화를 가져오고 있는지를 탐구해 보자.

관련 학과 경영학과, 경제학과, 광고홍보학과, 법학과, 사회학과, 소비자학과

《디지털 시대의 소비자와 시장》, 이은희 외 5명, 시그마프레스(2020)

[12심독01-05] •••

다양한 문학 작품을 읽고 문학적 표현과 의미를 파악한다.

➲ 조지 오웰의 《동물농장》에서는 권력의 변질과 그로 인한 사회적 파괴를 그린다. 이 주제는 최근 불평등과 권력의 문제가 화두가 되는 만큼 현대 사회와 매우 관련성이 높다. 이를 통해 권력이 사회에 미치는 영향을 분석하고, 이를 현대 사회와 비교하여 권력의 적절한 운용 방안을 제시해 보자. 특히 관련 영문 자료 'Animal Farm by George Orwell - Book Analysis'를 참고하여 《동물농장》 속 등장인물들의 권력 행사 방식을 분석하고, 이를 현대 사회의 권력자들과 비교하여 발표해 보자.

관련 학과 경영학과, 경제학과, 경찰행정학과, 군사학과, 법학과, 사회복지학과, 사회학과, 신문방송학과, 언론정보학과

《정치 권력의 교체》, 우장균, 트로이목마(2017)

[12심독01-06] •••

다양한 유형의 글의 구조와 형식을 비교·분석한다.

➲ 설득하는 글쓰기와 설명하는 글쓰기를 안내하는 영문 자료 'Persuasive vs Informative: Meaning And Differences'를 읽고, 소비자 행동의 관점에서 설득적인 콘텐츠와 정보 제공 콘텐츠가 소비자의 구매 의사결정 과정에 어떤 역할을 하는지 분석하고, 이를 통해 소비자 행동이나 마케팅 전략에 관해 분석한 내용을 공유해 보자.

관련 학과 경영학과, 경제학과, 관광학과, 광고홍보학과, 국제통상학과, 무역학과, 문화콘텐츠학과, 미디어커뮤니케이션학과, 법학과, 사회복지학과, 사회학과, 소비자학과, 신문방송학과, 언론정보학과, 정치외교학과, 항공서비스학과, 호텔경영학과

《마케팅 브레인》, 김지헌, 갈매나무(2021)

[12심독01-07] •••

다양한 매체의 글의 내용 타당성을 평가하며 비판적으로 읽는다.

➲ 마이데이터('My HealthWay')는 개인이 자신의 정보를 통제하고 활용하는 새로운 패러다임이다. 마이데이터가 사회와 국가, 그리고 개인에게 미치는 영향에 대해 탐구해 보자. 특히 관련 글 'South Korea's My HealthWay: A "digital highway" of personal health records, but to where?'를 읽고, 마이데이터를 통한 개인의 정보 활용이 사회적인 관점에서 어떤 장단점을 가지는지, 정보의 통제와 보안에 대한 이슈를 중심으로 탐구한 뒤 의견을 공유해 보자.

관련 학과 경영학과, 경제학과, 금융보험학과, 법학과

《마이데이터 레볼루션》, 이재원, 클라우드나인(2022)

[12심독01-08]

우리 문화 및 타 문화의 생활 양식, 사고방식, 의사소통 방식에 관한 글을 읽고 문화 간 차이에 대해 포용적인 태도를 갖춘다.

'블랙 라이브즈 매터(Black Lives Matter)' 운동은 흑인 대상의 경찰의 무제한 권력에 반대하는 측면에서는 중요한 사회적 역할을 했지만, 이 운동의 초점을 인종 차별에 맞추는 것은 문제라고 주장하는 의견도 있다. 경찰의 폭력이 특정 인종 그룹에게만 가해지는 것이 아니라 도시, 소도시, 농촌 지역에 걸쳐 노동 계급을 대상으로 이루어지므로, 인종 차별에 초점을 맞추는 대신 더 광범위한 사회적·경제적 불평등에 주목해야 한다는 것이다. 영문 자료 'Has Black Lives Matter Changed the World?'를 찾아 읽고, 블랙 라이브즈 매터 운동이 사회 경제적 불평등 문제에 대해 어떤 대응을 하고 있는지, 그리고 이것이 사회주의적 가치와 어떻게 연결되는지를 탐구해 보자.

관련 학과 경찰행정학과, 공공인재학과, 공공행정학과, 군사학과, 법학과, 사회학과

《편견》, 제니퍼 에버하트, 공민희 역, 스노우폭스북스(2021)

[12심독01-09]

적절한 읽기 전략을 적용하여 스스로 읽기 과정을 점검하며 읽는다.

현재 드론과 공중 택시 산업이 빠르게 발전하고 있는 상황에서, 이들 기술의 도입이 사회와 문화에 미치는 영향을 연구해 볼 필요가 있다. 관련 영문 기사 'Drones and air taxis: The key to the air traffic revolution'을 참고하여, 드론과 공중 택시가 실제로 커뮤니티의 생활 패턴, 사회 구조, 문화적 가치 등에 어떤 변화를 가져올지 예측하고, 이를 바탕으로 미래 사회를 위한 대응 전략을 수립하여 발표해 보자.

관련 학과 경제학과, 도시행정학과, 사회학과, 항공서비스학과, 행정학과

《모빌리티의 미래》, 서성현, 반니(2021)

단원명 | 작문

| 🔍 | 로봇 도입, 사회적 변화, 미래 예측, 사회적 억압, 인권 증진, 분석 및 탐구, 자율주행차량, 법적 규제, 논증 및 설득, 사회적 상호작용, 팀워크, 요약 및 분석, 문화적 차이, 미디어 변화, 사회적 인식, 비교 분석, 국제법 변화, 비판적 글쓰기

[12심독02-01]

다양한 분야의 기초 학문 주제에 관하여 사실적 정보를 기술하거나 설명하는 글을 쓴다.

로봇의 도입은 건설업계뿐만 아니라 사회 구조와 경제에도 큰 변화를 가져올 것이다. 로봇의 도입이 사회와 경제에 미치는 영향을 분석하고, 이를 통해 미래 사회의 모습을 예측하는 탐구를 수행해 보자. 로봇 도입이 노동 시장에 미치는 영향, 경제성장에 미치는 영향, 그리고 사회 안전망에 미치는 영향 등을 중점적으로 탐구해 보자. 관련 영문 기사 'Is the Construction Industry Ready to Embrace Robots?'를 읽고, 특히 로봇의 도입이 가져올 경제적 파급 효과와 이에 따른 사회적 변화를 예측하는 데 초점을 맞춰 탐구를 진행해 보자.

관련 학과 경영학과, 경제학과, 사회학과, 행정학과

《로봇 시대, 인간의 일》, 구본권, 어크로스(2020)

[12심독02-02]

이야기나 서사 및 운문에 대해 자신의 감상이나 느낌을 표현하는 글을 쓴다.

마야 앤절로의 시 〈Still I Rise〉는 사회적 억압과 인권에 대한 강력한 메시지를 전달한다. 관련 영문 자료 'Still I Rise Summary & Analysis'를 참고하여, 이 시의 의미를 더 깊이 분석해 보자. 작품 속 사회에는 증오와 편견으로 가득 찬 억압자가 있고, 소외된 자도 있다. 시가 전개되면서 화자는 이 사회가 부끄러운 노예 제도의 역사를 지닌 사회임을 드러낸다. 이 시를 통해 사회적 억압에 대한 인식을 높이고, 어떻게 인권을 증진하고 보호할 수 있는지에 대해 탐구해 보자.

관련 학과 법학과, 사회학과, 신문방송학과, 언론정보학과

《지운, 지워지지 않는》, 엘리자베스 파트리지, 강효원 역, 너머학교(2023)

[12심독02-03]

다양한 주제에 관하여 상대방을 설득하는 글을 쓴다.

자율주행 택시의 상용화는 교통 규제, 안전 문제, 고용 문제 등 다양한 사회적 이슈를 불러일으킨다. 특히 자율주행차량의 상용화는 교통 법규와 사회 안전에 중요한 영향을 미친다. 자율주행차량의 상용화가 교통 법규에 어떤 변화를 가져올지, 그리고 이러한 변화가 사회 안전에 어떤 영향을 미칠지에 대해 탐구해 보자. 또한 관련 영문 기사 'Waymo's driverless taxi launch in Santa Monica is met with excitement and tension'을 찾아 읽고, 자율주행차량의 법적 규제에 대한 자신의 입장을 논증하는 글을 작성해 보자.

관련 학과 경영학과, 경제학과, 공공인재학과, 공공행정학과, 도시행정학과, 법학과, 사회학과

《인공지능과 자율주행자동차, 그리고 법》, 김기창 외 6명, 세창출판사(2017)

[12심독02-04]

다양한 기초 학문 분야의 주제에 관하여 듣거나 읽고 주요 정보를 요약한다.

우주에서의 식물 재배는 우주비행사들의 사회적 생활에 큰 변화를 가져올 수 있다. 우주에서의 식물 재배가 우주비행사들의 사회적 동기부여와 상호작용에 어떻게 영향을 미치는지 탐구해 보자. 관련 영문 자료 'Growing Plants in Space'를 참고하여, 식물 재배가 우주비행사들의 일상생활에 어떤 변화를 가져왔는지, 그리고 이것이 그들의 팀워크와 사회적 상호작용에 어떤 영향을 미쳤는지를 깊이 있게 탐구해 보자. 더불어 사회학적 연구 방법론을 활용하여 우주비행사들의 사회적 연결망과 상호작용의 변화를 분석해 보자.

관련 학과 문화콘텐츠학과, 사회복지학과, 사회학과

《두 뇌, 협력의 뇌과학》, 우타 프리스 외 2명, 정지인 역, 김영사(2023)

[12심독02-05]

우리 문화 및 타 문화의 생활 양식, 사고방식, 의사소통 방식에 관한 글을 읽고 문화 간 차이에 대해 비교·대조하는 글을 쓴다.

SNS가 활성화되면서 온라인 공간에서의 개인 공간에 대한 인식이 변화하고 있다는 점을 고려하여, '문화적 차

이와 온라인 공간에서의 개인 공간 인식'에 대해 탐구해 보자. 관련 영문 자료 'Proxemics 101: Understanding Personal Space Across Cultures'를 참고하여, 각 문화에서 SNS를 통한 온라인 개인 공간에 대한 인식이 생활양식, 사고방식, 그리고 의사소통 방식에 어떤 영향을 미치는지 분석하여 보고서를 작성해 보자.

관련 학과 사회계열 전체

《연결된 개인의 탄생》, 김은미, 커뮤니케이션북스(2018)

[12심독02-06] ●●●

다양한 매체 정보를 분석·종합·비평하여 재구성한다.

➲ 우리 사회에서 성소수자에 대한 인식은 시간이 지남에 따라 많이 변해왔다. 특히 미디어는 이러한 인식 변화에 큰 영향을 미쳤다. 관련 영문 기사 'How the media has helped change public views about lesbian and gay people'을 참고하여 영화, 드라마, 뉴스, SNS 등 다양한 미디어에서 성소수자의 표현이 어떻게 변화해 왔는지를 살펴보고, 미디어에서의 이러한 표현 변화가 성소수자에 대한 사회적 인식과 그들의 권리에 어떤 영향을 미쳤는지를 분석해 보자. 이를 통해 미디어가 사회적 인식 형성과 권리 문제에 어떤 역할을 하는지를 분석한 내용을 발표해 보자.

관련 학과 문화콘텐츠학과, 미디어커뮤니케이션학과, 사회학과, 신문방송학과, 언론정보학과

《후천성 인권 결핍 사회를 아웃팅하다》, 행동하는성소수자인권연대 외 1명, 시대의창(2017)

[12심독02-07] ●●●

사회적으로 이슈가 되는 주제에 관하여 정보 윤리를 준수하며 비판적이고 독창적인 글을 쓴다.

➲ 최근 국제 사회에서는 일본의 강제 징용 피해자에 대한 배상 문제가 화두로 떠오르고 있다. 이는 역사적 부정의에 대한 인식과 그에 대한 법률적 대응을 필요로 한다. 관련 기사 'South Korea to compensate victims of Japan's wartime forced labour'를 참고하여 강제 징용이라는 역사적 사건에 대해 알아보고, 이에 대한 개인의 청구권과 법률적 해석에 대해 탐구해 보자. 또한 각국의 강제 징용에 대한 대응과 그에 따른 국제법의 변화에 대해서도 비교·분석하여 보고서를 작성해 보자.

관련 학과 법학과, 사회학과, 신문방송학과, 언론정보학과, 정치외교학과

《강제징용자의 질문》, 우치다 마사토시, 한승동 역, 한겨레출판(2021)

[12심독02-08] ●●●

다양한 분야의 주제에 관하여 적절한 쓰기 전략을 적용하여 글을 점검하고 고쳐 쓴다.

➲ WHO(세계보건기구)가 아스파탐을 '암 유발 가능성이 있는 물질'로 분류한 후 각국의 식품 안전 규제에 어떤 변화가 일어났는지 알아보자. 관련 영문 기사 'Yes, the WHO put aspartame in the same category as pickled vegetables for cancer-causing substances'를 읽고, 여러 국가의 식품 안전 규제 정책을 분석하고, 아스파탐을 포함한 식품의 수입·수출 통계를 살펴보며, 이 변화가 국제 무역에 어떤 영향을 미쳤는지에 대한 보고서를 작성해 보자. 또한 특정 국가들이 아스파탐에 대한 규제를 강화하거나 완화한 이유를 파악하고, 그러한 결정이 국제 무역, 특히 식품 무역에 장기적으로 어떤 영향을 끼치는지를 예측해 보자.

관련 학과 경제학과, 법학과, 사회학과, 소비자학과, 신문방송학과, 언론정보학과, 정치외교학과

《우리 주변의 화학물질》, 우에노 게이헤이, 이용근 역, 전파과학사(2019)

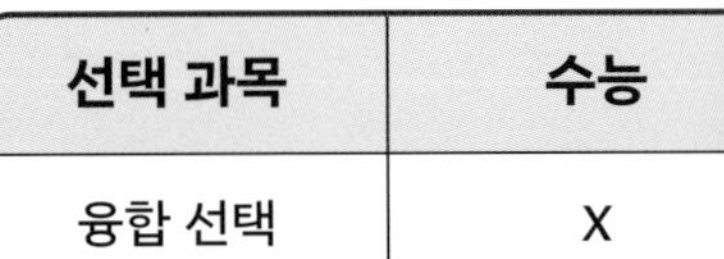

선택 과목	수능	실생활 영어 회화	절대평가	상대평가
융합 선택	X		5단계	5등급

| 🔍 | 원격 근무, 사회적 연결성, 장단점 분석, 애그플레이션, 소비자 및 기업 분석, 인플루언서, 사회적 계층 이동, 다양성 인식, 다문화 교육, 사회적 변화, 인터랙티브 미디어, 디지털 상호작용, 소비자 다양성, 사회적 지원

[12실영01-01]

실생활에 관한 말이나 대화를 듣고 핵심 정보를 파악한다.

➔ 코로나19 팬데믹은 원격 근무를 일상화하며 사회의 많은 부분을 변화시켰다. 이 변화는 개인의 삶뿐만 아니라 사회적 연결성에도 영향을 미쳤다. 원격 근무의 장단점과 그로 인한 사회적 변화를 탐구해 보자. 가족이나 지인들과의 인터뷰를 통해 원격 근무의 실제 영향과 그것이 사회적 연결성에 어떤 변화를 가져왔는지를 파악하고 그에 대한 견해를 표현해 보자.

관련 학과 미디어커뮤니케이션학과, 사회학과

《뉴 노멀 시대, 원격 꼰대가 되지 않는 법》, 이복연 외 2명, 북센스(2021)

[12실영01-02]

실생활에 관한 말이나 대화를 듣고 화자의 의도나 목적을 추론한다.

➔ 애그플레이션은 물가 상승률은 낮지만 생활비가 실질적으로 상승하는 현상을 말한다. 한편, 초과이윤세는 기업의 과도한 이익에 대한 과세이다. 애그플레이션과 초과이윤세가 어떻게 연결되는지, 그리고 이것이 소비자와 기업에 어떤 영향을 미치는지를 탐구해 보자. 그리고 '애그플레이션 현상과 초과이윤세가 경제에 미치는 영향은 무엇인가?'에 대해 정리한 내용을 공유해 보자.

관련 학과 경영학과, 경제학과, 공공행정학과, 법학과, 사회학과, 소비자학과

《애그플레이션 시대의 식량안보》, 양승룡 외 6명, 교우사(2023)

[12실영01-03]

자신이나 주변 사람 또는 사물을 자신감 있게 소개한다.

➔ 최근 실시간 방송은 개인이 자신의 생활을 공유하며 인플루언서로 활동하는 새로운 매체로 부상했다. 이는 사회적 계층 이동의 새로운 경로를 제공한다. 실시간 방송이 사회적 계층 이동에 어떤 영향을 미치는지 조사하고, 성공적인 사례를 소개해 보자. 또한 '실시간 방송이 사회적 계층 이동을 촉진하는가, 아니면 사회적 불평등을 심화하는가?'라는 질문에 대한 자신의 생각을 공유해 보자.

관련 학과 문화콘텐츠학과, 미디어커뮤니케이션학과, 사회학과, 신문방송학과, 언론정보학과

《끌리는 채널의 비밀》, 이주현 외 1명, 멀리깊이(2023)

[12실영01-04]

존중과 배려의 자세로 상대방의 말을 경청하고 자신의 의견이나 감정을 표현한다.

세계는 점점 더 다양성이 높아지는 사회로 변화하고 있으며, 이는 인종, 종교, 성별, 성적 지향 등 다양한 측면에서 나타나고 있다. 이렇게 다양한 배경을 가진 사람들이 사회를 이루며 공존하는 것은 쉽지 않은 일이며, 이러한 상황에서 존중과 배려의 태도는 더욱 중요해진다. 현대 사회에서 다양성을 인식하고 존중하는 방법에 대해 고민해 보고, 이를 통해 사회 통합을 이루는 방법에 대해 논의해 보자. 또한 '다양성 인식 교육의 필요성과 효과'를 주제로 탐구하여 다양성 인식 교육이 어떻게 사회 통합에 기여하는지를 알아보자.

관련 학과 사회학과, 신문방송학과, 언론정보학과

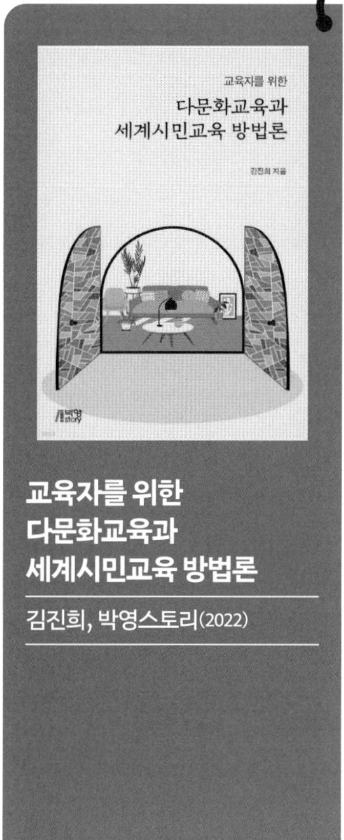

교육자를 위한 다문화교육과 세계시민교육 방법론

김진희, 박영스토리(2022)

책 소개

이 책은 다문화 교육과 세계시민 교육에 대한 복합적인 이론과 실천 전략을 다룬다. '정답'을 제시하기보다는 교육자의 시각에서 끊임없이 성찰하고, 다문화 교육과 세계시민 교육의 실천에서 나타나는 고민과 난관을 공감하면서 해결책을 제안한다. 이와 함께 다문화 교육과 세계시민 교육의 복잡성을 감안하여, 실제 교육 현장에서의 적용을 위한 이론적 기반을 제공한다. 또한 저자의 국내외 교육 현장 경험을 바탕으로 실제 교사들이 직면하는 문제를 이해하고, 그에 대한 해결책을 제시하는 데 중점을 둔다.

세특 예시

'교육자를 위한 다문화교육과 세계시민교육 방법론(김진희)'을 읽고, 현대 사회에서 다양성을 인식하고 존중하는 방법에 대해 깊이 있게 탐구함. 이 책을 통해 다문화 교육과 세계시민 교육의 중요성 및 실천 전략을 학습하고, 이를 바탕으로 학교 현장에서 적용 가능한 구체적인 방안을 제시함. 동아리 활동에서 '문화 체험의 날'을 기획하여 다양한 국가의 전통 음식, 전통 의상, 전통 놀이 등을 체험할 수 있는 부스를 운영함. '세계 각국의 문화'라는 주제로 마이크로러닝 영상을 제작하고 학교 내 다양한 채널을 통해 공유하는 것과 같은 구체적인 방법을 제안함.

[12실영01-05]

실생활에 관한 경험이나 사건 또는 간단한 시각 자료를 묘사한다.

최근 몇 년 동안, 우버와 에어비앤비 같은 플랫폼 기반의 사업 모델이 급속도로 성장하고 있으며, 이런 변화는 사회 전반에 걸쳐 다양한 영향을 미치고 있다. 플랫폼 경제의 발전과 그로 인한 사회적 변화를 조사하고, 특정 플랫폼 사업의 사례를 중심으로 그 영향을 묘사하는 보고서를 작성해 보자.

관련 학과 경영학과, 경제학과, 사회학과

《플랫폼 경제 무엇이 문제일까?》, 한세희, 동아엠앤비(2021)

[12실영01-06]

실생활에 필요한 일의 방법이나 절차를 설명한다.

➲ 디지털 시대에 접어들면서 인터랙티브 미디어의 중요성이 강조되고 있다. 이는 사용자와 미디어 사이의 상호작용을 가능하게 하는 기술을 의미한다. 인터랙티브 미디어의 작동 원리와 이를 통한 효과적인 소통 방법을 상세하게 설명하는 보고서를 작성해 보자. 또한 '인터랙티브 미디어가 사회적 소통에 어떤 변화를 가져왔는가?'를 주제로 심화 탐구 활동을 해보자.

관련 학과 **문화콘텐츠학과, 미디어커뮤니케이션학과, 사회학과, 신문방송학과, 언론정보학과**

《AI로 일하는 기술》, 장동인, 한빛미디어(2022)

[12실영01-07]

실생활에서 상황이나 목적에 맞게 대화를 이어간다.

➲ 최근 호텔 기업들은 다양한 마케팅 전략으로 소비자들의 관심을 끌고 있다. 이 중에서도 소비자의 다양성을 고려한 전략이 주목받고 있다. 호텔 기업들이 어떻게 다양한 소비자층을 대상으로 하는 전략을 구축하는지, 그리고 이러한 전략이 기업에 어떤 영향을 미치는지를 상세히 분석하는 보고서를 작성해 보자. 또한 '호텔 기업의 소비자 다양성 전략이 기업 성장에 어떤 영향을 미치는가?'를 주제로 심화 탐구를 진행해 보자.

관련 학과 **경영학과, 경제학과, 관광학과, 광고홍보학과, 소비자학과**

《마케팅 브레인》, 김지헌, 갈매나무(2021)

[12실영01-08]

의사소통 상황이나 목적에 맞게 언어적·비언어적 표현을 사용하여 반응한다.

➲ 가상 여행은 실제 여행지를 방문하지 않고 디지털 기술을 활용하여 가상의 공간에서 여행을 즐기는 것을 말한다. 가상 여행이 실제 여행에 비해 가지는 장점과 한계를 상세히 분석하는 보고서를 작성해 보자. 또한 '가상 여행의 장단점과 이를 활용한 여행의 미래는 어떠한가?'를 주제로 논의하고, 이에 대한 자신의 견해를 표현하는 활동을 진행해 보자.

관련 학과 **관광학과, 광고홍보학과, 문화콘텐츠학과, 미디어커뮤니케이션학과, 소비자학과, 항공서비스학과, 호텔경영학과**

《버추얼 콘텐츠, 메타버스, 퓨처》, 고찬수, 세창미디어(2021)

[12실영01-09]

의사소통 상황이나 목적에 맞게 적절한 전략을 적용하여 대화에 참여한다.

➲ 장애 아동을 키우는 부모들의 삶의 질 향상과 이를 위한 사회적 지원이 중요한 사회적 이슈가 되고 있다. 이에 대해 탐구하고, 장애 아동 부모의 삶의 질과 이를 위한 사회적 지원이 어떻게 개선될 수 있는지를 상세히 분석해 보자. 또한 '장애 아동 부모의 삶의 질을 향상시키는 데 가장 중요한 요소는 무엇인가? 그리고 이를 위한 사회적 지원의 방향은 어떻게 되어야 하는가?'를 주제로 심화 탐구를 진행해 보자.

관련 학과 **법학과, 사회복지학과, 사회학과, 신문방송학과, 언론정보학과**

《사례 중심의 장애아동 부모교육》, 김미경, 박영스토리(2021)

선택 과목	수능	미디어 영어	절대평가	상대평가
융합 선택	X		5단계	5등급

미디어 콘텐츠, 감상, 활용, 미디어의 특성, 비판적 사고력, 융합적 활용, 창의적 전달, 효과적 전달, 디지털 상호작용, 디지털 리터러시

[12미영01-01]

영어 검색 엔진을 활용하여 필요한 정보를 찾아낸다.

현대 사회에는 다양한 형태의 혐오가 만연해 있다. 혐오란 특정 집단이나 개인에 대한 증오, 혐오적 태도, 차별적 행위 등을 의미하며, 대표적인 예로는 인종 혐오, 성별 혐오, 성적 지향 혐오, 종교 혐오, 장애 혐오 등이 있다. 많은 영어 정보 중에서 필요한 정보를 얻기 위한 적절한 검색어를 선별하고, 영어 기반의 검색 엔진을 활용해 관심 분야에서의 혐오와 원인, 역사적 배경, 혐오의 부작용을 검색해 보자. 그리고 검색어별로 검색 결과를 조사하여 원하는 정보를 찾기에 가장 효율적인 검색어를 정리하여 발표해 보자.

관련 학과 사회계열 전체

《검색의 즐거움》, 대니얼 M. 러셀, 황덕창 역, 세종서적(2020)

[12미영01-02]

다양한 주제에 대한 창의적 문제 해결을 위해 미디어를 활용하여 협업한다.

의료 기술 발전, 생활 환경 개선 등으로 인간 수명이 빠르게 연장되고 있다. 세계보건기구에 따르면, 2022년 기준 세계 평균수명은 73.6세로, 1990년 64.6세에 비해 9세 증가했다. 세계 평균수명은 2020년부터 2050년까지 19.2세 증가할 것으로 전망된다. 다른 학생들과 네트워크로 연결된 태블릿, 스마트폰 등 온라인 협업 도구와 다양한 미디어를 사용해, 수명 연장이 자신이 관심 있는 사회과학 분야에 미칠 영향을 영어로 조사하고 협업의 결과물을 발표해 보자.

관련 학과 사회계열 전체

책 소개

KAIST 교수이자 뇌과학자인 저자는 2022년 말 출시와 동시에 전 세계를 충격과 혼란에 빠뜨린 챗GPT에 도전장을 내밀었다. 프롤로그부터 에필로그까지 책의 모든 콘텐츠를 챗GPT와 함께 만들어나가면서, 저자는 생성형 인공지능의 시대에 경쟁력을 확보하기 위해 무엇보다 중요한 것은 'AI와 대화하는 기술'이라는 점을 직관적으로 보여준다. 이 책은 '인간 VS 기계'의 도식을 넘어, 어떻게 기계를 잘 활용하여 인간 지성의 지평을 넓혀나갈지를 선구적으로 보여준다.

챗GPT에게 묻는 인류의 미래
김대식·챗GPT, 동아시아(2023)

세특 예시

인공지능의 발전과 다양한 생성형 AI 서비스의 출현으로 인해 기존의 음악, 미술, 문예 창작 등의 분야에서 작가의 역할이 변화되는 상황을 사회과학적 관점에서 살펴봄. '챗GPT에게 묻는 인류의 미래(김대식)'를 읽고, AI 기술이 사회 구조와 직업에 미치는 영향을 탐구하며 사회적 변화에 대한 이해와 분석 능력을 발휘함. 이후 'AI는 새로운 창작의 도구인가? 아니면 작가의 대체재인가?'라는 질문에 대한 문제 해결을 위한 탐구 활동을 진행함.

[12미영01-03]

미디어 정보에서 핵심어를 추출하여 내용을 요약하거나 재구성한다.

광고는 제한된 시간 내에 핵심 메시지를 전달해야 하므로, 사용되는 핵심어와 슬로건이 매우 중요하다. 사회과학적 관점에서 광고가 소비자의 행동에 미치는 영향과 핵심 메시지의 설득력을 탐구하는 것은 의미 있는 작업이다. 영어로 된 특정 광고 캠페인의 주요 메시지를 분석하고, 핵심어를 추출하여 광고가 어떻게 소비자 인식을 형성하는지 재구성하여 발표해 보자.

관련 학과 사회계열 전체

《어떻게 팔지 막막할 때 읽는 카피 책》, 톰 올브라이튼, 정윤미 역, 비즈니스북스(2024)

[12미영01-04]

미디어 정보를 비판적 태도로 검색, 선정, 비교 및 분석한다.

기본소득제는 모든 국민에게 일정액의 현금을 지급하는 제도로, 빈곤과 불평등 해소, 경제 활성화, 사회 통합 등 다양한 효과를 기대할 수 있다는 점에서 최근 전 세계적으로 주목받고 있다. 기본소득 찬성론은 빈곤과 불평등 해소, 경제 활성화, 사회 통합 등의 장점을 주장한다. 이에 비해 막대한 재정 부담과 노동 의욕 저하, 경제 성장 저하를 우려하는 목소리도 있다. 기본소득에 관한 영어로 된 다양한 미디어 정보를 검색하고 핵심 정보를 선정하여 기본소득의 취지, 향후 전망, 긍정적인 측면과 부작용 등의 내용을 비교하거나 비판적으로 분석하여 발표해 보자.

관련 학과 사회계열 전체

《21세기 기본소득》, 필리프 판 파레이스 외 1명, 홍기빈 역, 흐름출판(2018)

[12미영01-05]

목적이나 대상에 적합한 미디어를 활용하여 의견이나 정보를 공유한다.

정보 통신 기술의 발전, 직업 세계 및 개인의 가치관 변화 등으로 과거에 비해 이직이 자유롭고 빈번해지고 있다. 영어권 국가에서는 링크드인(www.linkedin.com) 등의 서비스를 통해 자신의 직업, 경력, 교육, 기술 등을 포함한 전문적인 프로필을 작성하여 전문 지식을 공유함과 동시에 채용 및 이직에 이용하고 있다. 사회관계망서비스(SNS)에서 자신이 관심 있거나 희망하는 직종 전문가의 정보를 참고하여 미래 직업과 관련한 SNS 프로필을 작성해 발표하고, 다른 친구들의 발표에 대해서도 평가하고 피드백을 주자.

관련 학과 사회계열 전체

《링크드인 취업 혁명》, 김민경, 라온북(2022)

[12미영01-06]

미디어 정보를 융합하고 적절한 도구를 활용하여 콘텐츠를 제작한다.

➲ 1인 가구란 혼자서 생활하고 가구를 형성하는 개인을 지칭하며, 한국 사회에서 1인 가구의 증가는 현대 사회의 중요한 사회적 변화 중 하나이다. 지난 몇십 년 동안 한국 사회는 가족 구성원의 변화와 경제적 성장, 개인적인 자유와 독립 추구 성향의 증가, 도시화, 고령화 등의 요인으로 인해 1인 가구가 급증하고 있다. 정보를 시각적으로 표현하여 다양한 데이터를 간결하고 직관적으로 전달할 수 있는 효과적인 도구로 활용되는 인포그래픽을 영어로 제작하여 발표해 보자.

관련 학과 사회계열 전체

《시대예보: 핵개인의 시대》, 송길영, 교보문고(2023)

[12미영01-07]

미디어에서 접하는 다양한 시청각 단서를 이해하거나 적절하게 표현한다.

➲ 한국은 매우 빠르게 고령화 사회로 진입하고 있다. 2023년 기준으로 한국의 65세 이상 인구는 전체 인구의 16.5%를 차지하며, 2050년에는 37.9%에 달할 것으로 전망된다. 이러한 초고령화로 인해 노동력 부족 문제가 심화될 것으로 예상되고, 이에 대한 해결책으로 정년 연장을 통해 노동력을 확보하고 경제성장을 유지할 수 있다는 주장이 있다. 이를 통해 노후 소득 보장을 강화하고 개인의 자기 계발 확대 등도 수반될 것으로 기대된다. 정년 연장을 주제로 한 영어로 된 동영상을 찾아서, 해당 매체에 포함된 텍스트 이외의 다양한 표현 방식(이미지, 색, 소리, 디자인, 하이퍼텍스트, 애니메이션, 이모티콘, 움직임 등)의 시청각 요소에서 시청자들의 이해를 용이하게 하는 요인을 찾아 분석하고 발표해 보자.

관련 학과 사회계열 전체

《생生 존zone 십ship: 협력 개인의 출현》, 구정우, 쌤앤파커스(2024)

[12미영01-08]

미디어에 제시된 작품을 감상하고 다양한 관점에서 평가한다.

➲ 영화는 사회 문제를 다루는 강력한 미디어 도구 중 하나이다. 빈부 격차, 인종 차별, 젠더 불평등 등의 주제를 다룬 영화들은 사회 문제에 대한 대중의 인식을 높이고 논의를 촉발할 수 있다. 사회과학적 관점에서 특정 영화 속에 담긴 사회적 메시지와 정치적, 문화적 배경을 분석하고, 그 영화가 사회적 변화나 의식 개선에 미친 영향을 평가해 보자. 예를 들어 스파이크 리나 케네스 로너건 같은 감독들의 사회적 주제를 다룬 작품들을 평가해 볼 수 있다.

관련 학과 사회계열 전체

《세상은 이야기로 만들어졌다》, 자미라 엘 우아실 외 1명, 김현정 역, 원더박스(2023)

[12미영01-09]

미디어 정보를 창의적·비판적으로 처리하기 위해 정보의 출처를 확인하고 정보 보안을 준수한다.

뉴스, 소셜 미디어, 광고 등 다양한 미디어를 통해 우리는 세상에 대한 정보를 얻고, 의견을 형성하고, 의사결정을 내리기 때문에 미디어 정보를 창의적·비판적으로 처리하는 것은 매우 중요하다. 특히 의도적으로 사실이 아닌 것을 사실인 것처럼 꾸미는 가짜 뉴스가 범람하고 있다. 역사 관련 가짜 뉴스는 특정 사건이나 인물에 대한 사실을 왜곡하거나 과장하며, 역사적 사건의 해석을 뒤틀어 특정 이념이나 입장을 홍보하기 위한 목적으로 공표되는 경우가 많다. 자신이 관심 있는 분야에서 영어로 된 가짜 뉴스를 찾아 진위 여부를 판별하기 위해 명확한 출처를 확인하고, 정보의 맥락을 이해하며, 사실과 의견을 구분하여 해당 뉴스를 분석하고 발표해 보자.

관련 학과 사회계열 전체

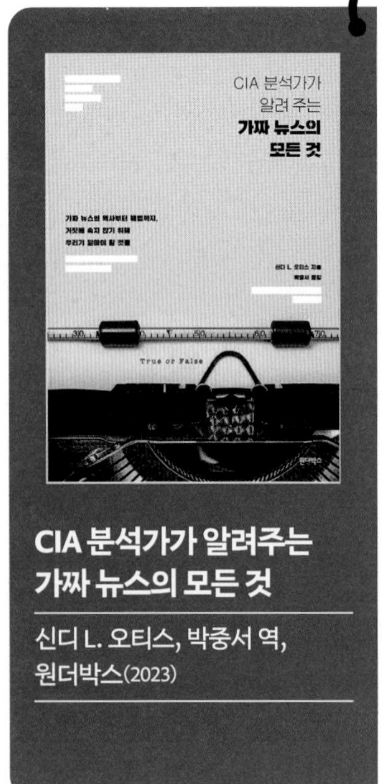

CIA 분석가가 알려주는 가짜 뉴스의 모든 것

신디 L. 오티스, 박중서 역, 원더박스(2023)

책 소개

《CIA 분석가가 알려주는 가짜 뉴스의 모든 것: 가짜 뉴스의 역사부터 해법까지, 거짓에 속지 않기 위해 우리가 알아야 할 것들》(신디 L. 오티스)은 가짜 뉴스의 탄생과 그것이 어떻게 현대 사회에 영향을 미치고 있는지에 대한 깊이 있는 분석을 제공한다. 저자의 CIA 분석가로서의 경험을 바탕으로, 가짜 뉴스를 인식하고 그것을 피해 가기 위한 실질적인 방법과 전략을 소개하고 있다.

세특 예시

글이나 발표 원고를 작성하고 디지털 도구를 활용하여 오류를 수정하는 활동을 하기 전에, 관련 배경지식을 습득하는 활동으로 'CIA 분석가가 알려주는 가짜 뉴스의 모든 것 - 가짜 뉴스의 역사부터 해법까지, 거짓에 속지 않기 위해 우리가 알아야 할 것들(신디 L. 오티스)'을 읽고, 제공되는 정보의 진위 여부를 확인하는 방법을 익힘. 자신이 읽고 있는 뉴스에서 가짜 뉴스를 구별하는 뛰어난 어휘 능력으로 영어 단어의 의미를 알고, 문맥에 따라 그 의미가 어떻게 변하는지 이해하는 역량을 보여줌.

[12미영01-10]

오류 수정을 위해 디지털 도구를 적절히 활용한다.

착한 소비는 '윤리적 소비'라고도 불리며, 자연과 환경, 주변과 이웃까지 생각하는 사려 깊은 소비를 하는 것을 말한다. 즉 소비자의 선택이 사회와 환경에 긍정적인 영향을 미치는 소비를 의미한다. 이를 반영하듯 친환경 패키징 제품, 비건 화장품 등의 소비나 선한 영향력을 끼치는 기업의 제품을 구매하는 바이콧(Buycott)이 증가하고 있으며, 비윤리적인 기업에 대한 불매 운동이 확산하는 등 '나쁜 소비'는 감소하고 있다. '착한 소비'와 '나쁜 소비'를 조사하여 영어로 자신의 의견을 작성하고, 주장의 근거로 활용한 자료를 인터넷 등 디지털 도구를 활용하여 다시 한번 검증해 보자.

관련 학과 사회계열 전체

《착한 소비는 없다》, 최원형, 자연과생태(2023)

선택 과목	수능	세계 문화와 영어	절대평가	상대평가
융합 선택	X		5단계	5등급

| 🔍 | 음식 공유, 문화적 유대감, 난민 통합, 문화적 다양성, 법적 보호, 사회적 영향, 문화적 특성, 비교 분석, 문화적 가치관, 문화적 규범, 비교 연구, 문화적 해석, 가치 인식, 기업 문화, 성과 평가, 정보 윤리, 콘텐츠 제작, 미니멀리즘, 구매 결정, 소비 행동, 미니멀리즘 미술

[12세영01-01]

적절한 전략을 사용하여 다양한 장르와 매체의 문화 정보나 문화적 산물의 핵심 내용을 파악한다.

➲ 인류학자 맨디 휴즈(Mandy Hughes)는 "음식을 공유하는 것이 문화 간 격차를 줄이는 데 도움이 된다."라고 말한다. 관련 기사 'Sharing food and recipes has the power to bring people together'를 읽고, 다양한 문화 배경을 가진 사람들이 서로 음식을 공유함으로써 어떻게 상호 이해와 유대감을 형성하는지 조사해 보자. 특히 난민과 신규 이민자가 호주 사회에 녹아들기 위해 자신들의 전통 요리를 활용하는 방법 및 그 결과를 분석해 보고, 음식의 공유로 문화적 다양성 존중과 포용적 커뮤니티 구축에 기여할 수 있는 방법을 찾아보자.

관련 학과 관광학과, 광고홍보학과, 국제통상학과, 무역학과, 문화콘텐츠학과, 미디어커뮤니케이션학과, 법학과, 사회복지학과, 소비자학과, 신문방송학과, 언론정보학과, 정치외교학과, 지리학과, 호텔경영학과

《킴스 패밀리 인 아메리카》, 김지나, 왕의서재(2020)

[12세영01-02]

문화 관련 주요 개념을 적용하여 문화 현상을 분석하고 새로운 관점으로 설명한다.

➲ 다양성이 존중되는 사회를 위해 법률은 중요한 도구이다. 관련 자료 'Cultural rights and the protection of cultural heritage'를 읽어보고 서브컬처(하위문화) 내에서 개인들이 자신의 문화적 신념과 생활 방식을 보호받기 위해서는 어떤 법적 조치가 필요한지 알아보자.

관련 학과 국제통상학과, 문화콘텐츠학과, 미디어커뮤니케이션학과, 법학과, 신문방송학과, 언론정보학과, 정치외교학과

《크로스 컬처》, 박준형, 바이북스(2017)

[12세영01-03]

타 문화 및 언어에 대한 존중을 바탕으로 문화 정보를 수용하고 자신의 의견을 표현한다.

➲ 최근 짧은 시간에 가볍게 볼 수 있는 '숏폼(short-form) 콘텐츠'(짧은 동영상 콘텐츠)가 인기를 끌고 있는 가운데, 전 세계 10대들에게 유행처럼 번지고 있는 'SNS 챌린지' 문화가 경각심을 불러일으키고 있다. 관련 글 'Why's Everyone on TikTok Now? The Algorithmized Self and the Future of Self-Making on Social Media'를 참고하여 동영상 챌린지들의 주요 특징 및 패턴을 알아보고, 이러한 동영상 챌린지 참여를 통해 개인 및 그룹이 자신들의 정체성을 어떠한 방식으로 표현하고 있는지 분석해 보자. 또 이런 현상이 앞으로 사회 전반에 미칠 잠

재적 영향에 대해서도 의견을 발표해 보자.

관련 학과 사회계열 전체

《틱톡, 숏폼으로 브랜딩하다》, 김가현 외 8명, 21세기북스(2021)

[12세영01-04]

문화 현상이나 문화적 산물을 비교·대조하여 문화의 보편성과 특수성을 파악한다.

➲ 세계 주요 도시의 건축 양식을 비교하는 것은 도시화의 보편적인 추세와 각 지역의 독특한 특성이 어떻게 반영되는지를 이해하는 데 도움이 된다. 예를 들어 뉴욕의 고층 건물들은 그 도시의 급속한 성장과 공간적 제약을 반영하며, 파리의 건물들은 그 도시의 역사와 예술적 전통을 반영한다. 관련 글 'Architecture City Guide'를 읽고 서로 다른 문화 배경을 가진 여러 도시들의 건축 양식을 비교하여, 보편적인 도시화 추세와 각 지역의 독특한 특징이 어떻게 반영되어 있는지를 분석해 보자.

관련 학과 경영학과, 경제학과, 공공행정학과, 관광학과, 국제통상학과, 도시행정학과, 문화콘텐츠학과, 미디어커뮤니케이션학과, 사회복지학과, 사회학과, 소비자학과, 신문방송학과, 언론정보학과, 정치외교학과, 항공서비스학과, 행정학과, 호텔경영학과

《사회경제적 여건과 생활양식 변화에 대응하는 주거공간 조성 방안》, 김상호, auri(2020)

[12세영01-05]

문화적 산물이나 문화 현상에 내재된 문화적 전제, 관점 또는 가치관을 추론한다.

➲ 페이크 뉴스의 확산은 정보 소비의 패턴에 큰 변화를 가져왔다. 사람들은 더 이상 전통적인 뉴스 매체에만 의존하지 않고 소셜 미디어와 같은 디지털 플랫폼에서 다양한 정보를 얻고 있으며, 이러한 변화는 문화적 가치관에도 영향을 미친다. 페이크 뉴스는 종종 사람들의 의견을 형성하고, 중요한 이슈와 주제에 대한 견해를 바꾸며 사실, 진실, 신념을 재정의하는 데 영향을 미친다. 관련 자료 'Understanding Fake News Consumption: A Review'를 참고하여 페이크 뉴스를 구별하고 신뢰할 수 있는 정보를 찾는 데 도움이 되는 방안을 알아보자.

관련 학과 사회계열 전체

《페이크》, 로버트 기요사키, 박슬라 역, 민음인(2019)

[12세영01-06]

다른 문화권의 관습, 규범, 가치, 사고방식, 행동 양식 또는 의사소통 방식을 이해하고 자신의 문화 인식 및 관점을 비판적으로 성찰한다.

➲ 여러 국가와 지역에서 진행되는 봉사활동을 통해 각 문화권의 관습, 규범, 가치, 사고방식 및 행동 양식을 파악할 수 있다. 관련 자료 'Knowledge Mapping of Volunteer Motivation: A Bibliometric Analysis and Cross-Cultural Comparative Study'를 참고하여 봉사활동이 어떻게 다양한 문화적 맥락에서 발현되며, 이러한 활동이 각 지역의 사회 구조와 어떻게 상호작용하는지를 탐구해 보자.

관련 학과 사회계열 전체

《자원봉사론》, 박태영 외 3명, 공동체(2021)

[12세영01-07]

자발적·지속적 관심과 흥미를 가지고 다양한 문화적 산물을 감상하고 표현한다.

SNS는 현대 사회의 주요한 커뮤니케이션 도구로, 이모티콘이라는 문화 산물을 통해 다양한 감정과 정보를 표현하고 소통한다. 관련 영문 자료 'Cross-cultural similarities and differences in emoji usage'를 참고하여 이모티콘이 각 나라와 문화마다 어떻게 다르게 해석되고 사용되는지, 그리고 이를 통해 볼 수 있는 사회문화적 특성을 분석해 보자. 또한 이모티콘의 사용이 사람들의 소통 방식과 감정 표현에 어떤 영향을 미치는지도 함께 탐구해 보자.

관련 학과 문화콘텐츠학과, 미디어커뮤니케이션학과, 법학과, 신문방송학과, 언론정보학과

《이모티콘 커뮤니케이션》, 이선영, 커뮤니케이션북스(2021)

[12세영01-08]

세계 영어에 대한 이해를 바탕으로 적절한 전략과 태도를 갖추어 의사소통에 참여한다.

미니멀리즘 패키지 디자인은 소비자들의 구매 결정과 소비 행동에 큰 영향을 미치며, 이는 제품의 가격과 가치에 직접적인 영향을 끼친다. 관련 기사 'Why more food, toiletry and beauty companies are switching to minimalist package designs'를 읽고 미니멀리즘 패키지 디자인의 사회경제적 영향력에 대해 탐구해 보자. 특히 이러한 디자인이 제품의 가격과 소비자들의 가치 인식, 그리고 구매력에 어떤 영향을 미치는지를 분석해 보고, 미니멀리즘 패키지 디자인이 특정한 경제적 계층의 구매 결정에 어떤 영향을 미치는지에 대해 발표해 보자.

관련 학과 경영학과, 경제학과, 광고홍보학과, 소비자학과, 신문방송학과, 언론정보학과

《ESG를 생각하는 소비와 소비자》, 서여주, 백산출판사(2024)

[12세영01-09]

다양한 장르와 매체에서 검색·수집한 문화 정보를 요약하거나 목적에 맞게 재구성한다.

넷플릭스의 Keeper Test는 성과를 기반으로 직원을 평가하는 독특한 시스템이다. 그러나 이 시스템이 직원들에게 어떤 영향을 미치는지, 그리고 넷플릭스의 성공과 실패에 어떤 역할을 하는지와 관련해서는 논란의 여지가 있다. 영문 기사 'The Unfolding of Netflix's Exceptional Company Culture'을 참고하고, 넷플릭스의 전현직 직원들의 경험과 의견을 담은 다양한 리포트와 인터뷰를 찾아보고 분석하여 Keeper Test의 장단점에 대해 알아보자. 또한 Keeper Test가 넷플릭스의 기업 성과와 목표 달성에 어떤 영향을 미쳤는지, 이러한 시스템이 다른 기업이나 산업에도 적용될 수 있는지, 그리고 어떻게 적용될 수 있는지에 대한 자신의 생각을 구체적으로 작성해 보자.

관련 학과 경영학과, 경제학과, 항공서비스학과, 호텔경영학과

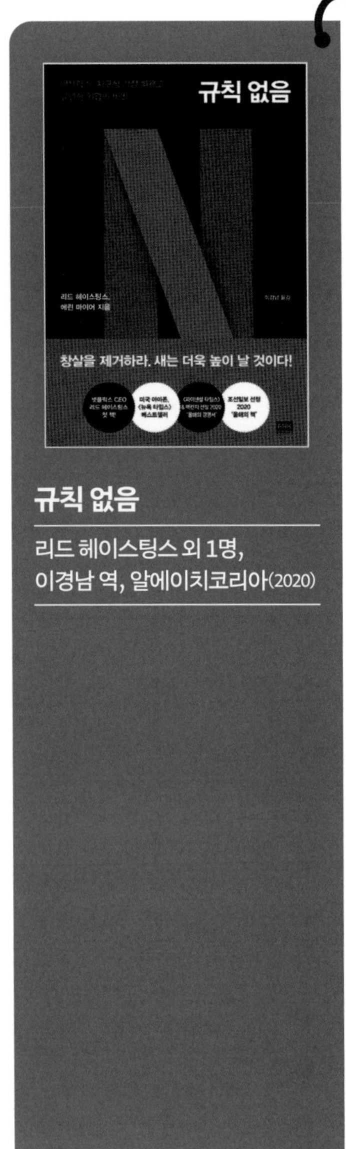

규칙 없음

리드 헤이스팅스 외 1명,
이경남 역, 알에이치코리아(2020)

책 소개

이 책은 넷플릭스의 성장 이야기와 독특한 기업 문화를 다루고 있다. 넷플릭스는 DVD 대여 회사에서 시작해 현재는 전 세계적인 스트리밍 서비스로 성장했는데, 이 성공의 핵심은 그들의 '자유와 책임 문화'에 있다고 말한다. 넷플릭스는 정해진 출퇴근 시간이나 근무 시간이 없으며, 규칙이 없다는 것이 규칙인 회사로, 이 책을 통해 그들의 독특한 기업 문화와 경영 방식을 엿볼 수 있다. 넷플릭스가 기존의 상식을 뒤엎는 파격적인 행보로 어떻게 세계 최고 가치의 기업이 되었는지에 대한 과정을 철저하게 분석하여 설명한다.

세특 예시

'놀랍고 이례적인 회사 문화'라는 제목의 영문 기사를 읽고 미국의 대표적인 온라인 동영상 스트리밍 서비스 기업의 고유한 직원 평가 시스템인 '유지하고 싶은 직원 테스트'에 대한 관심이 생겨 탐구 활동을 진행함. 성과가 우수한 직원만을 유지하려는 이런 접근법은 기업이 빠르게 변화하는 시장에서 경쟁력을 유지하는 데 도움을 준다고 평가받지만, 한편으로는 과도한 경쟁을 초래하고 직장에서의 불안감을 증가시킨다고 지적받고 있다는 데 초점을 맞춰 시스템에 대한 좀 더 자세한 정보를 조사함. 연계 독서로 '규칙 없음(리드 헤이스팅스 외 1명)'을 읽고 기업의 인사 관리 시스템에 대한 깊은 이해와, 이 시스템이 직원들과 기업 전체에 미치는 영향에 대한 통찰력을 얻게 되어, 이 시스템은 '성과 중심 기업 문화', '뛰어난 인재 유지', '혁신 추구'에 필수적인 역할을 하는 평가 체계라는 결론을 내림. 따라서 제도의 단점을 극복하기 위해서 기업이 직원들의 불안감을 완화하기 위해 수시로 충분한 피드백과 지원을 제공하는 것과 같은 조치를 취한다면 이 평가 시스템의 장점을 최대한 활용하면서도 단점은 최소화할 수 있다고 주장함.

[12세영01-10]

정보 윤리를 준수하여 다양한 목적의 문화 콘텐츠를 제작하여 공유한다.

➔ 세계의 다양한 사회적 이슈를 다루는 콘텐츠는 사람들의 이해와 관심을 끌며, 문화와 사회에 큰 영향력을 발휘한다. 세계의 주요 사회 이슈를 선택하고, 이를 바탕으로 한 문화 콘텐츠를 제작해 보자. 해당 이슈에 대해 깊이 있게 탐구하고, 이를 정보 윤리를 준수하며 효과적으로 전달할 수 있는 콘텐츠로 제작해 보자. 또한 이런 콘텐츠가 사회와 문화에 어떤 영향을 미치는지 분석하며 영어로 결과를 작성하여 공유해 보자.

관련 학과 사회계열 전체

《조선 선비의 비건 레시피: 전통 채식 밥상》, 서유구, 임원경제연구소(정정기) 역, 샨티(2021)

수학 교과군

구분	교과(군)	공통 과목	선택 과목		
			일반 선택	진로 선택	융합 선택
보통 교과	수학	공통수학1 공통수학2 기본수학1 기본수학2	대수 미적분Ⅰ 확률과 통계	미적분Ⅱ 기하 경제 수학 인공지능 수학 직무 수학	수학과 문화 실용 통계 수학과제 탐구

공통 과목	수능	공통수학 1	절대평가	상대평가
	X		5단계	5등급

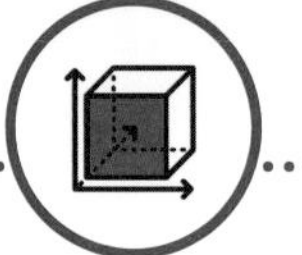

단원명 | 다항식

| 🔍 | 오름차순, 내림차순, 다항식, 다항식의 덧셈, 다항식의 뺄셈, 다항식의 곱셈, 다항식의 나눗셈, 항등식, 조립제법, 교환법칙, 결합법칙, 분배법칙, 다항식의 전개

[10공수1-01-01]

다항식의 사칙연산의 원리를 설명하고, 그 계산을 할 수 있다.

➔ 경제학에서 사용되는 제품의 수요함수는 제품의 가격, 다른 제품의 가격, 소득, 소비자 기호 등 다양한 함수로 나타난다. 그중 제품의 수요에 가장 큰 영향을 미치는 것은 제품의 가격으로, 이를 다항식을 이용해 표현할 수 있다. 가격 이외의 모든 변수들이 고정적이라고 가정하면, 하나의 변수로 구성된 함수로 표현되며 이를 수요함수라고 한다. 반면 수요와 대응되는 개념으로 공급함수가 있다. 수요함수와 공급함수의 개념을 정리하고 둘의 관계를 탐구해 보자.

관련 학과 **경영학과, 경제학과, 무역학과, 세무학과, 소비자학과, 회계학과**

《슬림거시경제》, 이명훈, 법문사(2022)

[10공수1-01-02]

항등식의 성질과 나머지정리를 이해하고, 이를 활용하여 문제를 해결할 수 있다.

➔ 항등식은 식에 포함된 문자에 어떤 값을 넣어도 언제나 성립하는 등식을 의미한다. 항등식을 이용하면 복잡한 식을 간단하게 변형할 수 있고, 실제 값의 변화를 통해 다른 값의 변화를 쉽게 예측할 수 있다. 회계항등식은 자산이 부채와 자본의 합임을 의미하며, 자산이 늘어나면 부채와 자본 중 하나 이상이 반드시 늘어나게 된다. 회계 분야에서 활용되는 회계항등식에 대해 탐구해 보자.

관련 학과 **경제학과, 국제통상학과, 금융보험학과, 무역학과, 세무학과, 회계학과**

《하마터면 또 회계를 모르고 일할 뻔했다!》, 김수헌 외 1명, 어바웃어북(2022)

[10공수1-01-03]

다항식의 인수분해를 할 수 있다.

➔ 큰 소수를 곱해 만들어진 합성수를 상대방에게 전달하고 소인수분해를 할 수 있으면 암호가 풀리는 것이 금융 거래에 사용되는 암호 해독의 기본 원리이다. 전자상거래 등 인터넷 보안에 많이 사용되는 암호 표준으로 RSA-2048는 대표적인 비대칭 키 암호이다. 이 방법은 암호화할 때 사용하는 키와 해독할 때 사용하는 키가 다르며, 해독할 때 사용하는 키는 사용자가 따로 보관하고 사용자 외에는 공개하지 않는다. 소인수분해와 관련한

RSA 암호에 대해 탐구해 보자.

관련 학과 경제학과, 금융보험학과

《코딩수학 7: RSA 알고리즘》, 김준석 외 1명, 이모션미디어(2018)

단원명 | 방정식과 부등식

| 복소수, 허수, 실수 부분, 허수 부분, 복소수의 사칙연산, 판별식, 이차방정식의 근과 수의 관계, 두 근의 합, 두 수의 곱, 두 수를 근으로 하는 이차방정식, 이차방정식과 이차함수, 이차방정식의 해, 이차함수의 그래프, 이차함수의 최대와 최소, 최댓값과 최솟값, 삼차방정식, 사차방정식, 연립이차방정식, 직선의 위치 관계, 연립일차부등식, 절댓값을 포함한 일차부등식, 이차부등식, 연립이차부등식

[10공수1-02-01]

복소수의 뜻과 성질을 설명하고, 사칙연산을 수행할 수 있다.

복소평면(complex plane)은 x축이 실수축이고 y축이 허수축인 좌표평면으로, 복소수 $a+bi$는 복소평면 위의 점 $P(a, b)$로 일대일 대응된다. 복소수의 연산 결과를 활용해 물체의 회전과 확대, 축소 등의 변화를 손쉽게 작업할 수 있어 영화나 가상현실(VR), 증강현실(AR) 등의 분야에 활용되고 있다. 실수로 이루어진 좌표평면과 비교하여 복소평면의 특징을 탐구하고, 도형의 회전과 확대, 축소 방법을 탐구해 보자.

관련 학과 경제학과, 광고홍보학과, 미디어커뮤니케이션학과

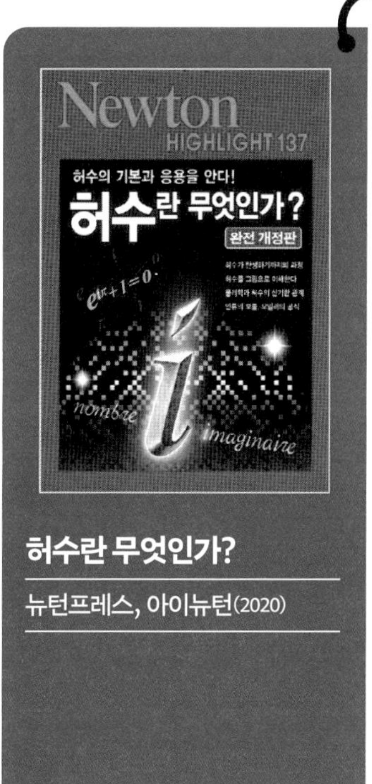

허수란 무엇인가?

뉴턴프레스, 아이뉴턴(2020)

책 소개

이 책은 인류가 허수에 이르기까지의 수 확장 역사와 허수의 성질, 허수가 어떻게 도움이 되는지 알기 쉽게 소개하고 있다. 허수는 처음에는 그 존재를 인정받지 못한 '상상의 수'라고 불렸던 기묘한 수이다. 하지만 현재에는 수학뿐만 아니라 물리학, 경제 분석 등에서 어떻게 활용되는지 그 사례를 중심으로 설명하고 있다. 기존의 책에 특집 기사를 덧붙이는 대대적인 개정을 통해 더욱 재미있고 읽기 쉽게 재구성했다.

세특 예시

복소수의 사칙연산을 학습한 뒤 이를 확장하여 복소평면에 대해 탐구하는 활동을 진행함. '허수란 무엇인가?(뉴턴프레스)'를 활용하여 허수의 확장 과정을 소개하고, 허수의 존재를 인정하지 못한 당시의 시대를 설명함. 또한 복소평면을 활용하여 복소수 사칙연산이 가진 의미를 해석하고, 곱셈을 이용해 점의 회전, 확대, 축소를 설명함. 복소평면의 특징을 좌표평면과 비교하고, 복소수와 복소평면이 활용되는 분야를 사례를 중심으로 설명함.

[10공수1-02-02]

이차방정식의 실근과 허근을 이해하고, 판별식을 이용하여 이차방정식의 근을 판별할 수 있다.

➔ 공원이나 광장, 관광지, 아파트, 워터 파크 등 우리 주변에서 미관이나 장식, 소원을 비는 목적으로 만들어진 분수대를 볼 수 있다. 분수의 물이 포물선 형태로 올라갔다 아래로 떨어지기 때문에 이차함수의 원리를 이용해 분수대를 설계할 수 있다. 분수의 물이 일정 범위를 벗어나지 않으려면 물의 세기와 분사 각도를 고려해야 한다. 이차함수를 활용하여 공원의 분수대 설계도를 만들어보자.

관련 학과 **공공행정학과, 관광학과, 도시행정학과, 지리학과, 호텔경영학과**

《용산공원》, 김연금 외 19명, 나무도시(2013)

[10공수1-02-03] ●●●

이차방정식의 근과 계수의 관계를 설명할 수 있다.

➔ 생산함수는 산출량과 생산 요소 투입량의 관계를 나타내는 함수로, 생산 요소의 투입량이 정해지면 이에 따른 산출량이 정해진다. 경제학에서 생산함수는 생산량과 생산 요소 간의 관계를 나타내는 함수로, 이차함수로 모델링되는 경향이 있다. 초기에는 증가하다가 점점 증가율이 감소하는 모양이 이차함수 형태와 유사하기 때문이다. 이차함수와 관련하여 경제학에서 사용되는 생산함수에 대해 탐구해 보자.

관련 학과 **경영학과, 경제학과, 국제통상학과, 금융보험학과, 무역학과, 세무학과, 소비자학과**

《원시인도 아는 경제 이야기 2》, 홍승희, 미래아이(2011)

[10공수1-02-04] ●●●

이차방정식과 이차함수를 연결하여 그 관계를 설명할 수 있다.

➔ 위성 방송은 지상에서 우주에 있는 인공위성으로 전파를 보낸 다음 다시 일반 시청자에게 보내주는 방식이다. 위성 안테나는 이차곡선의 대표적인 형태인 포물선을 주요 사용하며, 초점에서 발생한 신호를 넓은 영역으로 방출하는 포물선의 성질을 활용한다. 위성 안테나를 사용하면 초고주파를 전송하여 난시청 지역 해소 등의 장점이 있다. 위성 안테나에 활용되는 포물선에서 나타나는 빛의 성질과 특징을 정리하고, 이를 위성 안테나와 연결하여 탐구해 보자.

관련 학과 **광고홍보학과, 미디어커뮤니케이션학과, 신문방송학과, 언론정보학과, 지리학과**

《틀을 깨는 기발한 수학: 이차곡선 / 평면벡터 / 공간도형 / 공간좌표》, 오종국, 안투지배(2021)

[10공수1-02-05] ●●●

이차함수의 그래프와 직선의 위치 관계를 판단할 수 있다.

➔ 무대 조명에 사용하는 반사경에는 빛의 수학적 원리를 활용한 구형 반사경, 타원형 반사경, 포물선형 반사경 등이 있다. 구형 반사경은 구의 일부 형태로 램프에서 나오는 빛을 반사경으로 모아 다시 램프로 보내 좀 더 밝은 빛을 낼 수 있다. 타원형 반사경은 하나의 초점에 광원이 놓이면 반드시 다른 초점을 지나가는 성질을 이용해 광량 손실을 최소화할 수 있다. 반면 포물선형 반사경은 반사경의 초점에 광원이 있으면 빛이 광축으로 평행하게 나아가는 원리를 활용한다. 앞에서 제시한 세 가지 반사경의 차이를 빛의 성질과 관련하여 탐구해 보자.

관련 학과 **광고홍보학과, 미디어커뮤니케이션학과, 신문방송학과, 언론정보학과**

《아폴로니우스가 들려주는 이차곡선1 이야기》, 송정화, 자음과모음(2008)

[10공수1-02-06] ●●●

이차함수의 최대, 최소를 탐구하고, 이를 실생활과 연결하여 유용성을 인식할 수 있다.

➲ 이익은 매출액에서 원가를 뺀 값으로, 매출액에는 가격과 판매량 두 요소가 작용한다. 일반적으로 가격이 오르면 판매량이 줄고, 가격을 낮추면 판매량이 늘게 되는데 서로 반비례하는 경향이 있어 이익은 이차함수의 일부 형태로 표현되는 경향이 있다. 그런데 판매량이 늘었음에도 이익이 줄어든 경우와 판매량이 줄었음에도 이익이 늘어난 경우가 있다. 가격과 판매량을 조절하여 마케팅에 성공한 사례를 조사하여 발표해 보자.

관련 학과 **경영학과, 경제학과, 관광학과, 광고홍보학과, 국제통상학과, 금융보험학과, 무역학과, 사회학과, 세무학과, 소비자학과, 호텔경영학과**

《안 팔려서 답답할 때 읽는 판매의 기술》, 가와카미 데쓰야, 장재희 역, 비즈니스랩(2022)

[10공수1-02-07] ●●●

간단한 삼차방정식과 사차방정식을 풀 수 있다.

➲ 경제학에서는 수요와 공급, 가격과 생산량 등의 상황을 다양한 함수식과 그래프로 표현할 때가 많다. 이때 방정식의 해를 구하는 것은 중요한 과정이지만 3차 이상의 방정식은 인수분해가 어려워 해를 구하기 매우 어렵다. 뉴턴의 방법(Newton's Method)은 방정식 $f(x)=0$의 해를 구할 때 사용하는 방법으로 초기 추정값으로부터 반복적으로 해의 근삿값을 구하는 방법이다. 3차 이상의 방정식의 해를 구할 때 활용할 수 있는 뉴턴의 방법을 정리하고 3차함수를 예로 들어 근사해를 구해보자.

관련 학과 **경영학과, 경제학과, 국제통상학과, 금융보험학과, 무역학과, 세무학과, 소비자학과, 회계학과**

《지식 제로에서 시작하는 수학 개념 따라잡기: 미적분의 핵심》, Newton Press, 이선주 역, 청어람e(2020)

[10공수1-02-08] ●●●

미지수가 2개인 연립이차방정식을 풀 수 있다.

➲ 휴대폰 요금제는 통화 시간과 데이터 용량에 따라 요금이 달라지며, 통신사마다 고객들이 선호할 만한 요금제를 제안하여 가입을 유도하고 있다. 통화 시간과 데이터 용량이라는 두 개의 변수에 따라 요금제가 결정되며, 두 미지수의 변화에 따라 나에게 맞는 요금제를 선택할 수 있다. 현재 사용하고 있는 통신사의 요금제를 정리하고, 두 변수에 따라 자신에게 어떤 요금제가 적합한지 판단해 보자.

관련 학과 **경영학과, 소비자학과**

《요즘 소비 트렌드》, 노준영, 슬로디미디어(2022)

[10공수1-02-09] ●●●

미지수가 1개인 연립일차부등식을 풀 수 있다.

➲ 조직 개발의 아버지 리처드 베커드와 더글러스 맥그리거는 프로젝트를 수행하면서 목표 설정, 리더십 개발, 성과 관리, 팀 빌딩을 활용한 변화부등식(formula for change)을 이론화하였다. 변화(Change), 불만(Dissatisfaction), 미래에 대한 비전(Vision), 비전 달성을 위한 실행(First step), 변화에 대한 저항(Resistance to Change)에 대한 변화부등식은 아래와 같다. 조직 개발과 경영 관리에 활용되는 변화부등식의 의미를 탐구해 보자.

$$C = D \times V \times F > R$$

관련 학과 경영학과, 경제학과, 국제통상학과, 무역학과, 사회학과, 소비자학과, 정치외교학과, 호텔경영학과

《사내 기업가의 비즈니스 혁신 전략》, 서리빈, 지식과감성(2017)

[10공수1-02-10]

절댓값을 포함한 일차부등식을 풀 수 있다.

➲ 자동차뿐만 아니라 냉장고나 세탁기, TV, 안마기, 정수기 등의 가전제품을 일시불로 구매할지 또는 렌털을 이용할지 고민하게 된다. 금액이 큰 제품은 일시불 구매에 대한 부담이 있어, 3년에서 5년 정도의 계약 기간을 두고 매달 일정 금액을 지불하는 렌털 방식이 늘고 있다. 특히 최근 1인 가구가 늘어남에 따라 소비 트렌드가 렌털식으로 바뀌는 추세이다. 부등식을 활용해 앞에서 제시한 제품을 선정하여 일시불과 렌털의 비용을 직접 찾아 계산하고 렌털 문화의 특징에 대해 탐구해 보자.

관련 학과 경영학과, 경제학과, 광고홍보학과, 무역학과, 사회학과, 소비자학과, 신문방송학과, 언론정보학과, 정치외교학과

《구독경제 마케팅》, 존 워릭로우, 김영정 역, 유엑스리뷰(2020)

[10공수1-02-11]

이차부등식과 이차함수를 연결하여 그 관계를 설명하고, 이차부등식과 연립이차부등식을 풀 수 있다.

➲ '쿠즈네츠 곡선'은 소득의 불평등 정도를 나타내는 곡선으로, 경제학자 사이먼 쿠즈네츠가 내놓은 가설이다. 쿠즈네츠는 산업화 과정에 있는 국가의 불평등 정도는 처음에 증가하다가 산업화가 일정 수준을 지나면 다시 감소한다고 주장했고, 이를 그래프로 표현하면 이차함수 형태가 일부 나타난다. 이차함수와 관련하여 쿠즈네츠 곡선의 특징과 타당성에 대한 자신의 생각을 발표해 보자.

관련 학과 경영학과, 경제학과, 공공행정학과, 국제통상학과, 도시행정학과, 무역학과, 사회복지학과, 사회학과, 소비자학과, 정치외교학과, 행정학과

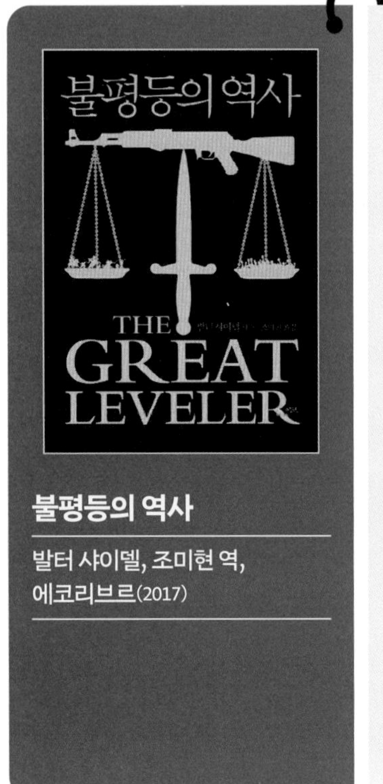

불평등의 역사

발터 샤이델, 조미현 역, 에코리브르(2017)

책 소개

이 책은 석기시대부터 21세기까지 경제적 불평등의 역사를 다루며, 유럽과 아시아는 물론 남미, 아프리카 대륙까지 불평등의 사례를 통해 불평등의 역사를 살펴본다. 경제 구조, 사회 규범 및 정치 제도가 달라졌음에도 불구하고 소득과 부의 불평등은 여전하다. 저자는 개별 국가뿐 아니라 인류가 앞으로 불평등을 감소시키기 위해 어떤 방향으로 나아가야 할지 방향을 제시하고 있다.

세특 예시

교과 연계 활동으로 이차함수와 이차부등식을 학습한 뒤 이차함수의 사례로 쿠즈네츠 곡선을 제시함. 쿠즈네츠 곡선의 배경을 바탕으로 곡선의 특징을 이차함수 그래프와 연결하여 설명함. 산업화가 지나면 불평등이 감소한다고 본 것처럼, 쿠즈네츠 곡선을 인용하여 현대에서 정보 통신과 인공지능의 발전이 불평등을 키울 가능성이 있다고 설명함. '불평등의 역사(발터 샤이델)'를 인용하여 전체적으로 소득이 크게 증가하긴 했지만 여전히 소득의 불평등이 존재함을 설명하며, 이를 해결하기 위해 나아가야 할 방향을 크게 3가지로 제시함.

단원명 | 경우의 수

| 🔍 | 합의 법칙, 곱의 법칙, 경우의 수, 순열, 순열의 수, 조합, 조합의 수

[10공수1-03-01] ●●●

합의 법칙과 곱의 법칙을 이해하고, 적절한 전략을 사용하여 경우의 수와 관련된 문제를 해결할 수 있다.

➔ 은행 등에서 활용되는 OTP(One Time Password)는 전자 금융 거래에서 사용되는 일회용 비밀번호로 사용자 인증에 쓰인다. 1분마다 새로운 비밀번호가 생성되어 해킹이나 외부 노출의 위험으로부터 안전하게 서비스를 이용할 수 있다. OTP 생성기의 버튼을 누르면 6개의 수로 이루어진 비밀번호가 만들어지는데, 보안 카드 등 기존의 방식보다 안전하다. OTP 생성기가 만들 수 있는 비밀번호의 수를 구하고, OTP 서비스가 운영되는 과정을 탐색해 보자.

관련 학과 경영학과, 경제학과, 공공행정학과, 금융보험학과, 도시행정학과, 세무학과, 행정학과

《**크립토그래피**》, 키스 M. 마틴, 권보라 역, 브론스테인(2022)

[10공수1-03-02] ●●●

순열의 개념을 이해하고, 순열의 수를 구하는 방법을 설명할 수 있다.

➔ 주민등록번호는 국가에서 국민에게 부여하는 고유 번호로, 개개인의 신원을 명확하게 구별하는 역할을 한다. 우리나라의 주민등록번호는 13자리의 숫자로 구성되고, 앞의 6자리는 생년월일로 이루어진다. 뒷부분 7자리의 맨 처음 숫자는 성별을 나타내어 1은 남자, 2는 여자이고, 2000년 이후 출생자의 경우 남자는 3, 여자는 4가 된다. 이후의 숫자는 지역 코드 4자리와 접수 번호 등을 포함하며, 출생 신고와 동시에 주민등록번호를 부여받게 된다. 주민등록번호의 생성 원리와 가능한 주민등록번호의 경우의 수를 탐구해 보자.

관련 학과 공공행정학과, 법학과, 사회학과, 행정학과

두근두근 경우의 수

유키 히로시, 오승민 역, 영림카디널(2023)

책 소개

이 책은 '수학 소녀의 비밀노트' 시리즈의 일곱 번째 편으로, 수학을 막연히 두려워하는 학생들에게 자신감을 불어넣고 흥미를 유발하는 데 도움을 준다. 흥미와 재미를 더하는 수학 교양서로 인정받아 일본수학협회 출판상을 받았고, 전국수학교사모임 추천 도서이다. 확률과 관련한 다양한 상황을 제시하고 문제를 해결하는 과정으로 수학이 서툰 사람도 부담 없이 읽을 수 있도록 구성했다.

세특 예시

경우의 수를 구하는 방법으로 순열의 개념을 학습한 뒤 실생활 문제에 활용하는 활동을 진행함. '두근두근 경우의 수(유키 히로시)'를 참고하여 순열의 개념을 정리하고, 순열을 이용한 사례로 주민등록번호의 생성 원리와 각 숫자의 의미를 소개함. 또한 오늘 태어난 아이를 기준으로 가능한 주민등록번호를 만들고, 가능한 경우의 수를 순열과 연관 지어 세어봄. 또한 주민등록번호에는 생성 기준이 있어 임의로 입력할 경우 온라인 회원 가입에서 본인 인증에 오류가 발생한다고 설명함.

[10공수1-03-03]

조합의 개념을 이해하고, 조합의 수를 구하는 방법을 설명할 수 있다.

무기명 투표는 투표용지에 투표인의 성명을 기재하지 않는 비밀투표로, 다른 사람의 투표 결과를 모른다는 특징이 있다. 반면 기명 투표는 투표인의 성명을 공개하는 투표로, 사람마다 투표한 결과를 알 수 있다. 무기명 투표와 기명 투표의 경우의 수는 각각 중복조합, 중복순열과 관련성을 가진다. 무기명 투표와 기명 투표의 경우의 수를 순열과 조합과 관련하여 비교하고, 무기명 투표와 기명 투표의 특징과 활용 사례를 탐구해 보자.

관련 학과 공공행정학과, 도시행정학과, 사회학과, 정치외교학과, 행정학과

《유난히 설명이 잘된 수학: 순열과 조합+경우의 수》, 김경환, 지식가공(2018)

단원명 | 행렬

| 행렬, 행, 열, 성분, $m \times n$ 행렬, 정사각행렬, 영행렬, 단위행렬, 행렬의 연산, 행렬의 덧셈·뺄셈·곱셈·실수배

[10공수1-04-01]

행렬의 뜻을 알고, 실생활의 상황을 행렬로 표현할 수 있다.

QR코드의 QR은 'Quick Response(빠른 응답)'의 약자로, 정사각형 모양의 흑백 격자무늬로 구성된 마크이다. 기존의 바코드는 특정 상품명이나 제조사 등의 정보만 기록할 수 있었다면, QR코드는 2차원 구성으로 최대 4,296자의 문자나 7,089자 정도의 숫자를 기록할 수 있다. 또한 QR코드는 사진과 동영상 정보, 인터넷 주소(URL), 카드 결제, 지도나 명함 정보 등에 활용할 수 있다. QR코드를 숫자 데이터인 2진법 행렬과 관련하여 탐구해 보자.

관련 학과 경영학과, 경제학과, 공공행정학과, 관광학과, 도시행정학과, 세무학과, 소비자학과, 지리학과, 행정학과, 호텔경영학과, 회계학과

《QR code》, 김선태 외 3명, 성안당(2011)

[10공수1-04-02]

행렬의 연산을 수행하고, 관련된 문제를 해결할 수 있다.

QR코드(Quick Response Code)는 기존 바코드의 장점을 살려 활용성이나 정보를 한층 발전시킨 코드 체계이다. 안경 형태의 웨어러블 기기(스마트 안경)나 카메라가 부착된 스마트 시계 등을 활용해 패션 잡지에 인쇄된 QR코드를 읽으면 스마트 안경에 바로 표시된다. 또한 박물관이나 전시장 입구에 QR코드를 부착해 방문객의 동선이나 전시품 위치 등을 시각적으로 안내하는 기능도 가능하다. QR코드는 흑백 격자무늬 패턴으로 정보를 담은 이진법 행렬 형식의 코드이다. 인공지능이 QR코드를 인식할 때 행렬이 어떻게 활용되는지 탐구해 보자.

관련 학과 경영학과, 경제학과, 국제통상학과, 금융보험학과, 도시행정학과, 무역학과, 행정학과, 호텔경영학과, 회계학과

《인공지능의 현재와 미래》, <나는 미래다> 방송제작팀, 권용중 역, 보아스(2020)

공통 과목	수능	공통수학 2	절대평가	상대평가
	X		5단계	5등급

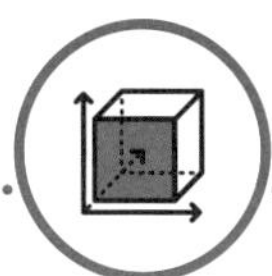

단원명 | 도형의 방정식

| 🔍 | 두 점 사이의 거리, 내분점, 외분점, 중점, 직선의 방정식, 두 직선의 평행 조건과 수직 조건, 점과 직선 사이의 거리, 원의 방정식, 반지름, 원의 중심, 원과 직선의 위치 관계, 접선, 접점, 접한다, 두 점에서 만난다·만나지 않는다, 접선의 방정식, 평행이동, 원점, x축, y축, 직선 $y=x$에 대한 대칭이동

[10공수2-01-01]

선분의 내분을 이해하고, 내분점의 좌표를 계산할 수 있다.

GPS는 복잡한 교통 상황이나 길 안내를 원하는 상황에서 목적지까지 빠르고 정확하게 안내해 준다. 또한 차량 도난 위치 추적, 범죄 현장 근처의 경찰 차량 위치 파악, 비행체의 관제 시스템, 효율적인 물류 시스템 등에 활용된다. GPS는 4개의 GPS 위성을 활용해 빛의 속도와 시간 차이를 계산해 위치를 추정하게 된다. 현재 자신의 위치를 찾아내는 GPS의 원리가 자신의 진로 분야와 관련하여 활용되는 사례를 조사해 보자.

관련 학과 사회계열 전체

《GPS 이론과 응용》, B. 호프만 웰렌호프 외 2명, 서용철 역, 시그마프레스(2009)

[10공수2-01-02]

두 직선의 평행 조건과 수직 조건을 탐구하고 이해한다.

화재가 발생하면 가장 가까운 거리에 있는 소방서에서 출동하게 되는데, 거리를 기준으로 각 소방서가 관할하는 지역을 미리 나눌 수 있다. '보로노이 다각형'은 특정 점을 기준으로 가장 가까운 점들의 집합으로, 공공기관의 관할 구역 설정에 활용할 수 있다. '보로노이 다이어그램'은 두 점의 수직이등분선을 이용해 작도하며 공간을 다각형의 형태로 분할하게 된다. 7개의 점을 기준으로 보로노이 다이어그램을 직접 작도하고, 보로노이 다이어그램에서 나타나는 특징을 탐구해 보자. 또한 보로노이 다이어그램을 활용하여 자신이 거주하는 지역의 공공기관(소방서, 보건소, 행정복지센터, 학교 등) 또는 체인점의 상권을 분석해 보자.

관련 학과 사회계열 전체

《빅데이터 시대의 성공을 위한 상권분석 4.0》, 김영갑, 교문사(2020)

[10공수2-01-03]

점과 직선 사이의 거리를 구하고, 관련된 문제를 해결할 수 있다.

평면상에서 두 점 사이의 거리는 피타고라스의 정리를 이용해 $d=\sqrt{(x_2-x_1)^2+(y_2-y_1)^2}$ 로 표현할 수 있다. 거리가 먼 두 도시 간의 거리를 구할 때 단순히 위도와 경도를 이용하면 오차가 생긴다. 지구는 둥글기 때문에 두 점 사이의 거리는 직선이 아닌 호의 모양이기 때문이다. 대표적인 예로 비행기가 최단 거리로 가는 경로는 2차원 평면 도법상의 직선거리가 아닌 비스듬한 거리이다. 따라서 정확한 거리를 구하기 위해서는 '하버사인 공식(Haversine formula)'을 활용해야 한다. 하버사인 공식을 탐구하고, 세계의 두 도시를 정해 도시 간의 거리를 구해보자.

관련 학과 경영학과, 경제학과, 관광학과, 국제통상학과, 무역학과, 정치외교학과, 지리학과, 항공서비스학과

《유클리드기하학과 비유클리드기하학》, M. J. 그린버그, 이우영 편역, 경문사(2007)

[10공수2-01-04]

원의 방정식을 구하고, 그래프를 그릴 수 있다.

➲ 사회학자 E. W. 버지스의 '동심원 이론'은 중심 업무 지구, 천이 지대, 저소득층 주거 지대, 고소득층 주거 지대, 통근자 지대 등 5개의 동심원 지대로 분화되면서 도시가 성장한다는 이론이다. 도심(중심지)에서 멀어질수록 접근성이나 지대, 인구밀도 등이 낮아지고 범죄나 빈곤, 질병 등의 도시 문제가 감소한다고 주장한다. 그러나 토지 이용의 형태를 지나치게 단순화하여 도시 공간 구조에 대한 일반성이 결여되었다는 한계가 있다. 도시 공간 구조를 원형으로 설명한 버지스의 동심원 이론이 가진 특징과 한계점을 분석해 보자.

관련 학과 경영학과, 경제학과, 공공행정학과, 관광학과, 국제통상학과, 도시행정학과, 무역학과, 사회학과, 소비자학과, 정치외교학과, 지리학과, 행정학과, 호텔경영학과

《서울의 도시구조 변화》, 손승호 외 1명, 다락방(2006)

[10공수2-01-05]

좌표평면에서 원과 직선의 위치 관계를 판단하고, 이를 활용하여 문제를 해결할 수 있다.

➲ 두 점 A, B의 거리 비가 m:n인 점의 자취는 선분을 m:n으로 내분하는 점과 외분하는 점을 지름의 양 끝으로 하는 원이 된다. 이를 '아폴로니우스의 원'이라 하며, 아폴로니우스의 원은 미사일 격추 지점을 찾는 데 활용할 수 있다. A 지점에서 a의 속력으로 미사일을 발사했을 때 B 지점에서 미사일을 격추하기 위해 b의 속력으로 미사일을 쏠 경우 격추 지점이 결정된다. 두 점 A, B에 이르는 거리의 비가 m:n인 점의 자취가 아폴로니우스의 원임을 증명하고, 이를 미사일 격추에 적용해 보자.

관련 학과 군사학과, 정치외교학과, 지리학과

《미사일 바이블》, 이승진, 플래닛미디어(2019)

[10공수2-01-06]

평행이동을 탐구하고, 실생활과 연결하여 문제를 해결할 수 있다.

➲ 무빙워크는 사람이나 화물이 자동으로 이동할 수 있게 만든 기계로 컨베이어 벨트의 일종이다. 에스컬레이터와 비교한다면, 무빙워크는 장거리 수평이동을 요구하는 구간에서 대규모의 인원을 수용하기 위해 설치한다. 카트를 수송할 수 없는 에스컬레이터와는 달리 판 구조로 쇼핑 카트나 짐을 이동시킬 수 있다는 장점 때문에 대형 마트, 백화점, 공항 등에서 활용하고 있다. 무빙워크를 다른 이동 수단과 비교하여 특징과 장점을 탐구해 보자.

관련 학과 경영학과, 공공행정학과, 관광학과, 도시행정학과, 소비자학과, 항공서비스학과, 행정학과, 호텔경영학과

《스마트 모빌리티 지금 올라타라》, 모빌리티 강국 보고서 팀, 매일경제신문사(2021)

[10공수2-01-07]

원점, x축, y축, 직선 $y=x$에 대한 대칭이동을 탐구하고, 실생활과 연결하여 문제를 해결할 수 있다.

베르사유 궁전의 정원을 설계한 조경가 앙드레 르 노트르(André Le Notre)가 고안한 정원 양식은 '유럽 정원의 정수'라 불리며, 영국·독일·스페인 등 유럽 전역에서 벤치마킹했다. 그는 평면원 방식을 베르사유 궁전 정원에 적용했는데 루이 14세의 방에서 서쪽으로 뻗은 기본 축을 중심으로 좌우가 대칭을 이루도록 설계했다. 또한 정원, 분수 등을 적절히 배치해 자연 경관과 인공물이 조화를 이루도록 했다. 좌우 대칭 형태인 관광지나 문화재를 찾아보고 좌우 대칭 형태가 주는 장점을 정리해 보자.

관련 학과 관광학과, 광고홍보학과, 도시행정학과, 문화콘텐츠학과, 지리학과, 항공서비스학과

《죽기 전에 꼭 봐야 할 세계 건축 1001》, 마크 어빙 외 1명, 박누리 외 2명 역, 마로니에북스(2021)

단원명 | 집합과 명제

| 🔍 | 집합, 원소, 공집합, 집합의 포함관계, 부분집합, 진부분집합, 서로 같은 집합, 교집합, 합집합, 차집합, 여집합, 명제, 조건, 진리집합, 결론, 부정, 모든, 어떤, 역, 대우, 참과 거짓, 충분조건, 필요조건, 정의, 포함관계, 증명, 정리, 반례, 절대부등식

[10공수2-02-01]

집합의 개념을 이해하고, 집합을 표현할 수 있다.

온라인 마케팅은 인터넷을 기반으로 하는 모든 시장 관리 전략 및 활동으로, 기업의 일방적인 방향이 아닌 고객과의 양방향 소통이 특징이다. '뉴미디어', '멀티미디어'로 불리는 새로운 매체로 인터넷과 블로그, 위젯 등의 디지털 광고가 주목받고 있다. 최근 스마트폰이나 모바일 매체를 활용한 SNS가 홍보나 판촉 수단으로 활용되면서 점차 그 비중이 커지고 있다. 대표적인 온라인 마케팅으로 바이럴 마케팅, 콘텐츠 마케팅, 검색 엔진 마케팅, 블로그 마케팅, SNS 마케팅, 소셜 미디어 마케팅 등이 있다. 온라인 마케팅의 사례를 찾아보고 온라인 마케팅의 장점을 탐구해 보자.

관련 학과 경영학과, 경제학과, 관광학과, 광고홍보학과, 국제통상학과, 금융보험학과, 무역학과, 문화콘텐츠학과, 미디어커뮤니케이션학과, 사회학과, 소비자학과, 신문방송학과, 언론정보학과, 호텔경영학과

《대한민국 리더들이 모르는 온라인 마케팅의 함정》, 이상규, 나비의활주로(2019)

[10공수2-02-02]

두 집합 사이의 포함관계를 판단할 수 있다.

법은 성격에 따라 크게 공법, 사법, 사회법으로 나눌 수 있다. 공법은 공적인 생활 관계를 규율하는 법으로 국가기관 상호 간, 국가기관과 국민 간의 관계를 다룬다. 사법은 국민 간의 사적인 관계를 규율하는 법으로 국민의 권리와 의무를 규정하고, 국민 개인과 개인 간의 문제를 다룬다. 사회법은 사법 관계에 대해 국가가 개입하여 사회적 약자를 보호하고 실질적 평등을 추구하기 위함이다. 공법, 사법, 사회법의 대표적인 종류를 찾아보고 각각의 특징을 비교해 보자.

관련 학과 경찰행정학과, 공공인재학과, 법학과, 사회복지학과, 정치외교학과

2022 민법·민사소송법·형법·형사소송법 최신 판례

황보수정 외 3명, 학연(2022)

책 소개

이 책은 2020년 말부터 2022년 초까지의 최신 판례 중 중요하다고 판단되는 것들을 간추려 수록하여 법을 이해하는 데 실질적인 도움을 주고 있다. 민법, 민사소송법, 형법, 형사소송법 등으로 나누어 각각의 법의 특징을 비교할 수 있으며 딱딱한 법률이 실제 적용된 사례를 제시하고 있다. 법을 전공하는 사람뿐만 아니라 법에 관심이 많은 사람들에게도 도움을 주고 있다.

세특 예시

개념 적용 활동으로 수업 시간에 학습한 집합을 자신의 진로와 관련한 사례로 확장함. 평소 가지고 있던 법학에 대한 관심을 바탕으로 법을 크게 공법, 사법, 사회법으로 나누고 각각의 목적과 특징을 설명함. 공법을 헌법, 형법, 행정법, 민사소송법, 형사소송법으로 나누고, 사법을 민법, 상법으로 나누어 차이점을 비교하여 진행 절차를 소개함. 또한 '2022 민법·민사소송법·형법·형사소송법 최신 판례(황보수정 외 3명)'를 통해 예시를 제시하면서 각 법률의 차이를 이해하기 쉽도록 설명함. 또한 사회법에 대한 취지와 실제 우리 사회에 기여하는 부분을 제시하면서 사회법의 중요성을 부각시켜 설명함.

[10공수2-02-03]

집합의 연산을 수행하고, 벤다이어그램을 이용하여 나타낼 수 있다.

ESG 경영은 환경보호(Environment), 사회 공헌(Social), 윤리경영(Governance)의 약자로, 세 가지 가치를 중요하게 생각하는 경영 방식이다. 환경보호 영역은 기후변화 및 탄소 배출, 환경오염·환경규제, 생태계 및 생물 다양성 등을 의미한다. 사회 공헌 영역은 인권, 성별 평등 및 다양성, 데이터 보호·프라이버시, 공급망 관리 등을 의미하며, 윤리경영 영역은 이사회 및 감사위원회 구성, 기업 윤리, 뇌물 및 부패 방지 등을 포함한다. ESG 경영의 의미를 벤다이어그램을 이용해 설명하고, 기존의 경영 방식과 비교해 특징과 장점을 분석해 보자.

관련 학과 사회계열 전체

《AI 메타버스 시대 ESG 경영전략》, 김영기 외 24명, 브레인플랫폼(2022)

[10공수2-02-04]

명제와 조건의 뜻을 알고, '모든', '어떤'을 포함한 명제를 이해하고 설명할 수 있다.

제2차 세계대전 전까지는 불황기에는 물가가 하락하고 호황기에는 물가가 상승한다는 것이 일반적인 견해였다. 하지만 1970년 미국을 비롯한 여러 국가에서 경기후퇴가 지속되는데 소비자물가는 상승하는 현상이 벌어졌고, 이를 스태그플레이션이라고 한다. 스태그네이션(stagnation:경기침체)과 인플레이션(inflation)을 합성한 표현으로, 정도가 심한 경우 슬럼프플레이션(slumpflation)이라고도 한다. 스태그플레이션의 원인과 특징, 이에 적합한 대처 방안을 탐구해 보자.

관련 학과 경영학과, 경제학과, 공공행정학과, 관광학과, 국제통상학과, 도시행정학과, 무역학과, 사회학과, 세무학과, 소비자학과, 정치외교학과, 행정학과, 회계학과

《그레이트 리세션 2023년 경제전망》, 김광석, 지식노마드(2022)

[10공수2-02-05]

명제의 역과 대우를 이해하고 설명할 수 있다.

➲ 영국 경제학자 시릴 노스코트 파킨슨은 제2차 세계대전 당시 영국 해군 사무원으로 근무한 경험과 영국 식민성 행정 직원의 수를 파악한 실제 통계를 바탕으로 '파킨슨의 법칙'을 발표했다. 파킨슨의 법칙의 요점은 관료화된 거대 조직의 비효율성을 비판한 것으로, 일이 많아서 사람을 더 필요로 하는 것이 아니라 사람이 많아서 일자리가 더 필요하다는 것이다. 파킨슨은 직원의 수가 증가하는 근거로 '부하배증의 법칙'과 '업무배증의 법칙'을 제시했다. 파킨슨의 법칙을 활용한 명제를 만들고 명제가 옳은지 판단해 보자.

관련 학과 경영학과, 경제학과, 경찰행정학과, 공공인재학과, 공공행정학과, 도시행정학과, 무역학과, 법학과, 사회복지학과, 사회학과, 세무학과, 소비자학과, 행정학과, 호텔경영학과, 회계학과

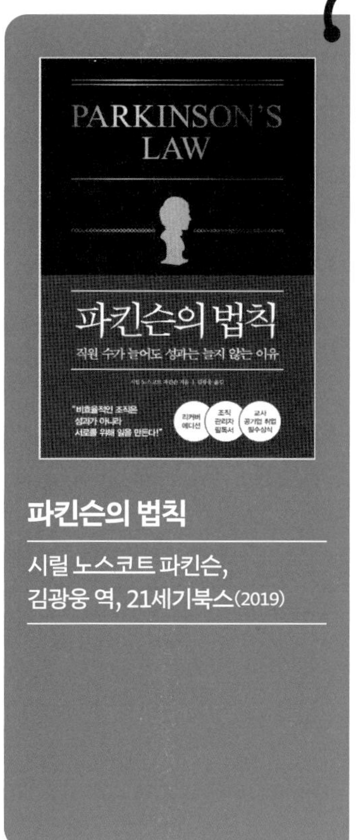

파킨슨의 법칙

시릴 노스코트 파킨슨, 김광웅 역, 21세기북스(2019)

책 소개

이 책은 영국의 경제학자 파킨슨이 주장한 '파킨슨의 법칙'에 대한 내용으로, 영국 식민성 직원으로 일할 당시, 통치해야 할 식민지 수가 줄어 업무량이 감소했음에도 오히려 직원 수가 늘어난 것에 대한 의문에서 시작됐다. 직원 수와 업무량의 상관관계를 밝힌 파킨슨의 법칙을 발표하며 거대 조직에 경종을 울렸다. 가장 적절한 인원수, 조직의 적임자를 선발하는 방법 등을 신랄한 풍자와 냉철한 시선으로 분석했다.

세특 예시

개념 확장 활동으로 수업 시간에 학습한 명제의 역과 대우를 사회현상에 적용해 봄. '파킨슨의 법칙(시릴 노스코트 파킨슨)'을 인용하여 '일이 많아서 사람이 더 필요하다'라는 명제에 대한 역으로 '사람이 많아서 일자리가 더 필요하다'라고 제시함. 두 명제의 참, 거짓을 단정할 순 없지만 후자의 논리가 옳다는 자신의 생각을 밝힘. 이에 대한 근거로 '부하배증의 법칙'과 '업무배증의 법칙'을 제시하고, 몸집 부풀리기 경영보다는 최소한의 인원으로 최대한의 효율을 낼 수 있는 방법으로 유연근무제나 무급휴직 등의 새로운 근무 형태가 대안이 될 수 있다고 설명함.

[10공수2-02-06]

충분조건과 필요조건을 이해하고 판단할 수 있다.

➲ '파레토 법칙'은 상위 20%가 전체 부의 80%를 가지며, 상위 20% 고객이 매출의 80%를 창출한다는 의미이다. 즉 전체 성과의 대부분이 몇 가지 소수 요소에 의존한다는 의미로 사회, 경제, 스포츠, 과학 등의 분야에서 파레토 법칙이 활용되고 있다. 그러나 인터넷 시대가 도래하면서 파레토 법칙에 반기를 든 '롱테일 법칙'이 나타났다. 전통적으로 소홀히 취급되고 파레토 분포상에서 긴 꼬리에 해당하는 '틈새 상품'이 큰 영향력을 발휘하게 된 것이다. 파레토 법칙과 롱테일 법칙의 사례를 탐구하고 자신의 의견을 제시해 보자.

관련 학과 사회계열 전체

《틈새시장을 파고드는 55가지 사업아이템》, 김진홍, 동문사(2021)

[10공수2-02-07]

대우를 이용한 증명법과 귀류법을 이해하고 관련된 명제를 증명할 수 있다.

수학에서 증명은 특정한 공리들을 가정하고, 그 가정하에 어떤 명제가 참임을 보여주는 방법을 가리킨다. 반면 어떤 명제가 거짓임을 설명할 때는 명제가 성립하지 않는 반례를 제시하게 된다. 신고전파 경제학에서는 시장에 여러 새로운 기술이 도입되면 가장 우수한 것이 보급되어 시장 점유율을 확보할 것으로 예상되지만, 실제로는 그렇지만은 않다. 이런 반례 상황을 설명하는 개념이 '경로 의존성'이다. 법률이나 제도, 관습과 문화, 과학적 지식과 기술 분야에 관련한 경로 의존성에 대해 탐구해 보자.

관련 학과 경영학과, 경제학과, 관광학과, 광고홍보학과, 국제통상학과, 금융보험학과, 무역학과, 사회학과, 소비자학과, 신문방송학과, 언론정보학과, 정치외교학과, 행정학과, 호텔경영학과

《20 VS 80의 사회》, 리처드 리브스, 김승진 역, 민음사(2019)

[10공수2-02-08]

절대부등식의 뜻을 알고, 간단한 절대부등식을 증명할 수 있다.

일반적으로 경제학에서 사용하는 경제성장률, 물가상승률 등의 수치 변화를 활용할 때는 산술평균보다는 기하평균이 적합하다. 예를 들어 특정 상품의 가격이 전년도에 4% 상승했고 올해 12% 상승했다고 하면 2년간의 연평균 상승률은 $\frac{4+12}{2}=8$ (%)가 아닌 $\sqrt{4\times 12}=4\sqrt{3}\fallingdotseq 6.8$ (%)가 합리적이다. 기하평균이 적합한 사례와 이유를 설명하고 산술평균과 기하평균, 조화평균 사이에 절대부등식이 성립하는 데 이를 증명해 보자.

관련 학과 경영학과, 경제학과, 국제통상학과, 금융보험학과, 무역학과, 세무학과, 소비자학과, 회계학과

《기초 수학: 새롭게 다시 읽다》, 존 스틸웰, 김영주 외 2명 역, 북스힐(2022)

단원명 | 함수와 그래프

| 🔍 | 함수, 함수의 뜻, 그래프, 정의역, 공역, 치역, 일대일함수, 일대일대응, 합성함수, 합성함수의 성질, 역함수, 역함수의 성질, 유리식의 덧셈과 뺄셈, 유리함수, 무리식의 덧셈과 뺄셈, 무리함수

[10공수2-03-01]

함수의 개념을 설명하고, 그 그래프를 이해한다.

판매반응함수는 광고비와 매출액 간의 관계를 함수로 표현한 것이다. 광고의 증가는 일반적으로 판매량의 증가를 가져오며, 광고 매체나 광고 전략, 경쟁 제품의 광고, 사회 분위기 등 다양한 요인의 영향을 받는다. 판매반응함수는 광고비에 정비례하지 않고 S형과 오목증가형으로 나타나는 경향이 있다. 광고 마케팅과 관련한 판매반응함수의 의미와 특징을 정리하고, S형과 오목증가형의 의미를 그래프 개형을 통해 탐구해 보자.

관련 학과 경영학과, 경제학과, 관광학과, 광고홍보학과, 국제통상학과, 무역학과, 미디어커뮤니케이션학과, 사회학과, 소비자학과, 신문방송학과, 언론정보학과, 호텔경영학과

《MBA 마케팅 필독서 45》, 나가이 다카히사, 김정환 역, 센시오(2021)

[10공수2-03-02]

함수의 합성을 설명하고, 합성함수를 구할 수 있다.

딥페이크(deepfake)란 인공지능을 기반으로 이미지를 합성하는 기술로, 영화의 CG 처리처럼 인물의 얼굴이나 특정한 부위를 합성한 영상 편집물을 총칭한다. 합성하려는 인물의 동영상을 인공지능이 딥러닝하여 새로운 동영상을 프레임 단위로 합성한다. 인공지능이 얼굴을 인식하고 새롭게 합성하는 과정에서 함수가 활용된다. 딥페이크 기술의 의미와 특징을 정리하고, 긍정적인 활용 사례와 부정적인 활용 사례를 제시해 보자.

관련 학과 광고홍보학과, 문화콘텐츠학과, 미디어커뮤니케이션학과, 법학과, 사회학과, 신문방송학과, 언론정보학과

《딥페이크의 얼굴》, 이소은 외 1명, 스리체어스(2023)

[10공수2-03-03]

역함수의 개념을 설명하고, 역함수를 구할 수 있다.

디지털 포렌식(Digital Forensic)은 하드웨어의 결함이나 사용자의 실수, 바이러스, 자연재해 등으로 필요한 데이터가 손실되었을 때 데이터를 복구하는 방법이다. 포렌식은 법의학 분야에서 범죄를 수사할 때 사용되며, 수집한 데이터를 분석하여 범죄의 증거를 확보하게 된다. 삭제한 데이터도 데이터베이스 파일이 남아 있어 다시 복구할 수 있다. 이 과정을 역함수와 관련지어 설명하고 디지털 포렌식에 대해 탐구해 보자.

관련 학과 경찰행정학과, 공공인재학과, 군사학과, 금융보험학과, 법학과, 정치외교학과, 행정학과

윈도우 디지털 포렌식 완벽 활용서

이승무, 비제이퍼블릭(2022)

책 소개

이 책은 디지털 디바이스에서 범죄와 관련된 증거를 찾아 실체적 진실을 규명해 가는 과학 수사의 한 분야인 디지털 포렌식을 소개하고 있다. 현장에서 전문 도구를 사용하여 디지털 증거를 획득하고 분석하는 디지털 포렌식 분석관도 함께 소개한다. 현장 중심의 디지털 포렌식으로 이론과 실무 경험을 함께 제시하고, 가상의 범죄 시나리오를 구성하여 디지털 포렌식 증거 분석 과정을 생생하게 그려냈다.

세특 예시

역함수 개념을 학습한 뒤 실생활 연계 활동으로 자신의 관심 분야인 디지털 포렌식을 조사함. 하드웨어의 결함이나 사용자의 실수, 바이러스, 자연재해 등으로 손실된 데이터를 이전으로 복구하는 방법을 역함수와 관련지어 설명함. '윈도우 디지털 포렌식 완벽 활용서(이승무)'를 활용하여 법의학 분야에서 범죄를 수사하여 증거를 확보하는 과정을 설명하고 이 과정을 담은 영상을 소개함. 디지털 포렌식이 범죄 수사에 미친 영향과 이를 통해 해결한 사건을 제시하고 앞으로 완전 범죄는 없다고 마무리함.

[10공수2-03-04]

유리함수 $y=\dfrac{ax+b}{cx+d}$의 그래프를 그릴 수 있고, 그 그래프의 성질을 탐구할 수 있다.

➡ '수확체감의 법칙'은 일정한 농지에서 작업하는 노동자 수가 증가할수록 1인당 수확량은 점차 적어진다는 경제 법칙이다. 자본과 토지의 투입량을 일정하게 하고 노동의 투입량을 증가시키면 생산물 전체는 증가하지만, 추가 투입량 1단위에 대한 증가분은 점차 감소한다는 법칙이다. 반면 지적 자본은 오히려 '수확체증의 법칙'이 적용되는데, 기업의 구성원이 얻은 지식이나 노하우는 사용할수록 더 발전하고 새로운 노하우를 발견한다는 의미이다. 수확체감의 법칙을 유리함수와 관련지어 의미를 해석하고, 수확체감의 법칙과 수확체증의 법칙을 비교해 보자.

관련 학과 **사회계열 전체**

《지적자본론》, 마스다 무네아키, 이정환 역, 민음사(2015)

[10공수2-03-05] ●●●

무리함수 $y=\sqrt{ax+b}+c$의 그래프를 그릴 수 있고, 그 그래프의 성질을 탐구할 수 있다.

➡ '한계효용체감의 법칙'은 일정한 기간 동안 소비되는 재화의 수량이 증가할수록 재화의 추가분에서 얻는 한계효용은 점점 줄어든다는 법칙이다. 비유하자면 갈증이 있는 사람이 물을 마실 때 첫 모금에서의 만족(효용)은 크지만 더 마실수록 만족(효용)이 증가하는 폭이 작아져 나중에는 그 만족의 증가량이 점차 작아진다는 것이다. 한계효용체감의 법칙을 무리함수와 관련지어 해석하고 한계효용체감의 법칙을 경제 분야에 적용해 보자.

관련 학과 **경영학과, 경제학과, 공공행정학과, 관광학과, 국제통상학과, 무역학과, 사회복지학과, 사회학과, 소비자학과, 행정학과**

《뇌, 욕망의 비밀을 풀다》, 한스-게오르크 호이젤, 강영옥 외 2명 역, 비즈니스북스(2019)

선택 과목	수능	대수	절대평가	상대평가
일반 선택	○		5단계	5등급

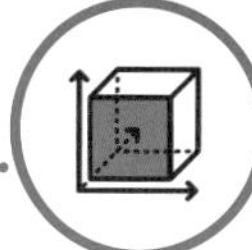

단원명 | 지수함수와 로그함수

| 🔍 | 거듭제곱근, 지수, 로그, (로그의) 밑, 진수, 상용로그, 지수함수, 로그함수, $\sqrt[n]{a}$, $\log_a N$, $\log N$

[12대수01-01]

거듭제곱과 거듭제곱근의 뜻을 알고, 그 성질을 이용하여 계산할 수 있다.

➲ 경제학, 사회과학에서는 과거의 자료를 활용하여 현재 가치를 나타내거나, 현재의 상황에 기반하여 미래의 가치를 계산하기도 한다. 금융 상품의 가치나 기업·국가의 성장률, 인구 증가율 등이 그 예가 된다. 시간의 흐름에 따른 변화를 비교하는 데 활용되는 여러 가지 지표를 조사하고 각 사례를 찾아 계산해 보자. 또한 이를 그래프로 나타내고 그 내용을 발표해 보자.

관련 학과 경영학과, 경제학과, 공공행정학과, 국제통상학과, 금융보험학과, 무역학과, 사회학과, 세무학과, 행정학과, 회계학과

《꼬리에 꼬리를 무는 한국경제사》, 김정인, 휴머니스트(2023)

[12대수01-02]

지수가 유리수, 실수까지 확장될 수 있음을 이해하고, 이를 설명할 수 있다.

➲ 기업에서 가격을 결정하는 과정에는 생산원가, 수송비, 이윤 등 여러 요인이 작용하지만, 수요와 공급의 균형으로 가격이 결정되기도 한다. 완전경쟁시장의 가격 결정 과정에서 이용되는 수요곡선과 공급곡선을 살펴보고, 현실 세계에서 가격이 결정되는 다양한 사례를 탐구하여 보고서로 작성해 보자.

관련 학과 경영학과, 경제학과, 국제통상학과, 금융보험학과, 무역학과, 사회학과, 세무학과, 소비자학과, 행정학과

《시장과 가격 쫌 아는 10대》, 석혜원, 풀빛(2019)

[12대수01-03]

지수법칙을 이해하고, 이를 이용하여 식을 간단히 나타낼 수 있다.

➲ 최근 우리나라의 큰 사회적 문제로 주목받고 있는 것 중 하나가 저출산 문제이다. 그로 인해 우리나라는 인구 감소가 예측되지만, 전 세계의 인구는 계속해서 증가하고 있다. 인구수의 변화를 예측하는 것은 단일 국가뿐 아니라 세계적인 관점에서도 다양한 문제를 대비한다는 점에서 중요하다. 인구수를 예측하는 수학적 모델에 관해 조사하고, 인구수의 변화로 나타날 수 있는 식량·환경 문제 및 여러 사회 문제 등에 관해 탐구해 보자.

관련 학과 공공행정학과, 국제통상학과, 군사학과, 금융보험학과, 도시행정학과, 무역학과, 사회복지학과, 사회학과, 신문방송학과, 언론정보학과, 정치외교학과, 지리학과, 행정학과

인구 위기

알바 뮈르달 외 1명,
홍재웅 외 1명 역,
문예출판사(2023)

책 소개

1930년대 유럽 최빈국으로 전 세계에서 출산율이 가장 낮았던 스웨덴의 지속적인 인구 감소, 그에 따른 생산성과 생활 수준 저하, 저출산 문제를 다루며, 이를 극복하기 위한 실질적인 사회 개혁 방안을 제시하고 있다. 저자는 출산과 양육 비용의 대부분을 사회가 부담하고, 기혼 취업 여성도 직장 생활과 가정생활을 병행할 수 있도록 사회가 적극적으로 지원해야 한다며 적극적인 가족 정책을 주장하고 있다.

세특 예시

최근 우리나라의 가장 큰 사회적 문제로 주목받고 있는 저출산 문제와 관련하여 교과 연계 독서 활동으로 '인구 위기(알바 뮈르달 외 1명)'를 읽고, 과거에 전 세계에서 가장 출산율이 낮았던 스웨덴이 그 위기를 극복한 해법을 통해 아직 우리나라 가족 정책의 부족함을 깨닫고, 국가의 출산과 양육에 대한 적극적인 지원 정책 등이 필요함을 보고서로 작성하여 발표함.

[12대수01-04]

로그의 뜻을 알고, 그 성질을 이용하여 계산할 수 있다.

➲ 우리나라 주택 중 아파트가 차지하는 비율은 60%가 넘는다. 아파트 외의 공동주택까지 고려하면 우리나라의 많은 사람이 공동주택에서 거주하고 있다. 공동주택에서 많이 발생하고 있는 문제 중 하나는 층간 소음이다. 층간 소음의 법적 기준이 되는 소리의 크기를 구하는 방식을 찾아보고, 층간 소음 문제를 개선하는 방안에 관해 탐구해 보자.

관련 학과 공공행정학과, 도시행정학과, 법학과, 사회학과, 지리학과, 행정학과

《당신은 아파트에 살면 안 된다》, 차상곤, 황소북스(2021)

[12대수01-05]

상용로그를 이해하고, 이를 실생활과 연결하여 문제를 해결할 수 있다.

➲ 최근 우리나라에서 잦은 지진이 보고되면서 지진 대비의 필요성이 강조되고 있다. 도시 개발, 다양한 토목 사업과 건축 과정에서도 여러 법과 규정을 통해 지진에 기본적인 대비를 하도록 하고 있다. 지진의 '규모'와 '진도'를 나타내는 방법을 조사해 보고, 우리나라에서 발생하는 지진과 관련된 여러 규정을 통해 지진에 대한 대비가 얼마나 이루어지고 있는지 탐구하여 보고서를 작성해 보자.

관련 학과 공공행정학과, 도시행정학과, 법학과, 사회학과, 지리학과, 행정학과

《포항지진과 지열발전》, 임재현, 여우와 두루미(2018)

[12대수01-07]

지수함수와 로그함수의 그래프를 그릴 수 있고, 그 성질을 설명할 수 있다.

➲ 최근 우리나라의 인구는 낮은 출생률로 그 성장률이 매우 낮아지고 있으며, 오히려 감소할 것으로 예상된다.

인구 성장률은 지수함수로 표현되곤 한다. 여러 통계 자료를 통해 다양한 국가나 지역의 인구 성장률 데이터를 분석하고, 이를 지수함수로 모델링해 보자. 또한 여러 국가의 인구 성장률과 우리나라의 인구 성장률, 다양한 지역의 인구 성장률과 내가 사는 지역의 인구 성장률을 비교하고 그 특징을 탐구해 보자.

관련 학과 공공행정학과, 금융보험학과, 도시행정학과, 사회복지학과, 사회학과, 지리학과, 행정학과

《2030 축의 전환》, 마우로 기옌, 우진하 역, 리더스북(2020)

[12대수01-08]

지수함수, 로그함수를 활용하여 문제를 해결할 수 있다.

각 국가에서 전기차 산업에 많은 관심을 보이면서 전기차의 수요와 함께 전기차의 필수적인 요소인 전기차용 배터리의 수요도 함께 증가하고 있다. 향후 10년간 전기차와 전기차용 배터리 수요의 증가를 예측해 보며, 전기차와 배터리 산업의 성장에 따라 나타날 우리 사회의 변화와 국제 사회에서 산업 경쟁력을 높이는 방안에 관해 탐구해 보자.

관련 학과 경영학과, 경제학과, 국제통상학과, 무역학과, 사회학과, 정치외교학과, 행정학과, 회계학과

《미래, 모빌리티》, 김민형, 스리체어스(2023)

단원명 | 삼각함수

| 🔍 | 시초선, 동경, 일반각, 호도법, 라디안, 주기, 주기함수, 삼각함수, 사인함수, 코사인함수, 탄젠트함수, 사인법칙, 코사인법칙, $\sin x$, $\cos x$, $\tan x$

[12대수02-01]

일반각과 호도법의 뜻을 알고, 그 관계를 설명할 수 있다.

여러 가지 측정을 할 때 이를 나타내는 단위의 종류는 다양하다. 길이를 측정할 때는 '미터'나 '마일', 무게를 측정할 때는 '그램'이나 '파운드', 각을 측정할 때는 '도'나 '라디안' 등의 단위를 사용한다. 각 측정 단위의 관계와 유래 등을 조사하고, 각 측정 단위를 사용하는 문화나 학문의 차이에 관해 사례를 통해 탐구해 보자.

관련 학과 국제통상학과, 금융보험학과, 무역학과, 사회학과, 세무학과, 소비자학과, 신문방송학과, 지리학과, 항공서비스학과, 행정학과, 호텔경영학과

《불편을 편리로 바꾼 수와 측정의 역사》, 권윤정, 플루토(2023)

단원명 | 수열

| 🔍 | 수열, 항, 일반항, 공차, 등차수열, 등차중항, 공비, 등비수열, 등비중항, 귀납적 정의, 수학적 귀납법, a_n, $\{a_n\}$, S_n, $\sum_{k=1}^{n} a_k$

[12대수03-01]

수열의 뜻을 설명할 수 있다.

고대부터 고유한 문화 속에서 수학적 원리가 적용된 민속 수학의 사례를 찾아볼 수 있다. 이러한 민속 수학의 사례들을 조사하며 마야 달력은 그들의 천문학적 관찰과 어떻게 연결되고, 십간십이지(十干十二支)는 한국의 농업 사회와 어떻게 연결되는지 등, 각 문화에서 발견된 수학적 원리가 그 문화의 특성과 어떻게 상호작용하는지 탐구해 보자.

관련 학과 관광학과, 문화콘텐츠학과, 미디어커뮤니케이션학과, 사회학과, 지리학과

《수학, 인문으로 수를 읽다》, 이광연, 한국문학사(2014)

[12대수03-03]

등비수열의 뜻을 알고, 일반항, 첫째항부터 제n항까지의 합을 구할 수 있다.

은행에 돈을 예금하거나 대출받을 때 이자를 받거나 지불하게 된다. 이자를 계산하는 방식으로는 단리와 복리가 있다. 정해진 금리가 있을 때 이자 계산 방식에 따라 은행에서 예금으로 받게 되는 금액 또는 은행에 대출로 갚아야 하는 금액이 달라진다. 단리와 복리의 장단점을 조사하고, 여러 가지 상황에 따라 어떤 이자 계산 방식이 유불리를 갖는지를 탐구하여 발표해 보자.

관련 학과 경영학과, 경제학과, 공공행정학과, 국제통상학과, 금융보험학과, 무역학과, 사회학과, 세무학과, 행정학과, 회계학과

《수학의 언어로 세상을 본다면》, 오구리 히로시, 서혜숙 외 1명 역, 바다출판사(2017)

[12대수03-04]

$\sum$의 뜻과 성질을 이해하고, 이를 활용하여 문제를 해결할 수 있다.

인간의 활동으로 배출되는 탄소의 양을 줄이고 탄소 포집 기술, 산림에 의한 흡수 등을 활용하여 실제적인 탄소 배출량이 0이 되도록 하는 탄소중립을 주제로 조사를 해보자. 탄소중립을 달성하기 위한 온실가스 감축량을 계산해 보고, 이를 위해 국가, 기업, 개인이 실천할 수 있는 방법을 탐구하여 보고서를 작성해 보자. 또한 자신의 탄소중립 실천 방안을 발표해 보자.

관련 학과 경영학과, 경제학과, 공공행정학과, 도시행정학과, 사회학과, 정치외교학과, 행정학과

《나는 풍요로웠고, 지구는 달라졌다》, 호프 자런, 김은령 역, 김영사(2020)

[12대수03-06]

수열의 귀납적 정의를 설명할 수 있다.

경제학에서 귀납법은 복잡한 경제 현상을 모델링하고 예측하는 데 유용하게 활용할 수 있는 도구이다. 이를 통해 경제의 다양한 측면을 이해하고 정확한 예측을 수행할 수 있다. 특정 상품의 수요와 공급의 상호작용에 대해 초기 조건으로부터 출발하여 귀납적으로 수요와 공급의 변화를 예측하는 과정을 설명하고, 경제학에서 귀납적인 추론 과정이 필요한 이유에 관한 탐구 보고서를 작성해 보자.

관련 학과 경영학과, 경제학과, 금융보험학과, 무역학과, 사회학과, 소비자학과

《내가 사랑한 수학 이야기》, 야나기야 아키라, 이선주 역, 청어람e(2018)

[12대수03-07]

수학적 귀납법의 원리를 이해하고, 이를 이용하여 명제를 증명할 수 있다.

수학적 귀납법은 명제의 첫 조건이 성립한다는 가정하에 다음 조건에서도 성립한다는 것을 증명하여 명제가 성립함을 증명하는 방법이다. 사회과학 연구 과정에서도 여러 데이터를 통해 일반화된 가설을 도출하게 되면 이를 귀납적 추론 과정을 통해 확인하기도 한다. 여러 가지 사회현상에 대한 가설을 귀납적 추론 과정을 통해 확인하는 사례를 조사하고, 이러한 귀납적 추론과 수학적 귀납법을 비교하는 탐구 활동을 해보자.

관련 학과 사회계열 전체

《수학의 진짜 재미》, 이창후, 좋은날들(2023)

선택 과목	수능	미적분 I	절대평가	상대평가
일반 선택	○		5단계	5등급

단원명 | 함수의 극한과 연속

| 🔍 | 함수의 극한, 수렴, 발산, 극한값, 좌극한, 우극한, 함수의 극한 성질, 함수의 극한 대소 비교, 함수의 연속, 구간, 연속함수의 성질, 최대와 최소 정리, 사잇값 정리

[12미적I-01-01]

함수의 극한의 뜻을 알고, 이를 설명할 수 있다.

➲ 종합소득세는 1년 동안 사업 활동을 통해 개인에게 귀속된 이자소득, 배당소득, 사업소득, 근로소득, 연금소득, 기타소득을 종합해 과세하는 세금이다. 자영업자, 개인사업자, 프리랜서, 월급 이외의 소득이 발생한 직장인 등이 대상이며, 신고·납부 기간은 5월 1일부터 5월 31일까지이다. 종합소득 과세표준에 따라 구간을 나누어 세율을 달리 적용하는데, 이를 그래프로 표현하면 계단함수 형태가 된다. 종합소득 과세표준에 대한 표를 찾아 그래프로 표현하고, 세율이 달라지는 지점을 기준으로 세율의 좌극한과 우극한을 분석해 보자.

관련 학과 공공행정학과, 금융보험학과, 세무학과, 행정학과, 회계학과

《세금안내자 이조사관의 종합소득세 이야기》, 이조사관, 성안북스(2023)

[12미적I-01-02]

함수의 극한에 대한 성질을 이해하고, 함수의 극한값을 구할 수 있다.

➲ 택시 요금이나 주차 요금, 우체국 소포 요금 등은 거리나 시간, 무게에 따라 요금이 증가하지만 정비례하진 않는다. 일정 구간의 거리나 시간, 무게에서는 요금이 같지만 구간이 달라지면 요금이 변화하는데 이를 그래프로 표현하면 계단함수 형태가 된다. 택시 요금이나 주차 요금, 우체국 소포 요금 중에서 하나의 요금표를 직접 찾아 함수 그래프로 나타내고, 함수의 극한과 관련해 계단함수의 특징을 분석해 보자.

관련 학과 공공행정학과, 관광학과, 도시행정학과, 사회학과, 세무학과, 소비자학과, 항공서비스학과, 행정학과, 호텔경영학과, 회계학과

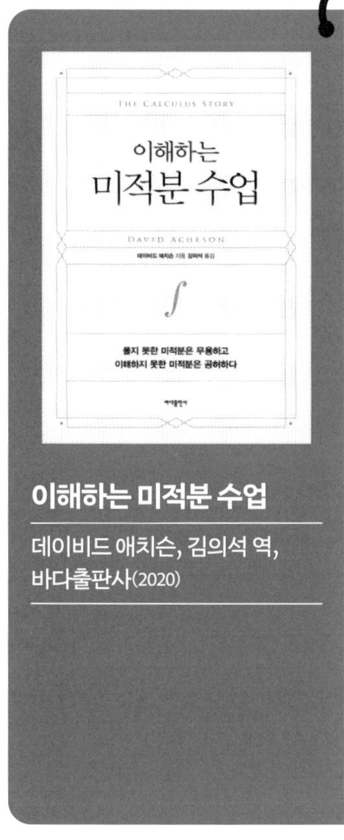

이해하는 미적분 수업

데이비드 애치슨, 김의석 역, 바다출판사(2020)

책 소개

이 책은 영국의 응용수학자 데이비드 애치슨의 미적분 해설서로, 미적분이 어떻게 만들어졌고, 왜 현대 과학의 핵심인지를 설명한다. 미적분의 개념과 공식들을 역사와 과학의 맥락과 연결하여 그 의미를 설명한다. 미적분에서 극한 개념이 왜 중요한지, 뉴턴과 라이프니츠는 어떻게 미적분을 만들었는지, 미분방정식은 어떻게 물리 세계의 비밀을 알려주는지 등 수학 교과서에서 말해 주지 않는 미적분을 소개하고 있다.

세특 예시

함수의 극한을 판정하기 위한 방법으로 좌극한과 우극한의 개념을 활용한 그래프 문제와 실생활 문제 상황을 정확하게 해결함. '이해하는 미적분 수업(데이비드 애치슨)'을 활용하여 함수의 극한에 대한 이론을 정리하고, 앞으로 미분계수에도 좌극한과 우극한 개념이 적용된다고 설명함. 이어 좌극한과 우극한을 적용할 수 있는 사례로 택시 요금이나 주차 요금, 우체국 소포 요금을 제시하고 계단함수가 가진 특징을 분석함. 주차 요금표는 대표적인 계단함수로 극한이 존재하지 않는 점이 존재하며, 그 결과 불연속인 점의 위치를 논리적으로 설명함.

[12미적Ⅰ-01-03]

함수의 연속을 극한으로 탐구하고 이해한다.

인구는 자연 상태에서 등비급수적으로 증가하지만 토지·식량 등의 제약을 받으면 차차 증가세가 둔화된다. 벨기에의 수학자 P. F. 베르윌스트는 인구의 증가 속도를 미분방정식으로 나타내고, 이를 풀어 인구 증가의 법칙을 설명했다. 인구의 증가 속도는 로지스틱 곡선을 따르며 장기적으로는 S자형 곡선을 그린다고 설명했다. 이런 로지스틱 곡선은 상한이 있는 성장 과정을 나타내는 데 적합하여 경제 통계, 무역 통계 등에 사용된다. 인구의 증가 속도와 관련하여 로지스틱 곡선에 대해 탐구해 보자.

관련 학과 경영학과, 경제학과, 공공행정학과, 국제통상학과, 도시행정학과, 무역학과, 사회학과, 세무학과, 정치외교학과, 행정학과, 회계학과

《개념 잡는 수학툰 20》, 정완상, 성림주니어북(2023)

[12미적Ⅰ-01-04]

연속함수의 성질을 이해하고, 이를 활용하여 문제를 해결할 수 있다.

'부동점 정리'는 '고정점 정리'라고도 불리며, 미분방정식과 적분방정식 이론에 중요한 역할을 한다. 부동점 정리란 임의의 $x \in [a, b]$에 대해 함수 $y = f(x)$가 연속함수이고, $f(x) \in [a, b]$를 만족하면 적어도 하나의 x_0에 대해 부동점인 $f(x_0) = x_0$가 존재한다는 것이다. 사잇값 정리를 이용하여 부동점 정리를 증명하고, 부동점 정리를 활용할 수 있는 사례를 탐구해 보자.

관련 학과 경제학과, 금융보험학과, 회계학과

《코시가 들려주는 연속함수 이야기》, 김승태, 자음과모음(2009)

단원명 | 미분

| 🔍 | 평균변화율, 순간변화율, 미분계수, 접선의 방정식, 함수의 미분 가능성과 연속성의 관계, 도함수, 함수의 실수배·합·차·곱의 미분법, 다항함수의 도함수, 상수함수의 도함수, 접선의 기울기, 평균값 정리, 롤의 정리, 함수의 증가와 감소, 함수의 극대와 극소, 함수의 그래프, 그래프의 개형, 증감표, 거리, 최댓값과 최솟값, 방정식과 부등식, 실근의 개수, 속도와 가속도

[12미적I-02-01]

미분계수를 이해하고 이를 구할 수 있다.

➲ 평균생산비는 재화 한 단위를 생산할 때 필요한 평균 비용으로, 총생산 비용을 생산된 재화의 총량으로 나누어 계산한다. 한계생산비는 생산량을 한 단위 늘리는 데 필요한 생산비의 증가분으로, 한계비용이라고도 한다. 평균생산비는 한계생산비와 일치하는 점에서 최소가 되므로 이 점을 최적생산량이라고도 한다. 한계생산비가 점점 감소할 경우 대량 생산이 가능하며, 기업은 한계생산비를 고려해 가격을 결정한다. 평균생산비와 한계생산비를 평균변화율, 순간변화율과 연계하여 탐구해 보자.

관련 학과 경영학과, 경제학과, 공공행정학과, 관광학과, 광고홍보학과, 국제통상학과, 금융보험학과, 도시행정학과, 무역학과, 소비자학과, 호텔경영학과, 회계학과

《경제 수학 강의》, 김성현, 한빛아카데미(2023)

[12미적I-02-02]

함수의 미분 가능성과 연속성의 관계를 설명하고 이를 활용할 수 있다.

➲ '파라메트릭(parametric)'은 수학 용어인 매개변수(parameter)에서 파생된 개념으로, 컴퓨터 프로그래밍 안의 변수를 의미한다. 수학적인 수치로 프로그래밍된 패턴을 통해 복잡한 형태를 사람의 수작업보다 정교하게 표현할 수 있다. 파라메트릭은 영상, 애니메이션, 디자인, 건축, 자동차 등 다양한 분야에서 활용되는데, 미분을 통해 사물의 움직임이나 변화, 파도, 물과 불 등의 변화를 자연스럽게 나타낼 수 있다. 다양한 영상을 크게 확대해 보면 해상도가 떨어지고 선이 끊기는 현상이 나타나는데 미분을 통해 이를 보완할 수 있다. 방정식과 미분을 이용해 사물의 변화를 자연스럽게 표현하는 파라메트릭에 대해 탐구해 보자.

관련 학과 광고홍보학과, 문화콘텐츠학과, 미디어커뮤니케이션학과, 신문방송학과, 언론정보학과

《파이썬으로 풀어보는 수학》, 아미트 사하, 정사범 역, 에이콘출판사(2016)

[12미적I-02-03]

함수 $y=x^n$(n은 양의 정수)의 도함수를 구할 수 있다.

➲ 일반적으로 가격이 오르면 수요량은 감소하고 공급량은 증가하며, 가격이 내리면 반대의 현상이 일어난다. 수요·공급 곡선은 상품의 가격을 수요량, 공급량과 관계 지어 표현한 곡선으로, 자유경쟁하에 실제 가격은 수요 곡선과 공급 곡선의 교점이 된다. 또한 수요 공급의 법칙에 따르면, 초과 수요가 있으면 가격이 오르고 초과 공급이 있을 경우 가격이 하락하여 가격이 결정된다. 이때 활용되는 수요(공급) 가격탄력성은 미분과 관련되는데, 수요(공급) 가격탄력성에 대해 탐구해 보자.

관련 학과 경영학과, 경제학과, 국제통상학과, 금융보험학과, 무역학과, 사회학과, 소비자학과, 호텔경영학과

《**슬림 거시경제**》, 이명훈, 법문사(2022)

[12미적I-02-04] ●●●

함수의 실수배, 합, 차, 곱의 미분법을 알고, 다항함수의 도함수를 구할 수 있다.

➲ 경제성장률은 일정 기간 동안의 한 나라의 경제성장을 나타내는 지표로, 경제 규모(국민소득)가 얼마나 커졌는지 파악할 수 있다. 경제성장률에는 실질성장률과 명목성장률이 있는데 인플레이션이 심할수록 후자의 수치가 낮아진다. 경제성장률을 계산할 때 물가 변동의 영향이 배제된 실질국내총생산(GDP)을 일반적으로 활용하는데, 이를 식으로 표현하면 $\frac{\text{금년도 } GDP - \text{전년도 } GDP}{\text{전년도 } GDP} \times 100$ 이다. 평균변화율과 관련하여 경제성장률의 의미를 설명하고, 최근 우리나라 경제성장률의 변화를 탐구해 보자.

관련 학과 경영학과, 경제학과, 공공행정학과, 관광학과, 국제통상학과, 도시행정학과, 무역학과, 사회학과, 세무학과, 소비자학과, 정치외교학과, 행정학과, 호텔경영학과, 회계학과

《**한국 경제의 성장, 위기, 미래**》, 이종화, 고려대학교출판문화원(2023)

[12미적I-02-05] ●●●

미분계수와 접선의 기울기의 관계를 이해하고, 접선의 방정식을 구할 수 있다.

➲ 최적화란 여러 가지 선택지 중에서 최적의 선택을 하는 과정으로, 수학의 다양한 개념이 활용된다. 제조, 물류, 교통, 마케팅 등의 변화를 수학(함수, 방정식)으로 표현하고, 최적의 해결책이 필요한 상황에서 가장 적합한 점을 찾게 된다. 경사하강법은 최적화 알고리즘 중 하나로, 기울기(경사)를 이용하여 함수의 최솟값을 찾는 방법이다. 기울기를 이용하여 최적화를 찾는 경사하강법에 대해 탐구해 보자.

관련 학과 경영학과, 경제학과, 세무학과, 소비자학과, 회계학과

《**미적분의 쓸모**》, 한화택, 더퀘스트(2022)

[12미적I-02-06] ●●●

함수에 대한 평균값 정리를 설명하고, 이를 활용할 수 있다.

➲ 주식시장에서 이동평균선은 일정 기간 주가의 산술평균값인 주가이동평균을 차례로 연결해 만든 선으로, 주가의 평균치를 나타내는 지표이다. 주식시장에서 주가와 거래량 및 거래대금은 매일 변하지만 특정 기간을 놓고 보면 일정한 방향성을 지닌다. 이를 수치화한 것이 이동평균선으로, 장기(120일), 중기(60일), 단기(5, 20일) 이동평균선이 있다. 이동평균선을 평균값 정리와 관련하여 탐구해 보자.

관련 학과 경영학과, 경제학과, 사회복지학과, 사회학과, 세무학과, 행정학과

《**10대를 위한 방과 후 주식 특강**》, 박성현, 다림(2022)

[12미적I-02-07] ●●●

함수의 증가와 감소, 극대와 극소를 판정하고 설명할 수 있다.

➲ 노령화지수는 14세 이하 소년 인구 대비 65세 이상 노인 인구를 나타내는 백분비로서, 고령화지수라고도 불린다. UN은 고령 인구 비율이 7%를 넘으면 고령화 사회, 14%를 넘으면 고령 사회로 분류하고, 20% 이상이면

초고령 사회로 분류한다. 우리나라는 세계에서 빠르게 고령화되는 국가로 생산활동 인구는 급격히 줄어드는 반면, 부양해야 할 노년 인구는 급격히 늘어나고 있다. 우리나라의 연도별 노령화지수를 그래프로 표현하고, 증가와 감소, 극대와 극소 등의 개념을 이용해 그래프를 분석해 보자.

관련 학과 공공행정학과, 도시행정학과, 사회복지학과, 사회학과, 행정학과

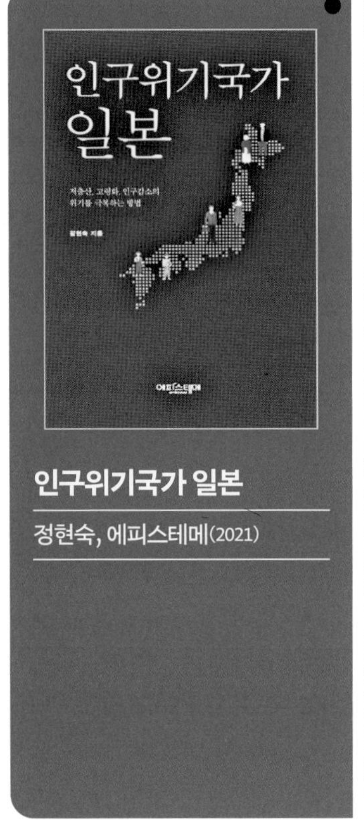

인구위기국가 일본

정현숙, 에피스테메(2021)

책 소개

이 책은 1990년까지만 해도 유럽의 선진국보다 고령자 비율이 낮은 편이었지만 고령화가 빠르게 진행되어 고령자 비율이 가장 높은 일본의 사례를 소개하고 있다. 빅데이터를 이용해 일본의 인구 문제를 꼼꼼하게 분석하고 저출산, 고령화와 사회보장제도, 사회보장비용의 팽창과 재정 적자, 지방의 쇠퇴와 소멸에 초점을 두고 어떤 문제가 일어나고 있으며, 그 해법은 무엇인지 분석하고 검토한다.

세특 예시

함수의 증가와 감소의 정의로부터 미분을 통해 증가와 감소를 판정하는 방법을 정리하고, 극대와 극소를 중심으로 증가와 감소 구간을 설명함. 개념 확장 활동으로 우리나라의 연도별 노령화지수를 그래프로 표현한 뒤 그래프에 나타나는 특징을 증가와 감소, 극대와 극소 등의 개념을 이용해 분석함. 최근 급격히 높아진 노령화지수가 사회적 문제가 될 수 있으며, 저출산과 부양에 대한 부담으로 이어질 수 있다고 설명함. '인구위기국가 일본(정현숙)'을 인용하여 우리나라 역시 일본과 같은 길을 걸을 가능성이 높다고 설명하며 우리나라 인구 문제 해결을 위한 방향을 제시함.

[12미적I-02-08]

함수의 그래프의 개형을 그릴 수 있다.

뉴턴의 냉각법칙은 물체가 주위보다 높은 온도에 있을 때 냉각의 속도가 주위와의 온도 차에 비례한다는 내용이다. 사망자가 위치한 장소의 온도가 일정하다는 전제하에 뉴턴의 냉각법칙을 근거로 법의학에서 사체의 사망 시간을 추정할 수 있다. 서로 다른 두 시각에 사체의 체온값을 측정함으로써 체온 변화율을 함수식으로 구할 수 있고, 이를 통해 사체의 사망 시간을 결정할 수 있다. 뉴턴의 냉각법칙에 대한 그래프를 바탕으로 사체 사망 시간을 추정할 수 있는 방법을 탐구해 보자.

관련 학과 경찰행정학과, 공공인재학과, 법학과

《뉴턴이 들려주는 미분 1 이야기》, 김승태, 자음과모음(2009)

[12미적I-02-09]

방정식과 부등식에 대한 문제를 해결할 수 있다.

사람의 눈은 초당 24프레임 이상의 움직임에서 자연스러움을 느끼기 때문에 일반적으로 방송국에서 송출되는 영상은 30프레임 이상이다. 나아가 120프레임에서 240프레임까지 늘리면 영상을 보다 자연스럽게 느끼게 되는데, 여기에 활용되는 개념이 '광학 흐름 추정'이다. 움직임의 변화를 방정식으로 표현한 뒤 미분을 이용하

여 중간 과정을 자연스럽게 구현할 수 있다. 미분과 관련한 광학 흐름 추정에 대해 탐구해 보자.

관련 학과 광고홍보학과, 문화콘텐츠학과, 미디어커뮤니케이션학과, 신문방송학과, 언론정보학과

《방송 광고의 미학 원리》, 윤태일, 커뮤니케이션북스(2017)

[12미적I-02-10]

미분을 속도와 가속도에 대한 문제에 활용하고, 그 유용성을 인식할 수 있다.

교통사고 당시의 자동차 속도를 알아내는 방법으로, 부딪히는 충격으로 차량이 찌그러진 정도로 알아내는 방법과 아스팔트 위에 나타난 타이어 흔적(스키드 마크)으로 알아내는 방법이 있다. 스키드 마크란 주행하던 자동차가 브레이크를 밟음으로써 바퀴가 굴러가지 못하고 노면 위를 미끄러지면서 나타난 차량 바퀴의 흔적을 말한다. 이렇게 노면에 찍힌 타이어 흔적의 길이를 재면 사고 당시의 자동차의 속도를 근사하게 알 수 있다. 자동차의 속도와 운동 변화를 알아내는 스키드 마크에 대해 탐구해 보자.

관련 학과 경찰행정학과, 공공인재학과, 공공행정학과, 법학과

《일상의 무기가 되는 수학 초능력 - 미적분 편》, 오오가미 다케히코, 이인호 역, 북라이프(2019)

단원명 | 적분

부정적분, 적분상수, 함수의 실수배·합·차의 부정적분, 다항함수 부정적분, 정적분, 미분과 적분의 관계, 정적분의 성질, 부정적분과 정적분의 관계, 다항함수 정적분, 도형의 넓이, x축으로 둘러싸인 도형의 넓이, 두 곡선 사이의 넓이, 속도, 속력, 이동거리, 위치의 변화량, 가속도

[12미적I-03-01]

부정적분의 뜻을 알고, 이를 설명할 수 있다.

'로렌츠 곡선'은 미국의 통계학자 M. O. 로렌츠가 국민의 소득분포 불평등도를 측정하기 위해 창안한 방법이다. 가로축에는 소득액 순으로 소득 인원수의 누적 백분비를 표현하고, 세로축에는 소득 금액의 누적 백분비를 나타냈다. 이때 '지니계수'란 대각선과 로렌츠 곡선 사이의 면적을 대각선 아래 삼각형의 면적과 비교한 비율을 의미한다. 로렌츠 곡선과 지니계수를 탐구하고, 정적분을 이용해 우리나라의 지니계수를 구해보자.

관련 학과 경영학과, 경제학과, 사회복지학과, 사회학과, 세무학과, 행정학과

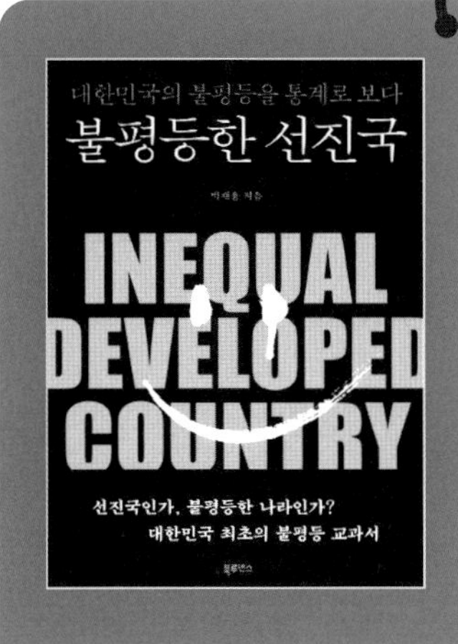

책 소개

이 책은 우리나라의 불평등 상황을 객관적인 통계를 통해 설명하면서 불평등 지표인 가처분소득과 지니계수, 상대적 빈곤율이 OECD 회원국 중 하위권이라고 설명한다. 경제성장과 발전을 거듭하는 동안 놓친 노동·청년·지방의 불평등을 통계로 제시하고 여성, 노인 그리고 소수자에 대한 통계를 분석하고 있다. 나아가 불평등의 중심에 있는 청년 문제, 소득과 교육 불평등의 통계로 사회 구조 문제를 규명한다.

불평등한 선진국

박재용, 북루덴스(2022)

세특 예시

개념 적용 활동으로 수업에서 학습한 적분 개념을 사회 불평등 지표에 적용하고 우리나라의 불평등 현황을 탐구함. '불평등한 선진국(박재용)'에 제시된 로렌츠 곡선과 지니계수의 개념을 설명하면서 평등 사회에서 나타나는 그래프 개형을 불평등 사회에서 나타나는 그래프 개형과 비교함. 또한 다른 나라의 로렌츠 곡선을 우리나라와 비교하여 우리나라의 지니계수를 직접 구해봄. 사회 불평등 문제가 초래할 사회 문제를 제시하고, 경제성장뿐만 아니라 고른 분배가 건강한 사회를 만들 수 있다는 자신의 의견을 피력함.

[12미적I-03-02]

함수의 실수배, 합, 차의 부정적분을 알고, 다항함수의 부정적분을 구할 수 있다.

➲ 경제학에서 사용하는 시계열 분석은 특정 대상의 시간적 변동을 지속적으로 관측한 자료에 근거하여 변동의 원인을 규명하고 미래를 예측하기 위한 분석법이다. 시간에 따른 수익률을 함수로 표현하면 그래프 아래의 면적은 특정 기간의 총수익을 의미하며, 적분을 이용해 수익의 누적량과 앞으로의 수익을 추정할 수 있다. 또한 경제성장률을 함수로 표현하여 최근 경제성장의 패턴을 파악하고 장기적인 경향성을 예측할 수 있다. 경제학에서 사용하는 시계열 분석을 적분과 관련하여 탐구해 보자.

관련 학과 **경영학과, 경제학과, 관광학과, 국제통상학과, 금융보험학과, 도시행정학과, 무역학과, 사회학과, 세무학과, 소비자학과, 정치외교학과, 호텔경영학과, 회계학과**

《실전 시계열 분석》, 에일린 닐슨, 박찬성 역, 한빛미디어(2021)

[12미적I-03-03]

정적분의 개념을 탐구하고, 그 성질을 이해한다.

➲ '몬테카를로 기법'은 무작위 수와 확률로 시뮬레이션을 설계하여 복잡한 문제의 해를 근사적으로 구하는 방법이다. 특히 몬테카를로 적분법은 부정적분을 구하기 어려운 복잡한 함수의 정적분 값을 구하기 위해 많은 난수를 생성한 후 확률 이론의 대수법칙을 적용한다. 통계적 모의실험을 사용한 컴퓨터 알고리즘으로 주로 공학이나 통계에서 사용되었으나, 최근에는 경제, 경영 분야의 미래를 예측할 때 활용되고 있다. 미래 예측에 활용되는 몬테카를로 기법과 몬테카를로 적분법을 탐구해 보자.

관련 학과 **경영학과, 경제학과, 국제통상학과, 금융보험학과, 무역학과, 소비자학과**

《복잡계 세상에서의 투자》, 오종태, 페이지2북스(2021)

[12미적I-03-04]

부정적분과 정적분의 관계를 이해하고, 다항함수의 정적분을 구할 수 있다.

➲ 한계효용 이론은 소비자의 선택 행위를 설명하는 이론으로, 한계효용은 재화나 서비스를 한 단위 더 생산할 때 필요한 비용의 증가분을 의미한다. 한계효용은 총효용 곡선의 접선의 기울기를 의미하며, 총효용을 미분하면 한계효용을 구할 수 있다. 반면 한계효용을 적분하면 총효용을 구할 수 있으며, 한계효용 곡선 아래의 넓이(면적)가 총효용이 된다. 한계효용과 총효용의 관계를 미분, 적분과 관련지어 탐구해 보자.

관련 학과 경영학과, 경제학과, 국제통상학과, 무역학과, 사회학과, 세무학과, 소비자학과, 호텔경영학과, 회계학과

《예제와 함께하는 미시경제학》, 임봉욱, 박영사(2022)

[12미적Ⅰ-03-05]

곡선으로 둘러싸인 도형의 넓이에 대한 문제를 해결할 수 있다.

➲ 경제적 잉여의 하나로, '소비자 잉여'는 어떤 상품에 대해 소비자가 최대한 지불해도 좋다고 생각하는 가격(수요 가격)에서 실제로 지불하는 가격(시장 가격)을 뺀 차액을 의미한다. A. 마셜은 소비자가 그 물건 없이 지내기보다는 금액을 지불하더라도 사야겠다고 생각하는 가격과 실제 지불한 가격의 차액으로 정의했다. 또한 이를 이론화하여 소비자 잉여를 수요 곡선과 가격선 사이의 면적으로 표시했다. 곡선의 넓이와 관련지어 소비자 잉여에 대해 탐구해 보자.

관련 학과 경영학과, 경제학과, 관광학과, 국제통상학과, 무역학과, 사회학과, 세무학과, 소비자학과, 호텔경영학과, 회계학과

《내가 배우고 싶었던 미시경제》, 한순구, 경문사(2022)

[12미적Ⅰ-03-06]

적분을 속도와 거리에 대한 문제에 활용하고, 그 유용성을 인식할 수 있다.

➲ 전투기가 고속으로 기동하면 중력가속도가 증가하여, 탑승자는 자기 몸무게의 5~9배에 달하는 중력가속도의 영향을 받게 되어 의식을 잃을 수 있다. 또한 중력가속도가 증가하면 몸을 움직이기 어렵고 호흡도 불안정해지며 체내의 혈액도 다리 방향으로 쏠리게 된다. 한편 비행기를 타면 비행기 안팎의 기압 차이가 커지면서 귀에 압력이 발생하고 심하면 항공성 중이염을 일으키게 된다. 이렇게 속도가 빨라졌을 때 우리의 몸에 생기는 변화와 대처 방법을 탐구해 보자.

관련 학과 경찰행정학과, 공공인재학과, 관광학과, 군사학과, 지리학과, 항공서비스학과

《인체에 관한 모든 과학》, 대니얼 M. 데이비스, 김재호 역, 에코리브르(2023)

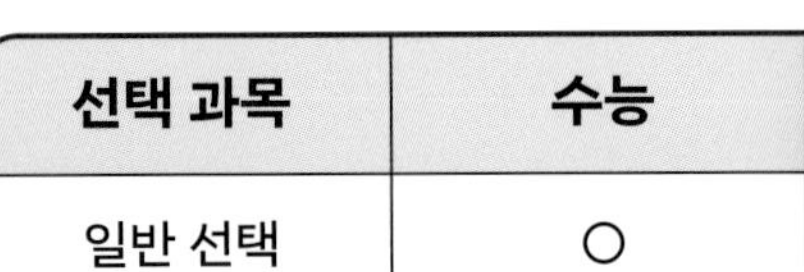

선택 과목	수능	확률과 통계	절대평가	상대평가
일반 선택	○		5단계	5등급

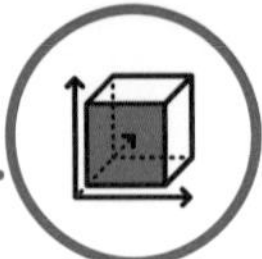

단원명 | 경우의 수

| 🔍 | 중복순열, 중복조합, 이항정리, 이항계수, 파스칼의 삼각형, ${}_n\Pi_r$, ${}_nH_r$

[12확통01-01]

중복순열, 같은 것이 있는 순열을 이해하고, 그 순열의 수를 구하는 방법을 설명할 수 있다.

➲ 바코드와 QR코드는 상품을 구입할 때, 앱을 설치할 때, 문서를 읽을 때 등 우리 생활에서 다양하게 활용되고 있다. 수많은 상품이나 앱, 문서 등을 구분할 수 있는 바코드와 QR코드의 수학적 원리와 기술을 조사하고, 바코드와 QR코드의 무분별한 사용이 가져올 수 있는 문제점과 해결 방안에 관해 탐구해 보자.

관련 학과 사회계열 전체

《소름 돋는 수학의 재미》, 천융밍, 김지혜 역, 미디어숲(2022)

[12확통01-02]

중복조합을 이해하고, 중복조합의 수를 구하는 방법을 설명할 수 있다.

➲ 우리나라가 여러 번의 경제위기를 거치며, 이제는 한 직장을 정년까지 다닌다는 '평생직장'이란 개념이 많이 흐릿해졌다. 더불어 최근에는 여러 개의 직업을 갖는 'N잡러'가 꾸준히 증가하고 있다. N잡러들이 많이 갖는 직업들을 살펴보고 해당 직업들의 특징에 관해 탐구해 보자.

관련 학과 경영학과, 사회학과

《멀티잡 프로젝트》, 이진아, 라온북(2022)

단원명 | 확률

| 🔍 | 시행, 통계적 확률, 수학적 확률, 여사건, 배반사건, 조건부 확률, 종속, 독립, 독립시행, $\mathrm{P}(A)$, $\mathrm{P}(B \mid A)$

[12확통02-01]

확률의 개념을 이해하고, 기본 성질을 설명할 수 있다.

➲ 부분에서 성립한 대소 관계가 그 부분들을 종합한 전체에서는 성립하지 않는 모순적인 현상을 '심슨의 패러독스'라고 한다. 이런 경우 '참'과 '거짓'이 불분명해지는데, 이를 악용하여 각자에게 유리하게 그 내용을 해석하여 왜곡된 사실을 주장하기도 한다. 우리 사회에서 발견할 수 있는 '심슨의 패러독스' 사례를 찾아보고, 그 상

황을 해석하고 설명하는 방법에 관해 탐구해 보자.

관련 학과 사회계열 전체

《통계의 아름다움》, 리찌엔 외 1명, 김슬기 역, 제이펍(2020)

[12확통02-02]

확률의 덧셈정리를 이해하고, 이를 활용하여 문제를 해결할 수 있다.

정보 기기의 발전으로 다른 사람들과 정보를 교환하는 속도가 매우 빨라졌다. 하지만 빨라진 정보 교환의 속도에 비례하여 스팸 정보 또한 다양한 경로를 통해 전달된다. 이러한 스팸 정보는 종종 사회적 피해를 가져오기도 하기에 각 메일이나 전화 서비스에서는 스팸 정보를 판별하여 따로 분류하기도 하고 차단하기도 한다. 각 서비스에서 스팸 정보를 판별하는 방법을 조사하고, 스팸 정보가 우리 사회에 미치는 피해와 해결 방안 등에 관해 탐구해 보자.

관련 학과 경영학과, 경제학과, 경찰행정학과, 금융보험학과, 미디어커뮤니케이션학과, 법학과, 사회학과, 행정학과

《숫자는 어떻게 진실을 말하는가》, 바츨라프 스밀, 강주헌 역, 김영사(2021)

[12확통02-03]

여사건의 확률을 이해하고, 이를 활용하여 문제를 해결할 수 있다.

우리 주변에서 접할 수 있는 다양한 게임에서 확률이 활용되는 사례를 쉽게 찾아볼 수 있다. 보드게임이나 윷놀이 등 확률이 게임에 흥미를 불어넣기도 하지만, 도박과 같이 매우 작은 확률에 큰 가치를 부여하여 많은 사람의 손실을 유발하기도 한다. 확률의 잘못된 활용 사례를 찾아보고, 도박 등으로 인해 나타나는 사회적 피해와 이에 대한 사회적 지원 방안 등에 관해 탐구해 보자.

관련 학과 경찰행정학과, 공공행정학과, 관광학과, 금융보험학과, 법학과, 사회학과, 행정학과, 호텔경영학과

《도박 중독자의 가족》, 이하진, 열린책들(2022)

[12확통02-04]

조건부확률을 이해하고, 이를 실생활과 연결하여 문제를 해결할 수 있다.

다양한 물건을 판매하는 대형 마트에 방문하여 필요한 물건을 찾다 보면 내가 찾는 물건과 함께 활용할 수 있는 물건이 근처에서 판매되고 있는 것을 경험하게 된다. 여러 가지 자료를 활용하여 함께 구매하게 되는 상품의 비율을 조사하고, 마케팅에서 활용되는 여러 가지 수학적 원리에 관해 탐구해 보자.

관련 학과 경영학과, 광고홍보학과, 소비자학과

《마케팅 브레인》, 김지헌, 갈매나무(2021)

[12확통02-05]

사건의 독립과 종속을 이해하고, 이를 판단할 수 있다.

범죄 사건을 조사하거나 증명하는 과정에서는 사건과 관련된 증거를 바탕으로 범죄가 성립되는가를 밝혀나가게 된다. 경찰과 검사는 사건이 일어났다는 것을 밝힐 확률을 높여주는 증거들을 찾아내고, 피고인의 변호사는 나타난 증거들이 사건이 일어난 확률을 높여주는 것이 아님을 주장하게 된다. 법정에서 일어나는 상황을 수학

적 원리로 해석해 보는 탐구 활동을 하고 이를 발표해 보자.

관련 학과 경찰행정학과, 법학과

《법정에 선 수학》, 레일라 슈넵스 외 1명, 김일선 역, 아날로그(2020)

[12확통02-06]

확률의 곱셈정리를 이해하고, 이를 활용하여 문제를 해결할 수 있다.

➲ 개인이나 기업이 투자를 결정할 때는 다양한 정치·경제 상황 등을 고려한다. 과거에 발생했던 여러 사례를 바탕으로 현재의 여러 가지 상황이 투자 가치를 높여줄 확률을 따져보고, 여러 상황이 동시에 긍정적인 최적의 투자 시기를 살펴본다. 과거 투자 가치가 높았던 상황과 낮았던 시기를 찾아 그 이유를 수학적으로 분석하고, 수익을 높이기 위한 투자 시점에 관해 탐구해 보자.

관련 학과 경영학과, 경제학과, 국제통상학과, 금융보험학과, 무역학과, 정치외교학과

《10대에 투자가 궁금한 나, 어떻게 할까?》, 다카하시 마사야, 김정환 역, 오유아이(2021)

단원명 | 통계

확률변수, 이산확률변수, 확률분포, 연속확률변수, 기댓값, 이항분포, 큰 수의 법칙, 표준정규분포, 정규분포, 모집단, 표본, 전수조사, 표본조사, 임의추출, 모평균, 모분산, 모표준편차, 추정, 표본평균, 표본분산, 표본표준편차, 모비율, 표본비율, 신뢰도, 신뢰구간, $\mathrm{P}(X=x)$, $\mathrm{E}(X)$, $\mathrm{V}(X)$, $\sigma(X)$, $\mathrm{B}(n, p)$, $\mathrm{N}(m, \sigma^2)$, $\mathrm{N}(0, 1)$, $\overline{X}$, S^2, S, $\hat{p}$

[12확통03-01]

확률변수와 확률분포의 뜻을 설명할 수 있다.

➲ 매일 만나는 다양한 기상 정보를 통해 우리는 일상생활을 준비한다. 특히 강수확률은 우리가 옷차림과 우산 같은 필요한 소품을 준비하고, 공사 현장에서는 공사 진행 여부를 판단하고, 농가에서는 농작물을 관리할 준비를 하는 등 사회 전반에 영향을 주는 지표이다. 강수확률의 의미와 강수확률을 구하는 과정을 조사하고, 기상 예보가 각 산업에 미치는 영향을 탐구해 보자.

관련 학과 경영학과, 경제학과, 공공행정학과, 도시행정학과, 사회복지학과, 사회학과, 신문방송학과, 언론정보학과, 정치외교학과, 지리학과, 행정학과

《날씨를 번역하고 미래를 해석하는 기상예보관》, 이제광, 토크쇼(2023)

[12확통03-02]

이산확률변수의 기댓값(평균)과 표준편차를 구할 수 있다.

➲ 국민의 안전을 지키는 대표적인 직업으로 소방관과 경찰관이 있다. 국가는 국민의 안전한 삶을 보장하기 위해 전국 각 지역에 소방관과 경찰관을 배치하고 있다. 전국 각 지역에 배치된 소방관과 경찰관의 수를 조사하고, 지역의 크기와 인구수 등을 고려할 때 필요한 소방관과 경찰관의 수에 관해 탐구해 보자.

관련 학과 경찰행정학과, 공공인재학과, 공공행정학과, 법학과, 사회복지학과, 사회학과, 행정학과

《생명과 안전을 지키는 직업 2: 경찰·소방관》, 박민규, 빈빈책방(2022)

[12확통03-03]

이항분포의 뜻과 성질을 이해하고, 평균과 표준편차를 구할 수 있다.

겨울이 되면 유행하는 독감을 예방하기 위해 많은 사람이 독감 예방접종을 한다. 더불어 국가에서도 독감의 유행을 방지하고 질병에 취약한 계층을 보호하기 위해 예방접종을 적극 권장하고 지원한다. 독감 예방접종 비율에 따른 독감의 유행 정도를 살펴보고, 그에 따라 발생하는 사회비용에 관해 탐구해 보자.

관련 학과 경영학과, 경제학과, 공공행정학과, 금융보험학과, 도시행정학과, 사회복지학과, 사회학과, 행정학과

《수학이 일상에서 이렇게 쓸모 있을 줄이야》, 클라라 그리마, 배유선 역, 하이픈(2024)

[12확통03-04]

정규분포의 뜻과 성질을 이해하고, 이항분포와의 관계를 설명할 수 있다.

우리는 물건을 살 때 제품에 표기된 크기나 무게 등을 참고하지만, 표기된 규격을 크게 벗어나는 불량품이 보이기도 한다. 다양한 제품군에 대해 정상 제품으로 분류하는 기준을 통계적 관점에서 살펴보고, 각 기업에서 품질을 관리하기 위해 어떠한 노력을 하는지 탐구해 보자.

관련 학과 경영학과, 소비자학과, 행정학과, 호텔경영학과

《통계적 품질관리》, 원형규, 교문사(2021)

[12확통03-05]

모집단과 표본의 뜻을 알고, 표본추출의 방법을 설명할 수 있다.

국가의 중요 선거가 있을 때마다 선거 종료 시점에 맞추어 각 방송사에서는 출구 조사 결과를 발표한다. 출구조사는 선거 당일 투표를 마친 일부 유권자의 투표 결과를 직접 조사하여 이를 바탕으로 전체 결과를 예측하는 것이다. 최근 있었던 선거의 출구 조사 방법을 알아보고, 출구 조사의 결과와 실제 선거 결과를 비교하는 탐구 활동을 해보자.

관련 학과 공공행정학과, 도시행정학과, 미디어커뮤니케이션학과, 사회학과, 신문방송학과, 언론정보학과, 정치외교학과

《한국의 여론 조사, 실태와 한계 그리고 미래》, 이갑윤 외 2명, 푸른길(2023)

[12확통03-06]

표본평균과 모평균, 표본비율과 모비율의 관계를 이해하고 설명할 수 있다.

우리나라의 인구주택총조사(2022)에 따르면, 전국 아파트의 비율이 64%, 단독주택이 20.2%로 나타났다. 이는 지역별로 차이가 있으나, 아파트의 비율이 계속해서 높아지고 있다. 인구주택총조사 통계 자료를 참고하여 자신의 학급 또는 학교 학생들의 주택 형태 비율을 비교하고, 그 결과를 분석하는 탐구 활동 보고서를 작성해 보자.

관련 학과 경제학과, 공공행정학과, 도시행정학과, 사회학과, 지리학과, 행정학과

어디서 살 것인가

유현준, 을유문화사(2018)

책 소개

이 책의 저자는 '어디서', '어떻게'라는 질문을 던지며 '어느 동네, 어느 아파트, 어떤 평수로 이사할 것이냐'가 아니라, 우리가 앞으로 만들어나갈 도시를 이야기한다. 어떤 공간이 우리 삶을 더 풍요롭게 하는가가 중요하다는 점을 강조하며, 우리가 서로 얼굴을 맞대고 대화하며 서로의 색깔을 나눌 수 있는 곳, 우리가 원하는 삶의 방향에 부합하는 도시로의 변화를 이야기한다.

세특 예시

주위의 친구들이 사는 곳을 조사하며 아파트의 비중이 매우 높은 것을 알고, 우리가 사는 곳의 의미를 살펴보기 위해 교과 연계 독서 활동으로 '어디서 살 것인가(유현준)'를 읽고 그 의미를 파악하고자 노력함. 우리나라의 주택 중 아파트 비율이 매우 높은 이유를 살펴보며, 앞으로 우리의 삶에서 필요한 주택의 모습과 도시의 모습, 그리고 미래의 풍요로운 삶을 위한 주택의 모습을 다양한 그림을 활용하여 발표함.

[12확통03-07]

공학 도구를 이용하여 모평균 및 모비율을 추정하고, 그 결과를 해석할 수 있다.

➲ 공공기관에서는 다양한 정책을 만들 때 지역별 특성에 맞는 정책을 수립하고자 노력한다. 그리고 지역적·경제적 특성을 살펴보기 위해 각 지역의 소득 수준이나 소비의 특성 등 다양한 지표를 조사하게 된다. 각 지역의 다양한 경제 지표의 특성을 알아보기 위해 자료를 수집, 조사하는 방법을 살펴보고, 전체 소득 수준 등을 추정해 보자.

관련 학과 경영학과, 경제학과, 공공행정학과, 도시행정학과, 사회복지학과, 사회학과, 행정학과

《스키장을 여름에 찾게 하라!》, 와다 유타카, 아리프 역, 빈티지하우스(2023)

선택 과목	수능	미적분 II	절대평가	상대평가
진로 선택	X		5단계	5등급

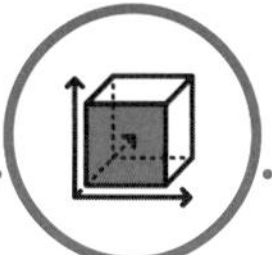

단원명 | 수열의 극한

| 🔍 | 급수, 부분합, 급수의 합, 등비급수, $\lim_{n\to\infty} a_n$, $\sum_{n=1}^{\infty} a_n$

[12미적II-01-01]

수열의 수렴, 발산의 뜻을 알고, 이를 판정할 수 있다.

➲ 세계 여러 나라는 2015년 파리기후협약을 통해 전 지구의 평균기온 상승 폭을 산업화 이전 대비 2℃ 이하로 유지하고, 온도 상승 폭을 1.5℃로 제한하기로 약속했다. 지구 온도의 1.5℃를 넘어서는 상승은 지구의 생태계와 인류에게 큰 어려움을 가져올 것으로 예상된다. 지구의 온도 상승 폭을 줄이기 위한 각 나라의 정책을 탐구하여 발표해 보자.

관련 학과 공공행정학과, 국제통상학과, 도시행정학과, 무역학과, 사회학과, 신문방송학과, 언론정보학과, 정치외교학과, 지리학과, 행정학과

《빌 게이츠, 기후재앙을 피하는 법》, 빌 게이츠, 김민주 외 1명 역, 김영사(2021)

[12미적II-01-02]

수열의 극한에 대한 성질을 이해하고, 이를 활용하여 극한값을 구하는 방법을 설명할 수 있다.

➲ 우리는 제품을 소비할 때 그 제품에 대해 최대의 만족을 느끼는 지점을 고려하게 된다. 제품에 대해 느끼는 만족이란 각자가 제품에 부여한 가치에 따라 달라지고, 그에 따라 소비량도 달라질 것이다. 소비 이론의 한계효용의 개념과 그에 적용되는 수학적 원리를 살펴보고, 주변에서 찾아볼 수 있는 여러 제품에 대한 각자의 한계효용을 탐구해 보자.

관련 학과 경영학과, 경제학과, 소비자학과

《살면서 한번은 경제학 공부》, 김두얼, 21세기북스(2023)

[12미적II-01-03]

등비수열의 수렴, 발산을 판정하고, 수렴하는 경우 그 극한값을 구할 수 있다.

➲ 개인이나 기업은 미래의 경제 상황을 고려하여 투자를 통해 수익률을 높이거나 손해를 줄이고자 한다. 그리고 과거의 경제 상황을 참고하여 미래의 장기적인 수익률을 고려하게 된다. 금융 투자 등에서 활용되는 극한의 개념을 조사하고, 최대의 수익률을 만들거나 손해를 최소화하기 위한 대처 방안에 관해 탐구해 보자.

관련 학과 경영학과, 경제학과, 금융보험학과

《청소년을 위한 경제학 에세이》, 한진수, 해냄(2016)

[12미적Ⅱ-01-04]

급수의 수렴, 발산의 뜻을 알고, 이를 판정할 수 있다.

삼면이 바다인 우리나라에서는 해안을 개발하여 영토를 확장하고 그곳에 산업 단지와 주택 단지 등을 건설하여 발전시켜 나가는 사례를 찾아볼 수 있다. 우리나라 곳곳의 해안을 매립하여 국토를 개발한 사례를 찾아보며 확장된 영토의 크기와 해안선 길이의 변화에 관해 수학적으로 분석하고, 영토의 확장이 갖는 의미 등을 탐구해 보자.

관련 학과 경영학과, 경제학과, 관광학과, 도시행정학과, 사회학과, 지리학과, 행정학과

《수학에서 꺼낸 여행》, 안소정, 휴머니스트(2016)

[12미적Ⅱ-01-05]

등비급수의 합을 구하고, 이를 활용할 수 있다.

많은 사람은 보유하고 있는 자산을 은행에 예·적금으로 저축하거나 주식, 금, 부동산 등에 투자하며 더 늘리려 노력한다. 저축이나 투자 방법에 따라 수익률은 다르게 나타날 수 있다. 최근 은행 이율이나 각 투자의 수익률을 고려하여 다양한 저축이나 투자 방법에 따라 같은 기본자산이 어떻게 변할지 예측해 보고, 저축이나 투자를 하는 경우 주의해야 할 점을 탐구해 보자.

관련 학과 경영학과, 경제학과, 금융보험학과

《청소년을 위한 처음 경제학》, 권윤재, 청아출판사(2020)

단원명 | 미분법

| 🔍 | 자연로그, 덧셈정리, 매개변수, 음함수, 이계도함수, 변곡점, e, e^x, $\ln x$, $\sec x$, $\csc x$, $\cot x$, $f''(x)$, y'', $\frac{d^2y}{dx^2}$, $\frac{d^2}{dx^2}f(x)$

[12미적Ⅱ-02-02]

삼각함수의 덧셈정리를 설명하고, 이를 활용할 수 있다.

컴퓨터 디자인에서 3D 모델링은 가상의 3D 공간에 재현될 수 있는 수학적 모델을 만들어가는 과정이다. 3D 모델링에 물리적 환경을 적용하면 가상 환경 속에 물체의 모습을 재현할 수 있다. 그 때문에 3D 모델링은 각종 실험 시뮬레이션이나 건축 설계, 디자인, 광고 등 다양한 산업에 적극적으로 활용되고 있다. 3D 모델링에 적용되는 삼각함수의 내용을 조사하고, 3D 모델링이 산업의 변화에 끼친 영향에 관해 탐구하여 보고서를 작성해 보자.

관련 학과 광고홍보학과, 문화콘텐츠학과, 미디어커뮤니케이션학과, 소비자학과, 신문방송학과, 언론정보학과

《신소재 4차 산업혁명을 이끄는 힘》, 한상철, 홍릉과학출판사(2019)

[12미적Ⅱ-02-05]

합성함수를 미분할 수 있다.

여러 경제 지표 중 주가는 단일 회사의 현 상황뿐만 아니라 해당 국가의 경제 상황을 반영하여 나타낸다. 실제

주식의 가격은 각 회사의 재무 상태, 해당 국가의 정치·경제 상황, 그리고 세계의 여러 이슈에 영향을 받아 결정된다. 주식과 관련된 여러 가지 함수를 찾아보고, 각 값의 변화량의 의미를 살펴보며, 과거의 여러 사례를 통해 다양한 상황에 따른 주가의 변화를 탐구해 보자.

관련 학과 경영학과, 경제학과, 국제통상학과, 금융보험학과, 무역학과, 사회학과, 정치외교학과, 회계학과

《금융과외》, 육민혁, 지식과감성#(2024)

[12미적II-02-06] ●●●

매개변수로 나타낸 함수를 미분할 수 있다.

➲ 수요의 가격탄력성이란 가격의 변동이 수요량에 어떤 영향을 미치는지를 나타내는 척도이다. 탄력성이 1보다 큰 상품의 수요는 탄력적이라 한다. 가격탄력성에 영향을 끼치는 요인을 살펴보고, 가격탄력성에 따른 의미와 대응 방안에 관해 탐구해 보자.

관련 학과 경영학과, 경제학과, 소비자학과

《미시경제학 한입에 털어 넣기》, 사카이 도요타카, 신희원 역, 갈라파고스(2018)

[12미적II-02-07] ●●●

음함수와 역함수를 미분할 수 있다.

➲ 투자 금액이 증가하면 예상 수익률은 감소하는 경향이 있다. 이는 투자의 위험성과 수익 사이에 역함수 관계가 있음을 보여준다. 역함수의 미분법을 활용하여 투자 금액이 변할 때 예상 수익률이 얼마나 변하는지를 계산하는 방법을 조사하고, 여러 정보를 통해 투자의 위험성을 관리하는 방안에 관해 탐구해 보자.

관련 학과 경영학과, 경제학과, 금융보험학과

《돈과 금융 쫌 아는 10대》, 석혜원, 풀빛(2021)

[12미적II-02-09] ●●●

함수의 그래프의 개형을 그릴 수 있다.

➲ 기업이 이윤을 극대화하기 위한 제품의 최적생산량을 결정할 때 소비자는 효용을 극대화하는 지출을 하기에, 소비자의 각 제품 소비에 따른 변화를 파악해야 한다. 한계수입, 한계비용, 한계효용 등의 개념에 적용되는 수학적 원리를 살펴보고, 기업과 소비자의 합리적인 경제활동을 위한 전략에 관해 탐구해 보자.

관련 학과 경영학과, 경제학과, 소비자학과

《예제와 함께하는 미시경제학》, 임봉욱, 박영사(2022)

[12미적II-02-10] ●●●

방정식과 부등식에 대한 문제를 해결할 수 있다.

➲ 우리나라의 성장과 관련해 가장 큰 문제점으로 주목받고 있는 것은 세계 최저 수준의 출산율이다. 인구 성장을 예측하고 관리하기 위해서는 인구 성장률에 영향을 미치는 요소들을 고려하여 수학적 모델을 구성하게 된다. 인구 성장을 예측하기 위한 수학적 모델을 조사하고, 우리나라의 성장을 위해 필요한 인구 정책과 실천 방안에 관해 탐구해 보자.

관련 학과 경영학과, 경제학과, 사회복지학과, 사회학과, 지리학과, 행정학과

《인구 위기》, 알바 뮈르달 외 1명, 홍재웅 외 1명 역, 문예출판사(2023)

단원명 | 적분법

| 치환적분법, 부분적분법

[12미적II-03-02]

치환적분법을 이해하고, 이를 활용할 수 있다.

지니계수는 빈부격차와 계층 간 소득의 불균형 정도를 나타내는 수치로, 소득 분배가 어떻게 이루어지는지를 나타낸다. 지니계수는 0부터 1까지의 수치로 표현되는데, 로렌츠 곡선과 완전 균등성 사이의 넓이를 통해 구하게 된다. 우리나라 지니계수의 변화를 살펴보고, 사회적 불평등을 해결하기 위해 시행되고 있는 다양한 정책과 방안을 탐구해 보자.

관련 학과 경영학과, 경제학과, 공공행정학과, 사회복지학과, 사회학과, 신문방송학과, 언론정보학과, 정치외교학과, 행정학과

《공정하다는 착각》, 마이클 샌델, 함규진 역, 와이즈베리(2020)

[12미적II-03-04]

정적분과 급수의 합 사이의 관계를 탐구하고 이해한다.

땅의 지형은 다양한 모양을 가지고 있기에 땅의 구역을 나누는 경계선 또한 직선과 곡선이 어우러져 있다. 검색 포털에서 제공하는 지도 서비스를 활용하면 여러 지역의 지적 편집도를 통해 땅의 경계를 찾아볼 수 있다. 다양한 모양의 땅의 넓이를 구하는 방법을 탐구하고, 자신이 살고 있는 지역의 넓이를 구해보자.

관련 학과 공공행정학과, 도시행정학과, 법학과, 사회학과, 세무학과, 지리학과, 행정학과

《더 이상한 수학책》, 벤 올린, 이경민 역, 북라이프(2021)

[12미적II-03-05]

곡선으로 둘러싸인 도형의 넓이에 대한 문제를 해결할 수 있다.

기업이 수익을 예측할 때는 다양한 요인을 살펴보지만, 현재 수익의 변화도 앞으로의 수익을 예측하는 데 활용된다. 일정 기간의 수익률을 그래프로 표현할 수 있고, 수익률 함수를 적분하여 특정 기간의 누적된 수익을 구할 수 있다. 기업에서 수익을 예측하는 데 활용하는 다양한 요인에 관해 조사하고, 예측된 상황에 따른 대처 방안에 관해 탐구해 보자.

관련 학과 경영학과, 경제학과, 국제통상학과, 무역학과, 호텔경영학과, 회계학과

《빅데이터를 활용한 예측마케팅 전략》, 외머 아튼 외 1명, 고한석 역, 마인드큐브(2017)

[12미적II-03-06]

입체도형의 부피에 대한 문제를 해결할 수 있다.

여러 산업에서 필요로 하는 광물자원의 보유는 한 국가의 힘이 되기도 한다. 예를 들면 중동 지역에서는 석유를, 중국에서는 희토류를 다른 국가와의 외교에 적극 활용하기도 한다. 광물자원은 매장량 또한 중요하다. 광물자원의 매장량을 구하는 방법을 찾아보고, 국내외의 다양한 광물자원의 개발 현황을 탐구해 보자.

관련 학과 **경제학과, 국제통상학과, 군사학과, 무역학과, 정치외교학과, 지리학과**

《북한 광물자원 평가와 개발환경》, 최종문 외 2명, 씨아이알(2020)

[12미적II-03-07]

적분을 속도와 거리에 대한 문제에 활용하고, 그 유용성을 인식할 수 있다.

자동차 운전 중 앞차와의 거리, 즉 안전거리는 항상 확보하여 운전하도록 법으로 규정되어 있다. 안전거리는 자동차 속도에 따라 규정되어 있는데, 이는 도로의 긴급 상황에서 추가적인 사고가 발생하지 않도록 예방하기 위한 것이다. 자동차 속도에 따라 안전거리가 정해진 과정을 조사하고, 시민의 일상생활 속 안전을 위해 만들어진 다양한 법을 탐구해 보자.

관련 학과 **경찰행정학과, 금융보험학과, 법학과, 사회학과, 소비자학과, 정치외교학과, 행정학과**

《슬기로운 생활법률》, 박일환, EBS BOOKS(2021)

선택 과목	수능	기하	절대평가	상대평가
진로 선택	X		5단계	5등급

단원명 | 이차곡선

| 🔍 | 이차곡선, 포물선(축, 꼭짓점, 초점, 준선), 타원(초점, 꼭짓점, 중심, 장축, 단축), 쌍곡선(초점, 중심, 꼭짓점, 주축, 점근선)

[12기하01-02]

타원의 뜻을 알고, 타원을 방정식으로 표현할 수 있다.

➲ 범죄 예방과 대응 전략 수립을 위해서는 범죄 발생 패턴을 정확히 분석하는 것이 중요하다. 범죄 발생 장소와 시간, 범죄자의 이동 경로 등을 종합적으로 분석하면 범죄 예방에 도움이 될 수 있다. 이를 위해 수학적 모델링을 활용하여 범죄 발생 패턴을 효과적으로 시각화하고, 범죄 발생 지점의 분포와 범죄자의 이동 경로를 효과적으로 표현할 수 있다. 실제 사건에서 활용되었던 수학적 모델링에 관해 탐구하고, 범죄 예방 및 대응 전략 수립에 활용할 수 있는 방안을 조사해 보자.

관련 학과 경찰행정학과, 군사학과, 법학과, 사회학과

《넘버스: 미드로 보는 수학 프로파일링》, 키스 데블린 외 1명, 정경훈 역, 바다출판사(2023)

[12기하01-04]

이차곡선의 접선의 방정식을 구할 수 있다.

➲ 우리 사회는 저출산과 고령화로 인한 인구 감소, 이민자 유입으로 인한 인구 구조 변화 등으로 급격한 인구 변화를 겪고 있다. 이러한 인구 변화는 사회·경제적 변화와 밀접한 관련이 있어, 인구 변화 추이를 분석하는 것이 중요하다. 지역별/연도별 인구 변화 데이터를 수집하고 분석하여 인구 변화 곡선을 작성해 보자. 또한 이를 활용하여 인구 증감률을 추정하고, 인구 변화 추이가 사회·경제에 미치는 영향을 종합적으로 탐구하는 보고서를 작성해 보자.

관련 학과 경영학과, 경제학과, 공공행정학과, 도시행정학과, 사회복지학과, 사회학과, 지리학과, 행정학과

《축소되는 세계》, 앨런 말라흐, 김현정 역, 사이(2024)

단원명 | 공간도형과 공간좌표

| 🔍 | 교선, 삼수선 정리, 이면각(변, 면, 크기), 정사영, 좌표공간, 공간좌표, $P(x, y, z)$

[12기하02-01]

직선과 직선, 직선과 평면, 평면과 평면의 위치 관계에 대한 간단한 증명을 할 수 있다.

우리가 매일 다니는 길 아래에는 전기, 가스, 상하수도, 통신 케이블 등 다양한 지하 매설물이 매립되어 있다. 그러한 이유로 굴착 공사를 하는 경우 안전 작업 지침에 따라야 한다. 우리 사회는 개인의 생활 영역이 있는 듯하지만 서로 영향을 주고받기 때문에 안전 등의 이유로 정해진 약속에 따라 행동해야 하는 경우가 많다. 생활 속에서 개인이 행동할 때 타인과 사회를 위해 고려해야 하는 상황과 대처 방안을 탐구해 보자.

관련 학과 공공행정학과, 도시행정학과, 법학과, 사회학과, 행정학과

《안전교육과 안전관리》, 김창현, 양서원(2022)

[12기하02-02]

삼수선 정리를 이해하고, 이를 활용하여 문제를 해결할 수 있다.

지형을 나타내는 지도를 제작하기 위해서는 지형 측량을 한다. 지형 측량을 하려면 여러 자연물과 각종 건축물, 토지 등을 조사하고 지형의 높이나 거리 등을 측정하게 되는데, 이때 삼수선 정리를 활용하여 계산하게 된다. 지형 측량 과정에서 활용되는 삼수선 정리 등 수학적 개념을 찾아보고, 지형 측량이 필요한 이유 등에 관한 탐구 활동 보고서를 작성해 보자.

관련 학과 공공행정학과, 관광학과, 지리학과, 행정학과

《측정의 세계》, 제임스 빈센트, 장혜인 역, 까치(2023)

[12기하02-03]

도형의 정사영의 뜻을 알고, 도형과 정사영의 관계를 탐구할 수 있다.

새로 이사할 집을 알아볼 때, 이사하고 싶은 집을 직접 방문하여 집의 위치와 상태, 환경 등을 살펴보지만, 그 집이 어느 시간대에 햇빛이 얼마나 들어올지를 단시간 안에 가늠하기는 어렵다. 이러한 점을 보완하기 위해 여러 부동산 정보업체에서는 특정 건물에서 각 시간대에 햇빛이 얼마나 들어오는지 알아볼 수 있는 정보를 제공하기도 한다. 정사영을 활용하여 얻게 되는 다양한 생활 정보를 조사하고 그 원리를 탐구해 보자.

관련 학과 관광학과, 광고홍보학과, 문화콘텐츠학과, 사회복지학과, 사회학과, 소비자학과, 지리학과

《생활 속의 수리과학》, 조용욱, 경문사(2015)

[12기하02-04]

좌표공간에서 두 점 사이의 거리와 선분의 내분점의 좌표를 구할 수 있다.

시민의 생활을 지원하기 위한 공공시설은 보다 많은 시민이 활용할 수 있도록 장소를 정해야 한다. 특히 여러 지역의 시민이 공동으로 이용하게 되는 문화센터, 체육관 등 문화시설과 시청, 경찰서, 소방서 등 관공서의 위치는 세심하게 결정할 필요가 있다. 자신이 살고 있는 지역의 여러 공공시설의 위치를 살펴보고 문제점과 해결 방안을 탐구해 보자.

관련 학과 경찰행정학과, 공공행정학과, 도시행정학과, 사회복지학과, 사회학과, 지리학과, 행정학과

《인구감소 시대의 공공시설 개혁》, 나이토 노부히로, 임준홍 외 2명 역, 한울아카데미(2017)

[12기하02-05]

구를 방정식으로 표현할 수 있다.

➲ 무선통신에서 전파의 도달 범위는 무선통신 시스템의 출력 등을 고려하여 예측할 수 있다. 또한 전파 송신기의 전파 출력, 안테나 특성, 환경 등의 영향을 받게 된다. 다양한 무선통신 시스템의 전파 도달 범위를 계산해 보고, 각 산업 분야에서 활용되는 무선통신 시스템을 조사해 보자.

관련 학과 경영학과, 경찰행정학과, 공공행정학과, 관광학과, 군사학과, 사회복지학과, 사회학과, 신문방송학과, 언론정보학과, 지리학과, 항공서비스학과, 행정학과

《모스에서 잡스까지》, 신동흔, 뜨인돌(2018)

단원명 | 벡터

| 🔍 | 벡터, 시점, 종점, 벡터의 크기, 단위벡터, 영벡터, 실수배, 평면벡터, 공간벡터, 위치벡터, 벡터의 성분, 내적, 방향벡터, 법선벡터, $\overrightarrow{AB}$, $\vec{a}$, $|\vec{a}|$, $\vec{a}\cdot\vec{b}$

[12기하03-01]

벡터의 뜻을 알고, 벡터의 덧셈, 뺄셈, 실수배를 할 수 있다.

➲ 벡터는 '크기와 방향을 함께 가진 양'으로 정의한다. 무게, 길이, 넓이, 부피 등 일반적으로 하나의 양 또는 값을 나타내는 정의와는 다르게 벡터는 두 가지의 변량을 가지고 있는데, 사회과학 분야에서도 여러 분석을 할 때 다양한 변량을 함께 다루게 된다. 벡터와 같이 사회과학 분야에서 활용되는 다양한 변량을 함께 다루는 개념을 탐구해 보자.

관련 학과 사회계열 전체

《수학의 이유》, 이언 스튜어트, 김성훈 역, 반니(2022)

[12기하03-02]

위치벡터의 뜻을 알고, 벡터와 좌표를 대응시켜 표현할 수 있다.

➲ 문화유산과 관광자원은 지역의 역사와 정체성을 보여주는 중요한 자산이다. 지역별 문화유산 및 관광자원의 데이터를 수집하여 공간 분포의 패턴을 파악하고, 이를 통해 지역 간 문화유산 및 관광자원의 균형성과 편중성을 분석해 보자. 또한 효과적인 관광 루트와 동선을 설계하고, 관광 인프라 및 서비스 개선 방안을 찾아보며, 문화유산과 관광자원의 연계에 관해 수학적으로 탐구하는 보고서를 작성해 보자.

관련 학과 관광학과, 광고홍보학과, 도시행정학과, 문화콘텐츠학과, 소비자학과, 지리학과, 행정학과

《보글보글 기하》, 김용관, 지노(2021)

[12기하03-05]

좌표공간에서 벡터를 이용하여 평면의 방정식과 구의 방정식을 구할 수 있다.

➲ 구의 모양을 하고 있는 지구를 평면의 지도에 표현하기 위해서는 여러 기법을 사용하게 된다. 여러 가지 투영

법의 특징과 면적, 거리, 방향 등의 왜곡 정도를 비교·분석하여 장단점을 조사해 보자. 또한 지구본과 세계지도의 축척의 차이가 지리 정보 전달에 미치는 영향, 국가 간 영토 갈등에 끼치는 영향 등을 탐구하여 발표해 보자.

관련 학과 관광학과, 군사학과, 무역학과, 사회학과, 정치외교학과, 지리학과, 항공서비스학과

《기하학 세상을 설명하다》, 조던 엘렌버그, 장영재 역, 브론스테인(2022)

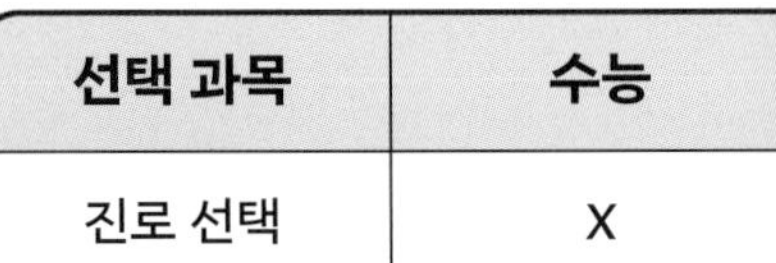

선택 과목	수능	경제 수학	절대평가	상대평가
진로 선택	X		5단계	5등급

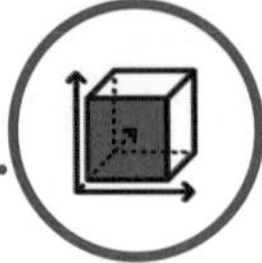

단원명 | 수와 경제

| 🔍 | 경제 지표, 퍼센트포인트, 환율, 물가지수, 주식지수, 취업률, 실업률, 고용률, 경제성장률, 금융 지표, 무역수지 지표, 노동관계 지표, 주식 지표, 세금, 소득, 세금부과율, 소비세, 누진세, 근로소득 연말정산, 부가가치세, 종합소득세, 단리, 복리, 이자율, 연이율, 분기이율, 월이율, 할인율, 원리합계, 현재 가치, 미래 가치, 연속복리, 연금, 기말급 연금, 기시급 연금, 영구 연금, 미래 가격, 현재 가격

[12경수01-01]

통계 자료를 활용하여 경제 지표의 의미를 이해하고, 경제 지표의 변화를 설명할 수 있다.

➲ 소비자물가지수는 소비자가 구입하는 상품과 서비스의 가격 변동을 측정하기 위한 지표로, 국민들의 생활에 직접적인 영향을 주는 중요한 경제 지표 중 하나이다. 소비자물가지수는 통계청에서 매월 작성하여 공표하는데, 통계청은 기준 시점인 2010년의 소비자물가 수준을 100으로 하여 전국 37개 도시의 481개 상품과 서비스 품목을 대상으로 소비자의 구입 가격을 수치화하여 발표하고 있다. 소비자물가지수가 정치, 경제, 문화, 사회, 교육 분야 등에 미치는 영향을 정리하고, 소비자물가지수를 안정화할 수 있는 방안을 개인과 가정, 국가 차원에서 탐구해 보자.

관련 학과 사회계열 전체

《불평등한 선진국》, 박재용, 북루덴스(2022)

[12경수01-02]

환율과 관련된 실생활 문제를 해결할 수 있다.

➲ 영국의 경제 주간지 <이코노미스트>는 1986년부터 '빅맥 지수'를 발표하고 있는데, 빅맥 지수란 전 세계 맥도날드 매장에서 팔리는 빅맥버거의 가격을 달러로 환산한 각국의 빅맥 가격을 의미한다. 빅맥버거는 맥도날드가 진출한 세계 117개국 중 인도와 중동 등 몇 나라를 제외한 국가에서 유사한 재료와 조리법으로 판매되고 있어 국가 간의 가격 비교가 용이하다. 빅맥 지수는 $\frac{(\text{국내 가격})}{(\text{환율})}$ 으로 구할 수 있는데, 우리나라 빅맥 지수를 환율과 비교하여 우리나라 빅맥버거 가격이 적절한지 분석해 보자. 또한 빅맥 지수 이외에도 활용 가능한 상품을 사례로 제시하여 빅맥 지수와 비교해 보자.

관련 학과 사회계열 전체

환율은 어떻게 움직이는가?

임경, 생각비행(2020)

책 소개

이 책은 환율의 움직임을 파악하고 예측에 초점을 맞추는 방식으로 환율의 움직임을 이해할 수 있도록 단순하고도 도식적인 프레임을 제시한다. 환율이 결정되는 요인, 환율 변동이 수출입과 자본 이동에 미치는 영향 등을 소개한다. 환율은 경제 논리를 넘어 정치, 사회 분위기, 사회현상 등과 긴밀한 관계를 가지며, 한 사회에 지대한 영향을 미침을 설명하고 있다.

세특 예시

환율의 상승과 하락이 사회에 미치는 영향을 구체적인 용어와 수치로 표현하고, 여러 경제 주체들이 처하게 될 손익의 상황을 분석함. 우리나라 빅맥 지수와 스타벅스 라테 지수, 이케아 지수, 신라면 지수를 소개하고, '환율은 어떻게 움직이는가?(임경)'를 활용해 환율이 결정되는 원리와 비교해 설명함. 또한 이런 빅맥 지수가 활용되는 이유와 국가별 빅맥 지수를 비교하는 통계 자료를 제시하고, 지금의 빅맥버거 가격을 감안하면 우리나라 원화 가치가 다소 저평가되고 있음을 설명함. 표와 그래프를 활용해 시각적 효과를 극대화하고 자신의 주장에 대한 논리적인 근거를 제시함.

[12경수01-03]

세금과 관련된 실생활 문제를 해결할 수 있다.

➔ 세금은 국가 및 지방자치단체가 특정한 목적의 달성 등을 위해 조성하는 국가의 생활비로, 국민의 소득이나 일정한 규칙에 따라 지불한다. 국가는 경제와 산업 환경을 반영해 적정한 세금을 거둬들이고 때로는 세금 제도를 개편하기도 한다. 세금은 크게 직접세와 간접세로 나뉘는데, 직접세와 간접세의 특징을 비교하여 발표해 보자. 또한 해외의 복지국가에서 활용하는 세금의 사례를 참고하여 우리나라 세금 제도의 개선 방향을 제시해 보자.

관련 학과 경영학과, 경제학과, 공공행정학과, 국제통상학과, 도시행정학과, 무역학과, 법학과, 사회복지학과, 사회학과, 세무학과, 소비자학과, 행정학과, 회계학과

《키워드로 읽는 불평등 사회》, 조형근, 소동(2022)

[12경수01-04]

단리와 복리를 이용하여 이자와 원리합계를 구하고, 미래에 받을 금액의 현재 가치를 구할 수 있다.

➔ 최근 인터넷 전문 은행들이 MZ세대의 눈길을 사로잡을 만한 특이한 명칭이 붙은 적금 상품을 속속 내놓고 있다. 대표적인 예로 '최애적금'은 자신이 좋아하는 스타나 인플루언서, 캐릭터 등이 특정 행동을 할 때마다 일정 금액을 저축할 수 있도록 한 것이 특징이다. 여기서 '최애'란 아이돌 팬덤 사이에서 흔히 쓰이는 용어로 '최고로 애정(사랑)한다'의 준말이다. MZ세대를 겨냥한 최애적금에 반영된 심리를 분석하고, MZ세대의 적금 가입을 유도할 수 있는 상품을 만들어보자.

관련 학과 경영학과, 경제학과, 광고홍보학과, 금융보험학과, 문화콘텐츠학과, 미디어커뮤니케이션학과, 사회학과, 소비자학과, 신문방송학과, 언론정보학과

《돈 공부는 처음이라》, 김종봉 외 1명, 다산북스(2023)

[12경수01-05]

연금의 뜻을 알고, 연금의 현재 가치를 구할 수 있다.

➲ 국민연금 사회보장협정제도는 협정 체결국 간 연금제도의 서로 다른 점을 상호 조정하여 양쪽의 체결국 국민에게 혜택을 부여하기 위한 제도이다. 협정 체결 이전에는 우리나라 국민이 외국에서 근로하거나 자영업을 할 경우 양국의 법령 의무 내용에 따라 가입 대상이 되면 양국의 연금제도에 모두 가입해야 했다. 그러나 사회보장협정제도를 통해 본국의 연금제도에 이미 가입하고 있다면 본국과 상대국 둘 중 하나에만 가입하면 다른 하나는 면제받게 된다. 국민연금 사회보장협정제도의 목적과 장점을 탐구하여 정리해 보자.

관련 학과 경영학과, 경제학과, 공공행정학과, 관광학과, 금융보험학과, 도시행정학과, 무역학과, 법학과, 사회복지학과, 사회학과, 세무학과, 정치외교학과, 행정학과, 회계학과

《외국 단체교섭제도 연구》, 노동자권리연구소 외 4명, 미지북스(2023)

단원명 | 함수와 경제

| 🔍 | 함수, 정의역, 공역, 치역, 비례함수, 반비례함수, 비용, 비용함수, 이윤, 생산함수, 수요, 공급, 수요량, 공급량, 수요함수, 공급함수, 수요곡선, 공급곡선, 효용함수, 한계효용, 총효용곡선, 한계효용곡선, 한계효용 체감의 법칙, 한계효용 균등의 법칙, 기대효용, 균형가격, 가격, 세금, 소득, 부등식의 영역, 제약조건, 최대와 최소, 이차함수, 효용

[12경수02-01]

여러 가지 경제 현상을 함수로 나타낼 수 있다.

➲ 다양한 사회현상이나 경제 현상을 함수로 표현하여 활용하면 변화 양상을 한눈에 파악할 수 있고 앞으로의 변화를 예측할 수 있다. 예를 들어 사회 복지나 행정 분야의 연간 예산 변화를 표로 정리할 수 있고, 외국과의 무역수지나 수출, 수입의 변화를 그래프로 나타낼 수 있다. 자신의 진로 분야와 관련하여 최근 변화를 함수(또는 표와 그래프)로 표현하고 이를 분석하여 앞으로의 변화를 예측해 보자.

관련 학과 사회계열 전체

《대한민국 공공기관》, 국회예산정책처, 진한엠앤비(2023)

[12경수02-02]

함수와 그래프를 활용하여 수요곡선과 공급곡선의 의미를 탐구하고 이해한다.

➲ 최근 해외여행객 수가 증가하면서 항공권 가격이 크게 상승했는데, 항공권 가격은 수요와 공급의 영향을 크게 받는 것 중 하나이다. 항공사들이 빈 좌석을 채우기 위한 판매 유도 전략으로, 예상되는 좌석 판매 수에 따라 항공권 가격을 다르게 책정하고 있다. 평소 관심을 가지고 있는 국가를 선정하여 시기에 따른 항공권(또는 숙박권) 가격의 변화를 조사하고, 항공권 가격을 수요와 공급과 연관지어 설명해 보자.

관련 학과 관광학과, 사회학과, 세무학과, 소비자학과, 지리학과, 항공서비스학과, 호텔경영학과

《해외여행 준비 TIP 모음》, 이상호, 좋은 땅(2022)

[12경수02-03] •••

효용의 의미를 이해하고, 효용을 함수와 그래프로 나타낼 수 있다.

➲ 한계효용 체감의 법칙은 어떤 상품의 소비량이 늘어갈 때 한계효용이 점점 작아진다는 법칙이다. 많은 자산을 가진 부자와 적은 자산을 가진 서민이 있다면 돈에 대한 한계효용은 서민이 훨씬 높게 나타나 같은 100만 원이라도 서민에게는 큰돈으로 느껴지게 된다. 사회 복지에 대한 관점은 크게 재산에 따라 차등적으로 복지 혜택이 주어져야 한다는 선별적 복지와, 모두에게 동일한 복지 혜택이 주어져야 한다는 보편적 복지로 나눌 수 있다. 한계효용 체감의 법칙을 근거로 선별적 복지의 필요성을 탐구해 보자.

관련 학과 경찰행정학과, 공공인재학과, 공공행정학과, 도시행정학과, 법학과, 사회복지학과, 사회학과, 세무학과, 행정학과, 회계학과

《성공의 덫에 빠진 대한민국》, 김영순 외 6명, 후마니타스(2022)

[12경수02-04] •••

수요와 공급의 상호작용에 의해 균형가격이 결정되는 경제 현상을 설명할 수 있다.

➲ 일반적으로 상품의 가격은 수요와 공급의 상호작용에 의해 결정되는데, 수요자가 선진국이거나 강자인 경우 가격이 의도치 않게 책정될 수 있다. 공정무역이란 개발도상국의 생산자에게 덤핑 가격이 아닌 정당한 가격을 지불하여 해당 국가의 농민들이 자립할 수 있도록 생산원가와 생계비를 보장하는 무역을 의미한다. 이는 개발도상국과 선진국을 넘어 대기업과 중소기업, 작은 식품 회사와 대형 마트 사이에도 동일하게 적용된다. 공정무역과 관련한 기사를 찾아보고 공정무역이 필요한 이유를 탐구해 보자.

관련 학과 경영학과, 경제학과, 공공행정학과, 관광학과, 국제통상학과, 무역학과, 법학과, 사회복지학과, 사회학과, 소비자학과, 정치외교학과, 행정학과

《커피 트립티(Tripti) 공정무역》, 최정의팔 외 12명, 동연출판사(2021)

[12경수02-05] •••

세금과 소득의 변화가 균형가격에 미치는 영향을 탐구하고 이해한다.

➲ 종합소득세란 납세자의 근로소득 이외의 각종 소득(사업소득, 기타소득 등)을 합계한 총소득에 대하여 매기는 소득세를 말한다. 최근 정부가 세제개편을 통해 소득세 부담 완화에 나서면서 6% 세율이 적용되던 과세표준 구간이 기존 1,200만 원 이하에서 1,400만 원 이하로 확대되었고, 15% 세율이 적용되던 1,200~4,600만 원 구간의 상한선은 5,000만 원 이하로 변경되었다. 종합소득세의 과세표준을 조사하고 연간 소득이 5,000만 원인 사람이 세제개편을 통해 얼마만큼의 세금이 줄어들게 될지 예상되는 금액을 탐구해 보자.

관련 학과 경영학과, 경제학과, 공공행정학과, 국제통상학과, 금융보험학과, 도시행정학과, 무역학과, 법학과, 사회복지학과, 사회학과, 세무학과, 소비자학과, 행정학과, 회계학과

《세금안내자 이조사관의 종합소득세 이야기》, 이조사관, 성안북스(2023)

[12경수02-06] •••

부등식의 영역의 개념을 이해하고, 이를 활용하여 경제 현상의 문제를 해결할 수 있다.

➲ 선형계획법은 일차부등식으로 표현된 조건에서 주어진 일차식의 극대와 극소, 최대와 최소를 구하는 방법으

로 부등식의 영역과 관련이 많다. 자원(또는 소득액)이 한정된 상황에서 매출이나 이익, 효율을 최대화하거나 비용과 시간을 최소화하는 문제 등 기업의 경영 계획, 경제 분석에 자주 활용된다. 교과서의 사례를 바탕으로 자신의 진로 분야에서 선형계획법이 사용되는 상황을 제시하고, 그에 대한 해결 방법을 탐구해 보자.

관련 학과 경영학과, 경제학과, 국제통상학과, 무역학과, 세무학과, 회계학과

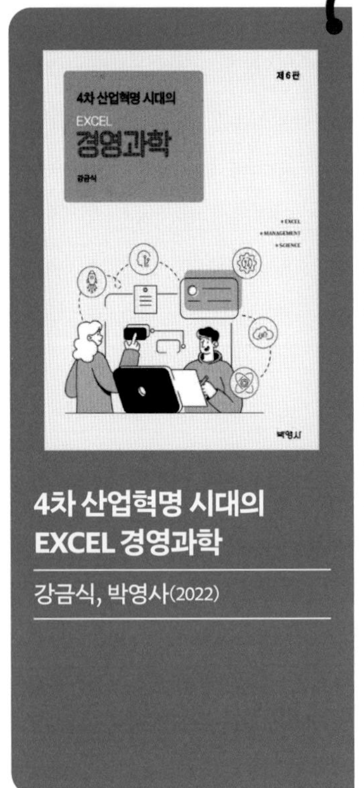

4차 산업혁명 시대의 EXCEL 경영과학

강금식, 박영사(2022)

책 소개

이 책은 경영학과와 경제학과의 문제 해결 능력 함양에 필요한 문제 상황과 합리적 의사결정 과정에 도움이 되도록 구성되었다. 4차 산업혁명과 인공지능에 대한 간단한 내용부터 정치, 경제, 사회, 문화 등 다방면에 걸쳐 유익한 이론을 소개하고, 데이터 마이닝과 비즈니스 분석 등을 다룬다. 선형계획법과 관련하여 모델화와 응용, 그래프와 엑셀을 활용하는 해법을 다루고 있다.

세특 예시

직선의 방정식을 이용하여 주어진 조건을 부등식의 영역으로 정확히 추론하였으며, 최대가 되는 점을 수학적으로 정당화함. 교과서에 주어진 경제 문제 상황을 대수적으로 표현하고 수학적 모델링을 활용하여 논리적으로 해결함. 개념 적용 활동으로 '4차 산업혁명 시대의 EXCEL 경영과학(강금식)'에 제시된 경제 문제 상황을 소개하고, 부등식의 영역의 개념과 공학 도구를 활용하여 해결 과정을 논리적으로 설명함. 또한 부등식의 영역을 통해 얻은 결과를 바탕으로 최대가 되는 최적의 해를 정확하게 설명함.

단원명 | 행렬과 경제

| 🔍 | 행렬, 행, 열, 성분, $m \times n$ 행렬, 정사각행렬, 영행렬, 행렬의 덧셈·뺄셈·실수배·곱셈, 역행렬, 행렬식, 단위행렬, 연립일차방정식, 행렬의 성질, 행렬의 활용

[12경수03-01]

여러 가지 경제 현상을 행렬로 나타내고, 연산할 수 있다.

➲ '마르코프 체인'은 미래의 상태가 현재 상태에 의존한다는 특성을 바탕으로 경제와 경영 분야의 다양한 예측 및 분석에 활용된다. 대표적으로 주식시장의 분석, 고객의 이탈 예측 등을 모델화하여 설명하고, 재고 관리나 경제성장률 예측, 마케팅 전략 등에 활용된다. 마르코프 체인의 개념을 바탕으로 마르코프 체인이 경제와 경영 분야에 활용되는 구체적인 상황을 탐구하여 제시해 보자.

관련 학과 경영학과, 경제학과, 국제통상학과, 금융보험학과, 무역학과, 사회학과, 세무학과, 소비자학과, 행정학과, 호텔경영학과, 회계학과

《매트랩 코드와 함께 하는 마르코프 체인 몬테카를로》, 이효남, 자유아카데미(2023)

[12경수03-02] ●●●

역행렬의 뜻을 알고, 2×2행렬의 역행렬을 구할 수 있다.

➲ 어떤 서비스를 받으려는 고객의 도착 시간과 해당 서비스가 제공되는 시간이 다르기 때문에 불균형이 발생하게 된다. 대기행렬 이론은 고객과 서비스 설비의 관계에 확률 이론을 적용하여 대기행렬의 모델을 통해 대기 시간을 최소화하기 위해 개발되었다. 데이터 처리나 서비스 대기, 교통 흐름 등의 상황에서 활용되는 대기행렬을 조사하고 이를 탐구해 보자.

관련 학과 경영학과, 경제학과, 공공인재학과, 공공행정학과, 관광학과, 호텔경영학과

《4차 산업혁명 시대의 EXCEL 경영과학》, 강금식, 박영사(2022)

[12경수03-03] ●●●

행렬의 연산과 역행렬을 활용하여 경제 현상의 문제를 해결할 수 있다.

➲ 이번 달에 코카콜라를 구입한 사람의 80%가 다음 달에도 역시 코카콜라를 구입하지만, 나머지 20%는 마음이 바뀌어 펩시콜라를 구입한다고 한다. 그리고 이번 달에 펩시콜라를 구입한 사람의 70%가 다음 달에도 역시 펩시콜라를 구입하지만, 나머지 30%는 마음이 바뀌어 코카콜라를 구입한다고 한다. 이번 달에 코카콜라를 구입한 인구가 10억이고 펩시콜라를 구입한 인구가 8억일 때, 1년 후에는 어떻게 변화할지 행렬을 이용하여 탐구해 보자.

관련 학과 경영학과, 경제학과, 국제통상학과, 무역학과, 세무학과, 소비자학과, 회계학과

《Maple과 R-project에 의한 마르코프 연쇄 몬테카를로》, 이상호, 교우사(2018)

단원명 | 미분과 경제

| 🔍 | 평균변화율, 극한, 순간변화율, 미분계수, 접선의 기울기, 도함수, 합과 차의 미분법, 생산비용, 탄력성, 효용함수, 한계효용, 한계수입, 한계비용, 한계이윤, 평균효용, 평균수입, 평균비용, 평균이윤, 증가, 감소, 극대, 극소, 극댓값, 극솟값, 최대, 최소, 그래프 개형, 평균생산량(AP), 한계생산량(MP), 최적생산량, 총수입, 총생산, 이윤

[12경수04-01] ●●●

미분의 개념을 이해하고 경제 현상을 나타내는 함수를 미분할 수 있다.

➲ 고정식 과속 단속 카메라는 순간속도를 측정하는 방식으로, 카메라 시야각이 도로의 25m 정도를 측정할 수 있도록 설치한다. 시야각 안에 처음 들어오는 자동차의 첫 이미지와 마지막 이미지의 시차를 이용한다. 문제는 단속 구간에서만 줄이고 다시 속도를 올려 쌩쌩 달리는 일명 '캥거루 운전자'의 단속이 어렵다는 점이다. 이를 위해 도입한 것이 '구간 과속 단속 카메라'로, 진입 지점과 종료 지점에서 속도를 늦춘다고 단속을 피할 수 없게 되었다. 고정식 과속 단속 카메라와 구간 과속 단속 카메라의 원리를 평균변화율과 순간변화율의 개념과 연관지어 설명해 보자.

관련 학과 경찰행정학과, 공공인재학과, 공공행정학과, 도시행정학과, 법학과, 사회학과, 행정학과

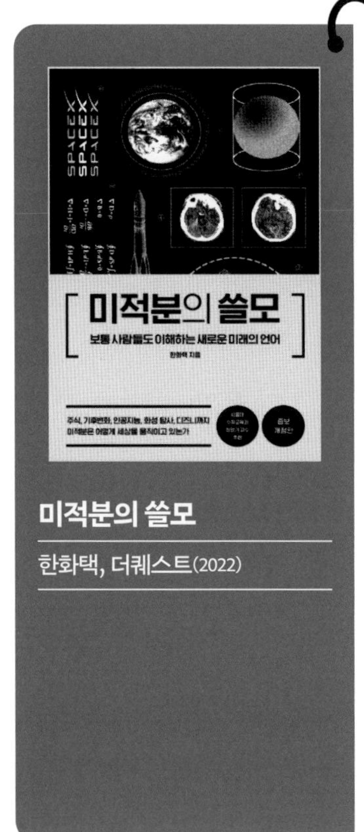

미적분의 쓸모

한화택, 더퀘스트(2022)

책 소개

이 책은 드론이나 우주공학, 가상공간과 컴퓨터그래픽 등 세상에서 일어나고 있는 변화를 미적분으로 풀어냈다. 미적분의 개념부터 미적분이 어떻게 활용되는지까지 보통 사람들도 충분히 이해할 수 있도록 안내한다. 미적분은 세상의 변화를 이해하고 미래를 예측하는 언어로, 앞으로 그 중요성이 커질 것이라 예상하면서, 미적분을 어렵게 느끼는 일반인도 이해할 수 있도록 사례를 중심으로 구성하였다.

세특 예시

평균변화율에 대한 수학식을 바탕으로 미분계수의 정의, 기하학적 의미를 정확하게 이해하고 그래프에 적용하여 바르게 분석함. 두 개념을 평균비용함수와 한계비용함수의 관계와 연결하여 추론하고 이를 수학적으로 설명함. 교과 연계 독서 활동으로 '미적분의 쓸모(한화택)'를 참고하여 '캥거루 운전자' 단속을 위해 설치된 구간 과속 단속 카메라의 원리를 설명함. 기존 고정식 과속 단속 카메라와의 차이를 비교하는 과정에서 평균변화율과 순간변화율의 의미 차이를 비교하여 설명하고 미분계수의 수학적 개념을 정확하게 제시함.

[12경수04-02]

미분을 이용하여 그래프의 개형을 탐구하고 해석할 수 있다.

➲ 소득이 증가하면 소고기의 소비량이 늘어나고, 기차 요금이 상승하면 고속버스 승객이 늘어난다. 도서 가격이 상승하면 도서 구매량이 줄어들고, 석유 가격이 상승하면 종이 생산량이 줄어든다. 이를 미분의 부호로 표현하면 각각 양수와 음수가 된다. 국내 산업의 보호를 위해 보호무역주의로 수입품에 대한 관세 품목의 범위를 늘려나갈 때 발생할 수 있는 현상을 미분을 활용해 탐구해 보자.

관련 학과 경영학과, 경제학과, 국제통상학과, 무역학과, 소비자학과, 정치외교학과

《만화로 보는 맨큐의 경제학》, 그레고리 맨큐, 김용석 외 1명 편저, 이러닝코리아(2024)

[12경수04-03]

미분을 활용하여 탄력성의 의미를 탐구하고 이해한다.

➲ 수요의 가격탄력성이란 가격 변화 1%에 대해 변화하는 수요량의 퍼센티지(%)를 의미한다. 예를 들어 초콜릿 가격이 1,000원에서 1,200원으로 상승하였더니 수요량이 1,000개에서 900개로 줄었다면 초콜릿 수요의 가격탄력성은 0.5가 된다. 수요의 가격탄력성에는 대체 가능성, 시간, 필수품 여부, 지출 비중 등의 다양한 요인이 작용한다. 수요의 가격탄력성에 영향을 줄 수 있는 요인을 사례를 중심으로 분석해 보자.

관련 학과 사회계열 전체

《세계품목단위 수출수요의 가격탄력성 추정에 관한 연구》, 이진면, 산업연구원(2017)

[12경수04-04]

미분을 활용하여 경제 현상의 최적화 문제를 해결할 수 있다.

일반적으로 가격이 상승하면 소비자들이 수요를 줄이는 현상이 발생하는데, 경제학에서는 수요량의 변화율을 수요법칙이라고 한다. 반대로 가격이 상승하면 기업들이 공급을 증가시키는 현상이 발생하는데, 이를 공급법칙이라고 한다. 수요법칙과 공급법칙이라는 경제 현상을 그래프로 나타낼 수 있고, 공급곡선과 수요곡선이 교차하는 점에서 균형가격과 균형수급량이 결정된다. 이를 사례를 통해 제시하고 분석해 보자.

관련 학과 사회계열 전체

《시장과 가격 쫌 아는 10대》, 석혜원, 풀빛(2019)

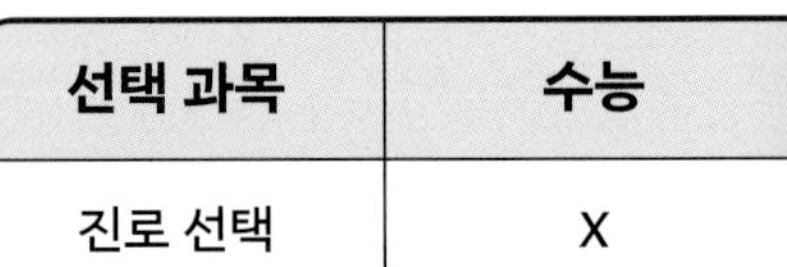

선택 과목	수능	인공지능 수학	절대평가	상대평가
진로 선택	X		5단계	5등급

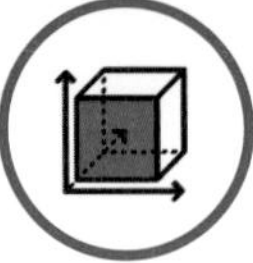

단원명 | 인공지능과 빅데이터

| ρ | 인공지능, 기계학습, 지도학습, 강화학습, 딥러닝, 사물인터넷, 빅데이터, 데이터베이스, 논리합(OR), 논리곱(AND), 배타적 논리합(XOR), 논리 연산, 진리표, 알고리즘, 순서도, 다층퍼셉트론, 편향성, 전문가 시스템, 추론, 데이터 활용, 공정성, 퍼셉트론, 가중치, 활성화함수

[12인수01-01]

인공지능의 개념을 이해하고, 학습 방식을 수학적으로 해석할 수 있다.

➲ 최근 금융사와 통신사는 보이스피싱 범죄를 사전 차단하는 기술을 개발해 도입하고 있다. 국내의 한 은행에서는 AI 기반의 보이스피싱 차세대 모니터링 시스템을 구축했는데, 여기에 빅데이터가 직접 활용되고 있다. 이는 보이스피싱 사례와 관련한 많은 정보를 학습한 AI가 의심 패턴을 파악해 실시간으로 보이스피싱을 탐지하고 대응하는 시스템이다. AI가 사용자의 행동과 거래 패턴을 분석해, 보이스피싱 피해 의심 고객으로 판단될 경우 출금 계좌를 정지시켜 피해를 예방하게 된다. 이 과정에서 활용되는 인공지능의 개념을 설명하고, 앞으로 범죄 예방과 범죄자 검거에 인공지능이 활용될 수 있는지 탐구해 보자.

관련 학과 경영학과, 경제학과, 경찰행정학과, 금융보험학과, 법학과, 사회학과, 회계학과

《법을 분석하는 인공지능》, 케빈 D. 애슐리, 오태원 외 2명 역, 박영사(2020)

[12인수01-02]

인공지능에서 수학을 활용한 역사적 사례를 탐구하고 설명할 수 있다.

➲ 인공지능의 발달이 지식 노동화를 앞당기고, 향후 대규모의 새로운 시장이 열릴 것이라는 장밋빛 전망이 있다. 이에 따른 노동 시장의 변화로 기존의 일자리를 잃지 않을까 하는 우려와 함께, 앞으로 새로운 직업이 생길 가능성이 높다. 과거에도 자동화 기술의 발전으로 공장 노동자의 실업과 함께 공장 종사자들이 서비스업으로 이동하는 변화가 있었다. 또한 농업의 기계화로 농부의 수는 줄었지만, 농업을 기반으로 하는 간접적 일자리로 비료와 트랙터, 종자 개량, 유전공학과 스마트팜, 가공식품 종사자의 수가 늘었다. AI의 높아지는 활용도에 따른 자신의 진로와 직업 분야의 변화를 예측하고, 새로 생길 수 있는 분야를 탐구해 보자.

관련 학과 사회계열 전체

《챗GPT 미래 일자리 2030》, 윤혜식, 미디어샘(2023)

[12인수01-03]

빅데이터의 개념과 특성을 알고 인공지능에서 빅데이터를 활용한 사례를 찾을 수 있다.

➔ 온라인 쇼핑에서 도입된 눈에 띄는 기술 중 하나가 댓글 추천 방식이다. 사람들이 궁금해하는 구매자 만족도, 사이즈, 색상 등의 정보에 대한 댓글을 AI가 항목별로 구분해 사용자에게 제공한다. 또한 구매를 희망하는 사람이 등산복을 구매하면 AI가 해당 등산복과 함께 많이 팔리거나 그에 어울리는 등산 모자, 양말, 신발 등을 추가로 추천해 준다. 인공지능과 빅데이터의 개념의 특성을 정리하고, 여기에 제시한 사례 이외에도 인공지능을 활용한 마케팅 사례를 탐구해 보자.

관련 학과 경영학과, 경제학과, 광고홍보학과, 문화콘텐츠학과, 미디어커뮤니케이션학과, 사회학과, 소비자학과, 신문방송학과, 언론정보학과

인공지능·빅데이터 마케팅

이원준, 커뮤니케이션북스(2022)

책 소개

이 책은 인공지능과 빅데이터가 바꿔가고 있는 미래의 마케팅을 이해하기 위한 10개의 주제를 제시한다. 광고 자동화에 사용되는 알고리즘인 리마케팅과 머신러닝을 소개하고, 마케팅 자동화의 선도자인 구글 이외에, 소셜 미디어 분야에서의 인공지능 활용 동향을 확인한다. 빅데이터를 수집·분석하는 자동화된 서비스와 빅데이터 마케팅을 설명하고, 인공지능과 인간 관리자, 대행사 간의 관계를 제안하고 있다.

세특 예시

빅데이터의 개념과 특징을 정리하면서 빅데이터와 관련하여 크게 인공지능과 딥러닝, 인공신경망 등의 개념으로 설명함. 빅데이터가 활용되는 사례를 제시하고, 그중에서 인공지능을 활용한 상품 추천과 빅데이터 마케팅에 대해 발표함. '인공지능·빅데이터 마케팅(이원준)'을 활용하여 빅데이터 마케팅와 그 사례를 소개하고 미래의 마케팅 방향을 제시함. 사람과 기업이 인공지능을 활용하는 방안과 그 관계로 발표를 마무리하면서 논리적인 설명과 진로에 대한 열정을 드러냄.

단원명 | 텍스트 데이터 처리

| 🔍 | 텍스트 데이터, 텍스트 마이닝, 불용어, 집합, 벡터, 빈도수, 단어 가방(Bag of Words), 용어빈도(TF), 문서빈도(DF), 역문서빈도(IDF), 감성 정보 분석, 텍스트의 유사도 분석, 유클리드 유사도, 코사인 유사도, 자카드 유사도

[12인수02-01]

집합과 벡터를 이용하여 텍스트 데이터를 목적에 맞게 표현할 수 있다.

➔ 데이터 시각화(Data Visualization)는 데이터 분석 결과를 쉽게 이해할 수 있도록 시각적으로 표현하여 전달하는 과정이다. 대표적인 데이터 시각화 기법으로는 단어의 빈도에 따라 글자의 크기와 색깔을 다르게 표현하는 '단어 구름(워드 클라우드)'이 있다. 단어 구름은 벡터와 같은 수학적 표현을 이용해 방대한 양의 비정형 데이터를 분석하는 데 활용되며, 텍스트 마이닝(Text Mining)의 결과로 만들어진다. 워드클라우드(https://wordcloud.kr)에 접속하여 자신의 관심 학과에 대한 단어 구름을 생성하고 단어 구름의 원리를 탐구해 보자.

관련 학과 사회계열 전체

《통계 분석 너머 R의 무궁무진한 활용》, 고석범, 에이콘출판사(2017)

[12인수02-02]

빈도수 벡터를 이용하여 텍스트 데이터를 요약하고 유용한 정보를 추출할 수 있다.

검색 엔진에서 블로그와 작성한 글을 다른 사람에게 노출함으로써 상품을 홍보하고 매출을 높이는 경우가 있다. 블로그의 콘텐츠가 상단 목록에 노출되게 하려면 검색 엔진의 알고리즘을 이해하고 있어야 한다. 이때 연관 검색어는 사용자가 특정 단어를 검색한 뒤 연이어 많이 검색한 단어를 자동 로직에 의해 추출하여 제공하는 서비스이다. 검색 엔진에서 활용하는 연관 검색어의 원리를 설명하고, 블로그를 상단에 노출할 수 있는 전략을 탐구해 보자.

관련 학과 광고홍보학과, 문화콘텐츠학과, 미디어커뮤니케이션학과, 사회학과, 소비자학과, 신문방송학과, 언론정보학과

《검색광고의 이해》, 권오윤 외 5명, 한울아카데미(2019)

[12인수02-03]

인공지능이 텍스트를 특성에 따라 분석하는 수학적 방법을 설명할 수 있다.

앞으로 인공지능은 영화의 감상평을 분석하고, 나아가 영화평론가의 역할도 수행할 것으로 보인다. 인공지능은 빅데이터를 기반으로 다양한 영화에 대한 사람들의 평가를 분석하여 제공한다. 인공지능이 사람들의 영화 감상평을 분석하는 과정에서 단어가 나타난 횟수를 벡터로 표현하는 방식을 활용하는데 이를 '단어 가방(Bag of Words)'이라고 한다. 여러 개의 텍스트 문서에서 중요한 단어나 주제어로 적합한 단어를 찾는데, 이때 활용되는 TF(각 문서에서의 용어 빈도), DF(특정 단어가 나타나는 문서의 수), IDF(역문서빈도)에 대해 탐구해 보자.

관련 학과 광고홍보학과, 문화콘텐츠학과, 미디어커뮤니케이션학과, 사회학과, 소비자학과, 신문방송학과, 언론정보학과

《인공지능, 영화가 묻고 철학이 답하다》, 양선이, 바른북스(2021)

단원명 | 이미지 데이터 처리

이미지 데이터, 픽셀 위치, 색상 정보(RGB), 행렬, 전치행렬, 이미지 구도, 색상, 휘도, 밝기, 선명도, 행렬의 연산, 행렬의 덧셈과 뺄셈, 변환, 분류와 예측, 사진 구별, 손글씨 인식, 행렬의 유사도, 감정 분석, 해밍 거리(Hamming distance)

[12인수03-01]

행렬을 이용하여 이미지 데이터를 목적에 맞게 표현할 수 있다.

안면 인식 기술은 개인을 식별하여 본인임을 인증하는 보안 기술로, 비밀번호나 디지털 인증서를 사용하는 것보다 본인 확인 절차가 간단해 활용도가 높아지고 있다. 인공지능 기술을 활용하는 안면 인식 시스템은 대규모 안면 데이터를 학습한 알고리즘으로 사람의 외모를 분석해 특정인을 식별할 수 있다. 인공지능을 활용한 안면 인식 기술은 범죄를 예방하거나 지명수배자를 검거하는 과정에도 활용되고 있다. 많은 사람들 사이에서 특정 사람을 찾고 이미지를 분류하는 안면 인식 기술에 대해 탐구해 보자.

관련 학과 경찰행정학과, 공공인재학과, 광고홍보학과, 문화콘텐츠학과, 미디어커뮤니케이션학과, 법학과, 사회학과, 세무학과, 소비자학과, 신문방송학과, 언론정보학과, 정치외교학과, 행정학과

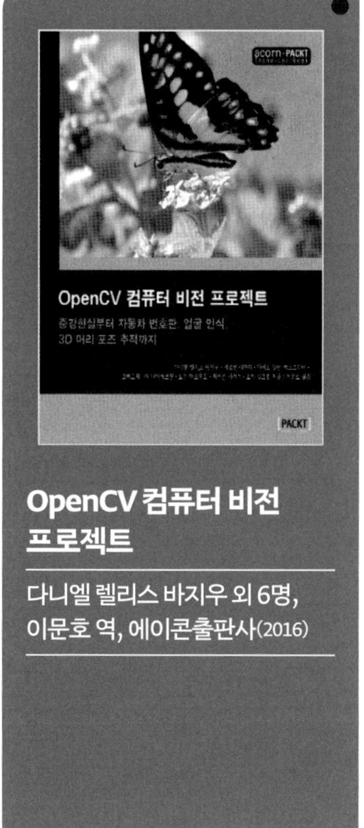

OpenCV 컴퓨터 비전 프로젝트

다니엘 렐리스 바지우 외 6명, 이문호 역, 에이콘출판사(2016)

책 소개

이 책은 OpenCV에 대한 기본 지식과 인공지능의 다양한 활용에 대해 다룬다. 실시간 모바일 앱, 증강현실, 3D 모양 재구성, 자동차 번호판 인식, 3D 머리 포즈 추적, 얼굴 검출·추적·인식 등 다양한 OpenCV 기반의 프로젝트 구현 과정을 이론과 연계해 상세하게 설명한다. 다양한 현장에서 인공지능이 문제를 해결하는 과정을 흥미롭게 다루고 있다.

세특 예시

인공지능이 행렬을 이용해 이미지 데이터를 인식해 분석하고 결과를 도출하는 과정을 단계적으로 도식화함. 진로와 관련해 인공지능의 원리를 찾는 활동으로 'OpenCV 컴퓨터 비전 프로젝트(다니엘 렐리스 바지우 외 6명)'를 인용해, 안면 인식 기술로 사람을 식별하고 수배자를 찾는 내용을 소개함. 인공지능이 사람의 얼굴, 눈, 피부를 검출하여 얼굴을 인식하고 3D 머리 방향과 복잡한 얼굴 특징을 추적하여 대중 속에서도 특정인의 얼굴을 분석하는 과정을 설명함. 인공지능의 활용으로 미제 사건을 해결할 수 있고 앞으로는 완전 범죄가 어렵다는 이야기와 함께, 법의학자에 대한 자신의 꿈과 포부를 자신감 있게 밝힘.

[12인수03-02]

행렬의 연산을 이용하여 이미지 데이터를 다양하게 변환할 수 있다.

안면 인식 시스템은 사람의 신원 파악뿐 아니라 다양한 마케팅과 인구 통계에도 활용되고 있다. 예를 들어 상점에서 광고나 디스플레이를 보는 사람의 수를 세거나, 성별과 연령대를 구분하고, 광고를 본 시간 등 다양한 데이터를 얻을 수 있다. 이런 데이터는 기업의 타깃 마케팅과 광고에 효과적으로 활용할 수 있다. 호주의 디지털 옥외 광고(DOOH: Digital Out-of-Home) 회사는 안면 인식 기술을 사용해 광고를 보는 사람의 연령·성별을 식별한 후 그에 맞는 최적의 광고를 제공하고 있다. 옥외 광고에 인공지능의 안면 인식 시스템을 활용한 사례와 활용 방안을 탐구해 보자.

관련 학과 광고홍보학과, 금융보험학과, 도시행정학과, 문화콘텐츠학과, 미디어커뮤니케이션학과, 사회학과, 신문방송학과, 언론정보학과

《AI로 브랜딩하다》, 서지영 외 1명, 매일경제신문사(2023)

[12인수03-03]

인공지능이 이미지를 자동으로 분류하는 수학적 방법을 설명할 수 있다.

공항이나 각종 보안 시스템에서는 미리 정해진 거리에서 적절한 조명과 함께 카메라로 촬영하는 안면 인식 기술을 활용하고 있다. 이는 카메라를 똑바로 바라보고 찍은 이미지를 데이터베이스에 저장된 검증된 이미지와 대조하여 본인을 확인하는 방법이다. 안면 인식 시스템은 군중 속에서 얼굴을 인식하여 특정한 사람을 찾아낼 수 있어 범죄자 검거에 유용하게 사용된다. 조명과 얼굴의 각도가 다른 상황에서 안경, 스카프, 모자를 착용하

는 경우뿐만 아니라 움직이는 사람들 속에서도 특정한 사람을 식별할 수 있다. 인공지능을 활용해 다양한 사람들 사이에서 특정인을 찾아낼 수 있는 안면 인식 시스템에 대해 탐구해 보자.

관련 학과 경찰행정학과, 공공인재학과, 광고홍보학과, 문화콘텐츠학과, 미디어커뮤니케이션학과, 법학과, 사회학과, 세무학과, 소비자학과, 신문방송학과, 언론정보학과, 정치외교학과, 행정학과

《문과생을 위한 인공지능 입문》, 김장현 외 1명, 에이콘출판사(2023)

단원명 | 예측과 최적화

| 🔍 | 확률의 계산, 상대도수, 자료의 경향성, 추세선, 예측, 손실함수, 경사하강법, 함수의 극한, 이차함수의 미분계수, 최솟값

[12인수04-01]

데이터를 분석하여 사건이 일어날 확률을 구하고, 이를 예측에 이용할 수 있다.

➲ 회귀(Regression)는 데이터 변수들 사이의 관계를 결정하는 통계적 측정 방법으로 잘 알려져 있다. 학습한 데이터를 근거로 그 관계를 설명하는 수학식(추세선)을 설정하고, 이를 통해 새로 입력된 데이터에 대한 출력값을 통계적 계산으로 예측하는 지도 학습 방법이다. 고객의 구매 이력 분석이나 질병과 치료를 위한 패턴 감지, 신용카드 사기 탐지, 폭풍을 예측하는 기상 예보 등에 활용된다. 고객 구매 이력 분석의 군집화와 밀도 추정에 대해 탐구해 보자.

관련 학과 경영학과, 경제학과, 광고홍보학과, 금융보험학과, 무역학과, 미디어커뮤니케이션학과, 사회학과, 세무학과, 소비자학과, 신문방송학과, 언론정보학과, 호텔경영학과

《만화로 쉽게 배우는 회귀분석》, 다카하시 신, 윤성철 역, 성안당(2020)

[12인수04-02]

공학 도구를 사용하여 데이터의 경향성을 추세선으로 나타내고, 이를 예측에 이용할 수 있다.

➲ 결혼하지 않고 혼자 사는 나홀로족과, 결혼은 했지만 자녀를 출산하지 않는 딩크족의 증가로 출생아 수가 급격하게 줄고 있다. 과거에는 결혼과 출산을 필수라고 생각했지만, 요즘은 취업부터 주택 마련, 나아가 육아까지 경제적 부담이 크다 보니 20~30대가 결혼과 출산에 부정적인 생각을 가지고 있는 상황이다. 2000년 이후 출생아 수에 대한 통계 자료를 찾아 데이터의 경향성을 바탕으로 추세선을 나타내고, 2030년과 2040년의 출생아 수를 예측해 보자. 또한 사회 문제로 대두되고 있는 저출산 문제를 해결할 수 있는 현실적인 방안을 탐구해 보자.

관련 학과 공공행정학과, 도시행정학과, 사회복지학과, 사회학과, 행정학과, 회계학과

《저출산 극복》, 박영수, 좋은 땅(2023)

[12인수04-03]

손실함수를 이해하고 최적화된 추세선을 찾을 수 있다.

➲ 최저임금제란 국가가 노사 간의 임금 결정 과정에 개입하여 임금의 최저 수준을 정하고 사용자에게 최저 수준 이상의 임금을 지급하도록 법으로 강제함으로써 저임금 근로자를 보호하는 제도를 말한다. 최저임금제는 임

금의 최저 수준을 보장하여 근로자의 생활 안정과 노동력의 질적 향상을 꾀함으로써 국민 경제의 건전한 발전에 이바지하게 함을 목적으로 한다. 우리나라 근로기준법은 최저임금제 실시의 근거를 두고 있으며, 현재 근로자를 채용하는 모든 사업 또는 사업장에 적용되고 있다. 우리나라의 연도별 최저임금을 조사하여 그래프로 표현하고, 데이터의 경향성을 추세선으로 나타내보자. 또한 물가상승률에 대한 자료와 함께 최저임금의 변화가 적절한지 탐구해 보자.

관련 학과 사회계열 전체

《2023 소비자물가지수 연보》, 통계청, 통계청(2024)

[12인수04-04]

경사하강법을 이해하고 최적화된 예측을 위한 인공지능의 학습 방법을 설명할 수 있다.

회귀분석은 머신러닝의 일반적인 모델로, 종속변수와 하나 이상의 독립변수 간의 관계를 중심으로 미래 사건을 예측하는 방법이다. 예를 들면, 난폭 운전과 운전자에 의한 교통사고의 상관관계를 예측하거나, 비즈니스 상황에서 특정 금액의 광고가 판매에 미치는 영향 등을 예측하는 데 사용할 수 있다. 또한 금융 관련 예측(주택 가격 또는 주가), 판매 및 프로모션 예측, 자동차 테스트, 날씨 분석 및 예측, 시계열 예측에도 활용된다. 자신의 진로 분야에서 회귀분석이 사용되는 사례를 찾고 회귀분석에 대해 탐구해 보자.

관련 학과 사회계열 전체

《STATA 기초통계와 회귀분석》, 민인식 외 1명, 지필미디어(2020)

단원명 | 인공지능과 수학 탐구

데이터의 경향성, 최적화, 합리적 의사결정, 비합리적 의사결정, 의사결정의 윤리성, 인공지능, 수학적 아이디어, 탐구 학습, 프로젝트 학습

[12인수05-01]

수학적 원리를 이용하여 인공지능이 실생활 문제를 합리적으로 해결하는 사례를 찾을 수 있다.

AI 스피커는 음성 인식을 기반으로 사용자의 음성 명령을 이해하고 처리하는데, 편리함 때문에 큰 인기를 얻고 있다. 사용자는 손을 사용하지 않고도 간편하게 스피커를 제어하고 다양한 정보를 얻을 수 있다. 대표적으로 대중교통 정보, 국내 여행 정보 등 다양한 서비스를 제공하며 음악 스트리밍, 날씨 정보, 스포츠 스코어, 뉴스, 주문 배달 등에 편리하게 활용되고 있다. 또한 사물인터넷(IoT)의 발달로 스마트기기와도 연동되어 조명, 에어컨, TV 등을 제어할 수 있다. 자신의 진로 분야에서 AI 스피커가 활용되는 사례를 조사하여 탐구해 보자.

관련 학과 사회계열 전체

《인공지능과 인간의 대화》, 김지현, 미래의창(2020)

[12인수05-02]

인공지능과 관련된 수학 주제를 선정하여 탐구할 수 있다.

딥페이크(deepfake)는 인공지능 기술의 하나로, 특정 인물의 얼굴, 음성 등을 영화의 컴퓨터그래픽 처리처럼 합

성한 영상 편집물을 의미한다. 딥페이크 기술은 다양한 분야에 널리 활용되고 있으며 작업 효율과 완성도를 높일 수 있다. 그런데 문제는 특정인의 인권, 희롱 및 설득의 목적으로 조작되거나 사실을 왜곡하고 악의적으로 사용되기도 한다는 점이다. 특히 온라인에 공개된 무료 소스 코드와 알고리즘으로 누구나 손쉽게 제작할 수 있다는 점이 문제가 된다. 그 결과, 대상이 연예인이나 정치인 등 유명인뿐만 아니라 일반인에게까지 확산되고 있다. 진위 여부를 가리기 어려울 만큼 정교해 온라인으로 제공되는 정보의 정당성을 판단하는 데 중대한 영향을 미칠 수 있다. 딥페이크 기술이 잘못 활용된 사례를 조사하고 이런 문제를 줄일 수 있는 방안을 탐구해 보자.

관련 학과 **사회계열 전체**

《딥페이크의 얼굴》, 이소은 외 2명, 스리체어스(2023)

선택 과목	수능	직무 수학	절대평가	상대평가
진로 선택	X		5단계	5등급

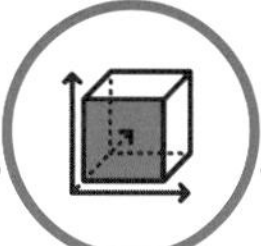

단원명 | 수와 연산

| 🔍 | 직무 상황, 수 개념, 사칙연산, 실생활 활용, 유용성, 어림값, 재무 관리, 올림, 버림, 반올림, 표준 단위, 시간, 길이, 무게, 들이, 인치(in), 피트(ft), 파운드(lb), 온스(oz)

[12직수01-01]

직무 상황에서 수 개념과 사칙연산의 문제를 해결하고, 그 유용성을 인식할 수 있다.

➲ 유행 상품이나 계절 상품은 시즌이나 성수기가 지나면 다음 계절까지 비용을 들여 보관하는 것보다 저렴한 가격이라도 특매하여 처분하는 편이 경제적이다. 그런 이유로 백화점이나 대형 마트는 바겐세일을 통해 물건을 저렴한 가격에 판매하고 있다. 오프라인 매장이나 온라인 매장에서 저렴하게 세일하는 제품을 찾아 할인율을 구하고 바겐세일을 진행하는 이유를 탐구해 보자.

관련 학과 사회계열 전체

《무조건 팔리는 심리 마케팅 기술 100》, 사카이 도시오, 최지현 역, 동양북스(2023)

[12직수01-02]

큰 수를 어림하여 문제를 해결하고, 어림값을 이용하여 수의 크기를 비교할 수 있다.

➲ 국내총생산(GDP)은 외국인을 포함하여 우리나라 국경 내에서 이루어진 생산 활동을 모두 포함하는 개념이다. 우리나라는 물론 전 세계 대다수 국가의 생활 수준이나 경제성장률을 분석할 때 사용되는 지표이다. 우리나라의 GDP에 대한 통계 자료를 수집하여 우리나라 GDP의 미래 변화를 예측해 보자. 또한 국가별 GDP에 대한 통계 자료를 찾아 우리나라의 GDP가 세계에서 어느 정도 수준인지 탐구해 보자.

관련 학과 사회계열 전체

《오늘의 GDP로 엿보는 10년 후, 한국》, 김영찬, 스마트비즈니스(2017)

[12직수01-03]

시간, 길이, 무게, 들이의 표준 단위를 알고, 단위를 환산할 수 있다.

➲ 표준 시간은 세계 공통의 표준으로, 영국의 그리니치 자오선(경도 0도)을 기준선으로 하여 계산하며, 이를 '그리니치 표준시(GMT)'라고도 한다. 또한 표준 시간대는 동일한 표준 시간을 공유하는 지리적 지역을 의미하며, 본초자오선에서 동쪽으로 이동하면 시간대별로 약 1시간의 차이가 생긴다. 표준 시간대상에서 지구는 24개의 세로 영역으로 나뉘며, 각 영역은 경도 폭이 대략 15도이다. 이렇게 시간대를 구분하는 주요 목적은 특정 지역 내에서 일관된 시간 기준을 유지하여 광범위한 거리에 걸쳐 효과적인 통신 및 스케줄링이 가능케 하기 위해서

이다. 세계적으로 표준 시간을 사용하게 된 이유와 표준 시간 사용의 장점을 조사하여 발표해 보자.

관련 학과 경영학과, 경제학과, 관광학과, 국제통상학과, 도시행정학과, 무역학과, 사회학과, 세무학과, 소비자학과, 정치외교학과, 지리학과, 항공서비스학과, 행정학과, 호텔경영학과, 회계학과

《시간눈금과 원자시계》, 이호성, 교문사(2018)

단원명 | 변화와 관계

비, 비례, 비례식, 환율, 비율, 백분율, 퍼센트, 퍼센트포인트, 기준량, 비교하는 양, 손익률, 인상률, 할인율, 두 양 사이의 대응 관계, 규칙, 수수료, 보험료, 위약금, 운임, 증가와 감소, 주기적 변화, 관계, 그래프, 일차방정식, 일차부등식, 해

[12직수02-01]

비의 개념을 직무 상황에 연결하여 적용할 수 있다.

종합소득세란 1년 동안 사업 활동을 통해 개인에게 귀속된 이자소득, 배당소득, 사업소득, 근로소득, 연금소득, 기타소득을 종합한 세금을 의미한다. 자영업자, 개인사업자, 프리랜서, 월급 이외의 소득이 발생한 직장인 등이 대상으로, 5월 1일부터 5월 31일까지 자진 신고와 함께 세금을 납부해야 한다. 세금을 정할 때는 과세 기간에 발생한 총소득을 합산해 종합소득 금액(매출액 - 필요경비)을 산출한 뒤 기본공제, 추가공제, 연금보험료 공제 등 각종 소득공제를 제외하여 종합소득 과세표준을 산출한다. 이때 산출된 과세표준 금액에 따라 세율을 적용하는데, 일반적으로 소득에 따라 납부하는 세율이 달라진다. 비의 개념을 활용하여 종합소득세를 산출하는 방법을 정리하여 발표해 보자.

관련 학과 경영학과, 경제학과, 공공행정학과, 국제통상학과, 금융보험학과, 도시행정학과, 무역학과, 사회학과, 세무학과, 소비자학과, 행정학과, 회계학과

《딱 2번만 읽으면 스스로 가능한 종합소득세 신고》, 택스코디(최용규), 북오션(2020)

[12직수02-02]

비율을 백분율로 표현할 수 있고, 직무 상황에 연결하여 적용할 수 있다.

우리나라 1년 예산은 600조가 넘는 규모로 세계 10위권에 해당한다. 우리나라 GDP와 1인당 GDP 수준을 고려하면 예산 규모가 크며, 매년 그 액수가 더욱 커지고 있다. 우리나라 예산안을 분야별로 살펴보면, 가장 많은 금액을 차지하는 세 가지 분야는 보건·고용, 일반·지방행정, 교육 분야이고, 국방, R&D, 문화·체육·관광이 그 뒤를 잇는다. 연도별 국가 예산에 대한 통계 자료를 찾아 예산 추이를 확인하고, 분야별 예산 규모와 비율을 정리해 보자. 또한 예산이 많이 필요한 분야와 그 이유를 탐구해 보자.

관련 학과 사회계열 전체

《내가 낸 세금, 다 어디로 갔을까?》, 이상석 외 1명, 이상북스(2018)

[12직수02-03]

두 양 사이의 대응 관계를 나타낸 표에서 규칙을 찾아 설명할 수 있다.

➜ 전기세는 누진세가 적용되는 대표적인 사례로, 누진세란 전기 사용량에 따라 단위당 요금이 올라가는 특징이 있다. 여름철과 나머지 계절에 따라 적용되는 방식이 달라서, 특히 냉방 기기의 사용이 증가하는 7~8월에는 가정의 부담을 줄이기 위해 누진 구간이 확대된다. 전기세는 기본요금과 전력량 요금을 합산한 후 부가가치세(10%)와 전력산업기반기금(3.7%)을 더해서 산출한다. 즉 기본요금+전력량 요금+부가가치세+전력산업기반기금으로 계산된다. 한국전력공사 홈페이지에서 전기세 요금표를 다운로드해 요금표에 나타나는 특징을 분석해 보자.

관련 학과 경영학과, 경제학과, 공공행정학과, 금융보험학과, 도시행정학과, 사회복지학과, 사회학과, 세무학과, 소비자학과, 행정학과, 호텔경영학과, 회계학과

《슬기로운 전기생활》, 조수환, 맨투맨사이언스(2021)

[12직수02-04]

증가와 감소, 주기적 변화 등의 관계를 나타내는 그래프를 설명할 수 있다.

➜ 경제 주기는 경기 저점에서 상승하여 경기 고점을 찍은 뒤 다시 하락하여 저점까지 이르는 기간을 의미한다. 경기는 회복기를 거쳐 확장기, 후퇴기, 침체기의 4단계로 순차적으로 진행되며, 경기 진폭이 클수록 경기 침체로 인한 충격과 회복의 폭이 크다는 것을 의미한다. 우리나라의 연도별(또는 분기별) GDP 자료와 신문 기사 등을 바탕으로 최근 경제 상황을 그래프로 나타내고 분석해 보자.

관련 학과 경영학과, 경제학과, 공공행정학과, 관광학과, 광고홍보학과, 국제통상학과, 도시행정학과, 사회학과, 지리학과, 행정학과

《2030 극한 경제 시나리오》, 리처드 데이비스, 고기탁 역, 부키(2021)

[12직수02-05]

일차방정식 또는 일차부등식을 활용하여 직무 상황의 문제를 해결할 수 있다.

➜ 현재 우리나라에서는 텔레비전 프로그램 등급을 정할 때 주제, 폭력성, 선정성, 언어, 모방 위험 정도에 따라 모든 연령 시청가, 7세 이상 시청가, 12세 이상 시청가, 15세 이상 시청가, 19세 이상 시청가로 나누고 있다. 영화와 비디오는 텔레비전 프로그램과는 다르게 전체 관람가, 12세 관람가, 15세 관람가, 청소년 관람 불가, 제한 관람가로 구분하고 있다. 우리나라 텔레비전 프로그램 등급과 영화, 비디오 등급을 나누는 기준을 제시하고, 국가법령정보센터(www.law.go.kr)를 활용하여 관련 법률을 탐구해 보자.

관련 학과 경영학과, 공공행정학과, 관광학과, 광고홍보학과, 문화콘텐츠학과, 미디어커뮤니케이션학과, 법학과, 사회학과, 소비자학과, 신문방송학과, 언론정보학과

《4차 산업혁명기의 IT·미디어법》, 손형섭, 박영사(2020)

단원명 | 도형과 측정

| 🔍 | 입체도형, 겨냥도, 전개도, 원근법, 투시도법, 소실점, 입체도형의 모양, 정면도, 평면도, 측면도, 우측면도, 좌측면도, 도형의 이동·합동·닮음, 평면도형의 둘레·넓이, 입체도형의 겉넓이·부피

[12직수03-01]

입체도형의 겨냥도와 전개도를 그릴 수 있고, 겨냥도와 전개도를 이용하여 입체도형의 모양을 만들 수 있다.

➲ 축구 경기장에 광고판이 세워져 있는 것처럼 보이는데 선수들이 그 위에 서 있는 모습을 볼 수 있다. 평면에 그림을 왜곡되게 표현하여 마치 실제 사람이나 입체처럼 보이는 효과를 '왜상 효과'라고 한다. 최근 광고 홍보 분야에서 광고 크리에이티브 전략으로 왜상 효과를 활용하여 사람들의 관심을 끄는 경우가 있다. 왜상 효과를 활용한 광고 사례를 찾아보고, 이런 광고 전략이 가져오는 효과를 탐구해 보자.

관련 학과 경영학과, 관광학과, 광고홍보학과, 도시행정학과, 문화콘텐츠학과, 미디어커뮤니케이션학과, 사회학과, 소비자학과, 신문방송학과, 언론정보학과

《착각을 부르는 미술관》, 셀린 들라보, 김성희 역, 시그마북스(2012)

[12직수03-02]

입체도형의 위, 앞, 옆에서 본 모양을 표현할 수 있고, 이러한 표현을 보고 입체도형의 모양을 판별할 수 있다.

➲ 착시는 사람이 시각 자극을 인지하는 과정에서 주변 환경이나 정보에 영향을 받아 시각적인 착각이 발생하는 현상을 의미한다. 특정 사물이나 입체의 크기, 방향, 각도, 길이 등이 실제와 다르게 보이는 현상으로, 크게 시각적 착시, 물리적 착시, 인지적 착시 등으로 나눌 수 있다. 착시는 사람들의 관심을 받을 수 있어 광고 분야에도 활용되는데, 착시를 활용한 광고 사례를 조사하고 착시를 활용한 광고의 효과에 대해 분석해 보자.

관련 학과 경영학과, 관광학과, 광고홍보학과, 도시행정학과, 문화콘텐츠학과, 미디어커뮤니케이션학과, 사회학과, 소비자학과, 신문방송학과, 언론정보학과

요지경 실험실

마티아스 말린그레이 그림, 카미유 발라디 제작, 박선주 역, 보림(2017)

책 소개

이 책은 실제로 그림이 움직이는 듯한 착각과 착시를 일으키는 미술 장르인 '옵티컬 아트(광학적 미술)'를 소개한다. 고정된 그림에 형태를 의도적으로 조작하고 명도가 같은 보색을 병렬시켜 색채의 긴장감을 유발하는 착시 사진을 보여준다. 본문 속에 플랩 형태로 들어가 있는 옵티컬 아트의 효과와 함께, 현대 팝아트의 한 장르로도 인정받고 있다고 소개한다.

세특 예시

겨냥도와 전개도를 이용해 입체도형을 판별하는 수업을 진행한 뒤, 시각적인 착각이 발생하는 착시 현상을 소개함. '요지경 실험실(카미유 발라디 제작)'에 수록된 사례와 함께 옵티컬 아트(광학적 미술)를 소개하고 미적인 요소와 함께 사람들의 이목과 관심을 집중시킨다고 설명함. 옵티컬 아트가 예술뿐만 아니라 광고와 마케팅에서도 성공적인 전략이 될 수 있다고 주장함. 이와 관련한 사례를 조사하여 짧은 시간 안에 관심 집중과 상품 홍보를 동시에 공략할 수 있는 광고 기획안을 작성함.

[12직수03-03]

도형의 이동, 합동과 닮음을 직무 상황에 연결하여 문제를 해결할 수 있다.

➔ 실제 땅의 모습을 지도에 표현할 때 일정한 비율로 줄이는데 그 비율을 축척이라고 한다. 그런데 지도의 요소 중 축척, 투영법, 기호로 인해 실제 모습이 지도에 표현되는 과정에서 왜곡이 일어나게 된다. 즉 구의 형태인 지구 표면을 평면인 종이에 옮기려고 할 때 실제의 모습과 다르게 표현되는 것이다. 축척을 통해 땅의 모습을 지도에 표현하는 과정에서 나타나는 왜곡 현상에 대해 탐구해 보자.

관련 학과 관광학과, 무역학과, 지리학과, 항공서비스학과, 행정학과, 호텔경영학과

《한눈에 꿰뚫는 세계지도 상식도감》, 롬 인터내셔널, 정미영 역, 이다미디어(2019)

[12직수03-04] ●●●

직무 상황에서 나타나는 평면도형의 둘레와 넓이를 구할 수 있다.

➔ 실제 지면의 모습을 지도로 표현하는 과정에서 일정한 비율로 줄인 축척의 개념이 활용된다. 지도의 축척을 알면 실제 거리를 측정할 수 있는데, 지도의 축척이 1:25,000이라면 지도상의 1cm의 실제 거리는 250m를 의미한다. 자신이 살고 있는 지역의 지도를 이용하여 매일 등교하는 이동 거리를 구해보자. 또한 자신이 거주하는 지역의 대략적인 면적을 구해보자.

관련 학과 관광학과, 무역학과, 지리학과, 항공서비스학과, 행정학과, 호텔경영학과

《에이든 전국 여행지도》, 이정기, 타블라라사(2019)

[12직수03-05] ●●●

직무 상황에서 나타나는 입체도형의 겉넓이와 부피를 구할 수 있다.

➔ 저울로 측정한 물건의 무게를 '중량 무게'라 하며, 우리의 몸무게가 대표적인 예이다. 그런데 비행기나 배 편으로 해외로 물건을 보낼 때는 화물칸이 좁아 실제 무게뿐만 아니라 부피도 상당히 중요하게 고려한다. 이때 물건의 크기를 따져 어떤 물건이 큰지 알기 쉽게 수치화한 것을 '부피 무게'라 한다. 해외 무역이나 해외 배송에서 사용되는 부피 무게에 대해 탐구해 보자.

관련 학과 경영학과, 경제학과, 관광학과, 국제통상학과, 무역학과, 사회학과, 세무학과, 소비자학과, 정치외교학과, 지리학과, 항공서비스학과, 호텔경영학과

《읽자마자 수학 과학에 써먹는 단위 기호 사전》, 이토 유키오 외 1명, 김소영 역, 보누스(2021)

단원명 | 자료와 가능성

| 🔍 | 경우의 수, 순열, 조합, 확률, 수학적 확률, 통계적 확률, 확률의 덧셈정리, 여사건의 확률, 자료 수집, 표, 도수분포표, 히스토그램, 그래프, 비율그래프, 막대그래프, 원그래프, 자료 해석, 합리적 의사결정

[12직수04-01] ●●●

직무 상황에서 경우의 수를 구할 수 있다.

➔ 우리나라에서 등록된 모든 자동차는 전면과 후면에 자동차등록번호판을 부착하게 되어 있다. 자동차 번호판은 한글과 숫자가 조합된 일련번호로, 자동차등록번호(차량 번호)를 포함한다. 자동차 번호판을 보면, 차량 종류(01~69번)와 차량 용도(글자 32개), 일련번호(0101~9999)로 구성되어 있다. 2019년 9월, 자동차등록번호의 조합 방

식이 일련번호의 포화로 인해 숫자 표시 기호가 두 자리에서 세 자리로 늘어나게 되었는데, 우리나라 자동차 수와 관련한 통계 자료를 활용해 자릿수의 변경 이유를 설명해 보자.

관련 학과 **경찰행정학과, 공공인재학과, 공공행정학과, 도시행정학과, 법학과, 사회학과, 세무학과, 소비자학과, 행정학과**

《2022년 기준 자동차관리정보시스템 자동차등록통계 자료집》, 카이즈유 데이터연구소, 씨엘엠앤에스(2023)

[12직수04-02]

어떤 현상이 나타날 가능성을 수치화하여 설명할 수 있다.

➲ 엥겔지수는 가계의 일정 기간 소비지출 총액에서 식료품비가 차지하는 비율로, 가계의 생활 수준을 가늠하는 척도로 사용된다. 슈바베지수는 가계의 일정 기간 소비지출 총액에서 주거비가 차지하는 비율로, 엥겔지수와 함께 빈곤의 정도를 가늠하는 지표로 사용되고 있다. 각각 독일 통계학자 에른스트 엥겔과 경제학자 슈바베의 이름을 딴 것으로, 저소득층일수록 식료품비와 주거비의 비중이 크다는 것을 의미한다. 한국경제연구원(KERI)에서 발표한 보고서 자료를 활용하여 우리나라의 엥겔지수 변화를 다른 나라와 비교하여 탐구해 보자.

관련 학과 **경영학과, 경제학과, 공공행정학과, 도시행정학과, 사회복지학과, 사회학과, 세무학과, 소비자학과, 정치외교학과, 행정학과, 회계학과**

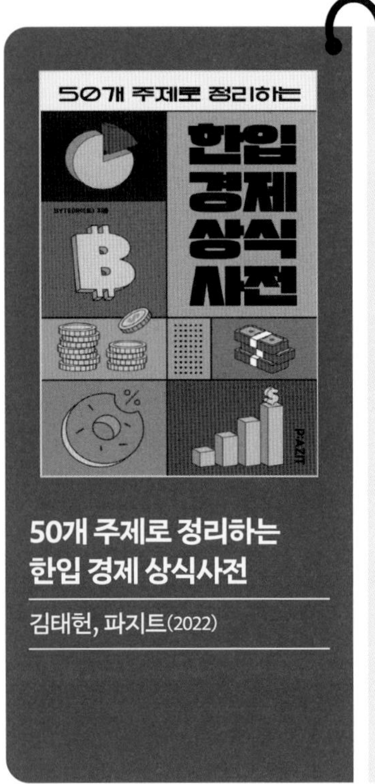

50개 주제로 정리하는 한입 경제 상식사전

김태헌, 파지트(2022)

책 소개

이 책은 경제 기사를 읽을 때 필요한 핵심적인 개념과 배경지식 50가지를 뽑아 쉬운 문장으로 정리해 누구나 술술 읽을 수 있도록 핵심을 담아두었다. 다양한 경제 분야에서 다루는 다양한 개념을 제시하고 거시경제와 미시경제에서 다루는 기초적인 경제 용어와 사례를 소개하고 있다. 뿐만 아니라 물가, 환율, 금융, 암호화폐의 최신 트렌드를 반영한 다양한 경제 이야기도 제공한다.

세특 예시

확률을 크게 수학적 확률, 통계적 확률로 나누고, 확률이 실생활에 활용되는 사례를 조사하여 보고서로 작성함. 가능성을 나타내기 위해 백분위를 많이 사용한다는 사실과 함께 엥겔지수와 슈바베지수를 소개함. 이는 각각 소비지출 총액에서 식료품비와 주거비가 차지하는 비율로, 선진국과 개발도상국 간의 차이가 크다는 통계 자료를 제시함. 우리나라의 엥겔지수와 관련한 자료를 통해 사람들의 경제력, 소비 패턴, 추구하는 가치가 달라졌음을 객관적 근거를 바탕으로 설명함.

[12직수04-03]

직무 상황의 자료를 목적에 맞게 표와 그래프로 정리할 수 있다.

➲ 비율그래프는 전체에 대한 부분의 비율을 한눈에 알 수 있도록 나타낸 그래프로, 부분과 전체, 부분과 부분의 비율을 쉽게 알 수 있다. 대표적으로 띠그래프는 전체에 대한 각 부분의 비율을 큰 항목부터 차례대로 띠 모양으로 나타낸 그래프이며, 원그래프는 원 모양으로 나타낸 그래프이다. 우리나라의 연령별 인구를 비율그래프와 띠그래프로 표현하고, 비율그래프와 띠그래프의 장단점을 비교해 보자. 또한 연령별 인구 변화를 분석하여 고령화 사회의 문제점과 대안을 탐구해 보자.

관련 학과 사회계열 전체

《인구위기국가 일본》, 정현숙, 에피스테메(2021)

[12직수04-04]

직무 상황의 다양한 표와 그래프를 해석할 수 있다.

➔ 국토교통부 국토지리정보원의 국토 조사 보고서에 따르면, 전국 인구 중 수도권(서울, 인천, 경기) 거주 인구의 비율은 대략 50.4%로 나타났다. 수도권과 지방 간 격차는 인구뿐 아니라 경제적 격차로도 이어져 지역내총생산(GRDP)의 수도권 비율은 52.53%로 인구 비율보다 높다. 또한 생활과 복지 등 각종 인프라 지표로 어린이집 평균 접근 거리, 종합병원 서비스 권역, 전기차 충전소 접근성 등에서도 큰 차이를 보이고 있다. 17개 시도별 인구를 표와 그래프로 정리하고, 수도권과 지방의 경제, 문화, 복지 등 각종 인프라의 차이가 가져올 수 있는 문제점을 탐구해 보자.

관련 학과 사회계열 전체

《어디에서 살까》, 배문규 외 1명, 너머학교(2022)

[12직수04-05]

다양한 자료의 특성을 파악하여 직무 목적에 적합한 표나 그래프로 나타내고 합리적인 의사결정을 할 수 있다.

➔ 빅맥 지수는 전 세계 맥도날드 매장에서 팔리는 빅맥버거의 가격을 달러로 환산한 각국의 빅맥버거 가격으로, 영국의 경제지 <이코노미스트>에서 1986년 처음 고안하여 매년 1월과 7월에 발표하고 있다. 빅맥 지수는 구매력평가설에 근거를 두며, 국가 간 교역이 항상 자유롭게 이루어진다는 자유무역의 개념에 바탕을 두고 있다. 이는 개방경제에서 동일한 가치를 서로 다른 화폐로 평가한 자료를 가지고 서로 비교하면 순수한 의미의 환율을 도출할 수 있다는 개념에서 비롯되었다. 최근 국가별 빅맥 지수를 조사하여 표로 나타내고, 해당 국가의 환율과 비교하여 빅맥 지수의 활용이 적합한지 탐구해 보자.

관련 학과 사회계열 전체

《환율은 어떻게 움직이는가?》, 임경, 생각비행(2020)

선택 과목	수능	수학과 문화	절대평가	상대평가
융합 선택	X		5단계	5등급

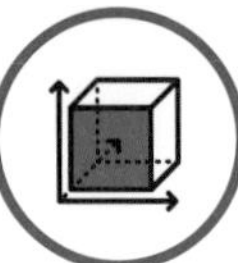

단원명 | 예술과 수학

| 🔍 | 음악과 수학, 미술과 수학, 문학과 수학, 영화와 수학

[12수문01-01]

음악과 관련된 수학적 내용을 조사하고, 관련 활동을 수행할 수 있다.

➲ 인터넷과 휴대용 전자 기기의 발달로 음악에 접근하는 방법이 간편해졌다. 매우 짧은 주기로 새로운 음악들이 생산되어 배포되고 있으며, 대중은 다양한 음악에 어렵지 않게 접근할 수 있다. 우리 사회에서 현재 생산되고 있는 음악의 양과 일정 수 이상의 대중에게 알려지는 음악의 양 등을 조사하여 비교해 보고, 대중에게 잘 전달되는 음악의 특징과 효과적인 전달 방법 등에 관해 탐구하여 발표해 보자.

관련 학과 광고홍보학과, 문화콘텐츠학과, 미디어커뮤니케이션학과, 사회학과, 소비자학과, 신문방송학과, 언론정보학과

《아트놀로지 시대, 정보통신과 음악산업의 만남》, 김일중 외 1명, 북스타(2016)

[12수문01-02]

미술과 관련된 수학적 내용을 조사하고, 관련 활동을 수행할 수 있다.

➲ 최근 딥러닝 기반의 AI 미술 작품들이 나타나고 있다. AI가 방대한 미술 데이터를 바탕으로 특정 기법이나 스타일 등에 맞는 새로운 작품을 만들어낸다. 또한 특정 작가의 화풍에 맞는 새로운 작품을 만들어내기도 한다. 이러한 딥러닝, AI 기술을 주제로 조사해 보고, 이러한 기술로 탄생한 미술 작품이 우리 사회에 끼칠 영향에 관해 탐구하는 보고서를 작성해 보자.

관련 학과 사회계열 전체

《박태웅의 AI 강의》, 박태웅, 한빛비즈(2023)

단원명 | 생활과 수학

| 🔍 | 스포츠와 수학, 게임과 수학, 디지털 기술과 수학, 합리적 의사결정

[12수문02-02]

게임과 관련된 수학적 내용을 조사하고, 관련 활동을 수행할 수 있다.

- 게임 이론은 상호 의존적이고 이성적인 의사결정에 관한 수학적 이론으로, 게임에서의 균형점을 찾거나 최적의 전략을 결정하는 데 도움을 준다. 게임 이론은 다양한 분야에서 응용되어 활용되고 있는데, 특히 영화 <뷰티풀 마인드>의 실존 모델인 수학자 존 내시는 게임 이론을 바탕으로 노벨 경제학상을 수상하는 등 사회과학 분야에서도 적극 활용되는 이론이다. 게임 이론이 활용되는 다양한 사회과학 분야를 탐구하고 그 내용을 발표해 보자.

관련 학과 경영학과, 경제학과, 관광학과, 국제통상학과, 무역학과, 법학과, 사회학과, 정치외교학과

《HOW TO 게임이론 플레이어, 전략, 이익》, 가와니시 사토시, 복창교 역, 경영아카이브(2022)

[12수문02-03] ●●●

디지털 기술에 활용된 수학적 내용을 조사하여 설명할 수 있다.

- 최근 범죄 수사에는 DNA 프로파일링, 디지털 지문 검색, CCTV 영상 개선 등의 디지털 기술이 적극 활용되고 있다. 범죄 수사에 활용되는 다양한 디지털 기술에 적용된 수학적 원리를 탐구하고, 각 기술이 활용되는 예와 이러한 기술의 활용으로 해결되는 범죄의 건수, 기간 등을 조사하여 발표해 보자.

관련 학과 경찰행정학과, 법학과

《과학수사로 보는 범죄의 흔적》, 유영규, 알마(2016)

[12수문02-04] ●●●

투표와 관련된 수학적 내용을 조사하고 이를 활용하여 합리적 의사결정을 위한 방법을 제안할 수 있다.

- 투표는 민주주의의 기본적인 수단으로 다수의 의견을 반영하여 후보자나 정책을 선정하는 과정이다. 투표에는 최다득표제, 점수투표, 선호투표 등 다양한 투표 방식이 있다. 각 투표 방식과 투표 방식에 따라 달라지는 결과를 살펴보며, 각 투표 방식의 장단점을 탐구하는 보고서를 작성해 보자.

관련 학과 경영학과, 공공행정학과, 도시행정학과, 법학과, 사회학과, 정치외교학과, 행정학과

《선거 쫌 아는 10대》, 하승우, 풀빛(2020)

단원명 | 사회와 수학

| 🔍 | 민속 수학, 건축과 수학, 점자표와 수학, 대중매체 속 데이터, 가치소비

[12수문03-01] ●●●

민속 수학과 건축 양식 속에 나타난 수학적 원리에 대해 탐구하고, 문화 다양성을 이해한다.

- 각 시대의 건축물에는 그 시대의 문화가 담겨 있다. 예를 들어 석굴암은 한국의 불교 문화를, 판테온의 경우에는 로마의 신화, 역사와 연결 지을 수 있다. 각 시대를 대표하는 건축물의 수학적 원리를 통해 나타나는 문화와의 연결성과 다양성을 살펴보고, 같은 수학적 원리라도 문화마다 다르게 해석되고 적용된다는 점에 관해 탐구해 보자.

관련 학과 관광학과, 광고홍보학과, 문화콘텐츠학과, 미디어커뮤니케이션학과, 사회학과, 신문방송학과, 언론정보학과, 정치외교학과, 지리학과

《건축전쟁》, 도현신, 이다북스(2022)

[12수문03-03]

대중매체로부터 얻은 데이터를 정리, 분석하여 그 의미와 가치를 해석할 수 있다.

➔ 한 해가 마무리되는 연말이면 많은 미디어에서 한 해 동안 일어났던 여러 이슈를 정리해 준다. 그중 우리 일상생활과 밀접한 관련이 있었던 사안들은 다시금 주목받고 평가된다. 여러 미디어를 통한 다양한 여론 조사 결과를 바탕으로 지난해 우리 사회에서 일어났던 다양한 이슈에 대한 관심도를 조사하고, 주요 이슈에 관해 탐구하여 발표해 보자.

관련 학과 사회계열 전체

《장면들》, 손석희, 창비(2021)

[12수문03-04]

가치소비를 위한 의사결정 방법을 탐구하고 실천 방법을 제시할 수 있다.

➔ 우리나라의 사회 변화와 함께 1인 가구가 눈에 띄게 증가했다. 1인 가구의 증가는 소용량, 소규모 단위의 소비 경향, 명품 지출 비용의 변화 등 여러 소비 형태의 변화를 가져오고 있다. 1인 가구의 증가에 따른 다양한 소비 상황의 변화를 통계 자료를 통해 비교해 보고, 어떤 관계가 있는지 탐구하여 발표해 보자.

관련 학과 경영학과, 경제학과, 관광학과, 광고홍보학과, 국제통상학과, 사회학과, 소비자학과

《라이프스타일로 마케팅하다》, 이상구, 라온북(2020)

단원명 | 환경과 수학

| 🔍 | 식생활과 수학, 대기오염과 수학, 사막화 현상과 수학, 생물 다양성과 수학

[12수문04-01]

식생활과 관련된 문제를 수학적으로 분석하고 이를 개선하기 위한 방법을 제안할 수 있다.

➔ 지구 환경의 변화에 따른 식량 부족 문제는 어느 특정 국가나 지역만의 문제가 아니다. 현재의 우리나라 또한 식량 부족 문제에서 자유로울 수 없다. 지역의 인구 증가율과 식량 생산량, 기후변화와 식량 생산 품목 및 생산량 변화 등의 자료를 찾아 정리해 보며, 식량 부족 문제의 개선 방법을 탐구하여 발표해 보자.

관련 학과 관광학과, 국제통상학과, 무역학과, 사회복지학과, 사회학과, 소비자학과, 지리학과

책 소개

이 책은 120억 명을 먹이고도 남을 식량이 있는데도 왜 세계의 절반이 굶주리는지를 아버지와 아들의 대화 형식으로 알기 쉽게 조목조목 설명한다. 전쟁과 정치적 무질서로 인해 구호 조치가 무색해지는 현실부터 도시화와 식민지 정책의 영향까지 살펴보며, 불평등을 가중하는 금융 과두 지배 같은 정치·경제적 관계가 '먹고사는 문제'와 어떻게 얽혀 있는지 잘 보여준다.

세특 예시

교과 연계 독서 활동으로 '왜 세계의 절반은 굶주리는가?(장 지글러)'를 읽

왜 세계의 절반은 굶주리는가?
장 지글러, 유영미 역, 갈라파고스(2016)

고 우리의 일상생활에선 큰 문제를 느끼지 못하는 식량 부족 문제에 관심을 가지게 되었음을 이야기함. 전 세계적으로 충분한 식량이 생산되고 있음에도 각 지역의 정치, 경제 상황과 식량 생산량, 기후 등의 여러 가지 이유로 수많은 인류가 굶주리고 있음을 다양한 통계 자료를 통해 설명하고, 이는 우리나라도 예외가 되지 않을 수 있기에 계속 관심을 가지고 장기적인 정책을 마련해야 함을 보고서로 작성하여 발표함.

[12수문04-02] •••

대기오염과 관련된 문제를 수학적으로 분석하고, 이를 개선하기 위한 방법을 제안할 수 있다.

➲ 지구온난화로 인한 지구의 평균기온 상승은 기후변화, 해수면 상승, 극지방의 빙하 감소 등 지구 환경에 큰 영향을 끼치고 있다. 이러한 지구 환경의 변화는 일부 국가에는 이미 국가 소멸의 위기를 가져오고 있다. 지구의 평균기온 변화에 관한 통계 자료를 활용하여 과거부터 현재까지의 기온 변화를 조사하고 가까운 미래의 기온 변화를 예측해 보며, 지구온난화가 지구 여러 지역의 경제, 사회, 문화에 끼치는 영향을 탐구하여 발표해 보자.

관련 학과 관광학과, 국제통상학과, 군사학과, 도시행정학과, 무역학과, 법학과, 사회복지학과, 사회학과, 정치외교학과, 지리학과, 행정학과

《기후로 다시 읽는 세계사》, 이동민, 갈매나무(2023)

[12수문04-03] •••

사막화 현상과 관련된 문제를 수학적으로 분석하고, 이를 개선하기 위한 방법을 제안할 수 있다.

➲ 사막화 현상이란 사막이 아니었던 땅이 인간의 활동이나 기후변화 등의 영향으로 건조하고 황폐해져 가는 현상을 말한다. 사막화는 지구의 생태계와 식량 안보에 심각한 영향을 미치며, 세계 인구의 약 40%가 사막화 위험 지역에 살고 있다. 각 지역에서 사막화 현상이 일어난 상황을 표로 만들어 분석해 보고, 그 위험성에 관해 탐구하여 발표해 보자.

관련 학과 국제통상학과, 무역학과, 사회학과, 신문방송학과, 언론정보학과, 정치외교학과, 지리학과

《기후변화로 보는 지구의 역사》, 미즈노 카즈하루, 백지은 역, 문학사상(2020)

[12수문04-04] •••

생물 다양성과 생명권 관련 자료를 수학적으로 분석하고, 이를 통해 생태 감수성을 함양할 수 있다.

➲ 반려동물과 함께하는 인구가 증가하며 동물 보호에 관한 관심이 높아지고 있다. 동물 학대와 관련된 여러 문서와 통계 자료를 바탕으로 동물 학대 사례의 종류와 빈도를 분석하고 그래프로 나타내 보자. 또한 동물 학대로 인해 생물 다양성이 감소하고 생명권이 침해되는 문제를 탐구해 보고, 이를 개선하기 위한 법적 규제 강화, 교육 및 홍보 활동, 관련 단체와의 협력 등 다양한 방안을 제안하는 보고서를 작성해 보자.

관련 학과 광고홍보학과, 문화콘텐츠학과, 미디어커뮤니케이션학과, 법학과, 사회학과, 신문방송학과, 언론정보학과, 정치외교학과

《동물 학대의 사회학》, 클리프턴 P. 플린, 조중헌 역, 책공장더불어(2018)

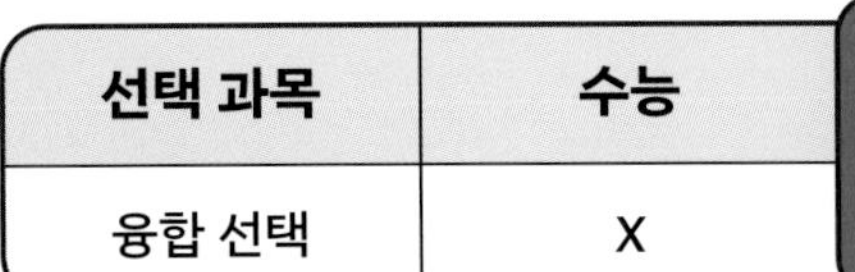

선택 과목	수능	실용 통계	절대평가	상대평가
융합 선택	X		5단계	5등급

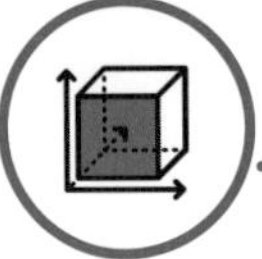

단원명 | 통계와 통계적 문제

| 🔍 | 변이성, 전수조사, 표본조사, 단순임의추출, 층화임의추출, 계통추출

[12실통01-01]

통계와 통계적 방법의 유용성과 필요성을 인식할 수 있다.

친환경 도시를 만들어가고 탄소중립을 실천하며 건강도 지키기 위해 자전거 타기가 적극적으로 권장되고 있다. 우리나라의 자전거 이용 현황을 관련 통계 자료에서 찾아보고, 학교 등 자신의 주변 구성원들의 자전거 이용 현황과 비교해 보자. 자전거 이용의 장점과 불편한 점 등을 조사하고 자전거 이용률을 높이는 방안 등을 탐구하는 보고서를 작성해 보자.

관련 학과 공공행정학과, 도시행정학과, 사회학과, 신문방송학과, 언론정보학과, 행정학과

《모두의 내일을 위한 기후위기와 탄소중립 수업 이야기》, 한문정, 우리학교(2023)

[12실통01-02]

통계적 문제 해결 과정을 이해하고, 각 단계의 역할을 설명할 수 있다.

우리나라의 여러 지역자치단체에서는 지역 내 상인의 수입 증대 등 지역 경제 활성화를 위해 지역 내에서만 이용할 수 있는 지역화폐를 발행하여 운영하고 있다. 통계 자료를 찾아 자신이 거주하는 지역에서 쓰이는 지역화폐의 수년간의 사용량 변화 등을 살펴보고, 실제 지역 경제에 미친 영향을 탐구하고, 지역화폐의 긍정적인 면과 부정적인 면을 함께 보고서로 작성하여 발표해 보자.

관련 학과 경영학과, 경제학과, 공공행정학과, 관광학과, 도시행정학과, 세무학과, 소비자학과, 행정학과

《골목길 자본론》, 모종린, 다산3.0(2017)

[12실통01-03]

모집단과 표본의 뜻을 알고, 표본추출의 방법을 이해하여 문제 상황에 맞는 방법을 선택할 수 있다.

'슈링크플레이션'이란 기업에서 제품의 가격은 유지하면서도 제품의 크기나 중량을 줄여 가격 인상 효과를 가져오는 것을 말한다. 원재료의 가격 상승 등으로 주변에서 슈링크플레이션의 사례를 어렵지 않게 찾아볼 수 있다. 특정 제품군에 대해 슈링크플레이션으로 인한 가격 상승 비율을 추측해 보고, 슈링크플레이션이 기업과 소비자에게 미치는 영향에 관해 탐구해 보자.

관련 학과 경영학과, 경제학과, 사회학과, 소비자학과

《아는 만큼 보이는 세상: 수학 편》, 쓰루사키 히사노리, 송경원 역, 유노책주(2023)

단원명 | 자료의 수집과 정리

| ⌕ | 범주형 자료, 수치형 자료, 명목척도, 순서척도, 구간척도, 비율척도, 설문지법, 문헌연구법

[12실통02-01]

자료의 종류를 알고 설명할 수 있다.

➲ 우리나라뿐만 아니라 지구의 여러 지역이 기후변화로 인해 산업의 많은 변화를 겪고 있다. 우리나라에서도 각 지역을 대표하던 특산물의 생산량이 변하고 생산 지역이 바뀌어가고 있으며, 이는 그 지역 산업에 변화를 가져왔다. 우리나라 또는 세계 여러 지역을 대표하는 특산품이 기후변화로 인해 어떤 영향을 받고 있는지를 관련 통계 자료 등을 활용하여 조사하고, 그에 따른 산업의 변화와 대응 방안을 탐구해 보자.

관련 학과 관광학과, 국제통상학과, 도시행정학과, 무역학과, 사회복지학과, 사회학과, 소비자학과, 지리학과, 항공서비스학과, 행정학과

《기후미식》, 이의철, 위즈덤하우스(2022)

[12실통02-02]

자료의 수집 방법을 이해하고, 문제 상황에 맞는 자료 수집 방법을 선택할 수 있다.

➲ 지구온난화가 심각한 문제라고 인식하면서도 온실가스 배출량을 줄이기 위한 노력에서는 차이를 보이는 것을 주위에서 쉽게 발견할 수 있다. 지구온난화에 대한 사람들의 인식과 태도, 행동과 관련해 설문 조사, 인터뷰, 관찰 등 사회과학적 방법과 함께 그 비율과 상관관계 등을 분석해 보고, 그 원인을 분석하는 탐구 활동을 통해 앞으로 우리가 할 일을 제언하는 보고서를 작성해 보자.

관련 학과 사회계열 전체

《지구온난화 어떻게 해결할까?》, 이충환, 동아엠앤비(2023)

[12실통02-03]

그래프의 종류를 알고, 자료의 특성을 나타내는 적절한 그래프를 그릴 수 있다.

➲ 코로나19 팬데믹 이후 우리나라뿐만 아니라 전 세계에서 물가가 상승했다. 여기에는 여러 가지 요인이 있겠지만, 공연 문화 등의 활성화로 인한 티켓값, 외식비, 숙박비 등의 상승을 뜻하는 '투어플레이션'을 하나의 원인으로 지적하기도 한다. 시기별 물가 변화를 그래프로 나타내 보고, 물가에 영향을 준 여러 가지 요인을 그래프로 함께 비교하여 그 내용을 분석한 보고서를 작성해 보자.

관련 학과 경영학과, 경제학과, 관광학과, 광고홍보학과, 국제통상학과, 문화콘텐츠학과, 미디어커뮤니케이션학과, 사회학과, 소비자학과, 신문방송학과

《혼돈의 시대, 경제의 미래》, 곽수종, 메이트북스(2021)

[12실통02-04]

대푯값과 산포도의 종류를 알고, 자료의 특성을 나타내는 값으로 요약할 수 있다.

➲ 기업에서는 판매 중이거나 판매 예정인 제품에 대한 소비자의 선호도를 파악하기 위해 다양한 조사를 시행하

게 된다. 조사 결과로 분석되는 평균, 표준편차, 최빈값 등 여러 가지 통계 수치를 활용하여 제품의 앞으로의 생산 방향을 결정할 수 있다. 기업이나 관공서에서 제품이나 정책에 활용하는 다양한 통계 자료들을 찾아보고, 그 결과로 나타날 수 있는 변화에 관해 탐구해 보자.

관련 학과 경영학과, 공공행정학과, 관광학과, 광고홍보학과, 도시행정학과, 사회학과, 소비자학과, 행정학과

《이것은 작은 브랜드를 위한 책》, 이근상, 몽스북(2021)

단원명 | 자료의 분석

| 정규분포, t분포, 모평균, 표본평균, 모비율, 표본비율, 신뢰구간, 가설검정, 귀무가설, 대립가설, p값, 기각역, 유의수준

[12실통03-01]

정규분포와 t분포를 공학 도구를 이용하여 탐구할 수 있다.

기업에서는 시장 조사를 통해 소비자 선호도를 탐색하며 생산할 제품의 사양을 결정하는 데 참고한다. 각 사양별 소비자 선호도 분포를 분석하여 제품의 생산량과 가격 등을 결정할 수 있다. 여러 미디어와 통계 자료를 활용하여 관심 있는 제품의 소비자 선호도를 찾아보고, 해당 제품의 판매량, 가격 등이 결정되는 과정을 탐구해 보자.

관련 학과 경영학과, 경제학과, 광고홍보학과, 소비자학과, 신문방송학과

《통계학대백과사전》, 이시이 도시아키, 안동현 역, 동양북스(2022)

[12실통03-02]

실생활에서 공학 도구를 이용하여 모평균을 추정할 수 있다.

울릉도 연안의 어종 변화가 나타남에 따라 대표 어종인 오징어의 수확량이 눈에 띄게 감소하고 있다. 이는 긴 시간에 걸쳐 오징어잡이로 생계를 이어오던 어민들에게 큰 피해를 가져오고 있다. 수년간의 수온 변화 등 우리 바다의 환경 변화와 그에 따른 어민들의 수입 변화를, 통계 자료를 활용하여 정리해 보자. 또한 어민들의 생활 안정을 위해 지원할 수 있는 다양한 방안에 관해 탐구해 보자.

관련 학과 공공행정학과, 도시행정학과, 사회복지학과, 사회학과, 정치외교학과, 지리학과, 행정학과

책 소개

한국은 해산물 섭취 1위, 돼지고기 소비량 세계 2위의 나라이다. 이 책은 먹는 일에는 누구보다 '진심'이지만, 먹거리와 기후의 연관성에는 '무심'한 우리에게 기후 위기를 만드는 먹거리의 여정과 식량 시스템을 낱낱이 알려주고 있다. 저자는 농업, 어업, 축산업 등 각 산업 분야의 과학적 데이터를 근거로 제시하고, 더 나아가 데이터에 누락된 실제 사건과 현장의 목소리를 실시간으로 전해준다.

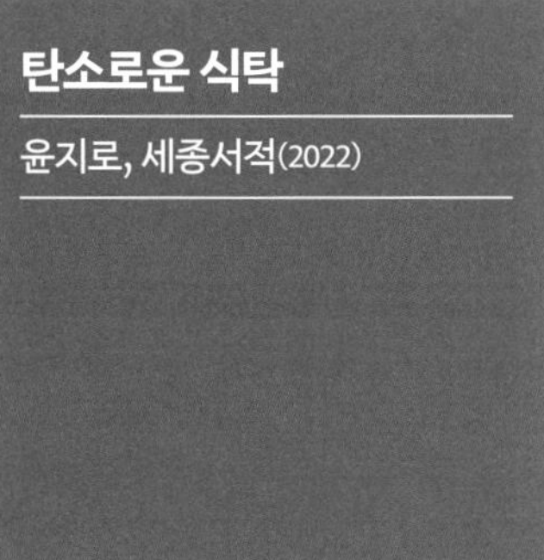

탄소로운 식탁

윤지로, 세종서적(2022)

세특 예시

기후변화가 우리의 먹거리에 끼치는 영향을 살펴보고자 교과 연계 독서 활동으로 '탄소로운 식탁(윤지로)'을 읽고, 기후 위기로부터 우리나라의 먹거리는 안전한지 고민해 보는 시간을 가짐. 특히 해산물을 많이 섭취하는 우리나라의 어종 변화가 우리 식탁에 주는 변화와 어민에게 끼치는 영향을 다양한 미디어 자료와 국가 통계 자료를 찾아 제시하고 객관적인 데이터를 활용해 친구들에게 발표함.

[12실통03-03]

실생활에서 공학 도구를 이용하여 모비율을 추정할 수 있다.

➲ 매달 통계청에서는 우리나라의 실업률을 발표하고 있다. 실업률이란 경제활동인구 중에서 실업자가 차지하는 비율로, 현재의 우리나라 경제 상황을 보여주는 경제 지표 중 하나이다. 통계청에서 발표하는 실업률 외에 실업률을 구하는 다양한 방법을 살펴보고, 각 실업률이 발생하는 이유를 탐구해 보자.

관련 학과 경영학과, 경제학과, 공공행정학과, 관광학과, 사회학과, 행정학과

《경제지표 정독법》, 김영익, 한스미디어(2022)

단원명 | 통계적 탐구

| 합리적 의사결정, 연구 윤리

[12실통04-01]

실생활에서 통계적 탐구 과정에 따라 문제를 해결하고 합리적인 의사결정을 할 수 있다.

➲ 최근 1인 가구가 크게 증가하고 있다. 하지만 우리나라의 모든 지역에서 1인 가구가 증가하는 것은 아니다. 통계 자료를 활용하여 지역별 1인 가구의 증가율을 비교해 보고, 각 지역의 직업 구성 비율, 나이대별 인구 구성 비율 등 1인 가구 비율과 연계해서 탐구해 볼 수 있는 주제를 선정하여 보고서를 작성해 보자.

관련 학과 경영학과, 경제학과, 공공인재학과, 공공행정학과, 사회복지학과, 사회학과, 소비자학과, 지리학과, 행정학과

《어쩌면 우리 모두 1인 가구》, 사공일가 TF, 미디어샘(2021)

[12실통04-02]

통계적 탐구 과정과 그 결과를 비판적으로 성찰할 수 있다.

➲ 우리 사회의 여러 통계 자료를 통해 현재 상황을 파악하고 미래에 필요한 내용을 찾아볼 수 있다. 예를 들면, 현재 재학 중인 학교 친구들의 등교 방법을 조사하고, 각 등교 방법의 비율을 고려하여 등교 환경 개선, 시설 개선 방안과 함께 안전한 등교를 위해 필요한 캠페인 활동 내용 등을 탐구해 보자.

관련 학과 공공행정학과, 도시행정학과, 법학과, 사회복지학과, 사회학과, 행정학과

《사회적 경제의 힘》, 마리 J. 부샤르 외 1명, 이상윤 외 1명 역, (재)아이쿱협동조합연구소(2019)

선택 과목	수능	수학과제 탐구	절대평가	상대평가
융합 선택	X		5단계	5등급

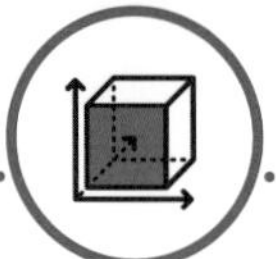

단원명 | 과제 탐구의 이해

| 🔍 | 수학과제 탐구, 연구 윤리

[12수과01-02]

올바른 연구 윤리를 이해하고, 탐구의 전 과정에서 이를 준수한다.

➲ 생명의 소중함과 다양성은 지구 생태계의 균형을 이루는 핵심 요소이나, 동식물 보호종의 불법 포획 및 밀거래가 이러한 다양성을 위협하고 생명권을 침해하는 심각한 문제를 야기한다. 보호종의 불법 포획 및 밀거래에 대한 여러 통계 자료를 통해 가장 많이 거래되는 종이나 활발하게 거래되는 시기와 지역 등을 탐색하여 불법 포획 및 밀거래를 방지할 수 있는 방안에 관해 탐구해 보자.

관련 학과 경찰행정학과, 공공행정학과, 도시행정학과, 법학과, 사회학과, 언론정보학과, 정치외교학과, 행정학과

《다양성을 엮다》, 강호정, 이음(2020)

단원명 | 과제 탐구의 방법과 절차

| 🔍 | 문헌 조사, 사례 조사, 수학 실험, 개발 연구

[12수과02-01]

문헌 조사를 통해 탐구하는 방법과 절차를 이해하고 설명할 수 있다.

➲ 우리나라는 한국은행에서 기준금리를 정하고, 미국은 연방준비제도가 기준금리를 정한다. 우리나라와 미국에서 정해지는 기준금리는 우리나라의 여러 경제 지표와 영향을 주고받는다. 다양한 경제 지표와 금리의 관계를 그래프로 나타내고 탐구해 보자.

관련 학과 경영학과, 경제학과, 공공행정학과, 국제통상학과, 금융보험학과, 무역학과, 정치외교학과, 회계학과

《경제적 자유를 위한 최소한의 수학》, 휴 바커, 김일선 역, 프시케의숲(2023)

[12수과02-02]

사례 조사를 통해 탐구하는 방법과 절차를 이해하고 설명할 수 있다.

➲ 탄소 발자국이란 인간의 활동과 인간이 사용하는 상품이 생산되고 소비되는 과정에서 발생하는 이산화탄소의

총량이다. 탄소 발자국은 지구온난화와 기후변화의 주요 원인으로, 이를 줄이기 위한 노력이 절실한 시점이다. 탄소 발자국을 감축하기 위해 실제로 시도하거나 성공한 사례를 조사하고, 그 과정과 결과를 다양한 통계 자료를 활용하여 분석하는 탐구 활동 보고서를 작성해 보자.

관련 학과 공공행정학과, 관광학과, 국제통상학과, 도시행정학과, 무역학과, 법학과, 사회복지학과, 사회학과, 정치외교학과, 지리학과, 행정학과

《최종 경고: 6도의 멸종》, 마크 라이너스, 김아림 역, 세종서적(2022)

[12수과02-04]

개발 연구를 통해 탐구하는 방법과 절차를 이해하고 설명할 수 있다.

‘유클리드 원론’의 여러 내용 중에는 ‘정의’, ‘공리’ 등도 제시되어 있는데, 이들은 수학에서 약속 또는 증명할 필요가 없는 자명한 진리로서 다른 명제를 증명하는 기본적인 근거가 되기에 수학이라는 큰 체계를 받치는 기초이기도 하다. 하지만 공리의 일부를 부정하며 새로운 ‘비유클리드 기하학’이 발전했다. 이처럼 우리 역사 속에서 사회 통념을 부정하며 사회를 발전시켰던 여러 사례를 찾아 비유클리드 기하학의 발전과 비교하여 탐구해 보자.

관련 학과 사회계열 전체

《유클리드기하학, 문제해결의 기술》, 박종하, 김영사(2023)

단원명 | 과제 탐구의 실행 및 평가

탐구 계획 수립, 수학 소논문, STEAM형 산출물, 포스터, 보고서, 수학 잡지, 수학 소설, 수학 만화, 수학 신문, 동료 평가, 자기 평가

[12수과03-01]

여러 가지 현상에서 수학 탐구 주제를 선정하고 탐구 계획을 수립할 수 있다.

코로나19 이후 비대면 소비는 증가하고, 대면 소비는 감소하고 있다. 이에 대한 객관적인 통계 자료를 바탕으로 온라인 쇼핑 등 전자상거래를 통한 비대면 소비와 백화점, 대형 마트 등으로 대표되는 대면 소비의 변화에 대해 알아보고, 앞으로의 소비 유형 변화에 따른 경제 패턴의 변화를 고민해 볼 수 있는 보고서를 작성해 보자.

관련 학과 경영학과, 경제학과, 관광학과, 국제통상학과, 사회학과, 소비자학과

《코로나가 시장을 바꾼다》, 이준영, 21세기북스(2020)

[12수과03-02]

적절한 탐구 방법과 절차에 따라 탐구를 수행할 수 있다.

각종 소송, 범죄 등과 관련해 법을 기초로 법률을 다투는 재판에서 여러 가지 증거로 제시되는 것 중 대표적인 것이 수학을 기초로 한 자료들이다. 각종 통계 자료, 확률에 기반한 증거 등은 재판의 결과에 영향을 주는 증거로 작용하기도 한다. 이뿐만 아니라 재판 과정에서 여러 수학적 원리가 적용되기도 하는데, 이러한 내용을 조사하고 그 내용이 재판에 끼친 영향에 관해 탐구해 보자.

관련 학과 경찰행정학과, 공공행정학과, 법학과, 사회학과, 행정학과

법정에 선 수학

레일라 슈넵스 외 1명, 김일선 역, 아날로그(2020)

책 소개

이 책에서는 계산 착오, 계산 결과의 오해, 혹은 필요한 계산의 간과 등 아주 단순한 수학적 오류로 인해 발생한 매우 부당한 판결들을 소개한다. 19~20세기의 유언장 위조나 국가 기밀 누설 사건을 둘러싼 필적 감정부터 오늘날 범죄 사건 수사에 곧잘 사용되는 DNA 분석에 이르기까지, 10가지 사례를 통해 법정에서 사용되었거나 지금도 사용 중인 수학적 개념을 살펴본다.

세특 예시

진로 연계 독서 활동으로 '법정에 선 수학(레일라 슈넵스 외 1명)'을 읽고, 자신의 꿈인 변호사도 수학적인 내용을 알고 문제 상황을 해석할 줄 알아야 함을 이야기함. 과거 법정에서 발생했던 다양한 사례를 통해 재판에 영향을 끼치는 수학적 원리를 조사하고, 우리나라에서 법정에서 활용된 수학의 사례를 찾아 제시하며 적극적인 수학, 통계 자료의 활용과 올바른 해석이 필요함을 발표함.

[12수과03-03]

탐구 결과를 정리하여 산출물을 만들고 발표할 수 있다.

최근 AI 기술의 발전은 음악, 미술 산업에 새로운 영향을 주고 있다. AI는 음악, 미술 작품 제작의 비용과 시간을 줄여주고, 다양한 사람들이 작품에 좀 더 쉽게 접근하고 창작할 수 있도록 도와준다. 하지만 다양한 문제도 함께 발생하고 있다. AI로 파생된 음악, 미술 산업의 성장을 조사하여 표와 그래프로 작성해 보고, 인간의 감성과 정서를 표현한다는 예술의 본질적 가치 문제, 저작권 문제 등에 관해 탐구하여 발표해 보자.

관련 학과 문화콘텐츠학과, 미디어커뮤니케이션학과, 법학과, 사회학과, 소비자학과, 신문방송학과, 언론정보학과

《비전공자도 이해할 수 있는 AI 지식》, 박상길, 반니(2023)

[12수과03-04]

탐구 과정과 결과를 반성하고 평가할 수 있다.

산업이 급속이 발달하고 인간 활동이 많아지면서 대기환경 오염, 즉 대기오염의 피해가 급속히 커지고 있다. 대기오염을 줄이기 위한 수단들을 알아보며, 여러 대기오염 감축 수단의 비용-효익 분석, 비용-효과 분석 등 경제학적 방법론을 통해 수학적으로 비교하여 평가해 보고, 대기오염 감축 방안을 제안하는 탐구 활동 보고서를 작성해 보자.

관련 학과 경영학과, 경제학과, 국제통상학과, 무역학과, 문화재학과, 사회학과, 정치외교학과, 지리학과, 행정학과

《침묵의 봄》, 레이첼 카슨, 김은령 역, 에코리브르(2024)

도덕 교과군

구분	교과(군)	선택 과목		
		일반 선택	진로 선택	융합 선택
보통 교과	도덕	현대사회와 윤리	윤리와 사상 인문학과 윤리	윤리문제 탐구

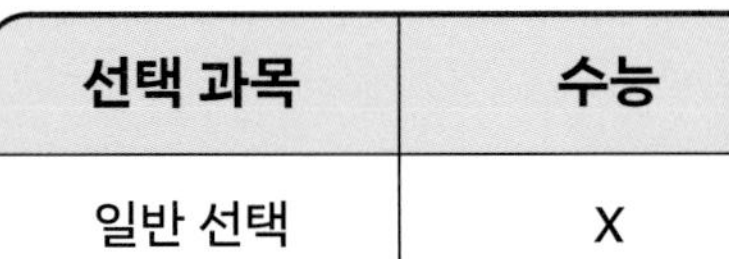

선택 과목	수능	현대사회와 윤리	절대평가	상대평가
일반 선택	X		5단계	5등급

단원명 | 현대 생활과 윤리

| 🔍 | 다원주의, 윤리학, 덕 윤리

[12현윤01-01]

윤리학의 성격과 특징을 바탕으로 윤리적 존재로서의 인간 본성을 이해하고, 현대사회의 다양한 윤리문제를 탐구 및 토론할 수 있다.

➔ 현대사회는 다양성을 인정하는 다원주의 사회이다. 획일적인 사고방식과 가치관이 지배하는 사회가 아니라, 다양한 사고방식과 문화, 의견이 공존하는 사회이다. 또한 빅데이터, 인공지능, 사물인터넷의 등장으로 급변하는 사회 속에서 사람들은 더욱 다양한 사회 문제들을 마주하고 있다. 관심 있는 현대사회의 변화를 선택하고, 이와 관련된 사회 문제를 도출하여 윤리학의 가치와 논의의 중요성에 대해 토의해 보자.

관련 학과 공공인재학과, 공공행정학과, 국제통상학과, 무역학과, 법학과, 사회복지학과, 사회학과, 정치외교학과, 지리학과, 행정학과

《박태웅의 AI 강의》, 박태웅, 한빛비즈(2023)

[12현윤01-02]

동양 및 서양의 윤리사상, 사회사상의 접근들을 비교·분석하고, 이를 현대사회의 다양한 윤리문제와 쟁점에 적용하여 윤리적 해결 방안을 도출할 수 있다.

➔ 덕 윤리학자 알래스데어 매킨타이어는 도덕적 행동이 그 행동을 하는 행위자의 덕에 따라 정해지며, 개인의 도덕적 판단과 선의 추구는 그가 속한 공동체의 방식을 따른다고 했다. 또한 행위자의 도덕적 판단과 행동은 공동체의 전통과 역사와 분리될 수 없다고 주장하며, 덕 윤리론이 성립되기 위한 3단계의 덕의 조건을 제시했다. 매킨타이어의 덕의 3단계를 바탕으로 현대 사회에서 덕 윤리가 갖는 가치에 대해 탐구해 보자.

관련 학과 공공인재학과, 공공행정학과, 문화콘텐츠학과, 미디어커뮤니케이션학과, 법학과, 사회복지학과, 사회학과, 정치외교학과, 지리학과, 행정학과

《덕의 상실》, 알래스데어 매킨타이어, 이진우 역, 문예출판사(2021)

단원명 | 생명 윤리와 생태 윤리

| 🔍 | 저출산, 성 상품화, 환경 문화, 기후 책임

[12현윤02-01]

삶과 죽음을 동·서양 윤리의 입장에서 성찰하고, 현대사회에서 발생하는 생명 윤리 문제를 다양한 윤리적 관점에서 설명할 수 있다.

➲ 출생은 인간의 자연적 성향을 실현하는 과정으로, 도덕적 삶의 주체이자 가족과 사회의 구성원으로서 사는 삶의 출발점이다. 출생은 가족의 토대를 만드는 자연스러운 과정이지만, 현대 의학의 발전으로 인간의 출생 과정에 인공수정 시술과 시험관 아기 시술 등 생식보조술이라는 인위적 요소가 개입하게 되었다. 아이를 원하는 난임 부부들에게 대안이라 할 수 있는 생식보조술은 비용적 측면에서 소득 격차에 따른 사회 문제를 야기했다. 난임 부부들을 지원하는 제도를 조사하고, 우리나라 출산 장려 정책의 한계와 방향에 대해 논의해 보자.

관련 학과 공공인재학과, 공공행정학과, 법학과, 사회복지학과, 사회학과, 행정학과

《추락하는 일본의 출산율이 한국보다 높은 이유》, 정현숙, 한반도미래인구연구원(2023)

[12현윤02-02]

사랑과 성에 관한 다양한 입장과 성차별의 윤리적 문제를 이해하고, 현대사회의 결혼 및 가족 문제를 윤리적 관점에서 탐구할 수 있다.

➲ 성 상품화란 광고, 드라마, 영화 등 대중매체에서 성적 이미지를 활용해 이윤을 추구하는 것을 의미한다. 성 상품화는 소비주의와 연결되어 외모지상주의를 초래했고, 이는 곧 몸 만들기와 다이어트 열풍, 인간이 돈벌이 수단으로 전락하는 등 많은 부작용을 가져왔다. 광고 속 '성 상품화' 사례를 분석하고 청소년에게 미치는 영향에 대해 탐색해 보자.

관련 학과 광고홍보학과, 문화콘텐츠학과, 미디어커뮤니케이션학과, 사회학과, 소비자학과, 신문방송학과, 언론정보학과

《셰임 머신》, 캐시 오닐, 김선영 역, 흐름출판(2023)

[12현윤02-03]

자연을 바라보는 동·서양의 관점을 비교·설명할 수 있으며, 오늘날 환경 문제의 사례와 심각성을 조사하고 이에 대한 윤리적 해결 방안을 제시할 수 있다.

➲ 환경 문제는 인류의 생존을 위협하는 전 지구적 문제이다. 서양의 인간중심주의 윤리는 효율성과 편의성으로 산업혁명을 이끌었고, 대규모 산업 활동으로 계속 증가하는 이산화탄소 배출량이 지구온난화의 원인이 되었다. 글로벌 기업이 집중되어 있는 선진국들은 보유 자원으로 환경오염 극복을 위해 노력하고 대안을 마련하고 있지만, 정작 피해를 보는 것은 개발도상국들이다. 글로벌 기업과 관련된 환경 파괴 사례와 환경 사고를 조사하고, 환경 문제와 기후 책임에 대한 해결 방안을 토의해 보자.

관련 학과 국제통상학과, 무역학과, 법학과, 사회복지학과, 사회학과, 정치외교학과, 지리학과

《녹색 노동조합은 가능하다》, 노라 래첼 외 1명, 김현우 역, 이매진(2019)

단원명 | 과학과 디지털 학습 환경 윤리

| 🔍 | 과학기술과 가치 중립, 과학의 사회적 책임, 정보 윤리, 인공지능 판사

[12현윤03-01]

과학기술 연구에 대한 다양한 관점을 조사하여 비교·설명할 수 있으며, 이를 과학기술의 사회적 책임 문제에 적용하여 비판 또는 정당화할 수 있다.

독일의 철학자 하이데거는 과학기술의 가치 중립성을 부정하며, 과학기술자는 자신의 연구를 통제하고 조작할 수 있다는 전제하에 연구를 진행해야 한다고 주장했다. 또한 독일 생태철학자 요나스는 기존의 전통 윤리가 과학기술이 급격히 발전하는 시대의 윤리적 문제에 제대로 대응하지 못한다고 했다. 또한 기존의 윤리와 과학기술 발달에 따라 새롭게 요구되는 윤리 사이에 생기는 간극, 즉 '윤리적 공백'을 극복하기 위한 책임 윤리를 강조했다. 과학기술의 연구 방향을 사회적 토론과 합의 과정에서 함께 공유할 수 있도록 지원하는 시민 과학의 역할과 책임에 대해 조사해 보자.

관련 학과 공공인재학과, 공공행정학과, 문화콘텐츠학과, 미디어커뮤니케이션학과, 법학과, 사회복지학과, 사회학과, 행정학과

《위대한 과학자의 사회 책임과 소통》, 조항민, 커뮤니케이션북스(2016)

[12현윤03-02]

정보 통신 기술과 뉴미디어의 발달에 따른 윤리문제들을 제시할 수 있으며, 이에 대한 해결 방안을 정보 윤리와 미디어 윤리의 관점에서 제시할 수 있다.

지식재산권은 산업재산권, 저작권, 신지식재산권을 모두 포함한다. 유튜브와 같은 온라인 공유 플랫폼은 수많은 콘텐츠의 생산과 소비로 정보의 대중화를 더욱 가속화했다. 이에 따라 창작자의 '저작권 보호'를 강조하는 입장과, 정보를 공유재로 인지하는 '정보 공유의 자유'를 강조하는 입장이 등장했다. 저작권 보호와 정보 공유의 자유를 강조하는 각각의 주장을 비교하고, 실제 판례를 분석하여 자신의 의견을 제시해 보자.

관련 학과 공공행정학과, 문화콘텐츠학과, 미디어커뮤니케이션학과, 법학과, 사회학과, 행정학과

정보의 지배

한병철, 전대호 역, 김영사(2023)

책 소개

일상생활의 디지털화는 민주주의를 어떻게 위협하고 있는가? 저자는 정보 전쟁이 된 선거전, 사실을 외면하는 가짜 뉴스, 선동하는 소셜 봇, 이야기하지 않고 계산하는 빅데이터 등 디지털이 정치적 영역을 침범하여 민주주의를 위협하고 있음을 경고하며, 이러한 민주주의의 위기를 '인포크라시(Infokratie)'로 명명한다.

세특 예시

정보 윤리 동영상을 감상하고, 링크를 타고 인터넷을 떠돌아다니는 정보의 위험성에 대해 고민함. 특히 일상생활 깊숙이 침투한 디지털화로 인해 정보의 저작권이 무색해지고 논증과 토론 없이 민주주의를 위협하는 현상들에 대해 보고서를 작성함. 나아가 정보가 인간의 인지 시스템을 마비시킬 수 있음을 경고하고, 빅데이터와 인공지능이 범람하는 시대에 정보를 선별하는 비판적 사고의 중요성을 강조하며 논리적인 분석력을 발휘함.

[12현윤03-03]

윤리적인 인공지능을 위하여 인간과 인공지능의 관계를 설명하고, 인공지능으로 인해 발생하는 윤리문제의 해결 방안을 인공지능 윤리의 관점에서 제시할 수 있다.

인공지능은 우리의 일상과 산업에 폭넓게 사용되고 있다. 사람들은 인공지능이 감정을 가진 인간보다 중립적일 것이라 말하기도 한다. 예를 들면 정의롭지 못하다고 인지하는 판결을 마주할 때, 사람들은 인공지능 판사를 기대하기도 한다. 인공지능은 입력된 정보에 따라 정보를 재조합하고 정렬한다. 입력된 정보에 문제가 있을 때는 인공지능 역시 잘못된 정보를 제공할 수 있지만, 현실적으로 인공지능 판사의 역할은 증가할 것으로 예상된다. 법 분야에서 인공지능 판사의 역할과 윤리적으로 고려되어야 하는 사항에 대해 논의해 보자.

관련 학과 공공행정학과, 법학과, 사회복지학과, 사회학과, 행정학과

《인공지능만 믿고 공부는 안 해도 될까요?》, 이여운, 글라이더(2024)

단원명 | 민주시민과 윤리

| 🔍 | 노동삼권, 협력적 노사관계, 환경운동, 분배정의

[12현윤04-01]

직업의 의의와 다양한 직업군에 따른 직업 윤리를 제시할 수 있으며, 공동체 발전을 위한 청렴한 삶과 노동의 가치에 대한 사회적 존중의 필요성을 설명할 수 있다.

헌법 제33조는 단결권, 단체교섭권, 단체행동권의 노동삼권을 보장하고 있다. 노사관계에서 근로자는 상대적 약자의 입장에 있기 때문에 근로기준법과 노동조합 및 노동관계 조정법 등으로 근로자의 권리를 보호하고 있다. 기업을 노동력 착취의 주체로 인지하거나, 근로자의 단체행동권을 이기주의로 여기며 대립하는 것은 기업과 근로자뿐만 아니라 사회 전반에 부정적인 영향을 준다. 협력적 노사관계의 국내외 사례를 탐색하고, 4차 산업혁명 시대에 중요한 직업 윤리를 제안해 보자.

관련 학과 사회계열 전체

Time to Change 노사관계의 미래

서덕일 외 2명, 한국경제신문사(2022)

책 소개

우리나라 노사관계의 역사는 투쟁의 역사라 해도 과언이 아니다. 대립적인 노사관계로 인한 근로 손실은 근로자와 기업이 책임져야 했다. 그러나 4차 산업혁명에 의한 일자리 소멸과 MZ세대의 등장 등으로 사회 구조가 변하고 있다. 이 책은 우리 사회가 당면하고 있는 위기를 극복하기 위해, 협력적 노사관계를 통한 노사의 선순환 구조의 구축과 방향을 제시한다.

세특 예시

청소년 노동 인권 교육을 이수하고, 노동의 가치와 사회 변화에 따른 일자리 소멸, 세대교체 등의 사회 구조 변화 속 협력적 노사관계의 중요성을 인지하여 보고서를 제출함. 협력적 노사관계를 위한 당위성을 정리하고 한국, 일본, 독일의 노사관계 사례를 분석하여 노사관계의 선순환 구축에 대한 가능성과 방법을 제시함. 특히 인공지능 디자인 도구를 활용하여

노사관계와 정부의 역할을 인포그래픽으로 제작하여 발표하는 등 독서 활동 후 현실 문제에 적용하는 실천적 모습을 보임.

[12현윤04-02]

개인 선과 공동선의 조화가 필요한 이유를 설명할 수 있으며, 시민의 정치 참여 필요성과 시민불복종의 조건 및 정당성을 제시할 수 있다.

➔ 전 세계적으로 대중의 관심을 끌기 위한 환경단체들의 시위가 과격해지고 있다. 2022년 영국의 석유와 가스 사업 중단을 요구하기 위해 환경단체 '저스트 스톱 오일(Just Stop Oil)'이 비폭력 시민불복종을 선언한 후, 반 고흐의 작품 <해바라기>에 토마토수프를 던지고 거리를 점령하는 등 게릴라성 시위를 주도했다. '저스트 스톱 오일'의 시위가 비폭력 시민불복종에 해당하지 않는 이유를 제시하고, 기후 위기에 대비하기 위한 환경단체의 바람직한 환경운동의 방향을 제시해 보자.

관련 학과 사회계열 전체

《숲으로 간 여성들》, 오애리 외 1명, 들녘(2023)

[12현윤04-03]

공정한 분배를 이루기 위한 정책을 분배정의 이론을 통해 비판 또는 정당화할 수 있으며, 사형 제도와 형벌을 교정적 정의의 관점에서 비판 또는 정당화할 수 있다.

➔ 분배정의는 사회 구성원 각자가 자신의 몫을 누릴 수 있게 하는 것으로, 사회 구성원들이 다양한 이익과 부담, 혜택 등을 정의롭게 부담하는 것이다. 분배적 정의의 기준은 절대적 평등, 능력, 노력, 업적 등 다양하지만 정의의 기준을 명확히 구분하는 것은 쉽지 않다. 이분법적 논리에서 벗어나 모둠을 구성하여 롤스, 노직, 드워킨, 왈저 등의 정의에 대한 이론과 한계 등을 분석하여 다양한 관점의 공정한 분배정의에 대해 토의해 보자.

관련 학과 공공인재학과, 공공행정학과, 사회복지학과, 사회학과, 행정학과

한국 사회에서 공정이란 무엇인가

김범수, 아카넷(2022)

책 소개

저자는 공정에 대한 끊임없는 논의와 관심에도 한국 사회가 여전히 불공정하다고 인식되는 이유에 주목하고, 그 이유를 한국의 공정 담론이 분배와 경쟁에 치중되어 있기 때문이라고 말한다. 평등주의적 정의론자 롤스부터 노직, 드워킨, 센 등의 7가지 정의론을 통해 근본적인 정의의 담론과 상황에 맞는 정의의 실현 방안, 그리고 공존의 의미를 고찰할 기회를 제공한다.

세특 예시

진로 심화 독서 시간에 '한국 사회에서 공정이란 무엇인가(김범수)'를 탐독하고, 우리 사회의 공정에 대한 논의와 정치계의 노력에도 불공정이 해결되지 않는 이유를 이해하게 되었다고 소감을 밝힘. 능력주의와 불평등에서 비롯된 불공정에 대한 논의만으로는 공정과 정의의 문제가 담론에 그치거나 해결되지 않을 것이라는 비판적 사고를 피력함. 나아가 정의의 영역이 평등, 자유, 과정, 역량 등 다양하고 복합적이라는 것을 인지하고 개방적 자세로 토론하는 등 우수한 탐구 능력과 발전하는 모습을 보임.

단원명 | 문화와 경제생활의 윤리

| 🔍 | 사회참여 예술, 젠트리피케이션, 다문화사회, 상호문화주의

[12현윤05-01]

미적 가치와 윤리적 가치를 예술과 도덕의 관계 차원에서 설명할 수 있으며, 현대 대중문화의 순기능과 역기능을 윤리적 관점에서 이해하고 성찰할 수 있다.

➡ 예술은 창조 행위를 통해 다른 사람들과 의사소통하고 공감한다는 점에서 사회적 성격을 가진다. 사회참여 예술은 사회적 상호작용을 바탕으로 사회적 문제들을 대중이 직접 체험할 수 있도록 노력한다. 예술과 대중의 협업으로 예술 작품이 창작되기에, 대중은 수동적인 소비자가 아닌 프로슈머로서의 참여자가 된다. 국내외 사회참여 예술의 사례와 그 의의를 고찰하여 발표해 보자.

관련 학과 광고홍보학과, 문화콘텐츠학과, 미디어커뮤니케이션학과, 사회학과, 소비자학과, 신문방송학과, 언론정보학과

《사회참여 예술은 무엇인가》, 파블로 엘게라, 고기탁 역, 열린책들(2013)

[12현윤05-02]

의식주 생활과 관련된 윤리문제와 경제생활에서 발생하는 도덕적 선과 이윤 추구 사이의 갈등 및 소비 문화의 문제점을 윤리적 관점에서 비판할 수 있다.

➡ 젠트리피케이션(gentrification)이란 낙후된 구도심이 장소의 용도가 바뀌면서 대규모 프랜차이즈와 같은 상업 자본과 중산층 이상의 계층이 유입되어, 치솟는 임대료를 감당하지 못한 기존 거주자와 임차인들이 떠나게 되는 현상을 가리킨다. 젠트리피케이션은 그 지역 상인들의 상업 활동으로 발생할 수 있지만, 국가 또는 지자체의 도시 재생 사업과 맞물려 나타나기도 한다. 국가 또는 지자체의 사업이 원인이 되어 발생한 젠트리피케이션의 국내 사례를 분석하고 해결 방안을 도출해 보자.

관련 학과 공공행정학과, 관광학과, 도시행정학과, 사회복지학과, 사회학과, 행정학과

《도시는 왜 불평등한가》, 리처드 플로리다, 안종희 역, 매일경제신문사(2023)

[12현윤05-03]

다문화 이론을 통해 문화의 다양성을 존중해야 할 필요성을 인식하고 종교 갈등, 이주민 차별 등과 같은 다문화 관련 문제의 해결 방안을 제시할 수 있다.

➡ 다문화사회는 한 국가 안에 국적과 인종, 종교 등 문화적 배경이 다양한 사람들이 함께 공존하는 사회를 의미한다. 다문화주의는 다문화사회에서 다양한 문화의 평등한 공존을 지향하는 태도이지만, '다른 문화'라는 편견은 여전히 존재한다. 이에 반해 상호문화주의는 서로 다른 문화들 사이의 상호작용을 중시하는 것으로, 문화적 배경을 바탕으로 문화적 다양성을 인정한다. 명예살인 같은 이슬람권의 문화는 상호문화주의 관점에서는 문화적 배경에 접근하여 보편 윤리와 여성 인권의 관점에서 비판할 수 있다. 우리 사회의 다문화주의와 상호문화주의의 공존을 바탕으로 다문화에 대한 편견과 차별의 극복 방안을 제안해 보자.

관련 학과 문화콘텐츠학과, 미디어커뮤니케이션학과, 사회복지학과, 사회학과, 신문방송학과, 언론정보학과, 지리학과, 항공서비스학과, 행정학과, 호텔경영학과

《상호문화교육》, 장한업, ㈜박영사(2020)

단원명 | 평화와 공존의 윤리

| 🔍 | 하버마스, 북한 인권 문제, 해외 원조

[12현윤06-01]

다양한 사회적 갈등의 양상을 제시하고 동·서양의 윤리 이론을 바탕으로 사회 통합을 위한 방안을 제안할 수 있으며, 바람직한 소통과 담론을 실천할 수 있다.

➔ 독일의 철학자 하버마스(J. Habermas)는 사회 구성원들의 합리적 토론과 합의를 통해 얻은 규범만이 타당성을 가진다고 했다. 그는 문제와 갈등을 해결하기 위해 의사소통하는 담론과 윤리를 결합하여, 사회의 다양한 문제에 대한 공정한 담론 절차를 강조하면서 자유로운 대화를 통한 상호 합의가 있어야 한다고 주장했다. 하버마스가 제시한 합리적 의사소통을 위한 첫째 조건은, 그 내용이 참이어야 하고 서로 무슨 뜻인지 이해할 수 있어야 한다. 둘째, 누구나 평등하게 토론에 참여할 수 있어야 한다. 셋째, 모든 담론의 참가자는 강제에 의해 위의 두 권리를 방해받아서는 안 된다는 것이다. 하버마스의 합리적 의사소통 방법을 숙지하여 학교의 갈등 상황과 문제점을 주제로 토론하고, 바람직한 의사소통의 자세에 대해 정리해 보자.

관련 학과 공공인재학과, 공공행정학과, 사회복지학과, 사회학과, 정치외교학과, 행정학과

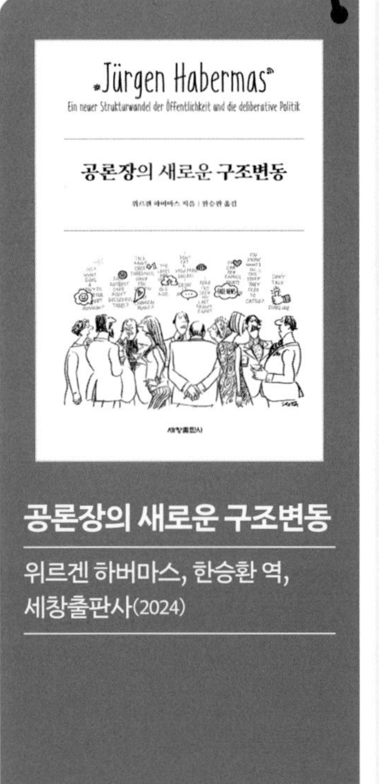

공론장의 새로운 구조변동

위르겐 하버마스, 한승환 역, 세창출판사(2024)

책 소개

저자는 디지털 미디어 환경이라는 공론장이 자유주의 공론장의 원칙을 상실하고 있다고 주장한다. 또한 포용성, 보편성, 진실 추구에 대한 원칙을 상실하여 포퓰리즘의 온상이 될 수 있음을 경고한다. 사람들이 디지털 공론장에서 자신 또는 소수의 여론을 과대평가하고, 타인의 존재를 망각해 버리는 현상을 비판하고, 토의 민주주의의 실현을 위해 상호 존중이라는 토의적 이상을 강조한다.

세특 예시

독서 토론 시간에 '공론장의 새로운 구조변동(하버마스)'을 탐독하고, 변화하는 사회 구조에 적합한 새로운 공론장의 모습을 분석하고, 토의 민주주의를 제안한 철학자의 고뇌에 대한 감상평을 발표함. 특히 소셜 미디어 활동을 통해 현대인들의 소통 방법은 시공간을 초월하지만 다른 사람들의 의견은 듣지 않은 채 자신의 의견에 대한 논증에 집착하는 사례를 비판하며, 상호 존중의 토의는 자연스럽고 친밀한 공동체의식을 갖게 할 것이라는 토의 민주주의의 이상을 도출하여 제안함.

[12현윤06-02]

한반도의 통일과 평화에 관한 쟁점을 객관적으로 이해하고, 보편적인 윤리적 가치를 바탕으로 남북한의 화해를 위한 개인적·국가적 노력을 구체적으로 제시할 수 있다.

➔ 북한의 인권 문제는 남북 관계를 넘어 국제 사회의 심각한 문제로 인식되고 있다. 유엔 인권이사회는 북한의 조직적이고 광범위한 인권 침해에 대해 강하게 규탄하고, 북한이 범죄와 인권 침해를 인정하고 인권 침해를 중

단하기 위한 조치를 취할 것을 촉구한 바 있다. 사상 및 종교의 자유에 대한 침해, 성분 제도에 따른 차별, 외국인 납치와 강제 실종, 정치범 수용소 등 북한의 인권 침해 사례를 조사하고, 북한 인권 문제 해결을 위한 개인적·국가적 차원의 노력에 대해 제시해 보자.

관련 학과 문화콘텐츠학과, 미디어커뮤니케이션학과, 법학과, 사회복지학과, 사회학과, 신문방송학과, 언론정보학과, 정치외교학과, 지리학과

리얼리티와 유니티

조경일, 이소노미아(2023)

책 소개

이 책은 북한 이탈 주민인 청년 세대의 관점에서 현안과 통일에 대한 비전을 제시한다. 탈북 청년들의 생생한 대한민국 적응기를 통해 사회 통합의 가능성과 한계를 엿볼 수 있다. 저자는 존재론적 담론을 논하며 북한 이탈 주민을 '북향민'이라 명명하고, 남북한의 사명인 통일을 위한 민간 교류 역할을 할 수 있는 북향민들의 사회 적응과 지원에 대한 당위성을 이야기한다.

세특 예시

평화와 인권, 인류의 보편적 가치에 대한 담론을 통해 급우들과 소통하며 지식의 공유를 즐기는 학생으로, '리얼리티와 유니티(조경일)'를 읽고 북한 이탈 주민의 사회 적응기를 탐색하고 실천적인 통일 정책의 중요성에 대해 인지하는 모습을 보임. 통일의 긍정적인 효과를 강조하는 통일 정책에 의구심을 표하며, 남북한을 연결할 수 있는 북한 이탈 주민들과의 단합이 통일의 중요한 해결 방안이 될 수 있음을 이해하게 되었다고 소감을 밝힘. 또한 효율적인 통일 정책의 방향으로 남한에 거주하는 북한 이탈 주민의 지원 정책으로 평화를 위한 민족 공동의 목표를 정립해야 한다고 제안함.

[12현윤06-03]

국제 사회의 윤리문제를 국제 정의의 관점에서 비판적으로 설명하고, 국제 사회에 대한 책임과 기여를 윤리적 관점에서 정당화하고 실천 방안을 제시할 수 있다.

➲ 해외 원조를 바라보는 관점에는 국가와 개인의 자율 선택이라고 보는 자선의 입장과, 윤리적 의무로 보는 입장이 있다. 해외 원조에 대해 노직은 자유지상주의 관점에서, 싱어는 공리주의 관점에서, 롤스는 평등적 자유주의 관점에서 설명한다. 노직, 싱어, 롤스의 해외 원조에 대한 주장을 분석하고, 자신의 입장을 정리하여 해외 원조에 대한 토론에 참여해 보자.

관련 학과 국제통상학과, 무역학과, 사회복지학과, 사회학과, 신문방송학과, 언론정보학과, 정치외교학과, 지리학과

《가난과 배고픔의 길 위에서: 해외원조》, 윤광일 외 1명, 지샘(2020)

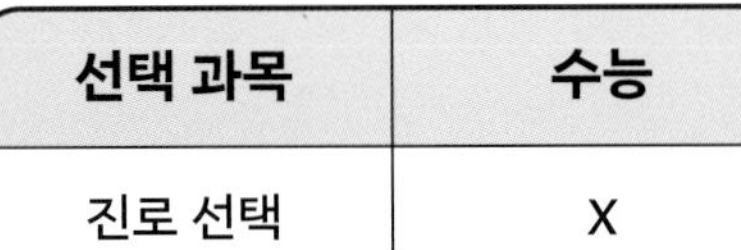

선택 과목	수능	윤리와 사상	절대평가	상대평가
진로 선택	X		5단계	5등급

단원명 | 동양 윤리 사상

| 🔍 | 순자, 유무상생, 자비

[12윤사01-01]

공자 사상에 바탕하여 맹자와 순자, 주희와 왕수인의 인성론을 비교하고, 인간 본성의 입장에 따른 윤리적 삶의 목표 및 방법론의 차이와 그 의의를 파악할 수 있다.

➜ 사회철학은 사회 성립의 철학적 근거와 사회 질서의 원리, 인간의 사회적 행동 양상 등을 연구한다. 공자는 인간을 인간답게 해주는 인(仁)을 강조했고, 맹자는 옳고 그름을 구별하는 의(義)의 중요성을, 순자는 인간의 본성을 절제하는 객관적 기준이며 사회 규범인 예(禮)를 주장했다. 맹자와 순자의 사상을 비교하고, 순자 사상의 사회철학적 의의에 대해 정리해 보자.

관련 학과 공공인재학과, 공공행정학과, 법학과, 사회복지학과, 사회학과, 행정학과

순자

배기호, EBS BOOKS(2022)

책 소개

전국시대 말기, 혼란의 시대에 순자는 혼란의 이유가 인간의 내면에 있다고 보았다. 혼란의 궁극적 원인은 하늘도 땅도 아닌 사람의 욕구이며, 예를 통해 본성을 변화시켜 인위를 일으킬 것을 주장했다. 또한 패도정치를 인정하고 신분을 초월한 인재 등용을 강조하는 등 현실적인 철학을 제시한다.

세특 예시

철학적 사고력과 인문학적 소양이 풍부한 학생으로 현실적인 사회 문제에 대한 철학적 접근을 시도하려는 노력이 엿보임. '순자(배기호)'를 읽고 예, 정명론, 인위 등 순자가 자신의 철학적 사유를 논리적으로 증명하는 모습이 과학적 사고 과정과 유사하다고 소감을 밝힘. 시대를 막론하고 사회 혼란의 직접적인 원인은 인간의 이기심과 쾌락을 추구하려는 욕망이었다는 점을 제시하며, 인간의 본성을 통제할 수 있는 사회 규범을 강조한 순자의 사상을 현대 사회 윤리 문제에 적용하는 탐구 능력을 발휘함.

[12윤사01-02]

노자의 유무상생·무위자연 사상과 장자의 소요유·제물론의 의의를 이해하고, 서로 다른 것들 간의 어울림을 통한 진정한 평화에 대해 성찰할 수 있다.

➲ 도가를 창시한 노자는 《도덕경》에서 있는 것과 없는 것이 서로 공존하는 유무상생(有無相生)을 제시하였다. 아름다움을 알게 된 것은 추함이 있기 때문이며, 선함을 선으로 알게 된 것은 선하지 않음이 있기 때문임을 강조하였다. 세상에는 유와 무가 함께 존재하지만, 우리는 한쪽만을 진리로 믿기 때문에 대립과 분쟁이 생긴다. 이분법적 사고방식이 지배하는 현대 사회에 유무상생이 주는 의의를 고찰해 보자.

관련 학과 공공인재학과, 공공행정학과, 사회복지학과, 사회학과, 행정학과

《나 홀로 읽는 도덕경》, 최진석, 시공사(2021)

[12윤사01-03]

불교의 사성제와 자비를 이해하고, 괴로움을 극복하는 방법을 실천할 수 있다.

➲ 자비(慈悲)는 중생에게 행복을 베풀고 고통을 제거해 주는 불교의 교리이다. 자비는 인간과 동식물을 포함한 모든 생명체를 대상으로 하며, 고뇌와 고통에서 벗어날 수 있도록 도와주는 지극한 사랑이다. 이는 개인과 사회 전체의 발전을 도모하는 복지제도에 긍정적인 영향을 줄 수 있다. 자비를 실천하고 싶은 사회 소외 계층를 선택하여, 그들이 고뇌와 고통에서 벗어날 수 있도록 지원하는 복지 정책을 제시해 보자.

관련 학과 공공인재학과, 공공행정학과, 사회복지학과, 사회학과, 행정학과

《이타심》, 마티유 리카르, 이희수 역, 하루헌(2019)

단원명 | 한국 윤리 사상

| 🔍 | 화쟁사상, 사회경장론, 남명 조식, 을묘사직소

[12윤사02-01]

원효의 화쟁사상, 의천과 지눌의 선·교 통합 사상이 불교의 대립을 어떻게 화해시켰는지 탐구하고, 한국 불교의 특성과 통합 정신의 중요성을 파악할 수 있다.

➲ 삼국시대에 왕권이 강화되면서 왕실과 귀족을 중심으로 불교를 적극적으로 수용하였다. 이 과정에서 종파 간 갈등이 심화되었고, 원효는 다양한 종파의 이론을 통합적으로 해석하면서 부처의 가르침에 근거하여 화쟁(和諍) 사상을 제시하였다. 화쟁사상은 일심(一心)사상을 바탕으로 각 종파와 사상을 통합하여 다툼과 대립에서 벗어나 화해하고 화합하자는 것이다. 또한 좀 더 높은 차원에서 하나로 통합해야 한다는 원융회통의 정신을 담고 있다. 근로자와 기업(사용자) 간 노사갈등의 실제 사례를 분석하고, 화쟁사상을 바탕으로 해결 방안을 제시해 보자.

관련 학과 경영학과, 경제학과, 법학과, 사회학과, 행정학과

《사장이 원하는 회사 직원이 바라는 회사》, 산군, 라온북(2021)

[12윤사02-02]

도덕 감정의 발현 과정에 대한 퇴계와 율곡의 주장을 그 이유와 함께 비교·고찰하고, 일상의 감정을 도덕적으로 조절하는 방법을 제시할 수 있다.

➲ 이이는 도덕 문제와 함께 현실적인 사회제도의 개혁에도 관심을 기울였다. 그는 이(理)와 기(氣)가 서로 분리될 수 없음을 제시하였다. 또한 개인의 수양과 사회제도의 개혁을 강조하여 사회경장론을 제시하였다. 조선 중기

의 사회적 배경과 사회경장론의 필요성을 제시하고, 그 의의에 대해 발표해 보자.

관련 학과 공공행정학과, 법학과, 사회복지학과, 사회학과, 행정학과

《성학집요》, 율곡 이이, 김태완 역, 청어람미디어(2007)

[12윤사02-03]

남명과 하곡, 다산의 사상을 통해 앎과 함의 관계에 대하여 성찰하고, 윤리적 실천 방안을 제안하여 실행할 수 있다.

➲ 남명 조식은 조선의 성리학자로, 부패한 정치를 비판하며 과거에 합격하고도 관직을 거부하였다. 그는 학문에 몰두하며 '산천재'를 짓고 유능한 후진을 양성한 성리학의 거장이다. 경의협지(敬義夾持)를 표방하며 '경'으로써 마음을 곧게 하고 '의'로써 외부의 사물을 처리해 가는 생활철학이자 사회적 실천에 대한 강한 의지를 보였다. 당시 조정은 조식의 학덕을 높이 사서 단성현감직을 내렸으나, 오히려 그는 문정왕후의 수렴청정과 외척정치를 비판하는 '을묘사직소'를 올렸다. 조선 언론의 대표적 형태인 상소를 통한 정치 개혁의 의지를 밝혔던 '을묘사직소'의 의의와 언론의 역할에 시사하는 점을 도출해 보자.

관련 학과 경찰행정학과, 공공인재학과, 공공행정학과, 미디어커뮤니케이션학과, 법학과, 사회복지학과, 사회학과, 신문방송학과, 언론정보학과, 행정학과

을묘사직소

조식, 이상영 역, 뜻있는(2023)

책 소개

조식은 제수받은 현감직을 사직하는 상소를 올렸다. 이것이 바로 '을묘사직소'이다. "전하의 나랏일은 이미 잘못되었다."라고 직언한 그는 명종을 어린아이, 문정왕후를 과부라 칭하며, 당시의 외척정치에 대한 직언을 서슴지 않는다. 이 책은 희망이 사라진 시대에 백성의 고통을 생각하며 직언하던 조식의 절규와 대장부의 기개를 보여준다.

세특 예시

진로 심화 탐구 시간에 '을묘사직소(조식)'를 탐독하고, 의로움과 실천을 강조한 남명 조식의 사상에 감동을 표함. 관직을 거부하며 혼란의 시기에 나라의 근본이 이미 망했다며 직언을 하고, 조선시대의 언론 제도였던 상소로 실천하는 지식인으로서의 모습을 엿볼 수 있었다고 발표함. 나아가 정확하고 공정한 정보 전달을 통해 공공의 이익과 사회적 가치를 추구하는 언론인이 될 것이라는 포부를 밝힘.

단원명 | 서양 윤리 사상

| 🔍 | 플라톤, 철인정치, 스토아학파, 그리스도교, 황금률, 공리주의, 실용주의

[12윤사03-01]

서양 윤리 사상의 출발점에서 나타난 보편 윤리, 영혼의 조화, 성품의 탁월성의 특징을 파악하고, 덕과 행복의 관계에 대하여 성찰할 수 있다.

➲ 정의의 덕을 강조한 플라톤은 국가적 차원에서 덕을 실현하는 방법을 제시하며 개인과 국가가 행복하게 사는

방법을 통찰하였다. 그는 지혜로운 철학자가 통치자가 되어 국가를 다스리는 철인정치가 실현된 정의로운 국가에서 모든 구성원이 자신의 역할을 다하며 조화를 이루고 행복을 누릴 수 있다고 하였다. 플라톤의 정의로운 국가가 실현되는 과정을 설명하고, 철인왕의 사명을 대해 고찰해 보자.

관련 학과 **경찰행정학과, 공공인재학과, 공공행정학과, 법학과, 사회학과, 정치외교학과**

《플라톤 국가》, 플라톤, 박문재 역, 현대지성(2023)

[12윤사03-02] ●●●

행복 추구에 대한 쾌락주의와 금욕주의의 입장을 비교하여 고찰하고, 진정한 행복을 위한 윤리적 실천 방법을 제시할 수 있다.

➲ 스토아학파는 삶의 목적은 행복에 있으며, 행복한 삶은 이성을 따르는 덕 있는 삶, 자연에 따르는 삶이라고 하였다. 또한 정념에서 벗어나 어떤 상황에서도 동요하지 않는 상태, 즉 부동심(아파테이아)을 추구하였다. 그리고 이러한 부동심에 이르기 위해 이성과 자연법에 순응하는 삶을 강조하였다. 스토아학파가 제시한 자연법에 순응하는 세계시민주의에 기초한 공동체적 삶의 모습을 설명하고 그 의의를 도출해 보자.

관련 학과 **공공행정학과, 사회학과, 정치외교학과, 지리학과, 행정학과**

《고대 그리스 철학》, 프리도 릭켄, 김성진 역, 서광사(2000)

[12윤사03-03] ●●●

그리스도교의 사랑의 윤리로서의 특징을 파악하고, 자연법 윤리 및 프로테스탄티즘 윤리에 나타난 신앙과 윤리의 관계를 성찰할 수 있다.

➲ 예수의 가르침은 '산상수훈'에서 잘 나타난다. 산상수훈은 예수가 작은 산 위에서 제자들과 군중에게 행한 설교로 행복, 이웃, 형제, 섬김 등에 대한 신앙 생활의 근본 교리가 담겨 있다. 그리스도의 황금률은 산상수훈에 있는 것으로, 그리스도교의 근본 윤리와 보편적인 도덕규범을 잘 나타낸다. 그리스도의 황금률을 바탕으로 현대인들이 지향해야 할 도덕규범과 가치에 대해 고찰해 보자.

관련 학과 **공공행정학과, 법학과, 사회복지학과, 사회학과, 행정학과**

《현대 사회 문제와 그리스도인의 책임》, 존 스토트, 정옥배 역, IVP(2011)

[12윤사03-04] ●●●

옳고 그름의 기준에 대한 의무론과 결과론을 비교·분석하고, 옳고 그름에 대한 윤리적 관점을 정당화할 수 있다.

➲ 공리주의자 제러미 벤담의 기본 입장은 쾌락주의이다. 인간 행위의 목적은 고통을 피하고 쾌락을 추구하는 것이며, 옳고 그름의 판단을 '최대 다수의 최대 행복'이라는 공리로 제시하였다. 벤담은 사회는 개인들의 집합체이므로 개개인의 행복은 사회 전체의 행복과 연결되고, 많은 사람들이 행복을 누리는 것은 그만큼 더 좋은 일이라고 하였다. 고전적 공리주의의 특징과 분배적 정의의 관점에서 고전적 공리주의의 한계를 조사해 보자.

관련 학과 **경영학과, 경제학과, 공공행정학과, 사회복지학과, 사회학과, 정치외교학과, 행정학과**

《공리주의 입문》, 카타르지나 드 라자리-라덱 외 1명, 류지한 역, 울력(2019)

[12윤사03-05]

실존주의와 실용주의, 도덕의 기원과 판단에 관한 과학적 탐구를 비판적으로 평가하고, 책임·배려 윤리에 대한 이해를 바탕으로 윤리적 삶의 의미와 지향을 설정할 수 있다.

➲ 19세기 말 미국은 산업화와 도시화로 급격한 사회 변화를 겪었다. 이러한 사회적 배경 속에서 등장한 실용주의는 보편적 도덕규범이나 절대적 진리와 가치 등을 거부하며, 지식과 도덕의 유용성을 강조하였다. 실용주의 사상가 윌리엄 제임스는 지식의 현금 가치를 제시하고, 실생활에서 이롭고 유용한 지식과 가치를 강조하였다. 실용주의의 특징을 당시 사회적 배경과 연계하여 분석하고, 현대 사회에 주는 시사점을 제시해 보자.

관련 학과 사회계열 전체

《실용주의》, 윌리엄 제임스, 정해창 편역, 아카넷(2008)

단원명 | 사회사상

| 🔍 | 마르크스, 자본론, 공화주의, 하버마스, 시민불복종, 수정자본주의, 신자유주의

[12윤사04-01]

동·서양의 다양한 국가관을 비교·고찰하고, 오늘날의 관점에서 국가의 역할과 정당성에 대한 체계적인 시각을 형성할 수 있다.

➲ 고전 경제학자 애덤 스미스의 자유시장경제 체제는 19세기를 거치면서 자본주의로 발전하였다. 이 과정에서 자본에 의해 희생되는 노동자들의 고통은 극심해져 갔다. 카를 마르크스는 이러한 자본주의 사회의 모순을 비판하면서 공산주의 사회를 이상 사회로 제시하였다. 마르크스가 제시한 자본주의의 사회적 모순을 분석하고, 당시 사회적 배경과 연계하여 공산주의의 의의를 제시해 보자.

관련 학과 경영학과, 경제학과, 사회복지학과, 사회학과, 호텔경영학과

마르크스의 자본론

이재유, EBS BOOKS(2022)

책 소개

변증법적 유물론을 완성한 마르크스는 자본가들이 어떻게 노동자들을 착취하고 자기 몸집을 불리게 되었는지를 날카롭게 제시하고, 나아가 '자본주의적 생산의 총과정(미완)'을 과학적으로 분석한다. 억압받는 노동자들을 위해 철학으로 세상을 변화시키려 했던 마르크스의 시대의 역작이다.

세특 예시

'마르크스의 자본론(이재유)'을 읽고, 자본주의 사회에서 자본가가 노동자들을 착취하는 과정을 과학적으로 분석한 변증법적 유물론자인 마르크스의 사상과 그의 삶에 경의를 표함. 절대적 잉여가치와 상대적 잉여가치를 통해 자본가들이 노동자들을 착취하고 부를 쌓는 과정을 탐독하며, 자본주의의 빈부의 격차를 비판적 시각으로 분석하고 통찰할 수 있었다는 소감을 밝히며 논리력을 발휘함. 이에 그치지 않고 사변철학에서 벗어나 실천과 현실 참여를 강조한 철학적 사유를 바탕으로 평소 철학에 대해 가지고 있던 인식이 변하였음을 성찰하는 등 우수한 탐구 능력을 보임.

[12윤사04-02]

시민의 자유와 권리, 공적 삶과 정치 참여에 대한 자유주의와 공화주의의 관점을 비교·고찰하고, 시민과 공동체의 바람직한 관계를 모색할 수 있다.

공화주의는 개인의 자유를 극대화하여 공동체적 삶에 무관심할 수 있는 자유주의의 문제점을 보완하기 위해 등장하였다. 공화주의에서는 시민의 자유와 권리는 천부적인 것이 아니라 공동체의 법과 제도에 의해 실현될 수 있다고 제시한다. 이러한 공화주의에는 시민적 공화주의와 신로마 공화주의가 있다. 법에 대한 자유주의와 공화주의의 입장을 비교하고, 시민과 공동체의 관계에서 법의 역할을 정리해 보자.

관련 학과 공공인재학과, 공공행정학과, 법학과, 사회복지학과, 사회학과, 정치외교학과, 행정학과

《공동체주의와 공공성》, 마이클 샌델, 김선욱 역, 철학과현실사(2008)

[12윤사04-03]

근대 대의민주주의의 대안으로 등장한 참여민주주의와 심의민주주의의 장단점을 분석하고, 민주주의의 이상을 구현하기 위한 실천 방법을 제시할 수 있다.

시민불복종은 국가의 법과 제도가 정의롭지 못한 경우, 이를 변화시킬 목적으로 시민들이 의도적으로 법을 위반하는 위법 행위를 의미한다. 그러나 시민불복종은 시민의 사회참여를 위한 민주시민에게 필요한 자세이며, 범법 행위와는 구분된다. 롤스는 시민불복종이 공공적이고 비폭력적이지만 법에 반하는 정치적 행위라고 하였다. 그러나 하버마스는 시민불복종을 성숙한 정치 문화를 구성하는 필수적인 요소로 본다. 시민불복종에 대한 하버마스의 입장을 바탕으로 시민불복종의 특징과 의의를 조사해 보자.

관련 학과 경찰행정학과, 공공행정학과, 법학과, 사회학과, 정치외교학과, 행정학과

《위르겐 하버마스, 의사소통적 행위 이론》, 한기철, 커뮤니케이션북스(2022)

[12윤사04-04]

자본주의의 현실적 기여와 한계에 대해 조사·분석하고, 동·서양의 사회사상적 측면에서 자본주의의 개선 방향에 관해 탐구할 수 있다.

애덤 스미스는 '보이지 않는 손'을 강조하며 시장의 자율성을 위해서는 국가의 역할이 국방과 치안, 공공사업 등 최소한의 영역에 국한되어야 한다고 하였다. 자본주의는 개인의 자유와 권리의 신장, 경제적 풍요로 전반적인 삶의 질 향상을 가능하게 한 반면에 불평등, 물질만능주의, 인간 소외 현상 등을 심화시켰다. 이러한 자본주의의 한계를 극복하기 위해 케인즈의 수정자본주의가 등장하였고, 1970년대 스태그플레이션으로 신자유주의가 등장하였다. 케인즈와 하이에크의 경제사상을 분석하여 자본주의의 개선 방향을 토론해 보자.

관련 학과 경영학과, 경제학과, 공공행정학과, 사회학과, 행정학과

케인즈 & 하이에크, 시장경제를 위한 진실게임

박종현, 김영사(2008)

책 소개

고전 자본주의는 시장경제의 낙관론으로 장기 불황을 예측하지 못하였다. 장기 불황에 대한 해결책을 제시한 케인즈는 정부의 적극적인 경제 정책과 시장 통제가 필요하다고 주장한다. 스태그플레이션 이후, 하이에크는 정부의 통제를 거부하며 자유경제를 주장하게 되고, 이를 근간으로 신자유주의가 등장하게 된다. 동시대를 살았던 경제학자들의 대결은 현대 사회에서도 아직 끝나지 않았다.

세특 예시

경제 동아리 시간에 '케인즈 & 하이에크, 시장경제를 위한 진실게임(박종현)'을 읽고, 고전 자본주의부터 신자유주의에 이르기까지의 발달 과정과 예측하지 못한 상황에 대비한 통제와 조절 등 국가의 역할에 대해 고찰함. 이를 바탕으로 책에 소개된 경제학자들의 토론을 직접 재현하며, 현대 자본주의 시대에 필요한 경제학자들의 정책을 검토하고, 시장경제에서의 균형 잡힌 정책의 중요성에 대해 공감하며 개방적인 토론을 주도적으로 이끎.

선택 과목	수능	인문학과 윤리	절대평가	상대평가
진로 선택	X		5단계	5등급

단원명 | 성찰 대상으로서 나

| 🔍 | 공직 윤리, 디지털 미디어

[12인윤01-01]

내 몸과 마음의 관계를 탐구하고, 심신의 통합성을 자각하여 도덕적 주체로서 자신을 이해하고 존중할 수 있다.

➲ <격몽요결(擊蒙要訣)> '지신(持身)' 장에서, 이이는 배움에 정성스러운 마음과 도를 향해 나아갈 것을 당부하며, 도덕적 결단을 위한 기준으로 충직과 신의를 제시하였다. 주희는 "사람이 충직과 신의가 없으면 무슨 일이나 다 실상이 없고 거짓뿐이다. 사람이란 악한 일을 하기는 쉽고 착한 일을 하기는 어렵다. 그 때문에 반드시 충직과 신의를 중심으로 삼아야 한다."라고 하였다. 국가기관과 지방자치단체 등 공무에 종사하는 '공직자'의 어근인 '공직'은 '공평하고 정직하다'라는 뜻이다. 공직자의 직업 윤리에 대해 고찰하고, 공직 윤리의 기준이 다른 직종에 비해 엄격해야 하는 이유를 토의해 보자.

관련 학과 공공인재학과, 공공행정학과, 도시행정학과, 법학과, 사회복지학과, 행정학과

《공직자의 가감승제》, 최홍수, 책과나무(2019)

[12인윤01-02]

삶의 주체인 나에 대한 성찰을 바탕으로 고통과 쾌락의 근원 및 양상을 탐구하여, 고통과 쾌락에 지혜롭게 대처하는 자세를 갖출 수 있다.

➲ 현대인들은 물질적으로 풍족한 시대에 삶을 영위하고 있지만 군중 속의 고립, 불특정 다수로서의 무존재감, 개인주의가 주는 소외감으로 정서적 불안을 느끼며 살아간다. 개인주의란 개인의 가치를 최우선시하는 사고방식으로, 사회 속의 개인은 분리된 존재로 살아가는 데 익숙한 것 같지만 동시에 고독과 허무감을 가지고 있다. 도시와 농어촌, 노인과 청년 등 특정 지역과 세대를 가리지 않고 겪고 있는 우울감과 고독감의 원인을 고찰하고, 이러한 문제를 해결하기 위한 디지털 미디어의 역할과 책임에 대해 논의해 보자.

관련 학과 문화콘텐츠학과, 미디어커뮤니케이션학과, 사회복지학과, 사회학과, 신문방송학과, 언론정보학과

《디지털 치료제》, 김선현, 포르체(2022)

단원명 | 타인과 관계 맺기

| 🔍 | 정의론, 금강경, 아리스토텔레스, 니코마코스 윤리학

[12인윤02-01]

관계 속에서 살아가는 나에 대한 성찰을 통해 상호성을 만끽하는 삶을 모색하고 실천할 수 있다.

➲ 롤스는 '정의론'에서 공정한 절차에 의한 절차적 정의론을 전개하며, 원초적 입장에서 제1원칙인 평등한 자유의 원칙과 제2원칙인 차등의 원칙을 제시하였다. 특히 차등의 원칙은 기회균등의 원칙과 최소 수혜자 우선성의 원칙을 만족시켜야 한다. 최소 수혜자란 사회에서 가장 혜택을 받지 못하는 열악한 처지에 있는 사람을 의미한다. 금강경에서는 모든 것들의 행복을 위해 기꺼이 베풀고, 베풀었다는 생각을 하지 말 것을 강조하였다. 금강경과 정의론을 연계하여 불교에서 제시한 정의에 대해 탐구해 보자.

관련 학과 공공행정학과, 사회복지학과, 사회학과, 행정학과

《금강경 마음공부》, 페이융, 허유영 역, 유노북스(2023)

[12인윤02-02]

우정과 사랑의 의미를 탐구하고, 행복한 삶의 기반인 진정한 우정과 참된 사랑의 관계를 형성하기 위해 노력할 수 있다.

➲ 아리스토텔레스는 《니코마코스 윤리학》에서 미덕을 바탕으로 친구가 된 사람들은 서로 잘해주려 애쓰고, 경쟁할 때도 불평이나 다툼이 없으며, 자기가 받은 것보다 더 많이 준 쪽도 상대방에게 불평하지 않는다고 하였다. 반면에 유익 때문에 친구가 된 사람 간에는 서로 불평이 있을 수밖에 없는데, 그 이유는 각자 유익을 얻으려고 서로 이용하기 때문이라고 하였다. 그러나 정치 공동체의 관점에서는 공동 유익을 정의라고 할 수 있다고 하였다. 개인적인 관점 또는 공동체적인 관점에서 유익을 다르게 해석한 이유를 고찰하고, 개인 간의 관계와 공동체 안에서의 관계성의 차이를 비교해 보자.

관련 학과 공공행정학과, 도시행정학과, 미디어커뮤니케이션학과, 사회학과, 정치외교학과, 행정학과

《니코마코스 윤리학》, 아리스토텔레스, 박문재 역, 현대지성(2022)

단원명 | 자유와 평등

| 🔍 | 윤리형이상학 정초, 순자, 롤스, 재산소유민주주의

[12인윤03-01]

동·서양에서 바라보는 자유와 평등의 의미와 근거를 알고, 자유롭고 평등한 사람의 모습을 탐구하여 책임 있는 삶의 자세를 추구할 수 있다.

➲ 현대 사회의 불평등 문제는 인간의 존엄성 실현과 도덕적 판단을 바탕으로 해결 방안을 모색해야 한다. 칸트의 《윤리형이상학 정초》를 탐독하여 선의지와 정언명령에 대해 고찰하고, 사회 불평등 사례를 탐색하여 이를 해결하기 위한 도덕적 판단의 기준을 정언명령을 적용하여 탐구해 보자.

관련 학과 경영학과, 경제학과, 공공행정학과, 도시행정학과, 미디어커뮤니케이션학과, 사회복지학과, 사회학과, 소비자학과, 신문방송학과, 언론정보학과, 정치외교학과, 행정학과

《윤리형이상학 정초》, 임마누엘 칸트, 백종현 역, 아카넷(2018)

[12인윤03-02]

불평등이 발생하는 원인 및 실질적 기회균등을 구현하기 위한 조건을 탐구하여, 자유롭고 평등한 삶을 위한 정의의 원칙을 도출할 수 있다.

➲ 순자는 인간의 이기적인 본성을 인위적 노력으로 교화해야 한다고 보았다. 따라서 성인이 되기 위한 노력과 예와 규범을 통한 사회 질서와 제도 확립 등을 강조하였다. 롤스는 복지국가 자본주의에서는 자본이 소수의 자본가에게 집중되어 정치적·경제적 불평등을 허용할 것이라고 비판하면서, 재산소유민주주의를 제시하였다. 롤스가 주장한 복지국가 자본주의와 재산소유민주주의를 비교하고, 복지국가 자본주의를 배척한 이유를 정리해 보자.

관련 학과 경영학과, 경제학과, 공공행정학과, 사회복지학과, 사회학과, 정치외교학과, 행정학과, 회계학과

《공정으로서의 정의: 재서술》, 존 롤스, 김주휘 역, 이학사(2016)

단원명 | 다양성과 포용성

| 🔍 | 다수의 횡포, 토론의 자유, 스노크래시, 메타버스

[12인윤04-01]

서로 다른 의견들이 발생하고 충돌하는 양상과 이유를 파악하고, 민주적인 방식으로 다양한 의견을 포용하는 방법과 절차를 모색하여 실천할 수 있다.

➲ 프랑스의 정치철학자 알레시스 드 토크빌(Alexis de Tocqueville)은 개인의 자유와 소수의 권리가 다수의 선택이란 명분 아래 파괴될 수 있다는 점을 지적하며, 민주주의가 '다수의 폭정'을 일으킬 수 있다고 하였다. 존 스튜어트 밀 또한 다수의 횡포를 경계해야 될 해악이라 규정하며 "단 한 사람만이 다른 의견을 가지고 있다고 해도 그 한 사람에게 침묵을 강요할 권리는 없다."라고 하였다. 밀의 주장을 바탕으로 소수에게 침묵을 강요하면 안 되는 이유를 정리하고, 민주주의 사회에서 생각과 토론의 자유를 보장하는 것이 중요한 이유를 제시해 보자.

관련 학과 공공인재학과, 공공행정학과, 법학과, 미디어커뮤니케이션학과, 사회복지학과, 사회학과, 신문방송학과, 언론정보학과, 정치외교학과, 행정학과

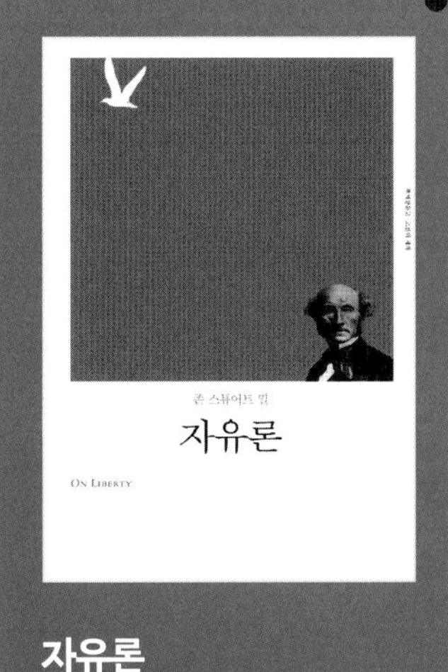

자유론

존 스튜어트 밀, 서병훈 역, 책세상(2018)

책 소개

존 스튜어트 밀은 19세기 영국 민주주의 사회의 의사결정 방식인 다수결에 대해 날카롭게 분석하였다. 이 책은 개인의 자유와 개별성의 존중을 강조하면서도, 개인의 자유와 관련해 사회가 행사할 수 있는 권한의 한계를 제시하는 등 민주주의와 자유의 사회성, 방향성 등을 제시하여 자유의 진정한 의미를 고찰할 수 있게 해주는 고전이다.

세특 예시

'자유론(존 스튜어트 밀)'을 탐독하고 개인의 자유와 소수의 의견이 존중받아야 하는 이유에 관해 개방적 자세로 토론에 참여함. 토론의 과정에서 다양한 의견을 검토하면서 무오류성의 독단을 방지할 수 있었다는 소감을 밝히며, 모둠원들과 함께 의견의 합의를 이끌어내는 과정을 마인드맵으로 정리하여 제출함. 인류의 역사가 관점의 차이를 새로운 이념으로 받

아들이지 못했다면 발전하지 못했을 것이라는 의견을 제시하며, 사상의 자유와 토론으로 개인의 개별성과 다양성을 실현시킬 수 있다는 개방적 사고방식을 보임.

[12인윤04-02]

가상 세계와 현실 세계의 같고 다른 점이 무엇인지 탐구하고, 가상 세계에서도 자신과 타인을 존중하는 자세를 갖출 수 있다.

➲ SF 장편소설 《스노크래시》 속 메타버스에서 주인공 '히로'는 레이븐이라는 남자로부터 '스노크래시'라는 데이터 파일을 받게 된다. 마약인 것처럼 건네지만, 실제 스노크래시는 바이러스이다. '라이프'는 메타버스로 연결되는 광섬유 네트워크를 독점하고 있어 메타버스에서 바이러스를 퍼트리고 있다. 데이터 파일을 열면 동공을 통해 들어간 이미지가 뇌까지 영향을 끼쳐 실제 뇌의 정보를 감시할 수 있다. 실제로 메타버스에서도 정보 유출, 성범죄, 스토킹 등의 문제가 발생하고 있다. 메타버스와 관련된 법률 분쟁 사례와 법적 쟁점들을 조사해 보자.

관련 학과 경찰행정학과, 공공행정학과, 법학과, 사회학과, 행정학과

스노크래시

닐 스티븐슨, 남명성 역, 문학세계사(2021)

책 소개

'메타버스'는 초월이라는 의미의 '메타'와 세계라는 의미의 '유니버스'가 결합된 용어로, 닐 스티븐슨의 소설 《스노크래시》에서 처음 등장하였다. 1992년에 출간된 책이지만 메타버스, 아바타 등이 최초로 등장하며 세계적인 IT 개발자들과 CEO들에게 영감을 주었다. 현실에서는 피자 배달부이지만 메타버스 안에서는 최고의 전사인 히로는 메타버스의 '스노크래시'가 현실 세계 속 인간의 뇌에 치명적인 손상을 입힌다는 것을 알고 와이티와 함께 그 배후를 추적하여 사람들을 치명적인 바이러스로부터 구해낸다.

세특 예시

'스노크래시(닐 스티븐슨)'를 읽고 가상 세계와 현실 세계의 접점에 대해 호기심을 느껴 실제 사례를 탐색하여 보고서를 제출함. 메타버스 내에서 벌어지는 아바타를 이용한 성범죄와 암호화폐, 소유권, 예술 분야의 저작권 문제 등 과학기술의 발달이 인간의 사상과 법 체계를 앞서나간 현실의 해결 방안을 모색하기 위해 토론을 진행하는 모습이 인상적임. 특히 메타버스의 무경계성에 대한 심각성을 인지하고, 개인 정보 규정과 아바타 간의 거리 유지 등 구체적인 방법을 모색하는 문제 해결 능력이 뛰어난 학생임.

단원명 | 공존과 지속가능성

| 🔍 | 목민심서, 에리히 프롬, 과학의 사회적 책임

[12인윤05-01]

자아실현과 직업 생활의 상호성을 이해하고, 삶의 방식으로서 소유와 존재의 의미를 탐구하여 나와 타인의 이익을 조화롭게 추구하는 삶의 태도를 함양할 수 있다.

➲ 조선 후기 실학자 정약용은 《목민심서(牧民心書)》 '애민(愛民)' 편에서 노인 봉양, 고아나 병자 돌봄, 빈민 구제, 상을 당한 자 돕기 등 재난 구제에 대해 상세히 풀어내며, 약자를 보호하고 민생을 해결하기 위한 실천을 강조하였다. 또한 독일 철학자이자 사회심리학자인 에리히 프롬은 《우리는 여전히 삶을 사랑하는가》에서 자본주의를 비판하며 최소한의 인간다움을 잃지 않고 자유롭게 살기 위해서는 기본소득으로 상징되는 최소한의 물질적·경제적 지원이 필요하다고 하였다. 개인의 이익뿐만이 아니라 자신이 속한 공동체와의 공존과 조화를 위해서도 노력해야 하는 이유에 대해 고찰해 보자.

관련 학과 사회계열 전체

우리는 여전히 삶을 사랑하는가

에리히 프롬, 장혜경 역, 김영사(2022)

책 소개

에리히 프롬은 삶을 사랑하는 능력의 상실을 현대인의 핵심 문제로 여기고, 물질세계와 공허한 삶을 비판한다. 나르시시즘, 이기주의, 결핍, 소외 등 정신적 측면에서부터 대량 생산, 기술 맹신, 경제적 과잉 등 경제적 조건까지 삶을 무의미하다고 여기는 이유를 탐색하고 회복의 길을 제시한다.

세특 예시

'목민심서(정약용)'를 탐독하고, 목민관의 역할과 책무에 대한 상세한 지침에 감탄하여 부임부터 해관까지의 내용을 요약하여 발표함. 특히 '애민' 편에서 약자를 보호하고 공동체적 삶을 지향하는 현대의 사회 복지 사상을 엿볼 수 있었음을 밝히고, '우리는 여전히 삶을 사랑하는가(에리히 프롬)'와 연관지어 개인주의와 물질주의로 고립된 현대인들의 삶을 위해 공공재화와 최소한의 삶의 영위를 위한 국가 주도의 기본소득 보장이 중요하다고 제안함. 개인의 삶과 공동체의 삶의 조화를 강조하고 실천 방향을 제시하는 실천 의식과 공동체 의식이 돋보임.

[12인윤05-02]

기후 위기 문제를 비판적으로 인식하고, 지속가능한 삶을 위해 인간과 자연에 대한 이분법적 관점을 넘어선 상생의 원칙들을 수립하여 일상에서 실천할 수 있다.

➲ 레이첼 카슨의 《침묵의 봄》은 1차 세계대전 이후 미국에서 살포된 DDT나 BHC와 같은 화학 살충제가 생태계에 미치는 영향을 분석하여, 생태학적 관점에서 인체에 주는 위험과 자연 파괴를 경고하였다. 그러나 당시 과학계와 화학 살충제 제조업체들은 카슨의 주장에 대해 문명을 중세시대로 되돌려 놓고 있다는 등의 인신공격을 하였다. 또한 과학자가 전문 과학 지식을 가지고 대중을 위해 글을 쓰고, 과학 이론이 쉽게 읽힌다는 비판이 있었다. 카슨의 일화를 바탕으로 과학계가 산업계 또는 정치계와 연대해 진실을 외면한 사례를 제시하고, 과학의 사회적 책임과 역할에 대해 논의해 보자.

관련 학과 공공행정학과, 미디어커뮤니케이션학과, 법학과, 사회학과, 신문방송학과, 언론정보학과, 정치외교학과, 행정학과

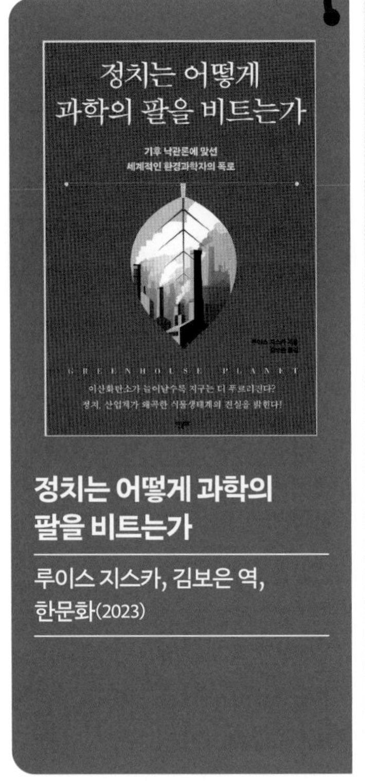

정치는 어떻게 과학의 팔을 비트는가

루이스 지스카, 김보은 역, 한문화(2023)

책 소개

환경과학자인 저자는 자신의 인터뷰가 정치적으로 이용된 경험을 바탕으로, 부분적인 사실로 전체적인 과학적 진실을 외면한 채 정치적 영향력으로 선동하는 현실을 알려준다. 또한 산업계가 왜곡한 식물 생태계에 대한 과학적 진실을 분석하고, 진실을 외면한 과학과 정치, 그리고 산업계의 관계 맺음에 대해 비판한다.

세특 예시

환경 문제는 인간의 무분별한 인간 중심적 사고에서 파생된 것임에 문제의식을 갖고, 미래 세대와의 건강한 환경 공유를 위해 환경 캠페인을 진행하고 탐구하는 등 적극적인 실천을 보여주는 학생으로, '정치는 어떻게 과학의 팔을 비트는가(루이스 지스카)'를 읽고, 과학적 지식을 정치적 영향력과 여론 선동에 이용하는 정치계와 산업계의 과학적 오류에 대해 세밀하게 분석하여 비판함. 또한 거시적 관점에서의 식물 생태와 인간의 공존을 위해 과학계와 시민의 사회적 연대가 현대 민주주의 사회에서의 핵심적인 책무가 될 것이라고 제시함.

단원명 | 삶의 의미에 대한 물음

| 🔍 | 종교의 역할, 앙가주망

[12인윤06-01]

인간의 불완전성에 대한 성찰을 바탕으로 불안한 현대 사회를 살아가는 데 있어 종교의 역할과 가치를 탐구하여, 종교에 대한 바람직한 관점을 정립할 수 있다.

➲ 현대 사회는 대부분 정치와 종교가 분리된 정교분리를 표방하고 있다. 정치는 정치적 이익이라는 목적을 가진 상황에서는 공공선의 지향에서 벗어나 정당과 연계하여 특수한 가치와 권력 획득을 위해 노력한다. 또한 사회 문제의 복합적인 측면에서는 정치가 절대적 가치를 가진 종교와 결합하여 정치적 이익을 합리화할 수 있다. 정치가 종교와 결합하여 사회 문제를 해결할 수 있는지 고찰하고, 종교의 사회적 역할에 대해 논의해 보자.

관련 학과 **문화콘텐츠학과, 미디어커뮤니케이션학과, 사회학과, 신문방송학과, 언론정보학과, 정치외교학과, 행정학과**

《종교개혁》, 피터 마셜, 이재만 역, 교유서가(2016)

[12인윤06-02]

인생의 유한성을 자각하고, 자아에 대한 성찰 및 다양한 가치 탐색을 통하여 내 삶의 의미를 묻고 답을 찾아가는 도덕적 주체로서 살아갈 수 있다.

➲ 장 폴 사르트르의 '앙가주망(engagement)'은 실존적 자유를 바탕으로 선택한 행위의 책임이며, 직접 사회 문제 해결에 참여하여 조금씩 세계를 변화시키고 행위의 범위를 확장하는 것을 의미한다. 인생의 주체적 결정자로서 자신이 사회적 참여를 통해 조금씩 세계를 변화시킬 수 있는 분야에 대해 고찰하고, 주체적 인간으로서 사

회 문제 해결에 참여할 수 있는 방안을 토의해 보자.

관련 학과 공공인재학과, 공공행정학과, 관광학과, 도시행정학과, 문화콘텐츠학과, 미디어커뮤니케이션학과, 사회복지학과, 사회학과, 소비자학과, 신문방송학과, 언론정보학과, 정치외교학과, 행정학과

실존주의는 휴머니즘이다

장 폴 사르트르, 박정태 역, 이학사(2008)

책 소개

《실존주의는 휴머니즘이다》는 2차 세계대전 이후 인간의 이성과 존엄성에 대한 의문과 충격에 빠진 시대에 실존주의적 휴머니즘에 대한 강연을 기록한 책이다. 저자는 실존주의에 대한 비판을 논리적으로 반박하고, 고전적 휴머니즘의 한계를 실존주의적 휴머니즘으로 극복하여 전후의 허무주의를 극복하고자 한다.

세특 예시

'실존주의는 휴머니즘이다(장 폴 사르트르)'를 탐독하고, 안티휴머니스트였던 저자가 전쟁 이후 실존주의적 휴머니즘을 강조하며 자성의 목소리를 내는 지식인으로서의 모습에 휴머니즘을 느낄 수 있었다고 제시함. 또한 유한한 인간의 삶에서 의미 있는 삶의 방식을 설계하는 의미를 고찰하며, 사회참여가 자아실현의 방법이 될 수 있다는 것을 깨닫고, 공정한 진실 추구를 최우선의 가치로 삼는 사회에 선한 영향력을 끼치는 언론인으로 성장할 것이라는 포부를 밝힘.

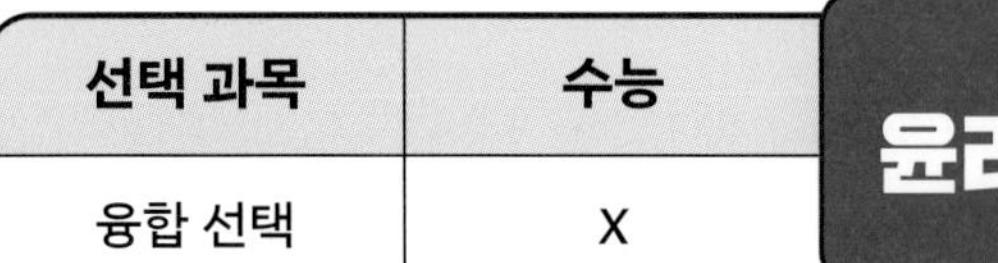

윤리문제 탐구

선택 과목	수능	절대평가	상대평가
융합 선택	X	5단계	X

단원명 | 윤리문제 탐구의 이해

| 🔍 | 절대주의 윤리, 상대주의 윤리, 윤리문제 탐구

[12윤탐01-01]

삶에서 경험하는 문제를 사실 문제와 윤리문제로 구분할 수 있고, 윤리문제에 대한 규범적 가치 판단의 기준이 다양함을 이해할 수 있다.

➔ 절대주의 윤리는 보편적인 도덕적 진리가 존재하고, 옳고 그름의 기준이 명확하여 윤리의 기준이 모두에게 동일하게 적용될 수 있다. 반면에 상대주의 윤리는 영원불변의 도덕적 진리는 존재하지 않고, 문화적 차이를 인정하는 윤리의 상대성을 강조한다. 절대주의 윤리와 상대주의 윤리를 비교하고, 사회 변화와 함께 새롭게 등장하는 윤리 문제들에 적용할 수 있는 기준에 대해 논의해 보자.

관련 학과 경영학과, 경제학과, 공공행정학과, 문화콘텐츠학과, 미디어커뮤니케이션학과, 사회복지학과, 사회학과, 신문방송학과, 언론정보학과, 행정학과

《도덕 판단의 보편적 잣대는 존재하는가》, 선우현, 울력(2020)

[12윤탐01-02]

윤리문제 탐구의 의미를 파악하고, 윤리문제 탐구의 다양한 방법들을 이해할 수 있다.

➔ 윤리는 당위적이고 보편적인 문제이다. 따라서 윤리 문제 탐구에 접근할 때는 개인의 이익 추구와 합리적 이기주의에서 벗어나, 더불어 사는 삶을 위한 타자에 대한 배려와 보편 윤리의 실천 방안이 필요하다. 아리스토텔레스는 선한 행위가 습관화될 때 선한 사람이 될 수 있다고 하였다. 윤리 문제의 해결 방안을 도출하기 위한 조건과 실천의 문제에 대해 고찰해 보자.

관련 학과 경찰행정학과, 공공인재학과, 공공행정학과, 미디어커뮤니케이션학과, 사회복지학과, 사회학과, 소비자학과, 신문방송학과, 언론정보학과, 행정학과

《이렇게 살아가도 괜찮은가》, 피터 싱어, 노승영 역, 시대의창(2023)

단원명 | 시민의 삶과 윤리적 탐구

| 🔍 | 도파민, 신경전달물질, 언론의 역할, 장애인 차별, 배타적 민족주의

[12윤탐02-01]

행복의 의미와 행복에 대한 뇌과학의 연구 성과를 조사하고, 윤리적 삶과 행복의 관계를 탐구할 수 있다.

➜ 도파민이 분비되면 성취감과 보상감, 쾌락과 기쁨, 행복 등의 감정을 느껴 긍정적인 감정을 유발하는 데 중요한 역할을 한다. 또한 세로토닌과 옥시토신 등은 각각 안정감과 만족감, 사회적 유대관계와 애정의 감정을 촉진시킨다. 도파민과 세로토닌, 옥시토신 등 신경전달물질의 메커니즘을 바탕으로 사회적 동물인 인간이 행복을 느끼는 순간과 과정을 탐구해 보자.

관련 학과 사회계열 전체

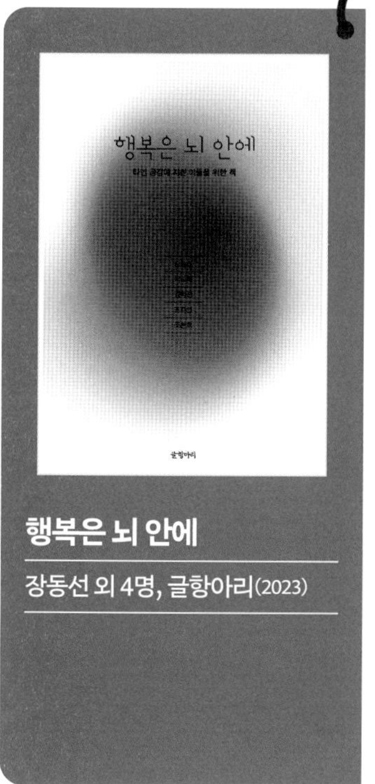

행복은 뇌 안에

장동선 외 4명, 글항아리(2023)

책 소개

이 책은 뇌과학자, 공감 교육자, 심리학 전문가, 기후변화 전문가 등으로 구성된 저자들이 '공감'을 다양한 관점에서 분석하고 안내한다. 공감의 개념과 필요성, 공감의 자세 등의 문제와 기후 위기에 이르기까지, 공감의 관점을 더욱 다양하고 풍성하게 마주할 수 있다.

세특 예시

'행복은 뇌 안에(장동선 외 4명)'를 읽고 공감을 뇌과학, 사회신경과학 등의 입장에서 정리하고, 공감이 생존을 위한 도구로 발달하여 현대에 이르러 타인의 생각과 감정을 유추할 수 있게 뇌가 진화한 과정에 대해 급우들과 이야기를 나누며 사고를 확장하는 모습을 보임. 또한 자신의 경험과 감정을 잘 이해할 수 있어야 타인의 감정에 공감할 수 있다는 것에 동의하여, '학급 내에서의 공감 능력과 소속감'에 대한 보고서를 제출함. 학급에 편성된 각 부서의 역할과 공동체의 일에 참여한 경험과 설문 조사를 바탕으로, 공감 능력과 소속감에 대한 연관성을 논리적으로 규명함.

[12윤탐02-02]

사생활 존중과 공익 사이의 갈등 사례를 조사하고, 이를 해결할 수 있는 방안을 제시할 수 있다.

➜ 스마트폰, 태블릿, 노트북 등 휴대용 전자기기 사용의 증가로, 언론이 사회에 미치는 영향력이 더욱 커졌다. 따라서 언론은 공익을 추구하더라도 개인의 사생활을 존중해야 할 의무가 있다. 특히 공익 추구라는 명분하에 개인의 사생활과 수사 중인 사안에 대한 과도한 노출과 보도로, 당사자가 극단적 선택을 하는 사례가 발생하고 있다. 언론의 공익 추구가 개인의 사생활을 침해한 사례를 바탕으로 언론의 사회적 역할에 대해 탐구해 보자.

관련 학과 광고홍보학과, 문화콘텐츠학과, 미디어커뮤니케이션학과, 사회학과, 소비자학과, 신문방송학과, 언론정보학과

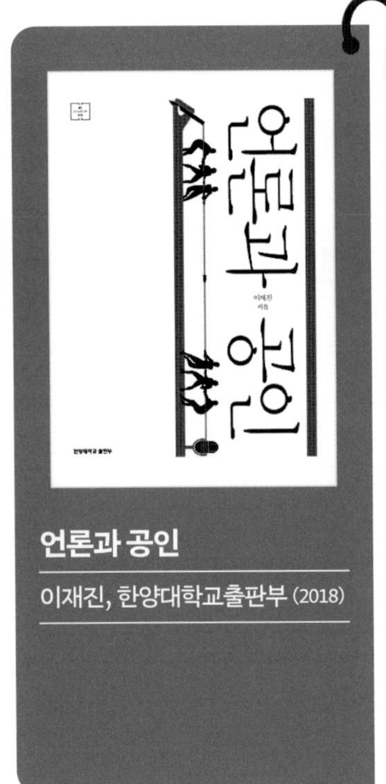

언론과 공인

이재진, 한양대학교출판부 (2018)

책 소개

민주주의 사회에서 언론의 자유와 국민의 알 권리는 중요하다. 그러나 언론에 대한 공인과 관련한 지침과 법률은 미비한 상황이다. 이 책은 공인의 개념과 의미에 대한 논의를 통해 명예훼손, 사생활 침해, 초상권 침해를 중점적으로 다루고 있어, 사생활 존중과 공인에 관련된 다양한 사회 문제를 해결하기 위한 지침서가 될 것이다.

세특 예시

평소 시사 문제에 관심이 많은 학생으로, '언론과 공인(이재진)'을 읽고 언론의 자유와 국민의 알 권리, 사생활 보호와 공익 문제에 대해 탐구함. 후속 활동으로 언론의 자유와 공익 문제, 그리고 이와 관련된 공인의 인격권 침해에 대한 토론에 참여하여 공인에 대한 언론의 가이드라인이 미비한 상황을 날카롭게 비판하고, 실제 연예인의 사례를 바탕으로 국민의 알 권리와 사생활 존중 문제의 균형과 조율을 위한 공론장을 제안하는 등 실천적인 모습을 보임.

[12윤탐02-03]

사회적 차별 표현 사례를 조사하고, 이를 바라보는 다양한 관점을 이해하여 윤리적 해결 방안을 제시할 수 있다.

신문 기사를 접하다 보면 '꿀 먹은 벙어리', '결정 장애' 등 장애인을 차별하는 속담이나 표현을 쉽게 볼 수 있다. 장애인 차별 속담과 표현은 기사의 집중도를 높이는 극적 표현으로 활용된다. 사회적 약자를 기사의 소재로 활용한 장애인 차별과 관련된 속담을 정리하고, 장애인에 대한 사회적 차별 표현의 부정적 영향과 해결 방안을 탐구해 보자.

관련 학과 미디어커뮤니케이션학과, 사회학과, 소비자학과, 신문방송학과, 언론정보학과

《장애와 텔레비전 문화》, 케이티 엘리스, 하종원 외 1명 역, 컬처룩(2022)

[12윤탐02-04]

배타적 민족주의의 확산과 난민 문제를 탐구하고, 이를 해결할 수 있는 방안을 제시할 수 있다.

2016년 도널드 트럼프는 "미국을 다시 위대하게", "미국은 세계 경찰이 아니다"라는 슬로건 아래 미국의 이익 우선주의와 신고립주의를 표방하며 대통령에 당선되었다. 또한 당시 미국은 불법 이민을 막기 위해 국경 장벽 건설을 추진하였고, 미국으로 유입되는 멕시코 난민 망명 신청을 제한하는 등 극단적인 배타적 민족주의를 보였다. 국제 질서의 중심이었던 미국이 보여준 배타적 민족주의와 트럼프 정부의 난민 정책을 비판적 사고로 분석해 보자.

관련 학과 사회계열 전체

《미국은 왜》, 이성대, 부키(2024)

단원명 | 인공지능 시대의 삶과 윤리적 탐구

| 🔍 | 메타노믹스, 데이터 편향성, 인공지능 판사

[12윤탐03-01]

메타버스의 특징을 윤리적 관점에서 탐색하고, 메타버스에서 발생할 수 있는 윤리문제의 해결 방안을 제시할 수 있다.

➔ '메타노믹스(Metanomics)'는 '메타버스(Metaverse)'와 '이코노믹스(Economics)'의 합성어로 가상 경제를 지칭한다. 블록체인 기술이 적용된 암호화폐로 아이템을 거래하거나 원격 근무를 하는 등 메타버스 내에서의 메타노믹스가 현실 세계의 경제활동과 같이 가능해질 것으로 보인다. 미래 메타버스의 경제적 가치가 상승할 것으로 예측되는 시점에, 메타버스 실천 윤리가 관련 산업의 성장을 저해할 것이라는 비판도 있다. 메타노믹스의 발전과 메타버스 윤리의 역할에 대해 고찰해 보자.

관련 학과 경영학과, 경제학과, 금융보험학과, 무역학과, 세무학과, 소비자학과, 회계학과

《청소년이 꼭 알아야 할 메타버스 이야기》, 이종호 외 1명, 북카라반(2024)

[12윤탐03-02]

빅데이터와 알고리즘의 편향성으로 인한 윤리문제를 인식하고, 사회적 책임과 공정성의 관점에서 해결 방안을 탐구할 수 있다.

➔ 2017년 미국 아마존(Amazon)은 자체 개발한 '인공지능 채용 프로그램'이 입사지원서에 '여성'임을 유추할 수 있는 데이터가 들어간 경우 평가에 불이익을 주는 것을 발견하고 해당 시스템을 폐기하였다. 이는 채용 인공지능 모델의 학습에 사용된 과거 10년간의 지원자 데이터 중 남성 엔지니어의 것이 압도적으로 많았기 때문이었다. 인공지능 프로그램과 관련된 성차별 사례를 바탕으로 편향된 데이터로 인해 발생할 수 있는 사회적 불공정 문제에 대해 논의해 보자.

관련 학과 경영학과, 경제학과, 문화콘텐츠학과, 사회학과

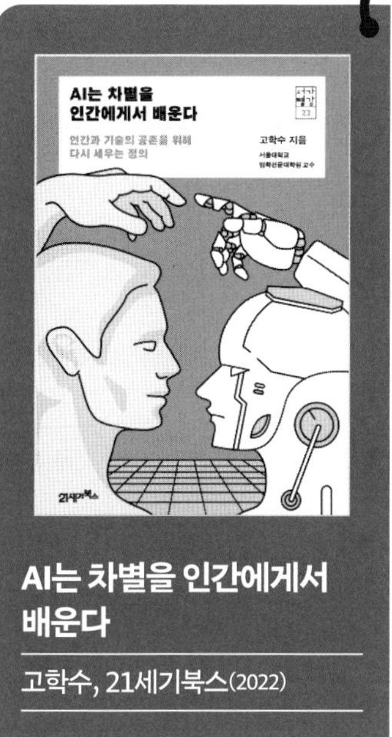

AI는 차별을 인간에게서 배운다

고학수, 21세기북스(2022)

책 소개

저자는 인공지능에 대한 유토피아적이거나 디스토피아적인 극단적 시각은 기술의 현주소에 대한 이해 부족 때문이라고 주장한다. 따라서 인공지능의 작동 원리를 통해 인공지능이 편견이 담긴 판단을 했다면, 이는 인간이 가진 오류와 편견을 학습한 결과임을 제시한다. '이루다'와 '테이', 안면 인식과 채용, 신용평가에 이르기까지 인공지능이 잘못된 판단을 했던 사례들과 함께, 이는 인공지능 기술 자체의 문제가 아닌 우리 사회의 근본적인 문제임을 규명한다.

세특 예시

인공지능이 판단한 데이터 편향성의 원인을 규명하기 위해 'AI는 차별을 인간에게서 배운다(고학수)'를 읽고, 인공지능의 확증편향과 알고리즘 차별의 원인이 인간의 편견과 차별을 학습한 결과임을 인공지능 작동 원리

를 바탕으로 증명함. 이 과정에서 인공지능 기술의 원리를 정확히 인지하고, 사회적 맥락에서의 가치 문제들을 극복할 수 있도록 인공지능 윤리를 간과해서는 안 될 것임을 강조함. 또한 인공지능의 부작용을 최소화하기 위해, 국민의 알 권리 보장과 신뢰 구축을 위한 소통을 강조하는 등 기술과 인간의 공존을 위한 실질적인 방안을 도출하기 위해 고민하고 성찰하는 모습을 보여줌.

[12윤탐03-03]

인공지능 활용 시 발생할 수 있는 윤리적 딜레마에 대해 토의하고, 인공지능의 바람직한 활용 방안을 제시할 수 있다.

➲ 2016년 영국에서는 인공지능 판사가 법률 조항과 판례의 분석뿐만 아니라 판결과 도덕적 판단까지도 실제 판사보다 더 공정할 것이라는 연구 결과가 있었다. 그러나 최근 인공지능 데이터의 편향성으로 인해 과거의 데이터에 의존하는 인공지능 판사가 흑인에게 불리하게 판결을 내릴 수 있다는 예측이 나오고 있다. 유네스코 윤리 권고의 '4대 가치와 10대 원칙'을 참고하여 인공지능 판사의 활용에 대한 윤리적 가이드라인을 제시해 보자.

관련 학과 공공행정학과, 법학과, 사회학과, 행정학과

《기억하고 생각하는 인공지능》, 조영환 외 1명, 하움출판사(2024)

단원명 | 생태적 삶과 윤리적 탐구

| 🔍 | 루시법, 기후 위기, 기후 불평등 현상

[12윤탐04-01]

반려동물과 관련한 윤리문제, 동물 복지를 둘러싼 논쟁 등을 윤리적 관점에서 탐구하여 생명에 대한 감수성을 길러 책임 있게 행동할 수 있다.

➲ '루시법(Lucy law)'은 2018년 영국에서 제정된 법으로, 루시는 영국의 한 사육장에서 구조된 강아지이다. 루시는 영국의 개 번식장에서 6년 동안 임신과 출산을 반복하다 새로운 가정에 입양되었으나, 뇌전증과 관절염 등으로 사망하였다. 루시법을 통해 영국은 생후 6개월 미만의 어린 강아지나 고양이를 대량으로 생산하는 공장식 번식과 제삼자에 의한 동물 판매를 금지하였다. 반려동물의 공장식 번식을 막기 위한 해외 사례와 규제의 필요성을 정리해 보자.

관련 학과 경찰행정학과, 문화콘텐츠학과, 미디어커뮤니케이션학과, 사회복지학과, 사회학과, 소비자학과, 신문방송학과, 언론정보학과, 행정학과

강아지를
구하다
"한 사람의 변화가 하찮게 느껴지다가도
얼마나 큰일인지를 새삼 느낀다."
RHK

강아지를 구하다

피터 팩스턴, 유혜인 역,
알에이치코리아(2020)

책 소개

이 책은 18년간 개 농장에 잠입하여 비밀리에 취재한 개 농장의 실태를 고발하고 있다. 비밀 동물 수사관인 저자는 개 농장에 맞서 싸우는 것이 평생의 과업이라고 밝히며, 총 3부에 걸쳐 학대당한 8마리 강아지의 이야기와 구출견을 입양한 사람들, 그리고 구출견을 위한 실현 가능한 동물 보호의 방법을 제시한다.

세특 예시

동물권에 대한 관심과 지식이 풍부한 학생으로, '강아지를 구하다(피터 팩스턴)'를 읽고, 개 농장에 잠입하여 학대당하는 강아지의 이야기를 접하며 알고 싶지 않지만 반드시 알아야 하는 현실 문제에 대해 고민하게 되었다고 발표함. 개 농장의 비참한 현실이 사람들의 노력으로 개선되는 결말을 분석하며, 동물권 보장을 위해 실천할 수 있는 용기와 생명에 대한 존엄을 강조하여 급우들의 호응을 이끌어냄.

[12윤탐04-02]

기후 위기를 인류의 책임이라는 측면에서 분석하고, 에너지 전환과 탄소중립을 둘러싼 다양한 입장에 대해 토론하여 기후 위기 극복 방안을 제시할 수 있다.

➡ 기후 위기의 주요 원인은 산업혁명 이후 급증한 화석연료의 사용으로 이산화탄소 배출량이 증가하면서 대기 중 온실가스의 농도가 증가하였기 때문이다. 이는 기후 위기에 대한 책임이 적은 집단이 기후 위기로 인해 더 큰 피해를 보는 기후 불평등을 야기하였다. 탄소 배출과 관련된 기후 불평등 현상을 정리하고, 기후 정의를 위한 사회적 연대의 중요성과 역할에 대해 탐구해 보자.

관련 학과 광고홍보학과, 문화콘텐츠학과, 미디어커뮤니케이션학과, 사회학과, 소비자학과, 신문방송학과, 언론정보학과

《화석 자본》, 안드레아스 말름, 위대현 역, 두번째테제(2023)

단원명 | 윤리문제 탐구의 적용

| 직업 윤리, 직업 윤리의 일반성과 특수성

[12윤탐05-01]

자신이 희망하는 진로에서 발생할 수 있는 윤리문제를 선정하고 탐구 계획을 수립할 수 있다.

➡ 금융자산운용가(펀드매니저)는 기관과 고객의 자산이 최대한의 투자 수익을 올릴 수 있도록 투자 전략에 대한 정보를 제공하고 계획을 세워 증권사나 고객이 위탁한 자산을 운용한다. 이 과정에서 고객 투자금의 횡령이나 자산 운용 중 주가 조작 등의 사례가 발생하기도 한다. 직업 윤리의 일반성과 특수성을 직업 윤리 위반 사례와 연계하여 탐구 계획을 수립하고, 금융자산운용가의 횡령 또는 주가 조작 사례를 분석하여, 이를 방지하기 위한 사회적 차원의 해결 방안을 제시해 보자.

관련 학과 사회계열 전체

《직업과 윤리》, 장상필 외 1명, 동문사(2023)

[12윤탐05-02]

수립한 탐구 계획에 따라 윤리문제를 탐구하고, 그 결과를 정리하여 발표할 수 있다.

금융자산운용가(펀드매니저)의 횡령 및 주가 조작 사례와 사회적 차원의 해결 방안을 카드 뉴스로 제작해 보자. 직업 윤리는 모든 직업에 공통되는 윤리와 직종에 따라 특수하게 요구되는 특정 직업의 윤리로 구분되지만, 일반적이고 보편적인 윤리에 위배되어서는 안 된다는 점을 전제로 하여, 토의의 과정에서 수집한 해결 방안을 제시하며 공동 성장의 경험과 소감을 함께 발표해 보자.

관련 학과 사회계열 전체

《Dr. LEE의 논리적 말하기》, 이상혁, 연암사(2023)

구분	교과(군)	공통 과목	선택 과목		
			일반 선택	진로 선택	융합 선택
보통 교과	사회	한국사1 한국사2 통합사회1 통합사회2	세계시민과 지리 세계사 사회와 문화	한국지리 탐구 도시의 미래 탐구 동아시아 역사 기행 정치 법과 사회 경제 국제관계의 이해	여행지리 역사로 탐구하는 현대 세계 사회문제 탐구 금융과 경제생활 기후변화와 지속가능한 세계

공통 과목	수능	한국사 1	절대평가	상대평가
	○		5단계	5등급

단원명 | 근대 이전 한국사의 이해

| 🔍 | 고조선, 고대 국가, 한반도, 선사 문화, 유적, 유물, 통치 체제, 고대 사회, 종교와 사상, 고려, 성리학, 유교, 흥선대원군, 중앙집권체제

[10한사1-01-01]

고대 국가의 형성과 성장 과정을 파악한다.

➲ 신라에는 개인의 혈통에 따라 일상생활 전반에 걸쳐 여러 가지 특권과 제약이 따르는 골품제가 있었다. 왕위를 계승할 수 있는 성골과 진골, 귀족 계급인 6·5·4두품이 있었다. 골품제와 유사한 인도의 카스트 제도, 일본의 부라쿠민 등 신분 차별 제도와 관련한 다른 나라의 사례와 비교·대조해 보자. 이를 통해 오늘날 사회적 차별이 가져오는 문제점과 영향에 대한 카드 뉴스를 제작해 발표해 보자.

관련 학과 사회학과, 공공행정학과, 정치외교학과, 미디어커뮤니케이션학과, 신문방송학과, 언론정보학과, 문화인류학과, 사학과

선량한 차별주의자

김지혜, 창비(2019)

책 소개

평범한 우리 모두가 '선량한 차별주의자'일 수 있다고 말하는 도발적인 책. 우리 일상에 숨겨진 혐오와 차별의 순간들을 생생하게 담아냈다. 이 책의 메시지는 분명하다. 선량한 마음만으로 평등은 이루어지지 않으며, 익숙한 질서 너머의 세상을 상상하고 모두가 평등한 세상을 조직해 가자고 제안한다.

세특 예시

'같이 가치 독서 프로젝트'에 참여하여 '선량한 차별주의자(김지혜)'를 읽은 후 차별의 역사에 대한 호기심이 생겨 탐구 활동을 진행함. 신라의 골품제, 인도의 카스트 제도, 일본의 부라쿠민에 대한 문헌 조사를 통해 제도가 만들어지게 된 역사적 배경, 제도가 어떤 식으로 운용됐는지를 파악함. 또한 이들 제도를 비교·대조하여 공통점과 차이점을 분석함. 그 결과로 차별 제도가 지닌 문제점과 그 영향을 파악함. 이를 바탕으로 오늘날의 사회적 차별 문제를 탐구하고, 차별을 극복해 평등한 사회를 구현하기 위한 방안을 모색함.

[10한사1-01-02]

고려의 통치 체제와 지배 세력의 변화를 이해한다.

➲ 고려가 475년 동안 왕조 국가로서 지속성을 유지할 수 있었던 그 근원에는 창업 군주의 역량이 중요하게 작용

했다고 볼 수 있다. 마키아벨리의 《군주론》의 핵심 내용을 근거로, 창업 군주 왕건의 개인적 역량이 어떻게 국력을 증대하는 데 매개 역할을 하였는지를 미시적으로 분석해 보고, 이를 바탕으로 오늘날 우리나라의 훌륭한 지도자상은 어떤 모습이어야 하는지를 탐구해 발표해 보자.

관련 학과 정치외교학과, 국제관계학과, 사회학과, 경영학과, 국제경영학과, 군사학과, 글로벌비즈니스학과, 글로벌경영학과, 법학과, 행정학과

《군주론》, 니콜로 마키아벨리, 김운찬 역, 현대지성(2021)

[10한사1-01-03]

조선의 성립과 정치 운영의 변화를 파악한다.

➲ 임진왜란은 16세기 말 동아시아에서 일어난 국제 전쟁이었다. 참전국의 수나 전쟁의 규모, 전후의 영향을 고려해 볼 때 동아시아의 역사에서 유례를 찾기 힘들 정도이다. 이 전쟁의 결과로 동아시아의 국제 질서가 전면적으로 개편되었다. 전쟁의 명칭 문제, 전후 한·중·일 정치 질서의 변화, 임진왜란의 기억과 상호 인식 등을 조사해 보고서를 작성해 보자.

관련 학과 정치외교학과, 국제관계학과, 사학과, 한국사학과, 사회학과, 지리학과

《임진왜란》, 김영진, 성균관대학교출판부(2021)

[10한사1-01-04]

조선 후기에 등장한 새로운 변화 양상을 이해한다.

➲ 조선 후기에는 광산물의 수요가 증가하여 광업이 활성화되었다. 이에 17세기 이후에는 정부도 광산 채굴을 허용하고 세금을 받는 제도인 설점수세제를 시행하여 광산 개발이 촉진되었다. 민간 자본이 관청과 결탁하여 몰래 광산을 개발하는 잠채도 성행하였다. 18세기 말에는 상업 자본의 투자로 금광 개발도 활발하게 진행되었다. 광산은 경영 전문가인 덕대가 물주의 자본을 조달받아 채굴업자, 채굴·제련 노동자를 고용하여 분업에 토대를 둔 협업으로 경영하였다. 덕대제와 서양의 자본주의 생산 방식을 비교해 조선 후기 자본주의적 발전의 모습을 조사하여 보고서를 작성해 보자.

관련 학과 경제학과, 경영학과, 경영정보학과, 글로벌경영학과, 국제경영학과, 글로벌비즈니스학과, 금융학과, 무역학과, 사회학과, 회계학과

《신분제와 자본주의 이전 사회》, 전용덕, 태학사(2017)

단원명 | 근대 이전 한국사의 탐구

| 🔍 | 수취 체제, 농업 중심 경제, 골품제, 양천제, 신분제, 불교, 유교, 성리학, 임진왜란, 병자호란, 문화 교류, 역사 갈등

[10한사1-02-01]

근대 이전 국제관계와 대외 교류의 시대적 특징을 비교한다.

➲ 후삼국 통일 이후 인구 증대와 국가 재정의 확충이라는 중차대한 사안에 직면했던 고려는 이를 극복하기 위해

내부적으로는 중앙집권을 강화하고 외부적으로는 이민족의 귀화에 적극적으로 대처하였다. 고려는 국가적 차원에서 고려시대 전 기간에 걸쳐 끊임없이 귀화해 온 이민족에 대한 정책적 배려와 경제적 처우 개선을 위해 노력하였다. 고려 정부의 귀화 정책을 오늘날 우리나라의 이민 정책과 비교·분석하여 발전적인 이민 정책 방안을 작성해 보자.

관련 학과 **정치외교학과, 국제관계학과, 사회학과, 경영학과, 사학과, 법학과, 행정학과**

《다문화사회와 한국 이민정책의 이해》, 김태환, 집사재(2022)

➔ 병자호란 때 조선은 의리와 명분에 집착한 나머지 국제 정세 변화에 능동적으로 대처하지 못했다. 정묘호란으로 한 차례 피해를 입었음에도 불구하고 정치 세력 간의 득실을 좁히지 못했고, 국방력 약화를 극복하지 못했다. 병자호란의 비극적 교훈을 통해 현재의 동아시아 정세를 분석하고, 격동하는 동아시아와 한반도에서 우리는 국제 정세에 어떻게 대처해야 하는지 그 방안을 마련하여 서로 의견을 나눠보자.

관련 학과 **정치외교학과, 국제관계학과, 국제물류학과, 국제통상학과, 국제학부, 글로벌경영학과, 글로벌비즈니스학과, 금융학과, 사회학과, 지리학과, 중국학과, 사학과**

병자호란

한명기, 푸른역사(2013)

책 소개

이 책의 저자는 병자호란을 살피는 것이 단순히 '과거의 역사'를 되돌아보기 위함이 아니라, 한반도와 한민족의 운명에 외교가 얼마나 결정적인 역할을 하는지 되짚어 보기 위함이라고 말한다. 저자는 명과 청이라는 패권국 사이의 '조선'과, 미국과 중국이라는 두 강대국 사이에 끼어 있는 '대한민국'을 교차시킨다. 미국과 중국 중심의 G2(Group of 2) 시대라 일컬어지는 현재, 그리고 G2 세력의 영향권에 속해 있는 한반도. 두 강대국 간 갈등이 고조된다면 우리는 과연 어떻게 해야 하는가? 저자가 병자호란에 주목하는 이유가 여기에 있다.

세특 예시

독서로 관심 주제 톺아보기 활동에서 '병자호란(한명기)'을 읽고, 이 책이 G2 시대의 비망록인 이유, 인조반정의 성공과 인조 정권의 대외 정책, 정묘호란, 병자호란의 전개 과정과 결과, 피로인들의 고통과 슬픔, 북벌, 북학 등에 대해 요약·정리해 발표함. 병자호란이 단순히 과거의 역사가 아니라 현재 국제 정세와 통하는 면이 많다는 점, 명과 청이라는 패권국 사이의 '조선'과 미국과 중국이라는 두 강대국 사이에 끼어 있는 '대한민국'을 교차시켜 설명한 점이 인상 깊었다는 소감을 피력함.

[10한사1-02-02]

근대 이전의 수취 체제 변화를 농업 중심의 경제생활과 관련하여 탐구한다.

➔ 조선의 세금은 크게 세 가지 세목이 있었는데, 전세(田稅)와 역(役), 그리고 공납(貢納)이었다. 조선은 조세 제도의 문제점을 해결하기 위해 꾸준히 노력했는데, 조선시대의 대표적인 조세 개혁 사례는 공법과 대동법의 시행이다. 공법의 경우, 공평 과세와 민주적인 입법, 조세의 선진 과학화, 이 세 가지를 역사성으로 들 수 있다. 대동법의 역사성으로는 크게 과세의 명확성과 편의성, 응능 과세를 들 수 있다. 공법과 대동법의 특징, 시행 과정, 결과를 분석하고, 두 법의 역사적 의의에 대해 발표해 보자.

관련 학과 세무학과, 회계학과, 법학과, 행정학과, 공공행정학과, 도시행정학과, 물류시스템학과

《조선시대의 조세법》, 오기수, 어울림(2012)

[10한사1-02-03] ●●●

근대 이전 사회 구조를 신분제를 중심으로 분석한다.

➲ 17세기 후반 이후 산업의 발달로 경제적 변동이 일어나면서, 조선의 전통적인 신분 질서에도 변화가 일어났다. 양반 중에서도 관직에서 밀려나 실제로는 양반 행세를 할 수 없는 사람들이 많이 생겼다. 또 재산을 모은 상민이나 노비들 중에서는 재산을 이용하거나 신분을 속여 양반이나 상민으로 신분이 상승하는 사람도 있었다. 이러한 현상으로 조선 후기에는 신분 변동이 활발해져 양반의 수가 크게 늘어난 반면에 상민과 노비의 수는 크게 줄어들었다. 조선 후기 신분제 변화의 방향, 하층민의 신분 상승이 가능했던 요인, 국가가 공노비를 해방시킨 이유를 조사해 발표해 보자.

관련 학과 사회학과, 행정학과, 공공행정학과, 사회복지학과, 정치외교학과, 도시행정학과, 경제학과, 정치외교학과

《조선후기 사회의 이해》, 조광, 경인문화사(2010)

[10한사1-02-04] ●●●

근대 이전의 사상과 문화를 국제 교류와 관련하여 탐구한다.

➲ 원 간섭기에 성리학이 수용되면서 유학에 큰 변화가 일어났다. 성리학은 경전의 자구 해석에 힘쓰던 기존의 유학과는 달리, 인간의 심성과 우주의 원리를 연관 지어 철학적으로 탐구하는 새로운 유학이었다. 고려 말 신진사대부는 성리학을 받아들여 불교의 폐단을 비판하고, 개혁 정치를 추구하였다. 성리학의 수용 과정, 성리학의 사상적 특징, 성리학이 혁신적인 사상으로 역할을 할 수 있었던 이유에 대해 탐구해 발표해 보자.

관련 학과 사회학과, 행정학과, 공공행정학과, 사회복지학과, 정치외교학과, 도시행정학과, 경제학과, 정치외교학과

《악은 선으로부터 시작된다》, 김철호, 한국학중앙연구원출판부(2023)

➲ 《입당구법순례행기》는 일본 승려 엔닌이 일본에서 중국으로 구법순례를 떠났다가 돌아오기까지의 노정을 일기체로 쓴 기행문이다. 이 책은 9세기 동북아시아 세계(신라·발해·중국·일본)의 정치, 경제, 종교, 사회, 문화, 외교, 민속, 천문, 지리, 언어에 대한 방대한 정보를 함축하고 있다. 엔닌은 입당구법순례 기간 내내 다양한 분야의 직업에 종사하는 재당 신라인과 만났고, 적시 적소에서 그들의 도움을 받았다. 엔닌의 입당구법과 순례의 목적, 엔닌과 재당 신라인의 교유, 그리고 역사적 의미 등을 탐구해 발표해 보자.

관련 학과 국제경영학과, 국제관계학과, 국제물류학과, 국제통상학과, 국제학부, 글로벌경영학과, 글로벌비즈니스학과, 무역학과, 사회학과, 정치외교학과, 경제학과, 지리학과

《입당구법순례행기》, 엔닌, 신복룡 역, 선인(2007)

[10한사1-02-05] ●●●

근대 이전 한국사 주제를 설정하여 탐구하고, 그 결과를 다양한 방법으로 표현한다.

➲ '임나일본부설'은 일본의 고훈시대부터 아스카시대에 해당하는 서기 4세기~6세기 중엽에 야마토 정권이 한반도 남부 지역에 '일본부(日本府)'라는 통치 기구를 세웠으며 이 지역을 속국, 제후국(번국) 또는 식민지로 삼아 지배했다는 주장이다. 특히 광개토대왕릉비의 해석 문제를 놓고 논쟁이 가열되기도 했었다. 광개토대왕릉비 비문의 해석을 바탕으로 임나일본부설의 실체와 논쟁에 대해 조사해 발표해 보자.

관련 학과 국제관계학과, 국제통상학과, 국제학부, 글로벌경영학과, 글로벌비즈니스학과, 정치외교학과, 군사학과, 사회학과, 행정학과, 사학과, 한국사학과, 지리학과

《임나일본부는 없었다》, 황순종, 만권당(2016)

➲ 무신정변은 고려 의종 때 무신들이 일으킨 정변이다. 이 사건은 이자겸의 난, 묘청의 서경천도운동으로 동요되고 있었던 고려 문벌귀족사회를 붕괴시키는 결과를 가져왔다. 정변의 원인은 고려 귀족사회의 모순에서 찾을 수 있다. 고려 귀족사회는 귀족들이 정치 권력을 독점하고 대토지를 겸병하는 등 경제적 실권을 장악하는 가운데, 이를 둘러싼 지배층 내부의 투쟁이 야기되어 차츰 동요되어 갔다. 문벌귀족사회의 모순, 정변의 원인과 전개 과정, 정변에 대한 평가 등을 조사해 발표해 보자.

관련 학과 정치외교학과, 사회학과, 행정학과, 지리학과, 경제학과, 공공행정학과, 경영정보학과, 경영학과, 군사학과

《무신과 문신》, 에드워드 슐츠, 김범 역, 글항아리(2014)

➲ 신라 역사의 특징으로는 여러 가지를 들 수 있다. 그 가운데 여왕의 출현은 고구려나 백제에서는 찾아볼 수 없다는 점에서 주목해 볼 만한 특징이다. 여왕이 왕위를 계승한 배경, 이유, 그 존재에 대해서 여러 의견과 평가가 있다. 신라시대에 여왕은 모두 3명(선덕여왕, 진덕여왕, 진성여왕)이 있었다. 여기서 선덕여왕과 진덕여왕은 각각 신라 27대와 28대 그리고 진성여왕은 51대 왕으로, 시기적으로 삼국통일 직전과 신라가 멸망하기 직전으로 구분할 수 있다. 최초의 여왕인 선덕여왕이 즉위할 수 있었던 배경과 이유, 여왕의 업적과 리더십, 역사적 평가를 조사해 발표해 보자.

관련 학과 정치외교학과, 사회학과, 행정학과, 지리학과, 경제학과, 공공행정학과, 공공인재학부, 경영정보학과, 경영학과, 군사학과, 아동가족학과

《상처입은 봉황 선덕여왕》, 김용희, 다산초당(2009)

단원명 | 근대 국가 수립의 노력

| 🔍 | 개항, 조약, 국제 질서, 근대 국가, 서구 문물, 국권 피탈, 국권 수호, 갑신정변, 갑오개혁, 독립협회

[10한사1-03-01]

조선의 개항을 국제 질서의 변동과 연관 지어 분석한다.

➲ 중국은 제국주의 열강인 영국의 무력에 굴복해 문호를 개방하고 불평등 조약을 맺게 된다. 일본 역시 미국의 무력시위에 굴복해 조약을 맺고 문호를 개방하였다. 그리고 새로운 정부를 세운 일본의 위협을 받아 조선도 강화도 조약을 맺고 문호를 개방하게 되었다. 삼국의 개항 과정에서의 대응, 국민국가로의 전환 과정의 특징을 비교·분석하고, 개항 이후 동아시아 국제 질서의 변화, 삼국 개항의 역사적 의의 등을 조사해 발표해 보자.

관련 학과 국제관계학과, 국제통상학과, 국제학부, 글로벌경영학과, 글로벌비즈니스학과, 정치외교학과, 군사학과, 사회학과, 행정학과, 사학과, 한국사학과, 지리학과

메이지유신을 설계한 최후의 사무라이들

박훈, 21세기북스(2020)

책 소개

이 책의 저자인 서울대학교 동양사학과 박훈 교수는 메이지유신의 토대를 닦은 4명의 사무라이인 요시다 쇼인, 사카모토 료마, 사이고 다카모리, 오쿠보 도시미치를 중심으로 일본사를 풀어냈다. 여러 언론에서의 칼럼 연재 및 강의와 집필 등으로 일본에 대한 이해를 도왔던 저자는 필사의 도약과 비극적인 최후 등 극적인 삶을 살았던, 근대 일본을 만든 혁명가들을 조명한다. 메이지유신의 주역들을 통해 일본의 역사를 이해하는 색다른 경험을 할 수 있을 것이다.

세특 예시

교과 연계 독서 심화 활동에서 '메이지유신을 설계한 최후의 사무라이들(박훈)'을 읽고 막부 말기 일본과 조선의 정치·경제 상황, 근대 일본의 대변혁을 이끌었던 4명의 사무라이(요시다 쇼인, 사카모토 료마, 사이고 다카모리, 오쿠보 도시미치)의 활약상, 일본사의 중요한 사건들(대정봉환, 삿초맹약, 흑선사건 등)에 대해 요약·정리해 발표함. 근현대 일본 역사를 이해하기 위해선 '메이지유신'에 대해 제대로 공부해야 함을 알았고, 오늘날 세계 속에서 일본과 당당히 경쟁하기 위해서는 무작정 그들을 외면하고 밀어내기보다는 그들의 역사를 올바르게 이해해야 함을 깨달았다는 소감을 피력함.

[10한사1-03-02]

여러 세력이 추진한 근대 국가 수립의 다양한 노력을 이해한다.

➲ 갑신정변은 근대 국민국가 건설을 목표로 일어난 우리나라 최초의 정치 개혁 운동이었다. 청과의 종속 관계를 청산하여 자주독립을 확고히 하고자 했으며, 내각 제도를 실시하여 국왕의 전제권을 제한하고 인민평등권을 확립하는 등 근대적 정치·사회 체제를 구축하려 하였다. 하지만 정변이 실패하면서 근대 국가로의 발전이 퇴보하는 반작용을 낳았다. 급진개화파가 지향한 국가의 모습, 그들이 추구했던 개혁의 특징, 갑신정변 실패의 원인과 영향을 분석해 발표해 보자.

관련 학과 **국제관계학과, 국제통상학과, 국제학부, 글로벌경영학과, 글로벌비즈니스학과, 정치외교학과, 군사학과, 사회학과, 행정학과, 사학과, 한국사학과, 지리학과**

《잃어버린 혁명》, 강범석, 솔(2006)

➲ 열강의 패권 경쟁이 일정한 거리 유지하의 물밀 경쟁으로 변화한 데다, 조·러 수호조약과 조·러 밀약설에 자극받은 영국이 거문도를 불법 점령함으로써, 바야흐로 조선사정은 청·일본·러시아·영국이라는 다극체제하의 국제 분쟁 지역이 되었다. 이러한 상황에서 국내외적으로 제기된 것이 한반도 중립화론이었다. 조선 중립화론의 배경, 중립화론의 특징과 한계 등을 분석해 발표해 보자.

관련 학과 **국제관계학과, 국제통상학과, 국제학부, 글로벌경영학과, 글로벌비즈니스학과, 정치외교학과, 군사학과, 사회학과, 행정학과, 사학과, 한국사학과, 지리학과**

《한국통사》, 박은식, 김태웅 역해, 아카넷(2012)

➲ 갑오개혁은 1894년 7월부터 1896년 2월까지 추진되었던 일련의 개혁을 일컫는다. 일본은 교정청을 설치해 자주적 개혁을 했던 조선 정부의 의시를 꺾고 군국기무처라는 기구를 신설해 갑오개혁을 실시하였다. 이러한

한계에도 불구하고 갑오개혁은 역사적 의미와 현재에 전하는 시사점이 크다. 갑오개혁의 배경과 대내외적 제약 요인, 개혁의 성과와 정치 세력의 변동 과정, 개혁의 한계와 시사점을 조사해 발표해 보자.

관련 학과 국제관계학과, 국제통상학과, 국제학부, 글로벌경영학과, 글로벌비즈니스학과, 정치외교학과, 군사학과, 사회학과, 행정학과, 사학과, 한국사학과, 지리학과

《갑오개혁과 독립협회운동의 사회사》, 신용하, 서울대학교출판부(2001)

[10한사1-03-03]

개항 이후 사회·경제 변화를 파악하고, 서구 문물의 도입이 문화에 미친 영향을 탐구한다.

조선은 개항을 하고 서구 문물을 받아들이게 되면서 일본과 서양 열강의 각축장이 되었다. 이렇게 나라의 안위가 위태로운 시절, 근대적 사회의식을 고양하는 과정에서 신문은 중요한 역할을 하였다. 당시 민권을 신장하고 민족의식을 갖게 하는 국민 계몽에서 신문만 한 매개체가 없었다. 서구 문물을 받아들이는 개화와 국민 의식을 일깨우는 계몽의 목적을 가지고 창간되었던 근대 신문에 대해 조사하여 발표해 보자.

관련 학과 미디어커뮤니케이션학과, 미디어학부, 신문방송학과, 언론정보학과, 언론홍보학과, 사회학과, 미디어언론학과, 미디어문화학과, 미디어디자인학과, 미디어영상학과, 미디어경영학과, 정보사회미디어학과, 광고홍보학과

《신문 잡보를 통해 본 근대 초기 한국사회의 파노라마》, 강현조, 소명출판(2023)

[10한사1-03-04]

일제의 국권 침탈 과정을 조사하고, 이에 맞선 국권 수호 운동의 흐름을 파악한다.

러·일 전쟁 중 일본은 제1차 한·일 협약을 체결하고 메가타를 재정 고문으로 파견하였다. 메가타는 재정·화폐 정리 사업을 추진하여 대한제국의 금융을 장악하였다. 화폐 정리 사업은 대한제국의 화폐 제도 문란을 빌미로 일본 제일은행권을 법화로 하는 새로운 통화 제도를 정착시키는 과정이었다. 화폐 정리 사업이 어떻게 진행되었는지 분석하고 화폐 정리 사업이 가져온 정치·경제·사회적 변화에 대해 발표해 보자.

관련 학과 경제학과, 경영학과, 경영정보학과, 국제경영학과, 국제물류학과, 국제관계학과, 국제통상학과, 국제학부, 글로벌경영학과, 글로벌비즈니스학과, 금융보험학과, 금융학과, 무역학과, 회계학과, 사회학과

《재정·금융정책 (1)》, 김명수 외 1명, 동북아역사재단(2022)

러·일 전쟁의 승리로 제국주의 열강으로부터 대한제국에 대한 독점적 지배권을 인정받은 일본은 군대를 동원하여 대한제국의 황제와 대신들을 위협하고 을사 5적을 앞세워 을사늑약을 체결하였다. 을사늑약의 배경, 체결 과정, 체결 직후의 반응, 조약의 무효성 등을 분석해, 을사조약의 부당성과 역사적 의미에 대한 보고서를 작성해 보자.

관련 학과 정치외교학과, 국제관계학과, 국제학부, 군사학과, 국제통상학과, 글로벌경영학과, 글로벌비즈니스학과, 금융학과, 사회학과, 행정학과, 법학과, 지리학과

《조선은 우연히 망한 것이 아니다》, 이이녕, 전인교육(2009)

을사늑약 체결 이후 통감부의 탄압으로 합법적인 정치·사회 단체의 활동이 어려워지자, 1907년 안창호와 양기탁 등이 주도하여 비밀 결사인 신민회를 조직하였다. 신민회는 교육과 출판을 통한 애국계몽운동만이 아니라 무장투쟁을 위한 국외 독립군 기지 활동도 펼쳤다. 신민회의 설립 배경과 목적, 활동 내용과 신민회가 갖는 역사적 의미를 조사해 발표해 보자.

관련 학과 정치외교학과, 국제관계학과, 국제학부, 군사학과, 국제통상학과, 글로벌경영학과, 글로벌비즈니스학과, 금융학과, 사회학과, 행정학과, 법학과, 지리학과

《105인사건과 신민회 연구》, 윤경로, 한성대학교출판부(2012)

공통 과목	수능	한국사 2	절대평가	상대평가
	○		5단계	5등급

단원명 | 일제 식민 통치와 민족운동

| ♀ | 제국주의, 일제의 식민 지배, 세계대전, 대공황, 일제의 침략 전쟁, 일본 자본, 3·1운동, 대한민국 임시 정부, 항일 무장 독립투쟁, 실력양성운동, 대중운동, 문예 활동, 민족 문화 수호, 전시 동원 체제, 광복을 위한 노력

[10한사2-01-01]

일제의 식민 통치 정책을 제국주의 질서의 변동과 연관하여 이해한다.

➲ 무단 통치 시기는 국권 피탈(경술국치) 이후 1919년까지 지속된 조선총독부의 식민 통치기를 일컫는다. 일본 제국 육군 헌병을 주요 경찰 인력으로 동원하여 치안을 유지하였기 때문에 헌병 경찰 통치기라고 불리기도 한다. 일제는 무력을 앞세워 우리의 항일 투쟁을 억압하고, 정치·경제·사회 전반에 걸쳐 식민지 지배 체제를 공고히 하고자 하였다. 무단 통치기 총독부의 헌병 경찰 제도, 일본군 주둔, 각종 권리 제약, 토지 조사 사업, 회사령 등의 각종 법령, 우민화 교육 등을 조사·분석해 일제 식민 통치의 표면과 실상에 대한 보고서를 작성해 보자.

관련 학과 정치외교학과, 국제관계학과, 국제학부, 군사학과, 국제통상학과, 글로벌경영학과, 글로벌비즈니스학과, 금융학과, 사회학과, 행정학과, 법학과, 지리학과

《일제 강점기》, 박도, 눈빛(2010)

[10한사2-01-02]

일제의 식민 통치가 초래한 경제 구조의 변화와 그것이 경제생활에 미친 영향을 분석한다.

➲ 우리나라 역사에서 철도는 일제가 쌀을 비롯한 자원을 약탈하기 위한 수단이면서, 근대적 시간관념의 전파와 문명의 편리성을 가져다준 도구였다. 특히 일제강점기의 철도는 일본의 상품 판매 시장을 확장하고 식량과 천연자원을 약탈하기 위한 대동맥이었다. 일제강점기의 군사적 측면과 경제적 측면에서 철도가 어떻게 활용되었는지 면밀히 조사하고, 일제강점기의 철도가 갖는 역사적 의미를 분석해 발표해 보자.

관련 학과 정치외교학과, 국제관계학과, 국제학부, 군사학과, 경영학과, 국제통상학과, 글로벌경영학과, 글로벌비즈니스학과, 금융학과, 사회학과, 행정학과, 법학과, 지리학과, 교통공학과

《일제의 조선 교통망 지배》, 정재정, 동북아역사재단(2022)

[10한사2-01-03]

국내외에서 전개된 민족운동의 흐름을 이해한다.

➲ 3·1운동 이후 암살, 파괴 등의 의열 투쟁을 통해 민족운동을 전개하는 단체들이 조직되었는데, 그 대표적인 단

체가 의열단이었다. 의열단은 일제의 식민 통치 기관을 파괴하고 침략의 원흉을 응징하는 의열 투쟁을 전개하였다. 한국 독립 운동사에서 의열단과 의열 투쟁이 갖는 역사적 의의, 의열 투쟁의 한계와 이를 극복하기 위한 노력에 대해 탐구해 발표해 보자.

관련 학과 정치외교학과, 국제관계학과, 국제학부, 군사학과, 경영학과, 사회학과, 행정학과, 법학과, 지리학과

《항일의 불꽃 의열단》, 김상웅, 두레(2019)

- 1910년 독립운동가들은 일제의 가혹한 무단 통치를 피해 국내외에서 비밀 결사를 조직하거나 독립운동 기지 건설 운동을 전개하였다. 각 단체는 정치적 입장에 따라 군주제를 지향하는 복벽주의, 공화제를 지향하는 공화주의를 추구하였다. 복벽주의와 공화주의의 차이, 대한민국 임시정부가 공화주의를 표방한 까닭, 1910년대 독립운동의 흐름 등을 조사해 발표해 보자.

관련 학과 정치외교학과, 국제관계학과, 국제학부, 군사학과, 사회학과, 행정학과, 법학과, 지리학과

《대한민국임시정부 기념사업회 20년 그 활동과 성과》, 대한민국임시정부기념사업회, 학민사(2023)

- 대한민국 헌법 전문에는 "3·1운동으로 건립된 대한민국 임시정부의 법통"을 계승한다는 문구가 있다. 그만큼 대한민국의 역사에서 '대한민국 임시정부'가 가지는 상징성은 크다고 하겠다. 대한민국 임시정부는 모든 인민이 평등하고 인민에게 주권이 있는 민주공화제를 표방하고, 국무원(행정)·의정원(의회)·법원(사법)을 두어 삼권 분립의 원칙을 명확히 하였다. 1919년 대한민국 임시정부의 헌장과 현재의 대한민국 헌법을 비교·분석해, 임시정부 헌장의 역사적 의미와 헌법사적 관계에 대해 발표해 보자.

관련 학과 법학과, 법무행정학과, 행정학과, 법경찰학과, 경찰행정학과, 공공인재법무학과, 정치외교학과, 국제관계학과, 국제학부, 사회학과

《한국 3·1 독립운동과 임시정부》, 신용하, 경인문화사(2022)

- 대한민국 임시정부는 한민족의 독립 의지가 모여 민주주의 원칙에 따라 수립된 정부였다. 하지만 민족 지도자들 사이의 사상적 갈등과 독립운동 방법에 대한 의견 차이로 여러 가지 어려움을 겪었다. 특히 독립운동의 방법에 대한 의견 차이로 내부 분열의 모습을 보였다. 독립운동의 방법론인 항일무장투쟁론, 외교독립론, 실력양성론 등 대한민국 임시정부에서 제기되었던 독립운동의 방법을 둘러싼 여러 가지 논의를 조사해 발표해 보자.

관련 학과 정치외교학과, 국제관계학과, 국제학부, 군사학과, 사회학과, 행정학과, 법학과, 지리학과

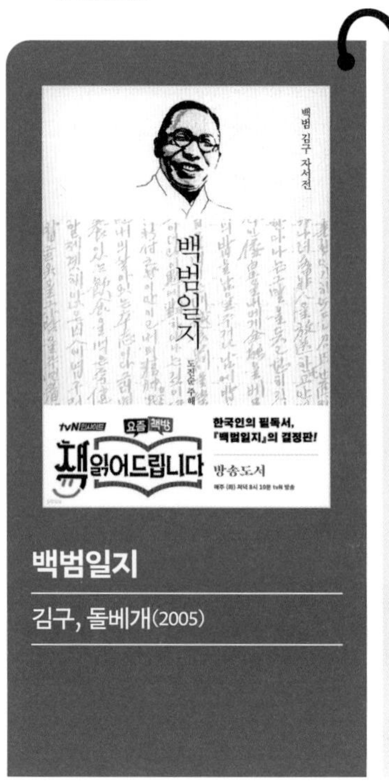

백범일지

김구, 돌베개(2005)

책 소개

27년간 대한민국 임시정부를 이끌어온 민족 독립운동가이자 자신의 전 생애를 조국과 민족을 위해 바친 겨레의 큰 스승, 백범 김구. 일제의 침략 아래 신음하는 우리 민족의 살길을 열고자 해방된 통일 조국 건설을 위해 혼신의 힘을 다하다가 끝내 비명에 간 백범의 생애를 가장 극명하게 드러내주는 책이다.

세특 예시

'책을 통한 근현대 인물 톺아보기' 활동에서 '백범일지(김구)'를 읽고 상권(아들들에게 전하는 편지 형식의 구한말 당시 김구 자신의 과거 기록), 하권(독립운동 활동 기록), 나의 소원 등을 요약·정리해 발표함. 이 책이 우리나라 독립운동의 역사를 알려주는 귀중한 자료인 점, 보통 위인들의 자서전은 자신의 업적을 과하게 포장하며 과실과 허물은 덮으려 하는 반면, '백범일지'는 김구 자신의 치부까지 진솔하게 드러낸 점, '나의 소원' 중 '내가 원하는 우리나라'는 '높은 문화의 힘을 가진 나라'라고 밝힌 부분은 전 세계 한류 열풍

과 오늘날 강조되는 '소프트 파워'를 의미한다는 점이 인상적이었다는 소감을 피력함.

➲ 국내에서는 3·1운동 이후 청년과 지식인들 사이에서 사회주의 사상이 빠르게 전파되었다. 청년과 지식인들은 독서회, 토론회, 강연회 등을 통해 사회주의 사상을 연구하고 선전하였으며, 신문과 잡지에 이를 소개하는 글을 실었다. 마르크스의 사회주의 이론의 측면에서 1920년대 자본주의 시스템의 문제점을 분석하고, 1920년대 국내 민족운동에서 사회주의운동이 확산하게 된 역사적 배경과 전개 과정을 조사해 발표해 보자.

관련 학과 **정치외교학과, 국제관계학과, 국제학부, 경영학과, 경제학과, 사회학과, 행정학과, 법학과, 지리학과**

《일제강점기 국내 민족주의·사회주의운동 탄압사》, 전명혁 외 2명, 동북아역사재단(2022)

➲ 1920년대 초에 여러 지역에 산재해 있던 독립운동 단체들은 효율적인 항일 독립운동의 수행을 위해 통합의 필요성을 느끼고 있었다. 특히 1920년대 중반 민족운동 진영에서는 사회주의 계열과 민족주의 계열이 서로 단결할 필요성이 제기되었다. 1924년 중국의 국민당과 공산당이 협력 관계를 구축하자(제1차 국·공 합작), 우리 독립운동 세력도 민족유일당운동을 전개하였다. 민족유일당운동의 배경, 전개 과정, 역사적 의의와 한계를 조사해 발표해 보자.

관련 학과 **정치외교학과, 국제관계학과, 국제학부, 경영학과, 경제학과, 사회학과, 행정학과, 법학과, 지리학과**

《독립운동 열전 1》, 임경석, 푸른역사(2022)

[10한사2-01-04] ●●●

일제의 식민 통치로 인한 사회 및 문화의 변화와 대중운동의 양상을 파악한다.

➲ 갑오개혁으로 신분 제도가 폐지된 이후에도 도축이나 고기 파는 일에 종사하는 백정에 대한 차별은 쉽게 사라지지 않았다. 백정은 호적에 따로 표시하여 구분하였으며, 백정의 자녀는 학교에 다니기도 어려웠다. 이와 같은 차별에 항의하여 1923년 진주에서 조선 형평사가 조직되어 형평운동을 전개하였다. 저울처럼 평등한 세상을 만들려 했던 우리의 형평운동과 일본의 부라쿠민, 인도의 카스트 제도를 비교·분석해 신분 차별의 문제점, 신분 차별이 없어져야 하는 이유, 오늘날 우리나라의 차별 문제를 조사해 발표해 보자.

관련 학과 **정치외교학과, 정치행정학과, 정치국제학과, 언론정보학과, 신문방송학과, 미디어커뮤니케이션학과, 국제관계학과, 국제학부, 사회학과**

《진주형평운동》, 박구경, 실천문학사(2023)

➲ 3·1운동은 천도교, 기독교, 불교계 지도자들의 주도 아래 이뤄졌다. 그 이유는 일제의 무단 통치로 인한 탄압이 심해, 사람들이 모일 수 있는 합법적인 기회가 종교적인 행사밖에 없었기 때문이다. 3·1운동이 종교계에 의해 선도된 것은 이런 점과 무관하지 않다. 3·1운동에서 중요한 역할을 했던 종교계는 일제의 탄압과 회유에 맞서 민족운동과 사회운동을 전개하였다. 대종교, 천도교, 불교, 개신교, 천주교 등 종교계가 벌였던 민족운동에 대해 조사해 발표해 보자.

관련 학과 **정치외교학과, 정치행정학과, 정치국제학과, 언론정보학과, 신문방송학과, 미디어커뮤니케이션학과, 국제관계학과, 국제학부, 사회학과**

《식민지시기 종교와 민족운동》, 성주현, 선인(2013)

➲ 일제의 토지 조사 사업과 산미 증식 계획이 실시되면서 많은 농민이 토지를 잃고 소작농으로 전락하였다. 소작농은 수확량의 50%가 넘는 고율 소작료 외에 수리 조합비, 종자·비료·농약 비용, 기타 세금 등을 추가로 부담

해야 했다. 농민들은 열악해진 경제적 처지를 개선하고자 소작인 조합, 농민 조합을 만들어 농민운동을 전개하였다. 농민운동이 일어나게 된 사회적 배경, 전개 과정, 역사적 의의를 조사해 발표해 보자.

관련 학과 **농업경제학과, 정치외교학과, 사회학과, 경제학과, 국제관계학과, 공공행정학과, 행정학과, 지리학과, 법학과, 식품자원경제학과**

《암태도》, 송기숙, 창비(2023)

➔ 회사령 폐지 전후로 기업이 늘어났고, 1920년대에는 일제의 식민지 공업화 정책에 따라 산업 노동자의 수가 점차 늘어났다. 1930년대에 북부 지방에 대규모 공장이 들어서면서 노동자의 수도 빠르게 늘어났다. 하지만 한국인 노동자들은 장시간의 노동과 저임금에 고통받았다. 이러한 상황에서 사회주의 사상이 확산되어 노동자들의 계급의식과 민족의식이 높아지면서 노동운동이 활발해졌다. 1920~30년대 노동운동의 흐름과 역사적 의의를 조사해 발표해 보자.

관련 학과 **경제학과, 경영학과, 공공행정학과, 국제경영학과, 국제통상학과, 국제학부, 국제관계학과, 글로벌경영학과, 글로벌비즈니스학과, 법학과, 사회학과, 행정학과, 정치외교학과**

《일제강점기 노동운동에서 김영삼 정권기 노동법과 노동운동까지》, 유혜경, 선인(2022)

➔ 우리나라의 여성운동은 개화기에 서구 문물의 영향을 받고 신교육을 받은 여성들이 여성으로서 자기 정체성을 갖고 여성단체를 조직하여 활동한 데서 비롯되었다. 근대 교육을 위해 여학교가 설립되면서 신교육을 받은 여성이 배출되었다. 이들 신여성은 가부장적인 가족 관습을 비판하고 여성 해방을 주장하면서 여성들의 교육권과 경제권 보장을 요구하였다. 일제강점기에 여성의 자유와 권리를 쟁취하기 위한 노력에 대해 조사해 발표해 보자.

관련 학과 **정치외교학과, 정치행정학과, 정치국제학과, 언론정보학과, 신문방송학과, 미디어커뮤니케이션학과, 국제관계학과, 국제학부, 사회학과**

《한국 항일여성운동계의 대모 김마리아》, 전병무, 한국독립운동사연구소, 역사공간(2013)

[10한사2-01-05]

일제의 침략 전쟁에 맞서 전개된 독립국가 건설 운동의 양상을 분석한다.

➔ 중·일 전쟁이 태평양 전쟁으로 이어지면서 국내외 민족운동 세력은 일본이 연합국에 패할 것을 예상하고 '건국 강령'을 제시하였다. 대표적인 것이 대한민국 임시정부의 건국 강령, 조선독립동맹의 건국 강령, 조선건국동맹의 건국 강령이다. 3개의 건국 강령을 비교·분석해 이들 단체가 꿈꾸었던 광복 후의 새로운 나라의 모습에 대해 발표해 보자.

관련 학과 **정치외교학과, 정치행정학과, 정치국제학과, 언론정보학과, 신문방송학과, 미디어커뮤니케이션학과, 국제관계학과, 국제학부, 사회학과**

《광복 70주년 대한민국 7대 과제》, 임현진 외 1명, 진인진(2015)

단원명 | 대한민국의 발전

| 🔍 | 광복, 식민지 잔재, 농지 개혁, 냉전, 6·25전쟁, 분단, 4·19혁명, 5·16군사정변, 박정희 정부, 유신체제, 5·18민주화운동, 전두환 정부, 6월 민주항쟁, 산업화, 한강의 기적, 도시화, 노동 문제, 대중문화

[10한사2-02-01] ●●●

냉전 체제가 한반도 정세에 미친 영향을 파악하고, 자유민주주의에 기초한 대한민국 정부 수립 과정을 탐색한다.

➲ 광복 이후 한국 사회는 식민지 잔재를 청산하려는 열기로 뜨거웠다. 광복 이후 친일파를 청산해야 한다는 요구가 많았지만, 미군정과 이승만 등 우익 세력은 이에 소극적이었다. 그러나 정부가 수립되자, 이는 더 이상 미룰 수 없는 과제가 되었다. 국회는 1948년 '반민족행위처벌법(반민법)'을 제정하고 '반민족행위특별조사위원회(반민특위)'를 구성하였다. 그러나 결과적으로 반민특위 활동은 큰 성과를 거두지 못했다. 반민특위 활동이 성과를 거두지 못하고 친일파 청산에 실패한 원인, 친일파 청산 실패의 결과를 분석해 발표해 보자.

관련 학과 **정치외교학과, 법학과, 법무행정학과, 공공인재법무학과, 사회학과, 행정학과, 사학과, 한국사학과, 윤리교육과, 철학과**

《반민특위의 조직과 활동》, 허종, 선인(2003)

[10한사2-02-02] ●●●

6·25전쟁과 분단의 고착화 과정을 국내외의 정세 변화와 연관하여 이해한다.

➲ 한반도를 골육상잔의 비극으로 내몰았던 6·25전쟁은 오늘날 우리가 안고 있는 정치적·사회적·이념적 측면에서 모든 것을 남북으로 갈라놓고 분단의 고착화를 잉태시킨 사건이었다. '6·25전쟁의 성격과 교훈'이라는 주제로 한반도 분단의 성격과 민족 갈등, 6·25전쟁의 발발 원인, 6·25전쟁에 대한 시각, 역사적 의의를 조사해 발표해 보자.

관련 학과 **국가안보학과, 군사학과, 정치외교학과, 정치행정학과, 정치국제학과, 국제관계학과, 국제학부, 사회학과, 국방정보공학과, 사이버국방학과, 공공행정학과, 행정학과, 국제경영학과, 글로벌경영학과**

《브루스 커밍스의 한국전쟁》, 브루스 커밍스, 조행복 역, 현실문화연구(2017)

➲ 6·25전쟁 시기에 자행됐던 민간인 학살은 오랫동안 금기의 대상이 되었고, 수십 년간 이어져온 반공 이데올로기에 희생된 피해자들은 오히려 사회적 약자가 되어 경제적·사회적으로 어려움을 겪어야 했다. 이는 심각한 사회 갈등과 국론 분열로 이어졌고, 근본적으로는 민주주의 발전에 걸림돌이 되었다. 피해자들은 마음속에 고통을 안고 살아가면서도 드러내는 방법을 찾지 못하여 마음의 분노와 상처에서 벗어나지 못하였다. 6·25전쟁 때 있었던 민간인 학살의 정치·사회적 요인을 분석하고, 학살 피해 유가족의 다친 마음을 어떻게 치유해야 하는지에 대해 탐구해 발표해 보자.

관련 학과 **미디어커뮤니케이션학과, 미디어학부, 신문방송학과, 심리학과, 상담심리학과, 정치외교학과, 국제관계학과, 사회학과, 법학과, 행정학과, 지리학과**

《서중석의 현대사 이야기 2》, 서중석 외 1명, 오월의봄(2015)

➲ 1950년대 대한민국은 1950~1953년까지 6·25전쟁으로 인해 전쟁의 격랑과 시련을 겪는 시기였다. 3년간의 전쟁으로 국토는 황폐해졌고, 경제도 초토화된 상황이었다. 6·25전쟁으로 많은 것이 파괴되었지만, 폐허 속에서 새로운 움직임들이 나타났다. 반공, 2부제·3부제 수업, 영화와 대중가요 등 '키워드로 보는 1950년대 한국 사회'란 주제로 1950년대 한국 사회의 특징을 보여주는 사례를 조사해 발표해 보자.

관련 학과 **사회학과, 경제학과, 공공행정학과, 문화콘텐츠학과, 도시행정학과, 도시계획부동산학과, 부동산학과, 미디어커뮤니케이션학과, 미디어학부, 신문방송학과, 소비자학과, 사회복지학과, 식품자원경제학과, 아동가족학과, 언론정보학과, 지리학과, 행정학과**

《1950년대 한국사의 재조명》, 문정인 외 1명, 선인(2004)

[10한사2-02-03]

4·19혁명에서 6월 민주항쟁에 이르는 민주화 과정을 탐구한다.

➲ 국내외적으로 위기에 처한 박정희 정부는 비상계엄을 선포하고, 안보와 통일 등을 내세워 유신헌법을 제정하였다(1972년). 유신헌법은 국민투표를 거쳐 확정되었고, 박정희가 제8대 대통령에 취임하면서 유신체제가 성립되었다. 유신체제 성립의 배경, 유신체제의 비민주성, 유신체제 몰락의 배경과 결과를 분석해 발표해 보자.

관련 학과 **정치외교학과, 사회학과, 법학과, 법무행정학과, 공공행정학과, 언론정보학과, 미디어커뮤니케이션학과, 미디어학부, 신문방송학과, 행정학과**

《박정희와 유신체제 반대운동》, 이상우, 중원문화(2012)

[10한사2-02-04]

산업화의 성과를 파악하고, 그것이 사회 및 환경에 미친 영향을 인식한다.

➲ 김영삼 정부는 신자유주의 정책을 펼치면서 자본주의 선진국이 주도하는 세계화의 흐름에 적극적으로 참여하고자 하였다. 그러나 기업에 대한 규제 완화와 시장 개방은 일부 대기업의 무리한 사업 확장과 연쇄 부도, 무역 적자로 이어졌다. 이러한 상황에서 국제통화기금(IMF)에 긴급 구제 금융을 요청하게 된다. 1997년 한국 외환 위기의 원인, 극복 과정, 영향, 비판과 평가에 대해 분석해 토의해 보자.

관련 학과 **경제학과, 공공행정학과, 행정학과, 경영학과, 국제경영학과, 글로벌경영학과, 글로벌비즈니스학과, 국제학부, 금융학과, 회계학과, 국제관계학과, 국제통상학과, 정치외교학과**

위기의 역사

오건영, 페이지2북스(2023)

책 소개

사람은 관성적으로 생각하는 경향이 있다. '저금리 기조가 유지되었기 때문에', '물가 상승률이 안정적이었기 때문에', '부동산은 늘 상승하기 때문에' 등 단순한 이유로 지금의 상황이 계속될 것이라는 착각을 한다. 지금 우리가 겪고 있는 상황은 모두 과거에 있었던 일이고, 그때도 비슷한 이유와 비슷한 착각으로 똑같은 일이 벌어졌다. 그럼에도 반복되는 이유는 단순히 위기를 걸어 지나왔을 뿐, 제대로 알지 못하기 때문이다. 우리는 위기에 대해 전혀 모르고 있다. 이 책은 현재 위기에 대한 막연한 공포나 미래에 대한 극단적 낙관에서 벗어나 조금 더 객관적인 시선으로 지금의 경제 상황을 판단하는 데 도움을 줄 것이다.

세특 예시

관심 주제 심화 독서 활동에서 '위기의 역사(오건영)'를 읽고 IMF 외환위기, 인터넷 혁명이 몰고 온 닷컴 버블의 생성과 붕괴, 2008 글로벌 금융위기, 코로나19 사태와 그 이후에 나타난 40년 만의 인플레이션 충격 등을 요약·정리해 발표함. 과거의 이야기들이 현재의 위기에 대한 막연한 공포, 또는 아무런 문제가 없을 것이라는 극단적 낙관에서 벗어나 조금 더 객관적인 시선으로 지금의 경제 상황을 판단하는 데 도움이 되었다는 소감을 피력함.

[10한사2-02-05]

사회·경제의 변화에 따른 문화 변동과 일상생활의 변화 사례를 조사한다.

우리나라의 산업화는 1961년 군사정변으로 집권한 박정희 정부가 수출 주도의 경제 개발 정책을 추진함에 따라 본궤도에 진입하기 시작하였다. 1962년부터 1982년까지 연평균 국민총생산 성장률이 8.2%에 이르는 고도성장을 기록하면서 이른바 '한강의 기적'을 이뤄냈다. 이같이 눈부신 경제성장과 더불어 급속한 산업화가 전개되었다. 산업화로 인한 사회·문화의 변화도 두드러졌다. '산업화의 빛과 그림자'라는 주제로 도시화, 노동문제, 농촌의 변화, 대중문화 성장의 양상을 조사해 발표해 보자.

관련 학과 경제학과, 공공행정학과, 행정학과, 경영학과, 국제경영학과, 글로벌경영학과, 글로벌비즈니스학과, 국제학부, 금융학과, 회계학과, 국제관계학과, 국제통상학과, 정치외교학과

《한국의 산업화와 기술발전》, 송성수, 들녘(2021)

단원명 | 오늘날의 대한민국

민주화, 인권, 자유, 세계화, 외환위기, 금 모으기 운동, 경제적 불평등, 사회 양극화, 다문화사회, 남북화해, 평화통일, 동아시아 영토 갈등, 동아시아 역사 갈등, 동아시아 평화

[10한사2-03-01]

6월 민주항쟁 이후 각 분야에서 전개된 민주화의 과정을 탐구한다.

민주화는 인권과 자유의 신장을 가져왔으며, 민주적인 정부는 시민의 다양한 요구를 수용하였다. 하지만 다른 한편으로 민주주의는 개인과 집단들 간의 이해 상충으로 갈등 폭발을 불러왔으며, 정부는 이러한 갈등을 적절히 해결하는 능력을 갖추지 못하고 있음을 종종 드러냈다. 또한 민주주의가 경제성장을 촉진한다는 이론적 기대와 달리, 민주화 이후 한국 경제는 성장과 정체를 반복해 왔다. '한국 민주화의 성과와 과제'라는 주제로 한국 민주주의의 발전 과정과 성과, 해결되지 못한 과제에 대해 분석해 토의해 보자.

관련 학과 정치외교학과, 사회학과, 법학과, 법무행정학과, 공공행정학과, 언론정보학과, 미디어커뮤니케이션학과, 미디어학부, 신문방송학과, 행정학과

《민주화 이후의 민주주의》, 최장집, 후마니타스(2010)

[10한사2-03-02]

외환위기의 극복 과정을 이해하고, 사회와 문화의 변동을 파악한다.

1997년 외환위기 이후 국내의 경제와 사회 각 부문에서는 많은 변화가 일어났다. 금융 부문에서는 국내 자본시장이 외국 자본의 커다란 보유지분으로 인해 글로벌 경제에 더욱 강하게 통합되었고, 기업 역시 이러한 변화 가운데 비용 절감과 수익성 확대에 대해 더 큰 압력을 받게 되었다. 외환위기 이후 한국의 경제적·사회적 변화를 조사해 발표해 보자.

관련 학과 경제학과, 공공행정학과, 행정학과, 경영학과, 국제경영학과, 글로벌경영학과, 글로벌비즈니스학과, 국제학부, 금융학과, 회계학과, 국제관계학과, 국제통상학과, 정치외교학과

《외환위기와 그 후의 한국 경제》, 이제민, 한울아카데미(2017)

[10한사2-03-03]

한반도 분단과 동아시아의 갈등을 극복하고 평화를 실현하기 위한 방안을 모색한다.

동아시아 국가들은 지정학적으로 긴밀히 연결된 이웃이지만, 역사적으로 상처를 주고받은 갈등 관계였다. 일본은 과거의 침략 전쟁에 대해 진정한 사과를 하지 않았고, 당시 침탈하였던 영토들에 대한 영유권을 주장하며 갈등을 일으키고 있다. 중국도 중화주의적 역사 서술을 강화하며 주변국의 우려를 사고 있다. 동아시아 갈등의 구체적인 사례를 조사하고, 동아시아 갈등의 해결 방안, 동아시아의 화해와 평화를 위해 우리가 가져야 할 자세에 대해 탐구해 발표해 보자.

관련 학과 **정치외교학과, 국제관계학과, 국제경영학과, 국제물류학과, 국제통상학과, 국제학부, 군사학과, 글로벌경영학과, 글로벌비즈니스학과, 금융학과, 미디어커뮤니케이션학과, 미디어학부, 신문방송학과, 사회학과, 법학과, 행정학과, 지리학과**

한중일이 함께 쓴 동아시아 근현대사

한중일3국공동역사편찬위원회, 휴머니스트(2012)

책 소개

개항 이후 현대에 이르기까지 한·중·일 3국은 전근대 시기보다 더 복잡한 관계를 맺어왔다. 일국의 역사만으로는 왜 한반도에서 청일 전쟁과 러일 전쟁이 일어났으며, 그 파장이 무엇인지 파악하기는 힘들다. 이 책은 각국사의 한계를 넘어 유기적으로 얽혀 있는 근현대 동아시아사를 국제관계사의 맥락에서 살펴봄으로써, 일국사를 넘는 역사 인식의 확대뿐 아니라 한국사를 바라보는 시야를 넓혀준다.

세특 예시

관심 주제 심화 독서 활동에서 '한중일이 함께 쓴 동아시아 근현대사(한중일3국공동역사편찬위원회)'를 읽고 동아시아 경제 협력과 민간 교류, 사람의 이동과 교류, 부모 자식과 남녀 관계, 교육의 발전과 과제, 만들어진 대중의 의식과 감정, 전쟁과 민중 등을 요약·정리해 발표함. 테마별로 읽는 3국 민중의 삶과 교류의 역사를 다루어, 활발한 교류와 상호작용에 대해서도 알려주었고, 유기적으로 얽혀 있는 근현대 동아시아사를 국제관계사의 맥락을 통해 살펴봄으로써, 국경을 뛰어넘는 역사 인식의 확대를 가져올 수 있었다는 소감을 피력함.

공통 과목	수능	통합사회 1	절대평가	상대평가
	○		5단계	5등급

단원명 | 통합적 관점

| 시간적 관점, 공간적 관점, 사회적 관점, 윤리적 관점, 통합적 관점의 필요성, 실제 사례에 적용하는 방안 탐구

[10통사1-01-01]

인간, 사회, 환경을 바라보는 시간적, 공간적, 사회적, 윤리적 관점의 의미와 특징을 사례를 통해 파악한다.

➲ 사회현상이 일어나는 원인은 다양하다. 인간의 활동과 주변의 환경이 서로 영향을 주고받으면서 연쇄 작용을 일으키기 때문이다. 따라서 하나의 사회적 현상을 여러 가지 관점에서 바라보면 특정한 사례를 사회적, 공간 구조적 시각에서 해석하는 통합적 관점을 기를 수 있다. 예를 들어 기후변화라는 현상의 원인과 현황을 산업 구조적인 측면, 세계 여러 나라의 이해관계, 미디어에서 다루는 양상, 지구온난화로 인해 상대적으로 피해를 더 입는 지역과 그렇지 않은 지역의 경제적 상황 등을 종합적으로 분석하여 파악하는 탐구 활동을 진행할 수 있다.

관련 학과 사회계열 전체

《인간 행위와 사회 구조》, 함인희, 이화여자대학교출판문화원(2018)

[10통사1-01-02]

인간, 사회, 환경의 탐구에 통합적인 관점이 요구되는 이유를 도출하고, 이를 탐구에 적용한다.

➲ 현대 사회에서 발생하는 사회 문제들은 다양한 원인이 복합되어 일어나기 때문에 과거에 발생했던 문제들에 비해 복잡한 양상을 띤다. 따라서 사회 문제의 해결을 위해서는 사회현상을 여러 가지 시각으로 바라보는 통합적인 관점이 필수적으로 요구된다. 우리 주변에서 찾아볼 수 있는 사회 문제 중 하나를 택하여 경제적 관점, 제도적 관점, 사회적 관점, 지리적 관점 등 다각도에서 분석하고 해결 방안에 대해 토의해 보자.

관련 학과 사회계열 전체

《현대 사회의 사회문제》, 고명석 외 8명, 동문사(2022)

단원명 | 인간, 사회, 환경과 행복

| 행복의 기준, 동양과 서양의 행복론, 인간의 존엄성, 삶의 의미와 가치, 행복의 조건, 행복지수, 정주 환경, 경제 안정, 민주주의, 도덕적 성찰과 실천

[10통사1-02-01]

시대와 지역에 따라 다르게 나타나는 행복의 기준을 사례를 통해 비교하여 평가하고, 삶의 목적으로서 행복의 의미를 성찰한다.

➲ 국가별로 행복을 정의하는 기준에 차이가 있다는 점을 '국민행복지수 순위', '삶의 질 순위'와 같은 지표의 조사 항목들을 통해 파악할 수 있다. 행복지수가 높은 나라와 낮은 나라의 정치적, 사회적, 경제적 여건의 차이를 분석하여 행복의 기준에 영향을 끼치는 요소가 무엇인지, 국가별로 어떻게 다른지 탐구해 보자. 또한 국민의 행복한 삶을 위해 세계 각국이 표방하는 가치와, 행복을 실현하기 위한 정책들의 공통점과 차이점을 알아보는 과정을 통해 국민들의 가치관이 국가 정책 결정에 주는 영향을 파악하는 활동을 할 수 있다.

관련 학과 사회계열 전체

《행복계약을 맺은 사람들》, 강상준, 지식의 날개(2023)

[10통사1-02-02]

행복한 삶을 실현하기 위한 조건으로 질 높은 정주 환경의 조성, 경제적 안정, 민주주의의 발전 및 도덕적 실천의 필요성에 관해 탐구한다.

➲ 경제적 안정은 삶의 기본적인 조건을 충족시키고 삶의 질을 향상시켜 행복을 증진하는 중요한 요소이다. 그러나 부유한 국가의 국민이 반드시 행복한 것만은 아니라는 연구 결과도 존재한다. 따라서 '국민소득과 행복이 비례하는가? 비례한다면 어느 수준까지인가?'라는 질문에 대한 답을 다양한 통계 자료를 분석하여 도출할 수 있다. 또한 독재 국가나 권위주의 정치 국가의 국민은 자유민주주의 국가에 비해 행복지수가 낮은 경향이 있다. 이를 의사 표출의 자유와 정치에 자유롭게 참여할 권리와 연관 지어 자유와 행복의 관계에 대해 고찰할 수 있다.

관련 학과 사회계열 전체

《부유한 경제 가난한 행복》, 이내찬, 이다북스(2022)

단원명 | 자연환경과 인간

| 🔍 | 기후와 지형에 따른 생활 양식의 차이, 자연재해, 안전하고 쾌적한 환경에서 생활할 권리, 탄소배출권, 인간중심주의, 생태중심주의, 기후변화 협약, 생물 다양성 협약, ESG 경영, 지속가능한 개발

[10통사1-03-01]

자연환경이 인간의 생활에 미치는 영향에 관한 과거와 현재의 사례를 조사하여 분석하고, 안전하고 쾌적한 환경에서 살아가는 것이 시민의 권리임을 주장한다.

➲ 지형 및 기후에 따라 달라지는 인간의 생활 양식은 산업의 차이로 인한 교역의 필요성을 낳았고, 이로 인해 무역이 발생했다. 예를 들어 열대 고원 지대에서 생산되는 커피가 전 세계로 유통되는 과정 및 커피를 수출하는 지역에 미치는 경제적 영향을 파악하는 활동을 수행할 수 있다. 또한 '안전하고 쾌적한 환경에서 살 권리'가 등장한 배경 및 환경권을 보장하는 헌법 조항과 국제 협약을 찾아보고, 법률로써 보장되는 구체적인 내용과 관련 정책을 탐구해 볼 수 있다.

관련 학과 사회계열 전체

《환경권 시대의 시작과 환경사》, 국립환경과학원·(사)한국환경교육학회, 진한엠앤비(2014)

[10통사1-03-02]

자연에 대한 인간의 다양한 관점을 사례를 통해 비교하고, 인간과 자연의 바람직한 관계를 제안한다.

자연의 가치를 인간의 이익이나 필요에 따라 평가하는 인간 중심적 자연관은 산업 발달의 기초가 되었으나 환경이 오염되는 부작용을 초래하였다. 이로 인해 생태계가 파괴된 구체적인 사례들을 조사해 보고, 이를 회복하기 위해 중앙정부나 지방자치단체에서 실시하고 있는 정책을 미디어에서 찾아 분석하는 활동을 진행할 수 있다. 또한 야생 동물 밀렵이나 희귀 식물의 무단 채취와 같은 불법 행위가 벌어지는 이유를 멸종 위기 동식물에 대한 수요와 공급의 측면에서 분석한 뒤, 이를 경제적 차원에서 근절할 수 있는 방안을 탐구해 보자.

관련 학과 사회계열 전체

《여섯 번째 대멸종》, 엘리자베스 콜버트, 김보영 역, 쌤앤파커스(2022)

[10통사1-03-03]

환경 문제 해결을 위한 정부, 시민사회, 기업 등의 다양한 노력을 조사하고, 생태 시민으로서 실천 방안을 모색한다.

정부가 시행하는 환경 관련 정책들의 효율성을 분석하는 활동을 진행할 수 있다. 예를 들어 세계 여러 나라가 협력하여 맺은 기후변화 협약의 내용과 현황을 조사하고, 국가 간의 입장 차이가 발생하는 원인을 정치·경제적인 시각으로 분석할 수 있다. 또한 기업에서 시행하고 있는 환경 친화적인 사회 공헌 활동이나 친환경 마케팅에 대해 알아보고, 기업의 경영관이 변화하는 계기를 환경에 대한 대중의 인식 변화 측면에서 찾아보는 활동을 수행해 보자.

관련 학과 사회계열 전체

《생물다양성 경영》, 최남수, 새빛(2023)

단원명 | 문화와 다양성

| 🔍 | 문화, 문화권, 자연환경, 인문환경, 농경 문화권, 유목 문화권, 종교 문화권, 점이지대, 내재적 요인, 문화 전파, 보편성, 다양성, 특수성, 다문화사회

[10통사1-04-01]

자연환경과 인문환경의 영향을 받아 형성된 다양한 문화권의 특징과 삶의 방식을 탐구한다.

산업의 영향을 받아 발달한 다양한 문화권의 특징과 해당 지역에서 나타나는 독특한 삶의 양식을 탐구할 수 있다. 농경 문화권, 유목 문화권, 상공업 문화권에 사는 주민들의 생활 방식 및 가치관의 차이점에 대해 탐구하고, 각각의 문화권에서 나타나는 독특한 문화 경관에 산업이 끼친 영향을 조사해 보자. 또한 특정 지역의 문화 특색을 드러내는 다양한 축제를 매력적인 관광자원으로 이용하는 방안을 탐구해 보자.

관련 학과 사회계열 전체

《문화지능과 세계여행》, 데이비드 리버모어, 홍종열 역, 꿈꿀권리(2018)

[10통사1-04-02]

문화 변동의 다양한 양상을 이해하고, 현대 사회에서 전통문화가 지니는 의의를 탐색한다.

외부 문화를 받아들이는 사회는 다양한 반응을 보인다. 다른 문화를 적극적으로 받아들여 기존의 문화 요소를 보완하는 경우가 있고, 타 문화에 대한 반동으로 자문화의 정체성을 더욱 강조하기도 하며, 아예 기존 문화가 소멸되고 새로 유입된 외부 문화로 대체되는 경우도 있다. 이렇듯 문화 전파와 문화 접변은 여러 가지 결과를 낳기 때문에 각 유형별로 실제 사례들을 조사하여 문화 변동이 일어난 원인 및 현재 상황에 대해 탐구할 수 있다.

관련 학과 사회계열 전체

《총 균 쇠》, 재레드 다이아몬드, 강주헌, 김영사(2023)

[10통사1-04-03]

문화적 차이에 대한 상대주의적 태도의 필요성을 이해하고, 보편 윤리의 차원에서 자문화와 타 문화를 평가한다.

문화와 관습, 법률의 관계에 대해 탐구할 수 있다. 예를 들어 특정 종교의 규율과 법률이 충돌하는데 해당 규율이 보편 윤리에 어긋나지는 않는다고 판단되는 상황을 제시한 후, 이를 문화상대주의적 관점과 법의 목적인 정의 구현과 사회 안정이라는 관점으로 나눠 토론을 진행할 수 있다. 한편 21세기 이후에는 문화 다원주의의 의미가 미디어 분야로 확장되어, 미디어에서도 문화의 다양성과 개인 및 집단의 '다름'을 인정하자는 미디어 다원주의가 등장하였다. 각종 미디어에서 다루고 있는 '다양성'의 가치에 대해 탐구하는 활동을 진행해 보자.

관련 학과 사회계열 전체

《미디어 다원주의 이해와 비판》, 유용민, 커뮤니케이션북스(2016)

[10통사1-04-04]

다문화사회의 현황을 조사하고, 문화적 다양성을 존중하는 태도를 바탕으로 갈등 해결 방안을 모색한다.

다문화 현상이 나타나는 공간과 외국인이 집중적으로 분포하는 지역, 다문화 지역의 구성원, 해당 장소에서 나타나는 갈등의 양상을 지리적으로 분석하여 도표와 그래프, 지도 등으로 시각화하는 프로젝트 학습을 수행할 수 있다. 또한 다문화사회의 갈등을 해결하기 위한 정부의 제도적 노력과 기업의 노력, 개인적 차원에서 할 수 있는 노력에 대해 알아보고, 현재 시행되고 있는 다문화가족지원법의 내용과 현황을 분석하는 활동을 진행할 수 있다.

관련 학과 사회계열 전체

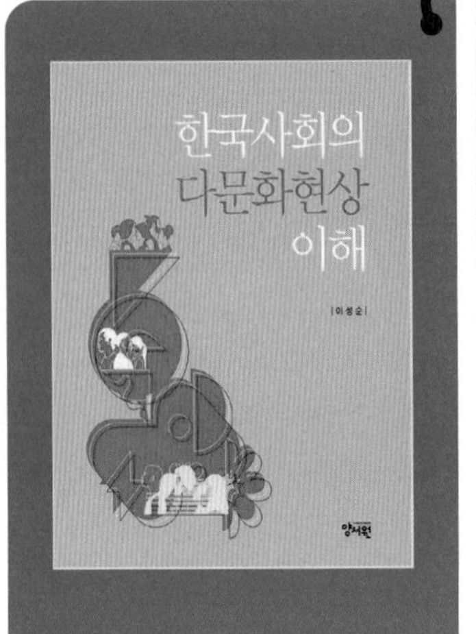

책 소개

한국의 출산율이 매해 최저치를 갱신하고 코로나19 이후 농어촌과 산업계의 인력난이 지속되면서, 외국인 정책은 우리 사회가 직면한 인구 감소와 지역 소멸 등 사회 문제의 해결책으로 주목받게 되었다. 이 책은 한국 사회의 다문화 현상을 조명하고자 집필되었으며, 문화적 다양성과 다문화 정책에 대해 고찰하고 문화적 소수자와 정책의 실제에 대해 살펴보며 외국인 사회보장제도와 이민법에 관한 내용도 다루었다.

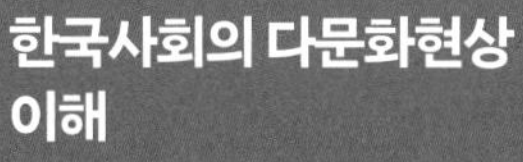

한국사회의 다문화현상 이해

이성순, 양서원(2023)

세특 예시

'책을 통해 세상 알기' 시간에 '한국사회의 다문화현상 이해(이성순)'를 읽고 한국 사회의 다문화 현상은 필연적인 흐름이며 당면한 인구 문제 해결을 위한 방안이 될 수 있음을 느꼈다는 소감을 밝힘. 특히 현행 다문화 정책에 대해 관심을 갖고 추가 탐구를 진행하여, 현재 다문화가족지원법 등 다양한 법률적 지원이 있으나 외국인 대상의 홍보가 부족하여 실효성이 떨어지기 때문에 방송과 동영상 사이트 등을 이용해 적극적으로 알려야 한다고 주장함.

단원명 | 생활 공간과 사회

| 🔍 | 산업화, 도시화, 정보화, 대도시권, 생활 양식의 변화, 지역 사회의 변화, 교통과 통신의 발달, 공간 변화와 생활 양식

[10통사1-05-01]

산업화, 도시화로 인해 나타난 생활 공간과 생활 양식의 변화 양상을 조사하고, 이에 따른 문제점의 해결 방안을 제안한다.

➔ 경제의 발전이 산업화와 도시화에 미치는 영향을 국내 및 세계의 사례를 들어 설명할 수 있다. 예를 들어 유럽의 산업혁명이 유럽 전체의 인구 이동과 도시의 성장, 중산층의 등장, 정치적 변화 등 사회 전반에 끼친 영향을 탐구할 수 있다. 또한 도심의 기능 분화가 나타나는 원인을 지대와 연결 지어 분석하고, 이를 뒷받침하기 위해 도심지의 중심 업무 지구(CBD)와 주변 지역의 토지 이용 실태를 비교하여 조사하는 탐구 과제를 수행할 수 있다.

관련 학과 사회계열 전체

《도시, 공간, 생활세계》, 김왕배, 한울아카데미(2018)

[10통사1-05-02]

교통, 통신 및 과학기술의 발달과 함께 나타난 생활 공간과 생활 양식의 변화 양상을 조사하고, 이에 따른 문제점의 해결 방안을 제안한다.

➔ 산업 구조 변화와 지역 경제 발전에 교통, 통신의 발달이 커다란 영향을 끼쳤음을 전제로 다양한 탐구 활동을 수행할 수 있다. 예를 들어 KTX의 개통이 해당 지역 사회의 산업 구조 및 소득 변화에 미치는 영향을 문헌 조사, 해당 지역 방문 조사 등의 방법으로 탐구할 수 있다. 또한 정보화 시대에 접어들며 심화되는 지적재산권 분쟁, 사생활 침해 논쟁에 관련된 법적 사례를 조사하고, 이를 해결하기 위한 방안에 대해 토의해 보는 활동을 수행할 수 있다. 그리고 정보 통신 기술의 발달이 정보 전달의 속도를 빠르게 하여 미디어 분야의 변혁에 큰 영향을 끼쳤음을 SNS, 각종 동영상 사이트의 콘텐츠 등을 분석하여 탐구할 수 있다.

관련 학과 사회계열 전체

《KTX 경제 혁명》, 오재학 외 3명, 트러스트북스(2018)

[10통사1-05-03]

자신이 거주하는 지역을 사례로 공간 변화가 초래한 양상 및 문제점을 탐구하고, 공동체의 구성원으로서 지역 사회의 변화를 위한 방안을 모색하고 이를 실천한다.

지역 사회의 이슈를 알아보기 위해 통계청의 통계 지리 정보 서비스에서 제공하는 지역 현안 소통 지도(커뮤니티 맵)를 활용하여 지역 주민들과 소통하는 지도를 만들 수 있다. 위치 정보 시스템과 집단 지성을 결합한 이 시스템을 이용하여 지역 주민들이 직접 지역 발전 과제를 찾아내고 해결책을 함께 모색할 수 있다. 또한 교통 체증과 주택 부족 문제의 해결 방안으로 대두되고 있는 카셰어링, 셰어하우스와 같은 공유경제 시스템에 대한 탐구 활동을 수행한 뒤, 이를 바탕으로 공유경제의 장점과 단점에 대한 찬반 토론을 진행할 수 있다.

관련 학과 사회계열 전체

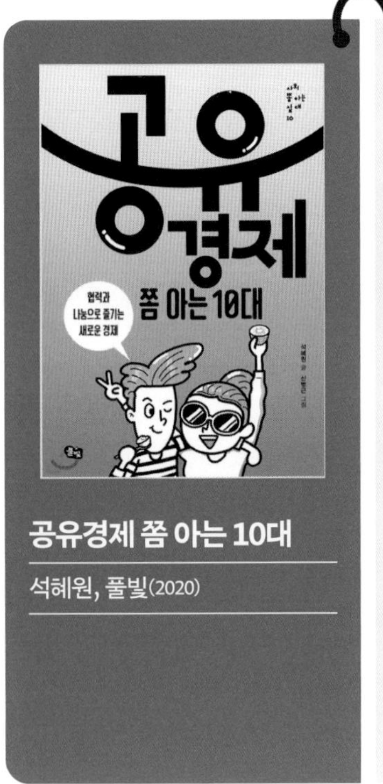

공유경제 쫌 아는 10대

석혜원, 풀빛(2020)

책 소개

공유경제의 정의는 시간이 지나면서 달라지고 있다. 하나의 단어를 활용하고 적용하는 방식이 다르기 때문에 공유경제를 기존 시장경제 체제의 대안과 도시 문제의 해결책으로 환영하는 사람이 있는 반면, 가짜 공유경제 기업이 등장하며 공유경제 자체를 깎아내리는 시선 또한 강하다. 이 책을 통해 공유경제의 역사와 공유경제의 가치에 대해 알고 지역 사회 문제 해결에 적용할 수 있는 방안을 탐구할 수 있다.

세특 예시

'책을 통해 자신을 돌아보기' 시간에 '공유경제 쫌 아는 10대(석혜원)'를 읽고 공유경제의 의미와 역사, 필요성에 대한 탐구를 진행하였다고 밝힘. 특히 공유경제 시스템이 날로 악화되는 도시 환경 개선에 도움이 될 수 있다는 사실에 주목하여 차량 공유, 음식물 공유, 주택 공유 등 다양한 공유 플랫폼을 조사하여 발표하고, 이와 같은 공유 활동이 교통 체증과 쓰레기 문제를 해결하는 방안 중 하나가 될 수 있다고 주장함.

공통 과목	수능	통합사회 2	절대평가	상대평가
	○		5단계	5등급

단원명 | 인권 보장과 헌법

| 🔍 | 인권, 천부인권, 시민 혁명, 주거권, 안전권, 환경권, 문화권, 인권 보장, 시민불복종, 저항권, 인간의 존엄성, 시민 참여, 사회적 소수자, 청소년 노동권, 인권지수, 인권 문제

[10통사2-01-01]

근대 시민 혁명 등을 통해 확립되어 온 인권의 의미와 변화 양상을 이해하고, 현대 사회에서 주거, 안전, 환경, 문화 등 다양한 영역으로 인권이 확장되고 있는 사례를 조사한다.

➲ 인권을 보장하는 궁극적인 목적은 인간의 존엄성을 실현하기 위함이다. 자유권과 평등권, 재산권처럼 시민 혁명기부터 강조된 인권 외에 주거권, 환경권, 문화권, 경제적 평등 등이 강조되기 시작한 이유를 시장 실패로 인한 인권 침해 사례로부터 찾아볼 수 있다. 또한 자결권, 환경권과 같은 3세대 인권은 국가와 개인의 관계에서 나오는 권리를 떠나 집단적이고 연대적인 성격을 가진다. 기존의 1, 2세대 인권과 3세대 인권의 공통점과 차이점을 분석해 보자.

관련 학과 사회계열 전체

법과 인권 이야기

임지봉, 책세상(2014)

책 소개

이 책은 인권 보장을 위해 오늘날과 같은 법의 형태를 갖추기 시작한 근대부터, 점점 더 많은 약자와 소수자의 인권을 보장하기 위해 꾸준히 발전하여 오늘날에 이르기까지의 법의 역사적 변천 과정을 국내외 주요 판례를 중심으로 살펴보고 있다. 특히 다인종·다문화 국가인 미국의 최고 사법 기관으로서 오랫동안 첨예한 인권 문제를 다루어온 미국 연방 대법원의 판례에서 가장 심도 있는 논쟁들만을 골라 풍부하게 소개하고 있다.

세특 예시

'책을 통해 바라보는 세상' 시간에 '법과 인권 이야기(임지봉)'를 읽고 인권, 자연권, 천부인권 등 인간이 가진 기본권에 대해 알게 되었다는 소감을 밝힘. 특히 첨예하게 대립되는 인권 문제를 다룬 미국 연방 대법원의 판례를 흥미 있게 읽고 추가 탐구를 진행하여, 우리나라에도 유사한 판례가 있는지를 조사한 뒤 인권 신장에 큰 역할을 했다고 판단되는 주요 판례들을 보고서로 작성하여 발표함.

[10통사2-01-02]

인간 존엄성 실현과 인권 보장을 위한 헌법의 역할을 파악하고, 시민의 권익을 보호하기 위한 다양한 시민 참여의 방안을 탐구하고 이를 실천한다.

법의 존재 이유인 '정의의 구현'은 인간의 존엄성이 보장되었을 때 비로소 실현될 수 있다. 따라서 인권 보장을 위한 헌법의 역할을 법의 근본이념인 '정의'와 연결하여 탐구할 수 있다. 또한 헌법에 보장된 자유권, 평등권, 참정권, 청구권, 사회권을 보장하기 위해 제정된 구체적인 법률들을 찾아보고, 기본권을 침해당했을 때 구제받을 수 있는 수단에 대해서도 알아볼 수 있다. 그리고 시민 참여를 활성화하기 위한 언론과 미디어의 역할에 관해 토론할 수 있다.

관련 학과 사회계열 전체

《인권의 창, 헌법의 길》, 이우영 외 2명, 경인문화사(2018)

[10통사2-01-03]

사회적 소수자 차별, 청소년의 노동권 등 국내 인권 문제와 인권지수를 통해 확인할 수 있는 세계 인권 문제의 양상을 조사하고, 이에 대한 해결 방안을 모색한다.

청소년들은 유해 업종에서 일할 수 없고 근로 시간이 제한되는 등 성인 근로자들에 비해 근로기준법상 더 강력한 보호를 받는다. 그러나 실제로는 법정 최저 임금보다 낮은 임금을 수령하거나, 법정 근로 시간 이상 일하는 등 노동권을 침해받는 경우가 빈번히 발생한다. 청소년들의 근로 계약서 작성 실태와 근로기준법상의 청소년 관련 내용을 탐구하는 활동을 통해 청소년 노동권 침해를 방지하기 위한 방안을 모색할 수 있다.

관련 학과 사회계열 전체

《열 가지 당부: 십 대부터 알아야 할 노동 인권 이야기》, 하종강 외 9명, 창비(2020)

단원명 | 사회정의와 불평등

| 🔍 | 분배적 정의, 교정적 정의, 정의의 기준, 절차적 정의, 다원적 평등, 공동선, 소득 불평등, 공간 불평등, 계층 양극화, 지역 격차, 보편적 복지, 선별적 복지, 적극적 우대 조치, 역차별

[10통사2-02-01]

정의의 의미와 정의가 요구되는 이유를 파악하고, 다양한 사례를 통해 정의의 실질적 기준을 탐구한다.

정의의 다양한 의미들 중 가장 빈번하게 언급되는 분배적 정의와 교정적 정의의 뜻을 비교·분석하고 탐구할 수 있다. 특히 정의가 침해된 상황에서도 공정한 법 집행을 통해 교정적 정의가 실현될 수 있음을 이해하고, 구체적인 사례를 탐구하며 토의 및 토론 활동을 수행해 보자. 또는 한국 사회에서 흔히 분배의 기준으로 삼는 업적과 능력이 과연 처음부터 공정하게 결정된 것인지, 업적주의의 장점과 단점은 무엇인지에 관해 토의할 수 있다.

관련 학과 사회계열 전체

《한국 사회에서 정의란 무엇인가》, 김도균, 아카넷(2020)

[10통사2-02-03]

사회 및 공간 불평등 현상의 사례를 조사하고, 정의로운 사회를 만들기 위한 다양한 제도와 시민으로서의 실천 방안을 제안한다.

소득 불평등 현상이 점차 심해지면서 계층 간의 양극화 현상이 심각한 사회 문제로 인식되고 있다. 이로 인해 사회의 분열이 가속화되면서 혼란이 가중되는 문제점이 세계 각지에서 나타나고 있다. 계층 양극화 현상의 원인인 경제적 불평등이 왜 발생하는지, 경제적 불평등은 어떻게 정치적 불평등과 이어지는지, 이를 줄이기 위해 국가는 어떤 노력을 하고 있는지와 같은 주제로 탐구 활동을 수행할 수 있다. 그리고 '국가가 인간다운 삶을 보장한다 해도 빈부격차가 심하다면 국민들은 국가에 만족할까?'와 같은 주제로 토론을 진행하면서 사회보장제도의 한계점과 보완점을 찾아보자.

관련 학과 사회계열 전체

《불평등의 대가: 분열된 사회는 왜 위험한가》, 조지프 스티글리츠, 이순희 역, 열린책들(2013)

단원명 | 시장경제와 지속가능발전

자본주의, 산업혁명, 시장경제, 계획경제, 자유방임주의, 수정자본주의, 경제 주체, 합리적 선택, 자산 관리, 생산 요소, 절대 우위, 비교 우위, 특화, 국제 분업, 지역 경제 협력체, 무역 장벽

[10통사2-03-01]

자본주의의 역사적 전개 과정과 그 특징을 조사하고, 시장과 정부의 관계를 중심으로 다양한 삶의 방식을 비교 평가한다.

시장경제 체제와 계획경제 체제의 차이점을 알아보기 위해 케인즈와 마르크스 같은 경제학자들의 이론을 비교·분석하는 탐구 활동을 진행할 수 있다. 또한 자본주의 체제에서 나타나는 단점들을 보완하기 위해 등장한 여러 가지 경제 이론을 찾아보는 활동을 통해 시장과 정부의 역할이 어떻게 확대되거나 축소되었는지를 탐구하고, 경제 체제에서 시장과 정부가 담당하는 역할의 범위에 대한 자신의 생각을 자유롭게 발표해 보자.

관련 학과 사회계열 전체

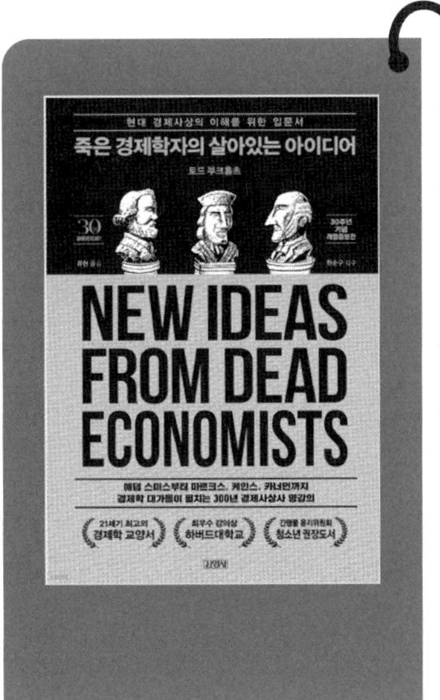

책 소개

인플레이션, 무역 갈등, 기업에 대한 정부 규제부터 빈곤과 재난에 대한 해법까지, 오늘날 우리가 직면한 경제 문제들은 지난 300년 동안 계속 논의되어 온 것이다. 뉴스와 SNS에서 벌어지는 첨예한 논쟁은 초기 경제학자들이 내놓은 아이디어에 기초한다. 이 책의 저자는 자본주의 사회를 만들고 움직여온 경제사상들의 핵심과 탄생 배경을 유쾌한 필치로 전달하며, 수식과 도표 대신 간단명료한 설명과 비유, 풍자를 통해 경제학의 문턱을 낮췄다.

세특 예시

'책을 통해 세상 보기' 시간에 '죽은 경제학자의 살아있는 아이디어(토드 부크홀츠)'를 읽고 자본주의 사회의 핵심을 이루는 경제사상이 탄생하게

죽은 경제학자의 살아있는 아이디어

토드 부크홀츠, 류현 역, 김영사(2023)

된 배경에 관심을 갖게 되었다고 밝힘. 옛날 경제학자들의 이론이 현대 사회에도 적용되는 부분이 많다는 점을 알고, 경기가 불황일 때 정부 지출로 공공사업을 벌여 실업률을 낮추고 소비 심리를 자극하는 정책과 케인즈가 루스벨트에게 보낸 주장을 연결하여 현대의 경제 정책에 케인즈가 영향을 미쳤다는 내용의 탐구 보고서를 작성함.

[10통사2-03-02]

합리적 선택의 의미와 그 한계를 파악하고, 지속가능발전을 위해 요청되는 정부, 기업가, 노동자, 소비자의 바람직한 역할과 책임에 관해 탐구한다.

➲ 시장경제에서의 합리적 선택의 의미와 한계를 경제 주체들의 구체적인 사례를 통해 탐구할 수 있다. 또한 외부효과가 발생하는 원인과 이로 인해 시장에서 자원 배분의 효율성이 떨어지는 사례를 조사하고, 이를 해결하기 위한 정부의 제도와 정책, 법령 등을 찾아보자. 그리고 혁신을 추구하는 기업가 정신이 발휘된 사례와 21세기에 새로운 변화를 맞고 있는 자본주의 사회에서 기업과 정부가 해야 할 역할에 대해 토의하고 발전 방향을 모색해 보자.

관련 학과 사회계열 전체

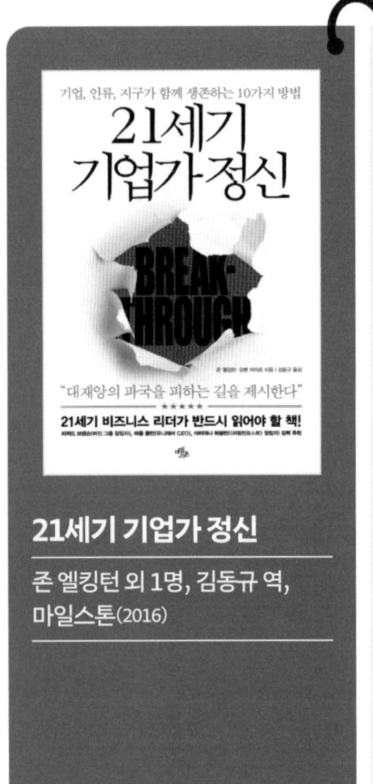

21세기 기업가 정신

존 엘킹턴 외 1명, 김동규 역, 마일스톤(2016)

책 소개

인공지능, 로봇 기술, 생명과학이 주도하는 4차 산업혁명의 파도가 밀려오는 지금, 엎친 데 덮친 격으로 인류와 지구의 미래에도 경보가 울린 상황이다. 기후변화와 환경오염, 인구 증가, 도시 집중화와 고령화, 빈부격차 등 정부나 특정 단체의 주도로는 해결할 수 없는 심각한 문제가 산재해 있다. 이 문제들을 해결하지 않고서는 인류와 지구의 미래는 없으며, 기업 또한 생존할 수 없다. 이 책은 오늘날 기업이 직면한 '생존' 위기를 어떻게 돌파할 것인지를 제시한다.

세특 예시

'책을 통해 세상 읽기' 시간에 '21세기 기업가 정신(존 엘킹턴 외 1명)'을 읽고 기업가 정신의 의미와 4차 산업혁명 시대에 새롭게 요구되는 기업가의 자질에 대해 탐구하게 되었다는 소감을 밝힘. 특히 빈부격차, 기후변화, 지구 전체의 인구 증가 등 인류 전체에 닥친 심각한 위기를 해결하기 위해서는 기업의 책임 의식과 변화의 의지가 중요하다고 주장하여 급우들의 호응을 얻음.

[10통사2-03-03]

금융 자산의 특징과 자산 관리의 원칙을 토대로 금융 생활을 설계하고, 경제적·사회적 환경의 변화가 금융과 관련한 의사결정에 미치는 영향을 탐구한다.

➲ 예금과 채권, 주식, 펀드, 보험, 연금저축 등 다양한 금융 자산의 특징을 유동성과 수익성, 안전성을 기준으로

구분하고, 각각의 금융 상품이 가진 장단점을 비교·분석하여 투자 목적 및 기간에 따라 자산을 효율적으로 분산 투자하는 방법을 탐구할 수 있다. 또한 현대 사회에서 이루어지는 신용 거래의 의미와 종류, 신용 관리의 중요성을 알아보고, 올바른 소비 습관을 기르기 위한 방안을 토의하는 활동을 진행할 수 있다.

관련 학과 사회계열 전체

《자본주의 사용설명서》, 정지은 외 1명, 가나출판사(2014)

[10통사2-03-04] ●●●

자원, 노동, 자본의 지역 분포에 따른 국제 분업과 무역의 필요성을 이해하고, 지속가능발전에 기여하는 국제 무역의 방안을 탐색한다.

➲ 자원과 노동, 자본과 같은 생산 요소는 지역에 따라 다르게 분포한다. 이로 인해 지역 간에 비교 우위와 특화가 발생하고 국제적으로 분업이 일어나면서 무역이 발생하는 원리를 구체적인 사례를 통해 이해할 수 있다. 또한 자유무역이 강조되는 상황에서 역설적으로 지역 경제 협력체들이 생겨나고 무역 장벽이 강화되는 현상의 원인을 탐구하고, 국가 간의 빈부격차를 조장한다는 비판을 받는 현재의 무역 구조에 대한 대안으로 떠오르는 공정무역의 의미와 현황에 대해 알아볼 수 있다.

관련 학과 사회계열 전체

《국제경제학》, Paul R. Krugman 외 2명, 김승년 외 3명 역, 시그마프레스(2022)

단원명 | 세계화와 평화

| 🔍 | 세계화, 지역화, 세계 도시, 다국적 기업, 문화 획일화, 보편 윤리, 특수 윤리, 세계 평화, 국제 기구, 세계 시민, 비정부 기구, 평화의 개념, 남북분단, 평화통일, 동아시아 역사 갈등

[10통사2-04-01] ●●●

세계화의 다양한 양상을 살펴보고, 세계화 시대의 문제점과 그에 대한 해결 방안을 제안한다.

➲ 세계 도시의 의미와 기능 및 특징에 대한 탐구 활동을 진행할 수 있다. 또한 다국적 기업의 공간적 분업 현상이 해당 지역에 미치는 긍정적·부정적 영향을 살펴보고, 다국적 기업이 새로 이전하거나 빠져나간 지역에서 일어나는 변화를 알아보자. 그리고 세계화가 진행될수록 국제적 분업화에 의해 선진국은 부가가치가 높은 첨단 산업에, 저개발국은 1차 산업에 대한 의존도가 높아져 국제적 빈부격차가 심해지는 양상을 보인다. 이를 줄이기 위한 방안을 토의해 보자.

관련 학과 사회계열 전체

《다국적 기업과 글로벌라이제이션》, 강한균, 두남(2018)

[10통사2-04-02] ●●●

평화의 관점에서 국제 사회의 갈등과 협력의 사례를 조사하고, 세계 평화를 위한 행위 주체의 바람직한 역할을 탐색한다.

➲ 국제 사회의 행위 주체들은 누구인지, 각각의 행위 주체가 국제 정치에서 수행하는 역할은 무엇인지 알아보는

탐구 활동을 할 수 있다. 또한 국제 갈등의 해결을 위해 국가, 정부 간 국제 기구, 국제 비정부 기구 등의 행위 주체들이 하는 일에 대해 알아보고, 국제법과 조약처럼 국가들 사이에서 맺어지는 법적 구속력이 있는 협약의 종류 및 역할에 관해 조사하여 발표해 보자.

관련 학과 사회계열 전체

《국제사회와 국제기구의 이해》, 손기섭, 부산외국어대학교(2023)

[10통사2-04-03]

남북분단과 동아시아의 역사 갈등 상황을 분석하고, 이를 토대로 우리나라가 세계 평화에 기여할 수 있는 방안을 제안한다.

우리나라는 유라시아와 태평양을 연결하는 지정학적 요충지에 자리하고 있다. 이러한 지리적 위치의 장점과 단점에 대해 알아보고, 이를 활용하여 세계 평화에 기여할 수 있는 방안을 조사할 수 있다. 예를 들어 강대국들 사이에 자리한 지정학적 위치를 활용한 국제 회의나 스포츠 대회의 개최 등이 있다. 또한 남북통일의 필요성을 경제적 측면, 정치·군사적 측면, 사회적 측면으로 나누어 분석하고, 남북한 간의 적극적 평화를 이루기 위해서는 어떠한 노력이 필요한지 탐구할 수 있다.

관련 학과 사회계열 전체

《평화와 통일을 묻는 십대에게》, 정욱식, 서해문집(2021)

단원명 | 미래와 지속가능한 삶

| 🔍 | 세계의 인구 분포, 인구 피라미드, 저출생·고령화, 인구 문제 해결 방안, 에너지자원의 분포, 기후변화, 에너지자원의 소비, 지속가능한 발전, 미래 사회 예측, 세계시민주의

[10통사2-05-01]

세계의 인구 분포와 구조 등에 대한 이해를 토대로 현재와 미래의 인구 문제 양상을 파악하고, 그 해결 방안을 제안한다.

세계의 인구 이동과 분포를 나타내는 다양한 시각 자료들을 분석한 뒤 인구 문제가 나타나는 원인을 경제적·정치적·사회적 측면으로 나누어 파악하고, 그에 따른 해결책을 제시하는 활동을 진행해 보자. 예를 들어 인구 피라미드를 해석하여 선진국과 개발도상국의 인구 구조 차이를 알아보고, 선진국에서 발생하는 인구 문제와 개발도상국에서 발생하는 인구 문제의 양상을 비교하는 탐구 활동을 진행할 수 있다. 또한 우리나라의 대표적인 인구 문제인 저출산, 고령화 현상의 원인을 통합적인 관점으로 분석하고 해결 방안을 다방면으로 모색해 보자.

관련 학과 사회계열 전체

《일본의 저출산 대책은 왜 실패했는가?》, 야마다 마사히로, 김경회 역, 제이앤씨(2021)

[10통사2-05-02]

지구적 차원에서 에너지자원의 분포와 소비 실태를 파악하고, 기후변화에 대한 대응과 지속가능한 발전을 위한 제도적 방안과 개인적 노력을 탐구한다.

➔ 에너지자원의 주요 생산지와 소비 지역은 일치하지 않는 경우가 많다. 이를 산업 구조에 따른 에너지 소비 현황과 연관 지어 분석하고, 에너지자원을 두고 현재 벌어지고 있는 국가 간의 갈등 사례를 조사할 수 있다. 또한 기후변화 협약의 이행을 둘러싸고 선진국과 개발도상국이 서로 다른 주장을 펼치는 이유를 경제 발전의 정도 및 주력 산업의 차이점을 분석하며 파악해 볼 수 있다. 이와 함께 지속가능한 발전을 위해 제정된 법률의 내용을 조사하거나 중앙정부, 지방자치단체가 실행하고 있는 정책에 관해 탐구할 수 있다.

관련 학과 사회계열 전체

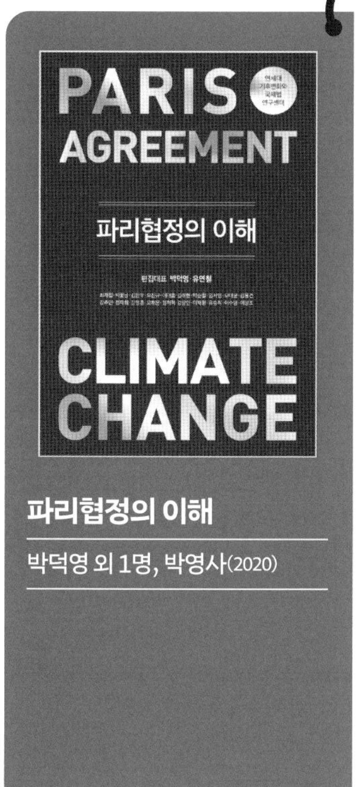

파리협정의 이해

박덕영 외 1명, 박영사(2020)

책 소개

이 책의 특징은 다음과 같다. 첫 번째는 파리협정과 세부 이행 규칙과 관련된 협상에 참여한 전문가들이 직접 작성하여 현장의 생생한 목소리를 전하였다는 점이다. 두 번째 특징은 집필진이 다양한 관련 분야의 전문가들이라 깊이 있는 내용을 담고 있다는 점이다. 세 번째 특징은 협정 조문에 관한 해석뿐만 아니라 협정의 각 조항을 채택하게 된 배경과 협상 과정까지 기술하면서 협정 내용에 대한 폭넓은 이해를 도모하고자 한 점이다.

세특 예시

기후변화에 대한 위기의식을 갖고 기후변화협약의 내용과 현황을 조사하기 위해 '책을 통해 자신을 돌아보기' 시간에 '파리협정의 이해(박덕영 외 1명)'를 선택하여 정독함. 특히 파리협정의 목표인 온실가스 감축 방안의 구체적인 내용을 살펴본 후, 국가 간의 이해관계가 충돌하는 상황이 발생할 경우 협정이 유명무실해질 수 있다는 점을 지적하면서 기후 위기에 대응하기 위해 국가들이 공동체의식을 갖고 양보해야 한다는 주장을 담은 탐구 보고서를 작성함.

[10통사2-05-03]

미래 사회의 모습을 다양한 측면에서 예측하고, 이를 바탕으로 세계시민으로서 자신의 미래 삶의 방향을 설정한다.

➔ 세계화 시대에 국가 간의 교류가 활발해지면서 국민들 또한 긴밀하게 영향을 주고받게 되었고, 이로 인해 세계시민주의라는 이념이 등장하게 되었다. 세계시민주의의 구체적인 내용에 대해 탐구하고, 핵심 요소가 무엇인지 생각해 보자. 또한 미래 사회의 모습을 국가 간의 경제적 협력 및 갈등 구조와 국가 내부의 다원적인 가치관 충돌 등 다양한 측면에서 예상해 보고, 이를 보완하기 위해 어떠한 법률과 정책적 노력이 필요한지 탐구할 수 있다.

관련 학과 사회계열 전체

《미래국가론: 정치외교학적 성찰》, 권형기 외 11명, 사회평론아카데미(2019)

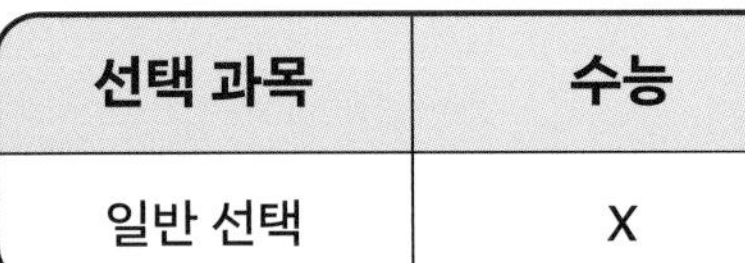

선택 과목	수능	세계시민과 지리	절대평가	상대평가
일반 선택	X		5단계	5등급

단원명 | 세계시민, 세계화와 지역 이해

| 🔍 | 세계화, 지역화, 세계시민, 지역 통합, 지역 분리, 지역 변화, 지리 정보 기술, 경제 블록, 지리적 사고, 지구공동체

[12세지01-01]

세계화의 의미를 지리적 스케일에 따라 이해하고, 세계화와 지역화의 관계 속에서 세계시민의 역할을 탐색한다.

➡ 세계화는 전 세계 사람, 기업, 정부 간의 상호작용과 통합의 과정이다. 복잡하고 다면적인 현상인 세계화는 지방과 국가 경제의 통합을 세계적이고 규제되지 않은 시장경제에 포함시키는 자본주의 확장의 한 형태로 간주된다. 세계화의 지리적 배경 및 전개 과정, 지리 문제가 세계화에 미치는 영향, 세계화에 대한 지지와 비판에 대해 탐구해 발표해 보자.

관련 학과 지리학과, 국제관계학과, 국제물류학과, 국제통상학과, 국제학부, 글로벌경영학과, 경영학과, 무역학과, 사회학과, 정치외교학과

《변화하는 세계질서》, 레이 달리오, 송이루 외 1명 역, 한빛비즈(2022)

[12세지01-02]

지역 통합과 분리 현상의 사례와 주요 원인을 탐구하고, 이를 바탕으로 지역 변화의 역동성을 파악한다.

➡ 북부 아메리카 지역은 1994년 미국, 캐나다, 멕시코 간 북미자유무역협정(NAFTA, 현재의 USMCA)의 발효로 3개국 간에 관세가 사라져 재화와 서비스의 자유로운 이동이 가능해졌다. 이는 캐나다의 자원과 자본, 미국의 기술과 자본, 멕시코의 노동력과 자원을 결합해 국제 경쟁력을 높이는 데 목적이 있다. 북미자유무역협정의 의미, 주요 내용 및 영향(긍정, 부정)을 탐구하고, 북미자유무역협정과 유럽연합을 비교·분석해 발표해 보자.

관련 학과 무역학과, 경제학과, 국제통상학과, 국제물류학과, 글로벌경영학과, 경영학과, 지리학과, 국제관계학과, 국제학부, 정치외교학과

《국제무역의 정치경제와 법》, 구민교, ㈜박영사(2021)

[12세지01-03]

지리 정보 기술이 세계시민의 삶과 연계되는 다양한 모습을 이해하고, 지리적 문제 해결 및 의사결정에 활용되는 사례를 조사한다.

➡ 북극(北極)은 지구의 북쪽 끝 인근을 뜻하는 말로, 일반적으로 백야가 나타나는 북위 66도 33분선 지역부터 북극점까지를 북극 지방으로 본다. 지도만 놓고 보면 발 디딜 곳이 없는 바다처럼 보이지만, 실제로는 거대한 빙

하가 자리 잡고 있다. 다만 북극은 대륙이 아니라 바다가 얼어 생긴 빙하로 이루어져 있어, 지도에서는 바다로 표시된다. 북극의 역사를 조사하고, 북극이 21세기 경제 및 외교의 각축장이 된 이유를 발표해 보자.

관련 학과 사회계열 전체

《땅끝에서》, 키어런 멀바니, 이상헌 역, 솔(2005)

단원명 | 모자이크 세계, 세계의 다양한 자연환경과 문화

| 기후, 지형, 생태계, 문화 다양성, 종교 경관, 관광 자원, 상호 교류, 세계의 축제, 지속가능한 발전, 환경 보전, 혼합 문화

[12세지02-01]

세계의 다양한 기후에 대한 이해를 바탕으로 기후를 활용하거나 극복한 사례를 찾아 인간 생활과의 관계를 탐색한다.

1985년에 영국남극조사단(BAS)의 과학자들은 남극 상공 오존층에 있는 크고 팽창하는 구멍을 발견하고 세계에 경고했다. 이는 프레온 가스로 잘 알려진 클로로플루오로카본(CFCs)에 의해 발생한 것으로, CFC는 주로 에어로졸 및 냉매에 사용됐다. 남극의 오존은 1970년대 이후 계속 감소하고 있었지만, 이제 그 구멍이 남극 대륙 전체 크기로 커졌다는 소식은 전 세계에 경종을 울렸다. 과거 오존층 구멍 문제의 원인과 이를 해결한 성공 사례를 조사해 발표해 보자.

관련 학과 사회계열 전체

《얇아지는 오존층과 생태계》, 아니카 닐슨, 오재호 역, 아르케(2000)

[12세지02-02]

세계 주요 지형과 인간 생활의 상관성을 파악하고, 지형의 개발과 보존을 둘러싼 갈등 사례를 통해 지속가능한 이용 방안을 토론한다.

평원은 경사가 완만하고 평탄한 넓은 지형을 말한다. 예로부터 평원에는 집을 짓거나 길을 만들기 좋아서 많은 사람들이 모여 살았다. 이러한 지역은 자연스럽게 농업이나 상업이 발달한 도시를 이루었고, 현재 세계 인구의 약 90%가 평원에 살고 있다. 오늘날 세계적인 곡창지대로 유명한 유럽 평원, 시베리아 평원, 북아메리카의 중앙 평원, 아르헨티나의 팜파스, 오스트레일리아의 중앙 평원 등은 지각이 오랜 세월 동안 깎여 평탄해지면서 만들어진 평원이다. 대평원 지대가 형성된 지질학적 역사와 지형적 특징을 조사해 발표해 보자.

관련 학과 사회계열 전체

《한 권으로 떠나는 세계 지형 탐사》, 이우평, 푸른숲(2023)

[12세지02-03]

세계 주요 종교의 특징 및 종교 경관의 의미를 이해하고, 각 종교가 인간 생활에 미치는 영향을 탐구한다.

통계적으로 세계 인구의 84%가 종교를 믿고 있다. 북유럽, 서유럽, 구소련, 미국의 동부와 서부 해안, 동아시아 등 극히 일부 지역을 제외하면 절대다수가 종교를 믿는 것이다. 세계 주요 종교들의 창시 배경, 주요 경전, 핵심적인 가르침 등을 역사적 흐름과 맥락에 따라 살펴보고, 이들 종교가 어떤 역할을 수행해 왔는지 알아보는 것은 종교의 특성을 이해하는 데 도움이 된다. 세계 주요 종교의 특징을 조사해 발표해 보자.

관련 학과 사회계열 전체

《세계 종교 둘러보기》, 오강남, 현암사(2013)

[12세지02-04] ●●●

세계의 다양한 음식과 축제를 지리적으로 설명하고, 문화 다양성을 보존하기 위한 방법을 모색한다.

➲ 망통은 이탈리아와 국경을 접하고 있는 프랑스의 작은 도시이다. 이곳에서는 매년 2월 레몬 축제가 열린다. 레몬 축제는 한 호텔업자가 호텔의 정원에서 레몬 전시회를 개최한 것에서 유래하여 시 당국의 지원으로 축제화 되었다. 인구 3만 명에 불과한 소도시 망통이 성공적으로 레몬 축제를 개최할 수 있었던 이유, 지역적 특성, 축제 기간 행사, 축제가 지속적으로 사랑받는 이유, 축제가 지역에 미친 영향에 대해 조사해 발표해 보자.

관련 학과 문화콘텐츠학과, 글로벌문화콘텐츠학과, 미디어콘텐츠학과, 역사문화콘텐츠학과, 문화예술경영학과, 문화이벤트연출학과, 공연축제콘텐츠학과

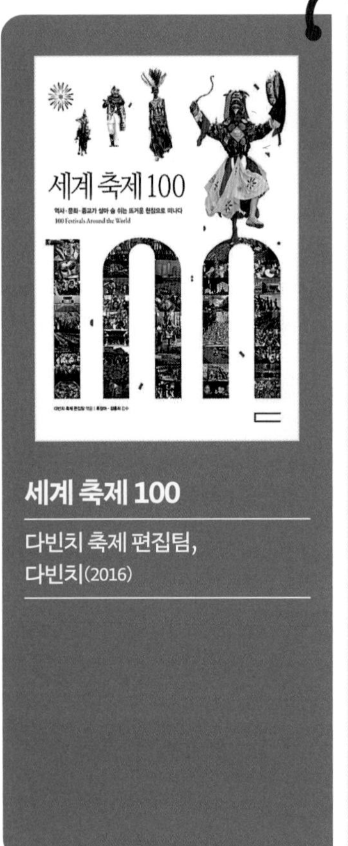

세계 축제 100

다빈치 축제 편집팀, 다빈치(2016)

책 소개

이 책은 축제를 개최 시기에 따라 봄, 여름, 가을, 겨울로 나누어 엮었다. 축제를 지리적 장소가 아닌 계절과 시간의 흐름에 따라 풀어냄으로써 지구 곳곳에 지역이나 민족이 다름에도 공통의 의미를 지닌 축제들이 존재한다는 것과, 유사한 뿌리를 지닌 축제들이 얼마나 다양한 모습으로 피어나는지를 두루 살필 수 있다. 각 축제는 일정, 장소 등의 구체적인 정보는 물론 축제의 정의와 어원, 유래, 역사, 주요 행사를 중심으로 충실하게 설명하고, 521컷의 컬러 사진을 함께 실어 생동감 넘치는 축제 현장을 담아냈다.

세특 예시

관심 주제 독서 탐구 활동에서 '세계 축제 100(다빈치 축제 편집팀)'을 읽고 축제의 기원과 역사적 의미, 사람들이 축제에 열광하는 이유, 세계화 시대의 축제의 역할과 효용성, 계절별 대표 축제를 정리해 관련 영상과 엮어 발표함. 축제는 변함없이 되풀이되는 자연의 순환을 기념하고 역사의 크고 작은 굴곡과 삶의 중요한 순간들을 되새기는 행사로, 한 사회를 가장 깊숙이 살펴보고 체험할 수 있는 활동임을 깨달았다는 소감을 밝힘. 추후 활동으로 세계 축제 달력과 세계 축제 지도를 직접 제작해 학급에 전시하는 모습을 보임.

단원명 | 네트워크 세계, 세계의 인구와 경제 공간

| ⚲ | 인구 분포 및 구조, 인구 문제, 인구 이동, 식량 자원, 식량 문제, 초국적 기업, 글로벌 경제, 경제 공간의 불균등, 윤리적 소비

[12세지03-01]

세계 인구 분포 및 구조를 통해 세계 인구 문제를 이해하고, 국제적 이주가 인구 유출 지역과 유입 지역에 미치는 영향을 탐구한다.

➲ 프랑스는 인구 증가의 요인으로 이민 인구의 비중이 큰 일부 유럽 국가들과는 달리, 자연출산율이 인구 증가의 주요 요인으로 꾸준히 작용하고 있다. 따라서 프랑스의 인구 관련 정책을 살펴보는 것은 향후 우리나라가 취해 나가야 할 정책의 방향을 고려하는 데 도움이 될 수 있다. 프랑스의 인구 정책을 결혼 풍조 및 가정의 변화 동향, 가족에 대한 재정적 지원책, 출산 및 육아휴직과 탁아 제도, 추가적인 지원 제도와 교육비, 새로운 가정 구성 형태와 관련 제도, 가족 정책의 변화와 인구 정책 관련 기구 등으로 나누어 조사해 보고, 우리나라 인구 정책이 나아가야 할 방향에 대한 보고서를 작성해 보자.

관련 학과 아동가족학과, 가족복지학과, 사회복지학과, 노인복지학과, 실버문화경영학과, 고령친화융복합학과, 실버케어복지학과, 실버산업학과, 항노화헬스케어학과, 복지경영학과, 사회학과, 심리학과

《대한민국 인구 정책, 길은 있는가》, 이재인, 해남(2023)

[12세지03-02]

주요 식량자원의 생산과 소비 양상을 통해 세계 식량 문제가 발생하는 구조적 원인을 파악하고, 식량의 안정적인 생산과 공급을 위한 각국의 대응 전략을 비교·분석한다.

➲ 유엔 전문 기관 5곳이 공동 발표한 2023년 '세계 식량 안보와 영양 실태 보고서(SOFI)'에 따르면, 코로나19 팬데믹, 반복적으로 발생한 기후 위기, 러시아-우크라이나 전쟁과 같은 분쟁으로 인해 2022년 약 7억 3,500만 명이 기아 상태에 놓여 있으며, 이는 코로나19 팬데믹이 발생하기 이전인 2019년과 비교했을 때 1억 2,200만 명이 증가한 규모이다. 장 지글러의 책《왜 세계의 절반은 굶주리는가?》를 참고해 전 세계 기아 문제의 근본 원인과 이를 해결하기 위한 방안을 모색해 발표해 보자.

관련 학과 지리학과, 국제관계학과, 국제물류학과, 국제통상학과, 국제학부, 글로벌경영학과, 경영학과, 무역학과, 사회학과, 정치외교학과

왜 세계의 절반은 굶주리는가?

장 지글러, 유영미 역, 갈라파고스(2016)

책 소개

기아의 실태와 그 배후의 원인들을 대화 형식으로 알기 쉽게 조목조목 설명한 책이다. 저자가 가진 문제의식은 단순하다. '미국이 생산할 수 있는 곡물 잠재량만으로도 전 세계 사람들이 먹고 살 수 있는 전 세계 식량 과잉의 시대에, 어떻게 수억 명의 사람들이 기아에 시달릴 수 있는가?'이다. 다국적 기업과 강대국 위주로 돌아가는 냉엄한 시장 질서와 그로 인한 파괴적 상황을 극복하기 위해서는 국제적인 정치 개혁이 필요하며, 그것에 앞서 타인의 아픔을 자신의 아픔으로 느낄 수 있는 인간의 의식 변화가 절실하다고 저자는 토로하고 있다.

세특 예시

관심 주제 독서 탐구 활동에서 '왜 세계의 절반은 굶주리는가?(장 지글러)'를 읽고 환경 난민의 문제, 불평등을 가중시키는 금융 자본과 다국적 기업의 문제, 학교에서의 기아 교육 문제, 신자유주의와 세계화가 기아 문제에 미친 영향 등을 정리해 발표함. 빈곤과 기아의 문제를 방치하다 못해 조장하는 여러 정부와 다국적 기업의 낯부끄러운 결탁을 알게 되었고, 그

에 대한 깨어 있는 시민의 대응을 생각해 볼 수 있었으며, 기아 문제를 감정적으로만 바라보다가 논리적으로 이해할 수 있게 되어 도움이 됐다는 소감을 밝힘. 추가 독서 활동으로 '팩트풀니스(한스 로슬링 외 2명)'를 읽고 서평문을 작성함. 느낌이 아닌 정확하고 구체적인 사실, 환상이 아닌 현실로 세상을 보는 관점을 키워야 하고, 적확한 데이터와 통계에 근거한 정책 및 대안을 수립해야 함을 깨달았다고 밝힘.

[12세지03-03] ●●●

초국적 기업을 중심으로 한 글로벌 경제 체제의 형성 과정을 탐색하고, 글로벌 경제에서의 공간적 불균등을 해소하기 위한 국제적 협력과 개인적 실천 방안에 대해 조사한다.

➲ '초국적 기업'이란 한 나라에서 상품을 생산하고 국내나 해외에 판매하는 기업과는 달리, 여러 나라에 걸쳐 상품을 생산하고 판매하는 기업이다. 초국적 기업은 세계 곳곳에 포진한 해외 자회사들과의 연결망을 통해 상품을 생산하고 판매하여 전체 기업의 이윤을 극대화한다. 2차 세계대전 이후 초국적 기업의 성장 과정, 초국적 기업의 운영 형태, 대표적인 초국적 기업 사례, 초국적 기업에 대한 평가(옹호/비판)에 대해 조사해 발표해 보자.

관련 학과 경영학과, 경제학과, 무역학과, 국제관계학과, 국제물류학과, 국제통상학과, 국제학부, 글로벌경영학과, 사회학과, 정치외교학과

《초국적 기업, 세계를 삼키다》, 존 매들리, 차미경 외 1명 역, 창비(2004)

단원명 | 지속가능한 세계, 세계의 환경 문제와 평화

| 🔍 | 에너지자원의 생산과 소비, 친환경 에너지, 지속가능 에너지, 환경 문제, 생태 전환, 지정학, 분쟁

[12세지04-01] ●●●

세계 주요 에너지자원의 생산과 소비 현황을 조사하고, 다양한 친환경 에너지원의 특징에 대한 이해를 바탕으로 지속가능한 에너지 생산 방안을 제시한다.

➲ 우리나라의 에너지 해외 의존도는 절대적이다. 국토 면적도 좁고 인구밀도도 높아 재생 에너지 이용에서 매우 불리한 상태이다. 태양광 패널과 풍력발전기로 전 국토와 해안을 뒤덮다시피 해도 현재 발전량의 60%를 차지하는 석탄과 천연가스 발전을 대체할 수 없다. 하지만 기후 위기 시대에 국제 사회의 온실가스 감축 요구는 지극히 마땅한 현실이다. 우리나라의 여건에서는 탄소중립 달성 수단으로서 현존하는 탈탄소 에너지 기술인 원자력을 경시할 수가 없다. 원자력발전의 장점과 단점, 기후 위기 시대에 원자력발전이 대안이 될 수 있는지 탐구해 발표해 보자.

관련 학과 사회계열 전체

《원자력, 무엇이 문제일까?》, 김명자, 동아엠앤비(2023)

[12세지04-02]

세계 주요 환경 문제의 유형과 실태를 설명하고, 생태 전환적 삶에 비추어 현재의 생활 방식을 비판적으로 점검한다.

지속 불가능한 방식으로 질주하는 오늘의 자본주의 문명은 과연 다른 문명으로 대체될 수 있을까? 아니면 끝내 생태적 파국으로 귀결될까? 파국으로 뻗은 길을 회피하면서도 자연 회귀 같은 낭만주의적 유토피아로도 귀결되지 않는 현실주의자의 길이, 새로운 문명의 길이 가능할까? '생태 문명'이란 개념은 극히 모호하게만 들린다. 생태 문명은 이상주의적 목표나 상상이 아니라 근대 문명을 극복하는 현실주의자의 길이자 현재진행형인 문명 운동이며, 문명 전환을 위한 구체적 실천 지침이다. 생태 문명의 개념과 생태 문명 운동의 필요성을 조사해 발표해 보자.

관련 학과 사회계열 전체

《미래는 생태 문명》, 필립 클레이튼 외 1명, 이동우 역, 산현재(2023)

[12세지04-03]

다양한 지정학적 분쟁을 국제 정세의 변화와 관련지어 조사하고, 세계 평화와 정의에 기여할 수 있는 방안을 찾아 실천한다.

러시아-우크라이나 전쟁은 2022년 2월 러시아 대통령 블라디미르 푸틴이 특별 군사작전 개시 명령을 선언한 이후 러시아가 우크라이나를 침공하면서 발발한 전쟁이다. 블라디미르 푸틴 대통령은 우크라이나의 비무장화, 비나치화, 돈바스 지역 주민 보호라는 명분을 내세우면서 전쟁을 개시했다. 러시아의 침공 이유, 러시아와 우크라이나의 역사적 배경, 러·우 전쟁의 과정과 해결 방안을 조사해 발표해 보자.

관련 학과 지리학과, 국제관계학과, 국제물류학과, 국제통상학과, 국제학부, 글로벌경영학과, 경영학과, 무역학과, 사회학과, 정치외교학과

《우크라이나 전쟁과 신세계 질서》, 이해영, 사계절(2023)

선택 과목	수능	세계사	절대평가	상대평가
일반 선택	X		5단계	5등급

단원명 | 지역 세계의 형성

| 🔍 | 현생 인류, 문명, 생태 환경, 상호작용, 유교, 불교, 한자, 율령, 힌두교, 크리스트교, 이슬람교, 고대 정치, 농경, 목축

[12세사01-01]

현생 인류의 삶과 문명의 형성을 생태 환경과의 관계 속에서 파악한다.

➲ 지금 우리가 먹고, 마시고, 입고, 즐기는 모든 것은 그것을 처음 만들거나 발견해서 사용한 누군가가 있었기에 가능한 일이다. 지금까지 인류가 만들어낸 고고학적 발굴 성과, 유물과 유적, 역사 문헌 자료를 토대로 의식주, 축제나 행사, 놀이 문화, 명품 소비, 영생불멸의 삶에 대한 욕망 등의 문화 기원과 내력을 탐구해 보고 이에 대한 자신의 생각을 정리해 발표해 보자.

관련 학과 사회계열 전체

《세상 모든 것의 기원》, 강인욱, 흐름출판(2023)

[12세사01-02]

동아시아, 인도 세계의 형성을 문화의 상호작용과 관련지어 이해한다.

➲ 송의 화약 무기와 나침반은 원대에 이슬람 상인을 통해 유럽까지 전해졌다. 유럽에 전해진 화약 무기는 중세의 지배 계급인 기사의 몰락을 촉진했다. 나침반은 유럽인들의 원거리 무역과 신항로 개척에 영향을 주었다. 이렇듯 다른 나라 또는 다른 지역과의 교류를 통해 역사가 발전하거나 큰 변화가 일어난 사례를 찾아 세계사에 미친 영향을 보고서로 작성해 보자.

관련 학과 정치외교학과, 국제관계학과, 국제통상학과, 국제무역학과, 국제경영학과, 국제경제학과, 글로벌비즈니스학과, 글로벌경영학과, 사회학과, 경영학과, 군사학과

《사진과 그림으로 보는 중국과 서양의 문화 교류사》, 장하이린, 이미경 역, 역락(2022)

➲ 오늘날 세계화 시대에 여러 문화적 배경을 가진 이들이 함께 살아가야 하는 '다문화' 사회에서 주류 사회와 이주민의 통합 문제는 여전히 어려운 문제이다. 오스만제국의 다문화 정책과 현재 우리나라의 다문화 정책을 비교해, 우리나라 다문화 정책이 나아가야 할 방향에 대해 탐구하고 토의해 보자.

관련 학과 정치외교학과, 국제관계학과, 국제통상학과, 국제무역학과, 국제경영학과, 국제경제학과, 글로벌비즈니스학과, 글로벌경영학과, 사회학과, 경영학과, 행정학과, 법학과, 지리학과

《오스만제국사》, 도널드 쿼터트, 이은경 역, 사계절(2008)

➲ 춘추전국시대의 제후국들은 부국강병을 추진하면서 능력 있는 인재를 등용하였다. 이 과정에서 제자백가가

등장하였다. 제자백가는 현실 문제를 해결하기 위한 다양한 정치사상을 제시하였다. 제자백가의 등장 배경과 사상을 정리해 보고, 제자백가 사상 중 오늘날 사회 개혁에 적합한 사상을 선택하여, 이를 바탕으로 사회 개혁안을 작성해 보자.

관련 학과 **정치외교학과, 국제관계학과, 국제통상학과, 국제무역학과, 국제경영학과, 국제경제학과, 글로벌비즈니스학과, 글로벌경영학과, 사회학과, 경영학과, 경제학과, 행정학과, 법학과, 지리학과**

《철학의 시대: 춘추전국시대와 제자백가》, 강신주, 사계절(2011)

- 명·청 시대에 상업이 활발해지고 일조편법과 지정은제가 시행되면서 은의 사용량이 크게 증가하였다. 그러자 은 가격도 상승하여 명·청에서 은의 가치는 유럽에서보다 훨씬 높았다. 따라서 유럽의 상인들은 은으로 중국 물품을 구입하여 큰 이익을 남기고자 하였다. 명·청 시대 은 경제의 특징, 은 경제의 활성화가 중국과 세계 경제에 미친 영향을 조사해 발표해 보자.

관련 학과 **경제학과, 경영학과, 금융학과, 금융공학과, 무역학과, 국제물류학과, 국제통상학과, 국제관계학과, 국제무역학과, 국제경영학과, 국제경제학과, 글로벌비즈니스학과, 글로벌경영학과, 사회학과, 지리학과**

《중국 경제사》, 오카모토 다카시, 강진아 역, 경북대학교출판부(2023)

- 인도 문화는 동남아시아에 지대한 영향을 미쳤다. 그중 하나의 예가 종교이다. 인도에서 전래된 힌두교와 불교는 동남아인의 신앙 체계 형성과 국가의 수립·발전 과정에서 중요한 역할을 했다. 인도에서 발전한 다양한 문화는 동남아시아 지역으로 전파되었다. 동남아시아 여러 지역의 문화유산에 대해 조사하고, 인도 문화가 동남아시아 문화에 미친 영향, 동남아시아 문화의 특징을 탐구해 발표해 보자.

관련 학과 **문화콘텐츠학과, 관광경영학과, 관광학과, 국제관계학과, 문화재관리학과, 문화재학과, 문화인류학과, 인문학부, 지리학과**

《동남아시아사》, 후루타 모토오, 장원철 역, AK커뮤니케이션즈(2022)

- 일본의 에도시대에 경제 번영으로 성장한 상인과 수공업자 계층을 '조닌'이라 부른다. 조닌은 부와 영향력은 갖추었지만 엄격한 신분제 때문에 신분 상승의 길은 막혀 있었다. 자연히 그들의 관심은 부를 과시하는 소비 생활로 이어졌다. 문화의 주축이 된 조닌이 만든 문화를 '조닌 문화'라고 한다. 일본의 조닌 문화를 명·청, 조선의 서민 문화와 비교·분석해 발표해 보자.

관련 학과 **문화콘텐츠학과, 관광경영학과, 관광학과, 국제관계학과, 문화재관리학과, 문화재학과, 문화인류학과, 인문학부, 지리학과, 사학과**

《에도시대를 생각한다》, 쓰지 다쓰야, 김선희 역, 빈서재(2023)

- 9품관인법(9품중정제)은 위진남북조시대에 중정이라는 관리들을 임명하여, 이들로 하여금 지방 인사들의 덕행과 재능을 9품이라는 기준하에 심사해 중앙정부에 천거하게 하는 제도였다. 이는 원래 지방에 숨어 있는 인재를 등용하려는 것이 목적이었지만, 중정 관직에 지방 유력 호족들이 자신들의 일족을 추천함으로써 호족 세력이 관직을 독점하는 결과를 가져왔고, 특정 가문의 문벌 귀족화를 초래하였다. 9품관인법의 취지와 장단점, 실시로 인한 사회 변화를 조사해 발표해 보자.

관련 학과 **법학과, 법무행정학과, 공공인재학부, 공공행정학과, 사회학과, 행정학과, 사회복지학과, 정치외교학과, 도시행정학과**

《중국의 역사: 위진남북조》, 가와카쓰 요시오, 임대희 역, 혜안(2004)

- 이민족의 침략을 받아 서진은 멸망하고, 사마예가 양자강 이남에 동진을 건국했다. 북쪽에선 5호16국이 시작되고 중원은 다시 혼란에 빠졌다. 5호16국 시대 이후 북중국은 유목 민족이, 남중국은 한족이 정권을 세우고 분열의 시기를 맞았다. 위진남북조시대에는 북방의 유목 민족이 화북 지방을 지배하면서 유목 민족의 생활 문화가 한족 사이에 퍼져나갔다. 한족 문화와 유목 민족 문화의 융합 사례를 조사하고, 그 문화가 수와 당으로 이

어져 중국 문화 발전에 어떠한 영향을 주었는지 분석해 발표해 보자.

관련 학과 **문화콘텐츠학과, 문화재관리학과, 관광경영학과, 관광학과, 국제관계학과, 미디어커뮤니케이션학과, 미디어학부, 신문방송학과, 소비자학과, 문화인류학과, 지리학과**

《중국통사》, 미야자키 이치사다, 조병한 역, 서커스출판상회(2024)

➲ 중국 대운하는 베이징과 항저우를 잇는 운하이다. 단기간 내에 건설된 운하가 아닌 수백 년에 걸쳐 만들어낸 역사적 과업이다. 산업혁명 이전에 실시된 토목공사로는 세계 최대 규모이자 가장 광범위한 토목공사로 기록되었다. 수나라 양제가 즉위해 6년 동안 100만 명 이상의 백성들을 동원해 건설하였다. 중국의 골격을 이루는 수로망이자 대동맥 역할을 한 대운하의 역사적 배경과 건설 목적, 건설 과정, 역사적 의의에 대해 탐구해 발표해 보자.

관련 학과 **경제학과, 경영학과, 무역학과, 국제관계학과, 국제물류학과, 국제통상학과, 국제학부, 글로벌경영학과, 글로벌비즈니스학과, 금융학과, 사회학과, 지리학과, 중국학과, 정치외교학과**

《대운하 시대 1415~1784》, 조영헌, 민음사(2021)

➲ 당나라는 경제 분야뿐만 아니라 문화에도 위대한 업적을 남겼다. 이슬람과 그 밖의 서방의 새로운 문화 요소가 유입·가미되어 국제성을 띤 화려한 문화가 발달하였다. 특히 당이 중앙아시아를 장악한 이후 동서 교통로가 활발히 이용되었다. 동서 교통로(비단길, 초원길, 바닷길)를 통한 문화 교류로 당 문화는 귀족적·국제적 성격을 띤 문화로 발전하였다. 당대의 유학, 종교, 문학, 예술의 특징을 조사해 당 문화의 성격과 역사적 의의에 대해 발표해 보자.

관련 학과 **문화콘텐츠학과, 문화재관리학과, 관광경영학과, 관광학과, 국제관계학과, 미디어커뮤니케이션학과, 미디어학부, 신문방송학과, 소비자학과, 문화인류학과, 지리학과, 미학과**

《당나라 뒷골목을 읊다》, 마오샤오원, 김준연 외 1명 역, 글항아리(2018)

➲ 동아시아 문화권에는 중국, 일본, 한국, 몽골 등 동아시아 국가들이 포함된다. 이 문화권은 수천 년의 역사적 과정에서 형성되었으며, 서로 교류하고 영향을 주고받은 다양한 문화적 요소가 공통적으로 포함되어 있다. 동아시아 문화권의 역사적 배경과 유교, 율령, 불교, 한자 등 동아시아 문화권의 공통 요소를 조사·분석해 발표해 보자.

관련 학과 **문화콘텐츠학과, 문화재관리학과, 관광경영학과, 관광학과, 국제관계학과, 미디어커뮤니케이션학과, 미디어학부, 신문방송학과, 소비자학과, 문화인류학과, 지리학과, 미학과**

《썬킴의 거침없는 중국사》, 썬킴, 지식의숲(2023)

➲ 중국 송나라는 군사적으로 취약해 거란의 요나라, 여진의 금나라, 몽골의 원나라에 시달리며 나라의 명맥을 유지하였다. 하지만 '부국'의 기준으로 살펴보면 송나라가 단연 으뜸이었다. 중국은 송대에 경제 수준이 정점에 도달한 뒤 19세기에 유럽에 추월당할 때까지 지속적으로 높은 수준을 유지하는 데 성공했기 때문이다. 송나라의 농업, 상업, 금융, 무역, 철 생산량 등 경제 발전의 모습을 조사해 보고, 송나라가 비약적인 경제 성장을 이룰 수 있었던 요인, 그럼에도 불구하고 멸망하게 된 이유를 분석해 발표해 보자.

관련 학과 **경제학과, 경영학과, 금융학과, 금융공학과, 무역학과, 국제물류학과, 국제통상학과, 국제관계학과, 국제무역학과, 국제경영학과, 국제경제학과, 글로벌비즈니스학과, 글로벌경영학과, 사회학과, 지리학과**

《송나라 식탁 기행》, 리카이저우, 한성구 역, 생각과종이(2020)

➲ 동서고금을 막론하고 인류 역사상 가장 광대한 영토를 자랑했던 나라는 몽골제국이다. 몽골제국은 유럽과 아시아를 연결하는 유라시아 대륙의 대부분을 영토로 삼았던 역사상 최대 제국으로, 13세기에 유라시아 전역을 호령했던 칭기즈칸이 건설한 나라이다. 몽골은 100만 명 정도의 인구로, 오늘날 중국의 3배에 해당하는 영토를 차지하였다. 몽골이 세계적인 대제국을 건설할 수 있었던 이유를 분석해 보고서를 작성해 보자.

관련 학과 정치외교학과, 국제관계학과, 국제통상학과, 국제무역학과, 국제경영학과, 국제경제학과, 글로벌비즈니스학과, 글로벌경영학과, 사회학과, 경영학과, 경제학과, 행정학과, 법학과, 지리학과

《칭기스칸, 잠든 유럽을 깨우다》, 잭 웨더포드, 정영목 역, 사계절(2005)

➲ 몽골제국이 유라시아를 아우르는 영토를 차지하고 대규모 교통로를 완성한 이후 수많은 사람들이 몽골제국을 오갔다. 마르코 폴로의 《동방견문록》에서 활발한 문화 교류 상황을 엿볼 수 있다. 몽골제국 시기에 동서 교류가 활발할 수 있었던 배경과 요인, 동서 교류의 내용, 세계사에 미친 영향 등을 조사해 보고서를 작성해 보자.

관련 학과 정치외교학과, 국제관계학과, 국제통상학과, 국제무역학과, 국제경영학과, 국제경제학과, 글로벌비즈니스학과, 글로벌경영학과, 사회학과, 경영학과, 경제학과, 행정학과, 법학과, 지리학과

《몽골제국과 세계사의 탄생》, 김호동, 돌베개(2010)

➲ 유럽인들에게 동방은 유럽의 자국 내 수요가 증가하는 산물(상아, 황금, 노예, 향료)들의 산지였다. 하지만 오스만제국의 지중해 장악으로 인해 당시 유럽은 이슬람을 거치지 않고서는 동방과의 무역이 어려웠다. 이처럼 날로 커져가는 동방에 대한 호기심과 경제적 욕구, 항해 기술의 발달, 기독교의 전파라는 종교적 열정, 국가의 강한 개척 의욕 그리고 수많은 탐험가들의 목숨을 건 노력이 합쳐지면서, 유럽은 이슬람을 경유하지 않고 동방이라는 새로운 세계로 향하는 길을 찾기에 이른다. 유럽 신항로 개척의 배경, 전개 과정, 영향과 역사적 의의를 조사해 발표해 보자.

관련 학과 경제학과, 경영학과, 금융학과, 금융공학과, 무역학과, 국제물류학과, 국제통상학과, 국제관계학과, 국제무역학과, 국제경영학과, 국제경제학과, 글로벌비즈니스학과, 글로벌경영학과, 사회학과, 지리학과

《대서양의 두 제국》, 존 H. 엘리엇, 김원중 역, 그린비(2017)

➲ 명나라 탐험가 정화는 명의 함대를 이끌고 1405년부터 7차례 항해에 나섰다. 항해의 주축을 이룬 선박은 600여 명을 수용할 수 있었고, 그 길이는 120미터 정도였다. 이것은 80여 년 뒤 유럽에서 콜럼버스가 신항로 개척 때 사용한 함대보다 7배 정도 큰 규모였다. '정화의 대원정'의 목적, 전개 과정, 원정의 결과와 영향, 역사적 의의를 조사해 발표해 보자.

관련 학과 정치외교학과, 국제관계학과, 국제통상학과, 국제무역학과, 국제경영학과, 국제경제학과, 글로벌비즈니스학과, 글로벌경영학과, 사회학과, 경영학과, 경제학과, 행정학과, 지리학과

《1434》, 개빈 멘지스, 박수철 역, 21세기북스(2010)

[12세사01-03] ●●●

서아시아, 지중해, 유럽 세계의 형성과 문화적 특징을 종교의 확산과 관련지어 분석한다.

➲ 그리스는 아이들이 어릴 때부터 접하게 되는 <그리스 로마 신화> 등으로 익숙한 나라이다. 그리스는 오랜 역사와 함께 아름다움을 간직한 나라로도 유명하다. 그리스의 여러 자연·문화유산은 세계유산위원회를 거쳐 유네스코 세계유산에 등재되었다. 그리스는 1981년 7월 17일 유네스코 조약을 비준한 이래, 16건의 문화유산과 2건의 복합유산을 보유하고 있다. 유네스코 세계유산으로 등재된 그리스 문화유산을 조사하고, 그리스 문화유산을 소개하는 팸플릿을 만들어보자.

관련 학과 문화콘텐츠학과, 관광경영학과, 관광학과, 국제관계학과, 문화재관리학과, 문화재학과, 문화인류학과, 인문학부, 지리학과

《세계 문화 여행: 그리스》, 콘스타인 부르하이어, 임소연 역, 시그마북스(2024)

➲ 민주주의는 기원전 5세기 무렵 고대 그리스의 도시국가(폴리스)인 아테네를 중심으로 시작된 정치 체제로, 아테네 민주주의는 세계 최초의 민주주의적 정체로 평가받는다. 아테네 민주주의는 직접민주주의 체제로서 입법

과 행정에 대한 결정은 유권자의 투표로 이루어졌다. 참정권은 모든 주민에게 부여되진 않았으며, 유권자는 성인 남성으로 제한되었다. 이에 따라 미성년자, 여성, 노예, 외국인 등은 투표에 참여할 수 없었다. 아테네 민주주의의 특징, 현대 민주주의와의 차이점, 민주정치의 발전에서 갖는 역사적 의미를 조사해 발표해 보자.

관련 학과 **정치외교학과, 정치행정학과, 정치국제학과, 공공행정학과, 행정학과, 국제경영학과, 글로벌경영학과, 사회학과**

《아테네 민주주의와 전쟁》, 최한수, 명인문화사(2023)

➲ 고대 로마는 기원전 8세기경 이탈리아 중부의 작은 마을에서 시작해 지중해를 아우르는 거대한 제국을 이룬 고대 문명으로, 고대 그리스, 오리엔트, 셈족, 서유럽 켈트족, 게르만족 등의 문화가 한데 어우러진 문화의 용광로였다. 고대 로마의 문화, 법, 군사 체제는 서구 유럽, 동구권을 막론하고 현대 사회의 법, 정치, 전쟁, 예술, 문학, 건축, 기술, 언어 분야의 기틀이 됐다. 고대 로마의 모습을 보여주는 도시를 하나 골라, 그곳의 역사와 문화를 탐방하기 위한 답사 계획서를 작성해 보자.

관련 학과 **문화콘텐츠학과, 관광경영학과, 관광학과, 국제관계학과, 문화재관리학과, 문화재학과, 문화인류학과, 인문학부, 지리학과**

《나의 로망, 로마 여행자를 위한 인문학》, 김상근, 시공사(2019)

단원명 | 교역망의 확대

| 🔍 | 이슬람교, 이슬람 문화, 이슬람 상인, 오스만제국, 몽골, 신항로 개척, 상품 교역, 식민지, 중상주의, 교류, 노예무역, 아메리카 문명, 은 유통, 가격 혁명, 상업 혁명, 절대왕정

[12세사02-01]

이슬람 세계와 몽골제국의 팽창에 따른 교류 양상을 파악한다.

➲ 이슬람 상인들은 비단길과 바닷길을 활발하게 다니며 동서 무역을 주도하였다. 이에 따라 물자뿐만 아니라 문화, 기술, 종교 등이 여러 지역으로 확산되었고, 교역로의 중심지인 바그다드, 콘스탄티노폴리스(이스탄불)와 같은 상업 도시들이 번성하였다. 동서 교역에서 이슬람 상인의 역할, 그들의 무역 형태와 교역 물품, 세계사적 의의를 조사해 발표해 보자.

관련 학과 **경제학과, 경영학과, 금융학과, 금융공학과, 무역학과, 국제물류학과, 국제통상학과, 국제관계학과, 국제무역학과, 국제경영학과, 국제경제학과, 글로벌비즈니스학과, 글로벌경영학과, 사회학과, 지리학과**

《대체로 무해한 이슬람 이야기》, 황의현, 씨아이알(2023)

➲ 세 개의 대륙에 걸쳐 형성된 이슬람제국은 아랍의 전통문화를 기반으로 중근동, 그리스, 로마, 이란 및 인도 문화를 흡수하여 독창적인 이슬람 문화를 발전시켰다. 이슬람 문화의 특징은 이처럼 광대한 정복지의 문화를 파괴하지 않고 받아들여 국제적이고 종합적인 문화를 이루었다는 점이다. 이슬람 사회의 특징, 이슬람의 음식 문화, 차 문화, 의복 문화, 축제 문화, 여성 문화 등을 조사해 발표해 보자.

관련 학과 **문화콘텐츠학과, 관광경영학과, 관광학과, 국제관계학과, 문화재관리학과, 문화재학과, 문화인류학과, 인문학부, 지리학과**

《이슬람 문명》, 정수일, 창비(2002)

[12세사02-02]

유럽의 신항로 개척과 재정·군사 국가의 성립이 가져온 변화를 분석한다.

콜럼버스의 신대륙 발견 이후, 유럽 경제의 중심지가 지중해에서 대서양으로 이동하면서 지중해 주변 국가들이 쇠퇴하였다. 반면 대서양 연안 국가들은 번영을 누렸고, 이들은 경쟁적으로 해상에 진출하여 아시아와 아메리카 대륙에서 식민지를 찾기 시작하였다. 신항로 개척 이후 유럽, 아메리카와 아프리카의 사회 변화를 정리해 보고, 신항로 개척이 갖는 세계사적 의미에 대해 의견을 공유해 보자.

관련 학과 경제학과, 경영학과, 금융학과, 금융공학과, 무역학과, 국제물류학과, 국제통상학과, 국제관계학과, 국제무역학과, 국제경영학과, 국제경제학과, 글로벌비즈니스학과, 글로벌경영학과, 사회학과, 지리학과

《콜럼버스가 서쪽으로 간 까닭은?》, 이성형, 까치(2003)

'가격 혁명'이란 16세기 초부터 17세기 초 사이에 멕시코와 페루 등 중남미에서 생산된 값싼 은(銀)이 에스파냐를 통해 유럽 각국에 대량으로 유입되어 물가가 일반적으로 2~3배나 상승한 사건을 일컫는다. 150년간 물가가 대략 6배 올랐으며, 매년 인플레이션 수치는 1~1.5%꼴이었다. 현대의 기준으로 보면 높지 않은 수치이지만, 16세기 기준으로는 엄청난 물가 상승이었다. 가격 혁명이 유럽 사회에 미친 영향을 조사해 발표해 보자.

관련 학과 경제학과, 경영학과, 금융학과, 금융공학과, 무역학과, 국제물류학과, 국제통상학과, 국제관계학과, 국제무역학과, 국제경영학과, 국제경제학과, 글로벌비즈니스학과, 글로벌경영학과, 사회학과, 지리학과

《서양사 강좌》, 박윤덕 외 26명, 아카넷(2022)

16~18세기 유럽에서는 중앙 집권적 통일 국가가 등장하면서 국왕이 절대적인 권력을 행사하였다. 이러한 정치 체제를 절대왕정이라고 한다. 절대군주들은 왕의 권력이 신에게서 내려왔다는 왕권신수설을 주장하였다. 그리고 강력한 국가 통치를 위해 관료제와 상비군을 두었다. 절대왕정을 뒷받침한 정치적·경제적 기반을 조사하고, 절대왕정이 중세 봉건국가와 다른 점을 비교·분석해 보고서를 작성해 보자.

관련 학과 정치외교학과, 정치행정학과, 정치국제학과, 국가안보학과, 국제관계학과, 국제학부, 군사학과, 공공행정학과, 행정학과, 국제경영학과, 글로벌경영학과, 사회학과

《프랑스의 절대왕정시대》, 서정복, 푸른사상(2012)

[12세사02-03]

세계적 상품 교역이 가져온 사회적·경제적 변화를 이해한다.

신대륙으로부터 막대한 금과 은이 유입되면서 가격 혁명이 일어났다. 이와 때를 같이하여 새로운 세계 시장과 상업이 시작되어 유럽 상업자본주의 형성의 계기가 되었다. 신항로 개척으로 시장이 유럽 대륙을 넘어 아시아, 아프리카로까지 확대되자 교역의 규모가 급증하였으며, 이를 뒷받침하기 위해 생산 자체는 물론 사회, 경제 등 모든 분야에서 변화가 뒤따르게 되는데, 이런 일련의 변화를 총칭하여 '상업 혁명'이라고 한다. 상업 혁명의 특징과 상업 혁명이 가져온 세계사적 변화를 조사해 발표해 보자.

관련 학과 경제학과, 경영학과, 금융학과, 금융공학과, 무역학과, 국제물류학과, 국제통상학과, 국제관계학과, 국제무역학과, 국제경영학과, 국제경제학과, 글로벌비즈니스학과, 글로벌경영학과, 사회학과, 지리학과

《유럽의 절대왕정시대》, 김장수, 푸른사상(2011)

단원명 | 국민국가의 형성

| 🔍 | 청, 무굴제국, 오스만제국, 미국 혁명, 프랑스 혁명, 산업혁명, 국민국가, 계몽사상, 산업자본주의, 제국주의, 빈 체제, 자유주의, 민족주의, 7월 혁명, 2월 혁명, 동력 혁명, 교통·통신 혁명, 노동운동, 개항, 사회주의, 민족운동, 근대화 운동

[12세사03-01]

청, 무굴제국, 오스만제국의 통치 정책과 사회, 문화의 변화를 이해한다.

➲ 명의 세력이 약화되자 만주의 누르하치(태조)는 팔기제를 바탕으로 군사력을 키워 여진(만주족)을 통합하고 후금을 세웠다. 뒤를 이어 홍타이지(태종)는 몽골을 정복하고 국호를 청으로 바꾸었으며, 순치제는 명이 멸망하자 베이징을 공격해 중국 대륙을 차지하였다. 소수민족이 세운 청이 거대한 중국을 어떻게 통치할 수 있었는지, 청의 통치 방식을 분석해 보고서를 작성해 보자.

관련 학과 정치외교학과, 정치행정학과, 정치국제학과, 국가안보학과, 국제관계학과, 국제학부, 군사학과, 공공행정학과, 행정학과, 국제경영학과, 글로벌경영학과, 사회학과

《청나라, 키메라의 제국》, 구범진, 민음사(2012)

➲ 오스만제국에서는 주로 발칸반도 농촌의 크리스트교도 청소년을 징발하는 '데브시르메 제도'가 운용되었다. 징발된 청소년은 이슬람교로 개종한 후 교육과 훈련을 거쳐 '술탄의 노예'로 충원되었다. 이들 중 일부 우수생은 궁정에 들어가 고급 관료로 출세하였지만, 대부분은 술탄의 직속 상비군인 예니체리 군단에 편성되었다. 예니체리는 술레이만 1세 무렵에는 병력이 12,000~13,000명 정도에 달하였다. 총으로 무장한 예니체리 보병과 포병대는 오스만제국의 주력군으로, 오스만제국이 팽창하는 데 크게 기여하였다. 예니체리의 창설 배경, 징집과 교육, 특징과 역할, 몰락의 과정을 조사해 발표해 보자.

관련 학과 정치외교학과, 정치행정학과, 정치국제학과, 국가안보학과, 국제관계학과, 국제학부, 군사학과, 공공행정학과, 행정학과, 국제경영학과, 글로벌경영학과, 사회학과

《오스만 제국 600년사》, 이희철, 푸른역사(2022)

➲ 인도는 다양한 민족이 드나들며 역사를 이어왔다. 그만큼 다양한 종교와 문화를 지닌 세력이 공존해 왔다. 그러다 인도의 분열기를 틈타 이슬람 세력이 침투하여 인도의 이슬람화가 진행되었다. 인도에 이슬람교가 전파되면서 힌두·이슬람 문화가 발전하는 한편, 힌두교와 이슬람교 간에 갈등이 일어나 오늘날 인도 사회에까지 영향을 미치고 있다. 이슬람 세력의 인도 진출로 나타난 인도 사회의 변화를 조사해 보고서를 작성해 보자.

관련 학과 정치외교학과, 정치행정학과, 정치국제학과, 국가안보학과, 국제관계학과, 국제학부, 군사학과, 공공행정학과, 행정학과, 국제경영학과, 글로벌경영학과, 사회학과, 지리학과

《고대인도왕국·무굴제국》, 최현우, 살림출판사(2018)

[12세사03-02]

미국 혁명, 프랑스 혁명을 시민사회 형성과 관련지어 파악한다.

➲ 미국 독립혁명은 18세기 중엽에 13개 식민지가 초대 대통령이 된 조지 워싱턴을 중심으로 프랑스의 원조를 받아 영국으로부터 독립하여 미국을 수립한 사건을 말한다. 프랑스 혁명과 함께 양대 민주주의 혁명으로 유명하다. 사회계약설을 비롯한 존 로크의 자유주의 사상은 미국의 독립에 크나큰 영향을 주었다. 미국 독립혁명의

이념, 이를 구현한 미국 헌법과 미국 민주주의의 특징을 조사해 보고서를 작성해 보자.

관련 학과 정치외교학과, 정치행정학과, 정치국제학과, 국가안보학과, 국제관계학과, 국제학부, 군사학과, 공공행정학과, 행정학과, 국제경영학과, 글로벌경영학과, 사회학과

《하워드 진 살아 있는 미국 역사》, 하워드 진, 추수밭(2008)

➲ 프랑스 혁명은 사상 혁명으로서 시민 혁명의 전형이다. 여기서 시민 혁명은 부르주아 혁명(계급으로서의 시민 혁명)만을 의미하지는 않는다. 전 국민이 자유로운 개인으로서 자신을 확립하고 평등한 권리를 갖기 위해 일어선 혁명이라는 보다 넓은 의미를 포함하고 있다. 프랑스 혁명의 원인과 전개 과정을 파악해, 오늘날 프랑스 혁명이 갖는 역사적 의의에 대한 보고서를 작성해 보자.

관련 학과 정치외교학과, 정치행정학과, 정치국제학과, 국가안보학과, 국제관계학과, 국제학부, 군사학과, 공공행정학과, 행정학과, 국제경영학과, 글로벌경영학과, 사회학과

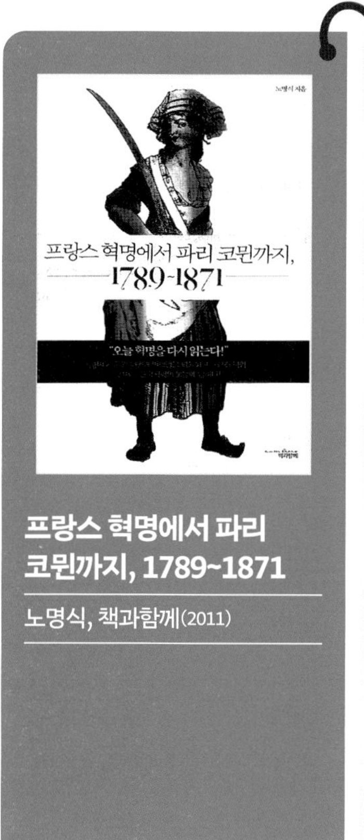

프랑스 혁명에서 파리 코뮌까지, 1789~1871

노명식, 책과함께(2011)

책 소개

프랑스 혁명은 가장 전형적인 시민 혁명으로 평가받고 있다. 하지만 프랑스는 왜 영국이나 미국처럼 순조롭게 시민 혁명의 뿌리를 내리지 못하고 피로 얼룩진 혁명과 반혁명의 역사를 한 세기나 되풀이해야 했을까? 이 책은 혁명의 전범이라 불러도 손색없는 프랑스 혁명사 100년의 과정을 명쾌하게 풀어낸 입문서이다.

세특 예시

독서로 관심 주제 톺아보기 활동에서 '프랑스 혁명에서 파리 코뮌까지, 1789~1871(노명식)'을 읽고 18세기의 프랑스, 대혁명의 원인과 국민회의, 입헌의회와 국민공회, 부르주아 공화국, 나폴레옹 시대, 복고왕정, 7월 왕국, 제2공화국과 제2제국, 보불 전쟁과 파리 코뮌의 내용을 정리해 발표함. 책을 통해 프랑스 혁명이 왜 전형적인 시민 혁명으로 평가받는지 알게 됐고, 혁명이 왜 영국이나 미국처럼 순조롭게 시민 혁명의 뿌리를 내리지 못하고 피로 얼룩진 혁명과 반혁명의 역사를 한 세기나 되풀이했는지 이해하게 됐으며, 프랑스 혁명을 통해 21세기 한국 시민사회가 나아가야 할 방향을 고민해 보는 좋은 시간이었다는 소감을 밝힘.

[12세사03-03]

제1·2차 산업혁명이 가져온 사회, 경제, 생태 환경의 변화를 분석한다.

➲ 산업혁명은 기술적·과학적 발명과 새로운 생산 방법의 축적으로 상품 생산과 인간의 노동 조건 및 생활 조건을 근본적으로 변혁한 사건이라 할 수 있다. 특히 영국에서 시작한 산업혁명은 '최초의 산업혁명'으로, 영국 한 나라만이 아니라 유럽을 중심으로 다른 나라들에도 충격을 주면서 산업혁명을 확산시키는 역사적 계기가 되었다는 점에서 그 의의가 크다고 볼 수 있다. 산업혁명이 영국에서 먼저 일어난 이유, 영국 산업혁명의 영향, 의의와 시사점을 조사해 보고서를 작성해 보자.

관련 학과 경제학과, 경영학과, 금융학과, 금융공학과, 무역학과, 국제물류학과, 국제통상학과, 국제관계학과, 국제무역학과, 국제경영학과, 국제경제학과, 글로벌비즈니스학과, 글로벌경영학과, 사회학과, 지리학과

《18세기 영국 산업혁명 강의》, 아널드 토인비, 김태호 역, 지식의풍경(2022)

[12세사03-04]

아시아와 아프리카 지역에서 전개된 국민국가 건설 운동의 양상과 성격을 비교한다.

- 서구 제국주의 국가들의 침략은 동남아시아 지역도 예외가 될 수 없었다. 20세기가 되기 전에 태국을 제외한 동남아시아의 전 지역이 유럽 열강의 식민지 지배를 받게 되었다. 태국, 베트남, 필리핀 등 동남아시아 국가들의 국민국가 건설을 위한 노력에 대해 조사해 보고, 특히 태국이 동남아시아에서 유일하게 독립을 유지할 수 있었던 이유를 분석해 발표해 보자.

  관련 학과 정치외교학과, 정치행정학과, 정치국제학과, 국가안보학과, 국제관계학과, 국제학부, 군사학과, 공공행정학과, 행정학과, 국제경영학과, 글로벌경영학과, 사회학과, 지리학과

  《동남아시아사》, 소병국, 책과함께(2020)

- 중국은 아편전쟁의 패배로 인해 제국주의 열강의 침탈이 가속화되었고, 이를 해결하기 위해 양무운동을 추진했으나 결국 실패로 돌아갔다. 청·일 전쟁 패배 후 열강의 침략이 극심해지는 상황에서 변법자강운동, 신해혁명과 같은 근대 국민국가 수립 운동을 전개하였다. 양무운동과 변법자강운동의 배경, 주도 세력, 전개 과정, 결과를 조사해 보고서를 작성해 보자.

  관련 학과 정치외교학과, 정치행정학과, 정치국제학과, 국가안보학과, 국제관계학과, 국제학부, 군사학과, 공공행정학과, 행정학과, 국제경영학과, 글로벌경영학과, 사회학과, 지리학과

  《동아시아를 만든 열 가지 사건》, 아사히신문 취재반, 백영서 외 1명 역, 창비(2008)

- 중국과 일본, 한국이 서세동점(西勢東漸)의 물결에 떠밀려 개국을 하고 개화의 단계에 접어든 것은 불과 10~20년 간격을 두고 이루어진 일이었다. 그런데 한국과 중국은 근대화에 실패하여 민족적 고난을 겪게 된 반면, 일본은 메이지유신을 통해 개화와 개혁을 촉진하였고, 근대화에 성공하여 서구 열강과 어깨를 나란히 하는 수준으로 올라설 수 있었다. 일본이 아시아에서 유일하게 근대화에 성공한 이유와 일본 근대화의 한계점을 조사해 보고서를 작성해 보자.

  관련 학과 정치외교학과, 정치행정학과, 정치국제학과, 국가안보학과, 국제관계학과, 국제학부, 군사학과, 공공행정학과, 행정학과, 국제경영학과, 글로벌경영학과, 사회학과, 지리학과

  《메이지 유신》, 다나카 아키라, 김정희 역, AK커뮤니케이션즈(2020)

- 영국은 인도에 대한 식민 정책을 시행하면서 인도를 영국의 원료 공급지이자 상품 시장으로 삼았으며, 인도 내의 지배와 피지배 계급의 갈등 조장, 힌두교와 이슬람교 간의 대립 조장을 통해 인도를 교묘하게 지배하였다. 영국이 인도 식민 지배 200년 동안 일관되게 견지한 통치 전략은 '분열시켜 지배한다'였다. 종교, 인종, 지역 간 차별을 강화하고 적대감을 조장할수록 지배에 유리했고, 이러한 통치 전략은 영국의 이익에 기여했다. 영국의 식민 지배가 오늘날 인도 사회에 끼친 영향을 분석해 발표해 보자.

  관련 학과 정치외교학과, 정치행정학과, 정치국제학과, 국가안보학과, 국제관계학과, 국제학부, 군사학과, 공공행정학과, 행정학과, 국제경영학과, 글로벌경영학과, 사회학과, 지리학과

  《인도가 보이는 인도사》, 강명남 외 1명, 위더스북(2021)

단원명 | 현대 세계의 과제

| 🔍 | 1·2차 세계대전, 러시아 혁명, 대량 살상, 총력전, 전체주의, 세계 대공황, 민족운동, 냉전, 탈냉전, 유럽 연합, 제3세계, 세계화, 과학·기술 혁명, 민주주의, 평화, 경제적 불평등, 생태 환경, 지구온난화, 남북 문제, 반세계화 운동, 지속가능한 개발

[12세사04-01]

제1·2차 세계대전을 인권, 과학기술 문제와 관련지어 파악한다.

➲ 1차 세계대전은 사라예보 사건으로 인해 오스트리아-헝가리 제국이 세르비아 왕국에 전쟁을 선포하여 전 세계적으로 전개된 전쟁이다. 영국 사학자 에릭 홉스봄의 표현처럼, 사실상 20세기의 모든 것이 1차 세계대전에서 비롯되었다고 봐도 틀린 말이 아니다. 그만큼 1차 세계대전은 인류 역사에 막대한 영향을 끼쳤다. 1차 세계대전이 일어난 배경과 전개 과정을 파악하고, 전후 유럽 세계가 어떻게 변화됐는지 조사해 보고서를 작성해 보자.

관련 학과 정치외교학과, 정치행정학과, 정치국제학과, 국가안보학과, 국제관계학과, 국제학부, 군사학과, 공공행정학과, 행정학과, 국제경영학과, 글로벌경영학과, 언론정보학과, 신문방송학과, 미디어커뮤니케이션학과, 사회학과

《1차 세계대전》, 러셀 프리드먼, 강미경 역, 두레아이들(2013)

➲ 전쟁에는 역설이 깃들어 있다. 지배자들은 기존 체제를 유지하려고 전쟁을 벌이지만, 체제의 흥망이 걸린 전쟁에서 이기려면 혁신을 추구해야 한다. 그러다 보면 체제가 평시에는 용납하지 않던 급격한 변화가 전시에 일어나게 된다. 그런 사례로 제1차 세계대전 시기의 여성의 사회적 위상을 들 수 있다. 이 전쟁 기간에 체제가 승리를 위해 추구한 혁신의 부수적 수혜자가 여성이었다. 세계대전 기간의 여성 인권 신장의 과정을 조사해 보고서를 작성해 보자.

관련 학과 정치외교학과, 정치행정학과, 정치국제학과, 국제관계학과, 국제학부, 공공행정학과, 행정학과, 언론정보학과, 신문방송학과, 미디어커뮤니케이션학과, 사회학과, 사회복지학과

《세계 여성의 역사》, 로잘린드 마일스, 신성림 역, 파피에(2020)

➲ 전체주의는 공동체, 국가, 이념을 개인보다 우위에 두고, 개인을 전체의 존립과 발전을 위한 수단으로 여기는 사상이다. 전체주의라는 용어가 일반적으로 쓰이기 시작한 것은 1930년대 후반부터인데, 당초에는 이탈리아의 파시즘, 독일의 나치즘, 일본의 군국주의 등을 가리키는 말로 사용되다가 제2차 세계대전 이후의 냉전 체제 하에서는 공산주의를 지칭하게 되어 반(反)공산주의 슬로건으로 전용되기 시작하였다. 전체주의 국가들의 등장 배경과 그 특징을 파악해 전체주의의 문제점과 민주적 가치가 왜 중요한지에 대한 논설문을 작성해 보자.

관련 학과 정치외교학과, 정치행정학과, 정치국제학과, 국가안보학과, 국제관계학과, 국제학부, 군사학과, 공공행정학과, 행정학과, 국제경영학과, 글로벌경영학과, 언론정보학과, 신문방송학과, 미디어커뮤니케이션학과, 사회학과

《전체주의의 기원》, 한나 아렌트, 이진우 외 1명 역, 한길사(2006)

➲ 대공황은 미국 역사상 가장 길었던 경제 위기로 1929년부터 1939년까지 지속되었다. 미국 뉴욕의 증권거래소에서 주가가 폭락하면서 수많은 은행과 기업이 도산하고 실업자가 속출하였다. 미국의 경기 침체는 곧 유럽을 비롯한 세계 경제로 확산하여 국제 무역이 급감하고, 전 세계적으로 실업률이 치솟는 대공황으로 이어졌다. 대공황의 원인, 전개 과정과 결과, 이를 해결하기 위한 노력에 대해 조사해 보고서를 작성해 보자.

관련 학과 무역학과, 국제관계학과, 국제통상학과, 국제무역학과, 국제경영학과, 국제경제학과, 글로벌비즈니스학과, 글로벌경영학과, 사회학과, 경영학과, 경제학과, 행정학과, 지리학과, 정치외교학과

《대공황의 세계 1929-1939》, 찰스 P. 킨들버거, 박정태 역, 굿모닝북스(2018)

➔ 오늘날의 SNS는 개인과 개인, 단체와 단체 사이의 관계를 가장 잘 보여주는 매체이다. 이는 SNS가 사료로서 혹은 역사 서술 방법으로서 가치를 지닌다는 것을 뜻하기도 한다. 1·2차 세계대전은 전쟁의 참혹함을 일깨웠고 전후 세계 질서의 재편으로 이어졌을 뿐 아니라, 국제 협력의 필요성이 증대되는 결과를 가져왔다. 1·2차 세계대전을 전후한 시기의 역사적 사건을 하나 정하고 그 사건을 SNS 형태로 재구성하여 사건에 대한 이해를 심화해 보자.

관련 학과 **정치외교학과, 정치행정학과, 정치국제학과, 국가안보학과, 국제관계학과, 국제학부, 군사학과, 공공행정학과, 행정학과, 국제경영학과, 글로벌경영학과, 언론정보학과, 신문방송학과, 미디어커뮤니케이션학과, 사회학과**

《거의 모든 전쟁의 역사》, 제러미 블랙, 유나영 역, 서해문집(2022)

[12세사04-02]

냉전의 전개 양상에 따라 나타난 사회, 문화의 변화를 분석한다.

➔ 제2차 세계대전 후 전 세계는 미국 중심의 자본주의 진영과 소련 중심의 공산주의 진영으로 나뉘어 대립하는 냉전 체제가 형성되었다. 냉전의 대표적인 시발점으로 볼 수 있는 것이 '트루먼 독트린'과 '마셜 플랜'이다. 트루먼 독트린은 미국의 트루먼 대통령이 선언한 미국 외교 정책에 관한 원칙으로, 그 내용은 공산주의 확대를 저지하고 자유와 독립을 유지하기 위해 노력하겠다는 것이었다. 마셜 플랜은 제2차 세계대전 이후 폐허가 된 유럽 자유국가들의 재건과 경제적 번영을 위한 미국의 재건·원조 계획이다. 트루먼 독트린과 마셜 플랜의 내용과 그 영향을 조사해 발표해 보자.

관련 학과 **정치외교학과, 국제관계학과, 국제통상학과, 국제무역학과, 국제경영학과, 국제경제학과, 글로벌비즈니스학과, 글로벌경영학과, 사회학과, 경영학과, 경제학과, 행정학과, 지리학과**

《해리 S. 트루먼》, 강성학, 박영사(2021)

[12세사04-03]

현대 세계의 과제를 해결하기 위해 인류가 기울여온 노력을 탐구한다.

➔ 중국의 개혁·개방 정책이란 덩샤오핑의 지도 체제 아래에서 1978년부터 시작된 체제의 개혁 및 대외 개방 정책을 말한다. 마오쩌둥 시대의 대약진 운동, 문화대혁명으로 피폐해진 경제를 다시 살리기 위해, 현실파 덩샤오핑은 '4개의 현대화'를 내걸어 시장경제 체제로의 이행을 시도하였다. 그 결과, 중국은 오늘날 세계 2위의 경제 대국으로 성장하였다. 중국의 급속한 경제성장 과정과 그에 따른 문제점, 중국 경제의 미래에 대한 보고서를 작성해 보자.

관련 학과 **경제학과, 경영학과, 금융학과, 금융공학과, 무역학과, 국제물류학과, 국제통상학과, 국제관계학과, 국제무역학과, 국제경영학과, 국제경제학과, 글로벌비즈니스학과, 글로벌경영학과, 사회학과, 지리학과**

《보이지 않는 중국》, 스콧 로젤 외 1명, 박민희 역, 롤러코스터(2022)

➔ 탈냉전 이후 지난 30여 년 동안의 국제 정치의 흐름과 국제 질서의 변화 과정은 권력의 부침과 세계화라는 개념을 중심으로 설명할 수 있다. 정치권력의 관점에서는 미국 권력의 상대적 약화, 중국 권력의 상대적 상승, 그리고 쇠퇴한 러시아 권력의 반발이라는 현상에 초점을 맞추고, 세계화의 관점에서는 트럼프 행정부 이후 탈세계화 추세를 가속화한 미국 국내의 정치적 배경과 그 파장에 주목할 필요가 있다. 탈냉전 시대의 새로운 세계 질서를 파악하여 오늘날 세계에서 나타나는 특징적 현상들을 조사해 발표해 보자.

관련 학과 **정치외교학과, 국제관계학과, 국제통상학과, 국제무역학과, 국제경영학과, 국제경제학과, 글로벌비즈니스학과, 글로벌경영학과, 사회학과, 경영학과, 경제학과, 행정학과, 지리학과**

《탈냉전기 미중관계 - 타협에서 경쟁으로》, 김재철, 사회평론아카데미(2023)

➔ 1970년대 영국은 고복지·고비용·저효율을 특징으로 하는 '영국병'을 심하게 앓고 있었다. 1979년 총리에 당선된 마거릿 대처는 이전과는 다른 사회경제 정책을 펼쳤다. 1980년대 미국의 레이건 정부가 추진한 경제 정책은 정부의 기능을 중시하는 수정자본주의 정책이 경제 발전을 저해한다고 주장하였다. 이른바 대처주의와 레이거노믹스를 조사해, 오늘날 우리나라 경제 발전에 필요한 경제 정책에 대한 자신의 생각을 정리해 발표해 보자.

관련 학과 **경제학과, 경영학과, 금융학과, 금융공학과, 무역학과, 국제물류학과, 국제통상학과, 국제관계학과, 국제무역학과, 국제경영학과, 국제경제학과, 글로벌비즈니스학과, 글로벌경영학과, 사회학과, 지리학과**

《자유주의와 그 불만》, 프랜시스 후쿠야마, 이상원 역, 아르테(2023)

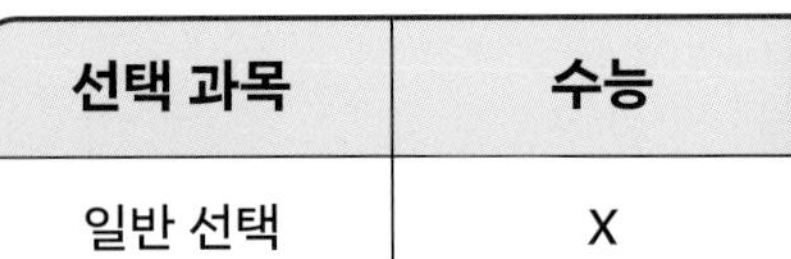

선택 과목	수능	사회와 문화	절대평가	상대평가
일반 선택	X		5단계	5등급

단원명 | 사회현상의 이해와 탐구

| 🔍 | 사회현상의 특징, 사회학적 상상력, 사회현상을 이해하는 관점, 기능론, 갈등론, 상징적 상호작용론, 양적·질적 연구, 질문지법, 면접법, 가치 개입, 가치 중립, 연구 윤리

[12사문01-01]

사회현상의 탐구를 위해 사회현상의 특징에 대한 이해와 사회학적 상상력이 필요함을 인식하고, 사회현상에 대한 다양한 관점을 비교한다.

사회현상은 인간의 행동과 상호작용으로부터 비롯된다. 사회적 질서와 자연적 질서의 차이와 유사성을 탐구하고, 사회현상과 자연현상이 질서를 형성하는 데 어떤 영향을 미치는지 조사할 수 있다. 또한 사회는 시간과 공간에 따라 변화하는 경향이 있다. 사회적 변화와 자연적 평형 사이의 관계를 연구하고, 사회현상의 변화가 자연현상에 어떤 영향을 미치는지 조사할 수 있다.

관련 학과 사회계열 전체

《이기적 유전자》, 리처드 도킨스, 홍영남 외 1명 역, 을유문화사(2023)

[12사문01-02]

사회현상에 대한 양적 연구 방법과 질적 연구 방법의 특징 및 연구 절차를 비교하고, 각 연구 방법을 활용한 연구 사례를 분석한다.

양적 연구를 활용하여 사회적 영향과 캠페인의 효과성을 조사할 수 있다. 이를 위해 사회운동이나 캠페인에 참여한 사람들의 행동 변화를 측정하고, 이를 캠페인 요소(메시지, 전달 방식, 대상 등)와 연결하여 분석할 수 있다. 예를 들어 어떤 종류의 사회 캠페인이 가장 효과적으로 사회적 영향을 미치는지, 어떤 메시지가 대중에게 가장 효과적으로 전달되는지를 연구해 볼 수 있다. 이를 통해 사회적 변화를 이끌어내는 데 효과적인 캠페인 전략을 개발할 수 있다.

관련 학과 사회계열 전체

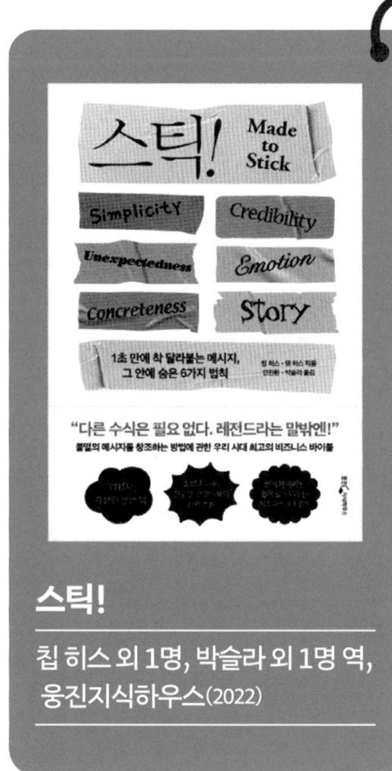

스틱!

칩 히스 외 1명, 박슬라 외 1명 역, 웅진지식하우스(2022)

책 소개

이 책은 시대를 관통하는 이야기, 평생 기억에 남는 루머, 사지 않고는 못 배기게 만드는 광고 카피, 대중의 행동을 바꾼 선거 캐치프레이즈에 이르기까지, 수세기 동안 살아남은 메시지에 관한 방대한 연구와 치밀한 분석 끝에 스티커 메시지 창조의 6원칙(SUCCESs)을 추출해 냈다.

세특 예시

'책을 통해 자신을 돌아보기' 시간에 '스틱!(칩 히스 외 1명)'을 읽고 사람들의 행동을 변화시킬 수 있는 메시지 전달 방법을 탐구함. 특히 간결함에 주목하여, 간결하기만 한 문장은 오해와 공허를 불러올 수 있다는 점을 지적하면서, 간결함과 정확성에 주목하는 메시지 전달 방식에 대한 방안을 조사하였음. 사람의 행동을 이끌 수 있는 6가지 방법을 다양한 사례로 제시하여 발표하면서 많은 친구들의 호응을 얻음.

[12사문01-03]

사회현상에 대한 다양한 자료 수집 방법의 특징을 비교하고, 각 자료 수집 방법을 활용한 연구 사례를 분석한다.

➲ 질문지법과 면접법을 활용하여 하나의 주제를 다른 방법으로 탐구할 수 있다. 학교폭력 예방 교육을 들은 후에 면접법과 질문지법을 동시에 사용하여 학생들의 인식 변화가 있었는지를 조사하고, 두 조사 방법의 결과를 비교·분석하여 응답에서 어떤 차이를 보였는지, 차이가 있다면 어떤 이유에서인지를 파악하고 자신의 생각을 덧붙여 발표할 수 있다. 질적 연구에 쓰이는 방법과 양적 연구에 쓰이는 자료의 차이점도 분석해 볼 수 있다.

관련 학과 사회계열 전체

통계의 함정

게르트 기거렌처 외 1명, 박병화 역, 율리시즈(2017)

책 소개

현대 사회에서는 숫자와 확률로 정보가 규정되고 전달되지만, 우리가 일상으로 접하는 통계에는 수많은 허위 정보가 담겨 있다. 인터넷 시대는 엄청난 속도로 광대한 정보에 접근하게 해주었음에도, 정작 정보의 리스크와 불확실성을 간파하지 못하면 그 의미를 이해할 수 없다. 이러한 무지는 갖가지 부작용을 낳을 뿐만 아니라 생명을 위협하는 위험까지 초래하곤 한다.

세특 예시

자료 수집 방법과 관련된 도서 탐구 시간에 '통계의 함정(게르트 기거렌처 외 1명)'을 읽고, 사람들이 가진 숫자의 가치 중립성에 대해 생각해 보는 시간을 가졌다고 발표함. 사람들은 숫자가 객관적일 것이라고 믿는 데 반해, 숫자는 사람들의 생각이나 행동을 확증편향적으로 몰고 갈 수 있다는 점에 주목하였다고 강조함. 특히 숫자가 통계 작성자의 의도나 방향성에 따라 다르게 읽힐 수 있다는 사실을 말하고, 미디어 리터러시의 중요성을 다시 한번 역설함.

[12사문01-04]

사회현상의 탐구에서 발생하는 연구자의 가치 개입 및 연구 윤리 관련 쟁점을 토론하고, 연구 윤리를 준수하며 사회현상에 대한 탐구를 수행한다.

➲ 연구 자금과 이해관계 등으로 같은 주제의 연구에서 다른 결론을 도출한 사례들을 탐구할 수 있다. 최근에 유행하고 있는 제로 음료의 유해성에 관한 연구를 비교해 보면서, 연구를 후원한 단체가 어떤 목적을 가지고 있는지도 분석할 수 있다. 다양한 연구에서 하나의 주제가 여러 가지로 해석된 경우, 왜 그런 결론이 도출되었는지 분석하고 비판적으로 해석하는 능력을 기를 수 있다. 또한 연구 자금의 윤리적 측면과 이해관계에 대한 논의를 해볼 수 있다.

관련 학과 사회계열 전체

다정한 인공지능을 만나다

장대익, 샘터(2023)

책 소개

인공지능과 다정함이라는 단어는 언뜻 생각하기엔 의미가 겹치지 않는 듯 보인다. 하지만 저자인 장대익 교수는 인간이 천만년 동안 지구에서 유일하게 문명을 이룩한 종이 된 이유가 바로 '다정함'에 있다고 말한다. 그리고 그 다정함은 앞으로 우리와 함께 살아갈 존재이자 새로운 종인 인공지능에게도 생길 수 있는 능력이며, 인공지능과 공존할 미래에 우리가 더 배우고 키워야 할 힘이라고 강조한다.

세특 예시

진로 심화 독서 시간에 '다정한 인공지능을 만나다(장대익)'를 읽고 인간의 정의에 대해 탐구하는 시간을 가짐. 인류가 지금까지 인간으로서 존재할 수 있었던 이유가 '다정함'이라는 사실을 파악하고, 인공지능과 인간의 경계에 대해 고민해 보았다고 밝힘. 특히 다른 사람을 위하거나 희생할 수 있는 정신이 인공지능에 포함될 수 있는지의 여부를 판단하고, 0과 1의 관계가 아닌 스스로 생각하는 인공지능이 생길 수 있다면 새로운 인류가 탄생할 수 있을 것이라는 주장을 하여 큰 호응을 얻음.

단원명 | 사회 구조와 사회 변동

| 🔍 | 사회 구조, 개인, 사회화, 사회화 과정, 사회화 기관, 사회화를 보는 관점, 사회 집단, 사회 조직, 일탈 이론, 사회 통제 유형, 아노미, 내적 통제, 사회 변동, 저출산 및 고령화

[12사문02-01]

사회 구조와 개인의 관계에 대한 이해를 바탕으로 개인의 사회화 과정, 사회화 기관 및 유형을 설명하고, 사회화에 대한 서로 다른 이론적 관점을 비교한다.

➲ 정치 체계가 사회 구조와 어떤 연관성을 가지며, 권력 구조에 어떤 영향을 미치는지 연구해 볼 수 있다. 다양한

국가들의 정치 체계를 분석하면서 민주주의, 군주주의, 사회주의 등 다양한 정치 체계가 사회 구조에 어떠한 영향을 주는지 파악해 보자. 또한 이러한 상황에서 정부의 사회 정책이 사회 구조에 미치는 영향을 연구하는 것도 가능하다. 복지 정책, 건강 관리, 고용 정책 등이 사회 구조 변화에 어떤 영향을 미치는지 조사하여 발표해 보자.

관련 학과 사회계열 전체

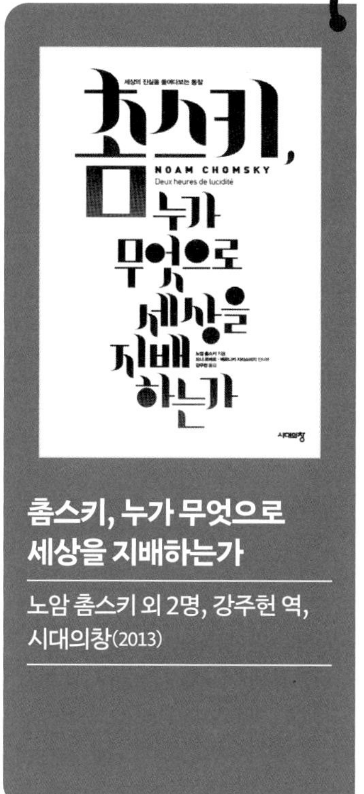

촘스키, 누가 무엇으로 세상을 지배하는가

노암 촘스키 외 2명, 강주헌 역, 시대의창(2013)

책 소개

이 책에서는 은행가들의 권력, 중앙은행의 비정상적인 자율성, 금융과 경제의 과점 현상, 경제적 이득 때문에 외교적 해법보다 전쟁을 앞세우는 현상, 미국의 테러리즘, 다국적 기업의 감춰진 전략과 새로운 역할, 지배 권력의 선전 도구로 전락한 언론, 민주주의에서 지식인의 역할, 대중이 눈을 크게 뜨고 정보를 수집해야 할 필요성 등 '세계를 보는 통찰'에 대해 피력했다.

세특 예시

진로 심화 독서 시간에 '촘스키, 누가 무엇으로 세상을 지배하는가(노암 촘스키 외 2명)'를 읽고, 국민을 강제로 통제하고 소외시키기 힘들 때 엘리트 집단은 선전이란 방법을 동원한다는 사실을 알게 되었다고 밝힘. 자연스러운 현상이기도 하지만, 과학적 수법과 선전 효과를 극대화하는 데 도움이 되는 여타의 수법까지 동원한 공개적이고 의도된 현상이라는 점을 강조하였음. 따라서 매체에 대한 비판적인 수용과 판단이 필요한데, 최근 무분별한 미디어의 포진으로 확증편향이 심해지고 있다는 사실을 경계함. 따라서 미디어 리터러시를 키우기 위한 교육도 함께 진행되어야 한다는 점을 강조하였음.

[12사문02-02]

사회 집단 및 사회 조직의 유형과 변화 양상에 대한 이해를 바탕으로 사회 집단 및 사회 조직이 개인의 사회 생활과 사회적 관계에 미치는 영향을 설명한다.

소비자 선호와 준거집단을 주제로 탐구를 진행할 수 있다. 소비자가 특정 제품이나 브랜드를 선택할 때 자신의 준거집단으로부터 어떤 영향을 받는지 조사해 보자. 준거집단이 소비자들의 제품 선호도에 미치는 영향을 조사하여 특정 소비자 계층을 목표로 한 마케팅 전략을 개발해 보자. 또한 소비자들이 고가의 제품을 구매하기 위해 빚을 내는 경우를 알아보고, 과시를 위한 소비에 준거집단이 끼치는 영향에 관해 탐구할 수 있다.

관련 학과 사회계열 전체

《불안》, 알랭 드 보통, 정영목 역, 이레(2005)

[12사문02-03]

일탈 행동의 발생 요인이나 특성을 설명하는 다양한 일탈 이론을 비교하고, 일탈 행동에 대한 사회 통제의 유형과 사회 통제의 필요성 및 문제점을 분석한다.

사회적 라벨링 이론과 관련하여, 사회에서 일탈 행동을 한 개인에 대한 라벨링과 이 라벨링이 해당 개인의 행동에 어떻게 영향을 미치는지 사례를 통해 탐구할 수 있다. 예를 들어 범죄자로 라벨링된 개인은 사회적 배척을 받을 수 있으며, 이로 인해 더 큰 범죄를 저지를 수 있다. 이에 관한 다양한 사례를 판례나 검색을 통해 파악할 수 있다. 사회적 라벨링을 탐구할 때는 인권에 대한 부분을 항상 생각해야 한다. 또한 노동 시장에서의 사회적 일탈도 조사해 볼 수 있다. 일자리 부족, 노동 시장의 불안정성 및 노동자 권리 침해와 같은 요인이 노동자들의 사회적 일탈을 유발하는 방식을 분석해 볼 수도 있다. 최근 경기 침체로 많은 사건 발생의 우려가 큰 상황이다. 이러한 문제들이 일탈과 어떠한 관계가 있는지 찾아서 분석해 보자.

관련 학과 사회계열 전체

《**일탈과 범죄의 사회학**》, 김준호 외 6명, 다산출판사(2015)

[12사문02-04]

사회 변동이 다양한 요인의 복합적인 상호작용의 산물이라는 점을 설명하고, 현대 사회의 변동 과정에서 나타나는 다양한 사회운동의 유형과 특징을 탐구한다.

➔ 다양한 사회과학 분야에서 사회 변동을 탐구할 수 있다. 사회심리학에서는 사회 변동과 개인의 행동 및 태도 간의 관계를 연구한다. 예를 들어 사회적 영향과 태도 변화, 집단 동질성 및 다양성, 사회적 지지와 저항 등을 주제로 탐구를 진행할 수 있다. 개인의 의사소통이 매스미디어, 소셜 미디어, 언어 사용 및 의사소통에 어떠한 영향을 받아 변동하는지, 기술의 변화가 사회 변동에 어떤 영향을 미치는지, 그리고 문화 요소, 예술, 언어, 식생활 등이 사회 변동과 어떻게 연관되어 있는지 탐구해 보자. 또한 이러한 상황에서의 개인이나 학교의 대응 방안도 함께 발표해 보자.

관련 학과 사회계열 전체

《**C. 라이트 밀스**》, 대니얼 기어리, 정연복 역, 삼천리(2016)

단원명 | 일상 문화와 문화 변동

| 🔍 | 대중문화, 문화산업론, 리비스주의, 문화주의, 취향 문화론, 대중문화에 대한 관점, 미디어, 하위문화, 매스미디어, 소셜 미디어, 주류 문화, 문화 변동

[12사문03-01]

대중문화에 대한 다양한 관점을 비교하고, 일상적으로 접하는 사례를 중심으로 대중문화가 개인과 사회에 미치는 영향을 토의한다.

➔ 미디어 소비와 사회적 영향을 탐구할 수 있다. 대중문화 미디어(예: 텔레비전, 영화, 소셜 미디어) 소비가 사람들의 태도, 행동, 인식에 영향을 미치는지를 알아보고, 이러한 영향이 사회를 어떻게 변화시키는지 발표해 보자. 또한 미디어 소비와 사회적 상호작용의 관계를 조사하고 그 효과를 분석해 볼 수 있다. 이와 함께 대중문화와 문화적 다양성을 분석해 볼 수도 있다. 대중문화가 문화적 다양성에 어떤 영향을 미치는지를 분석하고, 특정 국가의 대중문화가 다른 문화에 어떻게 영향을 미치는지를 탐구해 보자. 또한 이러한 문화가 사회를 변화시킨 경험 사례도 함께 분석해 보자.

관련 학과 사회계열 전체

《**위험, 사회, 미디어**》, 김용찬 외 2명, 컬처룩(2023)

[12사문03-02]

미디어의 효과에 대한 이해를 바탕으로 미디어가 생산하는 메시지를 비판적으로 분석하고, 대안적 메시지 생산에 능동적으로 참여한다.

‘프레이밍’이란 이슈나 문제를 어떤 시각에서 바라볼지를 결정하는 과정을 말한다. 이를 통해 어떤 정보, 이야기, 뉴스가 전달되거나 인식되는 방식이 변할 수 있다. 예를 들어 정치 프레이밍, 정치 인식과 관련하여 ‘선거에서 후보자나 정책을 어떻게 프레이밍하는가’라는 주제로 탐구할 수 있다. 이러한 프레이밍이 투표 결정에 어떤 영향을 미치는지를 조사해 보자. 다만 탐구 과정에서 자신의 정치적 편향이나 지지가 나타나지 않도록 주의해야 한다.

관련 학과 사회계열 전체

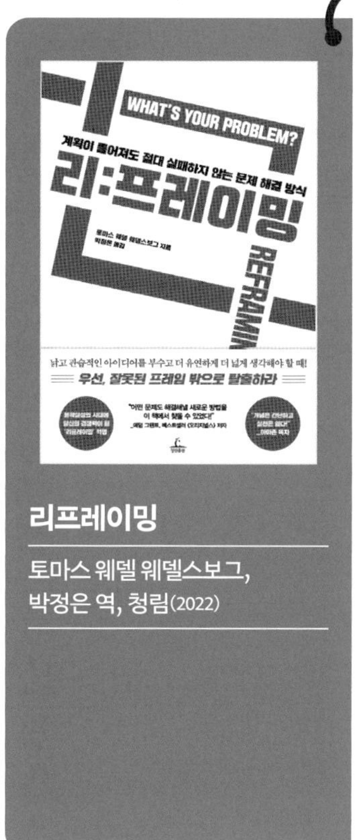

리프레이밍

토마스 웨델 웨델스보그, 박정은 역, 청림(2022)

책 소개

알베르트 아인슈타인과 피터 드러커 등 여러 유능한 학자들이 수십 년 동안 ‘리프레이밍’을 강조해 왔다. 특히 아인슈타인은 “문제가 무엇인지를 아는 것이 가장 중요한 문제이다.”라는 말을 남겼다. 문제를 이해하는 데 시간을 투자하는 것이 중요하다는 의미이다. 그의 말대로 리프레이밍은 문제를 보는 관점을 전환하여 창의적으로 문제를 해결하는 전략이다. 우리가 어디에서 무엇을 하든, 이 혁신적인 문제 해결 방법은 인생에 큰 도움이 될 것이다.

세특 예시

진로 심화 독서 시간에 ‘리프레이밍(토마스 웨델 웨델스보그)’을 읽고 기존의 관습적인 행동 방식을 탐구하였음. 세상을 보는 관점이 하나로 고정되어 있을 때 새로운 관점이나 생각을 다른 것이 아니라 틀린 것이라고 판단하고 수용 자체를 거부한다고 주장함. 관점을 전환하여 새로운 주제나 내용을 학습할 수 있다면 자신이 성장하는 계기가 될 수 있을 것이라고 밝히고, 이는 단순히 개인의 발전에서 벗어나 사회적 성장의 동력이 된다는 점을 강조함. 따라서 정보나 내용을 비판적으로 해석하고 확증편향에서 벗어날 필요가 있다는 점도 함께 밝힘.

[12사문03-03]

하위문화와 주류 문화의 관계에 대한 이해를 바탕으로 다문화사회의 이주민 문화에 대한 서로 다른 관점을 비교하고, 이주민 문화가 갖는 의의에 기초하여 문화 다양성을 증진하기 위한 방안을 제시한다.

보수적인 가치관을 가진 세대와 청소년 세대 사이의 의견 충돌과 갈등에 대해 연구해 볼 수 있다. 세대 간 갈등이 문화 전체에 어떤 영향을 미치는지를 분석하여 발표해 보자. 최근에 세대 간에 의견이 대립될 수 있는 공론장이 다수 형성되어 있어 여론이 충돌하는 사건을 종종 접할 수 있다. 세대 간 의견 대립이 왜 발생하는지 파악해 보고, 이러한 갈등을 줄일 수 있는 방법을 조사하여 발표해 보자.

관련 학과 사회계열 전체

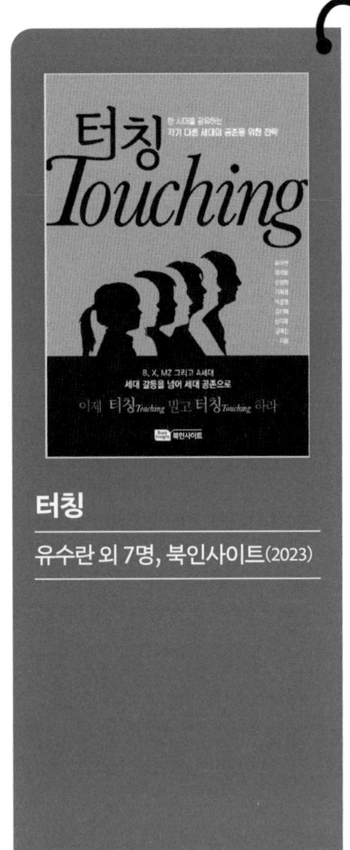

터칭

유수란 외 7명, 북인사이트(2023)

책 소개

시대 공존에 장애 요소가 너무 많은 것이 현실이다. 장기화된 경기 침체와 저성장, 취업난, 폭등과 하락을 거듭하는 부동산 가격 등 불안함의 연속이다. 이렇게 한정된 자원과 환경 속에서 세대 간에 경제적인 자원 획득을 위한 경쟁과 대립은 불가피하다. 더불어 코로나19의 긴 터널과 디지털 사회로의 전환은 세대 간 접촉의 기회마저 감소시켰다. 지금 우리 모두에게는 건강한 공존을 위한 '터칭(TOUCHING)'이 필요하다.

세특 예시

진로 심화 독서 시간에 '터칭(유수란 외 7명)'을 읽고 갈등의 원인과 해결책을 분석해 보는 시간이 되었다고 밝힘. 우리가 살고 있는 현재에는 성장하고 발전하기보다는 인구가 감소하고 경제 동력이 상실되고 있다는 점을 밝힘. 사회·경제적으로 부정적인 미래를 보게 되는 환경을 자연스럽게 학습하게 되고, 이것은 지속적인 발전이 있던 시대에 유년기를 보낸 세대와는 다른 가치관을 가지고 성장하게 하는 요소라는 점을 강조하였음. 이러한 상황에서 자신과 다른 세대를 이해하기 위해서는 가르침이 아니라 동감과 공조가 필요하다는 점을 역설하고, 단순히 옳고 그름의 싸움이 아니라 서로를 이해하기 위한 세대 갈등 해결책이 필요하다고 강조함.

[12사문03-04]

문화 변동의 다양한 요인과 양상, 문화 변동 과정에서 발생하는 문제점을 이해하고, 문화의 세계화로 인해 나타나는 쟁점에 대해 탐구한다.

➔ 정부 및 사회의 정책은 문화 접변의 양상을 조절하거나 영향을 줄 수 있다. 이주민 정책, 다문화주의 정책, 교육 정책 등이 다문화사회에서 어떻게 작동하는지 연구하고, 과거(30년 전, 20년 전) 정책과 현재의 정책이 어떻게 다른지 비교하여 발표해 보자. 또한 이러한 과정에서 문화 갈등이 발생할 수 있는데, 다문화사회에서 발생할 수 있는 문화 갈등 현상의 사례를 조사해 보자. 그리고 이를 관리하고 해결할 수 있는 대안을 제시해 보자.

관련 학과 사회계열 전체

《대한민국 다문화 정책 어젠다》, 김봉구, 온스토리(2023)

단원명 | 사회 불평등과 사회 복지

| 🔍 | 불평등, 빈곤, 성, 사회적 소수자, 차별, 복지, 사회 보험, 공공 부조, 사회 서비스, 성 불평등, 복지 제도, 복지국가, 생산적 복지, 보편적 복지, 선별적 복지

[12사문04-01]

사회 불평등 현상을 이해하는 서로 다른 관점을 비교하고, 사회 이동과 사회 계층 구조의 유형 및 특징을 분석한다.

경제적 불평등이 어떻게 형성되고 어떤 영향을 미치는지를 연구하는 것은 사회과학적으로 중요한 주제이다. 경제적 불평등이 심화할수록 건강 문제, 교육 기회 부족, 범죄 등이 발생할 가능성이 높아진다는 것을 연구한 사례가 있다. 이를 바탕으로 돈, 권력, 교육, 지위 등의 사회적 자본이 어떻게 사회적 변화에 영향을 미치는지를 조사해 볼 수 있다. 예를 들어, 교육이 사회적 부조리를 해소하는 데 어떤 역할을 하는지, 교육의 부적절한 활용이 사회적 부조리를 악화시키는 원인이 되는지를 탐구해 볼 수 있다. 사회 불평등 현상의 다양한 원인과 해결책을 비교해 보자.

관련 학과 사회계열 전체

불평등의 이유

노암 촘스키, 유강은 역, 이데아(2018)

책 소개

이 책은 비단 미국만이 아니라 지난 수십 년에 걸쳐 불평등이 극적으로 확대되고 민주주의가 점점 껍데기만 남고 유명무실해지는 많은 나라에서도 절로 고개가 끄덕여지는 오늘날의 부와 권력의 집중을 낳은 10가지 원리('민주주의를 축소하라', '이데올로기를 형성하라', '동의를 조작하라', '국민을 주변화하라' 등)에 대해 자세하게 설명한다.

세특 예시

'책을 통해 자신을 돌아보기' 시간에 책을 토대로 사회 불평등의 역사와 원인에 대한 탐구를 진행하였다고 밝힘. '불평등의 이유(노암 촘스키)'를 읽고 지난 수십 년에 걸쳐 불평등이 극적으로 확대되고 민주주의가 점점 껍데기만 남고 유명무실해지는 이유를 파악하였다고 발표함. 이를 해결하기 위한 다양한 방안을 파악하고, 직접민주주의의 요소를 전자적 방식으로 도입하자는 내용의 해결 방안을 제시하였음.

[12사문04-02]

현대 사회에서 나타나는 다양한 사회 불평등 양상을 분석하고, 차별받는 사람들의 입장에 대한 공감을 바탕으로 다양한 불평등 현상에 대한 해결 방안을 모색한다.

소득 불평등과 소비 문화 간의 관계를 조사해 보자. 특정 소비 양식이 소득과 어떤 관련이 있으며, 소비 문화가 사회 불평등을 어떻게 형성하고 유지하는지 분석해 볼 수 있다. 또한 광고와 마케팅은 소비 선택과 소비 문화에 큰 영향을 미칠 수 있다. 특히 특정 제품이나 브랜드가 어떤 사회적 계급을 겨냥하는지, 광고가 소비자의 사회적 계층 정체성에 어떤 영향을 미치는지 연구해 볼 수 있다. 최근 우리나라의 명품 소비 사례를 분석하고, 이러한 소비가 발생하는 원인과 자신의 생각을 덧붙여 발표해 보자. 또한 불평등을 해소하기 위한 정책적 방향의 변화를 과거와 비교해서 현재의 상황을 탐구해 볼 수도 있다.

관련 학과 사회계열 전체

불평등의 대가

조지프 스티글리츠, 이순희 역, 열린책들(2013)

책 소개

이토록 불평등이 심화된 원인은 어디에 있는가? 그리고 이러한 불평등은 사회에 어떠한 결과를 초래하는가? 저자인 스티글리츠는 이 책에서 불평등이 경제뿐 아니라 우리의 민주주의와 사법 체계에 어떤 악영향을 미치는지, 그리고 세계화와 통화 정책, 예산 정책 등 정부의 각종 정책이 불평등을 어떻게 심화시켜 왔는지를 분석한다. 나아가 비범한 통찰력으로 보다 정의롭고 바람직한 미래의 비전과 그 비전을 달성하기 위한 구체적인 프로그램을 제시한다.

세특 예시

교과 심화 독서 토론 시간에 '불평등의 대가(조지프 스티글리츠)'를 토대로 불평등이 가져올 수 있는 윤리적 문제와 함께 불평등의 비효율성에 대해 알게 되었다고 밝힘. 불평등이 단순히 개인의 노력 차이에서 비롯되는 것이 아니라, 사회적 불합리성과 비효율성도 원인이 될 수 있다는 점을 지적하고 이를 해결하지 않으면 지속가능한 발전이 불가능할 것이라고 주장하였음. 많은 정책적 대안들이 소수만을 위한 해결책이라고 말하면서, 사회 전체의 불평등을 해소할 수 있는 새로운 정책이나 대안이 마련되어야 사회가 유지될 수 있다는 점을 강조함.

[12사문04-03]

복지국가의 발전 과정에 대한 이해를 바탕으로 사회 복지 제도의 유형과 특징을 비교하고, 현대 사회에서 나타나고 있는 사회 복지를 둘러싼 쟁점을 토론한다.

➲ 사회 복지가 사회적으로 어떠한 영향을 주는지 분석해 볼 수 있다. 복지 정책이 사회적으로 어떻게 법률화되고 정책으로 완성되는지를 탐구하고, 복지 정책의 경제적 효과를 분석해 보자. 예를 들어 복지 프로그램이 노동 시장에 미치는 영향을 조사할 수 있다. 실업 수당이 노동 시장 참여에 미치는 영향을 연구하거나, 복지 혜택의 수준이 노동자의 선택에 미치는 영향을 분석해 볼 수도 있다. 또한 선거 후보들의 복지 공약을 비교해 보고, 어떠한 정책적 효과와 지지를 바탕으로 공약이 만들어지는지를 탐구해 볼 수 있다.

관련 학과 사회계열 전체

《더 나은 삶을 상상하라》, 토니 주트, 김일년 역, 플래닛(2012)

선택 과목	수능	한국지리 탐구	절대평가	상대평가
진로 선택	X		5단계	5등급

단원명 | 공간 정보와 지리 탐구

| 🔍 | 지리 정보, 공간 정보, 속성 정보, 관계 정보, 지리 정보 체계, 지역 조사, 인터넷 지도, 가상현실

[12한탐01-01]

다양한 현상에 대해 지리적 관점으로 질문을 던지고, 질문에 답을 하기 위한 탐구 계획을 수립한다.

➔ 지리적 관점에서 바라봤을 때 미국과 중국의 분쟁에 대해서는 크게 남중국해와 대만의 문제를 거론할 수 있을 것이다. 남중국해는 풍부한 해양 자원과 전략적 입지를 갖춘 중요한 해역인 까닭에, 중국은 남중국해에 영유권을 주장하는 많은 인공섬을 건설하고 있다. 미국은 중국의 인공섬 건설에 반대하고 남중국해에서의 자유항행을 옹호하고 있다. 또한 미국은 대만의 자주성을 지지해 왔고, 중국은 대만을 통일하겠다고 위협해 왔다. 미국과 중국은 대만 해협에서 정기적으로 군사 훈련을 실시하고 있다. 지리적 쟁점 하나를 정해서 이와 관련된 지리적 질문을 만들어보고, 지리적 연구 과제를 계획해서 발표해 보자.

관련 학과 정치외교학과, 지리학과, 국제관계학과, 국제물류학과, 국제통상학과, 국제학부, 글로벌경영학과, 경영학과, 무역학과, 사회학과

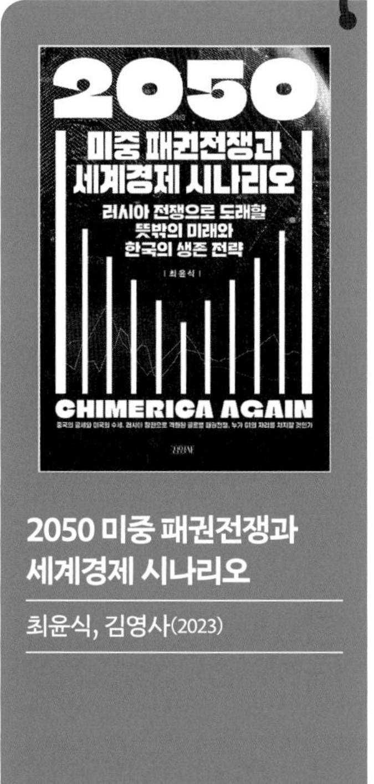

2050 미중 패권전쟁과 세계경제 시나리오

최윤식, 김영사(2023)

책 소개

글로벌 패권전쟁에서 미국의 승리를 점친 지 5년. 저자는 2050년 패권전쟁의 미래를 업데이트했다. 러시아가 야욕을 드러내는 이때, 세계는 어떻게 이합집산할 것인가. 대만 통일 전쟁을 단행하려는 중국과 이를 막고 중국을 옥죄려는 미국은 세계를 핵전쟁 위험으로 몰아갈 것인가. 이번에도 중국은 미국을 넘어서지 못할 것인가. 한국은 어떻게 대비해야 하는가. G1의 자리를 두고 치열하게 전개되는 미국과 중국 간 패권전쟁의 끝, 아무도 예상하지 못한 거대한 역전이 기다리고 있다.

세특 예시

'2050 미중 패권전쟁과 세계경제 시나리오(최윤식)'를 읽고, 미·중 간의 미래 기술과 미래 시장 주도권 경쟁의 흐름, 시진핑의 종신 집권을 위한 대만 통일 전쟁 카드, 대만 통일 전쟁 위기 시 세계 경제 시나리오, 미·중의 현실적 어려움에 따른 적절한 균형점에 대해 정리해 발표함. 특히 중국이 대만을 침공하려는 이유와 현실적인 장벽, 대만 통일 전쟁 시나리오별로 한국의 안보에 미치는 영향을 다각도로 분석해 통찰력 있는 의견을 피력함.

[12한탐01-02]

야외 조사 및 지리 정보 기술을 활용한 데이터 수집 방법을 연습하고, 탐구 질문에 맞춰 데이터를 수집·분석·시각화한다.

➲ 지리 공간 데이터는 일반적으로 다양한 형식의 소스에서 수집한 대규모 공간 데이터 세트를 포함하며 인구 조사 데이터, 위성 이미지, 날씨 데이터, 휴대전화 데이터, 그려진 이미지 및 소셜 미디어 데이터 등의 정보를 포함할 수 있다. 지리 공간 데이터는 기존 비즈니스 데이터와 함께 검색하고, 공유하고, 분석하고, 사용할 수 있을 때 가장 유용하다. 지리 공간 데이터 마이닝의 개념, 지리 공간 데이터의 응용 사례, 지리 공간 데이터 수집에 활용되는 기술을 조사해 발표해 보자.

관련 학과 지리학과, 통계학과, 응용통계학과, 정보통계학과, 경영정보학과, 공공행정학과, 빅데이터공학과, 데이터정보학과

《마이크로 지리 정보학》, 최정묵, 한스컨텐츠(2018)

단원명 | 생활 속 지리 탐구

| 🔍 | 식품의 생산·유통·소비 과정, 상품 사슬, 핫 플레이스, 지역 자원, 모빌리티, 모바일, 빅데이터, 플랫폼

[12한탐02-01]

식품의 생산, 유통, 소비 과정을 조사함으로써 음식을 통한 생산자와 소비자, 상품, 장소의 연결성을 이해하고, 상품 사슬을 조직하는 윤리적인 방식의 가능성과 한계를 파악한다.

➲ 영국의 농부 가이 왓슨은 1998년 이웃의 친환경 농장 13곳과 함께 '사우스데번 유기농 생산자 협동조합'을 설립해 매주 채소, 과일, 달걀, 유제품을 담은 5만여 상자를 잉글랜드와 웨일스 소비자들에게 직접 배달한다. 그리고 프랑스, 덴마크, 스페인의 유기농 농부와 장기 계약을 맺어 영국의 춘궁기에 채소를 확보하고 오렌지, 감귤류 등을 공급받는다. 이렇게 식품 유통 과정을 개선해 생산자와 소비자가 모두 윈윈하는 사례를 조사해 발표해 보자.

관련 학과 지리학과, 국제관계학과, 국제물류학과, 국제통상학과, 국제학부, 글로벌경영학과, 경영학과, 무역학과

《식품유통의 이해와 분석》, 김성훈 외 2명, ㈜박영사(2023)

[12한탐02-02]

핫 플레이스의 특징, 생성 과정, 정체성 이슈를 조사하고, 지역 자원을 활용한 관광 활성화 방안을 제안한다.

➲ '핫 플레이스'를 통해 각각의 영역이 포스팅이라는 문화적 실천을 통해 어떤 방식으로 생산되고 소비되는지를 알 수 있다. SNS에서 핫 플레이스로 포스팅되는 영역은 크게 '맛집 탐방', '복합문화공간 경험', '여행 경험'으로 분류할 수 있다. 이러한 경험적 소비를 재현하는 방식에서 나타나는 공통적 특징, 문화적 실천, 그리고 오늘날 청년 세대가 처한 현실과 온라인 공간에서 드러나는 문화적 실천 사이의 간극이 발생하는 원인을 조사해 발표해 보자.

관련 학과 문화콘텐츠학과, 미디어커뮤니케이션학과, 신문방송학과, 광고홍보학과, 언론정보학과, 지리학과, 사회학과

있는 공간, 없는 공간

유정수, 쌤앤파커스(2023)

책 소개

낙후된 구도심이던 익선동을 최고의 상권으로 탈바꿈시킨 주역이자, 손대는 족족 대박을 터트리며 '미다스의 손'이라 불리는 공간 전략가, 유정수 대표는 핫한 가게들에는 몇 가지 확실한 공통점이 있다고 말하며, 이를 '공간의 진화'라는 관점에서 설명한다. 이 책에서는 상업 공간이 나아갈 분명한 방향과 흐름을 이해하고 적용하도록 안내한다.

세특 예시

인기 있는 핫 플레이스의 이면에는 무엇이 있을까 궁금해서 '있는 공간, 없는 공간(유정수)'을 읽고 치열한 경쟁과 위기의 시대에도 계속 살아남는 공간, 성공하는 핫 플레이스의 특징에 대해 알게 됐다는 소감을 피력함. '성공하는 핫 플레이스는 무엇이 다를까?'란 주제로 유휴 공간의 중요성, 선택과 집중, 차원 진화, 최대부피의 법칙, 경계 지우기 등의 차별화 전략이 중요함을 깨닫고, 카페 창업을 가정한 후 자신만의 차별화 전략 기획안을 직접 작성하고 발표하여 좋은 반응을 이끌어냄.

[12한탐02-03]

모빌리티와 모바일, 빅데이터, 플랫폼의 결합이 시·공간 활용에 미치는 영향을 설명하고, 모빌리티 공유 서비스가 일상생활에 미친 영향과 문제점을 조사해 대안을 제시한다.

➲ 디지털 시대 모빌리티 시장의 성장세가 두드러진다. 다가오는 모빌리티 혁명에 반도체, 자동차, IT 업계의 모든 기업들이 사활을 걸고 최선을 다하고 있다. 전기차와 전기 수소차를 현재 내연기관 자동차 가격으로 판매한다면 수많은 일자리가 탄생할 것이며, 대한민국이 이러한 미래의 먹거리를 선점해야만 한다. 다가오는 21세기에는 친환경 상용차 제조 기술과 정비 기술을 습득하여 생산과 서비스를 끊임없이 개선하고, 혁신적인 친환경 상용차의 제품과 품질 개선에 대한 일관된 목적의식을 갖고 기업 혁신 성장의 선두에 서야 할 것이다. 급격히 변화하는 미래 차 시장의 현황, 국내 자동차 기업의 미래 차 경영 전략을 조사해 발표해 보자.

관련 학과 사회계열 전체

《모빌리티 혁명》, 이상헌 외 10명, 브레인플랫폼(2023)

단원명 | 국토의 변화와 균형 발전 탐구

| 🔍 | 인구 구조의 변화, 저출생, 고령화, 다문화, 식생활의 변화, 지속가능한 농업, 산업 구조 전환, 수도권 집중, 지방 소멸, 국토 균형 발전

[12한탐03-01]

통계 자료를 활용해 우리나라 인구 및 가구 구조의 변화를 시각화 및 분석하고, 저출생, 고령화, 다문화 가구의 증가에 대응하기 위한 방안을 모색한다.

➲ 대한민국 출산율은 OECD는 물론이고 전 세계에서도 가장 낮다. OECD 출산율 평균의 절반 수준으로 압도적

으로 낮으며, 더 큰 문제는 지금도 상당히 빠른 속도로 떨어지고 있다는 것이다. 출산율의 급격한 감소는 곧 인구 감소로 이어지게 된다. 저출산이란 출산율이 한 나라의 인구 유지에 필요한 최소 합계출산율인 2.1명보다 더 낮은 현상을 말한다. 저출산의 원인, 다른 선진국과의 비교·분석, 저출산의 부정적인 관점과 긍정적인 관점 비교, 저출산 문제 해결 방안을 조사하고 서로 의견을 나눠보자.

관련 학과 사회복지학과, 아동가족학과, 아동심리학과, 사회학과, 정치외교학과, 행정학과

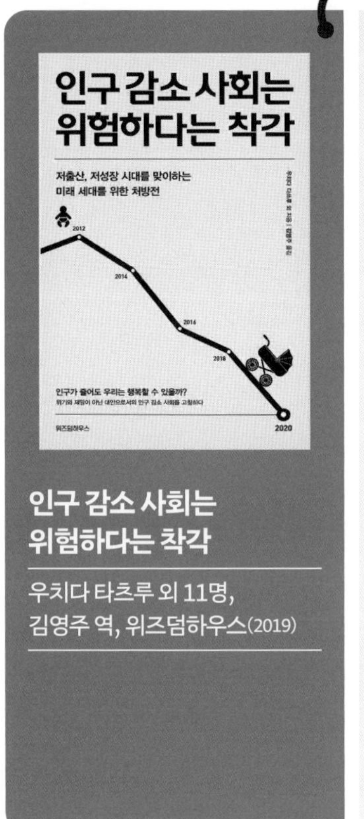

인구 감소 사회는 위험하다는 착각

우치다 타츠루 외 11명, 김영주 역, 위즈덤하우스(2019)

책 소개

위기와 재앙이 아닌 대안으로서의 인구 감소 사회를 고찰한 책. 인구가 줄어들면 그에 따라 정치·경제·사회 등 국가를 유지하는 모든 체제가 바뀔 것이다. 이러한 변화들은 그저 위기와 재앙을 불러일으키기만 할까? 지금 준비할 수 있는 미래를 위한 대책은 없는 것일까? 일본의 대표 지성 우치다 타츠루가 인류학·사회학·지역학·정치학 등 각 분야 전문가들의 논의를 엮어 '인구 감소 사회'의 현실을 진단하고, 미래를 준비할 방안을 모색해 본다.

세특 예시

왜 인구 감소가 위기이고 재앙이라고만 말하는 것일까? 저출산·고령화, 인구절벽 문제의 본질을 알고 싶어, 관심 주제 심화 독서 활동 시간에 '인구 감소 사회는 위험하다는 착각(우치다 타츠루 외 11명)'을 읽고 새로운 인구 문제 접근 방식, 호모 사피엔스의 역사로 살펴본 인구 동태와 종의 생존 전략, 두뇌 자본주의 시대에 대한 고찰, 인구 감소의 원인과 근원적인 대책, 인구 감소 문제 해결 사례 등에 대해 정리해 발표함. 추후 활동으로 일본의 인구 감소 문제에 대한 논의를 바탕으로 한국의 상황을 진단하고 대안을 제시하는 보고서를 제출함.

[12한탐03-02]

식생활 변화 및 세계화에 따른 우리나라 농업의 변화를 이해하고, 지속가능한 농업과 농촌을 위한 정책을 제안한다.

농업이 미래 성장 산업이 될 수 있는 이유를 단순히 농산물에 대한 글로벌 차원의 수요와 공급 관계의 영향만으로 평가해선 안 된다. 지속가능한 개발과 농업의 다원적 기능, 최근의 힐링에 대한 관심, 그리고 UN에서 매년 발표하는 '세계 행복 리포트(World Happiness Report)(2013)'를 하나의 궤로 파악하며 사람들이 원하는 가치를 농업적 가치와 연결해야 한다. 새롭게 나타나고 있는 농업적 가치를 어떻게 적용하느냐 하는 것은 농업이 미래의 성장 산업으로 거듭나는 데 반드시 필요한 일이다. 우리나라 농업이 미래 성장 산업이 될 수 있는 이유, 성장 산업이 되기 위한 혁신적인 농업 경영 전략을 제안해 보자.

관련 학과 사회계열 전체

《농업은 미래성장 산업인가》, 남상일, 라온북(2015)

[12한탐03-03]

산업 구조의 전환이 지역 경제에 미치는 영향을 이해하고, 이를 바탕으로 최근 급속하게 성장한 지역과 위기의 징후가 나타나는 지역의 성격과 특징을 비교한다.

➲ 최근 소비자의 수요가 다양해지면서 대형 마트, 백화점, 대형 복합쇼핑몰, 편의점 등 전문화된 상업 시설이 발달하였다. 이와 달리 기존의 소규모 상점과 재래시장은 점차 쇠퇴하였다. 자동차 보급률이 증가하고 맞벌이 부부가 늘어나면서 편리한 주차, 저렴한 가격이 강점인 대형 마트는 도시 내 주거 지역을 중심으로 교외 지역까지 확산되었다. 바쁜 현대인들이 일상생활에 필요한 다양한 제품을 쉽게 구입할 수 있는 편의점은 도시 곳곳에 들어섰다. 재래시장 쇠퇴의 원인, 재래시장 성공 사례를 조사해 재래시장을 활성화하기 위한 방안을 구상해 발표해 보자.

관련 학과 소비자학과, 경영학과, 경영정보학과, 경제학과, 공공행정학과, 도시행정학과, 부동산학과

《걷고 싶은 골목상권 컨셉 있는 전통시장》, 이철민, 선스토리(2021)

[12한탐03-04]

수도권 집중에 따른 지방 소멸과 국토 불균등 발전 문제에 대한 인식을 바탕으로 국가 및 지역 수준의 국토 균형 발전 방안을 제안하고 실현 가능성을 평가한다.

➲ 지방 소멸은 지역 사회의 인구가 감소하여 인프라 및 생활 서비스 공급, 생활의 애로 등으로 인해 공동체가 제대로 기능하기 어려운 상태를 말한다. 저출산·고령화, 청년 유출, 수도권 집중 등으로 인한 지방 소멸의 위험은 점점 커질 것이다. 지방 소멸은 단순히 지방의 문제가 아닌 국가의 문제임이 분명하다. 서울, 세종, 부산, 광주를 제외하면 거의 모든 곳이 공동화될 지경이다. 현재의 지방 소멸 실태, 지방 소멸의 원인, 지방 소멸을 막기 위한 방안을 작성해 보고 서로 의견을 나눠보자.

관련 학과 도시행정학과, 도시공학과, 스마트시티공학과, 도시디자인정보공학과, 공공행정학과, 도시계획부동산학과, 부동산학과, 사회학과

《소멸 위기의 지방도시는 어떻게 명품도시가 되었나?》, 전영수 외 4명, 라의눈(2022)

단원명 | 환경과 지속가능성 탐구

| 🔍 | 세계자연유산, 자연 경관, 도시화, 관광지 개발, 지속가능한 활용, 자연재해, 탄소중립, 생태 환경

[12한탐04-01]

세계유산으로 등재된 한반도 자연 경관의 가치를 탁월성과 보편성의 측면에서 설명하고, 이를 토대로 등재 가능한 자연 경관을 추천한다.

➲ '세계유산'이란 인종, 종교, 문화, 국가를 초월하여 누구나 미래 세대에게 물려줄 가치가 있다고 인정한 인류의 자산을 의미한다. 세계유산이라는 특별한 개념이 나타난 것은 이 유산들이 특정 소재지와 상관없이 모든 인류에게 속하는 보편적 가치와 함께 누구나 인정할 수 있는 탁월성을 동시에 지니고 있기 때문이다. 유네스코 세계유산 제도의 의미, 세계유산의 정의와 유형, 등재 요건, 세계의 대표적 자연유산을 살펴보고, 이에 걸맞은 또 다른 우리나라의 세계자연유산을 발굴해 발표해 보자.

관련 학과 지리학과, 관광학과, 관광경영학과, 경제학과, 경영학과, 문화콘텐츠학과, 지질환경과학과, 산림학과, 산림환경시스템학과

《보고 생각하고 느끼는 우리 명승기행 2》, 김학범, 김영사(2014)

[12한탐04-02]

도시화, 농업, 관광지 개발로 인한 산지, 하천, 해안 지역의 변화를 조사하고, 환경과 개발에 대한 관점이 자연환경의 복원 및 지속가능한 활용에 미치는 영향을 파악한다.

➲ 탄소중립이란 기업이나 개인이 발생시킨 이산화탄소 배출량만큼 이산화탄소 흡수량도 늘려 실질적인 이산화탄소 배출량을 '0(Zero)'으로 만든다는 개념이다. 다시 말해, 대기 중으로 배출한 이산화탄소량을 상쇄할 정도로 다시 이산화탄소를 흡수하는 방안을 마련하는 것이다. 탄소중립을 실천할 수 있는 방법으로는 숲 조성과 무공해 에너지 개발 등이 있다. 이를 위한 정부의 노력과 더불어, 우리가 일상생활 속에서 탄소중립을 실천할 수 있는 일들을 찾아 제안해 보자.

관련 학과 사회계열 전체

《기후위기와 탄소중립 수업 이야기》, 한문정, 우리학교(2023)

[12한탐04-03]

우리나라 및 우리 지역에서 주로 발생하는 자연재해의 유형과 특징을 분석하고, 이를 토대로 자연재해의 경감 대책을 조사하고 평가한다.

➲ 기후변화로 지난 50년 동안 전 세계 재해 발생 건수는 4~5배 증가한 반면, 조기 경보와 재난 관리 덕분에 재해로 인한 사망자 수는 3분의 1 수준으로 줄어들었다. 지난 50년간 우리나라에서 발생한 태풍·가뭄 등 자연재해 발생 건수와 이로 인한 사망자 수를 조사해, 자연재해 발생 건수는 증가한 반면 사망자 수는 급격히 감소한 원인을 분석해 발표해 보자.

관련 학과 사회계열 전체

《자연재해 저감기술》, 이원호, 기문당(2016)

[12한탐04-04]

우리나라의 에너지원별 발전에 관한 주요 쟁점을 조사하고, 탄소중립 달성을 위한 에너지 정책을 제안한다.

➲ 풍력발전은 바람의 힘을 사용하여 풍차를 돌려 전기를 생산하는 시스템으로, 20세기 후반부터 현재까지 경쟁력 있는 재생 에너지 발전 방식으로 평가받고 있다. 발전 설비 설치 기간이 짧고, 연중 바람이 부는 곳에서는 소규모 발전도 가능하다. 지구는 필연적으로 대류 현상이 일어나기 때문에 거의 항시 공기의 흐름(바람)이 생기므로 다른 연료의 소비 없이 발전이 가능하다. 다른 발전 방식과 달리 쓰레기나 폐기물의 발생도 적은 편이다. 우리나라 풍력발전 사업의 긍정적 측면과 부정적 측면, 풍력발전 사업의 미래 전망을 조사해 발표해 보자.

관련 학과 사회계열 전체

《바람은 우리 모두의 것이다》, 김동주, 경인문화사(2017)

단원명 | 동아시아 갈등과 공존 탐구

| 🔍 | 남북 협력, 접경지역, 지정학, 북한의 지리적 특징, 동아시아의 갈등과 협력, 평화와 공존

[12한탐05-01]

북한의 지리적 특징과 당면 과제에 대한 이해를 바탕으로 남북 협력의 가능성을 모색한다.

북한은 논농사보다는 밭농사가 발달하였다. 그래서 쌀보다는 보리, 밀, 감자, 옥수수 등의 다양한 잡곡이 많이 생산되며, 이를 이용한 음식 문화가 발달하였다. 그리고 북한은 여름보다 겨울이 길기 때문에 오랫동안 저장하여 먹을 수 있는 발효식품이 발달하였다. 북한의 자연환경 및 인문환경의 특성, 북한의 지역별 음식 문화의 특징을 조사해 발표해 보자.

관련 학과 지리학과, 국제관계학과, 국제물류학과, 국제통상학과, 국제학부, 글로벌경영학과, 경영학과, 무역학과, 사회학과, 정치외교학과

《북한 문화, 닮은 듯 낯선 모습》, 임채욱, JMG(2023)

[12한탐05-02]

한반도를 둘러싼 국가 간 경계와 접경지역을 분석하고, 동아시아 지역의 발전과 평화·공존을 위한 지정학적 전략을 토론한다.

1997년 동아시아 외환위기를 맞이한 후 심각한 비판에 직면한 동아시아 발전국가모델은 새로운 대외 환경 변화에 따라 재구성할 필요가 있다. 기술 경쟁, 무역 전쟁, 환율 전쟁, 금융위기로 표현되는 국제 사회의 갈등과 불확실성이 증폭되는 환경 속에서 발전을 위한 국가의 역할을 고찰하고, 기존 동아시아 발전국가모델의 한계는 무엇인지, 그리고 새로운 환경에 대응해 어떠한 점을 보완해야 하는지를 조사해 발표해 보자.

관련 학과 지리학과, 국제관계학과, 국제물류학과, 국제통상학과, 국제학부, 글로벌경영학과, 경영학과, 무역학과, 사회학과, 정치외교학과

동아시아 발전국가모델의 재구성

임혜란,
서울대학교출판문화원(2018)

책 소개

새로운 환경 속에서 동아시아 발전국가모델의 역할을 다시 찾다! 이 책은 1997년 동아시아 외환위기를 겪은 후 심각한 비판을 받은 동아시아 발전국가모델을 새롭게 재구성하고 있다. 저자는 국제 사회의 갈등과 불확실성이 커지는 환경에서 발전을 위한 국가의 역할을 고찰하고, 기존 동아시아 발전국가모델의 한계가 무엇인지, 그리고 새로운 환경에 대응해 어떠한 점을 보완해야 하는지를 논의한다. 국가의 자율성, 관료 체제의 발전, 국가와 기업 간 협력, 그리고 외부 환경에 대한 도전과 기회 포착 등 후발개도국의 성공적인 추격을 위해 필요한 요소들을 제시한다.

세특 예시

교과 연계 독서 탐구 활동에서 '동아시아 발전국가모델의 재구성(임혜란)'을 읽고, 동아시아 발전국가모델의 개념적 정의와 특징, 재구성 방안, 동아시아 발전국가의 성장과 위기에 따른 개혁과 변화의 필요성에 대해 정리해 발표함. 추후 활동으로 동아시아 발전국가모델의 장점과 단점을 분석해 새로운 동아시아 발전국가모델을 구상한 보고서를 제출함.

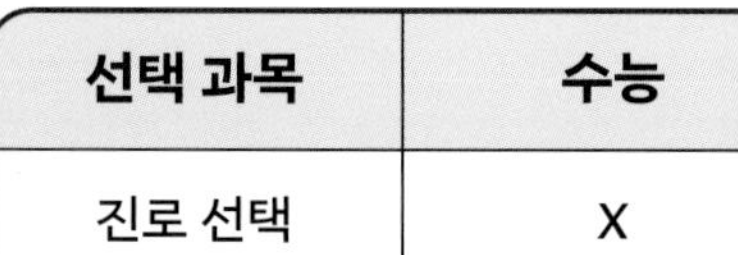

선택 과목	수능	도시의 미래 탐구	절대평가	상대평가
진로 선택	X		5단계	5등급

단원명 | 삶의 공간, 도시

| 🔍 | 도시적 생활 양식, 도시 유형, 도시성, 거주 적합성, 세계화, 기술 발달, 이동 수단, 빅데이터, 데이터 마이닝

[12도탐01-01]

도시의 의미를 이해하고, 도시의 특성이 도시적 생활 양식에 미치는 영향을 일상 공간을 사례로 탐구한다.

➲ 우리나라 개인주의 문화의 배경을 살펴보면 산업화, 교통의 발달과 도시화, 핵가족화가 가장 먼저 일어난 변화라고 할 수 있다. 지금은 아예 '핵개인화'의 시대라는 말이 나오고 있다. 우리나라의 경우 1970년대 이후 꾸준히 진행되고 있는 변화라고 할 수 있다. 그다음으로 이어진 변화는 풍요, 도시 과밀화, 1인 가구의 증가라고 할 수 있다. 도시화와 개인주의화 시대를 비판한 소설을 한 권 선정해, 도시화와 개인주의의 관계, 오늘날 도시민이 겪는 문제점과 그 원인, 미래 도시 문화의 변화에 대한 의견을 작성하고 토론해 보자.

관련 학과 사회학과, 미디어커뮤니케이션학과, 도시행정학과, 행정학과, 부동산학과

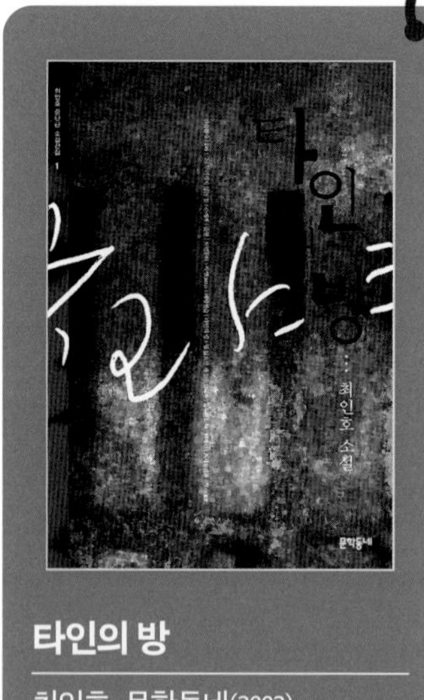

타인의 방

최인호, 문학동네(2002)

책 소개

도시의 일상생활에서 겪는 현대인의 소외와 정신분열을 상징적으로 묘사한 작품이다. 이 소설은 초현실주의적 기법으로 현대인의 소외 의식을 묘사하고 있다. '그'라는 주인공의 의식 세계를 통해 삶에 내재한 개인적 고독, 단절된 현대적 삶의 의미를 보여주며, 이를 하루 저녁의 생활을 통해 적절히 서사화하였다.

세특 예시

교과 연계 심화 독서 활동에 참여하여 도시의 특성이 도시민의 정신 건강에 미치는 영향을 알고자 '타인의 방(최인호)'을 읽은 후, 도시민의 고독과 불안, 정체성 혼돈, 이웃과의 단절 등에 대해 알 수 있었다는 소감을 밝힘. 작가가 1970년대 초에 이야기했던 서울 도시민과 현재의 도시민의 모습을 비교·분석해 정신 건강 문제의 원인과 발현 형태, 사회적 영향, 해결책을 조사해 발표함. 정신 건강 문제의 원인으로 과도한 스트레스, 정보의 과부하, 사회적 고립 등을 꼽았고, 이를 해결하기 위한 방안으로 교육과 인식 개선, 건강한 생활 습관의 촉진 등을 제시함.

[12도탐01-02]

도시의 발달 과정에 대한 이해를 바탕으로 하여 다양한 유형의 도시를 비교하고, 내가 사는 도시의 발달 과정을 탐구한다.

도시는 생산, 소비, 상업, 교역 등 여러 가지 기능을 가지고 있다. 도시마다 그 도시가 가진 자연환경과 인문환경에 따라 특정한 기능이 발달하는데, 이러한 도시를 '기능 도시'라고 한다. 이때 사용되는 지표로 산업별 취업 인구의 비율이나 산업별 생산액의 비율이 있는데, 크게 생산 도시, 교역 도시, 소비 도시, 종합 기능 도시로 분류할 수 있다. 각 도시의 특징, 기능에 따른 특정 도시의 사례를 조사해 발표해 보자.

관련 학과 도시행정학과, 행정학과, 경제학과, 부동산학과, 지리학과, 경영학과, 사회학과

《도시주거 형성의 역사》, 손세관, 열화당(2000)

[12도탐01-03]

살기 좋은 도시에 대한 다양한 관점을 비교하고, 살기 좋은 도시의 사례와 특징을 조사한다.

과거에는 정치적 영향력과 경제적인 부가 도시의 경쟁력으로 여겨졌으나, 오늘날에는 삶의 질이 도시 경쟁력의 중요한 요소로 여겨지고 있다. 살기 좋은 도시는 경제 수준이 높은 선진국에 위치하면서 주민들의 심리적 안정성, 쾌적한 녹지 공간, 건전한 여가 시설 등과 같이 삶의 질을 충족시켜 주는 요소가 잘 갖추어져 있는 적정 규모의 인구를 가진 도시라고 할 수 있다. '살기 좋은 도시'가 갖춰야 할 조건에는 어떤 것이 있는지 조사해 보고, 내가 살고 있는 지역이 그 조건에 부합하는지 분석해 보자.

관련 학과 도시행정학과, 행정학과, 경제학과, 부동산학과, 지리학과, 경영학과, 사회학과

《숲의 도시》, 제종길, 각(2022)

단원명 | 변화하는 도시

| 🔍 | 도시 체계, 도시 공간 구조, 문화 자산, 도시 브랜딩과 건축, 도시 경관, 서비스업, 소비주의, 첨단 산업, 모빌리티, 정보 통신 기술, 스마트 도시, 미래 도시

[12도탐02-01]

도시 간의 상호작용과 교류에 의해 형성되는 도시 체계를 이해하고, 도시 공간 구조는 고정되지 않고 지속해서 재구성됨을 인식한다.

세계 도시(글로벌 도시)는 주로 경제적·정치적·문화적인 중추 기능이 집적해 있고, 대기업 및 다국적 기업의 본사가 집중하여 자본과 정보가 모이는 결절지의 역할을 하며, 세계 경제 시스템에서 중요한 위치를 차지하는 도시를 가리킨다. 세계 도시의 대표적인 예로 뉴욕, 런던, 도쿄 등을 들 수 있다. 세계 도시의 공통적 특징, 최근의 변화를 알아보고, 하나의 도시를 선정해 그 도시만의 독창성을 조사해 발표해 보자.

관련 학과 도시행정학과, 행정학과, 경제학과, 부동산학과, 지리학과, 경영학과, 사회학과

《세계의 도시와 건축》, 류연택 외 13명, 한국방송통신대학교출판문화원(2021)

[12도탐02-02]

문화 자산을 활용한 도시 브랜딩과 건축이 도시의 경관과 도시에 대한 인식 변화에 미친 영향을 탐구한다.

➲ 국내에서는 1990년대 말부터 도시 쇠퇴 현상에 대한 해결책으로 도시 재생이 등장하면서 도시 재생에 대한 연구가 시작되었다. 도시 계획의 성공 사례로는 프랑스의 베르시 쇼퍼테인먼트 사례, 일본의 가나자와시 시민 예술촌 재생 사례가 있다. 도시 계획의 실패 사례로는 미국 세인트루이스의 프루이트-아이고 프로젝트, 네덜란드 암스테르담의 베일메르메이르 단지가 있다. 성공과 실패 사례를 비교·분석해 성공적인 도시 계획 전략에 대해 토의해 보자.

관련 학과 도시행정학과, 행정학과, 경제학과, 부동산학과, 지리학과, 경영학과, 사회학과

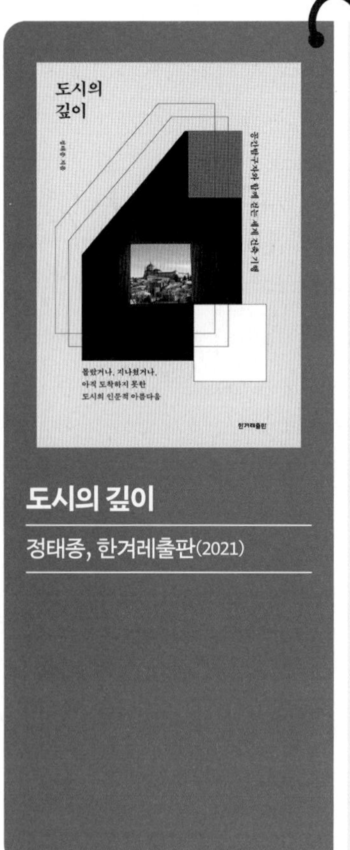

도시의 깊이

정태종, 한겨레출판(2021)

책 소개

세계 각지의 숨은 건축물을 통해 도시와 사회를 다시금 바라보고 경험하게 하는 인문 교양서. '도시의 깊이(정태종)'는 치과의사였던 저자가 돌연 유학을 떠나 건축가의 길을 걷기까지, 수많은 여행지에서 그를 매혹했던 건축 공간을 생생하게 다룬다. 저자는 건축가란 '사회를 바라보는 관점을 탄생시키는 사람'이라고 말한다. 조금 더 건강하고 아름다운 사회를 만들어보려는 노력이 건축 설계 과정 안에 포함되기 때문이다.

세특 예시

'도시의 깊이(정태종)'를 읽고 건축의 인문학적 맥락 파악, 건축과 공간에 대한 깊은 이해, 주거 문제에 대한 인식과 통찰, 예술의 사회적 역할에 대한 고민 등을 할 수 있었다고 발표함. 특히 이 책을 통해 '도시는 살아가는 사람들의 삶의 다양성으로 인해 존재하는 것'이라는 저자의 생각에 공감했고, 우리가 어느 한 도시를 여행하고 특정한 건축물을 체험하는 것은 곧 거기 사는 사람들의 사회적 행위와 동시화되는 것을 의미함을 알게 됐다는 소감을 피력함. 추후 활동으로 서울의 한 지역을 직접 탐방하여 공간적 특징, 독특한 건축물, 지역민의 생활 모습을 조사하고 탐방 보고서를 제출함.

[12도탐02-03]

서비스업의 성장과 소비주의 심화가 도시 경제와 도시의 경관, 생활 양식 변화에 미친 영향을 분석한다.

➲ 도시 개발과 소비 문화는 현대 사회에서 끊임없이 상호작용하며 진화하고 있다. 이 두 가지 요소가 결합하면 도시 경관과 사회 구조에 지속적인 변화를 일으킨다. 이러한 변화는 주로 서비스 산업의 성장과 상업 공간 및 편의 시설에 대한 수요 증가에 의해 주도되었다. 소비 문화로 인한 도시 경관의 주요 변화를 쇼핑센터와 쇼핑몰, 마천루 및 상업 지구, 각종 광고물, 위락 시설, 문화 예술 공간으로 구분하여 조사해 발표해 보자.

관련 학과 소비자학과, 광고홍보학과, 심리학과, 산업심리학과, 사회심리학과, 경영학과, 경제학과

《소비의 대전환》, 월드워치연구소, 오수길 외 3명 역, 도요새(2010)

[12도탐02-04] ●●●

첨단 산업과 모빌리티의 발달이 도시의 성장과 쇠퇴에 미치는 영향을 조사하고, 정보 통신 기술의 발달로 출현하고 있는 스마트 도시를 사례로 살고 싶은 도시의 미래 모습을 예측한다.

스마트 도시(smart city)란 사물인터넷, 사이버 물리 시스템, 빅데이터 솔루션 등 최신 정보 통신 기술(ICT)을 적용한 스마트 플랫폼을 구축하여 도시의 자산을 효율적으로 운영하고 시민에게 안전하고 윤택한 삶을 제공하는 도시를 말한다. 다시 말해 당면 과제를 효율적으로 신속하게 해결해 낼 수 있는 도시를 말한다. 세계적인 스마트 도시의 대표 사례 하나를 선정해 해당 도시의 도시 계획, 추진 사업과 주요 특징, 문제점, 획기적인 미래 도시 건설 방안을 조사해 발표해 보자.

관련 학과 도시행정학과, 행정학과, 경제학과, 부동산학과, 지리학과, 경영학과, 사회학과

《한눈에 읽는 스마트시티》, 이근형 외 10명, 지식공감(2019)

단원명 | 도시 문제와 공간 정의

| 환경 문제와 재난, 공간 정의, 공간 부정의, 공간 불평등, 아파트, 주거 문제, 도시 재생, 빗장 도시, 젠트리피케이션, 다문화, 기후변화

[12도탐03-01] ●●●

도시의 환경 문제와 재난은 자연적 요인과 사회적 요인이 복합적으로 작용하여 발생하고 있음을 사례를 통해 파악하고, 이를 공간 정의의 관점에서 분석하여 해결 방안을 탐색한다.

지구온난화와 자원 고갈 등의 환경 문제는 우리가 직면한 현실이다. 이러한 문제들은 도시 개발에 큰 영향을 미친다. 이에 따라 지속가능한 도시 개발의 중요성이 더욱 부각되고 있으며, 전 세계의 여러 도시가 기후변화의 영향을 더 잘 이해하고 의식적인 환경을 조성하기 위해 노력하고 있다. 디지털 트윈, 도시 숲, 식물 다양성 유지, 토지 사용 계획, 재생 에너지 활용, 탄소 배출 감소, 친환경 교통 체계, 기후 연구, 벌 벽돌 등 환경 문제를 개선하기 위한 도시 차원의 노력을 조사해 발표해 보자.

관련 학과 사회계열 전체

《친환경 도시건축》, 임만택, 문운당(2009)

[12도탐03-02] ●●●

부동산에 대한 인식 변화와 도시의 주거 문제 심화 사례를 조사하고, 이를 공간 정의의 관점에서 분석하여 해결 방안을 탐색한다.

서울신문사는 국내 도시의 지속가능성을 세계 주요 도시와 직접 비교할 수 있는 '한국형 도시 모니터링 지수(K-UMF)'를 국내 최초로 만들었다. UMF는 국가별 정책 및 지역 이슈를 분석하기 위해 '안전하고 평화로운 도시'(안전), '포용적인 도시'(포용성), '회복탄력성 높은 도시'(회복탄력성), '지속가능한 도시'(지속가능성) 등 유엔의 4대 도시 의제에 따라 만든 지표들로 구성됐다. 우리나라 서울과 세계 주요 도시의 지표를 비교해서 4가지 측면에서 강점과 단점을 비교·분석해, 우리나라 도시의 삶의 질을 높이기 위한 방안을 만들어보고 서로 의견을 공유해 보자.

관련 학과 도시행정학과, 행정학과, 경제학과, 부동산학과, 지리학과, 경영학과, 사회학과

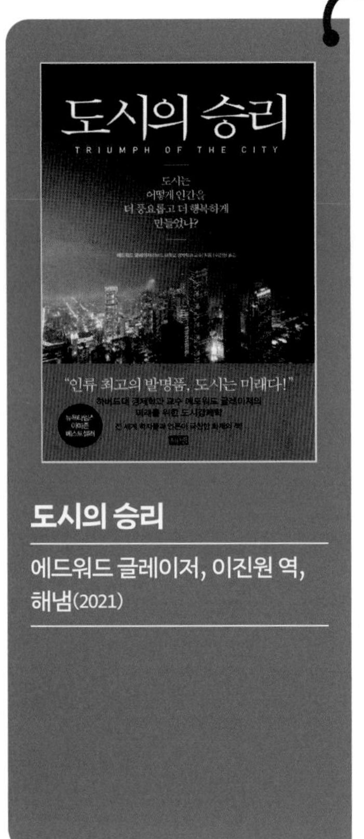

도시의 승리

에드워드 글레이저, 이진원 역, 해냄(2021)

책 소개

도시는 과연 여전히 더럽고, 가난하고, 범죄의 소굴이며, 반(反)환경적인 곳일까? "인류 최고의 발명품은 도시"라고 강력히 주장하는 저자는 경제와 사회, 역사와 정책, 문화를 아우르는 방대한 연구와 도발적인 글쓰기를 통해 해묵은 편견을 깨고 도시의 가치와 미래를 재조명한다. 유효한 도시의 성공 방정식을 도출하여 가장 인간적이고, 건강하고, 친환경적이며, 문화적·경제적으로도 살기 좋은 곳이 바로 도시임을 증명해 보인다.

세특 예시

'도시의 승리(에드워드 글레이저)'를 읽고, 경제학과 역사를 매끈하게 연결하며 도시가 '우리 인류의 가장 위대한 발명품'인 이유, 도시에 대한 편견을 깬 도시의 가치와 미래에 대한 재발견, 도시의 성공과 인적 자본의 관련성, 고질적인 도시 문제에 대한 새로운 해법, 도시를 둘러싼 여러 쟁점, 세계화와 정보 기술의 시대에 유효한 도시의 성공 방정식을 정리해 발표함. 심화 활동으로 전 세계 도시의 흥망성쇠와 주요 이슈들에 대한 저자의 예리한 분석과 통찰을 참고해 '우리나라 도시의 문제점 분석을 통한 미래 도시 전망'에 대한 보고서를 작성해 제출함.

[12도탐03-03]

국제 이주에 따라 도시의 인구 구성과 공간 구조가 변화하여 발생하는 문제를 조사하고, 도시 구성원들의 다양성과 차이를 존중하고 공존하는 방안을 모색한다.

국제 이주는 한 국가에서 다른 국가로 사람들이 이동하는 것을 말한다. 현재 전 세계적으로 국제 이주가 증가하고 있다. 분쟁, 전쟁, 자연재해, 기아와 빈곤이 그 원인이다. 오늘날 정치, 경제, 문화 등 다양한 이유로 인해 많은 사람들이 고향을 떠나서 다른 나라 또는 다른 지역으로 이주하고 있다. 이런 이주 현상은 더 이상 특정 국가나 지역에 국한되지 않고 세계적인 현상으로 자리 잡았다. 최근 20년간의 국제 이주 현상 추이, 이주의 목적과 성격, 이주의 긍정적인 점과 부정적인 점을 조사해 발표해 보자.

관련 학과 지리학과, 국제관계학과, 국제물류학과, 국제통상학과, 국제학부, 글로벌경영학과, 경영학과, 무역학과, 사회학과, 정치외교학과

《개념으로 읽는 국제 이주와 다문화사회》, 데이비드 바트럼 외 2명, 이영민 외 5명 역, 푸른길(2017)

단원명 | 도시의 미래

| 🔍 | 지속가능성, 회복력, 생태 지향적 건축, 에너지 전환, 재난과 위험 관리, 사회적 약자 보호, 공공성, 공동체, 공유 경제

[12도탐04-01]

지속가능성과 회복력이 높은 도시가 되기 위한 요건에 대해 토의하고, 이와 관련한 도시 계획 및 도시 혁신 사례를 탐구한다.

➲ '도시 재생'은 인구 감소, 산업 구조 변화, 무분별한 도시 확장, 주거 환경 노후화 등으로 쇠퇴하는 도시를 지역 역량 강화, 새로운 기능 도입·창출, 지역 자원 활용을 통해 경제적·사회적·물리적·환경적으로 활성화하는 것이다. 기존의 도시 개발 사업과의 차이점과 긍정적인 점, 도시 재생 사업의 유형과 특징, 해외의 모범적인 도시 재생 사업 사례, 국내의 도시 재생 사업 사례를 조사해 발표해 보자.

관련 학과 도시행정학과, 행정학과, 경제학과, 부동산학과, 지리학과, 경영학과, 사회학과

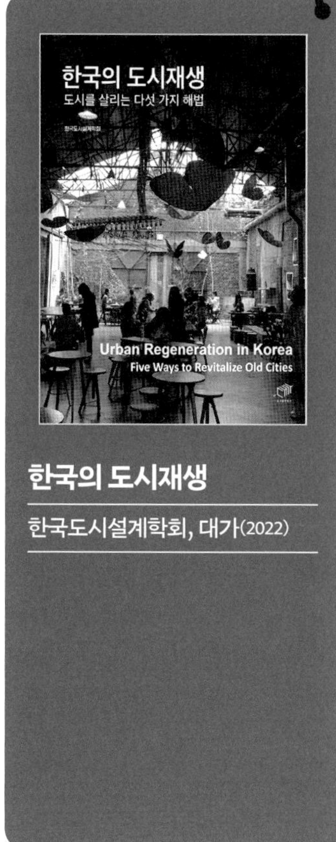

한국의 도시재생

한국도시설계학회, 대가(2022)

책 소개

도시 설계 분야 전문가들이 2000년대 전후부터 현재까지 우리 도시 환경을 개선하며 일상생활의 질적 향상에 기여했다고 평가하는 전국 각지의 프로젝트를 발굴하였다. 경주, 광주, 대구, 부산, 서울, 세종시, 연천, 울산, 인천, 충주 등 20개 프로젝트에 대해 각각의 프로젝트 기획 목적과 추진 배경, 참여자의 계획 수립과 실행 과정, 도시 설계의 특징과 사후 평가 등의 내용을 고찰하며 그 의미와 가치를 담아냈다.

세특 예시

'한국의 도시재생(한국도시설계학회)'을 읽고, 도시 쇠퇴의 배경과 원인, 도시 문제들에 대한 포용적이고 효과적인 대처 방안, 국내에서 진행된 도시 재생 사업 우수 사례를 소개함. 특히 한국의 도시 재생 사업의 구체적인 노력(동네의 변화와 헤리티지 보존 노력, 공공 주도의 재생과 재개발 사업, 대규모 유휴지와 수변 공간의 재생 노력, 도시의 대중교통 체계와 교통 환승 거점의 조성 과정, 일상 환경에서의 생활 문화 거점 조성 노력으로서의 도시 설계)에 대해 조사·분석해 발표함. 심화 활동으로 내 고장의 도시 재생의 필요성과 개선 방향, 도시 재생 뉴딜 사업의 비전과 특징(규모, 주체, 지원), 실제 사업 사례를 보고서로 작성해 제출함.

[12도탐04-02]

도시의 공공성을 높이기 위한 도시 정치의 중요성을 이해하고, 도시를 만들어가는 주체로서 시민이 가져야 할 바람직한 태도를 함양하여 도시 정치에 적극적으로 참여한다.

➲ 공공성은 도시에서의 삶이 개인과 사적 영역을 넘어서서 공동체와 공적 영역으로 전이되어, 공유와 공존의 가치가 공간에서 실현될 수 있는 사회적 동력의 의미를 갖는다. 도시나 건축에서 공공성을 강조하는 이유는 공간을 통해 일상 삶의 질이 향상되고, 모두가 함께 사는 공동체를 일굴 수 있기 때문이다. 도시 건축에서 공공성을 가장 잘 드러낸 사례, 문화적 관용성을 드러낸 사례, 도시 공공성을 실천한 건축가의 사례, 공공성의 딜레마를 조사해 발표해 보자.

관련 학과 정치외교학과, 사회학과, 공공행정학과, 공공인재학부, 도시행정학과, 도시계획부동산학과, 부동산학과, 법학과, 지리학과

《미래도시와 기술혁명의 공공성》, 이종관 외 9명, 산과글(2021)

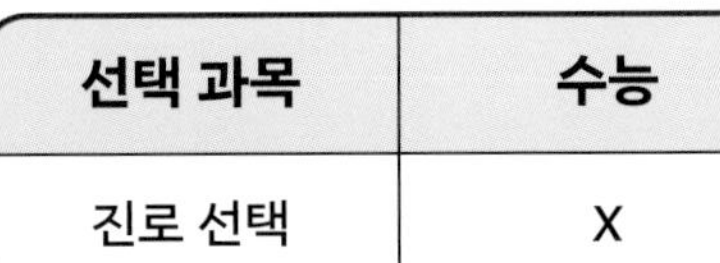

선택 과목	수능	동아시아 역사 기행	절대평가	상대평가
진로 선택	X		5단계	5등급

단원명 | 동아시아로 떠나는 역사 기행

| 🔍 | 지정학, 동북아시아, 동남아시아, 생태 환경, 유목 세계, 농경 세계, 해양 세계, 한자, 불교, 유교, 율령, 계절풍

[12동역01-01]

역사 기행을 통한 탐구의 방법을 이해하고, 동아시아의 범위와 특징을 파악한다.

➲ 동아시아 국가들의 교류와 협력이 활발히 전개되면서도, 중국의 경제·군사적 굴기, 북한의 핵무장, 영토와 영해를 둘러싸고 지속되는 갈등, 역사 인식과 역사 교육(교과서 서술), 일본군 위안부·강제 징용 등 과거사를 둘러싼 갈등, 무역을 중심으로 한 경제 갈등으로 인해 동아시아 국가들의 반목이 확대되고 있다. 갈등을 극복하고 동아시아의 평화 증진과 공영을 이루기 위한 방안을 구상하고 각자의 의견을 공유해 보자.

관련 학과 정치외교학과, 국제관계학과, 국제경영학과, 국제학부, 군사학과, 글로벌경영학과, 글로벌비즈니스학과, 사회학과, 지리학과, 언론정보학과, 신문방송학과, 미디어커뮤니케이션학과, 미디어학부

《동아시아 평화공동체》, 황보윤식, 동연출판사(2021)

➲ 동아시아 지역에는 한민족, 한족, 일본 민족, 몽골족 등 다양한 민족이 교류하며 살았고, 때로는 갈등을 겪으며 치열하게 전쟁을 치르기도 했다. 특히 동아시아의 한국, 중국, 일본은 역사적으로 영향을 주고받으면서 다양한 문화 요소를 공유하였다. 동아시아 각 지역의 문화 교류 사례를 조사하고, 문화 교류가 동아시아 역사 발전에 미친 영향을 분석해 발표해 보자.

관련 학과 관광학과, 문화관광학과, 관광경영학과, 사진영상학과, 신문방송학과, 국제관계학과, 문화콘텐츠학과, 지리학과, 항공관광학과, 영어영문학과, 스페인어학과, 항공서비스학과

책 소개

이 책은 한·중·일 3국은 물론, 베트남과 말레이반도 등의 동남아, 극동 러시아 일부 도시도 포함해 주로 근현대 동아시아 도시 자체나 도시의 특정 구역이 어떻게 기억의 장소들을 형성해 갔는지, 어떻게 다층적 도시의 정체성을 가졌으며, 이 정체성이 시간의 흐름 속에서 어떻게 유지·변화·변용되어 가는지를 살펴본다.

세특 예시

관심 주제 심화 독서 활동에서 '동아시아 도시 이야기(도시사학회·연구모임 공간담화)'를 읽고, 각양각색의 다층적이고 중층적인 장소로 기억되는 식

동아시아 도시 이야기
도시사학회·연구모임 공간담화, 서해문집(2022)

민 도시, 문화유산 도시, 산업 군사 도시 등을 요약·정리해 발표함. 도시는 고대부터 오늘날에 이르기까지 정치·종교·경제 엘리트 지배층이나 시민들이 도시 곳곳에 계승하거나 전승하고 싶은 여러 기억의 매개물들을 만들어왔음을 알게 됐고, 한·중·일 3국은 물론, 베트남과 말레이반도 등의 동남아, 극동 러시아 일부 도시도 포함해 주로 근현대 동아시아 도시 자체나 도시의 특정 구역이 어떻게 기억의 장소들을 형성해 갔는지, 어떻게 다층적 도시의 정체성을 가졌으며, 이 정체성이 시간의 흐름 속에서 어떻게 유지·변화·변용되어 가는지를 상세히 알게 됐다는 소감을 밝힘.

[12동역01-02]

생태 환경을 바탕으로 형성된 유목 세계, 농경 세계, 해양 세계의 삶을 이해한다.

동아시아에서 강수량이 풍부하고 기온이 따뜻한 지역은 농경이 발달하였다. 농사를 짓기 시작하면서 안정적인 정착 생활이 가능해지자, 사람들은 경작지 근처에 마을을 이루고 살게 되었다. 반면에 강수량이 부족하고 기온이 차가운 내륙의 초원 지대는 유목이 발달하였다. 동아시아 지역에서 농경민과 유목민의 생활 모습을 비교하고, 그 교류 양상을 조사해 보고서를 작성해 보자.

관련 학과 지리학과, 문화콘텐츠학과, 의류학과, 농업경제학과, 건축학과, 부동산학과, 식품영양학과, 인류학과, 문화인류학과

《유목민의 눈으로 본 세계사》, 스기야마 마사아키, 이경덕 역, 시루(2013)

단원명 | 교류와 갈등의 현장에서 만난 역사

| 🔍 | 청동기, 비단길, 인구 이동, 조공·책봉, 다원적 외교, 몽골제국, 동서 교역, 유학, 불교, 율령, 성리학, 양명학, 임진 전쟁, 병자 전쟁, 조공 무역, 은 유통

[12동역02-01]

동아시아의 지역 간 교류를 보여주는 문화유산을 탐구한다.

인류학의 강점은 지금까지 당연시되는 것들을 뒤집어보고 해체하고 재구성하는 데에 있다. 인류학은 "우리가 당연하다고 생각하고 있는 것을 문제시하고, 당연하다는 이유로 우리가 눈치채지 못하고 있는 것을 드러내며, 당연하다고 생각하는 것을 바꿔나가는" 학문인 것이다. 이러한 관점에서 문화를 진보의 관점에서 비교하지 말고 문화 자체를 있는 그대로 직시해 보는 것은 어떨까? 거대하고 획일적인 정치 경제적 담론을 걷어내고, 문화인류학의 관점에서 동아시아 사회의 특징을 조사해 발표해 보자.

관련 학과 사회계열 전체

《문화인류학으로 보는 동아시아》, 가미즈루 히사히코 외 13명, 박지환 역, 눌민(2021)

[12동역02-02]

종교와 사상을 중심으로 동아시아 각 지역 간 교류 양상을 파악한다.

➲ 율령은 동아시아 국가가 백성을 다스리는 주요 수단이었다. 율령에는 국가의 통치 조직, 관리의 복무 사항, 백성의 조세와 노역 등이 자세히 규정되어 있다. 법가 사상에 기반을 두어 나라를 다스린 진이 멸망하자, 도덕과 윤리를 강조하는 유교가 새로운 국가 통치 이념으로 떠올랐다. 율령과 유교가 한대에 국가의 통치 이념으로 자리 잡게 된 배경을 알아보고, 율령과 유교에 기반한 통치 체제가 동아시아 사회에 미친 영향을 조사해 발표해 보자.

관련 학과 **정치외교학과, 행정학과, 공공행정학과, 공공인재학부, 도시행정학과, 법학과, 법무행정학과, 국제경영학과, 국제학부, 글로벌경영학과, 사회학과**

《동아시아 유교문화의 재발견》, 보데인 왈라반·박소현, 성균관대학교출판부(2013)

[12동역02-03] ●●●

몽골의 팽창 및 17세기 전후 동아시아 전쟁이 초래한 변화를 이해한다.

➲ 몽골제국은 광대한 영역을 효과적으로 통치하기 위해 수도에서 각지에 이르는 도로망을 정비하였다. 주요 도로에는 일정한 간격으로 역참을 설치하였다. 제국이 안정되자 유라시아 대륙의 인적·물적 교류가 활성화되었다. 초원길과 사막길(비단길), 바닷길을 따라 수많은 상인과 여행자가 오갔다. 몽골제국 시기의 교통망, 교역과 상업 활동, 교통망과 교역의 활성화가 세계사의 발전에 미친 영향을 조사해 발표해 보자.

관련 학과 **국제물류학과, 아태물류학부, 물류시스템학과, 국제관계학과, 국제경영학과, 글로벌경영학과, 글로벌비즈니스학과, 금융보험학과, 금융학과, 경영정보학과, 무역학과, 식품자원경제학과, 지리학과, 경제학과, 경영학과**

《몽골 제국, 실크로드의 개척자들》, 미할 비란 외 17명, 이재황 역, 책과함께(2021)

[12동역02-04] ●●●

이슬람과 유럽 세력의 참여를 통해 확대된 동아시아 교류의 모습을 탐구한다.

➲ 동아시아 해양 영토 분쟁은 식민지 지배나 전후 점령지의 처리 과정에서 비롯된 경우가 대부분이다. 따라서 영유권 분쟁은 근대 이후의 역사 문제와도 깊은 관계가 있다. 동아시아에서 벌어지고 있는 영토 분쟁의 사례인 독도 문제, 센카쿠 열도 분쟁, 쿠릴 열도 분쟁, 시사 군도 분쟁, 난사 군도 분쟁 등 영토 분쟁에 대한 구체적인 쟁점을 조사하고 평화적인 해결 방안에 대해 토의해 보자.

관련 학과 **정치외교학과, 정치행정학과, 정치국제학과, 국가안보학과, 국제관계학과, 국제학부, 군사학과, 공공행정학과, 법학과, 행정학과, 국제경영학과, 글로벌경영학과, 사회학과**

《동아시아 영토분쟁의 패러다임》, 최장근, 제이앤씨(2011)

➲ 중국은 덩샤오핑의 개혁 개방 정책 이후 고도성장을 지속하면서 세계 2위의 경제 대국이 되었을 뿐만 아니라, 1인당 GDP도 1만 2천 불을 넘어섰다. 그러나 정치적으로는 공산당 일당 독재 체제를 유지하고 있다. 문화대혁명, 톈안먼 사건, 소수민족과의 갈등 등 중국의 정치적 사건을 조사하여 중국의 민주화가 어려운 이유, 중국 사회주의 체제의 모순과 한계를 분석해 발표해 보자.

관련 학과 **정치외교학과, 정치행정학과, 정치국제학과, 국가안보학과, 국제관계학과, 국제학부, 군사학과, 공공행정학과, 행정학과, 국제경영학과, 글로벌경영학과, 언론정보학과, 신문방송학과, 미디어커뮤니케이션학과, 사회학과**

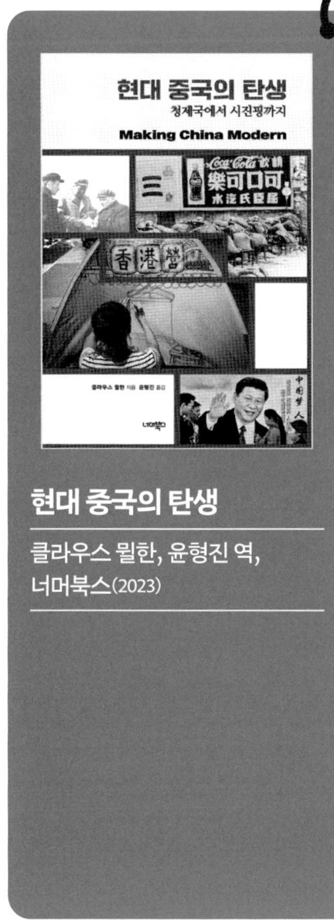

현대 중국의 탄생

클라우스 뮐한, 윤형진 역, 너머북스(2023)

책 소개

이 책의 저자는 부상하는 중국을 이해하려면 그 배후의 역사, 즉 앞선 번영의 시기, 쇠퇴의 국면과 그 사이의 위기, 그리고 지난 세기의 집요한 회복 노력을 알아야 한다며, 전통적인 중국의 서사를 재검토하고 중국의 현대의 역사를 재개념화할 것을 제안한다. 흔히 오늘날 중국의 부상이 덩샤오핑 집권 후 40년 동안 이뤄졌다고 여기지만, 이 책은 다르게 말한다. 저자는 냉전 경쟁과 국가적 부활이라는 표준적 해석을 넘어서 창조적 적응의 긴 역사 속에 21세기 중국을 위치시키며, 제도라는 렌즈를 통해 청제국에서 시진핑까지 중국 현대화 400년의 궤적을 새롭고 깊게 풀어낸다.

세특 예시

독서로 관심 주제 톺아보기 활동에서 현대 중국의 탄생 과정에 대해 심층적으로 알고 싶어 '현대 중국의 탄생(클라우스 뮐한)'을 읽음. 사회주의 개조, 대약진운동, 문화대혁명, 개혁과 개방, 현재까지의 중국의 발전 등을 요약·정리해 발표함. 중국이 20세기에 들어서 전쟁과 내전으로 곤경에 처했지만 어떻게 이를 극복하고 초강대국으로 성장할 수 있었는지 알게 됐고, 특히 대약진운동과 문화대혁명으로 대표되는 정체되고 광기 어린 마오주의의 중공에서 탈피하여 개혁·개방 정책을 통해 슬기롭게 난국을 헤쳐나가는 모습이 흥미로웠다는 소감을 밝힘.

단원명 | 침략과 저항의 현장에서 만난 역사

| 🔍 | 제국주의, 근대화 운동, 반제국주의 민족운동, 개항, 불평등 조약, 근대 국민국가, 자유민권운동, 1차 세계대전, 민족자결주의, 워싱턴 체제, 만주사변, 중·일 전쟁, 세계 대공황, 2차 세계대전, 태평양 전쟁, 반제·반전을 위한 국제 연대, 만국공법, 사회진화론, 근대적 시간관념, 근대 도시

[12동역03-01]

동아시아 지역에서 전개된 제국주의 열강의 침략 전쟁을 탐구한다.

➲ 러·일 전쟁은 1904년부터 1905년까지 계속된 전쟁으로, 러시아 제국과 일본 제국이 만주와 한반도에 대한 주도권을 쟁취하려는 무력 충돌이었다. 러·일 전쟁의 주요 무대는 만주 남부, 특히 요동 반도와 한반도 근해였다. 전쟁은 일본의 승리로 끝났다. 러·일 전쟁의 배경, 전쟁의 경과와 결과, 일본의 승리 요인, 동아시아 정세의 변화를 상세히 조사해 보고서를 작성해 보자.

관련 학과 정치외교학과, 정치행정학과, 정치국제학과, 국가안보학과, 국제관계학과, 국제학부, 군사학과, 공공행정학과, 행정학과, 국제경영학과, 글로벌경영학과, 사회학과

19세기 동아시아 국제관계사

홍용덕, 동연출판사(2023)

책 소개

동아시아의 19세기는 '유럽 중심적인' 국제 질서와 '중국 중심주의적' 전통 질서 간의 충돌로 시작되었고, 결국 압도적 군사력으로 무장한 서구 열강의 질서가 동아시아에 폭력적으로 관철되는 것으로 판가름 났다. 한반도라는 지리적 위치는 제국주의 열강이 이권을 놓고 벌이는 전쟁터였고, 곧 청일 전쟁과 러일 전쟁의 현장이 되었다. 21세기 한반도의 올바른 미래 선택을 위해, 19~20세기 동아시아에서 서로 다른 국제 질서의 충돌과 변환 속에서 한반도 위기의 본질과 동인(動因)을 분석한 책이다.

세특 예시

관심 주제 심화 독서 활동에서 청일 전쟁과 러일 전쟁에 대해 깊이 알고 싶어 '19세기 동아시아 국제관계사(홍용덕)'를 읽음. 유럽 중심적인 국제 질서와 중국 중심적인 전통 질서의 충돌, 한반도 분단 체제와 과거 역사의 연결성, 청일 전쟁의 전개 과정, 러일 전쟁의 전개 과정 등을 요약·정리해 발표함. 한반도는 중국과 러시아, 일본이라는 세 제국 사이에 놓인 지리적 위치 때문에 이들 제국주의 열강이 벌이는 음모와 경쟁, 전쟁의 무대가 되었음을 알게 되었고, 19~21세기를 관통하는 서로 다른 질서의 충돌에서 오는 동아시아 위기의 본질을 이해할 수 있었으며, 21세기 한반도와 동아시아의 위기를 극복할 수 있는 대안에 대해 고민할 수 있었다는 소감을 피력함.

[12동역03-02]

아시아·태평양 전쟁과 이에 대한 저항과 연대의 움직임을 파악한다.

➜ 태평양 전쟁은 제2차 세계대전의 전선 중 하나로, 1941년~1945년까지 미국과 일본 제국을 중심으로 벌어진 태평양 일대와 동남아시아 전선, 국민혁명군이 주도한 중국 전선, 영국군이 주도한 버마 전선, 호주군이 주공을 맡은 남서태평양 전역을 포함한다. 태평양 전쟁의 배경, 전쟁의 경과, 전쟁의 참상과 결과, 동아시아 정세의 변화에 대해 상세히 조사해 보고서를 작성해 보자.

관련 학과 **정치외교학과, 정치행정학과, 정치국제학과, 국가안보학과, 국제관계학과, 국제학부, 군사학과, 공공행정학과, 행정학과, 국제경영학과, 글로벌경영학과, 사회학과**

《태평양전쟁》, 천팅이 등저, 한국학술정보 출판번역팀 역, 이담북스(2016)

[12동역03-03]

제국주의 열강의 침략과 전쟁이 지역 생활과 생태 환경에 끼친 영향을 탐구한다.

➜ 제1차 세계대전 중 중국의 정치 정세는 군벌의 할거 상태를 보였으나, 문화와 사회 면에서는 새로운 움직임이 나타났다. 대전 중 일본이 요구한 21개조는 중국의 대일 감정을 크게 악화시켰고, 대전이 끝나자 중국은 윌슨의 민족자결주의에 의거해 일본이 장악한 산둥 반도의 이권도 되찾을 수 있을 것으로 기대하였다. 그러나 파리 강화회의의 결과가 이 기대에 어긋나자, 1919년 5월 4일 베이징 대학의 학생들을 중심으로 일본과 이와 결탁한 군벌에 대한 반대 시위가 일어나고, 이 운동은 곧 시민과 노동자들의 호응을 얻어 전국에 파급되었다. 중국

5·4운동의 배경, 전개 과정, 역사적 의의에 대해 조사해 발표해 보자.

관련 학과 사회계열 전체

《중국이 말하지 않는 중국》, 빌 헤이턴, 조율리 역, 다산초당(2023)

단원명 | 평화와 공존의 현장에서 만난 역사

| 🔍 | 연합국의 전후 처리, 냉전, 자본주의, 사회주의, 국·공 내전, 중국의 공산화, 6·25전쟁, 베트남 전쟁, 한·일 국교 정상화, 데탕트, 일본의 55년 체제, 한국 경제 발전과 민주화, 타이완의 경제 성장과 민주화, 대약진운동, 문화대혁명, 중국의 개혁·개방, 북한의 체제 고착화, 베트남의 개혁·개방, 동아시아 지역 갈등, 동아시아 역사 갈등

[12동역04-01]

냉전 시기 동아시아 지역에서 전개된 전쟁을 탐구하고, 각국의 정치·사회적 변화를 파악한다.

➲ 베트남 전쟁은 제1차 인도차이나 전쟁 이후 분단되었던 베트남에서 1955년부터 1975년 사이에 벌어진 전쟁이다. 이 전쟁은 분단된 남북 베트남 사이의 내전인 동시에, 냉전 시대에 자본주의 진영과 공산주의 진영이 대립한 대리 전쟁의 양상을 띠었고, 1964년부터 1973년까지는 미국 등 외국 군대가 개입하고 캄보디아·라오스로 전선이 확대되어 국제전으로 치러졌다. 베트남 전쟁의 배경, 전개 과정, 영향, 전쟁의 교훈 등에 대해 조사해 발표해 보자.

관련 학과 정치외교학과, 정치행정학과, 정치국제학과, 국가안보학과, 국제관계학과, 국제학부, 군사학과, 공공행정학과, 행정학과, 국제경영학과, 글로벌경영학과, 사회학과

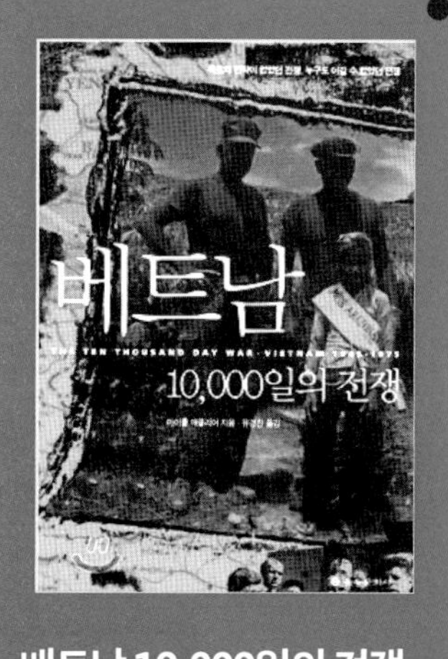

베트남 10,000일의 전쟁

마이클 매클리어, 유경찬 역, 을유문화사(2002)

책 소개

이 책은 1945년 4월 전쟁이 시작될 때부터 1975년 4월 30일 종전될 때까지 베트남 전쟁의 주요 과정과 개입했던 인물들, 그리고 전쟁이 끼친 영향을 서술하고 있다. 저자는 10여 년에 걸친 종군 체험과 전쟁의 포화 속에 하노이를 세 번 방문한 경험을 바탕으로 이 책을 썼다. 저자는 미국이 왜 베트남전에 참전했는지, 그리고 오늘날 미국과 베트남, 베트남전에 관여한 국가와 국민들에게 베트남전은 어떤 의미를 갖는지를 되묻고 있다.

세특 예시

교과 연계 심화 독서 활동에서 '베트남 10,000일의 전쟁(마이클 매클리어)'을 읽음. 프랑스와의 전쟁과 승리, 베트남의 독립 영웅 호찌민의 존재감, 미국의 참전 이유, 미국이 전쟁에서 패배할 수밖에 없었던 이유 등을 요약·정리해 발표함. 이 책을 통해 베트남 전쟁에 대해 객관적으로 바라볼 수 있게 되었고, 미국이 베트남전에 왜 참전했는지와 오늘날 미국과 베트남, 베트남전에 관여한 국가와 국민들에게 베트남전은 어떤 의미를 가지고 있는지를 깊이 알게 됐으며, 미국과 남베트남 정부가 베트남전에서 패배할 수밖에 없었던 이유를 명확히 알게 됐다는 소감을 피력함.

[12동역04-02] ●●●

경제 및 대중문화 교류가 확대되는 모습을 이해하고, 다문화사회의 현실을 파악하여 공존을 위한 노력을 모색한다.

➲ 동아시아 국가들의 경제 성장은 유럽 국가들도 이루지 못한 놀라운 성과이다. 특히 중국의 경제 규모가 커지면서 그 영향력이 증대하였다. 일본은 과거보다 경제 규모 성장은 정체됐지만 그 영향력은 결코 무시할 수 없다. 2차 세계대전 이후 동아시아 국가들이 비약적인 경제 성장을 이룩할 수 있었던 이유를 조사해 보고서를 작성해 보자.

관련 학과 **국제물류학과, 아태물류학부, 물류시스템학과, 국제관계학과, 국제경영학과, 글로벌경영학과, 글로벌비즈니스학과, 금융보험학과, 금융학과, 경영정보학과, 무역학과, 식품자원경제학과, 지리학과, 경제학과, 경영학과**

《동아시아 경제발전의 연구》, 조준현, 부산대학교출판부(2014)

[12동역04-03] ●●●

동아시아의 역사 및 영토 갈등과 새롭게 대두되는 문제를 파악하고 해결하려는 자세를 갖는다.

➲ 독일의 과거사 반성에는 오랜 역사가 있다. 1970년 폴란드 바르샤바의 유대인 위령탑을 찾은 빌리 브란트 서독 총리는 비에 젖은 바닥에 무릎을 꿇고 두 손을 모았다. 뿐만 아니라 뉘른베르크 전범재판이 종료된 지 80년 가까이 된 지금도 독일 사법 당국은 나치 전범을 추적해 재판에 회부하고 있다. 계기가 있을 때마다 과거사에 대해 사죄하고 성실하게 배상하는 독일과 달리, 일본은 자신들의 만행에 대해 반성하거나 책임지는 데 인색하다. 독일과 일본이 과거사에 대한 견해 차이를 보이는 이유를 분석하고, 동아시아 각국이 과거사 문제를 해결하고 평화적인 협력 관계를 지속하기 위해 어떤 노력을 해야 할지 토의해 보자.

관련 학과 **정치외교학과, 정치행정학과, 정치국제학과, 국가안보학과, 국제관계학과, 국제학부, 군사학과, 공공행정학과, 행정학과, 국제경영학과, 글로벌경영학과, 사회학과**

《한일 과거사 문제의 어제와 오늘》, 유의상, 동북아역사재단(2022)

➲ 명나라 환관 정화의 원정은 1405년부터 1433년 사이에 있었던 일곱 번의 탐험 원정이다. 영락제가 1403년에 함대의 건조를 명했고, 이 함대는 환관 정화의 지휘 아래 남중국해, 인도양을 거쳐 아프리카의 해안까지 다녀오는 성과를 올렸다. 일곱 번의 원정 중 여섯 번은 영락제 재위 때, 나머지 한 번은 선덕제의 재위 때였다. 정화의 원정과 서양의 신항로 개척의 차이점을 비교해 보고서를 작성해 보자.

관련 학과 **국제물류학과, 아태물류학부, 물류시스템학과, 국제관계학과, 국제경영학과, 글로벌경영학과, 글로벌비즈니스학과, 금융보험학과, 금융학과, 경영정보학과, 무역학과, 식품자원경제학과, 지리학과, 경제학과, 경영학과, 사학과**

《문명과 바다》, 주경철, 산처럼(2009)

➲ 19세기 중엽, 영국 등 서구 제국주의 열강은 동아시아 시장의 개방을 적극 모색하였다. 이들의 전투와 무력시위에 굴복하여 중국은 영국과 난징조약을, 일본은 미국과 미일화친조약을 각각 체결하면서 개항을 하였다. 개항으로 인해 동아시아 세계는 서양 열강이 주도하는 새로운 국제 질서 속에 편입되었다. 동아시아 각국(청, 조선, 일본, 베트남)의 개항 과정과 그 결과에 대해 조사해 발표해 보자.

관련 학과 **국제물류학과, 아태물류학부, 물류시스템학과, 국제관계학과, 국제경영학과, 글로벌경영학과, 글로벌비즈니스학과, 금융보험학과, 금융학과, 경영정보학과, 무역학과, 식품자원경제학과, 지리학과, 경제학과, 경영학과**

《동아시아 개항을 보는 제3의 눈》, 인하대학교 한국학연구소, 인하대학교출판부(2010)

- 지난 20세기 후반의 반세기 동안 세계 경제에서 가장 주목할 만한 성과를 기록한 것은 바로 동아시아, 특히 한국을 포함한 동북아 지역이다. 1950년대의 일본을 필두로 1960~70년대에는 한국, 대만 등 이른바 동아시아 신흥공업국이, 그리고 1980년대 이후에는 중국, 베트남 등이 이러한 고도성장의 대열에 동참했다. 동아시아 각국의 경제 성장 과정에서 주도적인 역할을 했던 인물을 한 명 선정해 그의 활동, 업적, 평가를 조사해 발표해 보자.

관련 학과 **국제물류학과, 아태물류학부, 물류시스템학과, 국제관계학과, 국제경영학과, 글로벌경영학과, 글로벌비즈니스학과, 금융보험학과, 금융학과, 경영정보학과, 무역학과, 식품자원경제학과, 지리학과, 경제학과, 경영학과**

《동아시아의 부상: 1960-2020》, 정구현 외 2명, 클라우드나인(2019)

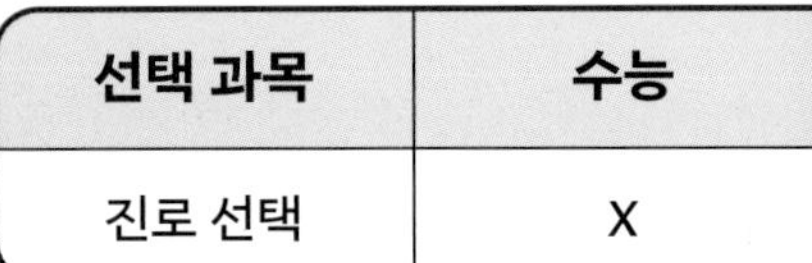

선택 과목	수능	정치	절대평가	상대평가
진로 선택	X		5단계	5등급

단원명 | 시민 생활과 정치

| 🔍 | 좁은 의미의 정치, 넓은 의미의 정치, 의사결정, 갈등 해결, 이익 조정, 정치의 필요성, 자유, 인간의 존엄성, 평등, 직접민주주의, 대의민주주의, 고대 민주주의, 근대 민주주의, 시민혁명, 현대 민주주의, 다수결, 소수 의견 존중

[12정치01-01]

정치의 의미와 공동체 유지 발전에 정치가 필요한 이유를 이해하고, 일상생활에서 나타나는 정치의 사례를 찾아 분석한다.

➔ 정치적 결정이 사회 발전에 기여한 사례와 저해한 사례를 찾아 비교·탐구해 보자. 정치적 결정과 사회 정책이 사회 구조, 문화, 경제, 그리고 환경에 미치는 영향을 분석할 수 있다. 예를 들어 정치적 결정이 사회적 불평등에 어떤 영향을 미치는지 연구할 수 있다. 세금 정책, 복지 정책, 교육 정책이 사회적 계층 간의 불평등을 어떻게 형성하거나 완화하는지를 탐구할 수 있다. 또한 정치적 이슈가 사회를 변화시키기도 한다. 환경 문제, 인권 운동, 여성의 권리 운동, 그리고 혐오 범죄와 같은 정치적 이슈가 어떻게 사회운동을 형성하고 변화시키는지를 조사하고 발표해 보자.

관련 학과 사회계열 전체

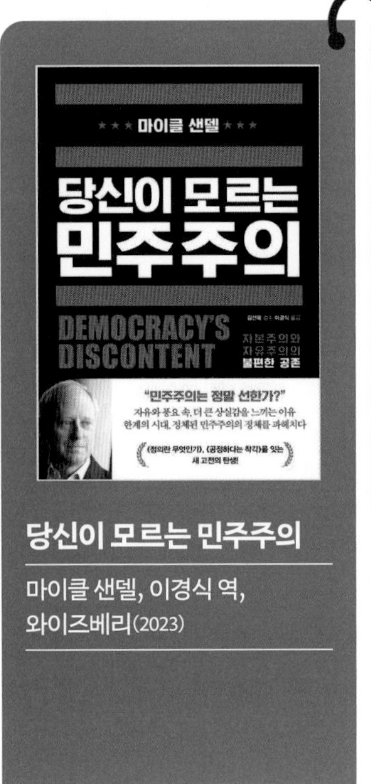

당신이 모르는 민주주의

마이클 샌델, 이경식 역, 와이즈베리(2023)

책 소개

이 책은 삶의 질서에 관한 불편한 의문을 제기한다. "민주주의는 정말 선한가?" 법 앞에 모두가 평등하며 개인의 자유와 권리를 보장하는 민주주의 체제 아래 살아가는 사람들은 이런 의문에 도리어 의문이 들 것이다. 이에 샌델은 반박하기 힘든 일침을 놓는다. "그렇다면 자유와 풍요 속에서 더 큰 상실감을 느끼는 이유는 무엇인가?"

세특 예시

'책을 통해 자신을 돌아보기' 시간에 '당신이 모르는 민주주의(마이클 샌델)'를 읽고 최근 시민사회가 무너진 상황에 대한 자신의 생각을 밝힘. 대부분의 사람은 민주적 통제를 벗어난 경제 권력이 우리 삶에 초래하는 결과에 주의를 기울이는 데 익숙하지 않다고 말하면서, 자신을 정치적 시민으로 생각하기보다 경제적 소비자로 인식하는 경향이 크기 때문이라고 말함. 많은 사람들이 상부의 의견을 견제하고, 하부의 의견이 위로 올라가도록 하기 위해서는 시민이라는 인식의 확산이 필요하며, 정치에 대한 관심

과 개인의 권리가 보장될 수 있는 방안에 대한 진지한 고민이 선행되어야 한다는 점을 말함.

[12정치01-02]

민주주의 이념을 이해하고, 이를 구현하기 위한 다양한 민주주의의 모델을 탐색한다.

➲ 전자 투표와 직접민주주의를 주제로 탐구를 진행할 수 있다. 인터넷의 발달로 전자 투표 시스템이 많이 도입되고 있다. 이러한 시스템이 민주주의를 어떻게 변화시키는지 연구해 보자. 디지털 기술이 민주주의 과정에 미치는 영향을 분석하고, 전자 투표의 보안 및 신뢰성에 대한 조사를 진행할 수 있다. 또한 최근의 시민사회 발달로 시민 제안과 시민 토론이 증가하고 있다. 시민들이 정책을 제안하고 토론하는 과정을 조사해 보자. 시민 제안 제도의 효과와 한계, 시민 토론의 형태와 결과에 대한 내용을 주제로 탐구를 진행할 수도 있다.

관련 학과 사회계열 전체

거대한 전환

칼 폴라니, 홍기빈 역, 길(2009)

책 소개

이 책은 시장 자유주의, 즉 나라 단위의 사회들과 지구 경제를 모두 자기 조정 시장을 통해 조직할 수 있으며, 또 그렇게 해야 한다는 믿음을 강력하게 비판한다. 자유를 여러 기능으로 나눌 수밖에 없는 산업 사회라는 '복합 사회'와 양립하는 길은 시장이라는 유토피아를 걷어내고 그 밑에 버티고 있는 실체인 '사회'를 발견하고 그 현실을 받아들이는 것. 저자는 '사회'라는 실체의 인정을 주장하며 인간의 '자유'를 말한다.

세특 예시

'책을 통해 자신을 돌아보기' 시간에 '거대한 전환(칼 폴라니)'을 읽고 자기 조정의 가능성에 대해 고민하는 시간이 되었다고 밝힘. 인간의 모든 경제 활동을 완전히 시장이라는 제도 하나만으로 조직하여 그것으로 자기 조정 시장을 세운다는 것은 적어도 수천, 수만 년 인류사에 비추어 보면 '자연적'이기는커녕 극히 인위적인 유토피아적 망상이라는 사실에 동의하면서, 정치가 자유시장에 개입될 수밖에 없다는 점을 강조하였음. 경제란 경제 이론에서 말하는 것처럼 그렇게 자율적인 것이 아니라, 정치·종교·사회적 관계에 종속되어 있다는 것을 밝히고, 정당한 정치 권력이 정당한 자기 조정 능력을 갖춘 시장을 완성할 수 있다고 발표를 진행함.

[12정치01-03]

민주정치의 역사적 발전 과정을 이해하고, 현대 민주정치의 다양한 사상적 배경을 비교·분석한다.

➲ 민주주의의 변화에 큰 영향을 주었던 다양한 사건들을 분석해 보자. 과거의 시민혁명이나 두 차례에 걸친 세계대전, 대공황, 냉전과 냉전의 해체, 다원화된 국제 질서에서 힘의 논리가 바탕이 된 신냉전 체제에서 민주주의가 어떻게 변화했는지를 조사할 수 있다. 예를 들어 인권에 대한 인식이나, 불평등의 해결을 바탕으로 한 복지의 개념이 어떻게 확장되었는지를 조사하고 발표해 보자. 또한 시민들의 의견 표출 방식이나 정치 참여 방식이

어떻게 변했는지를 주제로 탐구를 진행할 수도 있다.

관련 학과 사회계열 전체

《권력의 심리학》, 브라이언 클라스, 서종민 역, 웅진지식하우스(2022)

[12정치01-04]

민주주의를 실현하기 위한 원리를 탐색하고, 이러한 원리를 일상생활에 적용한다.

➲ 민주주의에서 숙의와 토론이 어떻게 다수결을 보완하고 정책 결정에 영향을 미치는지를 주제로 탐구를 진행할 수 있다. 공론장에서 다양한 의견을 주고받는 토의 과정을 거쳐 의사결정을 하는 방법을 통해 실제로 다수결의 단점을 보완하는 활동을 진행해 보자. 이러한 탐구에 덧붙여서 소수 의견이 정책 결정 과정을 지연하거나 효율성을 저해할 때의 문제에 대해 탐구할 수 있다. 다수결과 소수 의견의 균형을 어떻게 유지하면서 효율성을 극대화할 수 있는지에 대한 탐구도 필요하다. 자신의 생각을 덧붙여서 이러한 상황에선 어떠한 방법을 써야 하는지를 주제로 탐구해 보자.

관련 학과 사회계열 전체

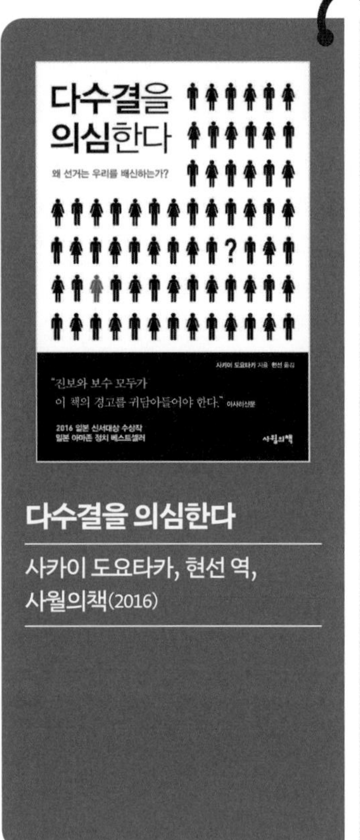

다수결을 의심한다

사카이 도요타카, 현선 역, 사월의책(2016)

책 소개

왜 내가 선택하는 후보는 항상 떨어질까? 나쁜 것은 사람이 아니라 다수결이 아닐까? 다수결에 무언가 심각한 결점이 있는 건 아닐까? 《다수결을 의심한다》(사카이 도요타카)는 '민의'를 왜곡하는 다수결 제도의 한계를 드러내고, 그 대안을 탐색한다. 저자는 우리가 다수결에 대해 착각하는 것이 무엇인지, 정부가 국민을 배신하는 이유가 무엇인지 등 민주주의의 주요 이슈에 대해 명쾌한 답을 제공한다.

세특 예시

진로 심화 독서 시간에 '다수결을 의심한다(사카이 도요타카)'를 읽고 다수결이 우수한 선택 방법인가에 대한 고민을 하였다고 밝힘. 결국 다수결로 결정을 하는 것은 일종의 관습 같은 것이지, 다른 방식과 비교해서 다수결이 우월하기 때문이 아니라는 점을 말함. 애초에 다수결 이외의 방식을 사고해 보지도 않았다는 것이 일반적인 상황이라는 점을 지적하였음. 결국 일반 의지가 중요하며, 이러한 의지는 사람의 공존과 상호 존중을 지향하는 의지라고 밝힘. 이를 위해 유권자가 개인만의 이익에서 벗어나 공익적 관점에서 투표를 해야 한다는 것을 주장하였음.

단원명 | 정치 과정과 참여

| 🔍 | 정치 과정, 투입, 산출, 환류, 정책, 결정, 정당의 의미, 정치 참여의 방법, 이익집단, 시민단체, 언론, 시민 참여, 선거, 다수대표제, 소수대표제, 비례대표제, 선거구제, 미디어 리터러시, 미디어 교육, 선전, 미디어와 정치, 프로파간다

[12정치02-01]

민주국가의 정치 과정을 분석하고, 시민이 정치 과정에 참여해야 하는 이유를 탐색한다.

기업이 정치 과정에 어떻게 참여하고 영향을 미치는지를 주제로 탐구를 진행할 수 있다. 기업의 정치 활동과 정책의 영향력에 대한 조사를 통해 개인과 집단의 정치 과정 참여를 비교하고 탐구해 보자. 또한 기업의 사회적 책임(CSR)과 정치 참여를 주제로 탐구해 볼 수도 있다. 기업의 사회적 책임과 관련된 노력이 정치 캠페인, 정책 결정 및 공공 정책에 미치는 영향의 사례를 조사하고 발표해 보자. 경제와 연결 지어서 경제위기나 기업의 부도가 정치 참여에 어떤 영향을 미치는지도 탐구할 수 있다. 경제적 불안정성이 시민들의 정치적 태도와 투표 행동에 미치는 영향을 분석해서 발표해 보자.

관련 학과 사회계열 전체

기업정치활동

윤홍근, 인간사랑(2022)

책 소개

이 책은 정부 정책에 영향을 미치기 위해 노력하는 기업과 이익집단의 정치 활동을 다루고 있다. 민주정치의 과정을 설명하고 바르게 이해하기 위해서는 기업 정치 활동의 세계를 잘 들여다볼 수 있어야 한다. 보통의 유권자들은 몇 년마다 한 번씩 돌아오는 선거 참여로 우회적이고 간접적인 방식으로 권력에 영향을 미친다. 하지만 기업 등 이익집단은 언제든지 선출된 공직자들을 대상으로 곧바로 영향력을 행사할 수 있다. 저자는 한국형 로비의 성격과 특징을 국제 비교의 관점에서 설명하고, 로비규제법 도입의 타당성 문제를 이론적으로 검토하고자 하였다.

세특 예시

진로 심화 독서 시간에 '기업정치활동(윤홍근)'을 읽고, 기업과 국가는 민주사회에서 떼려야 뗄 수 없는 관계에 있다는 점을 지적하였음. 상호 보완적인 관계일 수도 있고 서로 부정적인 영향을 주는 관계일 수도 있다고 말하면서 기업이 정치를 망치는 다양한 예시를 들어 설명하였음. 기업 정치 활동들은 이러한 활동이 사회적으로 건강함을 전제로 한 이야기라는 점을 말함. 과도한 기업 정치 활동은 정부의 규제가 필요하다는 것을 말하면서, 공적인 이익집단 활동을 위한 정책적인 방안이 필요하다는 점을 제시함.

[12정치02-02]

민주정치에서 정당의 의미와 역할을 탐구하고, 다양한 정치 참여의 방법을 비교·분석한다.

이익집단의 활동이 사회적 정의와 어떻게 연결되는지 연구할 수 있다. 이익집단의 활동이 사회적 불평등, 환경 정의, 인권 등에 미치는 영향을 조사하여 발표해 보자. 이익집단 간의 경쟁과 협력 관계에 대한 내용을 주제로 탐구할 수도 있고, 이익집단이 정부, 자원, 권력 등을 놓고 경쟁하거나 협력하여 목표를 달성하는 방식을 조사할 수도 있다. 이러한 활동이 사회적 불평등에 어떠한 영향을 주고 있는지 자신의 생각을 정리해서 발표해 보자. 사회적·환경적 정의, 인권 등에 미치는 영향을 조사하여 이익집단이 나아가야 할 방향에 대한 생각을 발표할 수도 있다.

관련 학과 사회계열 전체

《인간의 생존 집단의 경쟁》, 조남수, 바이북스(2021)

[12정치02-03]

대의제에서 선거의 중요성과 선거제도의 다양한 유형을 이해하고, 우리나라 선거제도의 특징과 문제점을 분석한다.

➲ 선거제도가 다양성 및 대표성에 어떻게 영향을 미치는지를 주제로 탐구할 수 있다. 다문화 또는 이민자, 여성, 성소수자, 장애인 등 다양한 집단의 대표성을 높이기 위한 선거제도 변경의 사례들을 탐구해 보자. 우리나라 선거제도와 다민족으로 이루어진 국가들의 선거제도를 비교하고, 이러한 선거제도가 각 집단의 대표성을 어떻게 확보하려고 하는지 탐구해 보자. 또한 우리나라 선거제도의 변화가 사회적으로 어떠한 영향을 가져왔는지도 조사해 보자. 선거제도의 역사를 분석하고 사회적 사건들을 대입하여 자신의 생각을 덧붙일 수 있다.

관련 학과 사회계열 전체

《**선거로 읽는 한국 정치사**》, 김현성, 웅진지식하우스(2021)

[12정치02-04]

미디어를 통한 정치 참여 방법의 특징과 문제점을 분석하고, 유권자이자 피선거권자로서 미디어를 비판적으로 활용하는 태도를 지닌다.

➲ 가짜 뉴스가 정치적 의사결정 과정과 선거에 어떻게 영향을 미치는지를 주제로 탐구할 수 있다. 선거, 정책 결정, 공공 의견 형성에 미치는 영향을 연구하고, 최근의 사건들과 비교해서 탐구를 진행해 보자. 또한 가짜 뉴스를 유포한 언론과 단체들이 어떠한 처벌과 징계를 받고, 이러한 징계와 처벌이 사회적으로 어떻게 인식되는지를 조사해 보자. 또한 정정 보도와 같은 행동이 가짜 뉴스를 바로잡을 만한 힘이 있는지를 탐구해 볼 수도 있다. 사회적으로 한번 퍼진 선입견은 바로잡기 힘들다. 최근의 가짜 뉴스 사례를 통해 사람들이 이러한 사실을 어떻게 인식하며, 그 인식을 어떻게 바꿀 수 있는지 조사하고 탐구해 보자.

관련 학과 사회계열 전체

《**포스트트루스**》, 리 매킨타이어, 김재경 역, 두리반(2019)

단원명 | 민주국가의 정부 형태

| 정치권력의 의미, 법치주의, 강제성, 복지국가, 헌법, 정부 형태, 대통령제, 의원내각제, 영국과 미국의 정부 형태, 입법부, 행정부, 사법부, 삼권분립, 거부권, 권력기관, 견제와 균형, 국정감사, 지방자치, 탄핵, 지방자치제도, 지방자치단체, 풀뿌리민주주의, 권력분립, 단체자치, 주민자치

[12정치03-01]

정치권력의 의미와 특징을 이해하고, 근대 이후 국가 권력이 형성되는 원리를 이해한다.

➲ 근대 이후 국가는 기관, 정책, 예산 및 리더십을 관리하여 효율적으로 운영되어야 한다. 경영학적 접근법을 통해 국가의 운영 과정을 최적화하고 비용을 관리하는 방법을 연구해 보자. 현재의 국가들이 쓰고 있는 관리 방안을 과거의 국가들과 비교해서 탐구할 수 있다. 또한 정책 분석과 의사결정 과정은 국가의 기능과 효율성에 큰 영향을 미친다. 경영학적 도구와 모델을 사용하여 정책 분석 및 의사결정 프로세스가 개선된 사례들을 연구하고, 과거 국가들의 모델과 비교하여 분석해 보자. 또한 현재 국가 권력 개선에 도움이 되는 방향을 제시할 수도 있다.

관련 학과 사회계열 전체

《권력을 경영하는 7가지 원칙》, 제프리 페퍼, 장진영 역, 비즈니스북스(2023)

[12정치03-02]

민주국가의 정부 형태인 대통령제와 의원내각제의 특징을 비교하여 이해하고, 우리나라 정부 형태의 특징을 헌법을 통해 분석한다.

대통령은 국가의 전략적 의사결정을 수행한다. 이러한 결정에는 리더십, 리스크 관리, 리소스 할당 및 계획 수립과 같은 경영학적 원리가 적용된다. 이러한 결정의 효과와 의사결정 과정을 주제로 연구를 진행할 수 있다. 다른 정치 형태와 비교하여 효율성, 공정성, 형평성 측면에서 의사결정 과정을 분석해 보자. 각 정치 형태의 장점과 단점을 경영학적, 경제학적 측면에서 비교할 수도 있다. 또한 대통령은 국가의 경제 및 예산 정책을 결정한다. 이러한 예산 관리를 분석해 보고, 예산 집행 과정과 결과에 대한 자신의 생각을 덧붙여 발표해 볼 수 있다.

관련 학과 사회계열 전체

《미국 대통령의 권력 행사》, 로버트 게이츠, 박동철 역, 한울아카데미(2023)

[12정치03-03]

입법부, 행정부, 사법부의 역할을 이해하고, 이들 간의 상호 관계를 권력분립의 원리에 기초하여 분석한다.

권력분립의 다양한 모델과 국가 간의 비교 분석은 사회과학 연구에 풍부한 소재를 제공한다. 어떤 국가가 권력을 어떻게 분산시키고, 이러한 분배가 국가의 특성과 효율성에 어떤 영향을 미치는지를 탐구할 수 있다. 경영학적 측면에서 권력분립의 효율성을, 경제학적 측면에서 권력의 수요와 공급을 바탕으로 권력분립을 이해하고 조사해 보자. 또한 권력의 분배와 관계된 불평등과 사회정의에 대한 연구를 진행할 수 있다. 다양한 국가들의 권력분립 과정과 형태를 비교해 보고, 사회적 정의를 실현하기 위해 필요한 장치들이 무엇인지 조사해서 발표해 보자.

관련 학과 사회계열 전체

《전체주의의 심리학》, 마티아스 데스멧, 김미정 역, 원더박스(2023)

[12정치03-04]

중앙정부와의 관계 속에서 지방자치의 의의를 이해하고, 우리나라 지방자치의 현실과 과제를 탐구한다.

지방자치 체계의 구조와 운영 방식을 경영학적 지표 및 분석을 통해 평가해 볼 수 있다. 효율적인 리더십, 자원 할당, 예산 관리 및 서비스 제공을 보장하기 위한 지방정부의 경영 전략을 탐구해 보자. 지방자치 정부의 예산안을 분석하고 예산의 수입과 비용을 모두 비교할 수 있다. 각 자치단체의 예산안을 탐구하고, 이러한 결과가 나온 이유를 찾아보자. 또한 적자가 생긴 지방자치단체의 경우 정부가 보조를 해주어야 하는지, 이러한 보조가 국민 전체의 세금으로 이루어지는 것이 정당한지에 대한 생각을 덧붙여 발표를 진행할 수 있다.

관련 학과 사회계열 전체

《목민심서, 지방자치를 비추다》, 정영오, 지식과감성#(2020)

단원명 | 국제 사회와 정치

| 🔍 | 국제 사회의 특징, 국제 사회의 변화 과정, 국제 정치, 현실주의, 자유주의, 국제 문제의 원인, 국제연합, 분쟁, 내전, 국제사법재판소, 국제 기구, 비정부 기구, 국제 질서, 국제 분쟁, 이어도, 독도, 영유권 분쟁, 자원 분쟁, 외교, 갈등의 원인, 세계시민, 평화적 해결 방안

[12정치04-01]

국제 사회의 특징과 변화 과정을 이해하고, 국제 정치를 바라보는 관점을 비교하여 분석한다.

➔ 글로벌 기업이 국제 정치적 변화와 위기에 대응하고 리스크를 관리하는 전략을 조사해 볼 수 있다. 정치적 불안, 국제 갈등, 국가 간 관계 악화 등과 같은 정치적 요인이 기업의 운영에 어떻게 영향을 미치며, 기업은 어떻게 이러한 리스크를 완화하거나 대응하는지를 조사해 보자. 최근 많은 국제적 분쟁으로 자원의 가격이나 생산품의 수출에 큰 변동이 나타나고 있다. 이러한 상황에서 국가나 기업이 취할 수 있는 전략을 생각해 보고, 대안을 제시하여 발표해 보자. 또한 국가 부도, 국제 분쟁 등 정치적 사건이 주식 시장, 외환 시장, 금융 기관의 운영 등에 어떤 영향을 미치는지도 탐구해 볼 수 있다.

관련 학과 사회계열 전체

민주주의가 안전한 세상

존 아이켄베리, 홍지수 역, 경희대학교출판부(2021)

책 소개

이 책은 21세기에 경제와 안보의 상호 의존성이 높아짐에 따라 자유민주주의를 보호할 가장 타당한 과제는 여전히 개혁된 자유주의적 국제주의라고 주장한다. 저자는 자유주의적 국제주의가 21세기에도 여전히 타당하려면 "폭정, 잔혹함, 불관용으로 점철된 세상에서 자유민주주의국가들을 안전하게 만든다는 실용적이고 개혁 지향적인 접근 방식으로 규정되어야 한다."라고 말한다.

세특 예시

'책을 통해 자신을 돌아보기' 시간에 책을 토대로 자유주의의 의의와 국제적 영향에 대해 탐구해 보게 되었다고 밝힘. '민주주의가 안전한 세상(존 아이켄베리)'을 읽고 자유주의적 국제주의의 양면성에 대해 알게 되었다고 말하고, 자유주의적 국제주의는 꾸준히 자유민주주의가 안전한 국제적 공간 조성, 국가 내 그리고 국가 간의 권리와 사회보장 보호를 해왔지만 서구우월주의, 일방적인 문명관, 제국주의, 인종주의, 자본주의의 불평등 등과 시대적으로 결탁하기도 하는 점을 지적하였음. 그럼에도 이를 해결하기 위해서는 새로운 가치관이나 방향성이 필요한 것이 아니라 자유주의적 가치관이 더욱 강화되어야 한다고 주장하였음.

[12정치04-02]

다양한 국제 문제의 원인을 분석하고, 이를 해결하기 위해 국가를 비롯한 여러 주체가 수행하는 활동을 분석한다.

➔ 국제 갈등은 특정 산업 부문에 직접적으로 영향을 미칠 수 있다. 예를 들어 무역 갈등이 자동차 산업에 영향을

미치거나 제품의 수출을 억제하는 경우, 해당 산업 부문에서는 생산 및 수요에 영향을 받을 수 있다. 이러한 갈등은 단순히 무역 갈등으로 그치지 않고 다양한 분쟁의 원인이 되기도 하며, 분쟁 자체가 무역 갈등을 불러오기도 한다. 최근 이러한 갈등이 경제, 무역에 영향을 준 사례를 분석해 보고, 이러한 사례가 주는 결과들을 예상해 보자. 또한 국제적 갈등을 해결하기 위해서는 국제적 협력과 다자간 노력이 필요하다. 기업 및 정부 간의 협력은 갈등을 해결하고 안정성을 회복하는 데 도움을 줄 수 있다. 이를 위한 방안을 제시해 보자.

관련 학과 사회계열 전체

무역 전쟁은 계급 전쟁이다

매튜 클라인 외 1명, 이은경 역, 시그마북스(2021)

책 소개

통상적으로 무역 분쟁은 국익을 다투는 국가 간 갈등으로 이해하지만, 이 책의 저자인 매튜 클라인과 마이클 페티스는 무역 분쟁이 노동자와 일반 퇴직자들을 희생시켜 부자들의 이익을 도모하는 국내의 정치적 선택으로 인한 예상치 못한 결과인 경우가 많다고 말한다. 두 저자는 국내 불평등과 국제 갈등이 어떻게 연계되는지를 본질적으로 분석하며, 세계화의 위기에 대한 해답을 주고 있다.

세특 예시

교과 심화 독서 토론 시간에 '무역 전쟁은 계급 전쟁이다(매튜 클라인 외 1명)'를 토대로 불평등의 원인이 다양할 수 있다는 사실을 알게 되었다고 밝힘. 전 세계적으로 부자들은 번창해 왔지만 노동자들은 자신들이 생산한 것을 더 이상 살 여유가 없거나 일자리를 잃거나 더 많은 부채를 떠안게 되었다는 점을 지적하면서, 이러한 부채의 증가가 무역 갈등의 시작점이 되었다는 것을 근거로 제시하였음. 무역이 개방된 세계는 엄청난 이득이 있지만 비용 또한 존재하고, 이러한 비용의 부담이 특정 계층에 치중되어 부당하다는 내용을 근거로 비용의 분담이 필요하다고 역설하였음.

[12정치04-03]

우리나라를 둘러싼 국제관계를 이해하고, 외교적 관점에서 한반도를 둘러싼 국제 질서를 분석한다.

➲ 다양한 국제 갈등을 해결할 수 있는 법적인 제도를 탐구해 보자. 예를 들어 미국, 중국, 일본 등과의 무역 및 투자 관계, 지역 협력 및 글로벌 경제 문제에 대한 내용을 바탕으로 탐구할 수 있다. 우리나라는 세계 주요 수출국 중 하나로, 국제 무역이 중요한 역할을 하고 있다. 경제학적으로 한국의 수출과 수입 구조, 무역 동향, 국제 시장 진출 전략, 무역 협상 및 국제 무역 규칙 준수 등을 분석할 수 있다. 특히 이러한 경제적 상황이 국제관계에서 어떻게 작용하고 있는지를 정치적 측면에서도 분석해 보자.

관련 학과 사회계열 전체

《한중일이 함께 쓴 동아시아 근현대사》, 한중일3국공동역사편찬위원회, 휴머니스트(2012)

[12정치04-04]

국제 사회에서 발생하는 다양한 갈등의 원인을 분석하고, 세계시민으로서 갈등을 해결하는 자세를 갖는다.

➲ 다양한 국제 갈등을 해결할 수 있는 법적인 제도를 탐구해 보자. 예를 들어 국제법은 국가 간의 토지 및 국경

분쟁을 해결하는 데 적용된다. 국제법의 원칙과 규정은 국경 문제 및 토지 소유권을 규제하며, 분쟁 지역의 소유권을 확립하고 분쟁을 완화하는 데 도움을 준다. 또한 국제무역법과 국제무역기구(WTO) 협약은 국제 무역 분쟁을 해결하는 데 적용된다. 이러한 국제법으로 분쟁을 해결한 사례와 미해결 사례를 비교하여 조사해 보자. 국제법의 효력이 없다면 대안을 제시해 보고, 세계시민 의식을 통해 분쟁을 해결할 수 있는 다양한 사례를 제안해 볼 수 있다.

관련 학과 **사회계열 전체**

《WTO의 규범과 현실》, 최원엽, 책마루(2020)

선택 과목	수능	법과 사회	절대평가	상대평가
진로 선택	X		5단계	5등급

단원명 | 개인 생활과 법

| 🔍 | 가족관계, 혼인, 출생, 상속, 친자, 친권, 부부관계, 채권, 계약, 불법 행위, 사적 자치, 민법, 위법 행위, 손해배상, 물권, 부동산, 동산, 권리, 의무, 법률 관계, 법적 문제 해결

[12법사01-01]

가족관계와 관련된 기본적인 내용인 혼인, 출생, 상속 등을 이해하고, 이를 일상생활의 사례에 적용한다.

➡ 가족의 법적 관계와 상속법 및 재산 이전에 관한 경제학적·경영학적 분석은 중요한 주제이다. 상속세, 상속 계획, 그리고 부동산 또는 기업 자산의 이전과 관련된 내용을 주제로 분석해 볼 수 있다. 다양한 나라들의 상속과 우리나라의 상속을 비교해 보고 차이점과 공통점을 찾아보자. '상속이 경제적 불평등을 가속화하는가?'라는 주제에 대한 자신의 생각을 발표할 수도 있다. 또한 가족 내에서 소비 문화나 패턴이 어떻게 학습되고 유지되는지를 주제로 탐구 활동을 진행해 보자.

관련 학과 사회계열 전체

《**가족의 파산**》, NHK 스페셜 제작팀, 홍성민 역, 동녘(2017)

[12법사01-02]

채권 관계와 관련된 기본적인 내용인 계약, 불법 행위 등과 사적 자치를 이해하고, 이를 일상생활의 사례에 적용한다.

➡ 민법과 계약 관계를 결합하여 계약의 이론적 기반과 법적 이해관계를 주제로 탐구해 볼 수 있다. 다양한 계약 관계는 다양한 경제 상황과 법률 사이의 상호작용에 근거를 두고 있다. 경제학적 이론을 활용하여 계약 상태 및 이행 문제를 분석할 수 있다. 계약 이행의 동기, 정보의 불균형, 거래 비용 등을 법적으로 어떻게 분석할 수 있는지, 책임에는 어떠한 것이 있는지 사례를 조사해 보자. 또한 기업 경영 및 관리와 민법 간의 상호작용을 연구해 볼 수 있다. 기업의 법적 책임, 계약 이행, 부동산 거래, 채권 및 부채 관리와 관련된 법률적 측면을 탐구해 보자.

관련 학과 사회계열 전체

이기적 인류의 공존 플랜

미노슈 샤피크, 이주만 역,
까치(2022)

책 소개

이 책은 고용 불안정과 고령화, 기후 위기, 양극화 등 새로 부상하는 문제들을 해결하기 위해서는 새로운 사회계약이 필요하다고 지적하며, 더욱 많은 시민들을 포용하며 그들과 공존하는 사회계약의 청사진을 제시한다. 학자로서의 이론적 근거는 물론 행정가로서의 경험을 토대로 실현 가능한 정책을 제안하는 이 책을 통해, 독자들은 현재 우리 사회에 꼭 필요한 사회계약의 구체적인 방향을 가늠할 수 있을 것이다.

세특 예시

'책을 통해 자신을 돌아보기' 시간에 '이기적 인류의 공존 플랜(미노슈 샤피크)'을 읽고 변화하는 미래에는 새로운 인간의 공존이 필요하다는 사실을 알게 되었다고 밝힘. 변화하는 사회에 맞춰 소외당한 계약자들이 존재한다는 사실을 말함. 유연 근로자와 기술 발전에 의한 실업자, 직장 생활을 하는 여성, 은퇴 후 일자리를 잃은 노인 등은 물론, 우리 세대의 선택으로 삶의 조건이 결정될 미래 세대 등 기존의 사회계약이 포용하지 못한 사람들이 가진 문제를 해결하기 위한 새로운 계약이 필요하다는 것을 강조함. 이러한 계약은 일시적인 것이 아니라 지속적인 계약이 되어야 하기 때문에 법률이나 정책의 형태로 이루어져야 하며, 안정적인 삶의 유지와 사회의 공존을 위해 필수적으로 해결되어야 한다는 점을 말함.

[12법사01-03]

물권 관계와 관련된 기본적인 내용인 부동산·동산에 관한 권리의 기능과 특징, 권리와 의무로 구성되는 법(률) 관계를 이해하고, 이를 일상생활의 사례에 적용하여 법적 문제를 해결한다.

➲ 서로 다른 국가 또는 지역에서의 물권과 부동산 소유의 법적 체계를 비교하여 공통점과 차이점을 파악하고, 이 차이가 부동산 시장 및 투자에 미치는 영향을 연구·분석할 수 있다. 한·중·일의 물권 관계를 비교해 보거나 선진국과 개발도상국의 물권 차이를 비교할 수도 있다. 또한 다양한 국제 단체 및 조약이 물권에 어떤 영향을 미치는지 조사할 수 있다. 예를 들어 유엔의 지속가능발전목표(SDGs)와 물권 간의 연관성을 살펴볼 수 있다. SDGs 11은 '지속가능한 도시 구축하기'를 말하는데, 이를 위해 부동산 소유와 개발에 대한 적절한 물권과 규제 방향을 제안할 수 있다.

관련 학과 사회계열 전체

《지속가능한 지역 만들기》, 카케이 유스케, 조지영 역, 차밍시티(2023)

단원명 | 국가 생활과 법

민주주의, 법치주의, 권력분립, 입법부, 사법부, 행정부, 기본권, 인간의 존엄과 가치 및 행복 추구권, 자유권, 평등권, 사회권, 참정권, 청구권, 기본권 제한, 형법, 죄형법정주의, 범죄의 성립 요건, 위법성조각사유, 형벌의 종류, 형사소송, 법원, 헌법재판소, 판결, 항소, 항고, 입법론적 해결

[12법사02-01]

민주주의와 법치주의의 발전 과정을 이해하고, 우리나라 권력분립의 원리를 탐구한다.

법치주의가 강력하게 시행되는 국가는 투자 환경이 안정적이고 예측 가능하며, 투자자의 권리를 보호하기 때문에 국내 및 외국 투자자들에게 매력적으로 여겨진다. 따라서 이런 국가들은 투자자들로부터 받은 자금을 통해 경제 성장을 촉진할 수 있다. 반면 법치주의가 제대로 시행되지 않는 국가는 투자 리스크가 크기 때문에 투자자들이 기피하는 경향을 보인다. 구체적인 사례를 분석하고 경제 발전을 위해 법치주의와 민주주의가 중요한 이유를 탐구해 보자. 또한 법치주의는 계약 이행과 거래 보호에 중요한 역할을 한다. 기업 간 계약 이행을 위한 방식에는 어떠한 것이 있는지 알아보고, 부족한 점이 있다면 대안을 제시해 보자.

관련 학과 사회계열 전체

《재정건전성과 법치》, 김도승 외 6명, 한국법제연구원(2020)

[12법사02-02]

우리나라 헌법의 기본 원리와 기본권 내용을 이해하고, 기본권 제한의 요건과 한계를 탐구한다.

경제학, 경영학 등 다양한 사회과학적 연구를 통해 기본권과 불평등 사이의 관계를 탐구할 수 있다. 어떻게 경제적 불평등이 사회적 기본권에 영향을 미치는지, 또한 빈곤층의 기본권에 어떤 영향을 미치는지를 주제로 탐구해 보자. 기초생활보장비와 생계 보장을 주제로도 탐구를 진행할 수 있다. 빈곤층이나 어려움을 겪는 사람들에게 기초생활보장비와 생계를 어떻게 법적으로 보장하고 있는지 분석해 보자. 또한 현재 정책이나 법률에 부족한 점이 있다면 이를 어떻게 보완할 수 있는지에 대한 대안을 제시해 보자.

관련 학과 사회계열 전체

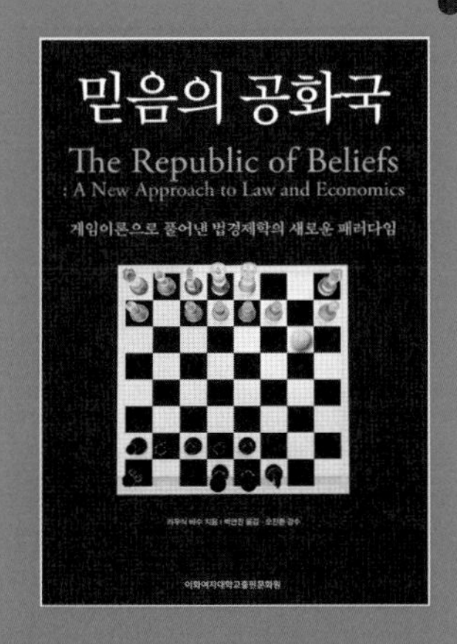

믿음의 공화국

카우식 바수, 박연진 역, 이화여자대학교출판문화원 (2022)

책 소개

이 책은 경제와 실제 법의 집행이 관계를 맺는 방식에 천착하여 사회규범과 법이 어떤 원리로 연결되는지를 보여준다. 시민뿐 아니라 법 집행자도 '합리적'으로 판단하는 존재임을 전제하며, 이러한 전제가 배제된 것이 전통적인 신고전주의 법경제학에 내재해 온 심각한 방법론적 결함이라고 말한다. 그러면서 저자는 그 대안으로 현대 게임 이론에 뿌리를 둔 새로운 법경제학 패러다임인 '초점접근법'을 제시한다.

세특 예시

진로 심화 독서 시간에 '믿음의 공화국(카우식 바수)'을 읽고 법과 경제, 사회가 긴밀한 상관관계를 맺고 있다는 사실을 알게 되었다고 밝힘. 법 자체는 사람들의 행동을 바꾸지 못한다고 말하면서도 우리 주위의 모든 사람이 법을 지킬 것이라 기대할 때 그 법은 살아 있는 제도가 된다는 점을 강조하였음. 여러 가능성이 혼재하는 상황에서 법 시행이 더 나은 결과를 가져올 수 있다는 믿음이 사회 구성원들에게 심어지면 그 법은 존재 의의가 있다고 밝히고, 법 자체보다 법에 대한 믿음이 중요하며 사람들의 믿음이 바뀔 때 행동이 바뀌는 것이라는 믿음의 경제학과 법적 논리가 동시에 인간에게 적용되고 있다는 점을 말함. 이러한 상황에서는 서로가 서

로를 돕는 행동이 가능하고, 사회적 약자를 위한 다양한 제도가 법이라는 신뢰 위에서 작동될 것이라고 밝힘.

[12법사02-03]

형법의 의의와 기능을 죄형법정주의를 중심으로 이해하고, 범죄의 성립 요건과 형벌의 종류, 형사 절차를 탐구한다.

➲ 경제사범은 종종 기업, 금융 기관, 정부 기관 또는 조직에서 발생하며, 가해자로는 CEO, 재무 담당자, 회사 직원 등이 포함될 수 있다. 피해자는 주로 투자자, 소비자, 주주, 조직, 정부 및 경제 시스템 자체이다. 이러한 경제 범죄가 다른 범죄와 어떻게 다른지, 다양한 사례들을 분석해 볼 수 있다. 또한 이런 경제사범의 판례를 비교하고, 경제사범이 다른 범죄와 같은 형량을 받고 있는지를 집행유예, 유죄 건수를 비교하면서 탐구할 수 있다. 또한 학급에서 학생들의 인식을 함께 조사해서 발표를 진행할 수도 있다.

관련 학과 사회계열 전체

《포렌식 탐정의 화이트칼라 범죄 제거전략》, 최영곤 외 1명, 교육과학사(2016)

[12법사02-04]

법원과 헌법재판소의 법적 문제 해결 과정을 탐구하고, 사법의 의미와 한계를 인식하여 입법론적 해결이 필요한 경우를 탐구한다.

➲ 규제 및 경제 정책의 관계를 탐구하고, 경제 규제가 기업 활동, 투자 및 경제성장에 미치는 영향을 주제로 탐구할 수 있다. 경제와 관련된 다양한 규제 개혁이 어떻게 입법화되고, 사법적으로는 어떻게 처리되는지의 사례들을 분석하여 경제성장과의 상호작용을 분석해 보자. 누리집을 통해 다양한 판례를 분석하여 특정 사건에 대한 자신의 의견을 밝히거나 새로운 대안을 제시할 수도 있다. 또한 국내뿐 아니라 국제 거래 협정, 무역 법률, 국제 투자 규제, WTO 및 국제 거래 분쟁 해결 과정을 분석할 수도 있다.

관련 학과 사회계열 전체

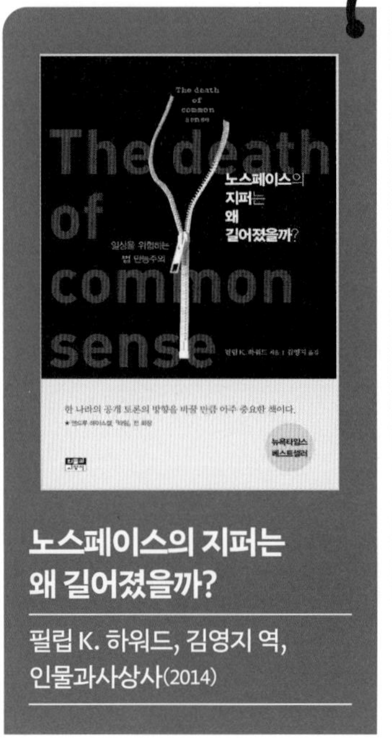

노스페이스의 지퍼는 왜 길어졌을까?

필립 K. 하워드, 김영지 역, 인물과사상사(2014)

책 소개

규제는 그냥 두면 계속 늘어나는 속성이 있다. 정부의 규제 담당 부서에서 규제의 절차와 기준 설정은 물론 집행의 모든 과정을 독점해, 규제가 공무원의 관점에서 만들어지고 집행되기 때문이다. 이것이 '고비용 불량 규제'가 만연하게 된 원인이다. 정부 규제는 결국 국민의 시간과 돈의 문제이다. 아무리 간단한 규제라도 그 규제가 적용되기까지는 국민의 세금이 든다. 규제라는 안 보이는 세금은 독점적 규제 담당 부서의 권한에 따라 견제를 거의 받지 않는다. 이 책은 비록 미국의 사례들을 보여주고 있지만, 오늘날 한국 사회에서 크게 불거지고 있는 규제 완화 및 개혁 논의에 참고할 수 있는 유용한 지적들로 넘쳐난다.

세특 예시

진로 심화 독서 시간에 '노스페이스의 지퍼는 왜 길어졌을까?(필립 K. 하워

드)'를 읽고, 규제와 효율성에 대해 생각해 보는 시간이 되었다고 밝힘. 정부의 절차적 관례는 모든 공급자에게 공평한 기회를 부여한다는 구실을 가지고 있지만, 서류 작업으로 부담이 가중되고, 규정은 헷갈리거나 종종 앞뒤가 맞지 않고 공사와 아무런 관련이 없으며, 상식에도 맞지 않는다는 이유로 업체들은 정부 기관과 일하기를 기피한다는 점을 말하면서, 서류 작업이 적어도 8배는 많기 때문에 정부 기관과 일을 할 때는 일반적으로 민간 부문에서 비슷한 일을 할 때보다 입찰가를 10~30퍼센트가량 높인다는 사실을 근거로 제시함. 이러한 규제가 경제적 효율성을 얼마나 악화시키는지를 알고, 규제를 위한 규제가 끊임없이 재생산되고 있다는 점을 경계해야 한다고 말함. 특히 이러한 규제를 해결하기 위한 입법적·사법적 노력이 함께 필요하다는 점을 강조하였음.

단원명 | 사회생활과 법

| 🔍 | 근로자의 권리, 노동삼법, 근로기준법, 노동조합법, 노동쟁의조정법, 노동삼권, 단결권, 단체행동권, 단체교섭권, 사회보장제도, 독과점, 소비자의 권리, 소비자보호법, 독과점방지법, 지적재산권, 인터넷 제공자, 플랫폼 노동, 지적재산 보호와 한계

[12법사03-01]

법으로 보장되는 근로자의 권리를 이해하고, 이를 일상생활의 사례에 적용한다.

➲ 노동자 권리와 소득 수준의 향상이 사회에 어떻게 작용했는지를 탐구할 수 있다. 법적으로 보장되는 근로자의 권리 중 경제, 경영 등 사회 전반에 영향을 미친 법 조항을 찾아서 분석해 보자. 노동자의 임금과 근로 시간과 관련된 다양한 법률이 존재한다. 이러한 법률 제정과 집행이 사회경제적으로 어떠한 영향을 미치고 있는지 분석해 보자. 예를 들어 매년 실시되는 최저임금제와 관련된 내용이 법적으로 어떻게 보장되고 있는지, 이를 지키지 않았을 때 구제 방안은 무엇인지 살펴보자. 이러한 법적 조치로 인해 사회가 변해가는 과정을 분석해 볼 수도 있다.

관련 학과 사회계열 전체

《21세기 자본》, 토마 피케티, 장경덕 역, 글항아리(2014)

[12법사03-02]

인간다운 생활을 보장하려는 사회보장과 경쟁 및 소비자를 보호하기 위한 법적 근거를 탐구하고, 구체적인 사례에서 공공 쟁점을 찾아 토론한다.

➲ 사회보장은 노동자와 노동 시장뿐 아니라 사회 전반에 큰 영향을 미치고 있다. 다양한 사회과학적 분석을 통해 사회보장이 시장을 어떻게 변화시키고 있는지 알아보자. 예를 들어 사회보장이 노동의 공급과 수요에 어떤 영향을 미치며, 노동자의 선택에 어떤 영향을 미치는지 연구할 수 있다. 최저임금과 관련된 사례들을 조사하거나, 사회보장제도가 어떻게 빈곤을 감소시키는 데 기여하는지 분석해 볼 수도 있다. 예를 들어 여러 국가에서

실행 중인 현금 지원, 식량 보조, 주거 보조와 같은 사회보장 프로그램이 어떻게 빈곤층의 생활 수준을 향상시키는지, 더 나은 대안이 있는지 찾아서 발표해 보자.

관련 학과 사회계열 전체

《경제성장과 사회보장 사이에서》, 옌뉘 안데르손, 박형준 역, 책세상(2014)

[12법사03-03]

현대적 법(률) 관계의 특징과 지적재산권의 의미를 이해하고, 이와 관련된 일상생활에서의 사례를 찾아보고 관련 쟁점을 토론한다.

➲ 지식재산권(지적재산권)이 경제적 발전과 혁신에 미치는 영향을 연구할 수 있다. 특허, 상표, 저작권 및 기타 지식재산권의 보호가 기술 혁신과 기업 경쟁력에 미치는 영향을 조사해 볼 수 있다. 다양한 기업들이 특허와 관련된 갖가지 분쟁에 휘말리고 있다. 이러한 분쟁에서 지적재산권이 어떠한 역할을 하고 있는지 탐구해 보자. 최근에 진행된 지적재산권 분쟁의 판례들을 분석해 보고, 최근 디지털화로 지적재산권의 침해가 심해지고 있는지 자신의 생각을 덧붙여 발표해 보자. 이와 함께 기업들이 지식재산권을 사용하고 관리하는 전략에 대한 내용, 예를 들어 특허 포트폴리오, 저작권 전략, 지식재산권 소송 및 협력의 역할을 탐구해 볼 수 있다.

관련 학과 사회계열 전체

《현업 변리사가 알려주는 지식재산권 스쿨》, 엄정한 외 1명, 초록비책공방(2023)

단원명 | 학교생활과 법

| 🔍 | 청소년, 청소년기본법, 청소년보호법, 청소년의 권리, 청소년의 의무, 학교폭력, 촉법소년, 위법소년, 소년범죄, 사이버불링, 법, 조약, 판례, 입법 자료, 법적 문제 해결, 사회적 논의

[12법사04-01]

학생과 청소년이 누릴 수 있는 권리와 의무를 이해하고, 이를 학교와 일상생활의 사례에 적용한다.

➲ 청소년을 위한 법률 및 정책을 분석하고 이와 관련한 다양한 활동을 연결할 수 있다. 청소년의 권리 보호, 교육, 성폭력 예방, 노동 법률과 보호에 관한 법률 및 정책을 분석하고, 이에 대한 자신의 생각을 덧붙여 발표를 진행해 보자. 현재 다양한 법적 논란이 있다. 이러한 논란을 사법적으로 혹은 입법적으로 어떻게 해소할 수 있는지 대안을 제시할 수 있다. 또한 이러한 법률의 제정이나 정책에 청소년들의 의견이 어떻게 수렴되고 있는지, 어떠한 방향으로 학생들의 의견을 전달할 수 있는지, 다양한 방안을 제시해 보자.

관련 학과 사회계열 전체

《열 가지 당부》, 하종강 외 9명, 창비(2020)

[12법사04-02]

학교폭력의 해결 과정을 살펴보며, 학교생활에서 발생하였거나 발생할 수 있는 법적 문제를 발견하고 그 해결 방안을 탐구한다.

➲ 학교폭력 예방과 인식 증진을 위한 홍보 및 광고 전략을 탐구해 보자. 교육 및 사회 기관이 어떻게 메시지를 전

달하고 홍보하는지 분석하고, 효과가 어떠한지 자신의 생각을 정리해서 발표해 보자. 다양한 학교폭력 예방 홍보 문구들의 사례를 분석하여 어떠한 방안으로 사람들의 행동을 교정하는지 파악할 수 있다. 이러한 문구들이 주는 효과에 대해서도 분석해 보자. 특히 권유하는 말, 강요하는 말, 이러한 사례들이 행동을 어떻게 수정하고, 어떠한 영향을 미치는지 조사해서 발표할 수 있다.

관련 학과 사회계열 전체

《진정한 용기》, 채진석, 험이열(2021)

[12법사04-03]

법적 문제를 해결하는 데 필요한 법, 조약, 판례, 입법 자료 등을 찾아보고, 민주시민으로서 나와 사회가 당면한 사회적 논의에 참여하는 태도를 가진다.

➲ 다양한 국가들의 판례를 비교해 보고, 이러한 판례들이 가진 법적 구속력에 대해 조사해 볼 수 있다. 국제 판례와 국제법의 역할을 주제로 탐구를 진행해 보자. 국제 판례가 국가 간 관계, 국제 조직, 국제 협력 등에 어떤 영향을 미치는지 분석해 볼 수 있다. 또한 국제법 말고도 다양한 국제 조약이 가진 역할을 조사해 보고, 이러한 국제 조약이 강제력을 가지고 있는지 파악해 보자. 이러한 조약이 사회를 변화시킬 수도 있다. 사회 변화에 필요한 부분이 있다면 어떠한 부분인지 찾아보고, 새로운 조약을 발표하거나 보완해 볼 수 있다.

관련 학과 사회계열 전체

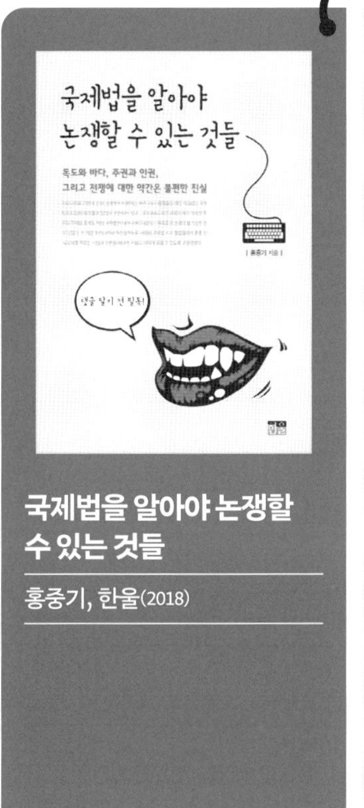

국제법을 알아야 논쟁할 수 있는 것들

홍중기, 한울(2018)

책 소개

이 책은 한·일 간 독도 분쟁의 발발은 역사적 관점에서 그 원인을 분석해야 한다고 주장하며, 독도에 대한 실효적 지배 강화와 독도 홍보가 왜 무의미한 것인지에 대해 국제법적 원칙을 근거로 설명한다. 또한 최근 한·중 간에 논란이 되고 있는 이어도 문제에 대해, 이어도는 국제법상 영토가 아니기에 독도와는 다른 대응이 필요함을 직시해야 한다고 역설한다.

세특 예시

진로 심화 독서 시간에 '국제법을 알아야 논쟁할 수 있는 것들(홍중기)'을 읽고, 국제 사회에서의 역학 관계에 대해 생각해 보는 시간이 되었다고 밝힘. 국제법이 단순한 정의만을 위해서 움직이는 것이 아니기 때문에 법적인 효력만 믿고 국가가 뒤에 서 있으면 안 된다는 점을 강조하였음. 국제법에는 다양한 정치적 이권이 개입될 수 있으며, 국제법의 실효성도 결국 게임 이론에 기초하는 것이기 때문에 누군가 지키지 않으면 법 자체의 적용이 불가능하다는 점을 강조하였음. 이에 우리가 할 수 있는 다양한 활동들을 해야 할 필요가 있으며, 문서에만 의존하지 않고 가시적인 행동을 실제적으로 실행해야 한다는 점을 강조하였음.

선택 과목	수능	경제	절대평가	상대평가
진로 선택	X		5단계	5등급

단원명 | 경제학과 경제 문제

| 🔍 | 희소성, 선택, 경제 문제, 경제학, 합리적 선택, 전통 경제, 시장경제, 계획경제, 가격기구, 경제 문제의 해결, 경제적 유인, 편익, 비용, 한계 분석, 의사결정능력

[12경제01-01]

인간 생활에서 자원의 희소성으로 인해 발생하는 경제 문제의 중요성을 인식하고, 경제학의 분석 대상과 성격을 이해한다.

➲ 정치적 권력의 한정성과 국가나 지역 간의 권력 경쟁을 연구할 수 있다. 권력의 희소성이 정치적 결정과 국제 정치에 어떤 영향을 미치는지를 분석해 보자. 작게는 기업에서, 크게는 국제 사회에서 권력을 획득하기 위한 방법들이 어떻게 사용되고 있는지 분석하고, 여기에 다양한 이해관계가 어떻게 얽혀 있는지를 조사해 보자. 정치적 권력은 보통 하나의 희소성만을 놓고 투쟁하기보다는 복잡한 관계가 얽혀 있는 경우가 많다. 사람들이 권력을 얻기 위해 어떤 것을 희생해 왔으며, 그 희생을 통해 얻은 희소성은 무엇인지 조사하여 발표할 수 있다.

관련 학과 사회계열 전체

《편의점에 간 멍청한 경제학자》, 고석균, 책들의정원(2019)

[12경제01-02]

경제 문제를 해결하는 다양한 방식의 장단점을 비교하고, 시장경제의 기본 원리와 이를 뒷받침하는 제도를 파악한다.

➲ 경제 불평등과 정책 효과를 분석할 수 있다. 경제 문제를 해결하는 다양한 체제 내에서의 소득 및 재산 분배의 불평등에 대해 탐구해 보자. 많은 사회과학자들은 경제 불평등이 사회적 안정, 정치적 변화, 사회와 문화적 관습에 어떻게 영향을 미치는지를 조사하여 발표하고 있다. 전통 경제, 시장경제, 계획경제가 이러한 불평등을 어떻게 해결하고 있는지 조사해 보자. 또한 각 경제 체제의 상황에서 정부 정책이 이러한 불평등에 어떤 영향을 미치는지 분석하고, 자신이 생각한 해결책을 발표해 볼 수 있다.

관련 학과 사회계열 전체

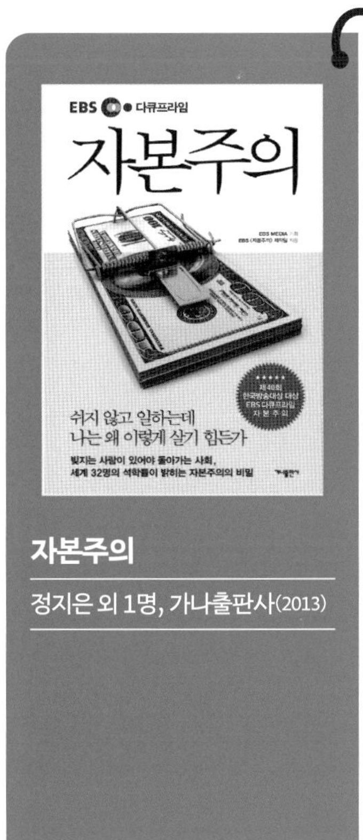

자본주의

정지은 외 1명, 가나출판사(2013)

책 소개

고등학교 경제 교과서에서 설명하는 수요와 공급의 법칙에 따르면, 가격이 내려가면 소비자의 수요량은 늘어나고, 가격이 오르면 생산자는 생산량을 늘린다. 그리고 수요량과 공급량이 만나는 지점에서 가격이 결정된다고 배운다. 그렇다면 이것으로 물가가 계속해서 오르는 원리를 설명할 수 있을까? 우리는 물가가 오르락내리락한다고 생각하기 쉽지만 실제로는 그렇지 않다. 물가는 오르기만 하고 내려가지는 않는다. 이 책에선 이처럼 우리가 상식이라고 생각해 왔지만 자본주의 경제에 관해 생각지 못했던 숨겨진 진실들을 낱낱이 파헤친다.

세특 예시

'책을 통해 자신을 돌아보기' 시간에 '자본주의(정지은 외 1명)'를 읽고 개인의 경제적 행동이 체제에 어떠한 영향을 주었는지 알게 되었다는 사실을 밝힘. '은행에 빚을 갚는다'는 것이 개인에게는 속박과 굴레를 벗어남을 뜻하지만 국가 경제로 보면 경제 규모의 축소를 의미한다는 사실을 파악하고, 이를 미시와 거시의 불균형이라고 발표를 진행하였음. 개인의 효율성과 집단의 효율성을 둘 다 올릴 수 있는 방안을 탐구하고 싶다는 포부를 함께 밝힘.

[12경제01-03]

인간은 경제적 유인에 반응함을 인식하고, 편익과 비용을 고려하여 합리적으로 선택하는 능력과 한계분석을 이용한 의사결정능력을 계발한다.

➲ 정부의 정책 결정 과정에서 CBA(비용 편익 분석)를 활용하는 방법과 영향에 관해 연구해 볼 수 있다. 특정 정책의 비용과 이익을 분석하고, CBA가 정책 결정에 어떻게 기여하는지 탐구해 보자. 예를 들어 길거리에 쓰레기통이 없어서 불편했던 경험이 있을 것이다. 쓰레기통을 치우는 정책이 어떻게 결정되었는지를 찾아서 분석해 보자. 쓰레기통을 치움으로써 얻는 경제적인 이득과 이로 인한 사람들의 불편함의 비용을 계산해 보고, 왜 이러한 정책이 나오게 되었는지에 대한 자신의 생각을 덧붙여 발표할 수 있다. 그 밖에 다양한 정책이나 사회 활동을 주제로 탐구해 볼 수 있다.

관련 학과 사회계열 전체

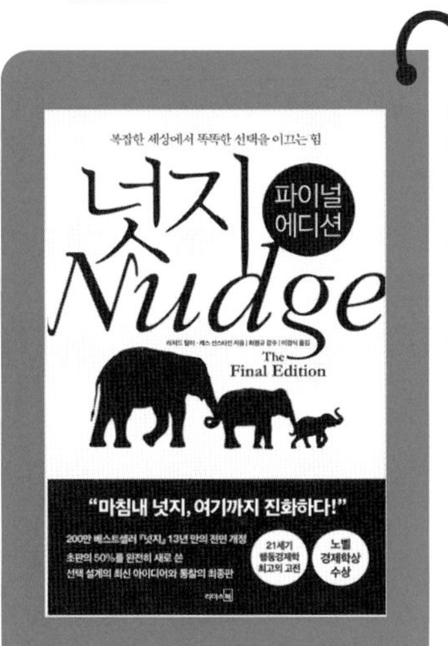

책 소개

이 책은 국제 사회에서 시급한 현안이 되어버린 기후변화 등 시대를 반영한 최신 사례를 넘나들며 한층 더 확장된 넛지의 세계로 독자들을 안내한다. 또 슬러지·큐레이션·스마트 공개·맞춤형 기본 설정 등 새롭게 등장한 선택 설계 아이디어들을 소개하고, 저축·보험·대출처럼 실생활에서 개인의 의사결정과 밀접하게 연관된 주제들도 한층 더 날카롭게 파고든다. 이와 함께 퇴직연금과 의료보험, 장기 기증 등 공공 정책 설계에 적용된 넛지와 그 효과를 되돌아보고 앞으로의 넛지를 고민한다.

넛지: 파이널 에디션

리처드 탈러 외 1명, 이경식 역, 리더스북(2022)

세특 예시

교과 심화 도서 탐구 시간에 '넛지: 파이널 에디션(리처드 탈러 외 1명)'을 읽고, 사람들의 행동 선택의 가능성에 대해 알게 되었다고 밝힘. 사람들이 처음에는 현상 유지 편향, 게으름, 미적거림 등과 같은 이유로 애초에 설정되어 있던 기본적인 행동을 드러내지만, 시간이 지남에 따라 행동을 가다듬고 자기가 맨 처음에 한 선택을 합리적인 쪽으로 바꾸려 한다고 주장하였음. 특정한 설계는 일시적인 효과를 내는 데서 끝나지만, 넛지 효과가 지속된다면 선택 설계가 결정적인 역할을 해서 그 효과는 수십 년 동안 지속될 수 있다는 점에서 넛지의 중요성에 대해 알게 되었다고 말함.

단원명 | 미시 경제

| 🔍 | 수요, 공급, 시장 균형, 가격, 거래량, 상품 시장, 노동 시장, 금융 시장, 정부, 공공부문, 조세, 공공재, 배제성, 공유성, 정부의 개입, 자원 배분, 효율성, 시장 기능, 공공부문 기능, 시장 실패, 정부 실패, 외부 효과

[12경제02-01]

수요와 공급에 의한 시장 균형의 결정과 변동 원리를 파악하고, 이를 다양한 시장에 적용한다.

➲ 기업은 어떻게 가격을 결정하고, 가격 전략을 통해 수요를 어떻게 조절하는지 탐구할 수 있다. 또한 과거 데이터와 예측 모델을 사용하여 수요를 예측하고, 생산 및 재고 관리에 활용하는 방법을 연구할 수도 있다. 또한 이러한 전략을 성공적으로 적용하기 위해 필요한 광고 기법도 함께 탐구할 수 있다. 광고가 소비자의 수요와 구매 패턴에 어떤 영향을 미치는지 탐구해 보자. 예를 들어 특정 광고 캠페인이 제품 또는 서비스의 수요를 어떻게 증가시키는지, 소비자들이 광고를 어떻게 인식하고 반응하는지 조사하여 발표해 보자.

관련 학과 사회계열 전체

《가격은 없다》, 윌리엄 파운드스톤, 최정규 외 1명 역, 동녘사이언스(2011)

[12경제02-02]

정부를 비롯한 공공부문의 경제적 역할을 이해하고, 조세, 공공재 등과 같이 시장의 자원 배분에 개입하는 사례를 탐구한다.

➲ 다양한 외부 효과들이 가격의 결정에 어떠한 영향을 주고 있는지 탐구해 볼 수 있다. 예를 들어 정부 및 규제 기관의 정책이 수요와 공급에 어떤 영향을 미치는지 연구할 수 있다. 환경보호를 위한 정부의 규제가 소비와 생산에 어떤 영향을 미치는지 조사하여 발표해 보자. 이러한 규제가 시장에 도움이 될 수 있는지, 그리고 정부의 정책이 시장의 효율성을 높일 수 있는지에 대해 탐구해 보자. 또한 단순히 효율성만을 추구할 것인지, 공정성과 형평성도 함께 추구할 것인지를 주제로 탐구를 진행할 수도 있다.

관련 학과 사회계열 전체

《재정전쟁》, 전주성, 웅진지식하우스(2022)

[12경제02-03]

시장 기능과 공공부문의 활동을 비교하고, 자원 배분의 효율성과 형평성에 미치는 영향을 평가한다.

시장 실패는 시장에서 기대되는 효율적인 결과가 실현되지 않는 현상을 가리킨다. 이는 시장 자체나 시장의 참여자들 사이의 이해관계, 정보 흐름, 자원 분배 등 다양한 원인으로 발생할 수 있다. 최근에 시장 실패가 발생한 사례를 분석해 보고, 실패 이유를 조사해서 발표해 보자. 횡령 등의 다양한 문제들이 시장을 교란하고 있다. 이러한 사례가 어느 부분에서 발생하고, 방지할 수 있는 방안은 무엇인지를 탐구해 볼 수 있다. 특히 경제 분야의 사례를 탐구하고 다양한 외부 효과를 함께 파악해 보자.

관련 학과 사회계열 전체

《코즈가 들려주는 외부 효과 이야기》, 최병모, 자음과 모음(2011)

단원명 | 거시 경제

거시 경제, 국내총생산, 물가상승률, 실업률, 국가 경제 수준, 총수요, 총공급, 경제성장, 경제성장의 요인, 한국 경제의 변화

[12경제03-01]

여러 가지 거시 경제 변수를 탐색하고, 국가 경제 전반의 활동 수준을 파악한다.

실업은 종종 사회적 차별과 연결되며, 이는 인종, 성별, 연령, 장애 및 기타 인구 특성과 관련된 주제를 바탕으로 탐구해 볼 수 있다. 예를 들어 실업자들이 직장을 찾을 때나 새로운 직업을 구할 때 경험하는 사회적 차별과 편견에 대한 논의를 바탕으로 탐구를 진행해 보자. 특히 학생, 청년 실업과 관련된 차별을 중심으로 발표할 수도 있다. 실업자들은 사회적 네트워크와 연결이 끊길 수 있고, 그로 인해 사회적으로 고립될 수 있다. 실업자들의 사회적 상호작용(예를 들어 SNS나 실제 인간관계를 포함해서)이 어떻게 변화하고 있는지 탐구해 보자. 또한 이러한 실업을 해결하기 위한 정책 및 정치적 의사결정에 대해서도 함께 탐구할 수 있다. 정부 정책, 사회보장제도 및 실업 보상과 관련된 정치적 논쟁과 정책 변화를 주제로 발표해 보자.

관련 학과 사회계열 전체

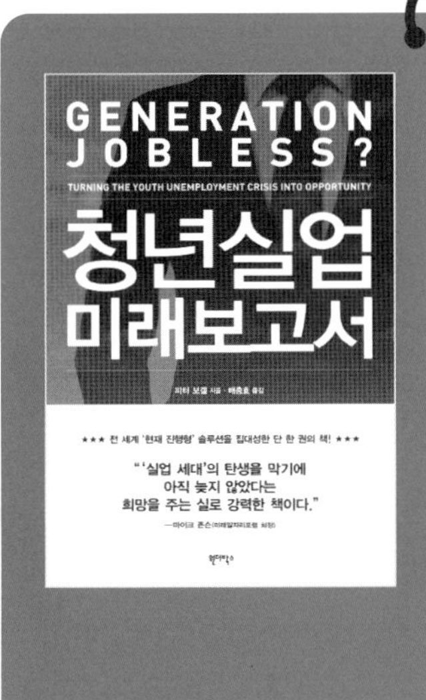

책 소개

우리나라 청년 실업률이 역대 최고치를 기록했다. 세계 청년 실업률 역시 인류 역사상 최악의 수치를 보이고 있다. 실로 지구촌은 '글로벌 청년 실업 위기'에 직면했으며, 오늘날 청년들은 '실업세대'로 역사에 기록될지 모를 암울한 상황이다. 한번 탄생한 '실업세대'는 그 여파가 여러 세대에 걸쳐 지속되면서 경제사에 큰 구멍을 만든다. 이 책은 청년 실업을 집중적으로 다루며, 세계가 직면한 위기에 관한 장기적이고 광범위한 통찰과 함께 현재 집행되고 있는 세계 각국의 130여 가지 구체적인 대안과 정책을 세밀하게 소개한다.

세특 예시

진로 심화 독서 시간에 '청년실업 미래보고서(피터 보겔)'를 읽고, 진로와

청년실업 미래보고서

피터 보겔, 배충효 역, 원더박스(2016)

역량에 대한 학생의 생각을 정리하여 발표를 진행함. 청년들이 구직에 실패한 경험이 있는지, 만약 그랬다면 그 이유는 무엇이라고 생각하는지를 설문 조사한 결과, 모든 이유 가운데 실무 경험 부족이 취업의 가장 큰 걸림돌로 지목되었다는 사실을 알게 되었다고 밝힘. 누구나 창업가가 될 잠재력을 갖추고 있다는 내용을 주장하였음. 창업가의 길로 들어설 생각을 하지 않더라도 그들에게 창업의 다양한 형태와 각각의 특성을 알려주는 일이 급선무라는 점을 강조함. 이런 과정에서 청년들은 자신의 성격과 인생 목표에 부합하는 창업 형태가 있는지 가늠해 볼 수 있다고 발표를 진행하였음.

[12경제03-02]

경제성장의 의미와 요인을 이해하고, 한국 경제의 변화와 경제적 성과를 균형 있는 시각에서 평가한다.

경제성장은 일자리 창출과 소득 증대를 통해 사회적 안정성을 향상시킬 수 있다. 더 많은 경제활동은 고용 기회를 제공하고, 노동자들의 임금과 소득을 증가시킬 수 있다. 이러한 소득의 증가가 사람들의 소비를 어떻게 변화시켰는지를 거시적 관계와 미시적 관계를 통해 분석해 볼 수 있다. 또한 경제성장이 사회적 불평등, 빈곤, 사회적 정의, 교육, 보건, 고용, 주택, 환경 등 다양한 사회 정책 분야에서 어떻게 영향을 미치는지 연구하고, 이를 토대로 정책을 제안하거나, 문제 해결 방안을 조사하여 발표해 보자.

관련 학과 사회계열 전체

《다보스포럼, 자본주의를 버리다》, 매일경제 세계지식포럼 사무국, 매일경제신문사(2012)

단원명 | 국제 경제

| 🔍 | 국제 거래, 국가 간 상호 의존, 재화, 서비스, 생산 요소의 교류, 비교우위, 절대우위, 특화, 무역 원리, 자유무역, 보호무역, 외환 시장, 환율, 외화의 수요, 외화의 공급, 환율의 변동, 국가 경제와 개인의 경제 생활

[12경제04-01]

개방된 국제 사회에서 국제 거래를 파악하고, 국가 간 상호 의존성이 증대하고 있음을 이해한다.

국제 무역이 개발도상국가나 후진국에 어떠한 영향을 미치는지를 주제로 탐구할 수 있다. 이러한 주제와 관련된 탐구를 통해 무역이 국가 간 불평등과 경제성장에 미치는 영향을 평가하고, 개발을 지원하기 위한 다양한 정책을 제안할 수 있다. 국제 무역의 부정적인 영향을 해소하는 방법에 대한 자신의 생각을 덧붙여 발표해 보자. 또한 국제 무역은 노동 시장에도 영향을 미친다. 글로벌화가 노동 조건, 직업, 급여 및 일자리 안정성에 미치는 영향을 주제로 탐구를 진행해 보자. 외국인 노동자나 국내 인력의 해외 유출을 주제로 탐구해 볼 수도 있다.

관련 학과 사회계열 전체

빈곤의 가격

루퍼트 러셀, 윤종은 역, 책세상(2023)

책 소개

월급은 횡보하지만 물가는 천정부지로 우상향한다. 원자재 가격의 상승 때문이라지만 원자재 가격이 떨어져도 물가는 잡히질 않는다. 이 가격은 과연 누가, 어떻게 정하는 것일까? 하버드대학 사회학 박사이자 다큐멘터리 감독인 루퍼트 러셀은 '가격'의 가장 원초적인 부문인 원자재의 시장에 주목한다.

세특 예시

진로 심화 독서 시간에 '빈곤의 가격(루퍼트 러셀)'을 읽고 세계 경제가 어떻게 연결되어 있는지 탐구하는 시간이 되었다고 밝힘. 식량의 가격이라는 단순한 문제가 어떻게 한 지역 전체를 휩쓴 혼돈의 원동력이 되었는지 알게 되었다고 말하고, 이러한 혼란이 선진국과 개발도상국에서 다르게 영향을 미칠 것이라는 발표를 진행하였음. 이러한 혼란 상황에서 회복탄력성은 경제의 안정성을 기반으로 하기 때문에 선진국들의 적극적인 개입이 필요하다는 것을 말하고, 개발도상국을 위한 우대 조치가 좀 더 적극적으로 마련되어야 한다는 내용을 전개하여 많은 학생들의 호응을 얻음.

[12경제04-02]

비교우위에 따른 특화와 교역을 중심으로 무역 원리를 이해하고, 자유무역과 보호무역 정책의 경제적 효과를 설명한다.

➲ 국가 간 경제 발전의 차이와 비교우위를 분석해 볼 수 있다. 어떤 지역이 특정 산업 또는 서비스 분야에서 비교우위를 활용하고 있는지 알아보고, 이러한 비교우위를 바탕으로 경제성장을 이룬 사례를 탐구해 볼 수 있다. 이론적으로 무역에 참여하는 모든 국가는 비교우위로 인해 이익을 얻는다. 그러나 무역을 통해 선진국으로 발전한 국가들과 그렇지 못한 국가들이 있다. 이러한 국가들을 비교하여 경제 정책과 실제 실행 방식을 비교해 볼 수 있다. 특히 우리나라와 다른 국가들의 사례를 비교하여 우리나라가 경제성장에 성공할 수 있었던 이유를 발표해 보자. 또한 개발도상국들을 위한 비교우위 정책도 함께 제시할 수 있다.

관련 학과 사회계열 전체

책 소개

세계화의 진행과 정보 통신 기술의 발전으로 무역 비용이 감소하면서 생산 과정이 분화되어 전 세계로 분산되는 글로벌 생산 네트워크가 형성되고, 이에 따라 국가 간 상호 의존도가 높아지고 있다. 특히 아시아 지역이 세계 공장으로 부상하면서 글로벌 생산 네트워크에서 아시아 국가의 역할에 대한 관심이 커지고 있다. 이 책의 목적은 아시아 지역의 생산 네트워크가 어떻게 변화되었는지 파악하고, 이에 따른 경제적 파급효과를 분석하는 데 있다.

세특 예시

진로 심화 독서 시간에 '아시아 생산네트워크의 진화(박순찬)'를 읽고, 아시아 국가들의 경제성장 동력을 알 수 있었다고 밝힘. 글로벌 가치사슬이 심화되면서 국가 정책은 총액 기준의 수출 규모를 증가시키는 것보다 수

아시아 생산네트워크의 진화

박순찬, 서울대학교출판문화원(2020)

출의 부가가치를 증가시키는 것이 더 중요해질 것이라는 점을 강조함. 후진국들이나 개발도상국들이 부가가치를 증가시킬 수 없으면 빈곤의 연쇄에 빠져 성장을 이룰 수 없을 것이라는 점을 말함. 이에 대해 커피 생산국들을 근거로 들어 설명하였음. 추가로 다른 상품작물의 재배와 식량 자립권을 탐구해 보고 싶다는 포부를 밝힘.

[12경제04-03]

외환 시장에서 환율의 결정 원리를 이해하고, 환율 변동이 국가 경제와 개인의 경제생활에 미치는 영향을 탐구한다.

➲ 미국 달러가 강세를 보이면서 기타 주요 통화들의 가치가 상대적으로 하락하고 있다. 하지만 달러가 약세를 보일 때는 반대의 상황이 발생한다. 환율 변동은 국제 경제에 막대한 영향을 끼치지만, 선진국과 개발도상국이 받는 영향의 크기는 다르게 나타나기도 한다. 무역에 의존하는 국가는 어떠한 환율 정책을 쓰고 있는지 분석해 보고, 환율 조절 방식의 사례를 조사해 발표할 수 있다. 환율도 자유경쟁에 맡겨야 하는지, 국가가 정책적으로 개입해야 하는지 고찰해 보고, 우리나라의 환율 정책을 분석한 후 자신의 생각을 덧붙일 수 있다.

관련 학과 사회계열 전체

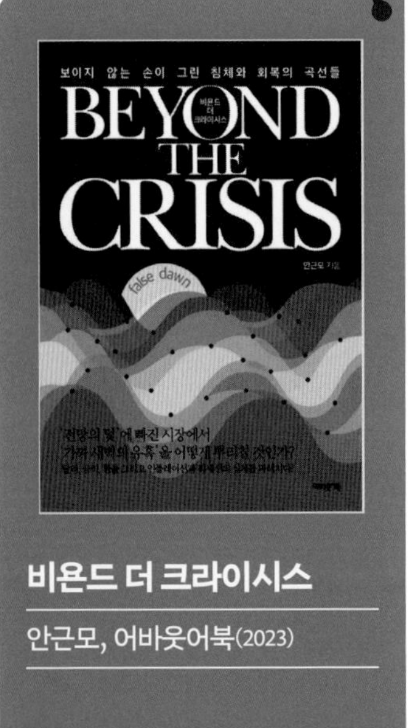

비욘드 더 크라이시스

안근모, 어바웃어북(2023)

책 소개

지난 수십 년 동안 미 연준과 유럽중앙은행(ECB) 등 주요 중앙은행 관찰자(central bank watcher)로서 독보적인 통찰력을 발휘해 온 저자는 팬데믹 이후 고금리와 고물가에 이어 심각한 침체에 직면한 세계 경제를, 엄선한 150여 개의 그래프와 함께 간결한 문장으로 풀이해 준다. 이를테면 단순한 수요·공급 곡선으로 전 지구적 골칫거리인 '나쁜' 인플레이션의 속성을 누구나 이해할 수 있도록 설명해 주고 있다.

세특 예시

교과 심화 독서 시간에 '비욘드 더 크라이시스(안근모)'를 읽고 미국의 금리 인상이 전 세계 경제에 미친 영향에 관해 탐구하였다고 밝힘. 미국이 인플레이션을 잡기 위해 금리를 인상하면서 일어나는 환율 변동이 우리나라의 물가 인상에 영향을 끼친 과정을 그래프를 곁들여 일목요연하게 설명한 뒤, 일본의 제로 금리 정책과 연관지어 일본과 미국의 금리 차이가 커질수록 일본의 외환 시장이 교란되어 글로벌 경제 쇼크가 올 가능성이 있음을 주장함.

선택 과목	수능	국제관계의 이해	절대평가	상대평가
진로 선택	X		5단계	5등급

단원명 | 국제관계의 특징

| 🔍 | 근대 국민국가의 형성, 1차 세계대전, 2차 세계대전, 국제관계의 형성 배경, 국제관계 이해의 관점, 현실주의, 자유주의, 구성주의, 국제 사회의 행위 주체, 영향력 있는 개인, 다국적 기업, 국가, 국제 기구, 가치 갈등

[12국관01-01]

근대 이후 국제관계의 형성과 변화 과정을 파악한다.

➲ 근대 국민국가 형성기부터 벌어졌던 국가 간 갈등, 민족과 종교의 갈등이 현대의 국제관계 형성에 끼친 영향을 조사할 수 있다. 예를 들어 러시아와 우크라이나, 이스라엘과 팔레스타인처럼 실제로 전쟁이 벌어지고 있는 지역을 선정하여 갈등의 원인을 국제관계 속에서 다각도로 탐구하는 활동을 진행해 보자. 해당 국가들의 지정학적 위치와 역사적 배경, 민족과 종교의 차이, 갈등의 원인이 된 사건, 다른 국가들의 입장 및 영향력 등을 조사하고, 국제관계는 다양한 요인에 영향을 받으며 시간의 흐름에 따라 변화한다는 사실을 파악할 수 있다.

관련 학과 사회계열 전체

《팔레스타인 100년 전쟁》, 라시드 할리디, 유강은 역, 열린책들(2021)

[12국관01-02]

국제 사회를 이해하는 주요 관점인 현실주의와 자유주의를 중심으로 구체적인 국제관계의 사례를 분석하고, 대안적 관점들을 탐색한다.

➲ 국제 사회를 이해하는 주요 관점인 현실주의와 자유주의의 의미를 알아보고, 탈냉전 시대, 다극화 시대로 접어든 21세기의 국제관계에서 나타난 다양한 외교 현상들을 각각의 관점에서 분석하면서 자유롭게 토론할 수 있다. 또한 국제 사회를 보는 또 다른 관점인 구성주의 이론에서는 국제관계의 중요한 측면이 단순히 물질적 요인이 아니라 사회적·역사적 요소에 영향을 받은 관념적 요인에 의해 결정된다는 주장을 펼치고 있다. 실제 외교 사례에 구성주의적 관점을 적용하여 상황을 해석하는 심화 탐구 활동을 해보자.

관련 학과 사회계열 전체

《국가 간의 정치 1》, 한스 모겐소, 엄태암 외 1명 역, 김영사(2014)

[12국관01-03]

국제 문제를 해결하기 위한 다양한 행위 주체의 활동을 탐색하고, 그 성과와 문제점에 대하여 토론한다.

➲ 국제 사회의 행위 주체 중 다양한 국제 기구들을 그 기능에 따라 보편적 국제 기구와 폐쇄적 국제 기구, 일반

기구와 특별 기구, 정부 간 국제 기구와 국제 비정부 기구 등으로 분류하고, 각각의 의미에 해당되는 국제 기구는 무엇이 있는지, 어떤 기능을 수행하는지 탐색해 보자. 또한 세계화가 진전된 이후 사회가 복잡해지면서 중요성이 강조되는 국제 비정부 기구(INGO)들 중 하나를 선택하여 해당 비정부 기구가 추구하는 가치와 역할, 구체적인 활동 사례 및 성과, 활동 과정에서 나타난 문제점 등을 조사하고 토의하는 활동을 수행할 수 있다.

관련 학과 사회계열 전체

《비정부기구 NGO의 이해》, David Lewis 외 2명, 이유진 역, 명인문화사(2022)

단원명 | 균형 발전과 상생

| 🔍 | 국가 간 불평등, 부의 편중, 빈부 격차로 인한 국가 간 갈등, 공정무역, 공적 개발 원조, 정부 간 국제 기구, 국제 비정부 기구, 국제 사회의 공동 번영, 대한민국의 위상, 대한민국의 경제 발전

[12국관02-01]

국가 간 불평등의 원인을 파악하고, 이러한 불평등이 야기하는 갈등 상황을 분석한다.

국가 간 정치적·경제적 불평등의 현황을 조사하고, 현재 선진국과 개발도상국 사이에서 벌어지고 있는 갈등 사례를 분석하는 탐구 활동을 진행해 보자. 예를 들어 자유무역의 활성화는 국가 간의 분업을 강화시켜 선진국은 고부가가치 산업에, 개발도상국은 상대적으로 부가가치가 낮은 1차 산업에 종사하게 만들어 국가 간의 빈부 격차를 더욱 심화시켰다는 지적을 받는다. 산업 구조가 취약한 개발도상국이 직면한 경제적 빈곤과 사회적·정치적 불안의 사례를 조사하고, 이런 상황이 지속된다면 선진국에는 어떤 일이 일어날지 예측해 보자.

관련 학과 사회계열 전체

《거대한 역설》, 필립 맥마이클, 조효제 역, 교양인(2013)

[12국관02-02]

공정무역과 공적 개발 원조 등 국제 사회의 상생을 위한 노력을 조사하고, 다양한 행위 주체의 협력 방안을 탐색한다.

국제 사회의 상생을 위한 방법의 일환으로, 기존 무역의 반성적 대안으로 제시되고 있는 무역의 형태에 대해 조사할 수 있다. 특히 커피와 초콜릿 등 플랜테이션 농장에서 생산되는 기호식품에 관련된 무역 구조가 해당 산업에 종사하는 개발도상국 노동자들을 저임금과 초과 노동, 아동 노동 등의 노동 착취에 시달리게 하고 있다. 이런 문제점에 대한 대안으로 등장한 공정무역의 실태와 현황, 장점과 단점을 조사하고, 공정무역 제품을 직접 소비해 보는 탐구 활동을 진행할 수 있다.

관련 학과 사회계열 전체

《빈곤의 연대기》, 박선미 외 1명, 갈라파고스(2015)

[12국관02-03]

국제 사회에서 우리나라의 위상을 파악하고, 국제 사회의 불평등 문제를 해결하기 위한 우리나라의 역할을 토론한다.

➲ 대한민국의 정치적·경제적 위상을 우리나라가 가입하여 활동하고 있는 국제 기구의 수, 1인당 GDP나 세계 무역액 순위, 각종 국제 행사의 유치 횟수 등 객관적인 통계 자료를 바탕으로 파악해 보자. 또한 우리나라가 국제 사회의 불평등 문제 해결을 위해 담당하고 있는 역할들을 조사할 수 있다. 예를 들어 한국국제협력단(KOIKA)의 활동 내용이나, 세계적인 규모의 자연재해가 일어난 국가에 대한 인적·경제적 지원 사례를 찾아보고, 장점과 단점을 파악한 다음 보완할 부분에 대해 토의하는 탐구 활동을 수행할 수 있다.

관련 학과 사회계열 전체

《꼬리에 꼬리를 무는 한국경제사》, 김정인, 휴머니스트(2023)

단원명 | 평화와 안전의 보장

| 🔍 | 전쟁, 테러, 팬데믹, 국제적 연대 방안, 개인과 국가, 국제 사회의 안전, 민주적 통제, 세계시민의 역할, 문화 갈등, 한반도의 안보 문제, 대북 전략, 현실주의, 자유주의, 한반도의 평화와 안전 보장을 위한 노력

[12국관03-01]

인류가 직면한 평화와 안전의 상황을 다각적으로 조사한다.

➲ 20세기 후반 냉전 체제가 해체되고 다극화 체제로 접어들면서 국소적인 지역 분쟁은 더욱 심해졌다. 특히 러시아의 우크라이나 침공, 하마스의 이스라엘 침공처럼 전면전의 형태를 띤 분쟁이 전 세계의 안보를 위협하고 있다. 이러한 대규모 국제 분쟁이 세계의 안전과 경제에 끼치는 악영향이 무엇인지 탐구하고, 해결 방안 및 앞으로의 국제관계 변화 방향에 대해 토의해 보자. 또한 국제 질서와 평화에 심각한 위기를 가져오는 테러의 발생 원인과 피해 현황을 조사하고, 테러를 미연에 방지하기 위한 국가의 대책 및 세계적인 대응 사례를 찾아보자.

관련 학과 사회계열 전체

정치적 부족주의

에이미 추아, 김승진 역, 부키(2020)

책 소개

국제 분쟁 전문가인 에이미 추아 예일대 로스쿨 교수의 저작으로, 오늘날 사회에서 벌어지고 있는 '대립'과 '혐오'의 원인을 기존의 좌우 구도가 아닌 '부족주의'의 관점에서 분석하는 책이다. 현대 정치는 단순히 좌파와 우파로 나뉘지 않는다는 전제하에 다양한 집단별로 분열된 정치적 부족주의의 기원과 전개를 분석하여 집단 간 갈등의 원인을 찾고 있다.

세특 예시

'책으로 세상 보기' 시간에 '정치적 부족주의(에이미 추아)'를 읽고, 국제 분쟁의 근본적인 원인이 국가가 아닌 인종, 민족, 지역, 종교 분파에 있다는 저자의 주장을 접한 후 신선한 충격을 받았다는 소감을 밝힘. 추가 탐구 활동으로 지역 분쟁의 원인과 해결 방안을 찾는 모둠 토론을 할 때, 세계 각지의 민족 분쟁과 종교 분쟁은 집단의 지나친 결속으로 다른 집단을 배척하는 부족 본능의 어두운 일면 때문에 발생하며, 이를 해결하기 위해서는 활발한 교류를 통한 집단 간 상호 이해가 중요하다는 주장을 펼쳐 급우들의 공감을 얻음.

[12국관03-02]

개인, 국가, 국제 사회의 평화와 안전을 위협하는 요인을 정치, 경제, 사회, 문화의 다양한 영역에 걸쳐 파악하고, 이를 해결하기 위한 실천 방안을 탐색한다.

국제 사회의 평화와 정치적·사회적 안전을 위해서는 경제적 안정이 필수적이다. 20세기 초에 1차 세계대전이 끝났을 때 승전국이 독일에게 물렸던 가혹한 배상금은 나치당과 히틀러의 집권이라는 결과를 불러와 2차 세계대전 발발의 원인 중 하나로 작용했다는 평가를 받는다. 현재 벌어지고 있는 분쟁 중 상당수도 겉으로 내세우는 명분과는 달리 경제적 요인이 크게 작용하는 경우가 많다. 경제적 문제가 국제 분쟁의 원인이 되는 사례들을 찾아 탐구하고, 한 사회가 경제적 안정을 누리기 위해 필요한 요소는 무엇인지에 관해 토의해 보자.

관련 학과 사회계열 전체

평화의 경제적 결과

존 M. 케인스, 정명진 역, 부글북스(2016)

책 소개

20세기 최고의 경제학자 케인스는 이 책에서 국제관계에서 관용에 바탕을 둔 평화가 필요한 이유를 조목조목 서술하고 있다. 케인스는 영국 대표단으로 파리강화회의에 참석한 후 독일의 경제 조직을 완전히 초토화하는 베르사유 조약의 문제점을 간파하고, 경제적인 접근이 필요했으나 조약을 주도한 인물들은 정치적 차원에서만 접근했다고 생각하며 이 책을 저술했다.

세특 예시

'책을 통해 세상 읽기' 시간에 '평화의 경제적 결과(존 M. 케인스)'를 읽고, 국제관계에서 관용이 필요한 이유에 대해 고찰하게 되었다는 소감을 밝힘. 특히 패자에 대한 경제적 관용을 주장한 케인스의 이론이 후대에 끼친 정치적·경제적 영향력에 대해 관심을 갖고 추가 탐구를 진행하였음. 2차 세계대전 이후 미국이 서유럽에 대규모의 경제 원조를 진행한 마셜 플랜의 내용 및 서유럽의 경제성장에 미친 영향과 이에 대한 공산주의 진영의 대응을 비교한 보고서를 작성함.

[12국관03-03]

역동적인 국제관계 속에서 우리나라가 당면한 평화와 안전의 문제를 파악하고, 평화와 안전을 도모할 수 있는 구체적인 방안에 대하여 토론한다.

우리나라가 현재 당면한 평화와 안전의 문제를 지정학적인 시각에서 분석할 수 있다. 대한민국은 대륙과 해양을 연결하는 요충지에 자리 잡고 있으며 중국, 일본, 러시아와 같은 세계적인 강대국에 둘러싸인 채로 남북으로 분단되어 있다. 이러한 위치적 특성이 어떠한 안보 위협을 가져오는지, 주변 국가의 정치적·경제적·사회적 동향의 변화를 통해 파악하고, 핵 문제를 비롯한 주요 안보 문제에 대응하는 데 필요한 구체적인 방안을 토의해 보자.

관련 학과 사회계열 전체

《연결된 위기》, 백승욱, 생각의힘(2023)

단원명 | 국제 분쟁의 해결

| 🔍 | 국제 분쟁, 외교의 의미, 외교의 주체, 국제법의 기능과 필요성, 조약, 국제관습법, 국제사법재판소의 역할, 국제법의 구속력과 한계, 지역 통합과 지역 기구의 결성, 유럽연합, 북미자유무역협정, 동남아시아 국가연합

[12국관04-01] ●●●

국제 분쟁을 해결하기 위한 외교와 국제법의 필요성과 기능을 탐색한다.

➲ 국제 분쟁을 해결하는 방안으로 외교와 국제법이 어떻게 기능하는지를 사례 분석을 통해 탐구할 수 있다. 예를 들어 러시아와 일본이 쿠릴 열도를 두고 벌이는 영토 분쟁이나, 중국과 필리핀이 남중국해 문제로 대립하는 사례, 중국과 인도의 국경 논쟁 등 지구촌에서 벌어지고 있는 실제 갈등 상황을 원인과 현재 상황으로 나누어 분석해 보자. 이러한 국제 분쟁을 해결하기 위한 당사국들의 외교적 노력과 국제사법재판소의 중재 사례 등을 찾아보면서 외교 및 국제법의 기능과 이러한 수단들이 필요한 이유를 파악할 수 있다.

관련 학과 사회계열 전체

국제분쟁의 이해

조지프 S. 나이,
양준희 외 1명 역,
한울아카데미(2009)

책 소개

저명한 정치학자 조지프 S. 나이 교수의 국제 분쟁과 국제정치학에 대한 강의를 들어본다. 이 책은 방대한 역사적 사건들을 국제 정치 이론의 틀을 적용하여 간결하고 쉽게 설명하고 있다. 냉전 이후 점점 부각되고 있는 자유주의 이론이나 상호 의존 이론, 제도주의 이론 등으로 관심을 돌리기 전에 전통적 현실주의 시각에 대한 견실한 기초를 다질 수 있도록 하였다. 이를 위해 어려운 국제 정치의 기본 용어와 개념들을 역사적 사례와 함께 명확한 용어로 제시하고 있다.

세특 예시

최근 심화되고 있는 다양한 국제 분쟁의 원인을 파악하기 위해 '책을 통해 세상 읽기' 시간에 '국제분쟁의 이해(조지프 S. 나이)'를 읽음. 특히 민족 분쟁의 특성을 살펴보고, 다른 국가의 개입은 언제 정당화될 수 있는지, 중동의 분쟁에 대한 다른 강대국들의 개입은 적절했는지 짚어보는 대목이 인상적이었다고 밝힘. 또한 국가의 분쟁이 전쟁이라는 최악의 사태로 치닫지 않게 하기 위해서는 외교와 국제법을 동원한 평화적인 해결 수단이 중요함을 깨달았다는 소감문을 작성함.

[12국관04-02] ●●●

국제법의 특징과 법원(法源)을 조사하고, 국제사법재판소의 역할과 한계를 파악한다.

➲ 국제법과 국내법을 비교하고 국제법의 구속력은 어디에서 나오는지, 국제법의 한계는 어디까지인지를 실제 사례 탐구를 통해 분석할 수 있다. 예를 들어 영토 분쟁과 관련한 국제사법재판소의 판결들의 경우, 특정 국가에 유리한 판결이라는 이유로 불복하는 국가들의 태도가 외교적 논란을 초래하기도 한다. 이와 같은 사례를 조

사하면서, 강제적 집행 능력이 없고 강대국의 이해관계에 따라 움직일 수밖에 없는 국제법의 한계를 파악하고, 국제 분쟁 문제에 체계적이고 복합적으로 접근하는 시각을 기를 수 있다.

관련 학과 **사회계열 전체**

《국제법의 역사》, 아르투어 누스바움, 김영석 역, ㈜박영사(2019)

[12국관04-03]

국제 사회에서 다양한 지역 통합이 이루어지는 현상과 그 이유를 확인하고, 지역 기구의 구성원으로서 우리나라의 역할을 토론한다.

➔ 지역 통합은 경제 블록화 현상과 맞물려 이루어진다. 예를 들어 유럽연합의 전신인 유럽경제공동체의 경우 가입 국가들 사이의 관세를 철폐하는 협정으로부터 시작되었으며, 북미자유무역협정(NAFTA) 역시 소속 국가들끼리는 관세를 물지 않는 배타적인 경제 블록을 형성하고 있다. 각 국가가 지역 기구를 결성하고 무역 장벽을 만드는 이유를 이러한 경제적인 요인으로부터 추론해 보고, 우리나라가 가입한 국제 기구의 현황, 자유무역협정(FTA)을 맺은 국가들의 목록을 조사하면서 다양한 지역 기구에 가입한 목적을 탐구해 보자.

관련 학과 **사회계열 전체**

《국제무역의 정치경제와 법》, 구민교, ㈜박영사(2021)

선택 과목	수능	여행지리	절대평가	상대평가
융합 선택	X		5단계	X

단원명 | 행복하고 안전한 여행

| 🔍 | 여행 경험, 여행의 의미, 지리 정보 기술, 이동 수단, 교통수단, 가상 여행, 간접 여행, 진로, 체험

[12여지01-01]

다양한 여행 사례와 자신의 여행 경험을 통해 여행의 의미를 파악하고, 여행이 삶과 세계 인식에 미치는 영향을 토의한다.

➲ 여행은 일상에서 생각하지 못했던 새로운 영감을 주거나 삶의 전환점이 되기도 한다. 중국의 고사에는 "만 권의 책을 읽는 것보다 천 리 길의 여행이 낫다."라는 말도 있다. 이는 여행의 중요성을 잘 말해주고 있다. 여행을 통한 직접 경험이 인생에 큰 영향을 미치는 것은 물론이다. 모차르트는 부친의 영향으로 일찍부터 유럽 전역을 여행하였다. 모차르트의 작곡 활동에 어린 시절의 여행이 많은 영감을 주었다고 전해진다. 유명 인물 중에 여행을 통해 삶이 바뀐 사례나, 자신의 여행 경험을 통해 나타난 변화 등을 적은 후 친구들과 각자의 경험을 공유해 보자.

관련 학과 관광학과, 문화관광학과, 관광경영학과, 사진영상학과, 신문방송학과, 국제관계학과, 문화콘텐츠학과, 지리학과, 항공관광학과, 영어영문학과, 스페인어학과, 항공서비스학과

어린 왕자

앙투안 드 생텍쥐페리, 황현산 역, 열린책들(2015)

책 소개

다른 별에서 온 어린 왕자의 순수한 시선으로 모순된 어른들의 세계를 바라보는 이 소설은 꾸밈없는 진솔한 문체와 동화처럼 단순해 보이는 이야기 속에 삶을 돌아보는 깊은 성찰을 아름다운 은유로 녹여낸 작품이다. 《어린 왕자》를 다시 읽을 때마다 우리는 삶에서 가장 중요한 것들, 그러나 잊히거나 상실된 것들, '눈에 보이지 않는' 것들을 돌아보게 된다.

세특 예시

'독서를 통한 교과 내용 톺아보기' 활동에서 '어린 왕자(앙투안 드 생텍쥐페리)'를 읽고 작가의 세계관, 소설 속 존재의 은유, 주인공 입장에서 새로운 존재, 새로운 장소, 색다른 경험이 갖는 의미를 알게 되었고, '여행'·'마음'·'책임'이라는 낱말로 소설에 대한 작품 해석 등 자신만의 비평문을 작성해 발표함. 소설 속 명문장(한글, 불어)을 발췌해 스티커로 제작해 학급에 게시하였고, '어린 왕자' 우표를 제작해 전시하는 활동을 진행함.

[12여지01-02]

모빌리티의 변화와 발전에 따라 여행자의 이동, 위치, 장소가 어떻게 연결되고 관계를 맺는지 살펴보고, 다양한 지도 및 지리 정보 기술을 활용하여 안전한 여행 계획을 수립한다.

➲ 경부고속도로는 흔히 '국토의 대동맥'이라 불리며, 이른바 '한강의 기적'이라는 대한민국 경제 고도성장의 대표적인 상징물이다. 대한민국에서 일평균 교통량은 2위, 단일 노선으로 총연장이 가장 긴 고속도로이다. 종축과 횡축이 적절히 혼합되어 대한민국을 대각선으로 완전히 가로질러 통과한다. 실제 도로 연결망 차원에서도 '국토의 대동맥'으로 불릴 자격이 충분하다고 볼 수 있다. 경부고속도로의 건설 배경, 건설 과정, 경제적·사회적·문화적 영향을 조사해 발표해 보자.

관련 학과 사회계열 전체

《빅로드 고속도로의 탄생》, 얼 스위프트, 양영철 외 1명 역, 글램북스(2019)

단원명 | 문화와 자연을 찾아가는 여행

| 🔍 | 도시, 문화 경관, 감정이입, 공감, 배려, 존중, 지리적 상상력, 기후 경관, 지형 경관, 지오사이트, 지오투어리즘

[12여지02-01]

인간의 정주 공간으로서의 도시를 새로운 관점에서 낯설게 바라보고, 여행지로서의 향유 가능성을 탐색한다.

➲ 미국의 뉴욕은 세계의 경제와 문화가 집결된 세계 도시이다. 먼저 뉴욕의 상징인 자유의 여신상을 바라보며 자유의 의미를 생각해 볼 수 있다. 월가는 맨해튼 중심가에 위치하며, 세계 금융 시장의 중심가로서 뉴욕 주식거래소를 비롯하여 증권 회사, 은행 등이 집중되어 있다. 한편 브로드웨이에서 타임스스퀘어를 중심으로 하는 거리에는 뮤지컬을 비롯한 쇼 관련 극장이 많다. 늦은 밤에는 공연을 마친 연예인의 귀가를 기다리는 여행자들도 볼 수 있다. 이렇듯 뉴욕은 세계 경제·문화 중심지로서의 기능적 특성을 갖게 되었다. 도시 하나를 정해 가상의 여행 계획을 세우고, 그 도시의 기능적 특성과 그러한 특성을 갖게 된 배경을 조사해 발표해 보자.

관련 학과 관광학과, 문화관광학과, 관광경영학과, 사진영상학과, 신문방송학과, 국제관계학과, 문화콘텐츠학과, 지리학과, 항공관광학과, 영어영문학과, 스페인어학과, 항공서비스학과

《30개 도시로 읽는 세계사》, 조 지무쇼, 최미숙 역, 다산초당(2020)

[12여지02-02]

다양한 문화 경관의 형성 배경과 의미를 이해하고, 감정이입과 공감의 자세로 여행지 주민을 배려하고 존중한다.

➲ 독일 도시는 대체로 빈틈이 없다. 너무 질서 있게 짜여 있다 보니, 여행자로서는 다가가기 어렵거나 선뜻 마음을 열지 못할 수도 있다. 관광도시로 이름난 곳이라 하더라도 독일 도시는 이렇다 하게 눈을 확 끌 만한 매력적인 뭔가가 갖추어져 있지는 않다. 그러나 역사적인 장소의 보존과 관리에서는 철저하고 상당한 깊이가 있다. 모든 게 '은근히' 제대로 갖추어져 있는 셈이다. 그래서 자세히 들여다보면, 도시 기반 시설들은 여행자에게 편안하고 쾌적한 여건을 제공해 주는 편이다. 독일의 경관과 문화적 특징을 조사해 발표해 보자.

관련 학과 사회계열 전체

《독일, 여행의 시작》, 정기호, 사람의무늬(2013)

[12여지02-03]

여행지의 기후 및 기후변화가 여행자와 여행지 주민에게 미치는 영향과 그 차이를 비교하고, 지리적 상상력을 동원한 간접 여행을 통해 기후 경관을 체험한다.

➲ 코로나19 팬데믹으로 인해 해외여행은 물론 국내 여행도 힘들었던 경험이 있다. 하지만 그런 상황에서도 사람들은 계속 여행을 즐길 방법을 찾아냈다. 실제 여행을 못 가니 온라인을 통한 여행, 일명 '랜선 여행'이 폭발적으로 증가했다. 랜선은 인터넷 연결선을 의미하는 것이니, 랜선 여행은 말 그대로 인터넷으로 여행을 즐기는 것이다. 이외에도 간접 여행의 방법은 영화, 다큐멘터리, 독서, 음식 등 다양하다. 간접 여행의 한 가지 방법을 선택해 자신만의 간접 여행 경험을 시청각 자료로 구성해 발표해 보자.

관련 학과 관광학과, 문화관광학과, 관광경영학과, 사진영상학과, 신문방송학과, 국제관계학과, 문화콘텐츠학과, 지리학과, 항공관광학과, 영어영문학과, 스페인어학과, 항공서비스학과

《방구석 랜선 여행》, 강민철 외 2명, 두사람(2020)

[12여지02-04]

지형 경관이 지닌 자연적 가치, 심미적인 조화, 인간과의 상호작용과 같은 지오사이트의 선정 기준을 조사하고, 지오투어리즘 프로그램을 제안한다.

➲ 바다를 마주하는 환상적인 경관이 있는 항구도시는 여행자들의 마음을 설레게 한다. 아름다운 항구를 '미항'이라고 한다. 오스트레일리아의 시드니는 이탈리아의 나폴리, 브라질의 리우데자네이루와 함께 세계 3대 미항으로 불린다. 이 세 항구가 세계의 미항으로 불리는 이유, 각 항구도시의 관광지로서의 매력, 지형적 특징, 주변의 지리 여행지를 조사해 발표해 보자.

관련 학과 관광학과, 문화관광학과, 관광경영학과, 사진영상학과, 신문방송학과, 국제관계학과, 문화콘텐츠학과, 지리학과, 항공관광학과, 영어영문학과, 스페인어학과, 항공서비스학과

《항구도시의 에콜로지》, 홍선기, 민속원(2023)

단원명 | 성찰과 공존을 위한 여행

| 🔍 | 산업 유산, 기념물, 인권, 정의, 인류의 공존, 로컬 큐레이터, 공정여행, 생태 감수성, 다크투어리즘, 평화 여행, 여행 콘텐츠, 스토리텔링, 개발과 보전

[12여지03-01]

인류의 물질적, 정신적 발전 과정을 성찰할 수 있는 산업 유산 및 기념물을 조사하고, 여행지의 가치를 평가한다.

➲ 산업 유산이란 산업혁명 시대 이후에 건립된 것으로, 역사적·상징적·문화적 의미가 있는 유산을 말한다. 근대 역사 경관의 하나로서 그 도시의 과거 특징을 잘 보여주기 때문에 의미가 있다고 하겠다. 산업 유산 여행이란 인류의 근대화에 공헌한 산업 현장을 살펴보는 여행을 말한다. 우리나라 산업화와 연관된 산업 유산을 찾아보고, 그 유산을 통해 우리나라가 산업화에 성공할 수 있었던 배경과 요인, 물질적·정신적 성과에 대해 조사해 발표해 보자.

관련 학과 관광학과, 문화관광학과, 관광경영학과, 사진영상학과, 신문방송학과, 국제관계학과, 문화콘텐츠학과, 지리학과

《한국의 산업화와 기술발전》, 송성수, 들녘(2021)

[12여지03-02]

평화, 전쟁, 재난의 상징이 새겨진 지역에 대한 직간접적인 여행을 체험하고, 이를 바탕으로 인권, 정의, 인류의 공존을 둘러싼 구조적 문제를 비판적으로 탐구한다.

➔ 제2차 세계대전은 현재까지 인류 역사상 최대 규모이자 최악의 전쟁으로 평가받는다. 수천만 명의 인명 피해를 낳았을 뿐만 아니라, 나치 독일은 유대인을 비롯한 다양한 소수민족, 종교 집단을 대상으로 대량 학살을 자행했다. 제2차 세계대전은 인류에게 비극과 고통을 안겨주었지만, 이를 통해 평화를 추구하며 인류의 안전과 번영을 위한 협력을 강조하는 교훈을 남겼다. 2차 세계대전과 관련된 유적지 방문을 위한 답사 계획서를 작성해 보자.

관련 학과 관광학과, 문화관광학과, 관광경영학과, 사진영상학과, 신문방송학과, 국제관계학과, 문화콘텐츠학과, 지리학과

《제2차세계대전》, 게르하르트 L. 와인버그, 박수민 역, 교유서가(2024)

[12여지03-03]

문화 창조, 첨단기술과 같은 새로움을 지향하는 지역의 사례를 조사하고, 내가 살고 있는 지역의 로컬 큐레이터로서 다양한 여행 콘텐츠의 발굴과 모니터링을 통해 지역의 의미와 가치를 탐색한다.

➔ 1990년대에만 해도 사막이었던 도시가 마천루가 빼곡한 미래 도시의 모습으로 변모했다. 태양이 작열하는 사막의 실내 스키장에서 겨울 스포츠를 즐기고, 인공 섬 안의 리조트에서 수영을 하며, 고속도로 위로 다니는 전철을 타고, 세계에서 가장 높은 빌딩 '부르즈 할리파'를 보러 사람들이 이곳으로 모여든다. '사막 위에 세워진 도시, 두바이'의 탄생 배경과 성장사, 위기와 부활, 문제점과 해결 노력에 대해 조사해 발표해 보자.

관련 학과 도시계획학과, 도시행정학과, 국제도시부동산학과, 도시문화콘텐츠학과, 행정학과, 경제학과, 부동산학과, 지리학과, 경영학과, 도시공학과, 교통물류공학과, 건축공학과, 그린스마트시티학과

도시의 미래

프리드리히 폰 보리스 외 1명, 이덕임 역, 와이즈맵(2020)

책 소개

이 책은 건축가와 도시계획가의 관점에서 도시의 미래를 다각적으로 조망한다. 1장에서는 글로벌 폴리스가 구현된 미래 베를린의 모습을 일러스트를 통해 시각적으로 보여준다. 2장에서는 방대한 통계와 데이터를 기반으로 저자들이 설계한 미래 도시, 글로벌 폴리스를 제안한다. 3장에서는 변화될 글로벌 폴리스의 모습을 11개의 키워드를 통해 제시하며, 4장에서는 글로벌 폴리스에 대해 더 생각해 볼 지점을 다루고 있다. 인터뷰로 구성된 5장에서는 각기 다른 환경에서 다양한 관점으로 활동하고 있는 도시 전문가들의 이야기를 통해 미래 도시가 지향해야 할 방향성을 담아내려 했다. 6장에서는 현재 미래 도시를 위한 프로젝트를 사진과 함께 소개함으로써 구체적인 미래의 가능성을 보여준다.

세특 예시

관심 주제 독서 탐구 활동에서 '도시의 미래(프리드리히 폰 보리스 외 1명)'를 읽고 미래 도시의 정체성과 비전, 미래 도시의 11가지 키워드, 글로벌 폴리스의 아이러니, 글로벌 폴리스를 위한 제언, 미래형 도시 프로젝트에 대해 정리해 발표함. 추후 활동으로 생태도시에 관심이 많아 도시의 자연 생태계에 다른 접근을 시도하는 세계의 다양한 생태도시의 사례를 조사해 보고서를 제출함.

[12여지03-04]

공정여행을 통해 여행지를 둘러싼 다양한 문제를 탐색하고, 여행자인 나와 여행지 주민인 그들이 연결된다는 점에서 공존의 의미와 생태 감수성에 대해 성찰한다.

여행지의 환경에 해를 끼치지 않고, 여행지의 현지 문화를 존중하며, 여행지의 주민들에게 적절한 비용을 지불함으로써 지역 경제에 혜택이 돌아가도록 노력하는 대안적인 여행이 공정여행이다. 1980년대에 일부 선진국에서 시작된 것으로 알려져 있는데, 우리나라에서는 2009년 처음으로 '착한 여행'을 주제로 한 여행 상품이 생겼다. 공정여행이 오늘날 부각되는 이유, 자신만의 공정여행 10계명을 작성해 보고, 여행지를 한 곳 선정해 공정여행을 위한 계획을 수립해 발표해 보자.

관련 학과 지리학과, 국제관계학과, 국제물류학과, 국제통상학과, 국제학부, 글로벌경영학과, 경영학과, 무역학과, 사회학과, 정치외교학과

《희망을 여행하라》, 임영신 외 1명, 소나무(2018)

단원명 | 미래 사회와 여행

| 🔍 | 미디어, 정보 통신 기술의 발달, 여행 산업의 변화, 여행 트렌드, 가상 여행, 우주 여행, 인공지능 여행, 여행 포트폴리오

[12여지04-01]

미디어와 여행의 상호관계를 통해 여행의 변화 양상을 조사하고, 미래 사회의 여행자와 여행의 모습을 예측한다.

여행은 이제 단순한 흥미 위주의 오락적인 요소에서 벗어나, 문화와 글로벌 에티켓을 자연스럽게 습득할 수 있는 프로그램을 개발하는 콘텐츠의 변화가 필요해 보인다. 여행의 매력과 호기심을 불러일으키는 정보와 프로그램도 좋겠지만, 기본적인 여행인의 자세와 안전 행동 지침, 그리고 관광 현장에 입각해 기획된 프로그램을 많이 제작·방영하는 것은 어떨까? 자신이 생각하는 여행 관련 미디어 프로그램 개발의 비전과 프로그램 내용, 제작 방법을 탐구해 발표해 보자.

관련 학과 사회계열 전체

《여행을 바꾸는 여행 트렌드》, 김다영, 미래의창(2022)

[12여지04-02]

여행이 주는 가치의 재발견을 통해 자신만의 여행 포트폴리오를 구성하고, 나의 삶을 변화시키는 일상 속의 다양한 여행을 실천한다.

노트북 컴퓨터나 휴대용 통신 기기, 스마트폰과 같은 디지털 도구를 가지고 전 세계를 유목민처럼 여행하며 인터넷망을 통해 일하는 사람들을 '디지털 노마드(Digital Nomad)'라고 한다. 디지털 노마드는 스마트 기기와 인터넷 기술의 발달로 기존의 조직 사회와 근무 환경에서 벗어나 장소에 구애받지 않고 일할 수 있게 되면서 생겨났다. 자신이 디지털 노마드가 됐다고 가정하고 원하는 일, 인생 가치관, 일상생활 모습 등을 작성해 발표하고 각자의 의견을 공유해 보자.

관련 학과 사회학과, 경영학과, 글로벌경영학과, 글로벌비즈니스학과, 문화콘텐츠학과, 미디어커뮤니케이션학과, 미디어학부, 소비자학과

《오늘도 디지털 노마드로 삽니다》, 김미나, 상상출판(2022)

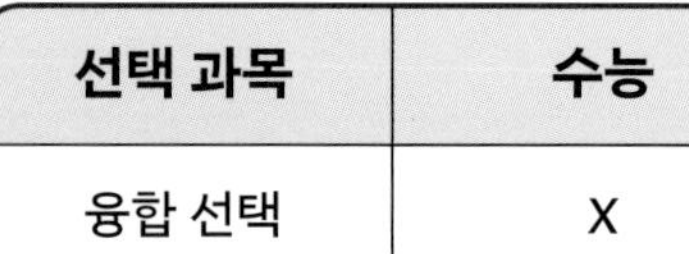

선택 과목	수능	역사로 탐구하는 현대 세계	절대평가	상대평가
융합 선택	X		5단계	X

단원명 | 현대 세계와 역사 탐구

| 🔍 | 지역 세계, 연결망, 문화권, 1차 세계대전, 2차 세계대전, 전후 체제, 복잡성, 연관성

[12역현01-01]

현대 세계를 전후 체제 형성의 역사를 중심으로 파악한다.

➲ 베를린 봉쇄는 1948년부터 1949년까지 소련이 독일의 수도 베를린을 11개월간 봉쇄해, 미국·영국·프랑스 연합국의 점령지인 서베를린을 소련 군정의 동독 관할 아래 동베를린으로 흡수하고자 했던 작전이다. 전쟁으로 인한 서베를린 사람들의 생활고가 베를린 봉쇄로 더욱 심각해지자, 미국은 비행기로 식량과 연료를 제공하였다. 베를린 봉쇄의 정치적 배경, 경과, 결과, 영향을 조사해 이를 인포그래픽으로 표현해 발표해 보자.

관련 학과 정치외교학과, 국제관계학과, 국제경영학과, 국제물류학과, 국제통상학과, 국제학부, 군사학과, 글로벌경영학과, 글로벌비즈니스학과, 미디어커뮤니케이션학과, 미디어학부, 신문방송학과, 사회학과, 지리학과, 문화인류학과

《베를린, 베를린》, 이은정, 창비(2019)

[12역현01-02]

학습자가 생각하는 현대 세계의 과제를 선정·조사하고, 그 특징을 분석한다.

➲ 세계는 점점 더 많은 노인들과 함께 중요한 인구 통계학적 변화를 겪고 있다. 세계보건기구에 따르면, 60세 이상의 인구수는 2015년 9억 명에서 2050년 20억 명에 이를 것으로 예상된다. '은빛 쓰나미'로 불리는 이 현상은 전 세계 사회에 큰 영향을 미칠 것으로 보인다. 고령사회 전환에 따른 노동 시장의 변화, 퇴직연금 제도, 노인 문화시설 확충, 신체 건강과 의료 문제, 사회적 고립과 외로움 등의 문제에 대한 해결 방안을 강구해 발표해 보자.

관련 학과 사회복지학과, 노인복지학과, 실버산업학과, 장례지도과, 행정학과, 심리학과, 상담심리학과, 의료경영학과, 경제학과, 사회학과

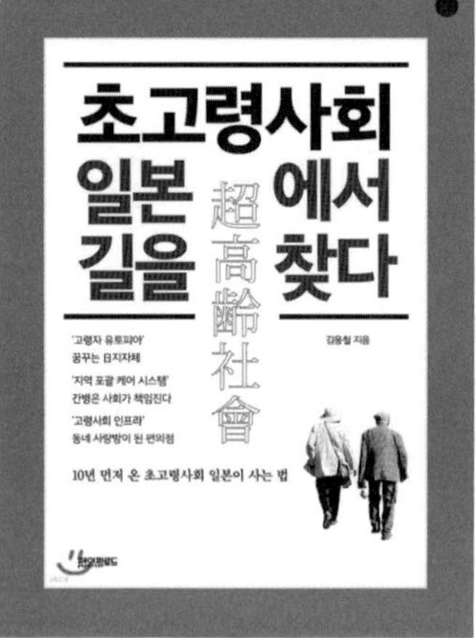

책 소개

이 책에서는 노인들이 많아지고 평균수명이 길어지면서 어쩔 수 없이 발생하는 당면 과제들을 일본은 어떻게 풀어나가고 있는지, 현지에서 주목받고 있는 성공 사례들을 모아놓았다. 고령화라는 것이 반드시 어둡고 부정적인 것은 아니라는 것이 저자의 생각이다. 고령연금 수령일이 되면 남녀 노인들로 문전성시를 이루는 러브호텔과 쇼핑몰 등에서 보듯 새로운 비즈니스의 장이 열리기도 한다. 또 '안티에이징'으로 대표되는 노화의 혐오와 부정이 아니라 늙음과 죽음을 존엄하고 자연스러운 일로 받아들이고, 깊게 향유하는 한 시기로 보자는 것이다.

초고령사회 일본에서 길을 찾다

김웅철, 페이퍼로드(2017)

세특 예시

관심 주제 심화 독서 활동에서 '초고령사회 일본에서 길을 찾다(김웅철)'를 읽고, 일본의 고령화 솔루션, 간병의 사회화, 고령화가 낳은 뉴 트렌드, 젊은 노인, 그들만의 고령 문화 등을 요약·정리해 발표함. 고령화 사회로 인해 새로운 비즈니스의 장이 열릴 수 있고, 노화를 부정적으로 바라보는 것이 아니라 늙음과 죽음은 자연스러운 삶의 한 과정이며, '저출산 고령화'라는 미증유의 사태에 맞춰 유연하고 효과적인 정책 수단을 마련해야 한다는 주장을 피력함.

단원명 | 냉전과 열전

| 🔍 | 인권, 평화, 국제연합, 국·공 내전, 6·25전쟁, 베트남 전쟁, 쿠바 미사일 위기, 미·소의 핵무기 경쟁, 제3세계

[12역현02-01]

제2차 세계대전 이후 인권·평화를 위한 국제 사회의 노력과 한계를 파악한다.

➲ 기념물이란 역사적 사건을 기념하는 공원·비석·건축물 등을 뜻한다. 이는 시간 속의 사건을 공간에 구현한다는 의의를 지닌다. 베를린장벽은 냉전 체제와 동서독 분단 시대의 비극적인 상징물로, 1961년 이후 한 세대 동안 건재했다. 고르바초프의 개방·개혁 정책이 대변하는 변화된 국제 질서의 소용돌이 속에서 1989년에 붕괴된 베를린장벽은 그 후 역사 기념물로 부활하여 역사의 아픔을 증언하고 있다. 우리나라의 경우에도 냉전 기념물의 예로 경기 연천의 철도 중단 지점에 '철마는 달리고 싶다' 표지판이 있다. 오늘날 전 세계에 남아 있는 냉전 기념물에 대한 여행 안내 책자를 만들어 냉전이 주는 교훈을 알리는 활동을 해보자.

관련 학과 사회계열 전체

《아시아에서의 냉전》, 선즈화, 김국헌 역, 소명출판(2023)

[12역현02-02]

냉전 시기 열전의 전개 양상을 찾아보고, 전쟁 당사국의 전쟁 경험을 비교한다.

➲ 6·25전쟁은 냉전의 시작을 대표하는 사건 중 하나로 평가된다. 6·25전쟁이 내전이냐, 국제전이냐에 대한 논의도 많이 있어왔다. 분명한 것은 남한과 북한만의 전쟁이 아니라는 사실이다. 미국과 소련을 대신한 대리전이면서 국제전의 성격을 갖는다고 볼 수 있다. 국제전의 근거를 조사해 6·25전쟁의 발발 원인, 전개 과정, 전쟁의 성격을 밝혀 보고서를 작성해 보자.

관련 학과 정치외교학과, 국제관계학과, 국제경영학과, 국제물류학과, 국제통상학과, 국제학부, 군사학과, 글로벌경영학과, 글로벌비즈니스학과, 미디어커뮤니케이션학과, 미디어학부, 신문방송학과, 사회학과, 지리학과, 문화인류학과

한국전쟁

박태균, 책과함께(2005)

책 소개

남한에서 6·25사변이라 부르는 전쟁을 북한에서는 미국과 이승만 정부의 침략을 막기 위한 전쟁이었다며 '조국보위전쟁' 혹은 '민족해방전쟁'이라는 표현을 쓴다. 저자는 6·25사변이나 민족해방전쟁 모두 당시의 기본적인 역사적 사실을 정확히 반영하지 못한 표현이라고 주장한다. 저자는 '한국전쟁'이라는 무가치적인 이름을 부여하면서 '한국전쟁'을 쉽게, 그리고 이데올로기의 편견을 걷어낸 채 객관적으로 설명하고 있다. 당시에 일어난 사건들이 어떠한 의미를 갖는지를 독자들에게 전달해 주며, 전쟁이 우리 사회에 여전히 미치고 있는 영향이 무엇인지 알려준다.

세특 예시

교과 연계 독서 심화 활동에서 '한국전쟁(박태균)'을 읽고 남북분단의 기원, 한국전쟁의 원인, 전쟁의 경과, 끝나지 않은 전쟁 등을 요약·정리해 발표함. 한국전쟁에 대해 이데올로기와 편견을 걷어내고 사실적으로 바라볼 수 있는 시각을 갖게 되었고, 왜 한국전쟁이 끝나지 않은 전쟁인지 그 이유를 알게 됐으며, '전쟁이 왜 2년이나 더 계속되었는가?' '북한군이 서울에서 3일을 머문 이유는?'과 같은 한국전쟁의 주요 쟁점에 대해 정확히 아는 계기가 됐다는 소감을 피력함.

[12역현02-03]

세계 여러 지역의 전쟁 관련 기념 시설이 제시하는 기억 방식을 조사하여 분석한다.

➔ '히로시마 평화기념관'은 전쟁으로 인해 치러야 하는 대가와 평화의 중요한 의미를 일깨우는 상징이다. 미군이 원자폭탄을 투하한 곳 바로 아래에는 원래 히로시마 현립 상업전시관이 있었다. 건물 외부는 대부분 폭발로 무너지고 말았지만 골격은 남아 있다. 현재 '히로시마 원폭돔'은 '히로시마 평화기념공원'에 속한 시설이다. 이 외에도 원폭 공양탑, 히로시마 평화기념관, 어린이평화기념비가 있고, 여러 점의 조각품도 볼 수 있다. 히로시마 평화기념관 전시 내용의 편향성 문제, 미국의 원폭 투하에 대한 일본의 여론, 한국인 원폭 희생자 현황, 역사적 교훈 등을 조사해 발표해 보자.

관련 학과 **정치외교학과, 국제관계학과, 국제경영학과, 국제학부, 군사학과, 글로벌경영학과, 글로벌비즈니스학과, 미디어커뮤니케이션학과, 미디어학부, 신문방송학과, 사회학과, 지리학과, 문화인류학과**

《1945 히로시마》, 존 허시, 김영희 역, 책과함께(2015)

단원명 | 성장의 풍요와 생태 환경

| 🔍 | 냉전의 완화, 닉슨독트린, 소련의 변화와 해체, 독일 통일, 동유럽 공산권 붕괴, 중국의 개혁·개방, 정보통신 기술의 발달, 신자유주의, 자유무역, 세계화, 기후변화협약

[12역현03-01]

세계 경제의 성장과 기술 혁신의 변화 양상을 조사한다.

인터넷은 인터넷 프로토콜 스위트(TCP/IP)를 기반으로 전 세계적으로 연결되어 있는 컴퓨터 통신망을 일컫는 말이다. 인터넷은 1960~1970년대 미국 국방부 산하의 고등연구국(ARPA)의 연구용 네트워크가 그 시초이다. 처음에는 군사용으로 개발됐지만 민간기업도 참여하면서 오늘날처럼 자유롭게 인터넷을 사용할 수 있게 되었다. 인터넷의 역사, 현황, 미래 전망을 조사해 발표해 보자.

관련 학과 사회계열 전체

《리얼월드 HTTP》, 시부카와 요시키, 김성훈 역, 한빛미디어(2019)

[12역현03-02]

대중 소비 사회의 형성과 생태 환경의 문제 및 극복 노력을 사례 중심으로 탐구한다.

일반적으로 현대 사회를 소비 사회로 규정한다. 소비 사회에서 소비는 단순한 물질적인 소비 이상의 의미를 지닌다. 즉 사회적 이미지나 상징 등과 같이 인간 생활을 형성하는 비물질적 요소를 포함하며, 효용성 이상의 것을 추구하는 형태로 다양화된다. 또한 소비의 성격을 변화시키는 다양한 소비 수단과 매체들이 현대 사회의 소비 욕구를 창출하고 왜곡시켜 독특한 소비 문화를 만들고 있다. 현대 소비 사회의 특징과 문제점, 이를 극복하기 위한 대안을 조사해 발표해 보자.

관련 학과 사회계열 전체

《착한 소비는 없다》, 최원형, 자연과생태(2020)

[12역현03-03]

기후변화와 관련된 협약 및 보고서를 조사하고, 그 의미를 추론한다.

유엔기후변화협약(UNFCCC)은 1994년 3월 발효되었다. 현재 UNFCCC는 거의 전 세계 국가들이 회원으로 가입되어 있다. 협약을 비준한 198개국을 협약 당사국이라고 한다. 기후변화협약은 선진국들이 이산화탄소를 비롯한 각종 온실기체의 방출을 제한하고 지구온난화를 막는 게 주요 목적이다. UNFCCC, 교토 의정서, 파리 협정의 내용을 파악하고, 지구온난화를 막기 위한 국제 사회의 공통된 목표, 실행 과정, 한계점과 대안을 조사해 발표해 보자.

관련 학과 사회계열 전체

《기후변화 세계사》, 피터 프랭코판, 이재황, 책과함께(2023)

단원명 | 분쟁과 갈등, 화해의 역사

| 종교 갈등, 종족 갈등, 에너지와 환경 문제, 지속가능개발, 양성평등, 다문화, 다인종, 기후, 난민, 자국우선주의, 신냉전

[12역현04-01]

국제 분쟁 및 무력 갈등의 원인과 전개 양상을 사례 중심으로 파악한다.

양안 관계(兩岸 關係)는 현재 국공 내전을 통해 중국 대륙을 통일한 중화인민공화국과 본토에서 쫓겨나 대만 섬에 자리 잡은 중화민국의 관계를 말한다. 최근 양안 전쟁의 가능성이 커지고 있다. 중화인민공화국은 '하나의 중국'을 외치며 무력 통일의 가능성을 천명했다. 중화인민공화국이 대만을 침공하려는 이유, 전쟁 발발 시 예상 시나리오, 전쟁으로 인한 동아시아 정세 변화, 한반도에 미칠 영향 등을 조사해 발표해 보자.

관련 학과 정치외교학과, 국제관계학과, 국제경영학과, 국제물류학과, 국제통상학과, 국제학부, 군사학과, 글로벌경영학과, 글로벌비즈니스학과, 미디어커뮤니케이션학과, 미디어학부, 신문방송학과, 사회학과, 지리학과

《미중 경쟁과 대만해협 위기》, 길윤형 외 2명, 갈마바람(2022)

[12역현04-02]

탈냉전 이후 '제3세계' 국가의 권위주의 체제 변동에 따른 갈등 양상과 특징을 조사한다.

반둥회의는 인도의 네루 총리, 인도네시아 수카르노 대통령, 중화인민공화국 저우언라이 총리, 이집트 나세르 대통령이 중심이 되어 개최된 회의를 말한다. 1955년에 인도네시아의 반둥에서 제1차 회의가 개최되었는데, 제2차 회의는 개최되지 않았다. 참가국 대부분이 제2차 세계대전 후 독립한 아시아와 아프리카 29개국이며, 이 회의에서는 제5 평화 원칙을 확장한 평화 10원칙이 정해졌다. 반둥회의의 역사적 배경, 목적, 평화 10원칙, 역사적 의의를 조사해 발표해 보자.

관련 학과 정치외교학과, 국제관계학과, 국제경영학과, 국제학부, 군사학과, 글로벌경영학과, 글로벌비즈니스학과, 미디어커뮤니케이션학과, 미디어학부, 신문방송학과, 사회학과, 지리학과

《반둥 이후》, 김태균, 진인진(2023)

[12역현04-03]

국내외 분쟁과 갈등을 해결하기 위한 역사 정책 사례를 탐구한다.

독일 메르켈 총리는 지난 2013년 히틀러 권력 장악 80주년 연설에서 "당시 나치와 국가사회주의가 짧은 시간 안에 부상할 수 있었던 것은 독일 엘리트들과 일부 독일 사회가 이를 묵인했기 때문"이라고 비판하면서 "인권은 스스로 주장하지 못하고, 자유는 스스로를 보호하지 못하며, 민주주의는 스스로 성공하지 못한다."라고 말했다. 다른 나라들과 다르게 독일은 그동안 많은 피해국들에게 일관적으로 사과와 반성의 태도를 보였고, 자국 내에서도 나치즘에 대한 사회 전반적인 성찰의 분위기가 있기에 주변국과의 신뢰를 회복했다. 독일의 과거사 청산을 위한 정책과 노력을 조사해 발표해 보자.

관련 학과 정치외교학과, 국제관계학과, 국제경영학과, 국제학부, 군사학과, 글로벌경영학과, 글로벌비즈니스학과, 미디어커뮤니케이션학과, 미디어학부, 신문방송학과, 사회학과, 지리학과

악을 기념하라

김성환, 보리(2021)

책 소개

저자는 독일 곳곳의 강제수용소 기념관과 박물관을 답사하며 나치와 동독 공산주의 체제가 저지른 참혹한 국가 폭력의 역사를 들려준다. 더 나아가 고통의 역사를 되풀이하지 않기 위해 독일은 어떻게 과거를 '기념'하는지, 그것이 비슷한 폭력의 역사를 지닌 우리와 남영동 대공분실에 어떤 의미와 해답을 주는지 이야기한다. 직접 찍은 생생한 사진과 더불어 저자의 여정을 따라가다 보면, 날것 그대로의 악과 그 악을 물리칠 뜨거운 시민의 힘을 만날 수 있다.

세특 예시

교과 연계 독서 탐구 활동에서 '악을 기념하라(김성환)'를 읽고, 독일 바이마르공화국 체제 붕괴의 원인, 강제수용소 공간의 탄생, 독일의 기념관과 우리나라 비교, 기념관 교육의 사례 등을 요약·정리해 발표함. 독일의 나치 청산 작업과 우리의 박정희/전두환 독재 청산을 비교해 깨어 있는 시민성이 왜 중요한지 알게 됐고, 독일이 스스로 치욕이라고 생각하는 나치 시대를 반성하기 위해 나치의 시설들을 어떻게 보존하고 활용하는지 살펴봄으로써, 우리도 진정한 식민지 잔재의 청산은 건물 철거가 아니라 건물 보존을 통한 철저한 과거사 반성이어야 하며, 독일의 기념관 현장 교육을 본받아 우리도 교실 교육보다 직관적인 기념관 교육을 적극적으로 실시해야 함을 깨달았다는 소감을 밝힘.

단원명 | 도전받는 현대 세계

| 🔍 | 유럽연합, 신자유주의, 정보 통신 기술의 발전, 과학기술 혁명, 에너지 문제, 환경 문제, 지속가능개발, 경제 양극화, 반세계화 운동, 다원주의, 평화와 공존

[12역현05-01]

경제의 세계화 이후 사회·경제적 변화를 국가, 지역, 세계의 차원에서 파악한다.

세계무역기구(WTO)는 회원국 간의 무역 관계를 정의하는 많은 수의 협정을 관리·감독하기 위한 기구이다. 1947년 시작된 관세무역일반협정(GATT) 체제를 대체하기 위해 등장했으며, 세계 무역 장벽을 감소시키거나 없애기 위한 목적을 가지고 있다. 이는 국가 간의 무역이 보다 순조롭고 자유롭게 이루어지도록 보장해 준다. WTO의 설립 배경, 목적과 원칙, 역할, 비판과 전망을 조사해 발표해 보자.

관련 학과 경제학과, 경영학과, 국제통상학과, 국제관계학과, 국제경영학과, 국제학부, 글로벌경영학과, 글로벌비즈니스학과, 무역학과, 지리학과

《데이터로 읽는 세계경제》, 미야자키 이사무 외 1명, 여인만 역, 에이케이커뮤니케이션즈(2022)

[12역현05-02]

다문화사회의 갈등 문제를 역사적으로 파악하고, 이를 해결하기 위해 노력한 사례를 조사한다.

➜ 독일에 거주하는 외국인 수는 730만 명(2004년 통계)이고, 이는 독일 총인구의 9%를 차지하는 수치이다. 적지 않은 외국인들이 초청 노동자, 이주민 혹은 난민의 형태로 독일에 정착하여 살고 있다. 독일 이민자의 사회적 상황, 이민 정책의 특징과 걸림돌, 이민법의 내용, 이민자들을 위한 문화 예술 정책, 독일 이민 정책에서 배울 점 등을 조사해 발표해 보자.

관련 학과 **공공행정학과, 국제관계학과, 사회학과, 아동가족학과, 아동학과, 사회복지학과, 행정학과, 인류학과, 문화인류학과**

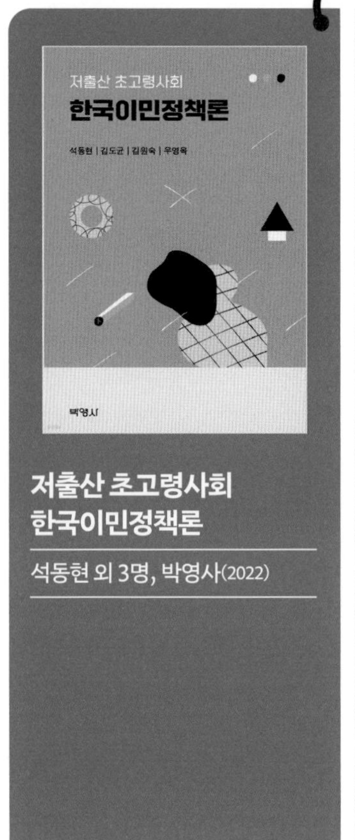

저출산 초고령사회 한국이민정책론

석동현 외 3명, 박영사(2022)

책 소개

이 책은 한국형 이민 정책에 관한 인식 개선을 위해 필독해야 할 내용을 다루었다. 그동안 학계나 언론에서 제기되고 토론한 주제들과 지난 정부에서 추진했던 내용을 망라해서 일반인들도 이해하기 쉽도록 전문가 대담 형식으로 풀어서 정리했다. 인구·이민 정책부터 산업 인적자원 정책, 국경 관리, 동포 정책, 통일·이민 정책에 이르기까지 학계와 정책의 현장 및 정치 일선에서 활동한 저자 네 사람의 경험과 철학을 담고자 했다.

세특 예시

관심 주제 심화 독서 활동에서 '저출산 초고령사회 한국이민정책론(석동현 외 3명)'을 읽고, 이민 정책을 논하는 이유와 배경, 대한민국 이민 정책의 현주소, 이민 강국 3대 실천 전략 등을 요약·정리해 발표함. 역사적으로 한반도라는 지정학적 특수성을 최대한 살려 대외 교역과 다양한 인적 교류를 늘렸을 때 국가가 발전했음을 알고, 조선의 역사를 보아도 한반도는 개방과 소통의 시기에 흥했고 쇄국과 불통의 시기에 망했던 역사를 우리가 기억해야 하며, 저출산·초고령 사회에 가장 좋은 해법은 적극적인 이민 정책임을 빨리 깨달아 국가적인 차원에서 움직여야 함을 알게 됐다는 소감을 밝힘.

[12역현05-03]

문화 다양성 관련 국제 규범의 형성 과정을 살펴보고, 그 의미와 한계를 탐구한다.

➜ '유네스코 세계유산 협약'은 무력 충돌과 전쟁, 자연재해로 인해 위험에 처한 각국의 유산을 보호하여 미래 세대에 인류의 유산을 전달하는 것을 우선시하는 협약이다. 이렇게 보호된 세계유산은 인류의 문화와 특정 시기를 대표하는 유산의 탁월한 가치를 전 세계에 알리는 문화 외교관의 역할을 담당한다. '유네스코 세계유산 협약'이 만들어진 지 50년이 넘었다. 그동안의 세계유산 제도의 변화와 발전 양상, 세계유산의 현재와 앞으로의 과제를 고찰해 발표해 보자.

관련 학과 **관광학과, 문화관광학과, 관광경영학과, 사진영상학과, 신문방송학과, 국제관계학과, 문화콘텐츠학과, 지리학과, 항공관광학과, 영어영문학과, 스페인어학과, 항공서비스학과**

《유네스코 세계유산》, 내셔널지오그래픽 편집위원회, 이화진 역, 느낌이있는책(2011)

선택 과목	수능	사회문제 탐구	절대평가	상대평가
융합 선택	X		5단계	X

단원명 | 사회문제의 이해와 탐구

| 🔍 | 사회문제의 의미와 특징, 사회문제를 이해하는 관점, 기능론, 갈등론, 상징적 상호작용론, 양적 연구, 질적 연구, 연구 절차, 과학적 탐구의 절차, 자료 분석, 추론, 결론 도출, 질적 자료의 해석, 자료의 시각화, 연구 윤리 준수, 객관적·개방적·상대주의적·성찰적·가치중립적 태도

[12사탐01-01]

사회문제의 의미와 특징을 이해하고, 사회문제를 바라보는 주요 관점을 비교한다.

➲ 사회문제의 의미와 특징을 다양한 관점에서 해석할 수 있다. 동일한 사회문제라도 기능론, 갈등론, 상징적 상호작용론의 관점에 따라 다른 원인과 해석이 나올 수 있다. 실제 사회문제의 사례를 다양한 관점에 대입하여 이해해 보자. 예를 들어 계급의 분화 현상을 기능론적 관점과 갈등론적 관점으로 파악하고 분석하는 탐구 활동을 하거나, 낙인 이론을 응용하여 청소년의 일탈 행동을 해석하고 그에 따른 해결책을 제시할 수 있다.

관련 학과 사회계열 전체

《에밀 뒤르케임: 사회실재론》, 김덕영, 길(2019)

[12사탐01-02]

사회문제에 대한 과학적 탐구의 필요성을 설명하고, 사회문제 탐구를 위한 연구 방법과 다양한 자료 수집 방법의 특징을 비교한다.

➲ 개인적 믿음과 사회적 상식, 과학적 지식의 차이점을 알아보면서, 사회문제를 이해하고 해결하는 데 과학적 지식이 필요한 이유를 유추할 수 있다. 또한 객관적 탐구가 중요한 양적 연구 방법과 사회현상의 이면을 심층적으로 해석하는 질적 연구 방법을 비교하여 특징과 절차를 정리해 보자. 이 과정을 통해 두 가지 연구 방법의 장점과 단점, 한계점을 이해할 수 있다. 주변에서 일어나는 사회현상 중 하나를 골라 연구 주제로 정한 뒤 연구 목적에 따라 다양한 방법을 선택하여 활용하거나, 하나의 연구에 두 가지 방법을 보완하여 적용하는 탐구 활동을 진행해 보자.

관련 학과 사회계열 전체

《사회 이론의 역사》, 알렉스 캘리니코스, 박형신 외 4명 역, 한울아카데미(2015)

[12사탐01-03]

다양한 자료 수집 방법을 적용한 실제 사례를 활용하여 수집된 자료를 분석하고 해석하는 방법을 설명한다.

➲ 사회문제에 다양한 자료 수집 방법을 적용하여 탐구한 실제 사례들을 조사해 보자. 예를 들어 참여관찰법을 통

해 원주민들의 문화를 연구한 사례나, 청소년들의 흡연 실태를 조사하기 위해 질문지법과 면접법을 적용한 사례 등이 있다. 또한 학교폭력이나 교권 침해처럼 원인과 결과가 다양하고 복합적인 사회문제의 경우에는 다각적인 자료 수집 방법을 적용해야 현상을 이해할 수 있다는 사실을 파악하고, 이를 적용한 연구 사례를 조사해 보자.

관련 학과 사회계열 전체

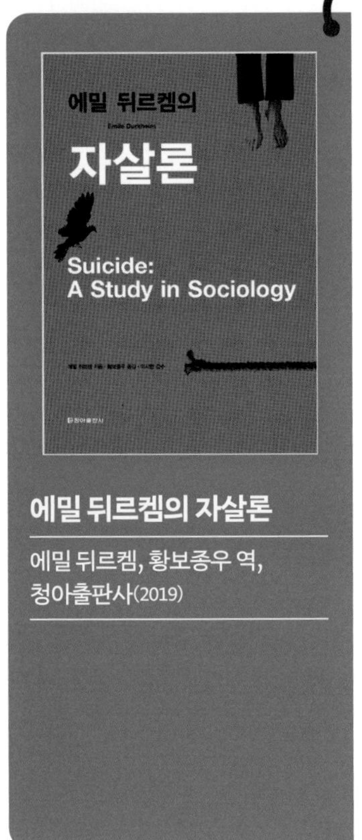

에밀 뒤르켐의 자살론

에밀 뒤르켐, 황보종우 역, 청아출판사(2019)

책 소개

적극적이든 소극적이든 자발적으로 자신의 생을 마감하는 극단적인 선택은 동물에게서는 볼 수 없는 인간만의 독특한 행위이다. 그렇다면 대체 왜 이렇게 많은 사람들이 자살하는 것일까? 비슷한 상황에 처한 다른 사람은 어째서 똑같은 선택을 하지 않는 것일까? 현대인들이 자살과 관련해 궁금해할 만한 질문들에 대한 답이 20세기도 되기 전에 쓰인 이 책에 고스란히 들어 있다. 에밀 뒤르켐은 이 책에서 자살이라는 현상을 이해하는 데 있어 중요한 개념을 논리적이면서 명쾌하게 제시하고 있다.

세특 예시

'책을 통해 세상 읽기' 시간에 자살이라는 사회현상에 대한 문제의식을 갖고 책을 통한 탐구 활동을 진행하였다고 밝힘. 사회학의 고전인 '에밀 뒤르켐의 자살론(에밀 뒤르켐)'을 읽고 자살이 개인의 문제가 아닌 사회적인 문제이며, 자살률 또한 다른 사회현상의 영향을 받는다는 사실을 파악했다고 강조함. 이를 해결하기 위해서는 국가의 노력이 필요하며, 경제적 자살을 막기 위한 사회안전망 구축과 정신과 상담 확대 등 국민의 정신건강을 위한 다양한 제도를 더욱 폭넓게 시행할 것을 주장함.

[12사탐01-04]

사회문제의 탐구 과정에서 요구되는 연구 윤리를 설명하고, 연구 윤리를 준수하며 사회문제를 탐구하는 태도를 가진다.

➲ 연구 과정과 결과 발표 이후 일어난 사회적 파장으로 논란이 되었던 사회적 이론의 사례들과 그런 사례들이 비판을 받았던 이유를 찾아보면서, 사회문제 탐구 과정에서 요구되는 연구 윤리가 무엇인지 파악할 수 있다. 또한 양적 연구나 질적 연구 모두 연구 문제를 인식하고 대안을 제시하는 단계에서 연구자의 가치 판단이 개입될 수밖에 없다는 사실을 인지하고, 연구자가 가져야 할 진정한 가치중립적 태도는 무엇인지에 관해 토의하는 활동을 진행할 수 있다.

관련 학과 사회계열 전체

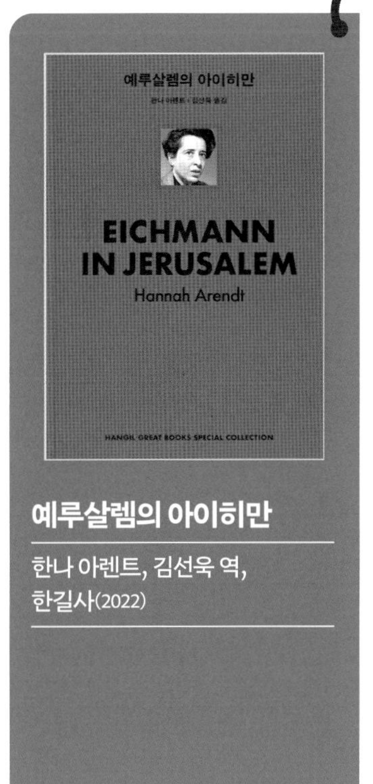

예루살렘의 아이히만

한나 아렌트, 김선욱 역, 한길사(2022)

책 소개

이 책에서 체계화된 '악의 평범성'에 대한 고찰은 "악의 문제에 대한 20세기의 가장 중요한 철학적 기여"로 평가받는다. 아렌트에 따르면 아이히만은 "자기가 무슨 일을 하고 있었는지 전혀 깨닫지 못한 자"였다. 그는 머리에 뿔이 난 '괴물'이 아닌 평범한 한 인간이었다. 이 책은 이러한 아이히만의 행동을 세 가지의 무능성, 즉 말하기의 무능성, 생각의 무능성, 그리고 타인의 입장에서 생각하기의 무능성으로 구분하고, 이로부터 '악의 평범성'이 생겨나는 과정을 분석한다.

세특 예시

'책을 통해 세상 읽기' 시간에 '예루살렘의 아이히만(한나 아렌트)'을 읽고 '악의 평범성'이 생겨나는 과정이 '생각하지 않는' 무능함 때문이라는 점을 알게 되어 충격을 받았다는 소감을 밝힘. 또한 이 책이 사회적으로 큰 논란을 불러일으켰다는 점에 흥미를 갖고 추가 탐구를 진행하여, 한나 아렌트가 연구를 진행한 방식과 결론을 도출한 질적 연구 방법을 분석하고, 한나 아렌트의 의견에 대한 반론을 찾아서 정리한 보고서를 작성함.

단원명 | 일상생활과 사회문제

| 성 불평등 현상의 원인과 양상, 성 격차 지수, 성 불평등 지수, 성별 영향 분석 평가, 미디어의 기능, 미디어의 비판적 이해, 미디어를 통한 참여와 실천

[12사탐02-01]

일상생활에서 나타나는 성 불평등 문제의 실태를 조사하고, 원인과 해결 방안을 제시한다.

정치·경제·사회·문화의 측면에서 나타나는 성 불평등 양상을 조사하고 원인과 해결 방안을 찾아볼 수 있다. 예를 들어 평균임금 격차, 취업, 승진 누락 등 여성들이 경제활동 과정에서 받는 차별과 불이익을 조사하고, 이를 시정하기 위한 제도적 차원의 노력(성별 영향 분석 평가 등)을 조사하는 활동을 할 수 있다. 또한 성 불평등 지수, 성 격차 지수처럼 공신력 있는 국제 기관에서 발표한 성 불평등과 관련된 다양한 통계 자료를 분석하여 성 불평등 현상을 다각도에서 살펴볼 수 있다.

관련 학과 사회계열 전체

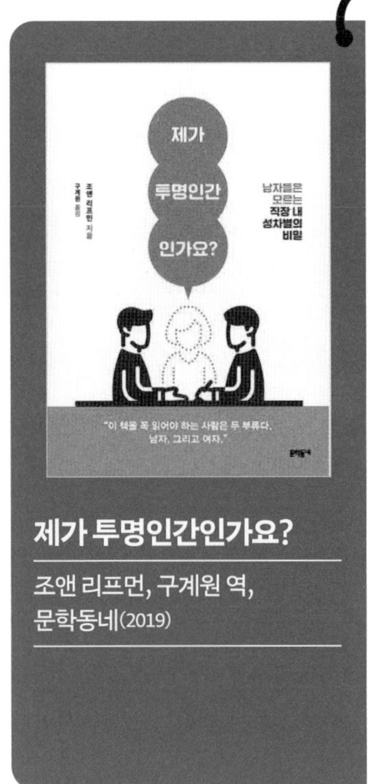

제가 투명인간인가요?

조앤 리프먼, 구계원 역, 문학동네(2019)

책 소개

이 책은 우수한 성적으로 직장 생활을 시작한 여성들이 많으나 고위직의 여성 비율은 여전히 낮다는 문제의식에서 시작되었다. 저자는 여성만의 노력으로는 성별 격차를 해소할 수 없다고 주장하며, 여성과 남성이 서로를 이해하고 공감하는 법에 대해서도 깊이 있게 탐구한다. 제도적 성평등, 일상의 성평등, 직장에서의 성평등이 결국 기업과 국가에도 득이 되는 일이라는 사실도 밝힌다.

세특 예시

'책을 통해 세상 읽기' 시간에 '제가 투명인간인가요?(조앤 리프먼)'를 읽은 후 여성의 사회참여가 지난 세기 동안 꾸준히 증가했으나 의사결정권을 가진 고위직에 종사하는 여성의 비율은 낮다는 점을 주제로 성 불평등에 대한 논설문을 작성함. 특히 출산과 육아로 경력이 단절되는 현상이 세계적으로 일어나고 있다는 점에 주목하여, 여성들뿐만 아니라 남성들 역시 성평등 의식을 가져야 하고, 여성들이 일터로 나가는 것이 국가 경쟁력에도 도움이 된다는 주장을 펼쳐 친구들의 공감을 얻음.

[12사탐02-02]

청소년의 미디어 이용 과정에서 나타나는 문제를 조사하고, 원인과 해결 방안을 제시한다.

미디어 이용 과정에서 나타나는 사회적 약자에 대한 편견이나 차별의 강화, 확증편향과 정보 여과 현상, 지식재산권 침해의 실제 사례를 찾아 분석하는 과정을 통해 학생들 자신의 미디어 이용 실태에 대해 성찰하는 계기를 마련해 보자. 또한 미디어가 대중을 선동하는 정치적 도구로 이용된 사례를 조사하며, 미디어에서 전달하는 메시지를 비판적으로 수용해야 하는 이유를 성찰적으로 탐구할 수 있다.

관련 학과 사회계열 전체

《괴벨스 프로파간다》, 파울 요제프 괴벨스, 추영현 역, 동서문화사(2023)

단원명 | 변화하는 세계와 사회문제

| 🔍 | 저출산, 고령화, 지방 소멸, 지역 불평등, 복지 비용 증가, 양성평등, 인공지능, 사회 양극화, 인공지능의 편향성, 자율성 침해, 인공지능과 윤리

[12사탐03-01]

저출산·고령화로 인해 발생하는 다양한 사회문제의 실태를 조사하고, 해결 방안을 제시한다.

세계의 주요 선진국과 우리나라의 인구 구조 그래프를 분석하여 저출산, 고령화 현상이 선진국에서 광범위하게 나타나는 현상임을 파악하고 경제적, 사회적, 문화적 측면에서 원인을 분석해 보자. 또한 저출산, 고령화 현상으로 인해 현재의 청년 세대가 미래에 겪을 수 있는 문제점은 무엇인지 파악하고, 그중 하나를 골라 탐구하는 활동을 할 수 있다. 예를 들어 노동력 부족 문제를 주제로 탐구 활동을 진행한다고 가정하면 우리나라보다

먼저 저출산, 고령화 문제를 겪은 선진국들이 어떠한 정책적인 해결책을 내놓았는지 조사하고, 이를 우리나라의 실정에 맞게 적용하는 방안을 모색할 수 있다.

관련 학과 사회계열 전체

인구 위기

알바 뮈르달 외 1명,
홍재웅 외 1명 역,
문예출판사(2023)

책 소개

스웨덴을 대표하는 사회학자 알바 뮈르달, 정치경제학자 군나르 뮈르달이 공동 집필하여 1934년 출간한 이 책은 당시 유럽 최빈국으로 전 세계에서 출산율이 가장 낮았던 스웨덴의 지속적인 인구 감소, 그에 따른 생산성과 생활 수준 저하, 저출산 문제를 다루며 이를 극복하기 위한 실질적인 사회 개혁 방안에 대해 논의한다.

세특 예시

'책을 통해 세상 읽기' 시간에 '인구 위기(알바 뮈르달 외 1명)'를 읽고, 우리나라보다 먼저 출산율 감소 문제를 겪었던 유럽의 국가들이 인구 문제를 해결한 방안에 주목하게 되었다는 소감을 밝힘. 전 세계에서 가장 출산율이 낮은 국가가 된 우리나라의 인구 문제가 매우 심각하다는 문제의식을 갖고, 출산율을 올리기 위해서는 단순한 금전적인 지원에서 벗어나 사회 전반적인 시스템을 바꾸어야 한다는 주장을 펼쳐 급우들의 공감을 얻음.

[12사탐03-02]

인공지능 발전 과정에서 나타날 수 있는 다양한 사회문제를 탐색하고, 대응 방안을 제시한다.

➲ 인공지능의 등장과 발전 과정을 살펴보고, 가까운 미래에 인공지능으로 인해 생겨날 것으로 예상되는 사회 문제에 관해 탐구하는 활동을 진행할 수 있다. 예를 들어 알고리즘에 편향이 개입되어 특정 집단에 대한 부정적인 인식을 양산하는 사례를 조사하거나, 인공지능 기반의 의사결정은 누가 책임져야 하는지, 자율주행차가 일으킨 사고는 운전자와 자동차 제조사 중 누가 보상해야 하는지, 인공지능으로 인해 발생할 것으로 예상되는 대규모 실업에 대해 정부는 어떻게 대응해야 할 것인지 등을 주제로 토론할 수 있다.

관련 학과 사회계열 전체

《인공지능과 미래사회》, 정보현, 동문사(2022)

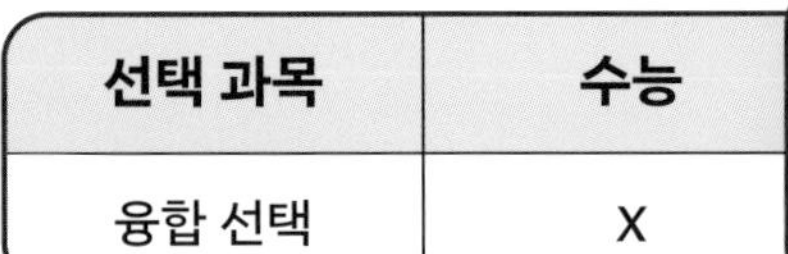

선택 과목	수능	금융과 경제생활	절대평가	상대평가
융합 선택	X		5단계	X

단원명 | 행복하고 안전한 금융 생활

| 🔍 | 자원의 희소성, 합리적 선택, 금융 의사결정, 재무적 특성, 비재무적 특성, 거시적 요인, 인터넷 뱅킹, 간편 결제 서비스, 모바일 뱅킹, 전자화폐, 디지털 금융, 계약, 약관, 금융 사기, 예방, 금융 소비자 보호 제도

[12금융01-01]

행복하고 안전한 금융 생활에 필요한 금융 정보를 탐색하고 평가하며, 단기와 장기의 관점을 고려하여 합리적인 금융 의사결정을 한다.

➲ 금융 결정을 심리학적 관점에서 탐구해 볼 수 있다. 인간의 행동, 의사결정 및 금융 선택에 영향을 미치는 인간의 심리적 특성을 연구해 보자. 위험을 감수하는 사람들과 위험을 회피하는 사람들의 금융 선택은 다를 수밖에 없다. 왜 이러한 결정을 하게 되었는지 알려주는 다양한 심리학적 이론들을 탐색하고 발표해 보자. 이러한 판단은 행동경제학을 통해서도 가능하다. 행동경제학의 원리를 적용하여, 사람들이 금융 의사결정을 어떻게 내리는지 이해하고 설명해 보자. 인간은 항상 합리적인 선택을 하는 것이 아니라 비이성적인 행동을 하는 경우도 있다. 이를 사례로 발표할 수도 있다.

관련 학과 사회계열 전체

《보이지 않는 돈》, 천헌철, 책이있는마을(2020)

[12금융01-02]

디지털 금융 환경에서 나타난 금융 서비스의 변화된 특징을 이해하고, 디지털 금융 서비스를 효과적으로 이용한다.

➲ 디지털 금융이 소비자의 금융 습관, 태도, 가치관에 어떻게 영향을 미치는지를 주제로 탐구를 진행할 수 있다. 디지털 금융 기술과 서비스는 소비자의 금전적 선택에 어떻게 영향을 미치며, 소비자 문화에 어떤 변화를 가져오는지 탐구해 보자. 예를 들어 디지털 금융은 실제 화폐가 아닌 가상의 화폐를 사용하기 때문에 소비의 저항이 적을 수 있다. 합리적인 소비를 위해서는 이러한 디지털 화폐가 어떠한 역할을 해야 하는지 살펴보고, 디지털 화폐의 사용에 대한 정부의 정책이나 기업의 변화도 함께 조사해서 발표를 진행할 수 있다.

관련 학과 사회계열 전체

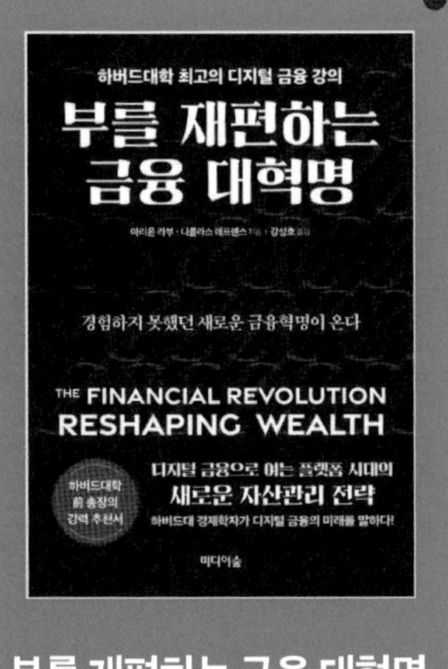

부를 재편하는 금융 대혁명

마리온 라부 외 1명, 강성호 역, 미디어숲(2022)

책 소개

이 책은 핀테크와 경제 불평등 간의 관계뿐 아니라, 핀테크가 등장한 배경, 핀테크 기술의 활용 사례, 금융 포용과 경제성장의 문제, 핀테크가 공공 행정에 미칠 영향, 그리고 금융 혁신 트렌드의 최첨단에 서 있는 '가상화폐'에 대한 세계 각국의 규제 동향을 독자들이 알기 쉽게 다루고 있다. 이에 더해, 핀테크가 우리 사회에 어떤 영향을 미치고 있는지, 미래의 디지털 금융은 어떤 모습으로 다가올지를 분석하는 데 중점을 둔다.

세특 예시

'책을 통해 자신을 돌아보기' 시간에 '부를 재편하는 금융 대혁명(마리온 라부 외 1명)'을 읽고, 디지털 금융 시대에 맞춘 새로운 금융 도전이 필요하다는 사실을 알게 되었다고 밝힘. 세계은행에 따르면 전 세계 성인 인구 중 17억 명이 예금과 같은 기본적인 금융 서비스조차 이용할 수 없는 금융 소외 상태에 있다고 말함. 디지털 금융을 통해 이러한 소외가 줄어들 수 있다는 점을 강조하였음. 현재 전 세계의 금융가에선 블록체인 혁명이 진행 중이고, 코로나 팬데믹이 디지털 전환을 앞당기면서 금융 혁명의 속도는 더욱 빨라질 것이라고 예측하였음. 그리고 결국 이는 경제 불평등을 해소하고 부를 재편할 대혁명으로까지 이어질 조짐을 보이지만, 금융에 대한 지식 없이 이러한 재편의 파도에 올라타는 것은 어려울 것이라고 역설함.

[12금융01-03]

안전한 금융 거래를 위한 계약(약관)의 중요성을 인식하고, 금융 사기 예방과 피해 구제를 위해 마련된 주요 금융 소비자 보호 제도를 탐구한다.

➜ 금융 소비자의 민원 처리 및 금융 분쟁 해결 절차를 조사하고, 소비자가 효과적으로 분쟁을 해결할 수 있는 방법을 연구해 보자. 금융 문제를 담당하는 공공기관의 민원 처리 시스템의 효율성과 공정성에 대한 탐구를 진행할 수 있다. 단순한 분쟁 외에도 금융 소비자 보호 제도는 국가와 지역에 따라 어떤 차이와 변화를 보이는지를 주제로 탐구해 볼 수도 있다. 국외로 도피한 금융 사기 가해자의 처분과 피해자의 보호는 어떻게 이루어지는지 조사해 보자. 금융 소비자 보호 제도는 어떤 국제적 협력과 공조를 통해 강화되고 확대되고 있는지에 대한 사례를 조사하고 발표해 볼 수 있다.

관련 학과 사회계열 전체

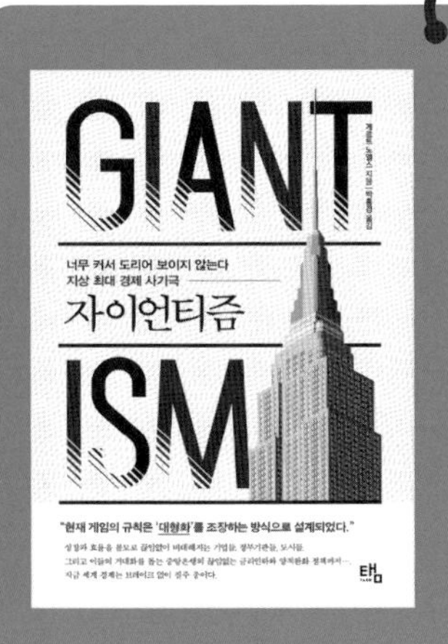

책 소개

건전한 자본주의를 지탱하는 가장 중요한 원칙인 '경쟁'은 효율을 만들고, 혁신을 불러온다. 경쟁할 수 있는 기회가 사라지면 세상은 정체에 빠진다. 벨기에 경제학자 게르트 노엘스는 이 책을 통해 지금 전 세계 경제가 마치 챔피언스리그처럼 경쟁 기회를 박탈하는 잘못된 방향으로 가고 있다고 진단한다.

세특 예시

교과 심화 도서 탐구 시간에 '자이언티즘(게르트 노엘스)'을 읽고, 사회적 약자나 소외계층이 금융이나 경제에서 소외당하는 이유가 사회 구조 때문

자이언티즘(Giantism)

게르트 노엘스, 박홍경 역, 탬(2020)

일 수 있다는 점을 알게 되었다고 밝힘. 대기업뿐 아니라 병원도, 학교도 마찬가지라고 말함. 일단 규모가 커지면 그 뒤에는 설령 방만 경영으로 위기에 빠져도 정부가 언제든 도와준다는 믿음이 있다는 점을 강조하면서, 규모가 있어야 정부 정책에 영향력을 행사할 수도 있다는 점을 함께 밝힘. 정부도 큰 기업을 외면하지 못하며, 각국의 정부는 다국적 기업을 유치하기 위해 더 많은 혜택을 안겨준다는 점을 말함. 이를 통해 사회적 약자는 재도전의 기회를 얻지 못하고, 대기업과의 분쟁이나 소비자 분쟁에서 항상 패자의 역할을 할 수밖에 없다는 점을 지적하였음.

단원명 | 수입과 지출

| 🔍 | 근로소득, 사업소득, 재산소득, 총소득, 가처분소득, 소득에 영향을 미치는 요인, 기초소득, 소비, 소비 지출, 비소비 지출, 대출금리, 지불 수단(현금, 카드), 지불 방법(일시불, 할부), 예산, 예산 작성, 예산 수립, 평가, 예산 계획서, 기대 수입, 생애주기, 버킷 리스트

[12금융02-01]

소득이 수입의 주요 원천임을 이해하고, 소득에 영향을 미치는 다양한 요인을 탐구한다.

➲ 소득 불평등이 어떻게 발생하고, 사회·경제·정치·문화 등에 어떤 영향을 미치는지 탐구해 볼 수 있다. 소득 불평등의 측정 방법, 지표, 분포, 추세 등을 분석하고, 소득 불평등이 빈곤, 사회 이동성, 사회정의, 사회 복지 등에 어떤 영향을 미치는지를 주제로 조사해 보자. 예를 들어 성별이 소득 수준과 소득 분배에 어떤 영향을 미치는지에 관한 탐구를 진행할 수 있다. 성별 간의 소득 격차와 그 원인 및 결과를 분석하고, 성평등을 증진하기 위한 정책 및 대안을 제시해 보자.

관련 학과 사회계열 전체

《21세기 기본소득》, 필리프 판 파레이스 외 1명, 홍기빈 역, 흐름출판(2018)

[12금융02-02]

소비 지출과 비소비 지출을 구분하고, 지출에 영향을 미치는 요인을 파악하여 합리적인 소비를 실천한다.

➲ 소비자가 구매 결정을 내리는 과정과 요인을 조사하고, 소비자의 심리적 특성, 성향, 동기, 가치관 등을 분석해 볼 수 있다. 이때 소비자 행동의 이론, 모델, 측정 방법 등을 활용해 보자. 예를 들어 행동경제학이나 유틸리티 이론 등을 바탕으로 소비자의 심리를 파악하거나 행동 양식의 패턴을 분석할 수 있다. 또는 미디어가 소비에서 어떤 역할을 하는지 연구하고, 미디어가 소비자의 정보 수집, 의사결정, 구매 행동 등에 어떤 영향을 미치는지 탐구해 보자. 광고, 마케팅 커뮤니케이션, 온라인 쇼핑 등의 개념을 활용하여 이러한 미디어 효과를 분석할 수 있다.

관련 학과 사회계열 전체

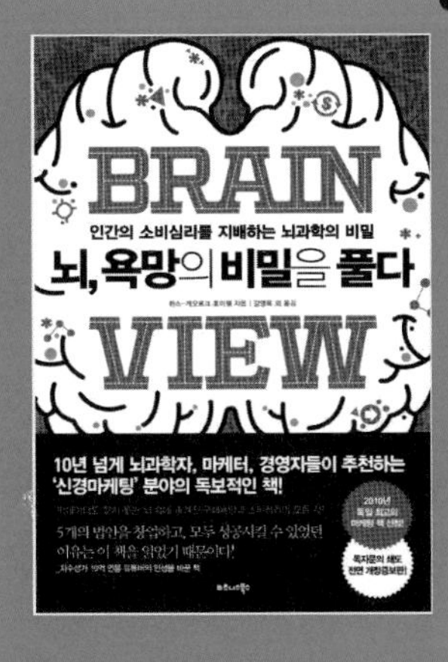

뇌, 욕망의 비밀을 풀다

한스-게오르크 호이젤,
강영옥 외 2명 역,
비즈니스북스(2019)

책 소개

이 책은 인간의 뇌 속을 들여다보는 새로운 방법을 이용해 매출을 획기적으로 개선할 수 있는 효과적인 방법을 제시한다. 과학적으로 증명된 세 가지 감정 시스템, 즉 '빅 3(Big 3)'가 그 열쇠이다. 빅 3에는 균형 시스템(안전에 대한 욕구), 자극 시스템(새로운 것, 체험에 대한 욕구), 지배 시스템(권력에 대한 욕구)이 있으며, 이 세 가지 욕구가 다양한 환경과 상황에 따라 서로 충돌·타협·결합하며 경제활동을 통제하거나 자극한다.

세특 예시

진로 심화 독서 시간에 '뇌, 욕망의 비밀을 풀다(한스-게오르크 호이젤)'를 읽고, 소비가 어떻게 계층을 대변하게 되었는지 알게 되었다고 밝힘. 빅데이터 분석 기술이 아무리 발달해도 인간의 뇌 속에 숨겨진 구매 동기와 소비 욕망의 본질을 파악하지 못한다면 제아무리 뛰어난 제품이라도 시장에서 성공하기 어렵다는 사실을 말함. 인간이 항상 합리적인 방법으로 소비를 결정하는 것은 아니라고 이야기하면서 비이성적인 의사결정이 어떠한 과정으로 이루어지는지 탐구해 보고 싶다고 강조함. 유형별로 구분해 소비자 성향과 특징, 소비자의 마음과 뇌를 움직이는 내외적 요소, 구매 결정을 내리는 과정과 이유 등을 통해 계층이 형성되고 있다고 밝히고, 소비는 단순히 수요량이 아니라 수요에 의해서 결정된다는 학생의 생각을 덧붙임.

[12금융02-03]

예산의 의미와 예산 관리 방법을 이해하고, 자신의 금융 생활에서 예산을 수립·점검·평가한다.

➜ 개인의 예산 수립 과정은 정부의 정책과 우선순위에 영향을 받을 수 있다. 예산이 세금, 복지, 교육, 보건 등의 공공 정책과 어떻게 상호작용하는지를 연구해 보자. 특히 자신의 진로와 연관된 정책의 변동 때문에 예산 수립이 변동된 사례를 분석해서 발표를 진행할 수 있다. 또한 예산이 다양한 경제적·사회적 요인과 어떻게 상호작용하는지 분석해 보자. 금리나 사회 환경의 변화, 환경오염의 심각성이 예산 수립에 어떠한 영향을 주는지도 조사해 볼 수 있다. 다가올 미래 변화에 맞춘 개인의 예산 관리 방법을 발표해 보자.

관련 학과 사회계열 전체

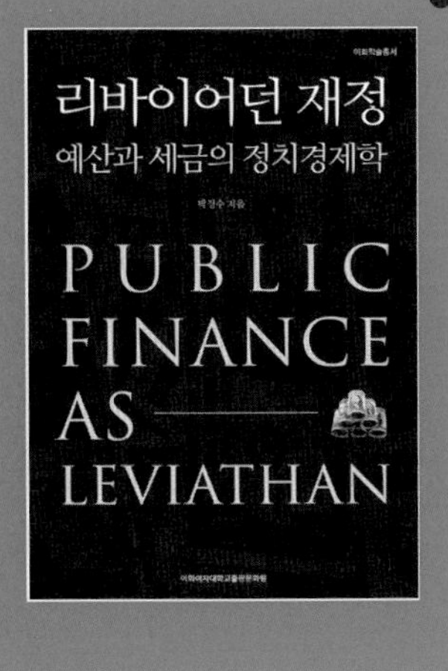

책 소개

오늘날 나라 살림, 곧 재정은 한 국가의 국민들이 투쟁을 멈추고 공멸하지 않기 위한 울타리로서 합의한 또 다른 '리바이어던'이다. 우리가 국가에 기꺼이 세금 부과와 예산 집행의 권리를 부여하는 것은 개인의 안전과 질서, 그리고 안락한 삶을 보장받기 위해서라는 것이다. 그렇다면 지금의 '리바이어던 재정'은 정말 만인에게 효율적이고 합리적이며, 공정하게 집행되고 있을까? 이 책에서는 나라 살림에 필요한 예산과 세금의 기초 지식을 학습하고, 예산의 효율적 배분 및 세금의 합리적 부담·재분배 방향에 대해 짚어본다.

리바이어던 재정

박정수,
이화여자대학교출판문화원(2023)

세특 예시

진로 심화 독서 시간에 '리바이어던 재정(박정수)'을 읽고, 개인의 예산 형성에 영향을 미치는 국가 예산이 어떻게 형성되고, 권력이 어떻게 작용하는지 알게 되었다고 밝힘. 예산에 관한 다양한 학자들의 이론을 분석하고, 우리나라 예산이 어떻게 결정되는지 알게 되었다는 소감을 함께 말함. 이러한 상황에서 개인의 예산 형성은 국가의 예산 형성 과정을 따라 할 수밖에 없다고 말하고, 투명한 예산과 집행이 개인의 예산 집행에도 영향을 줄 수밖에 없다고 강조함. 이에 국민이 직접 예산 집행에 참여할 수 있는 제도를 적극적으로 확대해야 하며, 청소년들이 미래의 예산 계획을 세울 수 있도록 하는 다양한 방안이 함께 모색되어야 한다고 강조함.

단원명 | 저축과 투자

| 🔍 | 저축, 금리, 예금, 적금, 주택청약저축, 세금, 물가, 소비, 주식, 채권, 펀드, 금리, 인플레이션, 환율, 투자 정보, 신뢰할 수 있는 정보, 경제 지표, 투자, 자기 책임, 예금자 보호 제도, 투자자 보호 제도, 구제 방안

[12금융03-01]

저축의 경제적 의의와 다양한 저축 상품의 특징을 이해하고, 저축에 영향을 미치는 요인을 탐구한다.

➲ 저축이 경제에 미치는 영향을 탐구해 보자. 저축이 경제성장, 투자, 소비 등에 미치는 영향을 분석하고 경제적 효과를 조사할 수 있다. 다른 투자 상품들과 달리 저축이 가진 경제성장 효과를 분석하고, 더 효율적인 방안은 무엇이 있을지 탐구해 볼 수 있다. 또한 사회계층과 소득 수준에 따른 저축 습관의 차이를 연구해 볼 수 있다. 고소득층과 저소득층의 저축 형태와 그 차이의 원인을 찾아보자. 계층별 투자 형태를 비교해서 분석할 수도 있다.

관련 학과 사회계열 전체

《저축의 신》, 김지영, 다산북스(2015)

[12금융03-02]

기본적인 금융 투자 상품의 종류와 특징을 이해하고, 투자에 영향을 미치는 요인을 탐구한다.

➲ 투자자들이 자산의 다양성, 투자 기간, 리스크 관리 등을 고려하여 포트폴리오를 구성하는 방법을 탐구해 볼 수 있다. 다양한 투자 전략 및 포트폴리오 이론을 검토하고, 이러한 전략이 수익성과 리스크 관리에 어떻게 영향을 미치는지 분석해 보자. 예를 들어 사회적 책임 투자(SRI) 및 지속가능한 투자 증가에 관한 내용을 조사해 보자. SRI의 효과, 기업의 사회적 책임과 환경 지원, ESG(환경, 사회, 지배구조) 기준을 활용한 투자 등을 조사하고 발표를 진행할 수 있다.

관련 학과 사회계열 전체

《돈의 심리학》, 모건 하우절, 이지연 역, 인플루엔셜(2021)

[12금융03-03]

저축과 투자의 장단점을 고려하여 자기 책임의 원칙에 따라 저축과 투자를 결정하며, 활용할 수 있는 예금자 보호 제도와 투자자 보호 제도를 탐색한다.

금융 위기 상황에서 예금자와 투자자 보호 제도가 어떻게 작용하는지를 금융 위기의 원인 및 영향과 함께 탐구할 수 있다. 다양한 나라의 뱅크런 사태, 그리고 이와 관련한 예금자, 투자자 보호가 어떻게 작동하고 있는지를 탐구해 볼 수도 있다. 또한 예금자와 투자자 보호를 위한 정책 및 제도의 효과를 평가하고 개선 방안을 연구할 수 있다. 해당 정책의 장단점과 개선 방안에 대해 발표해 보자. 예금자와 투자자 보호 제도가 금융 시스템 내에서 불평등에 어떻게 영향을 미치는지, 상위 및 하위 소득 계층 간의 금융 격차에 대한 연구도 함께 진행할 수 있다.

관련 학과 사회계열 전체

《파산》, 이건범, 피어나(2014)

단원명 | 신용과 위험 관리

신용, 신용카드, 신용 관리, 이자, 할부수수료, 카드 연회비, 신용 관리 습관, 신용회복위원회, 채무조정, 개인회생, 신용 회복 지원, 사회보험, 민영보험, 자동차보험, 화재보험, 실손보험, 실비보험, 은퇴, 기대수명, 공적연금, 퇴직연금, 개인연금, 노후 대비

[12금융04-01]

신용 사용의 결과를 고려한 책임감 있는 신용 관리 태도를 기르고, 신용에 영향을 미치는 요인을 파악하여 자신의 신용을 효과적으로 관리하는 방법을 탐구한다.

신용과 금융 규제의 상호작용을 주제로 탐구를 진행해 보자. 정부 및 규제 당국이 신용 시스템을 어떻게 관리하고 금융 시장을 조절하며, 이러한 규제가 신용 점수와 대출에 어떤 영향을 미치는지를 조사해 볼 수 있다. 신용과 경제적 불평등 사이의 관련성을 탐구할 수도 있다. 저신용자가 경제적 기회에 접근하는 것이 어떻게 제한될 수 있는지 알아보고, 이러한 불평등을 해소하는 다양한 방안을 탐구해 볼 수 있다. 현재의 정책을 분석하고, 부족한 부분이 있으면 대안을 제시해 보자.

관련 학과 사회계열 전체

책 소개

'기본소득'이 탄생하게 된 역사적 배경이나 경제학적 쟁점에 관해서는 제대로 이해하기 어려운 점이 있었다. 그런 점에서 이 책은 "왜 기본소득이 불황과 공황의 시대에 반드시 필요한가?"에 대한 경제학적 논리와 철학적 지향을 밝히고 있어서, 그동안 억눌려 온 대안 경제 시스템에 대한 놀라운 통찰을 엿볼 수 있다.

세특 예시

진로 심화 독서 시간에 '사회신용(클리포드 H. 더글러스)'을 읽고, 기본소득이 변화하는 사회에 왜 필요한지 생각해 보는 시간을 갖게 되었다고 밝힘.

사회신용

클리포드 H. 더글러스, 이승현 역, 역사비평사(2016)

전 세계적으로 실업이 증가하고 있는 현시점에서는 기업의 완전고용을 통한 소득의 보장을 기대하기 어렵다는 점을 강조하였음. 산업의 자동화·기계화를 통해 과잉 실업 사태가 발생하고 있으니, 현대인의 대부분은 고용의 안정성을 보장받지 못하는 상태라고 발표를 진행함. 그런데 사실상 서민의 소득이 회복되지 않고서는 경제가 움직이지 않는다고 말하면서, 사람들의 잠재적인 수요가 유효수요가 되기 위해서는 기본소득이 필수적이라는 사실을 주장하였음.

[12금융04-02]

위험 관리의 필요성과 위험 관리 방법으로서 보험의 원리를 이해하고, 주요 보험 상품의 특징을 비교한다.

보험 가입자들의 분포는 사회계층 구조와 어떤 관련이 있는지를 주제로 탐구를 진행할 수 있다. 각기 다른 사회계층의 사람들이 이용하고 있는 보험의 종류와 가입자 실태, 현황을 알아보자. 보험 가입 조건을 파악하고, 그에 대한 접근성이 어떻게 다를지 분석해 볼 수도 있다. 또한 개인의 보험과 기업이 가입하는 보험의 차이를 파악하고 왜 이러한 차이가 나타나는지에 대해 생각해 보거나, 보험이 앞으로 나아가야 할 방향이나 부족한 법규정에 대한 의견을 제시할 수도 있다.

관련 학과 사회계열 전체

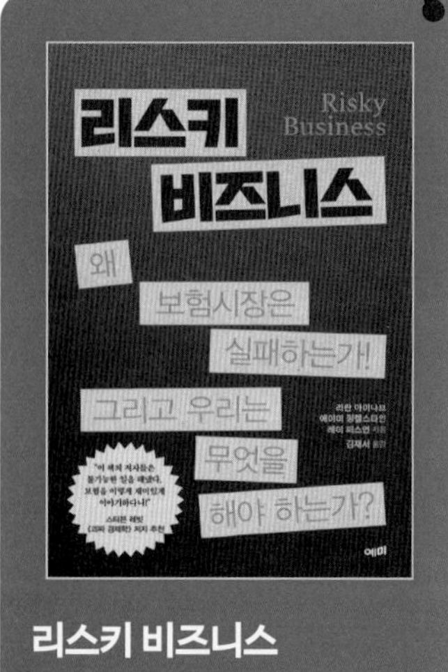

리스키 비즈니스

리란 아이나브 외 2명, 김재서 역, 예미(2023)

책 소개

어떤 사람의 건강보험 가입 신청을 받아주거나 거부할 것인지, 보험 가입을 받아준다면 보험료를 얼마로 책정할 것인지, 건강보험 가입을 시장 자율에 맡기는 것과 모든 시민이 의무적으로 가입하도록 강제하는 것 가운데 어떤 것이 옳은지 등을 이 책을 통해 함께 고민해 볼 수 있다.

세특 예시

진로 심화 독서 시간에 '리스키 비즈니스(리란 아이나브 외 2명)'를 읽고, 위험 감수와 경제적 비용, 효율성의 관계를 생각해 보는 시간이 되었다고 밝힘. 모든 것을 시장 자율에 맡기자는 주장이 얼마나 잘못된 것인지 알 수 있었다고 밝힘. 정부가 개입하여 선택으로 인해 발생하는 상황을 적절하게 통제하지 않으면 보험료는 크게 오르는 반면 그 혜택은 크게 줄어들 수밖에 없으며, 심한 경우 아무런 실질적인 혜택을 누리지 못할 수도 있다는 사실을 강조하였음. 선택의 문제는 보험산업에만 국한된 문제가 아니라고 말하면서, 정보를 더 많이 가진 자와 그 정보를 적절하게 활용할 줄 아는 자가 비즈니스라는 게임에서 승리하기 때문에 정보가 없는 약자를 보호할 장치가 필요하다고 말함.

[12금융04-03]

고령 사회에서 노후 설계의 필요성을 이해하고, 연금의 종류와 특징을 파악하여 안정적인 노후 대비 계획을 설계한다.

2023년 프랑스에서는 연금 지급 시기의 개혁을 놓고 대규모 시위가 벌어진 바 있다. 우리나라도 연금과 관련한 다양한 사회 이슈가 많다. 이러한 내용을 조사하고, 왜 이런 이슈가 발생하는지에 대한 자신의 생각을 정리해 보자. 연금 지급 시기를 미뤄야 하는지, 아니면 연금 수납액을 늘려야 하는지를 주제로 탐구를 진행할 수도 있다. 또한 연금이 국가 경제를 어떻게 지탱하는지를 탐구하거나, 기초연금, 장애연금을 조사하여 연금이 사회 불평등을 어떻게 완화하는지를 탐구할 수도 있다. 앞으로의 연금 변화의 방향에 대한 자신의 생각을 덧붙여 발표해 보자.

관련 학과 사회계열 전체

세계의 연금, 한국의 연금

허만형, 집문당(2015)

책 소개

이 책은 세계 100개국에 이르는 나라의 연금 제도를 다뤄 각국의 연금을 대륙별, 제도 유형별로 비교·분석하였다. 연금의 역사를 알면 연금 제도의 유형화가 가능하다. 독일의 사회보험 연금, 사회보험 요소가 가미된 영국의 국가보험, 독일 사회보험 방식의 공적연금을 포기하고 칠레가 세계 최초로 도입한 사적연금, 스위스가 최초로 도입한 퇴직연금, 스웨덴의 공적연금과 개인연금 결합 형태의 명목확정기여연금, 싱가포르의 중앙준비기금 등이 있다. 세계 각국은 이 7개 제도를 조합하여 자국의 연금 제도를 다듬고 있다.

세특 예시

진로 심화 독서 시간에 '세계의 연금, 한국의 연금(허만형)'을 읽고, 연금의 기원과 나아가야 할 방향을 알게 되었다고 밝힘. 연금 지급을 국가가 보장하는 것이 필요한데 명문화된 법률이 없다는 사실을 파악하고, 이를 명문화하는 것이 국가의 신뢰도를 올리는 데 가장 시급한 일이라고 주장하였음. 다른 나라들의 사례를 비교·분석하면서, 국가가 지급을 보증할 때 가장 중요한 것은 성문화된 법이며, 이것이 안정성과 신뢰성을 동시에 올리고 있다는 다양한 근거를 찾아서 예시를 듦. 우수한 연금에도 허점이 있는 편이며, 우리나라처럼 인구가 급속도로 감소하고 있는 나라는 연금 설계에 문제가 있을 수밖에 없다는 사실을 강조함. 이를 해결하기 위해서는 지속적인 연금의 안정성 확보가 시급한 문제이며, 이를 해결해야 미래의 후손들이 안심하고 국가에 연금을 투자할 것이라고 밝힘.

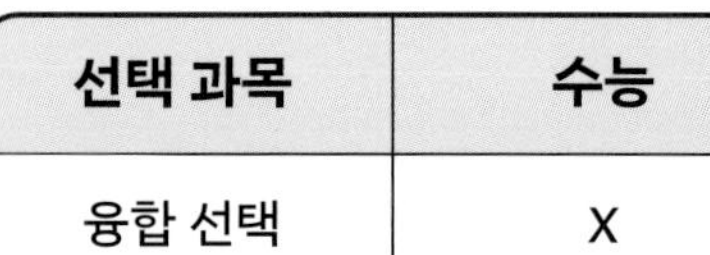

선택 과목	수능	기후변화와 지속가능한 세계	절대평가	상대평가
융합 선택	X		5단계	X

단원명 | 인간과 기후변화

| 🔍 | 지구온난화, 해수면 상승, 해양 산성화, 기상이변, 온실기체, 탄소중립, 탄소 배출, 지속 가능 에너지, 티핑포인트, 파리협정

[12기지01-01]

지구적 차원에서 나타나는 기후변화의 심각성을 사례를 통해 파악하고, 기후변화를 바라보는 관점의 다양성을 이해한다.

➲ 2019년 9월 2일 호주 남동부 지방에 대규모 산불이 발생하여 2020년 2월 13일에야 진화되었다. 이 산불로 인한 엄청난 재산 피해와 이에 따른 실업률 급등, 거기에다 코로나19까지 겹쳐 호주 경제는 심각한 타격을 입었다. 화재로 인한 연무(연기와 안개)는 호주뿐 아니라 뉴질랜드, 더 나아가 남아메리카 대륙의 태평양 연안과 멀리 도쿄만까지 퍼졌고, 우리나라에서는 겨울철에 이례적인 고온 현상이 나타났다. 호주 산불로 인한 피해 상황, 산불의 원인과 기후변화의 관련성, 산불이 지구온난화에 미치는 영향 등을 조사해 발표해 보자.

관련 학과 사회계열 전체

《우리에게 남은 시간》, 최평순, 해나무(2023)

[12기지01-02]

기후변화는 자연적 요인뿐만 아니라 인간의 다양한 활동 및 산업과 관련되어 있다는 점을 이해하고, 탄소중립을 위한 사회 변화의 방향을 탐구한다.

➲ 기후변화로 인한 최악의 사태를 피하기 위해선 2050년까지 온실가스의 순 배출량을 '제로(0)'에 가깝게 만들어야 한다. 유엔(UN)의 연구진은 현재의 추세라면 지구의 평균기온이 2℃ 상승할 것이라고 경고하며 이같이 제안했다. 이들의 경고처럼 정말 지구 평균기온이 2℃나 상승한다면 지구의 많은 지역이 살기 어려운 곳이 돼버릴 것이다. 과학자들은 지구를 살리기 위해선 이산화탄소 제거가 필수적이라고 입을 모은다. 탄소 포집 기술의 역사, 탄소 포집 기술의 작동 원리와 방법, 이에 대한 비판과 한계 등을 조사해 '탄소 포집 기술이 과연 지구를 구할 수 있을까?'란 주제의 보고서를 작성해 보자.

관련 학과 사회계열 전체

《오늘부터 시작하는 탄소중립》, 권승문 외 1명, 휴머니스트(2022)

단원명 | 기후정의와 지역 문제

| 🔍 | 기후 재난, 불평등 문제, 기상 재해, 해수면 상승, 이상기후, 온실가스, 기후정의, 경제 양극화, 저탄소 녹색성장, 지구 생태계, 생물 다양성

[12기지02-01]

세계 여러 지역에서 발생하고 있는 기후 재난의 실제를 파악하고, 이를 둘러싼 쟁점을 다양한 자료를 통하여 분석한다.

➲ 'OECD 환경 전망 2050'에 따르면 2050년 세계 인구의 40% 이상이 심각한 물 부족 사태를 겪을 것이라고 한다. 2018년 국제수문학회에서 전문가들은 2050년쯤이면 지구촌 4명 중 1명 정도가 물 부족에 직면할 것이라고 전망했다. 기후변화 등으로 물 부족 문제는 더욱 심각해질 것이며, 물 부족으로부터 인류를 지키기 위해선 예측과 관리 등 실질적 행동에 나서야 한다고 주장했다. 전 세계 물 부족 현황과 피해 사례, 물 부족의 원인, 물 부족 문제의 해결 방안을 조사해 발표해 보자.

관련 학과 사회계열 전체

《물 부족 문제, 우리가 아는 것이 전부인가》, 볼프람 마우저, 김지석 역, 길(2019)

[12기지02-02]

기후변화의 영향은 지리적 조건 및 사회적·경제적 조건에 따라 차별적으로 나타나고 있음을 이해하고, 이와 관련한 쟁점과 사례를 조사한다.

➲ 코앞까지 다가온 '그린 스완(기후변화가 초래할 금융 위기)'을 막기 위해 금융의 책임과 역할이 강조되고 있는 가운데 '기후금융'이 주목받고 있다. 기후금융(Climate Finance)이란 저탄소 경제의 실현을 위해 탄소 배출이 적은 기업에 대한 투자를 유도하는 '탈탄소화 자금 흐름'을 의미한다. 기후금융의 개념과 필요한 이유, 전 세계 기후금융의 사례, 우리나라의 기후금융 투자 현황, 기후금융의 한계와 발전 방안을 조사해 발표해 보자.

관련 학과 국제경영학과, 금융학과, 글로벌경영학과, 글로벌비즈니스학과, 국제통상학과, 국제학부, 공공행정학과, 경제학과, 경영학과, 경영정보학과, 회계학과, 통계학과, 응용통계학과, 정치외교학과, 지리학과, 환경학과, 환경공학과

《기후금융 입문》, 김이배 외 11명, 호이테북스(2022)

[12기지02-03]

기후정의의 관점에서 기후변화에 따른 불평등 문제의 해결 방안을 모색하고, 기후변화에 대한 인간의 책임과 의무에 대해 성찰한다.

➲ 불평등은 사회의 역설이다. 빈곤을 줄이려고 경제성장을 했는데 빈부 격차는 크게 벌어졌다. 기후 위기와 불평등은 서로 깊게 얽혀 있다. 그러므로 '어떻게 기후 위기에서 벗어날 수 있는가'는 '어떻게 불평등을 극복할 수 있는가'와 함께 다루어야 할 문제이다. 기후 위기의 특징 중 하나는 '불평등'하다는 것이다. 기후 위기는 전 인류에게 공통적으로 다가오는 위협이고 평등하게 영향을 끼친다고 생각할 수도 있지만, 기후 위기는 빈곤한 국가에 더 큰 영향을 미치는 걸로 알려져 있다. 지구온난화가 부국과 빈국의 경제 격차에 미치는 영향을 조사해 발표해 보자.

관련 학과 사회계열 전체

《기후위기와 불평등에 맞선 그린뉴딜》, 김병권, 책숲(2020)

단원명 | 지속가능한 세계를 위한 생태 전환

| 🔍 | 적정기술, 순환경제, 지속 가능 사회, 지속 가능 생태계, 생물 다양성, 생태 전환, 탄소중립, 녹색성장, 저탄소 에너지 경제, 생태도시, 환경 비정부 기구(NGO)

[12기지03-01] ●●●

기후변화 대응을 위한 국제 사회의 협력과 시민사회의 노력 사례를 조사하고, 기후변화를 둘러싼 이해당사자들의 서로 다른 입장과 가치를 비교한다.

➲ 생태주의(ecologism)는 전통적인 환경주의보다 더 근본적이고 급진적인 방법으로 환경 문제를 바라보는 사상이다. 다시 말해 현재의 환경 문제는 전문적 기술을 적용해야만 해결할 수 있고 사회의 근본적 성격을 개선할 필요는 없다고 여기는 환경주의와 달리, 환경 문제를 보다 심각하고 심층적인 잘못들이 겹쳐 일어난 문제로 바라본다. 생태주의와 환경주의의 차이점, 생태주의의 여러 분파, 생태주의에 대한 긍정적 시각과 부정적 시각을 조사해 발표해 보자.

관련 학과 사회계열 전체

《근대문명에서 생태문명으로》, 김종철, 녹색평론사(2019)

[12기지03-02] ●●●

기후변화 문제와 관련하여 국가 차원의 대응으로서 정치, 사회, 경제 영역에서의 생태 전환을 위한 실천 사례를 조사하고, 이를 분석·평가한다.

➲ 최근 발표된 IPCC(기후변화에 관한 정부 간 협의체) 보고서는 이번 세기말까지 지구 온도 상승 폭을 1.5℃로 억제하려면 국가, 기업, 지역 사회 및 개인 모두가 함께 온실가스 감축을 위한 즉각적이고 야심찬 행동에 나서야 한다고 지적하고 있다. 특히 보고서는 "세계에서 가장 부유한 국가인 미국이 선제적으로 조치를 취하지 않는다면, 기후변화를 촉발하는 데 한몫한 국가와 국민들로서 가장 크게 고통받게 될 것"이라고 경고했다. 세계 최강대국인 미국이 기후 위기 대응을 위해 단행한 최근의 정책 변화를 조사해 발표해 보자.

관련 학과 사회계열 전체

《기후변화 시대 환경정책의 이해》, 강은숙 외 1명, 윤성사(2022)

[12기지03-03] ●●●

지역 공동체의 생태 전환을 위한 다양한 노력 사례를 조사하고, 지역의 지속가능한 사회·생태 체계를 탐색한다.

➲ 정치생태학은 정치적·경제적·사회적 요인과 환경 문제 및 변화 사이의 관계를 연구하는 학문이다. 정치생태학은 환경 문제와 현상을 정치화한다는 점에서 비정치적 생태학 연구와 다르다. 가속화되어 가는 세계화와 신개발주의로 위기를 맞은 생태계에 대한 대안으로서, 생태적 성찰을 통해 새로운 사회 발전 방향을 모색하는 정치생태학이 부상하고 있다. 정치생태학의 이론적 배경과 그에 대한 논쟁, 생태 문제에 대한 총체적 진단과 현실에 적합한 실천 전략을 조사해 발표해 보자.

관련 학과 사회계열 전체

《정치생태학》, 데이비드 벨 외 4명, 정규호 외 3명 역, 당대(2005)

[12기지03-04]

기후변화에 대응하기 위한 적정기술과 순환경제의 역할의 중요성을 파악하고, 에너지 전환의 중요성에 대한 이해를 바탕으로 지속가능한 세계의 모습을 제안한다.

'순환경제'란 가능한 한 오랫동안 기존 재료와 제품을 공유·임대·재사용·수리·개조·재활용하는 생산 및 소비 모델이다. 순환경제 모델의 세 가지 기본 원칙(폐기물 및 오염 방지, 제품 및 재료 사용 유지, 자연 시스템 재생)의 설계 기반 구현을 강조하여 기후변화, 생물 다양성 손실, 폐기물 및 오염과 같은 글로벌 문제를 해결하는 것을 목표로 한다. 순환경제의 원칙, 중요성, 작동 원리, 성공 요인과 사례를 조사해 발표해 보자.

관련 학과 국제경영학과, 금융학과, 글로벌경영학과, 글로벌비즈니스학과, 국제통상학과, 국제학부, 공공행정학과, 경제학과, 경영학과, 경영정보학과, 회계학과, 통계학과, 응용통계학과, 정치외교학과, 지리학과, 환경학과, 환경공학과

순환경제 시대가 온다

피터 레이시 외 1명, 최경남 역, 전략시티(2017)

책 소개

이 책에서는 세계적인 컨설팅 기업 '액센추어'가 세계경제포럼과 함께 폐기물에서 수익을 창출하는 비즈니스 이슈를 정면으로 다뤘다. 전 세계 120여 기업의 사례 분석, 50명의 경영진과 전문가들을 대상으로 한 심층 인터뷰, 액센추어 고객들을 통한 경험, 경제적 분석, 모델링 등을 통해 순환경제를 채택할 수 있는 실질적인 접근법을 고안했다. 이 책을 구성하는 4개의 섹션, '순환경제 시대가 온다', '순환경제의 5가지 뉴 비즈니스 모델', '순환 우위의 창출', '지금 당장 시작하라'를 통해 그 길을 보여준다.

세특 예시

교과 연계 독서 탐구 활동에서 '순환경제 시대가 온다(피터 레이시 외 1명)'를 읽고 순환경제의 개념과 시대적 필요성, 순환경제의 새로운 5가지 비즈니스 모델, 가치를 창출하는 5가지 순환 역량, 정책 개입의 필요성과 순환경제 정책 추진 5단계 등의 내용을 요약·정리해 발표함. 순환경제가 지구에 도움이 되고 개개인에게도 도움이 되며, 디지털 신기술과 혁신적인 엔지니어링 기술이 순환경제의 성장을 견인하는 동력이자 수익을 창출하는 비즈니스 모델임을 깨달았다는 소감을 피력함.

단원명 | 공존의 세계와 생태시민

| 🔍 | 지속가능발전목표(SDGs), 지속가능한 세계, 지구 생태계, 기후변화, 지속가능한 소비와 생산, 생태시민, 성장의 한계, 생태발자국, 리우선언, 생태 전환

[12기지04-01]

지속가능발전목표(SDGs)의 의미를 이해하고, 이의 실천과 관련한 지역 사례들을 조사하여 환경적, 경제적, 사회적 측면에서 통합적으로 분석한다.

지속가능경영이란 기업이 경영에 영향을 미치는 경제적·환경적·사회적 이슈들을 종합적으로 균형 있게 고려

하면서 기업의 지속가능성을 추구하는 경영 활동이다. 즉 기업들이 전통적으로 중요하게 생각했던 매출과 이익 등 재무 성과뿐 아니라 윤리·환경·사회 문제 등 비재무 성과도 함께 고려하는 경영을 통해 기업의 가치를 지속적으로 향상시키려는 경영 기법이다. 지속가능발전목표(SDGs)를 실천하는 기업의 사례를 찾아보고, 사회적 책임을 다하기 위한 다양한 노력, 우리 사회에 미치는 영향을 조사해 발표해 보자.

관련 학과 국제경영학과, 금융학과, 글로벌경영학과, 글로벌비즈니스학과, 국제통상학과, 국제학부, 공공행정학과, 경제학과, 경영학과, 경영정보학과, 회계학과, 통계학과, 응용통계학과, 정치외교학과, 지리학과, 환경학과, 환경공학과

《ESG 시대의 사회적 가치와 지속가능경영》, 배종석 외 8명, 클라우드나인(2021)

[12기지04-02]

지속가능한 세계는 개인의 일상생활 방식과 관련되어 있음을 이해하고, 다양한 소비 영역에서 요구되는 지속가능한 생활 방식을 탐색하고 실천 방안을 제안한다.

➔ 산업화가 진전되며 경쟁적 생산 및 소비로 인한 지구의 기후변화와 자원 고갈의 문제를 극복하고자 지속 가능 소비가 강조되고 있다. 지속 가능 소비는 소비자 자신이 중심이 되는 소비 생활이 아니라 사회, 환경 및 경제 공동체에 초점을 둔 소비 생활이다. 그렇다면 과연 '지속 가능 소비를 실천하는 소비자는 행복할까?'에 대한 고민을 하게 된다. '지속가능한 소비의 실천은 소비자를 행복하게 하는가?'란 주제로 지속 가능 소비의 실천과 소비자 행복의 관련성 및 영향을 실증적으로 파악하고 연도별 차이점을 비교·연구하여 그 한계와 대안에 관한 보고서를 작성해 보자.

관련 학과 소비자학과, 경제학과, 경영학과, 경영정보학과, 국제경영학과, 글로벌경영학과, 글로벌비즈니스학과, 국제통상학과, 국제학부, 공공행정학과, 통계학과, 응용통계학과, 환경학과, 환경공학과

《성장 이후의 삶》, 케이트 소퍼, 안종희 역, 한문화(2021)

[12기지04-03]

정의, 책임, 배려 등과 같은 생태시민의 덕목을 사례 탐구를 통해 이해하고, 인간 및 비인간이 함께 평화롭게 살아가는 공존의 세계를 위한 다층적 스케일에서의 실천 방안을 찾아 적극적으로 참여한다.

➔ 자연의 수용 능력을 벗어난 지속가능하고 좋은 삶이란 없다. 기후 위기는 인간이 자연에서 누려온 독점적 권리의 최종 결과물이다. 기후 위기 그 너머 세상의 중심은 인간이 아니다. 지구 전체의 생명이 참여하는 지구공동체가 중심이다. 따라서 모든 생물이 살아갈 권리가 동등하게 인정되는 지구공동체가 중심이 되는 세상을 만들어야 한다. 지구생태시민이란 지구시민과 생태시민, 그리고 민주시민을 합친 말이다. 지구생태시민의 관점에서 새로운 삶의 포트폴리오를 설계해 발표해 보자.

관련 학과 사회계열 전체

《생태시민으로 살아가기》, 이나미, 알렙(2023)

과학 교과군

구분	교과(군)	공통 과목	선택 과목		
			일반 선택	진로 선택	융합 선택
보통 교과	과학	통합과학1 통합과학2 과학탐구실험1 과학탐구실험2	물리학 화학 생명과학 지구과학	역학과 에너지 전자기와 양자 물질과 에너지 화학 반응의 세계 세포와 물질대사 생물의 유전 지구시스템과학 행성우주과학	과학의 역사와 문화 기후변화와 환경생태 융합과학 탐구

공통 과목	수능	통합과학 1	절대평가	상대평가
	○		5단계	5등급

단원명 | 과학의 기초

| 🔍 | 시간, 공간, 길이, 측정, 기본량, 단위, 어림, 분석, 정보, 디지털 변환, 정보 통신 기술, 현대 문명

[10통과1-01-01]

자연을 시간과 공간에서 기술할 수 있음을 알고, 길이와 시간 측정의 현대적 방법과 다양한 규모의 측정 사례를 조사할 수 있다.

➲ 사람들이 근무하는 회사에서는 다양한 문제에 직면하며 이를 해결하기 위해 의사결정을 내려야 한다. 제품을 개발하거나 새로운 서비스를 도입하는 과정에서 문제를 정의하고, 관련 자료를 분석하여 합리적인 결정을 내리는 것은 기업의 성장과 발전에 핵심적인 역할을 한다. 이러한 의사결정 과정에서는 데이터를 정량적으로 분석하고 신뢰할 수 있는 측정 결과를 활용하는 것이 필수적이다. 현대 사회에서는 길이와 시간 측정 기술이 점점 정밀해지고 있으며, 이러한 기술은 다양한 산업과 분야에서 활용되고 있다. 길이와 시간 측정의 현대적 방법을 조사하고, 이러한 기술이 기업 경영과 사회 전반에 미치는 영향을 분석하여 보고서를 작성해 보자.

관련 학과 경영학과, 경영정보학과, 경제금융학과, 경제학과, 글로벌경영학과, 글로벌비즈니스학과, 금융보험학과, 세무학과, 신문방송학과, 심리학과, 행정학과, 회계학과

《정량×정성 분석 바이블》, 나카무라 지카라, 신희원 역, 한스미디어(2019)

[10통과1-01-02]

과학 탐구에서 중요한 기본량의 의미를 알고, 자연 현상을 기술하는 데 단위가 가지는 의미와 적용 사례를 설명할 수 있다.

➲ 영미권에서 광범위하게 사용하는 부피 단위 '갤런'은 양동이를 의미하는 단어이다. 갤런은 용도에 따라 정의가 다양하고, 와인 갤런, 에일 갤런, 석유 갤런 등 물품에 따라 재는 양동이의 크기가 다르므로 의미가 다를 수밖에 없다. 영국식과 미국식이 서로 다르며, 우리나라는 미국 갤런을 사용하고 있다. 아이스크림 브랜드의 포장 단위로 유명해진 '파인트'도 갤런에서 파생된 단위로, 8분의 1갤런을 뜻한다. 각 나라마다 단위를 다르게 사용하는 것처럼, 나라마다 과학이나 수학이 다르게 발전하면서 발생할 수 있는 사회현상을 조사하여 보고서를 작성해 보자.

관련 학과 경영학과, 경제학과, 광고홍보학과, 국제통상학과, 금융보험학과, 무역학과, 법학과, 사회학과, 세무학과, 소비자학과, 언론정보학과, 지리학과, 행정학과, 호텔경영학과, 회계학과

《수학에서 꺼낸 여행》, 안소정, 휴머니스트(2016)

단원명 | 물질과 규칙성

| 🔍 | 천체, 스펙트럼, 원소, 생명체, 우주 역사, 주기성, 규칙성, 결합, 성질, 지각, 단위체, 전기적 성질

[10통과1-02-02]

우주 초기의 원소들로부터 태양계의 재료이면서 생명체를 구성하는 원소들이 형성되는 과정을 통해 지구와 생명의 역사가 우주 역사의 일부분임을 해석할 수 있다.

➲ 우주의 대폭발 이후 138억 년에 이르는 동안 우주와 지구, 생명, 인간 문명의 역사가 발달했다. 더불어 지리학, 생물학, 고고학, 인류학, 경제학 등 다양한 학문이 함께 발전하면서 인간의 집단 학습과 기술 혁신도 일어났다. 역사에 대한 관점을 인류나 우주 전체의 경과까지 넓게 확장하여 보는 학문적 움직임을 '빅 히스토리(Big History, 대역사)'라고 한다. '빅 히스토리'의 시작인 별과 우주가 탄생하는 과정을 통해 인류의 역사가 어떻게 변화되었는지 글로 작성해 보자.

관련 학과 경영학과, 경제학과, 광고홍보학과, 국제통상학과, 금융보험학과, 무역학과, 법학과, 사회학과, 세무학과, 소비자학과, 언론정보학과, 지리학과, 행정학과, 호텔경영학과, 회계학과

《빅 히스토리》, 데이비드 크리스천 외 2명, 이한음 역, 웅진지식하우스(2022)

[10통과1-02-06]

지구를 구성하는 물질을 전기적 성질에 따라 구분할 수 있고, 물질의 전기적 성질을 응용하여 일상생활과 첨단 기술에서 다양한 소재로 활용됨을 인식한다.

➲ 물질의 전기적 성질을 연구하고 분석하면 첨단기술 분야에 사용되는 소재를 개발하여 기술의 발전과 산업 혁신을 이룰 수 있다. 첨단 소재로는 나노 물질, 그래핀, 3D 프린팅 소재, 바이오 소재 등이 있고, 이러한 소재들은 현대 기술과 혁신의 핵심 결과이다. 첨단 소재를 개발하기 위해서는 지구를 구성하는 물질의 전기적 성질을 연구하고 국가에서 예산을 지원하는 것이 중요하다. 주변에서 쉽게 볼 수 있는 전기적 성질을 띠는 물질이 경제 발전에 끼친 영향을 조사하여 발표해 보자.

관련 학과 경영학과, 경제학과, 광고홍보학과, 국제통상학과, 금융보험학과, 무역학과, 법학과, 사회학과, 세무학과, 소비자학과, 언론정보학과, 지리학과, 행정학과, 호텔경영학과, 회계학과

《신소재 4차 산업혁명을 이끄는 힘》, 한상철, 홍릉과학출판사(2019)

단원명 | 시스템과 상호작용

| 🔍 | 태양계, 물질 순환, 에너지, 지권, 판구조론, 중력, 운동, 충격량, 운동량, 화학 반응, 세포, 유전자

[10통과1-03-01]

지구시스템은 태양계라는 시스템의 구성 요소임을 알고, 지구시스템을 구성하는 권역들 간의 물질 순환과 에너지 흐름의 결과로 나타나는 현상을 논증할 수 있다.

➲ 태양계란 태양과 태양을 중심으로 돌고 있는 천체 전부를 말하며, 태양계는 다양한 행성들로 구성되어 있다.

태양계에는 행성 이외에 위성, 소행성, 혜성, 그리고 다른 소천체들이 있다. 태양계는 수많은 물질이 상호작용한 결과로 현재의 시스템이 유지된다. 지구는 태양계라는 시스템의 구성 요소임을 파악하고, 지구와 다른 행성 간의 공통점과 차이점을 비교하여 보고서를 작성해 보자. 또한 경제 현상에서도 여러 시스템이 서로 연결되어 상호작용하고 있는 사례를 조사하여 토론해 보자.

관련 학과 **경영학과, 경제학과, 광고홍보학과, 국제통상학과, 금융보험학과, 무역학과, 법학과, 사회학과, 세무학과, 소비자학과, 언론정보학과, 지리학과, 행정학과, 호텔경영학과, 회계학과**

《소행성 적인가 친구인가》, 플로리안 프라이슈테터, 유영미 역, 갈매나무(2016)

[10통과1-03-02]

지권의 변화를 판구조론 관점에서 해석하고, 에너지 흐름의 결과로 발생하는 지권의 변화가 지구시스템에 미치는 영향을 추론할 수 있다.

➡ 판구조론은 지질학의 중요한 이론 중 하나로, 지구 표면의 큰 부분을 이루는 지구의 껍질이 이동하고 변화하는 현상을 다루며 지구의 역사를 이해할 수 있게 도와준다. 또한 지구의 형성 및 변화에 대한 중요한 통찰력을 제공하고, 지구과학자들이 지구의 역사와 현재의 지질 활동을 연구하는 데 활용된다. 지구 표면은 여러 개의 지구 판으로 분할되며, 이러한 판들은 지진 활동, 산맥 형성과 같은 지질 현상을 발생시킨다. 판구조론과 관련된 자료를 토대로 영상을 제작한 후, 대륙 이동에 의해 발달한 경제 현상에 대해 토론해 보자.

관련 학과 **경영학과, 경제학과, 광고홍보학과, 국제통상학과, 금융보험학과, 무역학과, 법학과, 사회학과, 세무학과, 소비자학과, 언론정보학과, 지리학과, 행정학과, 호텔경영학과, 회계학과**

《극지과학자가 들려주는 판구조론 이야기》, 박숭현, 지식노마드(2021)

공통 과목	수능	통합과학 2	절대평가	상대평가
	○		3단계	X

단원명 | 변화와 다양성

| 🔍 | 지질시대, 생물 다양성, 유전적 변이, 자연선택, 광합성, 화석연료, 산화와 환원, 산과 염기, 중화 반응, 에너지의 흡수와 방출

[10통과2-01-01]

지질시대를 통해 지구 환경이 끊임없이 변화해 왔으며, 이러한 환경 변화가 생물 다양성에 미치는 영향을 추론할 수 있다.

➲ 생물의 멸종은 생태계 전체에 심각한 영향을 미칠 수 있다. 먹이를 구하거나 이동하다가 차량과 부딪히는 로드킬 사고로 죽어가는 야생동물의 수가 증가하고 있다는 매체 자료를 확인할 수 있다. '서식지 파괴에 따른 야생동물 멸종위기'라는 주제로, 차도에서 자동차에 치여서 죽어가는 동물을 보호할 수 있는 방법과 보완책에 대해 탐구해 보자.

관련 학과 경제학과, 공공인재학과, 공공행정학과, 관광학과, 도시행정학과, 사회학과, 신문방송학과, 언론정보학과, 지리학과

《우리가 꼭 알아야 할 멸종위기 야생생물1, 2》, 국립생태원, 국립생태원(2020)

[10통과2-01-02]

변이의 발생과 자연선택 과정을 통해 생물의 진화가 일어나고, 진화의 과정을 통해 생물 다양성이 형성되었음을 추론할 수 있다.

➲ 사회적 동물들은 집단 형성, 협동력, 상호작용 등을 통해 사회적 행동을 나타냄을 알고, 동물 사회성의 진화에 대해 탐구해 보자. 사회적 동물들의 사회적 행동이 어떻게 형성되고 진화했는지, 사회 계급의 형성과 발달에 대해 연구해 보자. 집단 내 협력과 집단 간 경쟁을 통한 생물의 진화와 사회성의 발달에 대한 문헌을 연구하고 발표해 보자.

관련 학과 경영학과, 경제학과, 경찰행정학과, 공공인재학과, 공공행정학과, 국제통상학과, 군사학과, 금융보험학과, 도시행정학과, 행정학과

《인간, 사회적 동물》, 엘리어트 애런슨 외 1명, 박재호 외 2명 역, 탐구당(2022)

[10통과2-01-03]

자연과 인류의 역사에 큰 변화를 가져온 광합성, 화석연료 사용, 철의 제련 등에서 공통점을 찾아 산화와 환원을 이해하고, 생활 주변의 다양한 변화를 산화와 환원의 특징과 규칙성으로 분석할 수 있다.

➲ 철의 제련은 석기시대에서 철기시대로의 진보를 이끌었으며, 농업 생산성의 향상과 군사력의 강화, 건축 기술의

발전 등에 영향을 미쳤다. 철의 제련과 관련된 세계적인 철 생산 현황을 분석한다면 관련 산업의 경제적 중요성과 영향력을 파악할 수 있다. 이에 따른 철 제련 산업의 고용 창출과 경제발전에 대한 영향을 조사하여 탐구해 보자.

관련 학과 경영학과, 경제학과, 국제통상학과, 군사학과, 소비자학과, 행정학과

《세계를 뒤흔든 경제 대통령들》, 유재수, 삼성경제연구소(2013)

[10통과2-01-04]

대표적인 산·염기 물질의 특징을 알고, 산과 염기를 혼합할 때 나타나는 중화 반응을 생활 속에서 이용할 수 있다.

➜ 의약품이나 화학물질의 사용으로 환경오염 문제가 발생할 수 있으며, 의약품과 화학물질 사용자의 안전은 매우 중요하다. 화학물질의 반응으로부터 소비자를 보호하거나 소비자에게 화학 정보를 제공하는 방법 등 소비자 안전 시스템에 대해 탐구해 보자. 또한 각종 제품의 화학 반응에 대한 이해와 사용 경험을 소셜 미디어를 통해 공유하며, 의약품과 화학물질을 관리하는 방안에 대해 탐구하여 발표해 보자.

관련 학과 경영학과, 경제학과, 공공인재학과, 공공행정학과, 광고홍보학과, 국제통상학과, 군사학과, 미디어커뮤니케이션학과, 법학과, 소비자학과

《화학물질의 습격: 위험한 시대를 사는 법》, 계명찬, 코리아닷컴(2018)

[10통과2-01-05]

생활 주변에서 에너지를 흡수하거나 방출하는 현상을 찾아 에너지의 흡수·방출이 우리 생활에 어떻게 이용되는지 토의할 수 있다.

➜ 지구온난화에 의한 여름철 전력 수요가 최대치를 기록하고, 전기요금 인상이 불가피하다는 매체 자료가 많다. 시장의 구조와 가격 변동에 대해 깊이 있게 연구하는 학문 분야로 경제학이 있다. 이를 바탕으로 에너지 시장 구조와 가격 변동의 원인을 분석하여, 에너지 시장 투자와 소비 경쟁에 대한 이론을 접목한 효율적인 경제활동에 대해 탐구해 보자.

관련 학과 경영학과, 경제학과, 공공행정학과, 관광학과, 도시행정학과, 사회학과, 소비자학과, 신문방송학과, 언론정보학과, 정치외교학과, 행정학과

《경제학 콘서트 1》, 팀 하포드, 김명철 역, 웅진지식하우스(2022)

단원명 | 환경과 에너지

| 🔍 | 생태계, 생태 피라미드, 생태계 평형, 온실효과, 지구온난화, 수소 핵융합 반응, 에너지 전환, 핵에너지, 신재생 에너지

[10통과2-02-01]

생태계 구성 요소를 이해하고, 생물과 환경 사이의 상호 관계를 설명할 수 있다.

➜ 생물이 살아갈 수 있는 물질과 터전을 제공하는 환경은 생물과 상호작용하면서 생명 활동에 영향을 끼친다. 인간이 거주하는 생활 공간을 구성하고자 할 때, 도시계획에서는 생태계 보존을 위한 장기적인 여건과 전략을 제시해야 한다. 예를 들어 녹지 확보 및 생물 다양성 복원 등을 고려하고, 생물 보호구역을 설정하여 도시계획을

수립해야 한다. 이러한 긴밀한 관련성이 있는 도시계획과 생태계 보존, 생물과 환경 사이의 상호 관계에 대해 탐구하여 발표해 보자.

관련 학과 경영학과, 경제학과, 공공인재학과, 공공행정학과, 관광학과, 도시행정학과, 사회복지학과, 사회학과, 지리학과, 행정학과

《도시계획 이론과 실제》, 한국도시계획가협회, 기문당(2021)

[10통과2-02-02]

먹이 관계와 생태 피라미드를 중심으로 생태계 평형이 유지되는 과정을 이해하고, 환경의 변화가 생태계에 미칠 수 있는 영향에 대해 협력적으로 소통할 수 있다.

생태계 파괴와 인구 이동의 상호작용에 대한 생태 환경적 문제를 인식하고, 인구의 이동이나 도시계획이 생태계에 어떤 영향을 미치는지 토의해 보자. 토의 후 도시화와 생태 환경의 균형을 찾는 방안이나 생태계 평형 유지를 위한 환경 정책을 탐구하여 발표하자. 또한 지역 사회와 생태 환경 간의 협력 모델을 연구하여 생태계 보전 및 평형을 위한 사회적 연구 보고서를 작성해 보자.

관련 학과 경제학과, 공공행정학과, 관광학과, 국제통상학과, 도시행정학과, 사회학과, 소비자학과, 신문방송학과, 언론정보학과, 정치외교학과, 지리학과, 행정학과

《기후 환경 생태 그리고 우리》, 이보균, 카모마일북스(2022)

[10통과2-02-03]

온실효과 강화로 인한 지구온난화의 메커니즘을 이해하고, 엘니뇨, 사막화 등과 같은 현상이 지구 환경과 인간 생활에 미치는 영향과 대처 방안을 분석할 수 있다.

엘니뇨와 사막화는 환경과 기후에 관련된 중요한 주제이다. 따라서 이와 같은 현상이 식량 생산 및 수자원 공급, 에너지 생산과 소비 등 다양한 산업 분야에 어떤 영향을 미치는지 조사하고, 관련 정책과 대응 전략에 대해 논의할 필요성이 있다. 엘니뇨 또는 사막화 현상이 인간 활동과 어떠한 상관관계가 있는지 탐구하고, 후속 활동으로 사회·경제적 문제, 지역 생태계에 미치는 영향을 분석하는 탐구 활동을 해보자.

관련 학과 경영학과, 경제학과, 관광학과, 국제통상학과, 무역학과, 소비자학과, 정치외교학과, 지리학과, 항공서비스학과, 호텔경영학과

《자연의 마지막 경고, 기후변화》, 김은숙, 미래아이(2019)

[10통과2-02-04]

태양에서 수소 핵융합 반응을 통해 질량 일부가 에너지로 바뀌고, 그중 일부가 지구에서 에너지 흐름을 일으키며 다양한 에너지로 전환되는 과정을 추론할 수 있다.

국가의 에너지 생산과 소비, 분배, 보전 등을 위해 세계의 각 국가는 저마다 다른 상황에서 다른 종류의 에너지 정책을 채택하고 있다. 세계 각국의 상황과 조건이 에너지 정책 선택에 어떤 영향을 미치는지를 분석한다면 유의미한 결과를 얻을 수 있다. 안정적인 에너지 공급은 경제발전과 국가 경쟁력 강화에 기여한다. 전 세계 국가의 에너지 정책을 비교·분석하여 에너지자원의 활용과 에너지의 흐름을 파악하여 발표해 보자.

관련 학과 경영학과, 경제학과, 국제통상학과, 군사학과, 도시행정학과, 무역학과, 사회학과, 소비자학과, 신문방송학과, 언론정보학과, 정치외교학과, 지리학과

《2030 에너지전쟁》, 대니얼 예긴, 이경남 역, 올(2013)

[10통과2-02-05]

발전기에서 운동 에너지가 전기 에너지로 전환되는 과정을 이해하고, 열원으로서 화석연료, 핵에너지를 이용하는 발전소가 인간 생활에 미치는 영향을 조사·발표할 수 있다.

사회계층별로 전기 에너지의 사용 패턴이 어떻게 다른지 조사하고, 그 원인과 결과를 알아보자. 이를 통해 소비자들이 저전력 제품을 선택하는 과정을 분석하여 에너지 소비 패턴과 광고 홍보 전략을 구상할 수 있다. 또한 후속 연구로, 에너지 소비와 관련한 에너지 정책을 연결 지어보며, 재생 가능 전력이나 지속가능한 전력 기술이 인간 생활과 환경에 미치는 영향에 대해 탐구해 보자.

관련 학과 사회계열 전체

《에너지 시장의 이론과 정책》, 김대욱 외 1명, 숭실대학교출판부(2012)

[10통과2-02-06]

에너지 효율의 의미와 중요성을 이해하고, 지속가능한 발전과 지구 환경 문제 해결에 신재생 에너지 기술을 활용하는 방안을 탐색할 수 있다.

도시화가 진행되면서 인구 밀도와 에너지 소비량이 급증함에 따라 신재생 에너지와 관련한 도시계획이 중요해졌다. 도시 설계와 건축 방식이 신재생 에너지 효율에 어떤 영향을 미치는지, 그리고 이를 최적화하는 방법은 무엇인지 탐구한다면 유의미한 내용이 될 수 있다. 도시계획과 건축 관련 독서 활동, 지속가능한 발전을 위한 매체 자료의 사회면을 활용하여 깊이 있는 이해를 기반으로 탐구 활동을 해보자.

관련 학과 사회계열 전체

《지속가능한 건축과 도시 디자인 원리 101》, Huw Heywood·상지건축 부설 지속가능연구소, 기문당(2022)

단원명 | 과학과 미래 사회

| 감염병, 빅데이터, 인공지능 로봇, 사물인터넷, 과학기술의 발전, 미래 사회 문제 해결

[10통과2-03-01]

감염병의 진단, 추적 등을 사례로 과학의 유용성을 설명하고, 미래 사회 문제 해결에서 과학의 필요성에 대해 논증할 수 있다.

감염병은 경제에 큰 영향을 끼치므로, 경제 부문에서 감염병으로 발생하는 비용과 손실, 산업 분야의 변화 양상을 탐구하고, 이를 통해 정책 결정에 필요한 비용과 효과를 분석하는 과정이 사회계열 탐구 활동으로 필요하다. 추후 활동으로 사회보장 체계의 상호작용을 연구하고 사회적 보호망의 강화, 재정 지원 정책 등에 대한 경제학적 분석을 연계하여 탐구를 진행해 보자.

관련 학과 사회계열 전체

《경제성장과 사회보장 사이에서》, 옌뉘 안데르손, 박형준 역, 책세상(2014)

[10통과2-03-02]

빅데이터를 과학기술 사회에서 사용하고 있는 사례를 조사하고, 빅데이터 활용의 장점과 문제점을 추론할 수 있다.

빅데이터는 많은 양의 데이터를 기반으로 예측과 추세 분석을 가능하게 한다. 빅데이터를 활용하여 시장 동향, 소비자 행동 등을 예측하고, 이를 기반으로 경영 전략이나 마케팅 홍보 방안을 세울 수 있다. 다양한 소비자의 정보를 획득하여 고객 세분화와 맞춤형 마케팅으로 소비자의 욕구를 충족하기 위해, 개별화된 맞춤형 마케팅 전략 개발에 빅데이터를 활용할 수 있다. 빅데이터를 활용한 시장 분석과 맞춤형 마케팅 전략에 대해 탐구하여 토론해 보자.

관련 학과 경영학과, 경제학과, 광고홍보학과, 금융보험학과, 문화콘텐츠학과, 미디어커뮤니케이션학과, 소비자학과, 호텔경영학과

《빅데이터는 어떻게 마케팅의 무기가 되는가》, 윤미정, 클라우드나인(2020)

[10통과2-03-03]

인공지능 로봇, 사물인터넷 등과 같이 과학기술의 발전을 인간 삶과 환경 개선에 활용하는 사례를 찾고, 이러한 과학기술의 발전이 미래 사회에 미치는 유용성과 한계를 예측할 수 있다.

인공지능 로봇이나 사물인터넷 등 과학기술의 발전은 사회적 일자리 구조에 영향을 미치고 있다. 어떤 직업군에 어떠한 영향을 미칠 것인지, 현재와 미래의 일자리 동향과 대체 가능성을 조사하고 토론해 보자. 또한 가상현실(VR) 및 증강현실(AR) 기술의 발전은 사회적 연결성과 현실 경험에도 영향을 줄 것이다. 가상현실이 사회관계, 커뮤니케이션, 문화 경험 등에 어떻게 작용하는지 탐구하고, 가상현실과 사회적 연결성에 대해 탐구하여 발표해 보자.

관련 학과 사회계열 전체

《서울대 권영상 교수의 가상현실과 미래도시 수업》, 권영상, 메이트북스(2023)

[10통과2-03-04]

과학기술의 발전 과정에서 발생할 수 있는 과학 관련 사회적 쟁점(SSI)과 과학기술 이용에서 과학 윤리의 중요성에 대해 논증할 수 있다.

소셜 미디어는 많은 사람들이 과학 정보를 접하는 주요 플랫폼 중 하나이다. 소셜 미디어에서의 과학 커뮤니케이션과 정보의 신뢰성 분석은 중요한 탐구 주제가 될 수 있다. 소셜 미디어에서 과학 정보에 대한 신뢰성 및 가짜 뉴스 문제 등을 조사하고 분석하여, 소셜 미디어에서 정확하고 신뢰할 수 있는 과학 정보를 전달하기 위한 전략을 탐구해 보자.

관련 학과 광고홍보학과, 문화콘텐츠학과, 미디어커뮤니케이션학과, 사회학과, 신문방송학과, 언론정보학과, 정치외교학과

《콘텐츠와 글쓰기로 매출 올리는 SNS 마케팅》, 플랜스페이스, 성안당(2024)

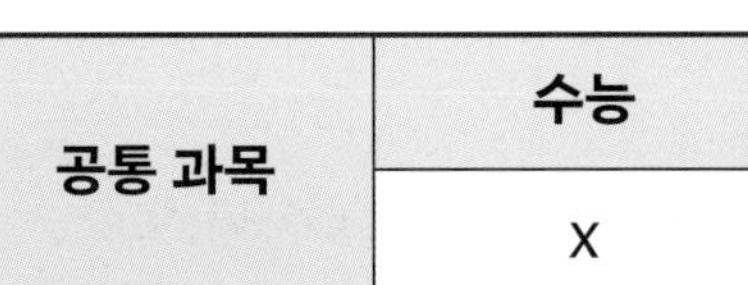

공통 과목	수능	과학탐구 실험 1	절대평가	상대평가
	X		3단계	X

단원명 | 과학의 본성과 역사 속의 과학 탐구

| 🔍 | 과학사, 패러다임 전환, 결정적 실험, 과학의 발전, 과학사의 사례, 과학의 본성, 설명과 추론

[10과탐1-01-01]

과학사에서 패러다임의 전환을 가져온 결정적 실험을 따라 해보고, 과학의 발전 과정에 관해 설명할 수 있다.

➲ 과학사에서 패러다임의 변화를 가져온 결정적 실험으로는 마이켈슨-몰리 실험이 있다. 영국의 물리학자인 마이켈슨과 몰리는 빛의 속도를 측정하기 위해 회전하는 원판을 사용해서 실험을 했다. 이 실험은 에테르라는 매체가 존재하는지 밝히려는 것이었으나, 빛의 속도는 원판의 회전과 관계없이 일정했다. 이 실험 결과는 에테르가 존재하지 않음을 시사하며 이론을 바꾸는 데 큰 역할을 했다. 이 실험은 빛의 속도가 모든 관점에서 일정하다는 특수상대성이론에 관한 아인슈타인의 발상을 견고히 했고, 전통적인 물리학적 이론을 흔들어놓았다. 이는 이론적 변화에 큰 영향을 미치며, 과학사에 중요한 순간으로 남게 되었다. 과학사에서 패러다임의 전환을 가져온 결정적 실험을 선정하여 조사하고, 그 실험과 관련된 인류의 발전 과정을 조사한 후 토론해 보자.

관련 학과 경영학과, 경제학과, 관광학과, 광고홍보학과, 문화콘텐츠학과, 미디어커뮤니케이션학과, 법학과, 사회학과, 신문방송학과, 언론정보학과, 정치외교학과, 지리학과

판타 레이

민태기, 사이언스북스(2021)

책 소개

이 책은 20세기에 두 차례의 세계대전을 거치면서 국가의 존망을 가르는 항공기와 로켓 기술로 주목받으며 물리학이 공학 분야에 영향을 준 유체역학에 관한 이야기이다. 유체의 개념들은 에너지와 경제의 유동성으로 확장되어 현대 사회의 중요한 흐름을 이끌고 있다. 이 책에서는 혁명과 낭만의 과학 시대의 고민과 논쟁들을 보다 일관된 시각에서 바라볼 수 있는 하나의 흐름을 확인할 수 있다.

세특 예시

교과 연계 도서 발표 활동에서 '판타 레이(민태기)'를 읽고 과학사에서 패러다임의 전환을 가져온 항공기와 로켓 기술에 대한 실험 및 과학의 발전 과정을 조사함. 물리학에서 세계대전을 거치며 국가의 존망을 가르는 항공기와 로켓 기술이 공학 분야에 영향을 준 유체역학에 대해 조사함. 시대적 고민과 논쟁을 다양한 시각에서 바라볼 수 있는 과학적 사건을 확인하고 사회 발전에 끼친 영향을 주제로 토론에 참여함.

단원명 | 과학 탐구의 과정과 절차

| 🔍 | 관찰, 탐구, 수행, 실험, 가설 설정, 귀납적 탐구, 연역적 탐구, 정성적·정량적 데이터, 협동 연구

[10과탐1-02-01]

직접적인 관찰을 통한 탐구를 수행하고, 귀납적 탐구 방법을 설명할 수 있다.

귀납적 탐구 방법은 특정한 관찰이나 패턴을 통해 일반적인 결론을 도출하는 추론 방법이다. 이것은 관찰된 사례나 증거를 기반으로 일반적인 규칙, 원칙 또는 이론을 만들어내는 과정을 의미한다. 예를 들어 여러 번의 관찰로 '모든 살아 있는 동물은 호흡을 한다'라는 법칙을 도출할 수 있다. 이러한 법칙은 다양한 동물 관찰에서 발견된 패턴을 토대로 만들어진 것이다. 관심 있는 사회 분야에서 주제를 선정하여 탐구를 수행한 후 귀납적 탐구 방법을 적용하여 법칙을 도출해 보자. 도출한 결과를 중심으로 보고서를 작성하여 발표해 보자.

관련 학과 경영학과, 경제학과, 관광학과, 광고홍보학과, 문화콘텐츠학과, 미디어커뮤니케이션학과, 법학과, 사회학과, 신문방송학과, 언론정보학과, 정치외교학과, 지리학과

《창의성을 디자인하는 과학탐구 활동》, 채희진, 더블북(2021)

[10과탐1-02-03]

탐구 수행에서 얻은 정성적 혹은 정량적 데이터를 분석하고, 그 결과를 다양하게 표상하고 소통할 수 있다.

탐구 수행을 위한 데이터 분석은 다양한 형태로 진행될 수 있다. 정성적 데이터는 주로 주제에 따라 발견된 패턴, 현상 또는 관찰된 특징을 설명하고 정리할 수 있다. 정량적 데이터는 통계적 분석을 통해 정보를 유도하고 가설을 확인할 수 있다. 정성적 데이터 분석은 일반적으로 텍스트, 이미지, 도표의 통찰을 요구하고, 텍스트 마이닝, 이미지의 특정 패턴 또는 특징의 탐지, 도표에 대한 관련성 분석 등을 통해 데이터의 산출물이나 관계성을 파악할 수 있다. 정량적 데이터의 경우, 통계 분석과 수치적 기법을 사용해 가설 검증, 상관 분석, 회귀 분석, 평균값 비교, 시간 순서 분석 등을 수행할 수 있다. 사회 관련 주제를 선정하여 탐구 수행에서 얻은 정성적 혹은 정량적 데이터를 분석하고, 그 결과를 시각적으로 다양하게 표현하고 소통하는 방법을 조사하여 발표해 보자.

관련 학과 경영학과, 경제학과, 관광학과, 광고홍보학과, 문화콘텐츠학과, 미디어커뮤니케이션학과, 법학과, 사회학과, 신문방송학과, 언론정보학과, 정치외교학과, 지리학과

《데이터 시각화 디자인》, 나가타 유카리, 김연수 역, 위키북스(2021)

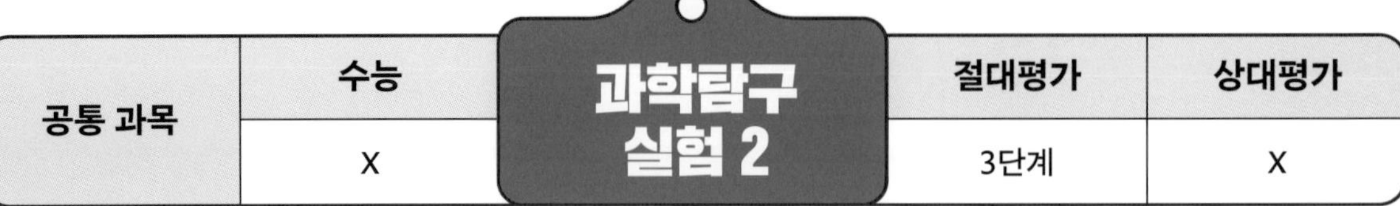

단원명 | 생활 속의 과학 탐구

| 🔍 | 과학 원리, 생활 속 과학, 놀이 속 과학, 과학 탐구 활동, 과학 개념, 실생활 문제

[10과탐2-01-01]

영화, 건축, 요리, 스포츠, 미디어 등 생활 속의 과학 원리를 실험 등을 통해 탐구하고, 과학 원리를 활용한 놀이 체험을 통해 과학의 즐거움과 유용성을 느낄 수 있다.

➲ 과학적 실험 원리를 활용하여 즐거운 놀이 체험을 제공하는 미디어 관련 콘텐츠의 설계에 대해 탐구해 보자. 가상현실(VR) 기술이나 인터랙티브 요소를 활용하여 사용자들의 흥미를 이끌어내어 과학적 실험이나 체험을 재현하는 콘텐츠에 대해서도 토의해 볼 수 있다. 이와 함께 과학 원리를 활용한 놀이 체험 참여자들의 경험과 학습 효과에 대한 평가를 통해 과학 지식의 전달, 소통 등의 과학 콘텐츠 개발에 대해서도 탐구해 보자.

관련 학과 광고홍보학과, 문화콘텐츠학과, 미디어커뮤니케이션학과, 사회학과, 언론정보학과

《뉴미디어 트렌드 2023》, 샌드박스네트워크 데이터랩 외 3명, 샌드박스스토리(2022)

[10과탐2-01-02]

사회적 이슈나 생활 속에서 과학 탐구 문제를 발견하고, 이를 해결하기 위한 과학 탐구 활동을 계획하고 수행할 수 있다.

➲ 스마트 기기의 앱이나 웹사이트 또는 전문적인 생물 식별 앱을 활용하여 현지 생태계에 부정적 영향을 미칠 수 있는 외래종을 분류해 보자. 분류한 데이터와 관련한 문헌 연구, 매체 자료 분석을 통해 외래종이 지역 생태계와 생물 다양성에 어떠한 영향을 미칠 수 있는지 탐구해 보자. 또한 외래 생물이 원산지 생물과 경쟁하여 원산지 생물의 개체 수 감소와 같은 생태계 문제를 일으킬 수 있는 사회 문제를 인식하고 해결 방안을 발표해 보자.

관련 학과 경영학과, 경제학과, 공공인재학과, 공공행정학과, 도시행정학과, 사회학과, 소비자학과, 지리학과, 행정학과

《침묵의 봄》, 레이첼 카슨, 김은령 역, 에코리브르(2024)

[10과탐2-01-03]

과학 개념을 적용하여 실생활 문제의 해결 방안을 창의적으로 고안하고, 필요한 도구를 설계·제작할 수 있다.

➲ 사회계열에서는 스마트 기기와 관련하여 일상생활에서 발견되는 다양한 사회적 문제를 관찰하고 분석할 필요성이 있다. 디지털 정보 격차나 정보의 접근성, 개인 정보 보호, 사이버 범죄 등 다양한 사회적 문제가 나타나고 있다. 스마트폰이나 소셜 미디어, 앱 등 스마트 기기와 관련된 요소를 조사하고 분석해 보자. 소셜 미디어의 영향력과 역할, 앱을 통한 정보 공유 및 참여 등과 같은 사회적인 측면에 대해 탐구하고, 사용자의 설문 조사, 정

책 변화 추적 등 사회학적 지식을 융합하여 사회적 문제를 해결하는 방안에 대해 발표해 보자.

관련 학과 사회계열 전체

《소셜 미디어와 마케팅》, 서여주, ㈜백산출판사(2022)

단원명 | 미래 사회와 첨단 과학 탐구

| 🔍 | 첨단 과학기술, 과학 원리, 연구 윤리, 과학 윤리, 안전 사항

[10과탐2-02-01]

첨단 과학기술 속의 과학 원리를 찾아내는 탐구 활동을 통해 과학 지식이 활용된 사례를 추론할 수 있다.

➲ 도시 계획 및 개발을 위한 설계에는 지리 정보 시스템(GIS)을 활용하여 도시 인프라, 교통 체계, 주택 건설, 자원 관리 등을 최적화하고 지속가능한 도시 개발을 한다. 예를 들어 교통 데이터 수집 및 분석, 신호 제어 등 효율적인 교통 시스템의 구축이나 자연재해 예측 모델링, 긴급 상황 대응 시스템 개발 등 네트워크를 활용한 도시 재난 대응 및 위기관리 방안에 대해서는 과학적인 접근이 필요하다. 최적화된 도시 계획 및 개발을 위한 과학 기술의 적용에 대해 분석하여 발표해 보자.

관련 학과 공공인재학과, 공공행정학과, 도시행정학과, 사회학과, 지리학과, 행정학과

《도시설계 2》, Studio Real, 이제선 외 1명 역, 대가(2014)

[10과탐2-02-02]

과학 원리가 적용된 첨단 과학기술 및 탐구 산출물을 발표하고 공유하며, 이를 확산할 수 있다.

➲ 경제 데이터의 증가로 인해 빅데이터 분석 기술을 활용하여 경제 현상을 예측하고 분석하는 연구가 진행되고 있다. 대규모 경제 데이터를 분석하여 경제성장, 소비 패턴, 시장 변동성 등을 예측하는 프로그램 구축은 자산 관리와 금융 정책에 활용될 수 있다. 또한 거래의 투명성과 보안을 강화하는 블록체인 기술과 암호화폐에 대한 학습도 필요하다. 미래 경제 분야의 변화 양상에 대해 탐구해 보자.

관련 학과 경영학과, 경제학과, 금융보험학과, 사회학과, 세무학과, 소비자학과, 회계학과

《데이터로 읽는 세계경제》, 미야자키 이사무 외 1명, 여인만 역, AK(2022)

[10과탐2-02-03]

탐구 활동 과정에서 지켜야 할 생명 존중, 연구 진실성, 지식재산권 존중 등과 같은 연구 윤리와 함께, 과학기술 이용과 관련된 과학 윤리 및 안전 사항을 준수할 수 있다.

➲ 사회과학, 정치학, 법학 등 다양한 분야의 탐구 활동에서 지식재산권에 대한 이해와 존중은 중요하다. 다른 사람들의 탐구 결과물을 인용하거나 활용할 때는 문헌 조사 과정에서 참고 자료를 충분히 검색하고 저작권과 출처를 명시해야 한다. 출처를 정확하게 표기하고 지식재산권을 존중하는 것은 학문적인 정직성과 학술 윤리임을 알고, 저작권 보호법에 대해 토론하여 발표해 보자.

관련 학과 문화콘텐츠학과, 미디어커뮤니케이션학과, 법학과, 사회학과, 신문방송학과, 언론정보학과, 정치외교학과, 행정학과

《현업 변리사가 알려주는 지식재산권 스쿨》, 엄정한 외 1명, 초록비책공방(2023)

선택 과목	수능	물리학	절대평가	상대평가
일반 선택	X		5단계	5등급

단원명 | 힘과 에너지

| ♀ | 알짜힘, 돌림힘, 안정성, 뉴턴 운동 법칙, 작용과 반작용, 운동량 보존 법칙, 일과 운동 에너지, 위치 에너지, 역학적 에너지 보존 법칙, 총에너지, 열과 역학적 에너지, 영구 기관

[12물리01-05]

역학적 에너지가 열의 형태로 전환될 때 에너지 총량이 변하지 않음을 설명할 수 있다.

➲ 역학적 에너지가 열의 형태로 전환될 때 에너지 총량이 변하지 않는 현상은 에너지 보존 법칙에 근거한다. 이 법칙에 따르면 에너지는 닫힌 시스템 내에서는 총량이 일정하며, 열에너지와 같은 다양한 형태로 변환될 수 있지만 총량은 변하지 않는다. 화석연료의 사용으로 에너지가 고갈되어 가고 지구 대기오염이 심각해지면서, 전 세계적으로 대체 에너지의 필요성이 중요한 문제로 떠오르고 있다. 전 세계적으로 고갈되어 가고 있는 에너지 위기의 해결 방안을 경제적인 측면에서 조사하여 토론해 보자.

관련 학과 경영학과, 경제학과, 국제통상학과, 도시행정학과, 사회학과, 언론정보학과, 정치외교학과, 지리학과, 행정학과, 회계학과

《에너지 위기 어떻게 해결할까?》, 이은철, 동아엠앤비(2023)

단원명 | 전기와 자기

| ♀ | 전하, 입자, 전기장, 자기장, 전위차, 전기 회로, 저항, 소비 전력, 전기 기구, 축전기, 전기 에너지, 센서, 신호 입력 장치, 자성체, 산업 기술, 전류의 자기 작용, 에너지 전환, 전자기 유도 현상

[12물리02-02]

전기 회로에서 저항의 연결에 따라 소비 전력이 달라짐을 알고, 다양한 전기 기구에서 적용되는 사례를 찾을 수 있다.

➲ 전력은 전기 기기에 사용되는 단위시간당 에너지로, 전압과 전류의 곱으로 표현된다. 전력은 전기 기기에 공급되는 전압에 따라 다른 값을 갖게 된다. 소비 전력은 전력과 같은 물리량으로, 단위는 와트(W)를 사용한다. 가정에 전기가 공급되면서 전기 기구의 사용으로 변화한 사회현상을 조사하여 보고서를 작성한 후 토론해 보자.

관련 학과 경영학과, 경제학과, 국제통상학과, 도시행정학과, 사회학과, 언론정보학과, 정치외교학과, 지리학과, 행정학과, 회계학과

《찐초보 걸음마 전기》, 전병칠, 길벗캠퍼스(2024

[12물리02-06]

전자기 유도 현상이 센서, 무선통신, 무선 충전 등 에너지 전달 기술에 적용되어 현대 문명에 미친 영향을 인식할 수 있다.

유선통신과 무선통신은 정보 전달 방식에 큰 차이가 있다. 유선통신은 케이블 등의 물리적 연결로 정보 전달에 안정성과 신뢰성을 제공하지만, 설치·유지·보수 비용이 상대적으로 높을 수 있다. 무선통신은 케이블 없이 무선 기술로 정보를 전달하며, 무선 기기에 이동성을 제공한다. 무선통신은 이동 통신, 무선 인터넷, 스마트폰 등 이동성이 중요한 응용 분야에서 주로 사용된다. 전자기 유도 현상이 센서, 무선통신, 무선 충전 등 에너지 전달 기술에 적용되면서 현대문명에 미친 영향을 조사하여 발표해 보자.

관련 학과 경영학과, 경제학과, 국제통상학과, 도시행정학과, 사회학과, 언론정보학과, 정치외교학과, 지리학과, 행정학과, 회계학과

《전자기 쫌 아는 10대》, 고재현, 풀빛(2020)

단원명 | 빛과 물질

| 🔍 | 빛, 중첩, 간섭, 파동성, 굴절, 렌즈, 입자성, 이중성, 전자 현미경, 양자화된 에너지 준위, 스펙트럼, 고체, 에너지띠, 도체, 부도체, 반도체, 광속, 특수상대성이론, 시간 팽창, 길이 수축

[12물리03-02]

빛의 굴절을 이용하여 볼록렌즈에 상이 맺히는 과정을 설명하고, 반도체와 디스플레이 제작 공정에서 중요하게 활용됨을 인식할 수 있다.

우리의 일상생활은 신소재로 둘러싸여 있고, 반도체의 소재인 실리콘 등 최근에 발견된 물질들도 있다. 전 세계 과학계는 새로운 재료를 발견하는 데 막대한 투자를 하고 있고, 국가 간의 기술 경쟁이 치열해지면서 어떠한 재료를 찾아 개발하느냐가 국가 경쟁력을 좌우하고 있다. 세계의 역사에 영향을 준 신소재를 조사한 후, 소재의 특징과 인류 역사에 끼친 영향을 중심으로 보고서를 작성해 보자.

관련 학과 경영학과, 경제학과, 국제통상학과, 군사학과, 무역학과, 사회학과, 언론정보학과, 정치외교학과, 지리학과, 행정학과, 회계학과

《세계사를 바꾼 12가지 신소재》, 사토 겐타로, 송은애 역, 북라이프(2019)

[12물리03-05]

고체의 에너지띠 구조로부터 도체와 부도체의 차이를 알고, 반도체 소자의 원리를 설명할 수 있다.

실리콘과 같은 반도체 소자는 다양한 분야에서 핵심적으로 활용되며, 반도체는 현대 기술과 생활의 핵심으로 자리 잡아 더 나은 성능과 기능을 제공하며 다양한 분야에서 혁신을 이끌고 있다. 최근에는 차량용 반도체 연구가 활발히 진행되면서 수요가 가파르게 증가하고 있다. 다양한 기업에서 차량용 반도체 비즈니스가 어떻게 진행되는지 조사하여 보고서를 작성해 보자.

관련 학과 경영학과, 경제학과, 국제통상학과, 군사학과, 무역학과, 법학과, 사회복지학과, 사회학과, 세무학과, 언론정보학과, 정치외교학과, 지리학과, 행정학과, 회계학과

《자율주행차와 반도체의 미래》, 권영화, 이코노믹북스(2023)

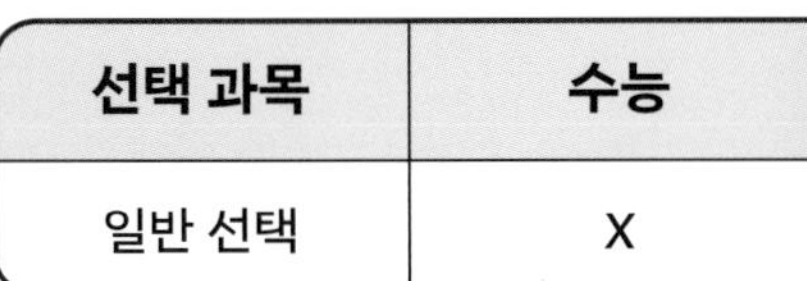

선택 과목	수능	화학	절대평가	상대평가
일반 선택	X		5단계	5등급

단원명 | 화학의 언어

| 🔍 | 화학, 과학, 기술, 사회, 단위, 몰, 물질의 양, 화학 반응식, 양적 관계, 실험, 화학 결합

[12화학01-01]

화학이 현대 과학·기술·사회의 발전에 기여한 사례를 조사·발표하며 화학에 흥미와 호기심을 가질 수 있다.

➲ 화학은 현대 과학, 기술 및 사회의 발전에 핵심적인 역할을 한다. 신약 및 의약품 개발로 질병 치료와 건강 증진에 이바지하고, 환경보호와 에너지 개발을 통해 지속가능성을 강조한다. 또한 소재 과학을 통해 혁신적인 소재를 개발하고, 식품이나 농업 분야에서 생산성을 향상시키고 있다. 재활용과 환경 관리에도 화학적 지식이 필수이며, 안전과 보안에 관한 연구로 국가 안보를 강화한다. 화학은 현대 사회의 핵심 동력 중 하나로서 혁신과 발전을 이루어내고 있다. 화학과 관련된 이론이나 기술을 선정하고 사회 발전에 이바지한 사례를 조사하여 보고서를 작성해 보자.

관련 학과 경영학과, 경제학과, 국제통상학과, 군사학과, 도시행정학과, 무역학과, 미디어커뮤니케이션학과, 법학과, 사회학과, 세무학과, 언론정보학과, 정치외교학과, 지리학과, 행정학과, 회계학과

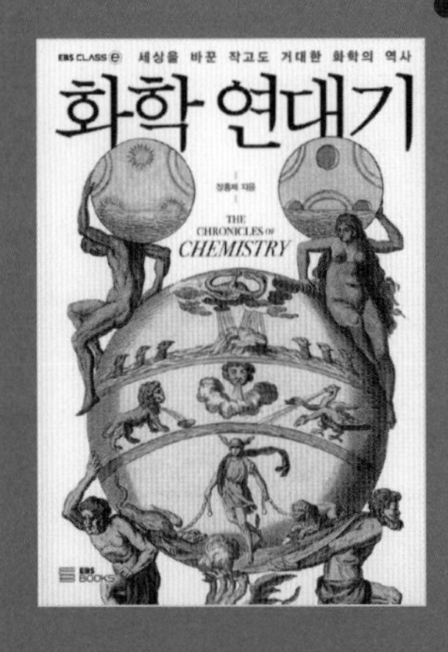

화학 연대기

장홍제, EBS BOOKS(2021)

책 소개

이 책은 화학이라는 학문의 탄생과 발전, 가파른 변화와 모색 과정을 실험과 사실에 기반해 역사적인 관점으로 설명한다. 방대하면서도 꼼꼼한 저술로 역사 속의 화학과 화학 속의 역사를 바라보는 드넓은 시야를 제공한다. 세상의 모든 물질을 구성하는 원소와 원자의 발견부터 시작해 인류의 새로운 가능성을 연 나노화학의 등장까지, 역사 속 화학자들의 멈추지 않는 도전 정신과 위대한 업적을 소개한다.

세특 예시

교과 연계 도서 발표 활동에서 '화학 연대기(장홍제)'를 읽고, 화학과 관련된 이론이나 기술을 선정하여 사회 발전에 기여한 사례를 조사함. 세상의 모든 물질을 구성하는 원소와 원자의 발견과 새로운 가능성을 열어준 나노화학이 세계사에 기여한 사례를 정리하여 보고서를 작성함. 화학은 현대 사회의 핵심 동력 중 하나이고, 나노과학을 중심으로 지속적인 혁신과 발전을 이루고 있다고 발표함.

단원명 | 물질의 구조와 성질

| 🔍 | 실험, 화학 결합, 전기적 성질, 전기 음성도, 주기적 변화, 쌍극자 모멘트, 결합의 극성, 원자, 분자, 루이스 전자점식, 전자쌍 반발 이론, 물리적 성질, 화학적 성질, 분자의 구조

[12화학02-04]

물질의 물리적·화학적 성질을 분자의 구조와 연관 짓고, 이에 대한 호기심을 가질 수 있다.

➲ 물질의 물리적·화학적 성질은 그 물질의 분자 구조와의 상호작용으로 결정된다. 물리적 성질은 물질의 녹는점, 끓는점, 밀도, 전기전도도 등과 같은 특성을 나타내며, 이러한 특성은 분자 간의 상호작용과 결합 형태에 영향을 받는다. 화학적 성질은 물질이 화학 반응에서 어떻게 행동하는지를 나타내며, 이는 물질의 화학 구조와 화학 결합 형태에 따라 변화한다. 물질의 화학적 성질은 산화, 환원, 촉매 작용, 이온화 경향 등과 관련이 있으며, 화학 반응의 가능성과 속도를 결정한다. 다양한 과학 분야에서 물질의 물리적·화학적 성질을 중심으로 환경부, 과학기술정보통신부 등 국가 기관에서 어떤 연구가 진행되고 있는지 조사하고, 해당 연구가 사회 변화에 어떤 영향을 주게 될지 분석하여 보고서를 작성해 보자.

관련 학과 경영학과, 경제학과, 공공인재학과, 공공행정학과, 도시행정학과, 법학과, 사회복지학과, 사회학과, 세무학과, 소비자학과, 신문방송학과, 언론정보학과, 정치외교학과, 행정학과, 회계학과

《탄소나노소재의 합성 및 응용》, 이창섭 외 1명, 탐구당(2021)

단원명 | 화학 평형

| 🔍 | 가역 반응, 화학 평형 상태, 반응물, 생성물, 농도, 평형상수, 반응지수, 진행 방향, 농도, 압력, 온도 변화, 화학 평형의 이동, 화학의 유용함

[12화학03-01]

가역 반응에서 나타나는 화학 평형 상태의 특징을 설명할 수 있다.

➲ 열에너지로 생성된 증기는 배나 기관차를 움직이는 데 사용된다. 화학은 물질의 특성과 변화를 다루며, 엔트로피, 열역학 등 다양한 에너지와 그 변수에 대해 물리적·수학적으로 분석하고 해석하는 학문이다. 다양한 화학 반응을 조사하여 토론한 후 가역 반응 및 비가역 반응과 유사한 사회현상을 조사하여 발표해 보자.

관련 학과 경영학과, 경제학과, 공공인재학과, 공공행정학과, 도시행정학과, 법학과, 사회복지학과, 사회학과, 세무학과, 소비자학과, 신문방송학과, 언론정보학과, 정치외교학과, 행정학과, 회계학과

《하루 한 권, 화학 열역학》, 사이토 가쓰히로, 정혜원 역, 드루(2023)

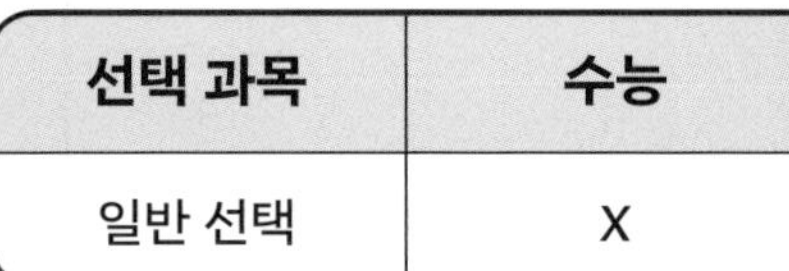

선택 과목	수능	생명과학	절대평가	상대평가
일반 선택	X		5단계	5등급

단원명 | 생명 시스템의 구성

| 🔍 | 생명과학, 생명 시스템, 물질대사, 에너지 전환, 소화, 순환, 호흡, 배설, 대사성 질환, 생태계 구조, 개체군, 군집

[12생과01-01]

생물 및 생명과학의 특성을 이해하고, 생명과학의 성과를 협력적으로 소통할 수 있다.

➲ 생명과학 분야에서는 사회적 윤리의 쟁점을 다루는 생명에 대한 이해와 논의가 필요하다. 생명 윤리, 유전자 수정 기술이나 인공지능 의료 등과 관련해 고려해야 할 생명의 존엄성과 사회적 윤리에 대해 조사해 보자. 이와 함께 생명 윤리와 관련 있는 공공 정책과 법률 제정에 대해 토의한 후 발표해 보자.

관련 학과 경찰행정학과, 공공인재학과, 공공행정학과, 도시행정학과, 문화콘텐츠학과, 미디어커뮤니케이션학과, 법학과, 사회복지학과, 사회학과, 정치외교학과

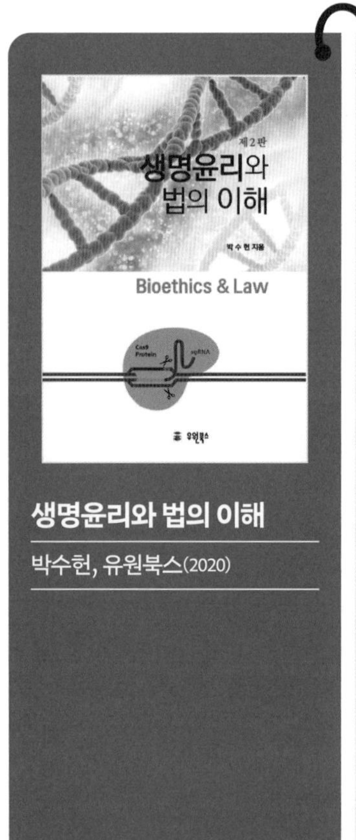

생명윤리와 법의 이해

박수헌, 유원북스(2020)

책 소개

이 책은 첨단 의생명과학 기술이 우리의 생명과 신체에 미치는 영향과 관련된 생명 윤리와 법적 문제뿐만 아니라, 낙태, 대리모, 안락사, 의사 조력 자살, 무의미한 연명 치료, 호스피스와 같이 전통적으로 우리의 생명과 신체에 관련된 생명 윤리와 법적 문제에 대한 관심을 유발하고 그 대응 방안을 제시하여 생명의 존엄성과 신체에 대한 자기결정권의 중요성을 알려준다. 또한 전통적인 영역뿐만 아니라 의생명과학 기술의 눈부신 발전 영역에서도 우리의 소중한 생명과 신체를 스스로 지킬 수 있도록 생명 윤리와 법에 대한 이해를 높이는 데도 도움이 된다.

세특 예시

현대 의학과 생명과학 기술의 발전으로 인간의 생명 연장 기술에 대한 윤리적인 문제들이 제기되고 있음을 파악한 후, 생명 연장 기술의 사용과 가치 판단, 생명의 존엄성과 삶의 의미 등 생명 윤리에 대한 탐구 활동을 함. 관련 학술 자료와 '생명윤리와 법의 이해(박수헌)'를 읽고, 생명 윤리와 법의 관계 및 국제 윤리 기준에 대해 이해함. 이를 바탕으로 유전자 편집 기술의 인간 적용에 대한 찬반 토론을 진행하고, 국가생명윤리심의위원회의 '생명 존중 선언문', 인간 게놈의 연구와 응용 및 유전정보 보호와 관련한 국제 윤리 기준에 대해 탐구하여 발표함.

[12생과01-02]

세포에서부터 생태계까지 생명 시스템의 구성 단계의 특징을 바탕으로 체계적인 설명 자료를 만들 수 있다.

➲ 생명 시스템 구성 단계의 특징을 시각적으로 표현하는 콘텐츠를 제작해 보자. 스토리텔링 요소를 활용하여 생명과학의 개념과 현상을 이해하기 쉽게 전달할 수 있는 설명 자료를 만들어보자. 또한 웹사이트, 모바일 앱, 소셜 미디어 등의 매체를 활용하여 설명 자료를 공유하고 이를 분석하여, 대중에게 쉽게 접근 가능한 과학 콘텐츠의 전달 방식과 마케팅 전략에 대해 토의해 보자.

관련 학과 광고홍보학과, 문화콘텐츠학과, 미디어커뮤니케이션학과, 신문방송학과, 언론정보학과

《디지털콘텐츠 스토리텔링: 시나리오 완성하기》, 이재홍, 홍릉과학출판사(2018)

[12생과01-03]

물질대사 과정에서의 에너지 전환 과정을 바탕으로 다양한 생명 활동에서의 에너지 사용을 추론할 수 있다.

➲ 계절이나 기후의 변화에 따른 생명 활동에서의 에너지 사용과 의복의 관련성을 탐구해 보자. 기온 변화와 생명 활동에 의복이 미치는 영향을 탐구하고, 광고 홍보 분야에 어떻게 활용할 수 있을지 토의하여 발표해 보자.

관련 학과 경제학과, 광고홍보학과, 무역학과, 소비자학과, 언론정보학과

《의복과 건강》, 최정화 외 1명, 교문사(2011) **《퍼셉션 마케팅》**, 혼다 데쓰야, 이은혜영 역, 세종서적(2023)

[12생과01-04]

소화, 순환, 호흡, 배설 과정이 기관계의 통합적 작용으로 나타남을 신체의 생리적 변화와 연관 지어 추론할 수 있다.

➲ 식문화는 식재료의 선택과 준비, 섭취 방법 등과 같이 국가의 문화적·사회적 요인에 영향을 받는다. 음식의 선택은 문화적 가치관, 경제 상황이나 개인의 선호도에 따라 달라질 수 있다. 또한 이러한 음식 선택은 소화 과정에서 영양소 흡수와 배설, 질병에도 영향을 줄 수 있다. 식문화와 관련된 국가적·사회적 요인을 분석하고 그 결과에 대해 탐구하고 발표해 보자.

관련 학과 경제학과, 관광학과, 무역학과, 사회복지학과, 사회학과, 소비자학과, 지리학과, 호텔경영학과

《식생활문화》, 정혜경 외 3명, 교문사(2022)

[12생과01-05]

물질대사 관련 질병 조사를 위한 방법을 고안하여 수행하고, 대사성 질환을 예방하기 위한 올바른 생활 습관에 대해 토의하며 협력적으로 소통할 수 있다.

➲ 물질대사 관련 질환의 정보와 연구 결과를 조사하고, 대중에게 이를 효과적으로 전달하는 방법 및 사회적 영향력에 대해 탐구해 보자. 예를 들어 비만이나 당뇨 등 물질대사 질환의 원인과 증상, 예방법에 대한 자료를 조사하여, 공정하고 명확한 보도 자료를 작성해 보자. 또한 전문가와 질환자의 인터뷰 등을 통해 실제 의견을 수집하고, 관련 질환에 대한 경험과 정보를 전달하는 리포트를 작성해 보자. 그리고 신문이나 소셜 미디어 등 다양한 매체를 활용하여 물질대사 질환 정보와 사회 정책을 전달하는 방안에 대해 토의하여 발표해 보자.

관련 학과 공공인재학과, 공공행정학과, 광고홍보학과, 문화콘텐츠학과, 미디어커뮤니케이션학과, 사회복지학과, 사회학과, 신문방송학과, 언론정보학과, 행정학과

《질병이 바꾼 세계의 역사》, 로날트 D. 게르슈테, 강희진 역, 미래의창(2020)

[12생과01-06]

생태계의 구조를 이해하고 물질의 순환과 에너지의 흐름을 추론하여 생태계 구성 요소들의 중요성을 설명할 수 있다.

➲ 생태계 보전과 환경 문제를 이해하고 도전 과제를 파악하여, 이와 관련된 정부나 비정부 기관이 채택하는 환경 정책에 대해 탐구해 보자. 이를 바탕으로 생태계 보전 및 개선에 기여하고 효과적인 정책 방향을 제시하기 위한 토의를 진행해 보자. 이와 함께 이러한 사회적 문제 인식 개선을 위한 교육 자료나 커뮤니케이션 도구를 살펴보고, 환경 정책이 경제 및 지역 사회에 어떤 영향을 미칠 수 있는지 탐구해 보자.

관련 학과 사회계열 전체

《글로벌 환경정치와 정책》, Pamela S. Chasek 외 2명, 이유진 역, 명인문화사(2017)

[12생과01-07]

개체군과 군집의 특성을 이해하고, 이들의 상호작용의 예를 조사하여 발표할 수 있다.

➲ 개체군과 군집의 특성을 정치와 정책, 사회학의 관점에서 분석해 보자. 예를 들어 통계 데이터를 활용하여 선거 결과나 정책 수립에 영향을 미치는 집단의 특성을 파악하고, 집단의 특성이 사회 문제나 공공 정책에 어떠한 영향을 미치는지 탐구해 보자. 빈곤이나 격차, 인권 등의 사회 문제를 집단이나 지역 단위로 분석하고, 집단의 상호작용이 사회 문제 해결 방안의 도출에 미치는 영향을 발표해 보자.

관련 학과 경영학과, 경제학과, 공공인재학과, 공공행정학과, 도시행정학과, 법학과, 사회복지학과, 사회학과, 신문방송학과, 언론정보학과, 정치외교학과, 행정학과

《불평등한 선진국: 대한민국의 불평등을 통계로 보다》, 박재용, 북루덴스(2022)

단원명 | 항상성과 몸의 조절

| 🔍 | 신경세포, 시냅스, 신경계, 내분비계, 면역, 항원항체반응, 혈액의 응집반응, 백신

[12생과02-01]

신경세포의 구조와 기능을 이해하고, 신경세포에서의 전도 과정을 모식도로 표현할 수 있다.

➲ 신경세포의 구조와 기능에 대한 교과서 내용을 읽고, 신경세포의 구조와 기능을 분석하는 글을 작성해 보자. 분석한 글을 토대로 모둠별로 신경세포에서의 전도 과정을 모식도로 표현해 보자. 모둠별로 표현한 모식도를 비교해 보며, 신경세포의 구조와 기능이 제대로 표현되었는지 발표해 보자. 또한 글의 정확한 이해와 분석이 얼마나 중요한지 파악하고 대중에게 제공되는 글의 파급효과와 사회적 영향에 대해 탐구해 보자.

관련 학과 사회계열 전체

《빅데이터 시대, 성과를 이끌어내는 데이터 문해력》, 카시와기 요시키, 강모희 역, 프리렉(2021)

[12생과02-02]

시냅스를 통한 신경 신호의 전달 과정을 이해하고, 약물이 시냅스 전달에 영향을 미치는 사례를 조사하여 발표할 수 있다.

마약은 중추신경계에 영향을 미치는 약물로, 시냅스 전달 과정에 다양한 영향을 줄 수 있다. 마약은 심각한 중독과 건강 위험을 초래하고, 조직화된 범죄의 수단이 되어 사회적으로 복잡하고 심각한 문제가 일으킨다. 마약 중독과 부작용은 개인과 가족, 지역 사회 등 사회 전반에 걸쳐 심각한 문제를 초래하며, 이를 해결하는 데 막대한 비용이 소요된다. 마약 문제에 대한 올바른 이해와 인식의 필요성을 인지하고, 정부와 사회단체의 협력을 통한 효과적인 정책과 대응 방안을 탐구해 보자.

관련 학과 경제학과, 경찰행정학과, 공공행정학과, 미디어커뮤니케이션학과, 법학과, 사회복지학과, 사회학과, 신문방송학과, 언론정보학과, 행정학과

《대마약시대: 과학으로 읽는 펜타닐의 탄생과 마약의 미래》, 백승만, 히포크라테스(2023)

[12생과02-04]

내분비계와 신경계 작용 원리와 상호작용의 이해를 바탕으로 우리 몸의 항상성이 유지되는 과정을 추론할 수 있다.

다양한 사회계층 사람들의 건강 불평등과 생리적 건강 지표에 대해 탐구해 보자. 혈압이나 혈당, 콜레스테롤 수치 등의 건강 지표와 소득이나 교육 수준, 거주 지역에 따른 사회적 요소 간의 상관관계를 분석하고, 건강 불평등의 원인과 영향을 분석해 보자. 이를 토대로 사회적 건강 불평등 해소를 위한 사회 복지 정책에 대해 토의하여 발표해 보자.

관련 학과 공공행정학과, 사회복지학과, 사회학과, 세무학과, 소비자학과, 지리학과, 행정학과

한국의 건강 불평등

김창엽 외 3명,
서울대학교출판문화원(2015)

책 소개

이 책은 건강 불평등을 다룬 그동안의 성과를 정리하고, 다른 한편으로는 새로운 탐색과 실천에서 지향할 바를 담았다. 지금까지 진행된 이론적, 실증적 연구의 결과를 분석하고 종합했으며, 한국 사회가 이 시대적 도전에 제대로 대응하는 데 필요한 과제를 도출했다. 저자들은 건강과 보건의료를 넘어 사회적 요인에 대응해야 하며, 정책과 아울러 정치적 접근이 필요하다고 강조한다.

세특 예시

체내 항상성 유지의 중요성을 학습하고, 사회경제적 측면에서 나타나는 체계적 불평등 현상에 대한 관심을 가짐. 단원 연계 독서 활동으로 '한국의 건강 불평등(김창엽 외 3명)'을 읽고 사회적·경제적·지리적으로 구분되는 인구 집단 사이의 건강 불평등에 대해 탐구함. 보건의료 불평등은 투입 요소, 중간 결과, 최종 목표와 결과에 걸쳐서 나타나며, 보건의료 제공을 위한 재원의 확보와 공평한 접근이 필요함을 인식함. 건강 수준의 불평등 완화와 보건의료 체계의 공공성 유지를 위한 보건의료 정책의 방향에 대해 탐구하여 발표함.

[12생과02-05]

병원체의 종류와 특징을 이해하고, 우리 몸의 방어 작용을 선천적 면역과 후천적 면역으로 구분하여 설명할 수 있다.

질환 발병의 원인이 되는 병원체에 대해 학습하고, 질병관리청 공식 홈페이지(www.kdca.go.kr)를 방문하여 감염

병 및 건강 정보, 국정 과제와 정책 정보에 대해 조사할 수 있다. 또한 경제학적·사회학적 관점에서 개인이 건강에 투자하는 결정과 국가 차원에서 국민의 건강에 투자하는 정책의 필요성에 대해 탐구해 보자. 그리고 국가의 건강 정책이 경제적 측면에 어떤 영향을 미치는지 관련 연구 자료를 확인해 보자. 이러한 사회·경제학적 영향과 더불어 보험 정책에 대해 탐구하고, 보험료 책정 방식이나 효율적인 보험 설계에 대해 경제학적 관점으로 분석하여 발표해 보자.

관련 학과 경제학과, 공공행정학과, 금융보험학과, 사회복지학과, 사회학과, 행정학과

《사회복지정책의 논쟁적 이슈》, 박병현, 양서원(2021)

[12생과02-06]

항원항체반응의 특이성을 이해하고, 혈액의 응집반응 원리를 이용하여 혈액형을 판정할 수 있다.

➲ 현대 사회에서는 혈액형과 성격 특성 간에 상관관계가 있다는 주장들이 있다. 언어와 문화에서 A형, B형, O형, AB형 등의 ABO식 혈액형 용어가 어떻게 해석되고 있는지, 혈액형에 대한 사회적인 인식과 토론 내용을 조사해 보자. 혈액형이 취업, 연애, 교육 등 다양한 분야에 어떻게 영향을 미치는지, 이에 대한 인식의 차이를 분석해 보자. 이를 바탕으로 현재의 사회적인 혈액형 인식에 대해 비판적으로 또는 긍정적으로 접근하는 글을 작성하여 발표해 보자.

관련 학과 광고홍보학과, 문화콘텐츠학과, 미디어커뮤니케이션학과, 사회학과, 신문방송학과, 언론정보학과

《유쾌한 혈액형 성공학》, 주창기, 평단문화사(2005)

[12생과02-07]

백신의 종류와 작용 원리를 조사하고, 질병의 예방 측면에서 백신의 필요성을 인식하여 협력적으로 소통할 수 있다.

➲ 백신 개발의 역사와 백신의 감염병 예방 효과가 사회에 미치는 영향을 매체 자료를 통해 조사해 보자. 감염병으로 인한 인적 비용, 경제적 손실, 국가 안보 등 다양한 측면에서의 백신의 필요성을 이해하고 분석해 볼 수도 있다. 또한 백신의 접근성 문제와 사회적 불평등에 대해 조사하고, 백신 도입과 관련한 공공 의료 정책의 과정을 탐구하는 것도 가능하다. 사회적 약자에 대한 예방 접종 프로그램의 구축과 우선 접종 정책의 수립 등 백신 도입에 대한 사회적 정책 방안을 다룬 보고서를 작성해 보자.

관련 학과 경제학과, 공공인재학과, 공공행정학과, 국제통상학과, 무역학과, 사회복지학과, 사회학과, 정치외교학과, 행정학과

《세계를 뒤집어버린 전염병과 바이러스》, 이와타 겐타로, 김소영 역, 리듬문고(2020)

단원명 | 생명의 연속성과 다양성

| 🔍 | 염색체 구조, DNA, 유전자, 생식세포, 체세포, 생물 진화, 생물 분류 체계, 생물의 유연관계

[12생과03-01]

염색체의 구조를 이해하고, DNA, 유전자의 관계를 설명할 수 있다

➲ 많은 매체 자료를 통해 피부색 등 생물학적·인종적 특징에 따른 인종차별이나 혐오와 같은 사회적 문제를 확인할 수 있다. 다양한 인간 집단의 유전적 다양성과 이에 따른 문화적 차이를 조사해 보자. 인류의 역사 속에서

이주, 혼혈, 자연선택 등이 어떻게 인간 집단별로 유전적 다양성을 형성하고 문화 발전에 영향을 미치는지 탐구해 보자. 이를 바탕으로 국제적 정서와 인류의 발전 방향에 대해 토의하고 발표해 보자.

관련 학과 공공인재학과, 공공행정학과, 사회복지학과, 사회학과, 정치외교학과, 지리학과

《인종차별과 자본주의》, 알렉스 캘리니코스, 차승일 역, 책갈피(2020)

[12생과03-02] ●●●

생식세포 형성 과정을 체세포 분열 과정과 비교하고, 생식세포 형성의 중요성을 생명의 연속성 및 다양성과 관련지어 추론할 수 있다.

➲ 생명의 연속성 및 다양성 보전을 위한 정부나 국제 기구의 환경 보전 정책을 분석해 보자. 이러한 정책이 생명의 연속성과 다양성에 어떤 영향을 미치는지, 사회적 가치와 지속가능한 생명 연속성에 어떻게 기여하는지 모둠별로 토의해 보자. 또한 생명의 연속성을 위한 식량 안보와 관련하여 식물 및 작물 유전자원의 중요성, 식량 공급 안전성을 조사하여 국제적 협력 방안에 대한 기사문을 작성해 보자.

관련 학과 경제학과, 공공행정학과, 국제통상학과, 무역학과, 미디어커뮤니케이션학과, 사회학과, 소비자학과, 신문방송학과, 언론정보학과, 정치외교학과, 지리학과, 행정학과

《식품산업과 식량안보》, 박현진 외 5명, 식안연(2019)

[12생과03-03] ●●●

생물 진화의 원리를 이해하고, 생물 진화 연구의 다양한 사례를 조사하여 협력적으로 소통할 수 있다.

➲ 생물 진화의 원리를 학습한 후 이를 토대로 윤리적 쟁점에 대해 조사하고 토론해 보자. 예를 들어 인간 개입을 통한 생물종의 개량, 유전자 조작 기술의 도덕성 등에 대한 사전 조사 후 모둠별 토론을 진행해 보자. 또한 생물 진화 연구의 다양한 사례를 조사하여 인류의 다양성과 인종 간의 사회적·국제적 협력 방안에 대해 탐구해 보자.

관련 학과 공공인재학과, 국제통상학과, 군사학과, 무역학과, 사회학과, 정치외교학과, 지리학과

《우리는 왜 인종차별주의자가 될까?》, 이즈마엘 메지안느 외 2명, 강현주 역, 청아출판사(2021)

[12생과03-04] ●●●

생물의 분류 체계를 바탕으로 각 분류군의 차이를 이해하고, 생물군을 분류 체계에 따라 설명할 수 있다.

➲ 생물 분류 체계가 공공 정책의 결정에 어떻게 활용되는지 조사하고 탐구해 보자. 예를 들어 식품 안전 정책에서 유해한 동식물종의 식별과 추적을 위한 생물 분류 시스템을 조사해 보자. 또는 도시 계획 연구에서 생물의 다양성을 보존하기 위해 활용하는 생물 분류 체계를 조사하여 도시 생태계에서의 생물 다양성 보존과 상호작용에 대한 탐구 활동 보고서를 작성해 보자.

관련 학과 공공행정학과, 관광학과, 도시행정학과, 지리학과, 행정학과

《모든 생명은 서로 돕는다》, 박종무, 리수(2014)

[12생과03-05] ●●●

동물과 식물 분류군의 특징을 문 수준에서 이해하고, 생물의 유연관계를 계통수로 나타낼 수 있다.

➔ 동물과 식물 분류군의 특징을 사회 구조와 비교하여 공통점과 차이점을 분석해 보자. 동물과 식물의 분류 이론에서의 계층 구조, 군집 형성 등과, 인간 사회에서의 계층 구조 또는 협력 관계를 비교하여 탐구해 보자. 또한 생태계 파괴로 멸종 위기에 처한 동식물의 종 보호 정책이 생물의 유연관계나 사회적 가치에 어떠한 영향을 미치는지 토의하여 발표해 보자.

관련 학과 공공인재학과, 공공행정학과, 도시행정학과, 사회학과, 지리학과, 행정학과

《최재천의 인간과 동물》, 최재천, 궁리출판(2007)

선택 과목	수능	지구과학	절대평가	상대평가
일반 선택	X		5단계	5등급

단원명 | 대기와 해양의 상호작용

| 🔍 | 해수의 성질, 염분, 용존산소량, 심층 순환, 표층 순환, 태풍, 악기상, 용승, 침강, 엘니뇨, 남방진동

[12지구01-01]

해수의 물리적·화학적 성질을 이해하고, 실측 자료를 활용하여 해수의 온도, 염분, 밀도, 용존산소량 등의 분포를 분석·해석할 수 있다.

➜ 해수 오염이나 기후변화와 같은 해수 환경 문제에 대해 조사하고, 사회적·경제적 측면을 분석하여 정책 제안을 하는 활동을 진행해 보자. 예를 들어 플라스틱 오염이나 원전 오염수 방출 등 환경 문제의 영향과 사회적 비용 등을 분석하고, 이와 관련된 국내외 정책과 규제를 검토하여 탐구 활동 보고서를 작성해 보자. 이 보고서를 학교의 게시판이나 소통의 장소에 게시하여 사회문제 인식과 사회문제 해결에 대한 공감대를 형성해 보자.

관련 학과 경제학과, 공공인재학과, 공공행정학과, 국제통상학과, 미디어커뮤니케이션학과, 신문방송학과, 언론정보학과, 정치외교학과, 행정학과

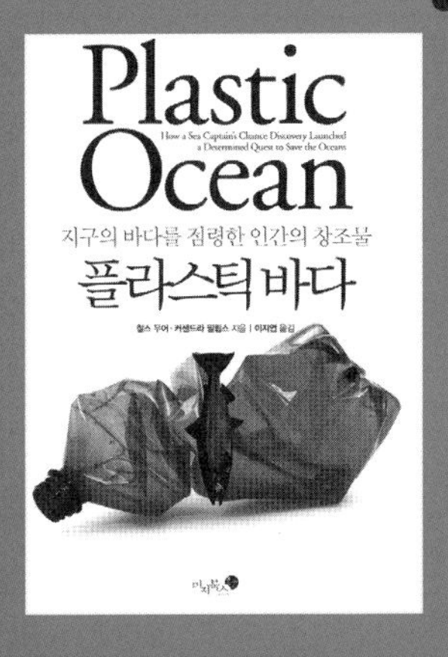

플라스틱 바다

찰스 무어 외 1명, 이지연 역, 미지북스(2013)

책 소개

지구의 바다를 점령한 인간의 창조물인 플라스틱이 해양 오염을 일으키는 실상에 대해 파헤친다. 바다를 사랑하는 평범한 시민인 저자가 해양 플라스틱 쓰레기를 발견하고 환경운동가가 되어 플라스틱의 숨겨진 속성과 위험한 결말에 관한 상세한 이야기를 들려준다. '태평양 거대 쓰레기 지대'라고 불리는 이 플라스틱 부유물이 바다에 표류하게 된 과정, 플라스틱으로 인한 환경오염과 해양 생물의 먹이사슬에 침투하게 된 사연, 화학물질에 중독된 이누이트족의 사례 등은 우리에게 플라스틱에 대한 경각심을 불러일으킨다.

세특 예시

해수의 물리적·화학적 성질에 대해 학습하고 해수 오염이나 해양 환경 문제의 심각성을 인식함. 단원 연계 독서 활동으로 '플라스틱 바다(찰스 무어 외 1명)'를 선정하여 읽고, 북태평양 한가운데 수십 톤의 플라스틱 조각이 생성된 원인과 위험성에 대해 탐구함. '태평양 거대 쓰레기 지대(The Great Pacific Garbage Patch)'라고 불리는 플라스틱 해양 오염의 실상과 해양 생물의 먹이사슬 변화, 화학물질에 중독된 이누이트족의 사례를 분석함. 이와 관련하여 사회 문제 인식과 해결을 위한 국내외 정책과 규제에 대해 조사하여 발표함.

[12지구01-02]

심층 순환의 발생 원리와 분포를 알고, 표층 순환 및 기후변화의 관련성을 추론할 수 있다.

➔ 최근 동해에 출몰하는 해파리 떼로 어장이 황폐해지고, 때로는 사람도 위협받고 있다. 해파리의 대량 발생 주기는 50년 정도였으나, 최근 2~3년으로 짧아지고 출몰하는 기간도 길어지고 있다. 대량의 해파리 떼가 동물성 플랑크톤을 포식하면서 어민들은 어획량이 급감하는 피해를 입기도 하며, 원자력발전소 냉각수 취수로 망에 해파리가 달라붙어 원전 가동이 중단되는 사태가 일어나기도 한다. 해파리가 한반도 연근해에 급증한 원인으로 지구온난화에 의한 수온 상승과 해양 환경의 변화가 있다. 이러한 피해를 줄이기 위한 대책에 대해 토의하여 발표해 보자.

관련 학과 공공행정학과, 관광학과, 사회학과, 신문방송학과, 언론정보학과, 지리학과, 행정학과

《일하는 사람들의 기후변화》, 송찬영 외 1명, 크레파스북(2023)

[12지구01-03]

중위도 저기압과 고기압이 통과할 때 날씨의 변화를 일기도, 위성 영상, 레이더 영상을 종합하여 예측할 수 있다.

➔ 기후변화로 인한 재해와 관련해 특정 지역에 어떤 취약성이 있는지 조사하고, 기후변화에 의한 강수량 변동이 농작물 생산에 어떤 영향을 미치는지 파악해 보자. 해당 지역 농민들의 피해와 대책, 일기예보 시스템의 한계를 파악하여 기상 재해 관리 및 대응 방안에 대해 토의해 보자. 우리나라와 다른 나라의 기상 재해 예방 및 대응 전략을 비교하여 재난 관리 시스템의 개선 방안에 대해 탐구해 보자.

관련 학과 공공행정학과, 도시행정학과, 지리학과, 행정학과

《재난과 사회》, 이재영 외 7명, 대영문화사(2023)

[12지구01-04]

태풍의 발생, 이동, 소멸 과정 및 태풍 영향권의 날씨를 예측하고, 뇌우, 집중호우, 폭설, 강풍, 황사 등 주요 악기상의 생성 메커니즘과 대처 방안을 제시할 수 있다.

➔ 태풍이 경제에 미치는 직간접적 영향을 조사하고 분석해 보자. 태풍이 농업, 보험, 재해 관리 등에 어떤 영향을 미치는지 조사하고, 태풍에 대한 경제적 비상 대응 방안에 대해 알아볼 수 있다. 정부나 기업이 재해로 인한 피해 복구를 위해 어떤 정책을 시행하고 있는지 파악해 볼 수도 있다. 또한 태풍의 정확한 예측이 경영, 경제, 금융 부문에 어떠한 이익을 가져올 수 있는지 탐구해 보자. 태풍이 발생하거나 예측이 적중했을 때 주식 시장, 관광산업, 소매업, 물류 등에서 어떤 변화가 일어나는지 분석해 보자.

관련 학과 경영학과, 경제학과, 관광학과, 국제통상학과, 금융보험학과, 무역학과, 소비자학과, 항공서비스학과, 호텔경영학과

《기후변화와 정치경제》, 이태동 외 15명, ㈜박영사(2023)

[12지구01-05]

대기와 해양의 상호작용의 사례로서 해수의 용승과 침강, 엘니뇨-남방진동(ENSO)의 현상의 진행 과정 및 관련 현상을 설명할 수 있다.

➔ 대기와 해양의 상호작용으로 세계 곳곳에서 기온이나 강수량 등이 정상적인 범위를 벗어난 이상기후 현상이 자주 발생하고 있다. 이러한 이상기후가 농작물 생산에 미치는 영향과 식량 안보에 대해 알아보자. 기후변화로

인한 가뭄, 홍수, 폭염 등의 영향을 분석하고, 이를 바탕으로 식량 생산과 공급의 취약성을 파악하여 국가 간 무역이나 국가 정책에 반영하는 방안을 탐구해 보자.

관련 학과 경제학과, 공공행정학과, 국제통상학과, 무역학과, 소비자학과, 정치외교학과, 지리학과, 행정학과

《기후변화의 과학과 정치》, 정진영 외 6명, 경희대학교출판문화원(2019)

[12지구01-06]

기후변화의 원인을 자연적 요인과 인위적 요인으로 구분하여 설명하고, 인간 활동에 의한 기후변화 문제를 과학적으로 해결하는 방법을 탐색할 수 있다.

➲ 1450년의 대분화 이후 500여 년 동안 활동이 없었던 필리핀 피나투보 화산이 1991년에 다시 폭발했다. 당시 분출된 화산재는 성층권까지 올라갔고, 이로 인해 지구의 평균기온이 일시적으로 낮아졌다. 최근 백두산도 화산 폭발의 가능성이 제기되고 있는데, 그 규모가 엄청날 것으로 예측된다. 백두산에서 화산 폭발이 일어난다면 지구의 기후는 어떻게 변화할 것인지 조사하고, 관련 문헌을 찾아 읽어보자. 이를 바탕으로 백두산 폭발로 인한 기후변화 예측과 우리나라 사람들의 대처 방법, 관련 정책에 대한 보고서를 작성해 보자.

관련 학과 경제학과, 공공인재학과, 공공행정학과, 관광학과, 군사학과, 금융보험학과, 도시행정학과, 사회학과, 신문방송학과, 언론정보학과, 정치외교학과, 지리학과, 행정학과

《백두산 대폭발의 비밀》, 소원주, 사이언스북스(2010)

단원명 | 지구의 역사와 한반도의 암석

| 🔍 | 지층, 상대연령, 절대연령, 지질시대, 화석, 변동대, 변성작용, 지질구조, 지질단면도

[12지구02-01]

지층 형성의 선후 관계를 결정짓는 법칙들을 활용하여 상대연령을 비교하고, 방사성동위원소를 이용한 광물의 절대연령 자료로 암석의 절대연령을 구할 수 있다.

➲ 방사성동위원소의 반감기를 통해 과거 유적지나 고대 유물의 연대를 측정할 수 있다. 특정 시기의 역사와 문화를 보존하고 있는 유적지는 관광산업을 촉진하며 지역 경제에 기여할 수 있다. 관광객들의 유적지 방문으로 현지 경제가 활성화되고 일자리가 창출되며, 지역 사회의 경제적 혜택과 지역 발전이 촉진된다. 고대 유적지의 역사와 문화를 제대로 알리고, 민족의 정체성을 고취하며, 지역 경제를 활성화할 수 있는 콘텐츠에 대해 토의하여 발표해 보자.

관련 학과 경제학과, 공공행정학과, 관광학과, 문화콘텐츠학과, 소비자학과, 지리학과, 행정학과

《뜨는 관광에는 이유가 있다: 지역을 살리는 관광》, 한국관광공사, 그래비티북스(2023)

[12지구02-02]

지질시대를 기(紀) 수준에서 구분하고, 지층과 화석을 통해 지질시대의 생물과 환경 변화를 해석할 수 있다.

➲ 지층과 화석의 발견이 사회와 문화에 미친 영향을 조사하고 경제적 효과를 분석해 보자. 또한 화석 박물관이나 연구소 또는 교육기관에서 진행하는 화석 연구와 관련된 유용한 체험학습 프로그램이나 관광 프로그램을 조

사해 보자. 과거와 현재를 잇고 미래를 생각해 볼 수 있는 체험이나 관광 프로그램으로 얻는 지역 경제 활성화 효과에 대해 토의하고, 프로그램 홍보 효과를 높일 수 있는 방안을 발표해 보자.

관련 학과 경제학과, 관광학과, 광고홍보학과, 도시행정학과, 문화콘텐츠학과, 지리학과, 호텔경영학과

《관광마케팅(Tourism Marketing)》, 김이태 외 3명, 청람(2017)

[12지구02-03]

변동대에서 마그마가 생성되고, 그 조성에 따라 다양한 화성암이 생성됨을 설명할 수 있다.

하와이의 세계 최대 규모 활화산이 38년 만에 분화했다는 내용을 2022년 매체 자료를 통해 확인할 수 있다. 당시 하와이에서는 마우나로아 화산 분화에 대한 경보와 화산재 주의보 발령, 대피소 설치 및 대비책 점검을 통해 주민의 안전을 확보할 수 있었다. 이에 따라 100년 주기로 크고 작은 분출이 있었다는 백두산이 재조명되었으며, 2015년의 백두산 폭발 시뮬레이션 결과를 보면 직간접적인 예상 피해 규모가 최대 11조 원이 넘을 것으로 추산됐다. 백두산 폭발이 우리 사회에 미칠 영향과 그에 따른 대비책에 대해 토의하여 발표해 보자.

관련 학과 경제학과, 공공행정학과, 신문방송학과, 언론정보학과, 정치외교학과, 지리학과, 행정학과

《백두산을 부탁해》, 이두현 외 4명, 서해문집(2016)

[12지구02-04]

변성작용의 종류와 지각변동에 따른 구조를 변동대와 관련지어 설명하고, 지구시스템에서 암석이 순환함을 추론할 수 있다.

태평양 일본 해구 부근의 일본이나 대서양 중앙 해령에 위치한 아이슬란드에서는 추운 겨울에도 야외에서 온천을 즐길 수 있는 곳이 많다. 이러한 지역에 온천이 많은 이유는 무엇인지 조사하고, 관광자원으로서의 활용 방안에 대해 탐구해 보자. 예를 들면 온천은 휴가와 여행의 목적지로 자연의 아름다움을 가족이나 사회적 그룹 단위로 함께 즐길 수 있다는 점을 들어, 사람들과의 소통과 상호작용의 공간으로 활용할 수 있다. 또한 온천수에는 미네랄 등의 영양 성분이 풍부하게 함유되어 있어 피부 건강과 통증 완화에 도움을 줄 수 있어 건강 관련 관광산업 자원으로 활용할 수 있다.

관련 학과 관광학과, 국제통상학과, 문화콘텐츠학과, 소비자학과, 지리학과, 호텔경영학과

《관광산업과 플랫폼 전략》, 정기정, 백산출판사(2014)

[12지구02-05]

우리나라의 대표적인 지질공원의 지질학적 형성 과정을 추론하고, 지역 사회와 함께하는 지질공원의 지속가능한 발전 방안을 제안할 수 있다.

지역 사회와 지질공원은 관광 및 교육 프로그램을 통해 상생하며, 관광 수요를 늘려 사회·경제 발전에도 긍정적인 영향을 미칠 수 있다. 지질공원은 자연과 문화적인 가치를 보존하고 전달하는 역할을 하며, 이를 기반으로 관광 및 교육 프로그램을 개발하여 관련 지식을 확산하고 다양한 문화적 경험을 제공할 수 있다. 지역 사회와 지질공원의 협력으로 지속가능한 관광 인프라를 구축하고 일자리 창출 및 경제적인 활동 증진에 기여하는 방안을 탐구해 보자.

관련 학과 경영학과, 경제학과, 공공행정학과, 관광학과, 문화콘텐츠학과, 지리학과, 호텔경영학과

《한국의 자연과 관광자원》, 이혁진, 새로미(2022)

단원명 | 태양계 천체와 별과 우주의 진화

| 🔍 | 식 현상, 겉보기운동, 분광형, 흑체복사, H-R도, 허블의 은하 분류 체계, 외부은하, 우주의 진화

[12지구03-01]

태양-지구-달 시스템에서의 식 현상을 이해하고, 모형을 이용하여 태양계 행성의 겉보기운동을 설명할 수 있다.

➡ 2023년 8월 23일 인도의 달 탐사선이 인류 최초로 달의 남극 착륙에 성공했다. 우리나라도 2022년 12월 첫 달 탐사선인 '다누리'를 궤도 진입에 성공시키면서 본격적인 달 탐사 레이스에 합류했다. 현재 다누리는 달 자원을 탐사하고, 2032년 달 표면에 착륙해 탐사하는 것을 목표로 임무를 수행하고 있다. 우리나라의 달 탐사 계획에 대해 조사하고, 달이나 우주 탐사가 국가의 경쟁력과 우주 산업에 어떤 영향을 미치는지 탐구하고, 이를 홍보하기 위한 적절한 방법에 대해 모둠 토의를 한 후 발표해 보자.

관련 학과 경제학과, 광고홍보학과, 군사학과, 문화콘텐츠학과, 미디어커뮤니케이션학과, 신문방송학과, 언론정보학과, 항공서비스학과

《에픽 콘텐츠 마케팅》, 조 풀리지, 김민영 역, 이콘(2017)

[12지구03-02]

별의 분광형 결정 및 별의 분류 과정을 이해하고, 흑체복사 법칙을 이용하여 별의 물리량을 추론할 수 있다.

➡ 흑체복사는 물체가 방출하는 열복사를 설명하는 개념이며, 별의 표면온도는 별이 방출하는 빛의 색깔과 밝기를 결정하는 요소이다. 흑체가 아닌 다른 물체는 해당 물체의 겉면에서 반사되는 색으로 색이 정해진다. 음식의 색에 따른 맛이나 편견이 있는지 파악하여 광고 효과에 적용해 보자. 예를 들어 파란색 음식은 식욕 억제 효과가 있다는 추측은 다이어트와 색깔 간의 상관관계 분석에서 나온 결과로, 어느 정도 효과가 있다는 사례가 있다. 녹색은 식물을 나타내는 고유한 색으로 신선한 채소를 연상하게 하고, 붉은색은 익은 과일, 달콤함, 높은 칼로리로 받아들인다고 한다. 음식의 맛과 색깔의 관계나 색에 따른 감정을 분석하여 광고 효과를 높일 수 있는 방안을 탐구해 보자.

관련 학과 광고홍보학과, 문화콘텐츠학과, 미디어커뮤니케이션학과, 소비자학과

《컬러의 말》, 카시아 세인트 클레어, 이용재 역, 윌북(2018)

[12지구03-03]

다양한 질량을 가진 별의 진화 과정을 H-R도에 나타내고 해석할 수 있다.

➡ 태양과 같은 별의 수명은 약 100억 년으로 진화의 과정을 거치며, 인간의 수명은 약 100년으로 탄생과 성장, 노화를 거쳐 죽음의 단계에 이른다. 인간의 일생에 따른 경제활동과 소비 형태를 분석하고, 기업이 타깃 고객층을 선정하여 집중 투자하는 방법 및 마케팅 전략에 대해 탐구해 보자. 또한 별의 표면온도와 광도에 따른 위치를 표시한 H-R도처럼, 인간의 일생에 따라 각기 다른 요소를 비교하는 그래프를 작성해 보자.

관련 학과 경영학과, 경제학과, 광고홍보학과, 금융보험학과, 사회학과, 소비자학과, 호텔경영학과

《대한민국 인구·소비의 미래》, 전영수, 트러스트북스(2019)

[12지구03-04] ●●●

허블의 은하 분류 체계에 따른 은하의 특징을 비교하고, 외부은하의 자료를 이용하여 특이 은하의 관측적 특징을 추론할 수 있다.

➔ 우주를 연구한 과학자로는 허셜(F.W. Herschel, 1738~1822), 캅테인(J.C. Kapteyn, 1851~1922), 섀플리(H. Shapley, 1885~1972), 허블(E.P. Hubble, 1889~1953)이 있다. 우주 관련 과학자들의 연구 업적을 우리은하의 모양과 크기 변화의 관점에서 조사하고 역사적 순서대로 정리하여 우주 과학 정보를 제공하는 칼럼지를 작성해 보자.

관련 학과 **미디어커뮤니케이션학과, 신문방송학과, 언론정보학과**

《천문학의 역사》, 장신운, 한울(2016)

[12지구03-05] ●●●

허블-르메트르 법칙으로 우주의 팽창을 이해하고, 우주의 진화에 대한 다양한 설명 체계의 의의를 현대 우주론의 관점에서 비교할 수 있다.

➔ '우주의 신비로움과 새로운 발견'과 같은 과학 분야의 소식은 과학 관련 매체 자료나 과학 전문지의 1면이나 표지에 많이 쓰인다. 우주의 기원이나 구조를 다룬 신문 기사나 매체 자료를 찾아보자. 과학 기사에서 이해되지 않는 부분을 체크하여 관련 자료 및 도서나 과학 교과를 통해 해결해 보자. 기사문이 이해하기 어려운 이유를 분석하고, 독자의 수준을 고려한 기사문의 필요성에 대해 토의해 보자. 그리고 학생을 독자로 설정하여 기사를 재작성해 보자.

관련 학과 **미디어커뮤니케이션학과, 사회학과, 신문방송학과, 언론정보학과, 정치외교학과**

《우주의 구조》, 브라이언 그린, 박병철 역, 승산(2005)

선택 과목	수능	역학과 에너지	절대평가	상대평가
진로 선택	X		5단계	5등급

단원명 | 시공간과 운동

| 🔍 | 물체, 힘, 합력, 운동, 정량적 예측, 뉴턴 운동 법칙, 포물선운동, 역학적 에너지, 힘의 방향, 운동 방향, 원운동, 케플러 법칙, 중력, 인공위성, 행성의 운동, 역학적 에너지 보존, 운동량 보존, 우주선의 궤도, 일반상대성이론, 등가원리, 시공간, 블랙홀, 중력 시간 지연, 탈출속도

[12역학01-04]

케플러 법칙으로부터 중력의 존재가 밝혀지는 과학사적 배경을 이해하고, 중력을 이용하여 인공위성과 행성의 운동을 분석하고 설명할 수 있다.

➜ 케플러 법칙은 태양계의 행성들이 태양 주위를 공전하는 운동에 대한 법칙으로, 덴마크 천문학자 티코 브라헤가 관측한 데이터를 기반으로 케플러가 발견했다. 케플러는 티코 브라헤의 관측 결과를 분석하면서, 행성들이 태양 주위를 공전하는 궤도가 타원의 형태임을 발견했다. 이는 당시의 일반적인 생각과는 다른 혁신적인 발견이었고, 천문학과 물리학의 혁신적인 기초를 제공하였다. 이처럼 그 시대의 일반적인 생각과는 다른 혁신적인 생각을 제시한 역사적인 사건을 조사하여 토론해 보자.

관련 학과 군사학과, 미디어커뮤니케이션학과, 법학과, 사회학과, 신문방송학과, 언론정보학과, 정치외교학과, 지리학과, 항공서비스학과, 행정학과

《코페르니쿠스의 거인, 뉴턴의 거인》, 남호영, 솔빛길(2020)

단원명 | 열과 에너지

| 🔍 | 건축, 열에너지, 단열, 열팽창, 과학의 유용성, 상태 변화, 이상 기체, 온도, 압력, 부피, 계에 가해진 열, 계의 내부 에너지, 외부에 한 일, 열기관, 순환 과정, 열효율, 열의 이동, 기체의 확산, 가역 현상, 비가역 현상, 엔트로피

[12역학02-04]

다양한 열기관에서의 순환 과정과 열효율을 설명하고, 열기관의 개발과 활용이 인류 공동체에 미친 영향을 산업 발전과 환경 측면에서 평가할 수 있다.

➜ 열기관은 내연기관, 증기터빈, 증기기관 등이 있고, 열효율이 클수록 효율적인 열기관을 의미한다. 열기관의 개발과 활용은 인류 공동체에 다양한 영향을 미쳤고, 이러한 영향은 산업 발전과 환경 측면에서 중요한 요소였다. 환경적인 측면에서 열기관의 사용은 에너지의 대규모 소비와 이산화탄소의 배출을 증가시켰다. 이는 기

후변화 및 대기오염과 같은 환경 문제를 악화시켰고, 화석연료의 사용은 자연 자원의 과다 소비와 원유 추출로 인한 환경 파괴와 관련되는 문제를 일으켰다. 열기관과 같은 과학기술의 개발이나 활용이 인간 생활이나 사회적인 측면에 미친 영향을 조사하여 토론해 보자.

관련 학과 **경영학과, 경제학과, 군사학과, 도시행정학과, 무역학과, 법학과, 사회학과, 세무학과, 정치외교학과, 지리학과, 행정학과, 회계학과**

《십 대가 알아야 할 인공지능과 4차 산업혁명의 미래》, 전승민, 팜파스(2024)

단원명 | 탄성파와 소리

| ⌕ | 용수철 진자, 단진동, 가속도, 변위, 탄성파, 투과, 반사, 도플러 효과, 속도 측정, 음향 장치, 소음 제어, 악기의 소리, 정상파

[12역학03-04]

음향 장치 또는 실내외 공간에서의 소음 제어에 음파의 간섭이 활용됨을 이해하고, 실생활에 사용되는 사례를 조사할 수 있다.

➲ 음파의 간섭은 두 개 이상의 파동이 만나서 함께 물체로 향하는 현상을 의미한다. 파동은 파동의 진폭과 위상에 따라 간섭을 나타낼 수 있다. 보강간섭은 두 음파 파동이 정확히 같은 진폭과 위상을 가지면 발생하고, 두 파동은 합쳐져서 진폭이 증가한다. 상쇄간섭은 두 음파 파동이 정확히 반대 위상을 가지면 발생하고, 두 파동은 상쇄되어 진폭이 줄어든다. 간섭 효과를 사용한 노이즈 캔슬링 기능이 탑재된 최신 이어폰과 같은 음향 장치의 발전이 사회에 끼친 영향을 조사하여 보고서를 작성해 보자.

관련 학과 **경영학과, 경제학과, 군사학과, 도시행정학과, 무역학과, 법학과, 사회학과, 세무학과, 정치외교학과, 지리학과, 행정학과, 회계학과**

《소음진동학》, 김재수, 세진사(2013)

선택 과목	수능	전자기와 양자	절대평가	상대평가
진로 선택	X		5단계	5등급

단원명 | 전자기적 상호작용

| 🔍 | 전하, 전기장, 전기력선, 등전위면, 전기장의 세기와 방향, 정전기 유도, 유전분극, 자기력선, 도선 주위의 자기장, 로런츠힘, 전자기 유도, 변압기, 인덕터, 저항, 축전기, 다이오드, 트랜지스터, 반도체, 전자회로

[12전자01-07]

다이오드, 트랜지스터 등 반도체 소자를 활용하는 전자회로를 분석하고, 현대 문명에서 반도체의 중요성을 인식할 수 있다.

➲ 반도체 소자는 현대 전자기기와 통신 기술의 핵심 부품으로, 전력 효율성을 향상시키고 전자장치의 기능을 제어하고 확장하는 데 중요한 역할을 한다. 이러한 소자들은 다양한 전자회로에서 사용되며, 디지털 및 아날로그 신호 처리, 통신, 컴퓨팅, 제어와 여러 응용 분야에서 핵심적인 역할을 한다. 전자회로에서 사용되는 다양한 소자의 발전이 인간의 삶에 끼친 영향을 조사하여 보고서를 작성해 보자.

관련 학과 경영학과, 경제학과, 군사학과, 도시행정학과, 무역학과, 법학과, 사회학과, 세무학과, 정치외교학과, 지리학과, 행정학과, 회계학과

《처음 만나는 전자회로》, 황형수, 한빛아카데미(2019)

단원명 | 빛과 정보 통신

| 🔍 | 빛, 간섭, 회절, 홀로그램, 정밀 기술, 렌즈, 거울, 광학 기기, 수차, 편광, 디지털 정보, 광전 효과, 빛과 물질, 영상 정보, 광센서, 태양전지, 레이저, 빛의 증폭, 광통신

[12전자02-05]

레이저의 특징과 빛이 증폭되는 원리를 알고, 레이저가 디지털 광통신 등 여러 영역에서 활용됨을 조사하여 현대 문명에서 레이저의 중요성을 인식할 수 있다.

➲ 매우 좁은 주파수대 내에서 빛을 방출하는 광학적 증폭기인 레이저는 통신, 자동차 제조, 환경공학 등 다양한 분야에서 사용된다. 의료 분야에서는 정밀한 절개 및 조직 제거에 사용되고, 치과나 안과에서도 활용된다. 엔터테인먼트 분야에서도 레이저 쇼와 조명 효과에 사용되고 있다. 과학 및 기술 분야를 비롯해 현대 문명 사회에서 레이저가 활용되는 분야를 조사하여 보고서를 작성해 보자.

관련 학과 경영학과, 경제학과, 군사학과, 도시행정학과, 무역학과, 법학과, 사회학과, 세무학과, 정치외교학과, 지리학과, 행정학과, 회계학과

《예술을 위한 빛》, Christopher Cuttle, 김동진 역, 씨아이알(2014)

단원명 | 양자와 미시 세계

| 🔍 | 양자, 이중슬릿, 입자, 파동, 이중성, 확률파동의 간섭, 중첩, 측정, 상태 변화, 별, 핵융합, 양자컴퓨터, 양자암호통신, 터널 효과, 원자모형, 불확정성 원리, 보어, 스펙트럼

[12전자03-04]

현대의 원자모형을 불확정성 원리와 확률을 기반으로 설명하고, 보어의 원자모형과 비교할 수 있다.

➔ 원자모형은 원자의 성질과 내부 구조를 설명하기 위해 제안된 모형이다. 물질과 화학 반응의 성질을 설명하기 위해 많은 과학자가 원자의 모형을 제시하였고, 이전의 원자모형으로는 설명할 수 없는 현상들이 발견되면서 이론이 수정되어 또 다른 모형이 제시되었다. 원자모형의 변천사를 살펴보고 시대별로 사회에 끼친 영향을 조사하여 발표해 보자.

관련 학과 경영학과, 경제학과, 군사학과, 도시행정학과, 무역학과, 법학과, 사회학과, 세무학과, 정치외교학과, 지리학과, 행정학과, 회계학과

《세상에서 가장 쉬운 과학 수업: 원자모형》, 정완상, 성림원북스(2023)

선택 과목	수능	물질과 에너지	절대평가	상대평가
진로 선택	X		5단계	5등급

단원명 | 물질의 세 가지 상태

| 🔍 | 기체, 온도, 압력, 부피, 몰수, 이상 기체 방정식, 혼합 기체, 부분 압력, 몰분율, 액체, 분자 간 상호작용, 끓는점, 고체, 결정, 비결정, 화학 결합

[12물에01-01]

기체의 온도, 압력, 부피, 몰수 사이의 관계를 통합적으로 이해하고, 이상 기체 방정식을 근사적으로 활용하는 사례를 조사하여 화학의 유용함을 인식할 수 있다.

이상기체 방정식은 기체 분자의 운동을 설명하는 중요한 물리학 법칙 중 하나로, 실제 기체 분자 간의 상호작용을 무시하고 기체 분자가 이상적인 상태에서 동작한다고 가정하는 이상기체의 법칙을 나타낸다. 이상기체 방정식은 압력과 부피, 온도, 분자 수로 이상기체의 상태를 계산할 수 있다. 기체 분자 간의 상호작용이 무시되므로 실제 기체의 동작과는 일치하지 않을 수 있지만 낮은 압력과 높은 온도에서 대부분의 기체는 이상기체와 근사하게 취급된다. 이상기체 방정식과 같이 과학 이론이나 기술의 발전이 인간 생활에 끼친 영향을 토론해 보자.

관련 학과 경영학과, 경제학과, 군사학과, 도시행정학과, 무역학과, 법학과, 사회학과, 세무학과, 정치외교학과, 지리학과, 행정학과, 회계학과

《화학이란 무엇인가》, 피터 윌리엄 앳킨스, 전병옥 역, 사이언스북스(2019)

단원명 | 용액의 성질

| 🔍 | 액체, 물의 성질, 수소 결합, 실험 데이터, 용액, 농도, 증기압, 끓는점, 어는점, 삼투현상

[12물에02-02]

실험 데이터를 이용하여 용액의 농도에 따른 증기압, 끓는점, 어는점의 변화를 비교하고, 일상생활에서 나타나는 사례와 연관 지어 설명할 수 있다.

액체인 물의 경우, 소금을 녹이면 농도가 증가하게 된다. 이때 소금물의 증기압이 순수한 물보다 낮아지며 끓는점이 높아진다. 일반적으로 요리를 할 때 물에 소금을 넣으면 더 빨리 끓는다. 이러한 현상은 물질 간의 상호작용으로 일어나고, 용액의 농도 변화가 물리적 성질에 영향을 미치기 때문이다. 이와 같이 실험 데이터를 이용하여 제품을 개발하고 홍보한 사례를 조사하고, 소비자의 제품 구입에 끼치는 영향을 조사하여 토론해 보자.

관련 학과 경영학과, 경제학과, 군사학과, 도시행정학과, 무역학과, 법학과, 사회학과, 세무학과, 정치외교학과, 지리학과, 행정학과, 회계학과

《곽재식의 먹는 화학 이야기》, 곽재식, 북바이북(2022)

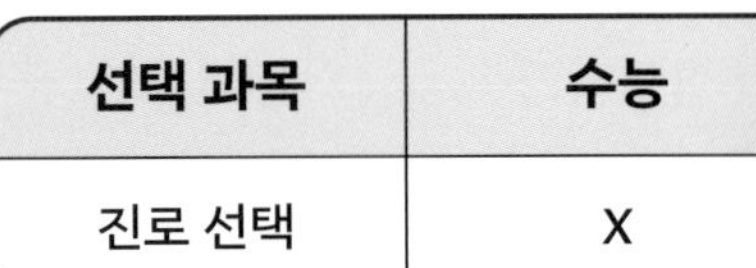

화학 반응의 세계

선택 과목	수능	절대평가	상대평가
진로 선택	X	5단계	5등급

단원명 | 산 염기 평형

| 🔍 | 브뢴스테드, 라우리, 산, 염기, 이온화 상수, 상대적인 세기, 약산, 약염기, 수용액의 pH, 중화 적정 실험, 실험 데이터, 염의 가수분해, 화학 평형, 완충 작용

[12반응01-01]

브뢴스테드-라우리 산과 염기의 정의를 이해하고, 이에 따라 산과 염기를 구별할 수 있다.

➡ 덴마크의 화학자 요하네스 니콜라우스 브뢴스테드와 영국의 화학자 토머스 마틴 라우리는 산은 양성자를 주는 물질이고, 염기는 양성자를 받는 물질이라는 이론을 발표했다. 이는 스웨덴의 화학자 스반테 아레니우스의 산과 염기의 정의로부터 확장된 개념이다. 브뢴스테드-라우리 산과 염기에 대한 정의가 나오기 이전, 과학자들이 사용했던 산과 염기를 조사하여 연도별로 정리하고, 브뢴스테드-라우리 산과 염기에 대한 이론이 사회현상에 끼친 영향을 조사하여 보고서를 작성해 보자.

관련 학과 경영학과, 경제학과, 군사학과, 도시행정학과, 무역학과, 법학과, 사회학과, 세무학과, 정치외교학과, 지리학과, 행정학과, 회계학과

《한 번 읽으면 절대 잊을 수 없는 화학 교과서》, 사마키 다케오, 곽범신 역, 시그마북스(2023)

단원명 | 산화 · 환원 반응

| 🔍 | 전자의 이동, 산화수 변화, 산화, 환원, 반쪽 반응식, 화학 전지, 실용 전지, 표준 환원 전위, 전위차, 전기분해, 생명 현상, 물질의 역할

[12반응02-02]

화학 전지의 발전 과정을 조사하여 실용 전지의 구조적 공통점을 추론할 수 있다.

➡ 전지는 자발적인 산화·환원 반응을 이용하여 화학 에너지를 전기 에너지로 변화시키는 장치이고, 일반적으로 건전지 혹은 배터리를 의미한다. 이탈리아의 과학자 알렉산드로 볼타가 두 전극 판을 제작하고 이를 전선으로 연결하여 전류를 공급할 수 있는 전지를 제작했다. 그 후에도 많은 과학자의 연구를 통해 다양한 전지가 개발되었다. 화학 전지의 발전 과정을 조사하고, 인간의 문화에 끼친 영향을 탐구하여 보고서를 작성해 보자.

관련 학과 경영학과, 경제학과, 군사학과, 도시행정학과, 무역학과, 법학과, 사회학과, 세무학과, 정치외교학과, 지리학과, 행정학과, 회계학과

《배터리 전쟁》, 루카스 베드나르스키, 안혜림 역, 위즈덤하우스(2023)

단원명 | 탄소화합물과 반응

| 🔍 | 탄소화합물, 작용기, 화학 반응, 단위체, 중합 반응, 고분자, 과학, 기술, 사회

[12반응03-04]

탄소화합물의 반응을 통해 합성된 새로운 물질이 과학·기술·사회 발전에 끼친 영향을 조사하여 화학의 유용성을 깨달을 수 있다.

➔ 탄소화합물 대부분은 유기화합물이지만, 일부 조성이 비교적 간단한 것은 무기화합물로 분류된다. 탄소화합물의 반응을 통해 합성된 새로운 물질이 지속적으로 개발되면서 다양한 영역에 영향을 미치고 있다. 탄소화합물의 반응을 통해 합성된 신소재는 다양한 산업 분야에 활용되고, 새로운 화합물의 합성은 에너지 연구에도 활용되고 있다. 탄소화합물의 반응을 통해 합성된 새로운 물질이 과학·기술·사회 발전에 끼친 영향을 영역별로 조사하여 보고서를 작성해 보자.

관련 학과 경영학과, 경제학과, 군사학과, 도시행정학과, 무역학과, 법학과, 사회학과, 세무학과, 정치외교학과, 지리학과, 행정학과, 회계학과

《신소재 쫌 아는 10대》, 장홍제, 풀빛(2020)

선택 과목	수능	세포와 물질대사	절대평가	상대평가
진로 선택	X		5단계	5등급

단원명 | 세포

| 🔍 | 탄수화물, 지질, 핵산, 단백질, 세포 소기관, 원핵세포, 진핵세포, 세포막, 물질 수송 과정, 삼투현상

[12세포01-01] ●●●

탄수화물과 지질의 종류와 주요 기능을 이해하고, 생물체에 들어 있는 탄수화물과 지질을 관찰할 수 있다.

➲ 탄수화물과 지질이 특정 문화나 지역의 음식과 관련된 문화적 의미를 파악해 보자. 특정 탄수화물이나 지질이 지역별 행사나 전통 음식과 연관되는 이유, 식사 습관, 식품 선호도, 문화적 상징성 등을 조사하고, 탄수화물과 지질을 지역 사회의 식문화와 연관 지어 탐구해 보자. 더 나아가 국가별 전통문화와 음식, 식사 습관, 식품 선호도, 문화적 상징성에 대해 토의해 보자.

관련 학과 관광학과, 국제통상학과, 무역학과, 문화콘텐츠학과, 사회학과, 소비자학과, 지리학과

《세계의 음식문화》, 김의근 외 5명, 백산출판사(2020)

[12세포01-02] ●●●

핵산과 단백질의 기본 구조와 세포에서의 주요 기능을 조사하여 설명할 수 있다.

➲ 홍합이 아무리 거센 파도에도 바위에 달라붙어 떨어지지 않는 이유는 홍합 표면에 있는 단백질이 강한 접착력을 가졌기 때문이다. 홍합의 접착 단백질은 생명공학 기술을 통해 의료용 접착제로 활용되고 있다. 예를 들어 외과 수술 후의 상처 치료에 사용되어 상처 표면을 접착시키고 치유를 촉진하거나, 분리된 조직을 접합하는 데도 사용된다. 홍합이 의료 분야에서 조직 접합이나 상처 치료에 접착제로 사용되듯이, 생물의 특성을 이용한 생명공학 기술이 제품화된 사례를 조사해 보자. 또한 이러한 제품의 단가를 낮추기 위한 방안과 광고 홍보 전략에 대해 탐구해 보자.

관련 학과 경영학과, 경제학과, 광고홍보학과, 국제통상학과, 무역학과

《바이오테크 시대》, 제러미 리프킨, 전영택 외 1명 역, 민음사(2020)

[12세포01-03] ●●●

동물세포와 식물세포를 구성하는 세포 소기관의 구조와 기능을 이해하고, 세포 소기관들의 유기적 관계를 추론하여 협력적으로 소통할 수 있다.

➲ 세포 소기관들이 유기적으로 상호작용하고 조화를 이루는 방식을 사회적 조직 문화나 기업 경영과 비교해 보자. 기업 조직 문화의 구성 요소와 세포 소기관의 구조 및 기능에서 유사성을 찾아 분석하고, 세포 소기관들의 유기적 관계 분석을 통해 조직 문화의 형성과 유지에 필요한 요소가 무엇인지 탐구해 보자.

관련 학과 경영학과, 사회학과

《조직문화가 전략을 살린다》, 안근용 외 2명, 플랜비디자인(2019)

[12세포01-04]

원핵세포와 진핵세포의 공통점과 차이점을 설명할 수 있다.

고령화 사회에 접어들면서 각종 질병 관련 정책의 필요성이 커지고 있다. 현재 의료계에서는 암 치료 시 암세포가 퍼진 상태에서 마지막 암세포를 찾아 죽이기 위한 치료를 한다. 결국 암세포를 죽이기 위해 환자의 몸 전체가 고통을 받는, 이른바 '치료가 환자를 죽이는 상황'이 생기는 것이다. 암 진단 이후의 치료 과정에서는 개인이 신체적 고통을 겪는 것은 물론, 사회적으로 비용이 들어가고 사회적 정책 또한 필요하다. 보건복지부에서 발표한 우리나라의 국가 암 관리 정책의 특징과 우수성에 대해 알아보고, 암 관리 정책과 보험 관련 내용에 대해 토의해 보자.

관련 학과 공공인재학과, 공공행정학과, 금융보험학과, 사회복지학과, 사회학과, 행정학과

《질병과 의료의 사회학》, 조병희, 집문당(2015)

[12세포01-05]

세포막의 구조와 특성을 이해하고, 세포막을 통한 물질 수송 과정을 추론할 수 있다.

임상시험은 인간 대상의 시험으로, 환자들에게 실제로 약물을 투여하여 효과와 안전성을 평가한다. 비임상시험은 동물 모델이나 체외 실험 등 비인간 대상이며, 초기 개발 단계에서 약물의 기초적인 특성을 평가하는 데 중점을 둔다. 약물의 특성과 세포막의 상호작용을 연구하여 약물의 효과성과 안전성을 평가하기 위한 임상시험과 비임상시험 관련 정책에 대해 조사하고, 정책을 통한 규제의 필요성에 대해 찬반 토론을 진행해 보자.

관련 학과 공공행정학과, 사회학과, 행정학과

《제약회사 임상시험 담당자가 말하는 임상시험의 꿈》, 유영실, 군자출판사(2017)

단원명 | 물질대사와 에너지

| 🔍 | 물질대사, 에너지대사, 광합성, 세포호흡, ATP 역할, 효소, 효소 작용

[12세포02-01]

물질대사는 생명체에서 생명을 유지하기 위해 일어나는 화학 반응임을 이해하고, 에너지의 출입이 동반됨을 추론할 수 있다.

일반적으로 대사성 질환은 잘못된 생활 습관이나 과도한 영양 섭취, 부족한 에너지 소모량, 비만 등으로 발생한다. 현대인의 서구화된 식습관과 다양한 환경 요인으로 성인병을 앓게 되고, 허리 모양이 복부 비만형과 하체 비만형일 때 대사성 질환이 발생할 가능성이 크다. 현대 사회의 생활 환경 중 대사성 질환의 원인이 될 수 있는 것에 대해 조사하고, 대사성 질환을 예방하기 위한 사회적 정책과 대사성 질환자의 보험에 대해 토의해 보자.

관련 학과 공공행정학과, 금융보험학과

개념 의료

박재영, 청년의사(2013)

책 소개

이 책의 콘셉트는 '한 권으로 읽는 한국 의료의 과거와 현재와 미래'이자, '교양 시민을 위한 재미있는 의료 이야기'이다. 한국 의료의 특성은 무엇인지, 그러한 특성들은 어떠한 역사적·문화적 맥락에서 비롯된 것인지, 전 세계가 부러워하는 한국 의료만의 강점은 무엇이며, 그 이면에 숨어 있는 초라한 현실은 무엇인지, 지금과는 크게 달라질 미래의 보건의료는 어떤 모습일지, 보건의료 분야의 막후에 얼마나 흥미롭고 중요한 사연들이 숨어 있는지를 이야기한다.

세특 예시

인체의 물질대사 이상으로 발생하는 대사성 질환은 영양 과잉이나 운동 부족에 의한 지속적인 에너지 불균형, 유전적 요인으로 발생한다는 것을 학습하고, 대사성 질환을 예방하는 방법이나 질환자의 보험 정책에 관심을 갖고 관련 도서로 '개념 의료(박재영)'를 선정하여 읽음. 독서 활동을 통해 사회 구성원들이 알아야 할 의료 분야와 우리나라 의료 체계에 대해 조사함. 또한 건강보험의 탄생 과정에서 현대 건강보험의 쟁점과 과제 등을 의학의 미래와 의료 분쟁 해결 등을 토대로 분석하여 발표함.

[12세포02-02] ●●●

생명 활동에 필요한 에너지를 공급하는 과정에서 광합성과 세포호흡 그리고 ATP의 역할을 설명할 수 있다.

➔ 도시 녹지와 광합성, 세포호흡의 상관관계에 대해 조사하고, 도시 녹지의 계획과 조성, 관리 방안에 대해 탐구해 보자. 도시의 녹지 공간 조성 사례를 분석하고, 도시 녹지의 계획과 디자인 방안을 토의하자. 그리고 도시의 생명 활동에 긍정적인 영향을 줄 수 있는 정책에 대해 발표해 보자.

관련 학과 공공행정학과, 도시행정학과, 행정학과

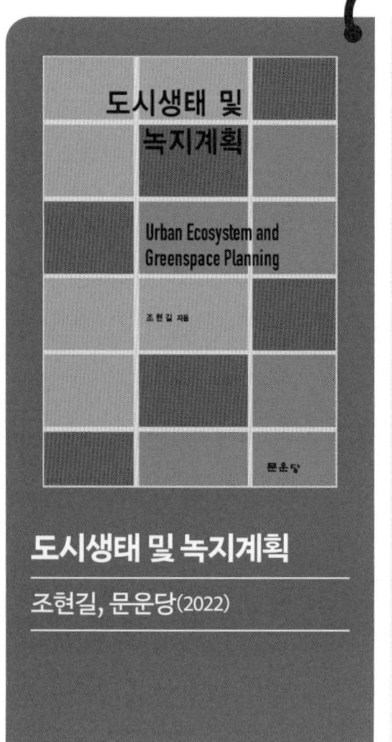

도시생태 및 녹지계획

조현길, 문운당(2022)

책 소개

이 책의 전반부에는 생태도시 개념과 계획 이론의 고찰을 포함하여 생태계 기능의 원리와 이론을 응용한 도시 생태 계획 방안을 제시하였다. 중반부 이후에는 도시 녹지의 생태 기능을 기술하고, 이를 증진하기 위한 도시 녹지 생태 계획의 과정과 방법, 도시 녹지 유형별 생태 계획 요령, 생태 기능별 도시 녹지 계획 기법 등을 수록했다. 저자의 약 30년 연구 경험을 바탕으로, 주민의 건강한 삶을 위한 도시 생태계 조성에 기여할 실용적 계획 방안을 제시하고, 간결한 키워드와 도해 중심으로 전개했다.

세특 예시

생명 활동은 광합성과 세포호흡을 통해 에너지를 생산하고 생물학적 활동을 유지하는 과정임을 학습하고, 도시 생태 계획에서 녹지 조성과 관리가 중요함을 인식함. 이에 따른 단원 연계 독서 활동으로 '도시생태 및 녹지계획(조현길)'을 읽고, 도시 생태 계획 및 도시 녹지 조성 방안에 대해 탐

구함. 건강한 도시의 창출 및 복원 사례와 생태 기능별 도시 녹지 조성 방안 사례를 조사한 내용을 정리하여 에너지 유동, 물질순환, 생물의 이동 및 서식 등 도시 생태계에서의 녹지 환경 조성의 중요성에 대해 발표함.

[12세포02-03]

효소의 종류와 특성을 이해하고, 효소의 활성에 영향을 미치는 요인에 대한 실험을 설계하여 수행할 수 있다.

어패류 등의 수생 생명체는 미세플라스틱을 먹이로 오인하여 섭취하는 경향이 있어, 먹이사슬을 통해 플라스틱 생물 농축이 일어날 우려가 있다. 국내 연구진이 유전자 형질전환을 통해 플라스틱 분해 효소를 발현시켜 페트병을 분해하는 식물성 플랑크톤을 개발했다. 향후 수생 생태계의 플라스틱 연쇄 오염 및 생물 농축 차단에 크게 기여할 것으로 기대된다. 삶의 질이 높아지면서 건강을 생각하는 현대 사회 소비자의 행동을 분석하고, 관련 기업의 기술특례상장제도에 대해 탐구하여 발표해 보자.

관련 학과 경영학과, 경제학과, 소비자학과, 행정학과

《스타트업을 위한 기술금융과 기술가치평가》, 표춘미 외 1명, 샘앤북스(2023)

[12세포02-04]

효소의 작용 기작을 이해하고, 생명체 내에서 일어나는 효소 작용의 중요성에 대해 다양한 매체를 활용하여 협력적으로 소통할 수 있다.

효소 작용의 중요성에 대해 소통하기 위한 인터랙티브 웹사이트나 콘텐츠를 구상해 보자. 웹사이트에는 효소 작용의 원리와 응용 사례, 관련 연구 등을 시각적으로 표현하고, 인터랙티브 요소를 도입하여 사용자들이 직접 효소 작용을 체험하고 이해할 수 있도록 기획해 볼 수 있다. 또한 웹사이트를 통해 효소 작용의 중요성을 강조하고, 사회적 의미와 활용 가능성을 설명하는 콘텐츠를 꾸며보자. 그리고 효소 작용에 대한 인식과 관심을 높일 수 있도록 사용자를 참여시키는 이벤트나 캠페인을 접목해 보자.

관련 학과 광고홍보학과, 문화콘텐츠학과, 미디어커뮤니케이션학과, 사회학과, 언론정보학과

《크리스 크로퍼드의 인터랙티브 스토리텔링》, 크리스 크로퍼드, 최향숙 역, 한빛미디어(2015)

[12세포02-05]

효소가 우리 생활이나 산업에 다양하게 이용되는 사례를 조사하여 발표할 수 있다.

효소가 우리 생활이나 산업에 어떻게 이용되는지에 대한 전문가 인터뷰를 담은 과학 콘텐츠나 다큐멘터리 영상을 제작해 보자. 전문가들의 인터뷰를 통해 효소의 활용 사례와 이점을 설명하고, 현장에서의 실제 적용 사례를 구성해 볼 수 있다. 일상생활에서 효소가 어떻게 활용되는지 쉽고 재미있게 설명하여 시청자들이 효소의 중요성을 이해하고 공감할 수 있는 콘텐츠에 대해 탐구해 보자.

관련 학과 문화콘텐츠학과, 미디어커뮤니케이션학과, 사회학과, 신문방송학과, 언론정보학과

《방송기획과 제작의 이해》, 김혁조, 한울(2015)

단원명 | 세포호흡과 광합성

| 🔍 | 미토콘드리아, 세포호흡, 인산화 과정, 발효, 엽록체 구조, 광합성, 전자전달계

[12세포03-02]

세포호흡 과정의 단계별 특징을 다양한 매체를 활용하여 협력적으로 소통할 수 있다.

➲ 세포호흡 과정의 단계와 각 단계별 특징을 시각적으로 나타낼 수 있는 인포그래픽을 제작해 보자. 그래픽디자인 소프트웨어를 활용하여 단계별 특징을 명확하게 표현하고, 색상과 그래픽 요소를 활용하여 시각적이며 대중적인 인포그래픽을 만들 수 있다. 또한 세포호흡 과정의 단계별 특징을 담은 프레젠테이션 자료를 제작하고 발표할 때 쉽게 접근하고 소통할 수 있는 매체를 활용해 보자. 제작 자료나 영상을 SNS 플랫폼을 활용하여 공유하고 토론할 수 있는 방안도 함께 탐구해 보자.

관련 학과 광고홍보학과, 문화콘텐츠학과, 미디어커뮤니케이션학과, 사회학과

《콘텐츠빨로 승부하는 SNS 마케팅》, 조재형, 아틀라스북스(2020)

[12세포03-04]

산소 호흡과 발효의 공통점과 차이점을 이해하고, 실생활에서 발효를 이용한 사례 조사 계획을 세워 조사할 수 있다.

➲ 다양한 국가와 문화에서 발효를 이용하는 식품들의 종류와 소비 방법을 조사해 보자. 예를 들어 각국의 발효 음식과 음료, 그리고 이를 통해 형성되는 음식 문화의 차이를 분석하고, 발효 식품이 해당 문화의 정체성 형성에 어떤 역할을 하는지 탐구해 보자. 발효를 통해 만들어지는 식품들이 사회적 관계, 식문화, 식생활 패턴 등과 어떤 연관성을 가지는지 탐구하여 발표해 보자.

관련 학과 문화콘텐츠학과, 사회학과

《발효 음식의 과학》, 크리스틴 바움가르투버, 정혜윤 역, 문학동네(2023)

[12세포03-05]

엽록체의 구조를 이해하고 기능과 관련지어 설명할 수 있다.

➲ 도시 공간의 디자인이 햇빛이나 자연조명, 식물의 광합성에 어떤 영향을 미치는지 탐구해 보자. 도시 계획과 건축물의 배치, 도시의 녹지 공간 조성 등의 측면에서 햇빛을 활용한 자연조명과 식물의 광합성을 고려한 도시 디자인을 구상해 보자. 또한 도시 녹지의 종류와 규모, 식물의 다양성 등 도시 녹지의 계획 및 관리 방안을 통해 녹지 공간을 확보하는 도시 녹지 정책에 대해 발표해 보자.

관련 학과 공공행정학과, 도시행정학과, 사회학과, 지리학과, 행정학과

《도시생태 및 녹지계획》, 조현길, 문운당(2022)

[12세포03-06]

광합성의 명반응과 탄소 고정 반응을 단계별로 구분하여 특징을 이해하고, 두 반응의 상호 관계를 추론할 수 있다.

➲ 광합성의 명반응과 탄소 고정 반응을 활용한 탄소 배출 저감 정책에 대해 조사해 보자. 이 두 가지 반응을 효과

적으로 활용하는 온실가스 감축 정책을 분석하고, 정치적·외교적 측면에서 광합성 명반응과 탄소 고정 반응과 관련된 정책 방안을 탐구해 보자. 또한 국제적인 차원에서 온실가스 감축을 위한 국제 협력의 필요성, 국제 기구의 역할, 국가 간 협력 방안 등을 발표해 보자.

관련 학과 공공행정학과, 사회학과, 정치외교학과, 행정학과

《파리협정의 이해》, 박덕영 외 1명, ㈜박영사(2020)

[12세포03-07] ●●●

광합성과 세포호흡의 전자전달계를 비교하여 공통점과 차이점을 다양한 매체를 활용하여 설명할 수 있다.

➲ 광합성과 세포호흡의 공통점 및 차이점과 관련해 조각이나 그래픽, 설치미술 등 다양한 예술 형식을 활용하여 관객들에게 생명과학의 원리와 예술의 만남을 보여주는 콘텐츠를 구성해 보자. 또한 광합성과 세포호흡의 원리와 역할을 체험 활동이나 부스를 통해 배울 수 있는 문화 축제 같은 체험 행사를 기획해 보자. 이처럼 문화와 생명과학의 융합을 경험할 수 있는 교육 콘텐츠를 구상하여 발표해 보자.

관련 학과 광고홍보학과, 문화콘텐츠학과, 미디어커뮤니케이션학과

《한 권으로 끝내는 온라인 교육 콘텐츠 제작》, 유승철, 이화여자대학교출판문화원(2020)

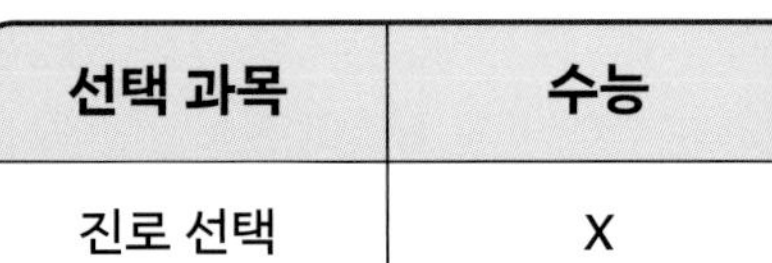

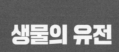

선택 과목	수능	생물의 유전	절대평가	상대평가
진로 선택	X		5단계	5등급

단원명 | 유전자와 유전물질

| 🔍 | 유전 형질, 유전 현상 분석, 다유전자 유전, 유전병, DNA 구조, 원핵세포, 진핵세포, DNA 복제

[12유전01-01]

유전 형질이 유전자를 통해 자손에게 유전됨을 이해하고, 상염색체 유전과 성염색체 유전 양상의 차이를 설명할 수 있다.

➲ 상염색체 유전 양상과 성별에 따른 사회적 차별, 성평등 정책의 효과 등을 분석하여, 상염색체 유전 양상이 사회적 차별과 성평등에 어떤 영향을 미치는지 탐구해 보자. 또한 상염색체 유전 양상과 가부장적 가치관이나 문화의 관련성을 조사하여, 상염색체 유전 양상이 문화에 어떤 영향을 미치는지 분석하여 발표해 보자.

관련 학과 공공인재학과, 사회복지학과, 사회학과

《DNA 혁명 크리스퍼 유전자가위》, 전방욱, 이상북스(2017)

[12유전01-02]

사람 유전 연구 방법의 어려움을 이해하고, 사람의 유전 현상 분석을 근거로 유전 형질의 유전적 특성을 추론할 수 있다.

➲ 특정 유전 형질과 소비자의 건강에 대한 관심 사이의 관련성을 파악하여, 소비자의 질병이나 유전 형질에 따른 데이터를 분석한 건강 식품의 광고·홍보 방법을 탐구해 보자. 유전적 건강 위험 요소와 건강에 대한 관심, 건강 관련 제품 구매 등을 조사하여, 유전 형질이 소비자의 건강에 대한 인식과 건강 관련 소비에 어떤 영향을 미치는지 분석해 보자. 또한 유전 형질에 따른 소비자 행동을 분석하여 개인 맞춤형 상품 추천과 마케팅 전략에 대해 토론하고 발표해 보자.

관련 학과 경영학과, 광고홍보학과, 금융보험학과, 미디어커뮤니케이션학과

《2022 디지털 마케팅을 위한 다이어트 건강기능식품 트렌드》, DMC미디어, DMC미디어(2022)

[12유전01-03]

사람의 다유전자 유전에 대해 이해하고, 유전 현상의 다양성 사례를 조사하여 과학적 근거를 활용하여 협력적으로 소통할 수 있다.

➲ 유전자의 발견과 관련된 많은 기사들이 매체를 통해 나오고 있다. 예를 들어 유전자 검사 회사가 9만 명에 가까운 사람들의 유전자 정보를 분석해 내린 결론으로 '아침형 인간, 올빼미족은 유전자가 결정' 기사가 실렸다. 관련 연구 팀은 인간의 주요 활동 시간과 유전자의 상관관계를 밝히기 위해 유전자 정보가 등록된 의뢰인들을

상대로 아침형과 저녁형 관련 질문을 하고 답을 통해 분석하였다. 이러한 결과에 대해 영국 레스터 대학의 에런 터버 교수는 "9만 명에 달하는 표본수는 물론이고 생체리듬에 관여하는 유전자를 특정화했다는 점에서 유의미한 연구 성과"라고 평가했다. 하지만 설문 조사가 온라인에서 이뤄졌고, 나이와 성별 이외에 지역이나 계절 등을 고려하지 않은 점은 한계라고 지적했다. 시간 유형은 유전적 요인뿐만 아니라 사회문화적 환경의 영향도 있는데, 연구 팀이 과다한 일반화의 오류를 범했다는 것이다. 설문 조사를 통해 유의미한 결과를 도출하기 위해서는 무엇이 필요한지 토의해 보고, 매체 자료나 홍보 자료 제작 시 고려해야 할 사항에 대해 발표해 보자.

관련 학과 광고홍보학과, 문화콘텐츠학과, 미디어커뮤니케이션학과, 사회학과, 신문방송학과, 언론정보학과

《설문조사: 처음에서 끝까지》, 최종후 외 1명, 자유아카데미(2013)

[12유전01-04] ●●●

염색체와 유전자 이상에 대해 이해하고, 사람의 유전병을 발병 원인별 조사 계획을 세워 조사할 수 있다.

➲ 특정 물품을 생산하는 기업의 구성원이나 특정 지역의 주민 또는 특정 사회경제적 계층에서 특정한 질환의 발생률이 더 높은지, 그리고 이로 인해 어떤 부류가 건강상의 불공평한 차이를 겪는지 관련 자료를 찾아 분석해 보자. 또한 염색체와 유전 질환의 발병을 어떤 사회 복지 제도나 정책을 통해 지원하는지 파악해 볼 수 있다. 유전병이나 그 증상을 가진 환자를 위한 서비스와 복지 혜택에 대해 조사하고, 현재의 정책과 시스템에 문제점은 없는지 분석해 보자. 그리고 염색체와 유전자 이상으로 인한 유전병 발병 시 심리적·재정적 지원이나 교육 프로그램 등 개인과 가족의 복지를 증진할 수 있는 방법에 대해서도 탐구해 보자.

관련 학과 공공행정학과, 사회복지학과, 사회학과, 행정학과

《질병과 의료의 사회학》, 조병희, 집문당(2015)

[12유전01-05] ●●●

DNA의 구조와 유전물질 규명 관련 과학사적 연구 결과를 설명하기 위한 발표 자료를 창의적으로 제작할 수 있다.

➲ 동네를 돌아다니는 개에게 물렸을 때 개의 주인에게 피해 보상을 제기하려는 경우, 법생물학을 통해 그 책임 소재를 파악할 수 있다. 피해자의 상처에 남아 있는 개의 타액을 채취해 DNA 정보를 검출한 뒤 동네 개들의 타액을 채취하여 유전 정보를 비교하면 어떤 개에게 물렸는지 과학적으로 입증할 수 있다. DNA 프로파일링 기술이 범죄 조사에 어떻게 활용되는지 탐구하여 발표해 보자.

관련 학과 경찰행정학과, 사회학과

《유전자 감식》, DNA프로필연구회, 탐구당(2001)

[12유전01-07] ●●●

반보존적 DNA 복제 과정을 이해하고, 그 의미를 추론하여 협력적으로 소통할 수 있다.

➲ DNA 복제 기술의 발전으로 인간의 생명과 관련된 가치, 개인의 정체성, 가족 관계 등에 대한 사회적 관계 네트워크가 변화할 수 있는 가능성에 대해 논의하고, 이에 따른 사회적 영향과 대응 방안을 탐구해 보자. 또한 DNA 복제 기술의 개발과 보급이 빈부의 격차를 더욱 심화시킬 가능성에 대해 논의하고, 이에 따른 사회적 공정성과 평등성에 대해 발표해 보자.

관련 학과 사회복지학과, 사회학과

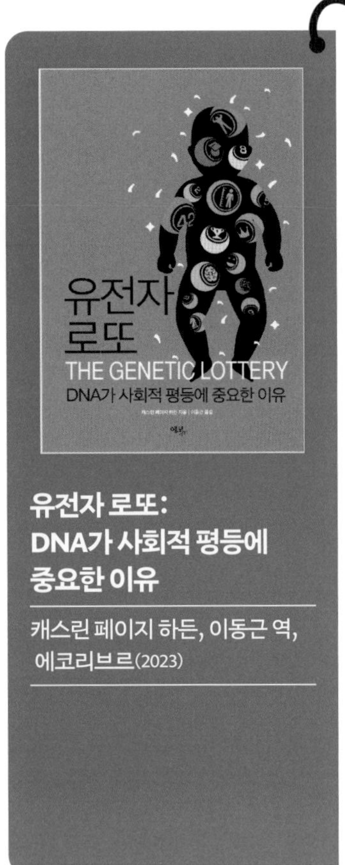

유전자 로또: DNA가 사회적 평등에 중요한 이유

캐스린 페이지 하든, 이동근 역, 에코리브르(2023)

책 소개

이 책은 유전자가 사회 평등에 중요한 이유와, 더 공정하고 평등한 사회를 위해 왜 유전학이 필요한지 알려주는 도발적이고 시의적절한 책이다. 평등은 우리가 살고 있는 이 시대의 중요한 화두 중 하나로, 평등에 대한 생각이 다를 수는 있어도 평등한 사회를 거부하는 사람은 없다. 그러므로 더 평등한 사회를 위해 '불평등을 어떻게 하면 개선할 수 있을까'라는 문제를 놓고 치열한 논의와 토론이 필요하다.

세특 예시

DNA 복제 과정에 대해 학습하고, DNA 복제 기술의 발전이 인간의 생명과 관련된 가치, 개인의 정체성과 사회적 관계 네트워크를 변화시킬 가능성에 대한 문제를 인식함. 단원 연계 독서 활동으로 '유전자 로또(캐스린 페이지 하든)'를 읽고 DNA 복제 기술의 사회적 영향과 사회적 공정성에 대해 탐구함. 독서 활동을 통해, 사람마다 다르게 나타날 수 있는 여러 DNA 변이를 기반으로 만든 교육 다유전자 지수 분포에서도 가족 소득과 대학 졸업률의 관계와 별반 다르지 않다는 것을 확인함. DNA 복제 기술의 개발과 보급이 부자와 가난한 이들 사이의 경제적 격차를 더욱 심화시킬 수 있는 가능성에 대해 토론하고 사회적 평등을 위한 제도적 방안에 대해 발표함.

단원명 | 유전자의 발현

전사와 번역 과정, 유전자 발현 과정, 유전 정보, 세포 분화, 단백질 합성

[12유전02-01]

전사와 번역 과정을 거쳐 유전자가 발현되는 중심원리를 이해하고, 모형을 이용하여 유전자 발현 과정을 설명할 수 있다.

➲ 특정 유전자의 발현과 창작 능력, 운동 능력, 예술적 표현력 등의 관련성을 고려하여, 운동 경기나 예술 작품 제작 과정에서의 유전자 발현 정보의 활용 여부에 대해 논의해 보자. 개인의 유전적 특성을 고려하여 맞춤형 체육이나 예술 교육 프로그램을 개발하고, 유전 정보를 활용해 운동 능력이나 예술적 재능을 효율적으로 최대화하는 것이 사회적으로 정당한지에 대해 찬반 토론을 진행해 보자. 또한 특정 유전자의 발현과 인간의 정체성에 어떤 연관이 있는지 토론해 보자.

관련 학과 사회학과, 소비자학과

《유전자 스위치》, 장연규, 히포크라테스(2023)

[12유전02-02]

유전 부호를 이해하고, 유전 부호 표를 사용하여 유전 정보를 해독할 수 있다.

➲ 범죄 현장에서 수집된 DNA 증거를 통해 유전 부호 해독을 시도하고, 이를 용의자 식별과 범죄 수사에 활용할 수 있는지 파악해 보자. 또한 유전 부호 해독을 통해 얻은 유전 정보가 범죄 예방에 효과가 있는지 탐구해 보자. 특정한 유전적 특성과 범죄 발생의 관련성을 고려하여 범죄 예방 정책 및 수사 방법에 유전 부호 해독 정보를 활용하는 방안에 대해 토의해 보자.

관련 학과 경찰행정학과, 공공행정학과, 법학과, 사회학과, 행정학과

《DNA 범죄현장에서 법정까지》, LAWRENCE KOBILINSKY 외 2명, 박기원 역, 지코사이언스(2009)

[12유전02-03]

원핵생물과 진핵생물의 유전자 발현 조절 과정을 비교하기 위한 설명 자료를 다양한 매체를 활용하여 제작할 수 있다.

➲ 유전자 발현 조절 과정을 비교하는 설명 자료를 제작할 때 복잡한 과정을 이해하기 쉽게 시각적으로 전달하도록 그래픽디자인 요소를 활용해 보자. 먼저 설명 대상을 선정하고, 애니메이션이나 동영상 플랫폼에 관심이 많은 층을 대상으로 설명 자료를 제작하는 경우, 동적인 움직임과 음성 설명을 더한 영상 자료를 만들어보자. 영상, 그래픽, 포스터 등을 활용하여 시각적 설명 자료를 제작하고, 소셜 미디어 플랫폼 등의 매체를 활용한 홍보 전략과 콘텐츠에 대해 토의해 보자.

관련 학과 광고홍보학과, 문화콘텐츠학과, 미디어커뮤니케이션학과

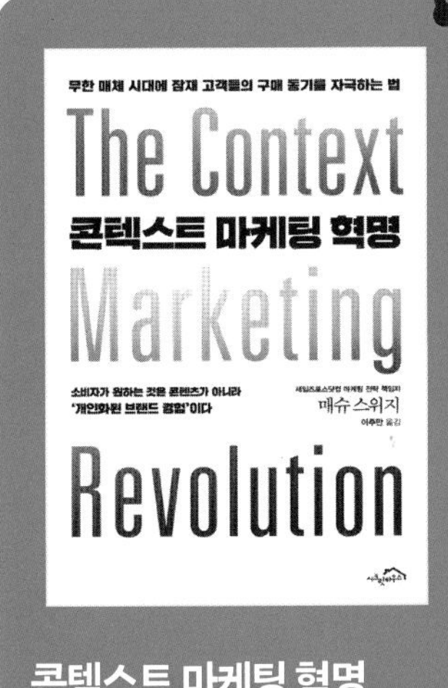

콘텍스트 마케팅 혁명

매슈 스위지, 이주만 역, 시크릿하우스(2021)

책 소개

'콘텍스트 마케팅'은 소비자들이 현재 처한 상황을 이해하고, 그들이 원하는 목표를 성취하도록 돕는 것을 말한다. 수많은 기업과 마케터들은 광고나 콘텐츠가 소비자의 선택을 좌우할 것이라고 생각하면서 기존 모델에 계속 의존하고 있으나, 마케팅 자체에 대한 새로운 시각이 필요하다. 이 책은 완전히 달라진 무한 매체 시대에 대해 설명하고, 소비자 행동, 소비자 행동에 영향을 미치는 요인, 그리고 콘텍스트가 어느 때보다 중요해진 이유를 설명한다.

세특 예시

유전자 발현 조절 과정에 대한 설명 자료를 제작하면서 시각적 전달 요소를 활용하는 플랫폼에 관심을 갖고, 관련 도서 '콘텍스트 마케팅 혁명(매슈 스위지)'을 선정하여 읽음. 소비자들이 처한 상황을 이해하고 원하는 목표를 성취하도록 돕는 콘텍스트 마케팅에 대해 관심을 갖고, 마케팅 전략을 인용하여 원핵생물과 진핵생물의 유전자 발현 조절 과정에 대한 설명 자료를 제작함. 소비자들이 요구하는 것을 파악하여 전략에 활용하듯이, 유전자 발현 조절 과정에 대해 필요한 내용을 시각적 전달 요소를 적용한 그래픽 설명 자료로 제작하여 발표함.

[12유전02-04]

생물의 발생 과정에서 세포 분화가 유전자 발현 조절 과정을 통해 일어남을 추론할 수 있다.

➲ 생물의 발생 과정과 사회적인 가족 모델 간의 상호작용에 대해 동양과 서양을 비교·분석해 보자. 생물의 발생

과정이 가족의 형성과 부모 자녀 관계, 가족 구성원의 역할 등에 끼치는 사회적인 영향에 대해 조사하고, 다양한 가족 모델이 생물의 발생 과정과 동서양 문화 형성에 어떤 영향을 미쳤는지 탐구해 보자.

관련 학과 문화콘텐츠학과, 사회학과

《가족의 역사》, 매리 조 메이너스 외 1명, 윤영미 역, 다른세상(2018)

[12유전02-05]

생물의 유전자 발현 조절 및 발생에 대한 연구가 인류 복지에 기여한 사례를 조사하여 협력적으로 소통할 수 있다.

유전자와 사회적 행동 간의 관련성을 파악하기 위한 주제로 '유전자 발현 조절과 사회적 행동의 연관성'에 대해 탐구해 보자. 유전자 발현 조절은 유전자가 활성화되거나 억제되는 방식을 나타내는데, 이것이 개인의 특성과 행동에 영향을 미칠 수 있다. 사회적 행동은 다양한 유전적·환경적 요인에 영향을 받는데, 특정 유전자 변이와 사회적 행동의 연관성을 연구한 자료나 최신 정보를 찾아서 분석해 보자. 그리고 특정 유전자의 발현 조절과 사회적 행동 패턴 사이의 관련성을 분석하여, 특정 사회 집단에 대한 광고·홍보 전략이나 콘텐츠 활용, 소통 방법에 대해 토의해 보자.

관련 학과 광고홍보학과, 문화콘텐츠학과, 미디어커뮤니케이션학과, 사회학과, 세무학과

《광고의 8원칙(실전광고학개론)》, 오두환, 대한출판사(2020)

단원명 | 생명공학 기술

| 🔍 | 생명공학 기술, 단일클론항체, 줄기세포, 유전자 편집 기술, 난치병 치료, 유전자변형생물체(LMO), 생명 윤리

[12유전03-01]

생명공학 기술 발달 과정에서의 주요 사건을 조사하고, 다양한 매체를 활용하여 발표할 수 있다.

2014년에 발효된 '나고야 의정서'는 생물자원과 유전자원을 사용하며 생기는 이익을 공유하기 위해 맺어진 국제협약이다. 나고야 의정서 협약으로 우리나라의 고유한 생물자원을 외국인이 자원화하는 경우가 있어 주목받고 있다. 북한산에서 채집된 털개회나무의 종자로 개발된 '미스킴라일락'은 미국 라일락 시장에서 30%의 점유율을 차지하는 매우 인기 높은 라일락이다. 이 품종은 우리나라 정원수 시장으로 역수입되고 있는 상황이다. 우리 주변에서 흔히 볼 수 있는 생물들도 유용한 자원으로서 잠재적인 가치를 지니고 있다. 생물자원이나 유전자원으로서 가치가 높은 사례를 찾아보고, 국가적 이익이나 국제 통상에서의 활용 방안에 대해 탐구해 보자.

관련 학과 경제학과, 국제통상학과, 무역학과, 정치외교학과

《생물다양성은 우리의 생명》, 최재천 외 6명, 궁리(2011)

[12유전03-02]

단일클론항체, 줄기세포, 유전자 편집 기술이 난치병 치료에 활용된 사례를 조사하고, 이러한 치료법의 전망에 대해 협력적으로 소통할 수 있다.

난치병 치료를 위한 사회적 협력 네트워크에 대해 조사하고 분석해 보자. 먼저 난치병 치료에 관여하는 의료진, 환자, 가족, 의료 기관, 정부 기관, 금융·보험 회사 등 다양한 이해관계자들의 인식과 태도를 조사해 보자.

난치병 치료에 대한 인식의 차이, 사회적 영향 요인, 협력에 대한 태도 등을 분석하여 협력을 강화하는 방안에 대해 토의해 볼 수 있다. 의료 기관과 연구 기관, 환자 단체 및 정부 기관 등의 네트워크를 활용한 난치병 치료를 위한 협력 방안을 탐구하여 발표해 보자.

관련 학과 공공행정학과, 금융보험학과, 사회복지학과, 사회학과, 행정학과

《의료사회복지론》, 이솔지 외 3명, 어가(2022)

[12유전03-03]

생명공학 기술 관련 학문 분야를 이해하고, 우리 생활과 산업에 활용 사례를 조사하여 창의적으로 설명 자료를 제작할 수 있다.

➲ 한국바이오안전성정보센터(www.biosafety.or.kr)에 접속하여 유전자변형생물체(LMO)의 이용 상업화 현황과 GMO 표시제 등 유전자변형생물체의 이용 현황 정보를 찾아보자. 유전자변형생물체 승인 현황 월별 통계, 국내 LMO 수출입 현황 및 시험 연구용 승인 현황도 분석해 볼 수 있다. 또한 2023년 10월 10일 배포된 '제4차 유전자변형생물체 안전관리계획'을 다운로드하여 2023년부터 2027년까지 유전자변형생물체에 대한 우리나라 소관 부처의 안전관리계획의 내용을 읽어보자. 그리고 우리나라의 유전자변형생물체 안전관리 이행 방법의 적절성에 대해 토론해 보자.

관련 학과 공공행정학과, 국제통상학과, 사회학과, 신문방송학과, 언론정보학과, 행정학과

《우리가 몰랐던 유전자 조작 식품의 비밀》, 후나세 슌스케, 고선윤 역, 중앙생활사(2020)

[12유전03-04]

유전자변형생물체(LMO)의 특징을 이해하고, 인간과 생태계에 미치는 영향을 추론할 수 있다.

➲ 유전자변형생물체(LMO)는 생명공학 기술로 얻은 유전적 물질의 고유한 조합을 함유하는 생물체를 말한다. 예를 들어 관상용 형광 열대어는 대부분 유전자변형생물이며 수입과 판매가 금지되어 있다. 유전자변형생물의 국내 생산을 위해서는 사전에 위해성 심사와 승인을 받아야 한다. 또한 2022년 국정감사에서 식약처장은 유전자변형식품 완전표시제를 2026년부터 사회적 협의를 거쳐 단계적으로 추진할 계획이라고 밝혔다. 이와 같이 유전자변형생물의 심사와 승인이나 식품 완전표시제를 시행하고자 하는 이유에 대해 탐구해 보자.

관련 학과 공공행정학과, 국제통상학과, 무역학과, 사회학과, 소비자학과, 정치외교학과

《GMO 바로알기》, 박수철 외 2명, 식안연(2015)

[12유전03-05]

생명공학 기술의 활용 과정에서 나타나는 문제점과 이에 대한 사회적 책임을 인식하고, 생명 윤리 쟁점에 대해 의사결정할 수 있다.

➲ 유전자변형생물체(LMO), 유전자가위, 합성생물학의 바이오 안전성에 대한 주요 뉴스를 통해 LMO와 GMO의 국가별 동향에 대해 조사해 보자. 인도는 유전자가위로 개발된 특정 산물에 대한 연구 개발을 촉진하기 위한 표준운영절차(SOP)를 발표하고 세부 면제 기준과 절차를 제시하였다. 일본의 농림수산성은 GM 작물(대두, 유채)의 재배가 지역 생물 다양성에 미치는 위험이 없다는 결론을 내려 큰 주목을 받고 있다. 생명공학 기술을 활용한 LMO와 GMO의 문제점과 사회적 책임, 경제 효과 및 국가 정책의 방향에 대해 토론해 보자.

관련 학과 경제학과, 공공행정학과, 국제통상학과, 사회학과, 소비자학과, 행정학과

《생명공학 소비시대 알 권리 선택할 권리》, 김훈기, 동아시아(2013)

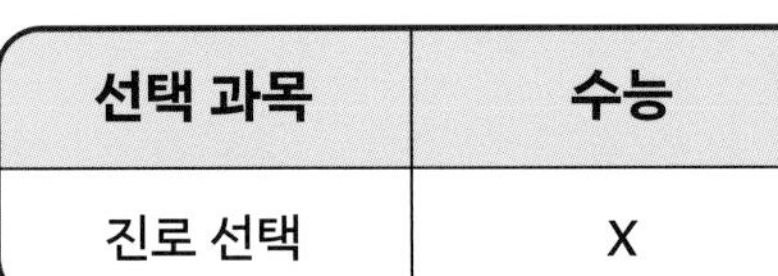

선택 과목	수능	지구시스템과학	절대평가	상대평가
진로 선택	X		5단계	5등급

단원명 | 지구 탄생과 생동하는 지구

| 🔍 | 지구시스템, 탄소의 순환 과정, 판구조론, 플룸 구조 운동, 암석의 순환 과정, 화산 활동, 지진파

[12지시01-01]

지구의 탄생 이후 지구 대기, 원시 바다, 생명체 탄생 등의 과정을 통한 지구시스템 각 권역의 형성 과정을 추론할 수 있다.

➲ 대륙이나 인종에 따른 다양한 문화에서 지구의 기원과 창조에 관해 어떻게 설명하고 전해왔는지를 문헌을 통해 조사하고, 이러한 이야기가 인간들의 세계관과 가치관에 어떤 영향을 미쳤는지 탐구해 보자. 또한 고대 문명들의 기원에 관한 이야기를 살펴보고, 과학적 이론과 어떻게 맞물리는지 조사하여 발표해 보자. 추후 활동으로, 종교와 가치관이 다른 국가나 인종 간의 분쟁 사례를 통해 국제 사회에서 협력할 수 있는 방안에 대해 토의해 보자.

관련 학과 국제통상학과, 군사학과, 무역학과, 정치외교학과, 지리학과

《분쟁의 세계지도》, 이정록 외 1명, 푸른길(2019)

[12지시01-02]

지구시스템이 진화해 온 역사에서 물, 탄소, 산소의 순환 과정을 통해 지권, 수권, 기권이 변화해 왔음을 추적할 수 있다.

➲ 지질시대 동안 지구에서는 여러 번 생물의 대량 멸종이 있었던 것으로 분석된다. 과학자들은 생물 대량 멸종의 원인으로 초대륙의 형성과 분리, 대규모의 화산 분출, 소행성의 충돌 등을 거론한다. 또한 과학자들은 앞으로 인류 문명을 멈출지도 모를 최악의 재앙을 언급하고 있다. 예를 들어 혜성과의 충돌, 감마선 폭발, 초대형 화산 폭발 등을 지구에 큰 재앙을 가져올 수 있는 사건으로 분류한다. 이러한 재앙이 발생했을 경우, 가장 피해를 입을 경제 분야와 국가 간 무역에 대해 토의하고, 피해를 최소화하기 위한 방송 통신 분야의 역할에 대해 탐구해 보자.

관련 학과 경영학과, 경제학과, 국제통상학과, 무역학과, 미디어커뮤니케이션학과, 신문방송학과, 언론정보학과, 정치외교학과

《재난 인류》, 송병건, 위즈덤하우스(2022)

[12지시01-03]

판구조론의 발달사와 관련지어 판을 움직이는 맨틀의 상부 운동과 플룸에 의한 구조 운동을 구분할 수 있다.

➲ 판구조론이 등장하기 전, 대부분의 과학자들은 고온의 지구가 식으면서 수축하여 산맥이 만들어졌다고 주장했다. 판구조론이 받아들여지기까지 오랫동안 사람들을 지배하던 고정관념을 깨뜨릴 발상의 전환이 필요했

다. 기업의 경영이나 국가 정책, 정치 외교 등의 분야에서 발상의 전환을 통해 난제를 해결한 사례를 찾아 분석하고, 발상 전환의 중요성에 대해 토의해 보자.

관련 학과 경영학과, 경제학과, 공공행정학과, 국제통상학과, 도시행정학과, 무역학과, 정치외교학과, 행정학과, 호텔경영학과

《경영 전략의 역사》, 고토사카 마사히로, 김정환 역, 센시오(2020)

[12지시01-04]

암석의 순환 과정에서 화산 활동의 역할과 화산 활동으로 생성되는 암석의 특성을 추론할 수 있다.

➲ 과거 냉전 시대에는 최첨단 무기류의 원료 확보를 위한 광물자원 전쟁이 치열했지만, 지금은 전자, 정보 통신 및 자동차와 항공기 등 첨단 기초 소재의 확보를 위해 경쟁한다. 희소금속과 희토류는 기초 철광과 달리 특정 지역과 특정 국가에서만 보존되어, 이를 확보하기 위한 경쟁을 '제2의 자원 전쟁'이라고 칭한다. 우리나라의 경우, 수출 주도형 경제성장 정책을 펼치고 있으며 자동차, 전자, 정보 통신, 스마트폰 등 관련 자원 확보를 위해 자원 시장에서 경쟁하지 않을 수 없다. 우리나라의 자원 시장 경쟁에 따른 대외 정책의 방향과 외교 전략에 대해 탐구해 보자.

관련 학과 경제학과, 국제통상학과, 군사학과, 무역학과, 소비자학과, 정치외교학과, 지리학과

《자원쟁탈의 세계사》, 히라누마 히카루, 구수진 역, 시그마북스(2022)

[12지시01-05]

지진파의 종류와 특성을 이해하고, 지진파를 이용하여 지구 내부 구조를 알아내는 과정을 탐구할 수 있다.

➲ 2004년 인도네시아 수마트라 지진, 2010년 아이티 지진, 2011년 동일본 대지진, 2015년 네팔 지진, 2016년 우리나라 경주 지진 등 지구의 많은 지역에서 지진이 발생하고 있다. 지진학자들은 지진이 발생하기 전에 나타나는 전조 현상을 조사하여 지진을 예측하기 위해 노력하고 있다. 이러한 전조 현상 분석을 통해 지진이 발생할 확률이 50%로 추정된다면, SNS나 매체를 통해 지진 경보 발령을 해야 할지 말아야 할지 모둠 토의를 해보자. 그리고 지진 경보 발령에 대한 찬반 토론을 진행해 보자.

관련 학과 공공행정학과, 도시행정학과, 미디어커뮤니케이션학과, 신문방송학과, 언론정보학과, 행정학과

《우리를 위협하는 지진과 생활》, 김소구, 학산미디어(2016)

단원명 | 해수의 운동

| 🔍 | 에크만수송, 지형류, 해파, 전해파, 심해파, 해일, 조석

[12지시02-01]

에크만수송과 관련지어 지형류의 발생 원리를 설명할 수 있다.

➲ 북태평양에 서식하는 알바트로스는 먹이를 찾아 몇백 킬로미터, 때로는 몇천 킬로미터를 날아다닌다. 먹잇감은 오징어나 수면 위로 반짝이며 떠돌아다니는 물고기 알이지만, 최근 바다 위에 반짝거리며 떠 있는 물체는 대부분 플라스틱이다. 알바트로스가 이것을 먹잇감으로 착각해서 새끼들에게 먹인 결과, 새끼들은 위장에 플라스틱이 가득한 채로 죽어간다. 또한 매년 전 세계 100만 마리의 해양 조류들과 10만 마리의 해양 포유류 및

바다거북들이 플라스틱을 먹고 죽어간다고 추정된다. 인간이 버린 쓰레기로부터 해양 생물들의 목숨을 보전하기 위한 글이나 영상 등의 자료를 제작하여 해양 쓰레기 문제 인식 개선을 요구하는 캠페인을 진행해 보자.

관련 학과 **광고홍보학과, 미디어커뮤니케이션학과, 사회학과, 신문방송학과, 언론정보학과**

《해양 플라스틱 쓰레기 문제의 진실》, 이소베 아츠히코, 김영일 외 2명 역, 전남대학교출판문화원(2022)

[12지시02-02]

해파의 발생 과정을 이해하고, 천해파와 심해파의 차이점을 비교·설명할 수 있다.

파도와 관련된 다양한 해양 레저 활동(서핑, 수영, 스킨스쿠버 등)을 즐기는 인구수가 급속하게 증가하고 있으며, 이에 따른 해변 관리와 지속가능한 해안 개발이 필요하다. 해파와 관련한 해변 관리, 해안 침식 방지 그리고 해안 개발과 관련한 자연 보전, 생태계 회복 등 해안 개발 방안과 정책에 대해 토의해 보고, 지자체의 예시 정책안을 작성하여 발표해 보자.

관련 학과 **공공인재학과, 공공행정학과, 관광학과, 언론정보학과, 지리학과, 행정학과, 호텔경영학과**

《해안 위험관리》, 노버트 P. 슈티 외 1명, 유근배 역, 한울아카데미(2008)

[12지시02-03]

해일이 발생하는 여러 가지 원인을 이해하고, 피해 사례와 대처 방안을 제안할 수 있다.

해저의 지각 변동이나 해상의 기상 변화로 바닷물이 육지로 넘쳐 들어오는 해일에 관한 기록을 살펴보면 <조선왕조실록>에 48회의 해일 발생과 피해 기록이 있다. 폭풍해일과 지진해일이 지속적으로 발생해 왔으며, 이러한 해일 피해 사례 분석을 통해 예방 대책을 강구해야 한다. 주택과 건물의 피해, 농경지나 농작물의 피해, 인명 및 환경 피해 등 해일의 피해를 최소화하기 위한 정부와 지자체의 대책과 사회 복지 정책에 대해 탐구해 보자.

관련 학과 **공공행정학과, 금융보험학과, 사회복지학과, 사회학과, 행정학과**

《연안재난 핸드북》, 미구엘 에스테반 외 2명, 윤덕영 외 1명 역, 씨아이알(2020)

[12지시02-04]

조석의 발생 과정을 이해하고, 자료 해석을 통해 각 지역에서 나타나는 조석의 양상을 설명할 수 있다.

전남 해남군 화원반도와 진도 사이에 있는 진도대교 아래에는 명량대첩으로 유명한 '울돌목'이 있다. 빠른 조류가 암초에 부딪혀 나는 소리가 매우 크고 바위가 우는 것 같다는 의미로 붙여진 명칭이다. 이 해역의 조류가 빠른 이유는 무엇인지 조사해 보고, 관광자원으로서의 활용이나 지역 홍보 전략에 대해 탐구해서 발표해 보자.

관련 학과 **관광학과, 광고홍보학과, 문화콘텐츠학과, 지리학과, 호텔경영학과**

《관광홍보론》, 오익근 외 1명, 백산출판사(2017)

단원명 | 강수 과정과 대기의 운동

| 선택적 흡수체, 지구 생명체 존재 조건, 지구 평균 열수지, 대기의 안정도, 정역학적 균형, 바람의 발생 원리, 행성파, 편서풍 파동

[12지시03-01] ●●●

대기를 구성하는 기체들이 선택적 흡수체임을 이해하고, 온실효과 및 태양 자외선 차단 효과, 물의 존재 등으로 지구 생명체 존재 조건을 추론할 수 있다.

➲ 지구온난화는 전 지구적인 현상으로, 우리나라도 지구온난화의 영향으로 기후가 빠르게 변하고 있다. 기상청에서 기후 및 환경 데이터를 제공하는 웹사이트인 기상자료개방포털(국가기후데이터센터)에서 한반도 기후의 다양한 통계 자료를 조사해 보자. 한반도 관측 및 통계 자료[기상청 기상자료개방포털(국가기후데이터센터)-기후통계분석]를 분석하여, 한반도의 기후변화에 따라 발전할 산업 분야와 사라질 산업 분야를 파악해 보자. 또한 기후변화에 따른 지자체와 국가의 대처 방안과 정책에 대해 토의해 보자.

관련 학과 경영학과, 경제학과, 공공행정학과, 국제통상학과, 무역학과, 지리학과, 행정학과

《기후변화는 어떻게 세계 경제를 위협하는가》, 폴 길딩, 양재희 역, 더블북(2023)

[12지시03-02] ●●●

지표와 대기의 열 출입과 관련된 물리 과정 및 전 지구 평균 열수지를 해석할 수 있다.

➲ 도시의 중심부가 주변 지역보다 기온이 높게 나타나는 '열섬 현상'에 대한 사회 문제 인식의 필요성이 있다. 열섬 효과가 도시 내 지역에 미치는 영향과 사회적 공정성에 대해 분석해 보자. 그리고 고온·고습 환경이 주거, 교육, 경제 등에 미치는 영향에 대해 조사해 보자. 이를 바탕으로 부동산 가치 하락, 교육 기회의 제한, 경제적 격차 문제에 대한 정책 제안서를 작성하여 발표해 보자. 열섬 효과의 사회적 영향과 대응 방안을 모색하여 사회 문제 해결, 지속가능한 도시 건설에 초점을 맞추어 탐구해 보자.

관련 학과 공공행정학과, 도시행정학과, 사회복지학과, 행정학과

《인간과 도시환경》, 김수봉, 대영문화사(2002)

[12지시03-03] ●●●

기온의 연직 분포와 대기의 안정도와의 관계를 이해하고, 단열변화를 통해 안개나 구름이 생성되는 과정 및 강수 과정을 분석할 수 있다.

➲ 도로 위의 안개는 운전자의 시야를 방해하여 높은 교통사고 발생률의 원인이 되며, 안개 발생 시 교통사고 사망률은 5배가 높다는 통계 자료를 확인할 수 있다. 안개가 자주 발생하는 구간을 운전자들이 쉽게 식별토록 경고 표지판을 부착하거나, 도로 조명을 개선하거나, 사고 조치 시스템을 구축할 필요성이 있다. 안개나 구름, 강수 현상에 의한 교통사고 발생률이 지속적으로 높은 지역에 대한 대책과 도로교통법에 대해 탐구해 보자.

관련 학과 경찰행정학과, 공공행정학과, 금융보험학과, 도시행정학과, 법학과, 사회학과

《도시와 교통: 사람과 환경이 함께하는 지속가능교통》, 정병두, 크레파스북(2020)

[12지시03-04] ●●●

기압의 연직 분포로 정역학적 균형을 이해하고, 대기 중 연직 운동의 발생 원인을 추론할 수 있다.

➲ 고층아파트에 사는 50대 여성 가운데 고혈압 환자가 많다는 일본의 연구 결과가 보고됐다는 매체 자료가 있다. 혈압이 주거 건물의 층수와 직접적인 관련은 없지만 고층아파트에 살면 일상생활이나 환경이 혈압에 영향을 줄 수 있다. 고혈압은 심장질환, 뇌졸중 등 심각한 질환과 연관되어 있으며, 예방 및 조기 발견이 중요하다.

이러한 고혈압 환자들에게는 적절한 의료 서비스와 고혈압 관리를 위한 정기적인 건강검진 등 보건의료 정책이 필요하다. 고혈압 환자와 같은 만성질환자들을 위한 보건의료 정책에 대해 탐구해 보자.

관련 학과 공공행정학과, 금융보험학과, 사회복지학과, 행정학과

《복지논쟁시대의 보건정책》, 윤석준, 범문에듀케이션(2011)

[12지시03-05] ●●●

지균풍, 경도풍, 지상풍의 발생 원리와 관련된 힘의 작용을 설명할 수 있다.

➲ 풍력 에너지는 바람을 활용하는 재생 에너지이다. 풍력발전이 경제에 미치는 영향을 조사하고 분석해 보자. 그리고 풍력발전 산업이 어떻게 성장하고 있으며, 지역 및 국가 경제에 어떤 영향을 미치는지 조사해 볼 수 있다. 예를 들어 풍력발전 산업 분야별 고용 창출과 투자 유치, 지역 개발 등과 관련 있는 데이터와 사례를 분석해 볼 수 있다. 또한 풍력발전 시스템 구축의 지리적 요소와 운영에 따른 비용 요소, 수익성에 대해 탐구해 보고 풍력발전의 경제적 가치를 평가해 보자.

관련 학과 경제학과, 공공행정학과, 도시행정학과, 지리학과, 행정학과

《풍력발전사업 이론과 실제》, 토어 위젤리어스, 고경남 외 3명, 씨아이알(2020)

[12지시03-06] ●●●

행성파의 발달 과정을 이해하고, 지상 고·저기압 발달에서 편서풍 파동의 역할을 평가할 수 있다.

➲ 우리나라 공항에서 미국 공항까지의 비행기 이동 시간보다 미국 공항에서 우리나라 공항까지의 비행기 이동 시간이 더 길다. 같은 거리를 이동하더라도 이동 방향에 따라 소요 시간이 다른 이유를 파악해 보자. 또한 기본 운임, 유류할증료, 세금 및 수수료, 부가서비스 비용 등 해외여행에 따른 항공료 계산 방법과 여행 관련 보험에 대해 토의해 보자. 이와 함께 세계의 기후와 지리적 위치에 따른 필요 정보를 발표하고, 관광 마케팅 전략에 대해 토의해 보자.

관련 학과 관광학과, 금융보험학과, 문화콘텐츠학과, 지리학과, 항공서비스학과, 호텔경영학과

《관광마케팅(Tourism Marketing)》, 김이태 외 3명, 청람(2017)

선택 과목	수능	행성우주과학	절대평가	상대평가
진로 선택	X		5단계	5등급

단원명 | 우주 탐사와 행성계

| 🔍 | 태양계, 우주 탐사, 태양 활동 감시 시스템, 케플러 법칙, 소천체, 외계 행성계

[12행우01-01]

태양계 탐사선의 활동을 통해 알아낸 성과를 이해하고, 인공위성을 활용한 우주 탐사의 필요성을 토론할 수 있다.

인류의 우주 활동을 위한 우주 탐사는 지속적으로 발전해 왔다. 과학의 진보와 새로운 발견, 인류의 미래와 발전에 대한 논란이 있는데, 우주 탐사의 필요성에 대한 찬반 토론을 해보자. 찬성 측 입장에서 고려할 사항으로는 인류의 탐험 정신과 지식의 확장, 자원 개발 및 경제적 이익, 우주 기술의 혁신과 사회 발전 등을 들 수 있다. 또한 반대 측 입장에서는 막대한 비용과 자원 낭비, 우주 탐사의 위험성, 지구 내부의 문제(예를 들면 기후변화, 환경오염, 에너지 공급)에 우선 집중해야 한다는 점을 고려해야 한다. 다양한 관점과 가치 판단에 대한 의견을 교류하는 토론과 논의를 해보자.

관련 학과 경제학과, 공공인재학과, 문화콘텐츠학과, 사회학과, 신문방송학과, 언론정보학과, 행정학과

《어크로스 더 유니버스》, 김지현 외 1명, 어바웃어북(2019)

[12행우01-02]

태양 활동 감시 시스템과 지구 접근 천체를 비롯한 지구를 위협하는 우주 위험 감시 기술의 중요성을 우주 재난 측면에서 인식할 수 있다.

우주공간을 떠도는 다양한 크기의 인공적인 모든 물체를 말하는 우주 쓰레기는 현재 총중량이 약 6,000톤 이상에 달한다. 우주 개발 전문가들은 인공위성이나 우주 쓰레기가 서로 충돌하면서 더 많은 우주 쓰레기가 계속 생기거나, 결국 우주 쓰레기로 인해 인공위성을 운용하지 못할 지경에 이를 수 있다는 '케슬러 증후군'에 대해 말한다. 인공위성 충돌 위험 분석 리포트에 담긴 정보를 조사하고, 우주 쓰레기 문제를 해결하기 위한 국제적 노력과 협력 방안을 토의해 보자.

관련 학과 국제통상학과, 정치외교학과

《우주 쓰레기가 온다》, 최은정, 갈매나무(2021)

[12행우01-03]

태양계를 지배하는 힘이 태양의 중력임을 이해하고, 케플러의 세 가지 법칙을 이용하여 태양계 구성 천체들의 운동을 설명할 수 있다.

'앙부일구'는 조선 세종 때 처음 만들어진 해시계의 일종으로, 조선 후기까지 다양한 형태로 제작되어 널리 사

용되었다. 앙부일구는 정밀한 주조, 정교한 접합 기술, 섬세한 은입사 기법, 다리의 용과 구름무늬, 다리받침의 거북머리 장식 등 뛰어난 기술적 요소를 갖추었다는 점에서 고도로 숙련된 장인이 만든 예술 작품임을 알 수 있다. 2022년 2월에 조선시대 천문학 기구인 해시계 '앙부일구' 세 점이 국가지정문화재(보물)로 지정되었다. 우리나라 문화재에 대한 올바른 역사관을 확립하기 위한 콘텐츠를 제작하거나, 국가의 문화유산을 관광자원으로 활용하기 위한 홍보 전략 보고서를 작성해 보자.

관련 학과 **관광학과, 광고홍보학과, 문화콘텐츠학과, 미디어커뮤니케이션학과, 신문방송학과, 언론정보학과**

《문화유산 관광자원관리론》, Bob Mckercher 외 1명, 조명환 역, 백산출판사(2008)

[12행우01-04]

행성과 소천체의 정의를 구분하여 이해하고, 소천체 탐사 자료를 통해 이들의 특징을 추론할 수 있다.

우주 전문 뉴스 웹사이트인 스페이스닷컴에서 '인류 최초의 우주기지는 어디에 지어야 할까?'라는 질문으로 달, 화성, 우주공간, 소행성의 4가지 중 하나를 고르는 설문 조사를 실시했다. 전체 참여자 2,851명 중에서 '달'이 1,829명(64.2%)으로 1위를 차지했으며, '화성'은 635명(22.3%)으로 2위, 우주공간과 소행성은 각각 3위와 4위를 기록했다. 이처럼 미디어 커뮤니티 공간에서 대중을 대상으로 사회 문제에 대한 설문 조사를 실시하고 분석하는 통계학적 방법에 대해 조사해 보자. 또한 사회 문제 설문에 대한 통계 분석과 이를 사회 정책이나 해결 방안에 적용한 사례를 탐구해 보자.

관련 학과 **공공행정학과, 미디어커뮤니케이션학과, 사회학과, 언론정보학과, 행정학과**

《사회 문제를 보는 새로운 눈》, 이창언 외 3명, 선인(2013)

[12행우01-05]

외계 행성계 탐사의 원리를 이해하고, 외계 행성에 생명체가 존재할 수 있는 조건과 외계 생명체의 존재 가능성에 대해 논증할 수 있다.

네덜란드 민간기업인 '마스원(Mars One)'은 2012년에 우주기지 건설 계획을 발표해 화제가 됐다. 2023년에는 화성에 우주비행사 4명을 착륙시키고 2033년에는 20명을 정착시킬 것이라는 야심 찬 계획과 함께, 이 모든 과정을 리얼리티 TV 프로그램으로 제작해 방영하겠다고 발표했었다. 하지만 자금난을 극복하지 못하고 파산하여 화성의 인류 정착촌 건설의 꿈은 무산되었다. 기업의 재무제표나 기업 분석 방법에 대해 조사하고, 지속적으로 발전하고 성장하는 기업의 조건을 분석해 보자.

관련 학과 **경영학과, 경제학과, 회계학과**

《한 권으로 끝내는 재무제표 읽기: 실전 편》, 금융가의 방랑자, 박세미 역, 시그마북스(2023)

단원명 | 태양과 별의 관측

광구, 흑점, 태양의 자전주기, 시차, 시선속도, 접선속도, 질량-광도 관계, 맥동변광성, 폭발변광성

[12행우02-03]

별의 시선속도와 접선속도의 합으로 공간 운동이 나타남을 이해하고, 별자리를 구성하는 별들의 장시간에 걸친 형태 변화를 추론할 수 있다.

세대별 혹은 국가별로 별들의 움직임과 관련한 문화를 조사하고, 그에 맞는 콘텐츠 제작 및 개발에 대해 토의해 보자. 어린 세대가 좋아할 만한 별자리와 퍼즐을 결합한 게임 콘텐츠를 제작하거나, 별자리의 움직임을 활용한 레이싱 게임을 만들 수 있다. 또한 우주공간을 배경으로 한 별자리의 움직임을 영상으로 제작해 보거나 액세서리를 만드는 등 영상 및 예술 콘텐츠 개발에 대해 분석해 보자. 이러한 콘텐츠의 대중성과 실효성에 대한 모둠 토의와 분석을 통해 기획안을 작성하여 발표해 보자.

관련 학과 문화콘텐츠학과, 소비자학과

《2024 콘텐츠가 전부다》, 노가영 외 3명, 미래의창(2023)

[12행우02-04]

쌍성의 관측 자료를 이용하여 항성의 질량을 직접적으로 구할 수 있음을 이해하고, 질량-광도 관계를 이용하여 쌍성이 아닌 별의 질량을 구할 수 있다.

천문학의 발견과 쌍성의 관측이 사회에 미치는 영향을 조사해 보자. 예를 들어 고대 천문학자들이 별 관측을 기반으로 어떻게 시간과 방향을 확인하거나 항해 등에 활용했는지 조사해 볼 수 있다. 또한 현대의 우주 탐사가 사회 경제와 기술 발전에 어떤 영향을 미치는지 분석해 보자. 별에 대한 관심과 이해가 문화에 미치는 영향과, 별의 광도-질량 등 천문학 연구를 통해 창출되는 사회학적·경제학적 발전에 대해 탐구하여 발표해 보자.

관련 학과 경제학과, 문화콘텐츠학과, 사회학과

《항공우주산업》, 허희영, 북넷(2021)

[12행우02-05]

광도곡선의 특징을 비교하여 맥동변광성과 폭발변광성을 구분하고, 폭발변광성 중 초신성 관측 자료를 통해 알 수 있는 과학적 사실을 추론할 수 있다.

우리나라에서는 별 축제나 천문 우주 페스티벌 등 천체, 우주와 관련된 많은 축제가 열리고 있다. 예를 들어 전남 고흥군에 위치한 나로우주센터 우주과학관 일원에서는 '고흥우주항공축제'가 열리며 우주과학과 관련한 200여 개의 프로그램을 즐길 수 있다. '스페이스 뮤지엄'이란 테마로 1인승 우주선 조종, 달 중력 등을 체험하고, 우주과학관 광장에서 진행되는 '별별 과학 체험' 코너에서는 인공지능, 자율주행 달 탐사 등을 체험할 수 있다. 이와 같은 지역 축제는 지역 주민의 소득을 높이고, 지역 경제 활성화에 기여한다. 지역 경제 활성화와 일자리 창출, 우리나라 우주과학 기술의 홍보 등을 위한 천문, 우주 관련 축제의 기획안을 작성하여 발표해 보자.

관련 학과 경제학과, 관광학과, 광고홍보학과, 문화콘텐츠학과, 미디어커뮤니케이션학과

《축제기획의 실제》, 박준흠, 한울(2011)

단원명 | 은하와 우주

| 🔍 | 성단, 맥동변광성, 성간 소광, 은하 회전 속도, 적색편이, 분광 관측, 현대 우주론, 은하 장성, 보이드

[12행우03-01]

성단의 C-M도를 이용하여 성단의 나이와 거리를 비교하고, 맥동변광성의 주기-광도 관계를 이용하여 우리은하의 구조와 규모를 추론할 수 있다.

➔ 미국의 여성 천문학자인 리비트(Henrientta Swan Leavitt, 1868~1921)의 가장 큰 업적은 소마젤란은하 속의 세페이드 변광성을 연구하여 그 변광성의 밝기와 밝기가 변하는 주기 사이의 관계를 밝힌 것이다. 리비트는 여성에 대한 편견이 있던 시대에 심각한 청각 장애에 시달리는 어려운 여건 속에서도 과학 활동을 했다. 처음 그녀에게 주어진 일은 하버드 대학교의 천문연구소에서 관측 자료를 정리하는 단순 작업이었다. 각각 다른 시각에 찍은 두 사진을 꼼꼼하게 비교해 밝기가 달라진 별을 찾아내는 단순 반복 작업이었지만, 그녀는 싫증을 내지도 포기하지도 않았다. 묵묵히 최선을 다해 맡은 일을 수행하여 능력을 인정받았고, 마침내 사진 측광 팀의 팀장이 되었다. 리비트의 삶에서 배울 수 있는 사회 구성원으로서의 역할과 장애에 대한 사회 정책에 대해 토의해 보자.

관련 학과 **공공인재학과, 공공행정학과, 사회복지학과, 행정학과**

《장애정책의 이해》, 나운환 외 5명, 정민사(2020)

.

[12행우03-02] ●●●

성간 소광 자료를 통해 성간 티끌의 존재를 추론하고, 성간 티끌의 특징을 설명할 수 있다

➔ 미국의 '딥 임팩트' 우주탐사선은 2005년 1월 12일에 발사되어, 지구에서 1억 3,400만 킬로미터 떨어진 곳을 지나는 혜성 '템펠1'과 구리로 만든 세탁기 크기의 임팩터를 2005년 7월 4일에 충돌시키는 실험을 하였다. 미국 독립기념일에 맞춰 진행된 임팩터와 템펠1의 충돌 실험은 태양계 생성의 비밀을 향한 인류의 큰 발걸음이었지만, 미국인들에게는 아프가니스탄과 이라크 전쟁으로 상처 입은 자존심을 다시 세워주는 우주 쇼이기도 했다. 2005년이 아닌 오늘날에 미국의 '딥 임팩트' 프로젝트에 담긴 의미를 분석하고, 이 프로젝트의 의미를 최대한 살리기 위한 방법을 탐구해 보자.

관련 학과 **광고홍보학과, 국제통상학과, 군사학과, 문화콘텐츠학과, 미디어커뮤니케이션학과, 신문방송학과, 언론정보학과, 정치외교학과**

《ESG 파이코노믹스》, 알렉스 에드먼스, 송정화 역, 매일경제신문사(2021)

[12행우03-03] ●●●

은하의 회전 속도 곡선을 이용하여 질량 분포를 이해하고, 은하에 빛을 내지 않는 물질의 존재를 추론할 수 있다.

➔ 과학관 학예연구사는 과학 지식과 전시 경험 및 감각을 바탕으로 전시의 시작부터 마무리 단계에 이르기까지 모든 일을 관장하고 책임지는 일을 한다. 이를 위해서는 대중의 과학 지식 수준과 연령대, 관심 영역을 분석하여 목적에 맞는 전시와 체험 프로그램을 만드는 기획력과 창의성이 필요하다. 우주의 은하와 관련된 주제로 과학관의 특별 전시 코너를 기획한다고 가정하고, 대중을 대상으로 한 광고·홍보 방안과 콘텐츠 등 과학관 학예연구사로서 기획안을 작성하여 발표해 보자.

관련 학과 **광고홍보학과, 문화콘텐츠학과, 미디어커뮤니케이션학과, 소비자학과, 신문방송학과, 언론정보학과**

《학예사를 위한 전시기획 입문》, 윤병화, 예문사(2024)

[12행우03-04] ●●●

대규모로 이루어진 외부은하의 적색편이 탐사의 성과를 이해하고, 은하의 공간 분포를 파악할 수 있게 해주는 분광 관측 자료의 중요성을 인식할 수 있다.

➔ 과학 선진국에 비하면 아직 부족하긴 하지만, 우리나라 과학관의 수는 약 160곳이다. 최근 10여 년 동안 지속적으로 증가했으며, 과학 관련 상설 전시회뿐만 아니라 천체 관측 행사와 체험관, 천문학 분야의 과학자 특강

과 과학 영화 상영 등을 진행하고 있다. 과학 분야의 전문 지식을 기반으로 한 과학관의 운영 및 관리 방법을 조사하고, 행정적 지원 방향과 지역 경제에 미치는 효과에 대해 토의해 보자.

관련 학과 경영학과, 경제학과, 공공행정학과, 행정학과

《과학관의 건립과 운영》, 정기주, 공주대학교출판부(2018)

[12행우03-05]

은하의 공간 분포 자료를 통해 은하의 집단을 이해하고, 은하 장성, 보이드 등 우주의 거시적인 구조를 현대 우주론과 관련지어 설명할 수 있다.

➡ 현대 우주론의 우주 진화 연구 방법은 크게 두 가지로 압축된다. 우주 진화 과정에서 흔적으로 남은 우주 배경 복사를 정확하게 관측하는 것, 그리고 우주 물질의 분포를 정밀하게 관측하는 것이다. '슬론 프로젝트'의 주요 임무는 우주 물질의 3차원 분포 지도를 작성하는 것이며, 미국 뉴멕시코 지역의 해발 2,788m의 천문대에서 고해상도 천체 사진을 촬영·분석하여 3차원 위치를 측량하고 있다. 허블 망원경은 아주 먼 곳의 은하나 별을 정밀하게 관측하는 것이 임무였다면, 슬론 전용 망원경은 허블 망원경보다 4천 배 이상 넓은 시야로 우주의 구조를 관측한다. 즉 허블 망원경은 나무를, 슬론 망원경은 숲을 관측한다고 볼 수 있다. 이처럼 거시적·미시적인 사회과학적 분석 방법의 필요성과 경영·경제·사회 정책의 반영에 대해 토의해 보자.

관련 학과 경영학과, 경제학과, 공공행정학과, 사회복지학과, 사회학과, 행정학과

《모두를 위한 사회과학》, 김윤태, 휴머니스트(2017)

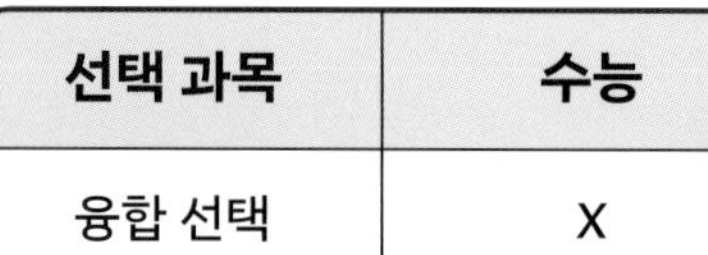

선택 과목	수능	과학의 역사와 문화	절대평가	상대평가
융합 선택	X		5단계	X

단원명 | 과학과 문명의 탄생과 통합

| 🔍 | 인류, 문명, 지혜, 그리스, 철학자, 중세시대, 유럽, 중동 지역, 종교, 문화, 과학, 르네상스, 과학혁명, 사회문화적 배경, 예술, 신념, 세계관

[12과사01-01]

인류 문명의 탄생 과정에서 인류의 지혜가 담긴 과학적 사례를 발견하고, 이를 통해 과학이 인류 문명의 형성 과정에 기여하였음을 이해할 수 있다.

➲ 농업혁명은 인류 문명의 탄생 과정에서 인류의 지혜가 담긴 과학적 사례 중 하나이다. 농업혁명은 인류가 사냥·채집 생활에서 농업 기반의 생활로 전환하는 과정을 나타내며, 인류의 생존과 발전에 중요한 역할을 했다. 이를 통해 인류의 지혜와 과학적 발견이 식량 생산과 경제 발전에 어떻게 기여했는지를 이해할 수 있다. 이처럼 인류 문명의 탄생 과정에서 인류의 지혜가 담긴 과학적 사례를 조사하고, 이를 통해 과학이 인류 문명의 형성 과정에 어떻게 기여했는지를 토론해 보자.

관련 학과 사회계열 전체

《숨겨진 한국전통과학의 재발견》, 김헌식, 평민사(2023)

[12과사01-02]

고대 그리스 철학자의 과학적 사고나 주장 등을 조사하고, 그리스 문명이 고대에서 현대에 이르기까지 인간의 삶에 미친 영향을 설명할 수 있다.

➲ 고대 그리스에는 탈레스, 피타고라스, 헤라클레이토스, 데모크리토스 등의 철학자가 있었다. 탈레스는 자연 현상의 이유와 원인을 탐구하고 물이 모든 것의 기본 원리라고 주장하였으며, 이는 초기의 천문학적 연구와 지리학적 관찰의 출발점이 되었다. 고대 그리스 철학자의 과학적 사고나 주장 등을 조사하고, 그리스 문명이 고대부터 현대에 이르기까지 인간의 삶에 미친 영향을 분석하여 보고서로 작성해 보자.

관련 학과 사회계열 전체

《세상에 존재하는 모든 물리학》, 곽영직, 세창출판사(2023)

[12과사01-05]

과학 지식의 형성 과정에서 과학자의 신념이나 세계관이 영향을 준 사례를 조사하여 발표할 수 있다.

➲ 과학자의 신념이나 세계관은 과학 지식의 형성 과정에 영향을 줄 수 있다. 과학자는 사회적·문화적·종교적·개인적인 배경을 가지고 있어서, 과학자의 세계관은 연구 주제의 선택과 해석, 연구 동기와 가설 설정에 영향을

줄 수 있다. 과학자가 이해하려는 현상은 복잡하고 불완전하며, 그들의 모델과 가설은 자연 현상을 단순화하려는 노력에서 비롯되기 때문에 신념과 세계관에 영향을 받을 수 있다. 과학 지식의 형성 과정에서 과학자의 신념이나 세계관이 영향을 준 사례를 조사하고 보고서를 작성하여 발표해 보자.

관련 학과 사회계열 전체

《과학적 신념은 어디에서 오는가》, 막스 플랑크, 이정호 역, 전파과학사(2019)

단원명 | 변화하는 과학과 세계

| 🔍 | 상대성이론, 현대 과학, 사회문화, 사회적 가치, 과학자, 논쟁, 토론, 의사소통, 예술 작품, 건축물, 문화, 과학적 원리, 감염병, 교통수단, 산업혁명

[12과사02-01]

상대성이론 등과 같은 현대 과학의 등장이 당시의 사회문화에 끼친 영향을 이해함으로써 과학의 사회적 가치를 느낄 수 있다.

➲ 상대성이론은 알베르트 아인슈타인이 제안하고 발전시킨 것으로, 특수상대성이론과 일반상대성이론을 통틀어 이르는 말이다. 상대성이론은 시간, 공간, 물질, 에너지를 통합적으로 다룬 이론으로, 특수상대성이론은 광속에 가까운 물체의 운동을 다루고, 일반상대성이론은 아주 무거운 물체가 주위에 미치는 힘을 다룬다. 고전 물리학에서는 시간과 공간은 별개의 것으로, 어떤 관찰자에게나 똑같이 적용되는 절대적인 시간의 기준이 있다고 여겨졌지만, 상대성이론에 의해서 상대적인 시간이라는 패러다임의 변화가 생기게 되었다. 상대성이론과 같은 현대 과학의 등장이 당시의 사회 및 문화에 영향을 끼친 사례를 조사한 후, 과학과 기술의 사회적인 역할을 주제로 토론해 보자.

관련 학과 경영학과, 경제학과, 공공인재학과, 공공행정학과, 군사학과, 도시행정학과, 무역학과, 미디어커뮤니케이션학과, 법학과, 사회학과, 언론정보학과, 정치외교학과

조선이 만난 아인슈타인

민태기, 위즈덤하우스(2023)

책 소개

이 책은 상대성이론을 비롯해 양자역학, 핵물리학 등 최신 과학이 국내에 어떻게 들어와서 언제 알려졌고, 왜 대중에게 확산되었는지 알려준다. 전 세계 과학계 소식을 전하고자 노력한 신문, 잡지 기사를 통해 현장감을 느낄 수 있다. 저자가 수집한 자료를 읽으며 과학을 이해하고자 한 많은 이의 열망을 접할 수 있고, 달 탐사와 로켓, 드론이 언론에 대서특필되던 시대, '과학의 나라' 조선을 읽을 수 있다.

세특 예시

교과 연계 도서 발표 활동에서 '조선이 만난 아인슈타인(민태기)'을 읽고, 상대성이론과 같은 현대 과학이 국내의 사회문화에 끼친 영향을 조사하여 보고서를 작성함. 상대성이론, 양자역학, 핵물리학 등 최신 과학이 국내에 들어온 과정을 조사한 후 대중에게 전파된 경로를 분석함. 조선시대의 과학을 통해 과학과 역사의 관계를 이해하고, 과학기술이 국내 사회문화에 끼치는 영향을 잘 설명함.

[12과사02-04]

감염병이 사회에 영향을 미친 대표적인 사례를 찾고, 과학이 사회 문제 해결에 기여함을 인식할 수 있다.

감염병은 인류 역사를 통해 사회에 많은 영향을 끼쳤다. 역사상 가장 유명한 사례인 흑사병은 14세기 유럽에서 시작되었는데, 강력하고 치명적인 전염력으로 인구를 급격히 감소시켰다. 또한 콜레라, 독감, 에볼라출혈열, 그리고 최근의 코로나19와 같은 감염병들이 세계적인 유행으로 사회, 경제, 정치 등에 영향을 주었다. 대유행으로 인한 경제적 충격, 사회적 거리두기, 병원 체계의 과부하 등은 감염병이 사회에 미치는 대표적인 사례이다. 감염병과 관련된 정책과 공공 의료 시스템의 변화, 정부 대응 방식의 변화, 사람들 간의 교류 방식의 변화 등은 모두 감염병 유행의 영향을 반영한다. 감염병이 사회에 영향을 미친 대표적인 사례를 구체적으로 조사하고, '사회문제 해결을 위한 과학의 역할'을 주제로 논설문을 작성해 보자.

관련 학과 경영학과, 경제학과, 공공인재학과, 공공행정학과, 군사학과, 도시행정학과, 무역학과, 미디어커뮤니케이션학과, 법학과, 사회학과, 언론정보학과, 정치외교학과

《우리는 감염병의 시대를 살고 있습니다》, 우리학교, 에디토리얼(2020)

[12과사02-05]

과학기술이 교통수단의 발달에 미친 영향을 인식하고, 교통수단의 발전이 가져올 미래 사회의 변화를 예측할 수 있다.

과학기술은 교통수단의 발달에 상당한 영향을 끼쳐왔다. 산업화 이전에는 말이나 발걸음이 유일한 이동 수단이었지만, 증기기관의 발명과 기계의 발전으로 철도가 생겨나기 시작했다. 훨씬 더 빠르고 효율적인 운송 방법이 등장하면서 교통 및 물류 시스템이 개발되었다. 이후 자동차, 항공기, 선박 등의 발전으로 거리의 제약이 사라지고, 이동 수단이 더욱 안전하고 빠르게 발전함에 따라 물류, 상업 및 여행 등의 산업도 크게 발전했다. 뿐만 아니라 교통 네트워크가 확장되고, 물품 및 정보의 이동이 효율적으로 이루어질 수 있게 되었다. 이처럼 과학기술이 교통수단의 발달에 미친 영향을 인식하고, 교통수단의 발전이 가져올 미래 사회의 변화를 예측하여 보고서를 작성해 보자.

관련 학과 사회계열 전체

《스마트 모빌리티 지금 올라타라》, 모빌리티 강국 보고서, 매일경제신문사(2021)

[12과사02-06]

산업혁명 이후 나타난 과학기술이 인류 문명에 미친 긍정적 효과와 부정적 효과에 대해 토론할 수 있다.

산업혁명은 1760년대에 영국에서 시작되어 각지로 파급된 기계의 발명과 기술의 변화, 그리고 이로 인한 사회·경제의 변화를 가리킨다. 영국은 산업 발달에 필요한 풍부한 자원을 가지고 가장 먼저 산업혁명을 이룰 수 있었다. 산업혁명 이후 기계화, 산업화, 전기화 등 혁신적인 발전으로 생산성이 향상되며 삶의 방식이 변화했다. 또한 새로운 에너지원이 발견되고, 교통과 통신 수단이 발달하면서 지리적·사회적 제약이 줄어들었다. 정보 기술의 발달로 전 세계의 정보 및 지식 공유가 쉬워지면서 교육과 연구의 효율성 또한 크게 향상되었다. 산업혁명 이후 급속히 발달한 과학기술이 인류 문명과 사회에 가져온 긍정적 효과와 부정적 효과를 조사한 후 보고서를 작성해 발표해 보자.

관련 학과 사회계열 전체

《인류사를 바꾼 위대한 과학》, 아널드 R. 브로디 외 1명, 김은영 역, 글담(2018)

단원명 | 과학과 인류의 미래

| 🔍 | 과학기술, 문화적 변화, 예술 작품, 콘텐츠, 미디어, 과학 용어, 음악, 인공지능, 로봇, 심미적 가치, 사물, 인간과 기계, 기술 발전, 가상현실, 증강현실, 의사결정

[12과사03-02]

일상생활이나 미디어에서 사용되는 과학 용어를 조사하고, 과학 용어가 우리 사회에 미치는 파급효과를 설명할 수 있다.

➲ 과학 용어는 과학의 새로운 개념을 이해하고 문제를 해결하는 데 활용된다. 우리는 일상생활에서 과학 용어를 다양하게 사용하고 있으며, 과학 용어는 우리의 생활과 사회 전반에 깊은 영향을 미친다. 물리학 용어로는 중력, 운동, 에너지, 전기 등이 있으며, 화학 용어로는 원소, 화합물, 반응, 산업 화학 등이 있다. 생물학에서는 세포, 유전자, 진화, 생태계 등의 용어가 널리 사용되고, 기술 용어로는 디지털, 인공지능, 로봇공학, 네트워크 등이 있다. 그리고 환경 분야에서는 친환경, 지속가능성, 온실가스 등의 용어를 자주 사용하고 있다. 이러한 용어들은 기술의 발전과 새로운 상황에 대응하는 데 큰 도움을 주며, 현대 사회의 변화와 발전을 이끄는 핵심적인 도구로 작용한다. 일상생활이나 미디어에서 사용되는 과학 용어 중에서 관심 있는 용어를 선정하고, 선택한 과학 용어를 중심으로 '과학 용어가 우리 사회에 미치는 파급효과'를 주제로 보고서를 작성해 보자.

관련 학과 경영학과, 경제학과, 공공인재학과, 공공행정학과, 군사학과, 도시행정학과, 무역학과, 미디어커뮤니케이션학과, 법학과, 사회학과, 언론정보학과, 정치외교학과

《과학 용어 도감》, 미즈타니 준, 윤재 역, 초사흘달(2020)

[12과사03-05]

가상현실이나 증강현실을 활용한 우리 주변의 사례를 조사하고, 이러한 기술이 미래 사회에 미칠 수 있는 영향에 대해 토론할 수 있다.

➲ 가상현실과 증강현실은 게임, 교육, 의료 등 다양한 분야에서 활용되고 있다. 가상현실은 교육 분야나 게임 산업에서 주로 사용되고, 게이머들에게 현실에서 가상 세계로 이동하는 경험을 제공한다. 증강현실은 실제 환경에 가상의 요소를 덧붙여 정보를 제공하는 데 사용된다. 증강현실은 스마트폰 앱이나 헤드업 디스플레이 등에서 차량 내비게이션, 광고, 게임 등과 같은 콘텐츠를 통해 보편화되고 있다. 의료 분야에서는 학습, 진단, 치료 등에 활용되며, 제조, 건설 및 디자인 분야에서도 사용되고 있다. 가상현실이나 증강현실과 같은 신기술이 미래 사회에 미칠 수 있는 영향을 조사한 후 보고서를 작성해 보자.

관련 학과 경영학과, 경제학과, 공공인재학과, 공공행정학과, 군사학과, 도시행정학과, 무역학과, 미디어커뮤니케이션학과, 법학과, 사회학과, 언론정보학과, 정치외교학과

《가상현실 증강현실의 미래》, 이길행 외 8명, 콘텐츠하다(2018)

[12과사03-06]

집단적 의사결정을 통해 과학기술과 관련된 사회적 문제를 해결한 사례를 조사하여 과학기술에 대한 시민의 이해와 균형 있는 가치 판단의 필요성을 인식할 수 있다.

➲ 유인우주선 '아폴로 13호'의 회수 작전은 집단적 의사결정을 통해 과학기술과 관련된 사회적 문제를 해결한 대표적인 사례이다. 당시 우주비행사들이 달에 착륙하려는 계획 중에 발생한 문제 때문에 지구로 안전하게 귀

환하는 데 의사결정이 필요했고, 지구에 있는 다양한 전문가 집단과 함께 의견을 제시하고 문제 해결을 위해 논의하였다. 임무에 참여한 과학자, 엔지니어, 우주비행사 등이 모여 문제에 대처하기 위한 다양한 해결책을 찾았고, 이 과정에서 창의적이고 합리적인 방안이 모색되어 우주비행사들이 안전하게 지구로 돌아올 수 있었다. 과학기술의 지원으로 국제적으로 의사결정이 이루어져 당시의 사회적 문제를 해결할 수 있었던 것이다. 과학기술과 관련된 사회적 문제를 조사하고, 데이터 분석을 통한 집단적 의사결정으로 사회 문제를 해결한 사례를 선정한 후 보고서를 작성해 보자. 선정한 사례를 중심으로 과학기술에 대한 시민의 이해와 균형 있는 가치 판단의 필요성에 대해 토의해 보자.

관련 학과 **경영학과, 경제학과, 공공인재학과, 공공행정학과, 군사학과, 도시행정학과, 무역학과, 미디어커뮤니케이션학과, 법학과, 사회학과, 언론정보학과, 정치외교학과**

《데이터 과학》, 존 켈러허 외 1명, 권오성 역, 김영사(2019)

선택 과목	수능	기후변화와 환경생태	절대평가	상대평가
융합 선택	X		5단계	X

단원명 | 기후와 환경생태의 특성

| 🔍 | 날씨, 기후, 기후시스템, 되먹임 과정, 생태지도

[12기환01-01]

날씨와 기후의 특성을 이해하고, 이를 비교하여 설명할 수 있다.

➔ 날씨와 기후변화와 기상 조건이 사람들의 스트레스 수준에 어떤 영향을 미치는지 파악해 보자. 날씨와 기후변화에 따라 소비량이 많은 산업 영역을 조사하고, 그에 대한 연관성을 탐구해 보자. 이러한 결과 분석을 바탕으로 계절에 따른 소비 문화 및 소비자의 행동 패턴과 반응을 활용한 광고·홍보, 관련 콘텐츠, 마케팅 전략에 대해 토의해 보자.

관련 학과 경영학과, 광고홍보학과, 문화콘텐츠학과, 미디어커뮤니케이션학과, 소비자학과, 호텔경영학과

마케팅 아이디어 창출을 위한 소비자행동의 이해

김문태, 도서출판청람(2021)

책 소개

최근 들어 시간이 갈수록 복잡해져 가는 소비자의 욕구, 그리고 그들의 욕구를 만족시키기 위한 복잡한 제품과 서비스들로 인해 소비자행동론을 분석한다는 것이 더욱 어려워지고 있다. 최근의 소비자는 더욱 똑똑해지고, 인터넷과 모바일 기술의 발달로 상호작용을 적극적으로 하며, 감성적인 만족을 중요시하는 등 진화를 거듭하고 있다. 이 책은 이러한 추세에 대응하고, 변화하는 소비자 행동을 이해하는 데 도움이 될 수 있다.

세특 예시

날씨와 기후의 특징에 대해 학습한 후, 날씨와 같은 기상 조건이나 기후변화에 따른 소비자의 욕구나 소비 경향에 대해 관심을 가짐. 이와 관련하여 '마케팅 아이디어 창출을 위한 소비자행동의 이해(김문태)'를 읽고, 소비자 행동에 대한 분석과 소비심리 및 행동경제학 등을 고려한 마케팅 전략에 대해 탐구함. 구름의 양이나 기온에 따른 인간의 행동과 감정 변화를 분석하고, 날씨 앱 사용자의 행동 패턴에 대한 설문 조사를 실시함. 이를 통해 날씨와 계절에 따른 소비 문화의 경향성을 파악하고 유용한 콘텐츠와 마케팅 전략에 대해 발표함.

[12기환01-02]

기후시스템이 유지되는 되먹임 과정을 이해하고, 생물권과 다른 권역 간 상호작용을 설명할 수 있다.

기후시스템의 변화가 식량 생산과 식량 안보에 미치는 영향에 대해 조사해 보자. 기후변화로 인한 작물 수확량의 감소와 병충해 증가 등의 사회적·경제적 문제를 분석하고, 이를 해결하기 위한 국가 간 무역이나 협력 방안, 그리고 정책에 대해 탐구해 보자.

관련 학과 경제학과, 공공행정학과, 국제통상학과, 무역학과, 정치외교학과, 행정학과

《기후 환경 생태 그리고 우리》, 이보균, 카모마일북스(2022)

[12기환01-03]

기후변화가 생태계와 우리의 생활 환경에 영향을 미친 사례를 조사하여 발표할 수 있다.

기후변화 대응 정책의 경제학적 효과에 대해 탐구해 보자. 예를 들면 온실가스 배출 규제, 환경 보전 지원, 그린 경제 촉진 정책 등의 경제학적 효과를 연구해 볼 수 있다. 또한 기후변화가 식량 및 경제에 영향을 미친다는 과학 저널 《네이처(Nature)》의 연구 내용을 확인하고, 기후변화에 따른 기업의 운영 방식과 수익성 및 리스크에 대해 분석해 보자. 이러한 기후변화에 따른 분석을 바탕으로 국가의 기후 위험관리 정책과 지속가능한 기업의 운영 방향에 대한 보고서를 작성하여 발표해 보자.

관련 학과 경제학과, 공공행정학과, 사회학과, 행정학과

《기후변화는 어떻게 세계 경제를 위협하는가》, 폴 길딩, 양재희 역, 더블북(2023)

단원명 | 기후 위기와 환경생태 변화

| 🔍 | 기후 위기, 융해와 열팽창, 극한 기상 현상, 미래 생태계 변화 예측 보고서, 개화 시기, 기후변화, 물꽃 현상, 생물 다양성, 곤충 매개 감염병

[12기환02-01]

기후 위기가 일어나는 주요 원인을 이해하고, 기후 위기의 심각성을 인식할 수 있다.

지구온난화의 진행으로 북극 지방의 빙하가 녹으면서 삶의 터전을 잃고 작은 빙하 조각을 타고 표류하는 북극곰의 애처로운 모습에서 지구의 위기를 느낄 수 있다. 또한 남태평양의 작은 섬나라 투발루는 해수면이 높아지면서 바닷물에 잠기고 있다고 한다. 지구촌 곳곳에서 이러한 이상기후가 나타나는 원인을 조사해 보고, 이상기후에 따른 사회적·경제적 손실을 분석하여 발표해 보자. 또한 이러한 손실을 막기 위한 정책과 국제 협력 방안에 대해 토의해 보자.

관련 학과 경제학과, 공공행정학과, 사회학과, 언론정보학과, 정치외교학과, 지리학과, 행정학과

기후변화와 정치경제

이태동 외 15명, ㈜박영사(2023)

책 소개

이 책은 기후변화의 정치경제를 이해하기 위해 크게 세 가지 질문에 답한다. 첫째, 기후변화의 정치경제 논의, 특히 국제 협약, 탄소가격제는 어떻게 진행되고 있는가? 둘째, 기후변화에 대한 정치경제 정책이 성공하기 위한 조건은 무엇인가? 셋째, 기후변화 대응은 에너지, 순환경제, 기업의 활동에 어떤 영향을 끼치는가? 이 질문에 답하기 위해, 환경-에너지-기후변화-기술 전문가 15명이 공동으로 저술하였다.

세특 예시

지구온난화의 진행으로 나타나는 기후 위기의 심각성에 대해 학습하고, 이상기후에 따른 사회적·경제적 손실을 최소화하기 위한 정책과 국제 협력 방안의 필요성에 대해 인식함. 이와 관련하여 '기후변화와 정치경제(이태동 외 15명)'를 읽고, 도서에서 소개된 전력망 연계를 통한 에너지 협력, 한국과 프랑스의 순환경제 정책, 한국과 일본의 녹색기술에 대해 분석함. 더 나아가 기후변화에 대응하는 국제 협력 방안, 글로벌 시각에서의 정치경제 협력 방안과 지속가능한 경제 정책에 대해 탐구하여 발표함.

[12기환02-02]

빙상의 융해와 열팽창으로 인한 해수면 상승을 기후변화와 연계하여 설명할 수 있다.

지구온난화의 영향으로 북극해의 얼음 면적이 점차 감소하는 추세이다. 국립기상과학원의 북극 해빙 감시 시스템에 따르면, 2015년 9월의 북극해 얼음 면적은 2010년 9월보다 약 7.7% 감소한 것으로 나타났다. 북극해의 얼음 면적이 빠르게 감소하면서 북극 항로의 상업적인 개설도 추진하고 있다. 현재 우리나라에서 유럽으로 가는 컨테이너 화물선은 북극해를 항해할 수 없으므로 수에즈 운하를 통과하는 항로를 이용하고 있다. 그러나 북극 항로가 개설되면 우리나라에서는 유럽까지의 항로 거리가 32% 단축되고, 운항 일수도 10일 단축되어 물류비용을 크게 절감할 수 있을 것으로 예상한다. 북극 항로 개설에 따른 경제적 효과와 이윤이 높아질 무역 분야나 경제 분야에 대해 탐구해 보자.

관련 학과 경제학과, 국제통상학과, 무역학과, 정치외교학과

《해운항만 정책의 역사적 변동과 전망》, 이재균 외 4명, 서울대학교출판문화원(2018)

[12기환02-03]

극한 기상 현상의 종류와 원인을 이해하고, 극한 기상 현상이 환경생태에 미친 영향을 사례를 들어 설명할 수 있다.

기후변화 적응이란 무엇이며, COP27(제27차 유엔기후변화협약 당사국총회)에서 기후변화 적응이 우선순위 목표인 이유는 무엇인지 조사해 보자. 더 빈번해진 극한 기상 현상과 같은 기후 영향에 대처하는 개발도상국을 돕기 위해 더 많은 자금을 조달하는 것은 이집트에서 열리는 COP27 정상회의의 주요 목표 중 하나이다. COP27 정상회의의 주요 목표 4가지의 우선순위에 대해 분석하고, 개발도상국이 기후변화의 영향에 더 탄력적으로 적응할 수 있도록 재정적 지원이 필요한 이유에 대한 활동 보고서를 작성해 보자.

관련 학과 경제학과, 국제통상학과, 정치외교학과

《기후변화 적응정책 10년》, 장훈 외 4명, 한국환경정책평가연구원(2020)

[12기환02-04] ●●●

기후변화 시나리오에 따른 미래 생태계 변화 예측 보고서를 찾아보고, 미래의 기후와 생태계의 변화 양상을 추론할 수 있다.

➲ 최근 동해에 출몰하는 해파리 떼로 어장이 황폐해지고, 때로는 사람도 위협받고 있다. 해파리의 대량 발생 주기는 50년 정도였으나, 최근 2~3년으로 짧아지고 출몰하는 기간도 길어지고 있다. 전문가들은 해파리가 한반도 연근해에 급증한 원인으로 지구온난화로 인한 수온 상승과 해양 환경의 변화를 말한다. 2010년 부산에서 열린 제32회 정부간기후변화협의체(IPCC) 총회에 따르면, 2100년이 되면 해수면의 온도가 현재보다 약 3℃ 상승하고 해수면은 약 21cm 높아질 것이라고 한다. 제32회 정부간기후변화협의체(IPCC) 총회의 내용을 파악해 보고, 총회 이후에 변화된 내용과 정부간기후변화협의체의 역할 및 다국적 협의체의 필요성에 대해 토의해 보자.

관련 학과 **공공행정학과, 정치외교학과, 행정학과**

《파리협정의 이해》, 박덕영 외 21명, ㈜박영사(2020)

[12기환02-05] ●●●

꽃의 개화 시기 변화 자료를 조사하고, 꽃의 개화 시기 변화가 우리 생활에 끼치는 영향을 추론할 수 있다.

➲ 다양한 문화에서 꽃은 특별한 의미와 상징성을 지니고 있다. 여러 문화나 지역에서 꽃의 개화 시기에 따라 펼쳐지는 축제나 전통적인 행사를 조사해 보자. 그리고 우리나라의 개화 시기에 맞춘 월별 꽃 축제(동백, 수선화, 매화, 벚꽃, 튤립, 철쭉, 유채꽃, 백합, 부겐빌레아, 장미, 능소화, 라벤더, 수국, 사루비아, 연꽃, 해바라기, 무궁화, 꽃무릇, 코스모스, 핑크뮬리, 국화)에 따른 지역 경제 활성화 방안에 대한 활동 보고서를 작성해 보자. 또한 일본의 벚꽃 축제나 네덜란드의 튤립 축제 등 축제와 관광 콘텐츠를 비교하여 지역의 관광이나 홍보 방법, 경제 활성화 방안에 대한 탐구 보고서를 작성해 보자.

관련 학과 **경제학과, 공공행정학과, 관광학과, 광고홍보학과, 문화콘텐츠학과, 미디어커뮤니케이션학과, 지리학과, 행정학과, 호텔경영학과**

《지역창생과 지역활성화 전략》, 고바야시 유우지 외 1명, 엄상용 역, 학연문화사(2019)

[12기환02-06] ●●●

꿀벌을 비롯한 곤충의 개체수 감소 원인을 기후변화와 연계하여 설명할 수 있다.

➲ 캐나다의 사이먼 프레이저 대학교 연구 팀은 지구온난화가 꿀벌 개체수에 부정적인 영향을 준다는 연구 결과를 발표했다. 꿀벌은 전 세계 식량 재배에 핵심적인 역할을 하는 매개체로, 식물의 꽃가루를 옮기며 과일 및 채소의 생산에 직접적으로 관여하고, 이를 사료로 삼는 유제품과 육류의 생산에도 간접적인 영향을 미친다. 또한 꿀벌이 사라져 꽃가루를 전달하는 역할을 하지 못하면, 식물이 열매를 맺지 못해 식량 고갈과 사막화 현상이 발생해 인간의 생존이 위협당한다. 꿀벌 개체수 감소를 막기 위한 정책과 공익 홍보 전략에 대해 탐구해 보자.

관련 학과 **경제학과, 공공행정학과, 광고홍보학과, 문화콘텐츠학과, 미디어커뮤니케이션학과, 사회학과, 행정학과**

《식량위기 대한민국》, 남재작, 웨일북(2022)

[12기환02-07] ●●●

수생태계의 물꽃 현상을 이해하고, 기후변화가 수생태계의 생물 다양성에 끼치는 영향을 추론할 수 있다.

➲ 기상청 기후정보포털의 '기후변화 영향 정보'에서는 다음과 같은 내용을 확인할 수 있다. "21세기 동안 지구온난화를 1.5℃로 억제하더라도, 전 지구의 평균 해수면은 2100년 이후에도 계속 상승할 것이며, 남극 해빙과 그린란드 빙상의 손실은 수백 년에서 수천 년에 걸쳐 수미터의 해수면 상승을 초래할 수 있다. 상승 규모와 속도는 미래의 탄소 배출 경로에 따라 달라지는데, 1.5℃ 지구온난화일 때 0.26~0.77m, 2℃의 경우 0.30~0.93m로 예상된다. 전 지구 해수면이 0.1m 상승할 때, 2100년 인구 기준으로 최대 1천만 명이 리스크에 더 노출된다는 것을 의미한다. 온난화로 해수면 상승과 관련된 바닷물 침입, 홍수와 기반 시설 피해 증가가 군소 도서 지역, 저지대 해안 지역, 삼각주의 인간계와 생태계에 더 많은 위험을 초래할 것이다." 지구온난화에 의한 해수면의 상승으로 나타나는 인간 사회의 위험 요소에 대해 조사하고, 위험 요소를 최소화할 수 있는 국가 간 협력 방안과 사회 정책에 대해 탐구해 보자.

관련 학과 공공행정학과, 정치외교학과, 행정학과

《청소년을 위한 지구온난화 논쟁》, 이한음, 바오출판사(2015)

[12기환02-08]

모기나 파리와 같은 곤충 매개 감염병이 새롭게 출현하거나 급격히 확산되는 현상을 기후변화와 연계하여 설명할 수 있다.

➲ 기상청 기후정보포털 '기후변화 영향 정보'에서는 기상·기후, 농업, 산림, 생태계 등 각 분야별로 현재 나타나고 있는 우리나라 기후변화 영향 정보와 미래의 영향 정보를 확인할 수 있다. 해당 페이지에서 제공되는 분야별 영향 정보는 관련 부처 및 기관과의 협력을 통해 구성한 것으로, 상세 영향 정보는 해당 기관별 홈페이지 또는 관련 보고서에서 확인할 수 있다. 'IPCC 기후변화 평가보고서' 및 '지구온난화 1.5℃ 특별보고서'를 참고하여, 기후변화의 영향으로 전 지구적으로 나타나는 사회·경제 문제를 탐구해 보자. 그리고 이를 해결하기 위한 콘텐츠와 공익 홍보 전략에 대해 발표해 보자.

관련 학과 경제학과, 광고홍보학과, 문화콘텐츠학과, 미디어커뮤니케이션학과, 사회학과

《공익광고의 정석》, 김병희, 커뮤니케이션북스(2016)

단원명 | 기후 위기에 대응하는 우리의 노력

| 🔍 | 백화현상, 해양생태계, 바다 사막화, 탄소중립 사회, 탄소 저감 과학기술

[12기환03-01]

산호의 멸종으로 인한 백화현상의 예를 통해 기후변화가 해양생태계에 미치는 영향을 살펴보고, 바다 사막화를 예방하거나 복원할 수 있는 과학기술의 사례를 제시할 수 있다.

➲ 점차 고갈되어 가는 육상의 자원과 달리 해양은 무한한 자원의 보고이며, 전 세계 국가 사이의 무역 증대, 해양과 관련된 해역 분쟁, 해양자원의 개발, 해양 환경의 오염과 기후변화 등으로 그 가치가 높아지고 있다. 오늘날 해양 관련 분쟁이 많아지고, 다양한 분야의 연구자들이 공동으로 해양 관련 연구를 진행하는 까닭은 무엇인지 토의해 보자. 이를 통해 인접 국가들에게 필요한 외교 정책과 국제 통상 전략을 분석하는 탐구 활동을 진행해 보자.

관련 학과 국제통상학과, 무역학과, 언론정보학과, 정치외교학과

《외교정책 그리고 외교》, 송영우, 교우사(2014)

[12기환03-02]

기후변화에 따라 가속화되는 사막화, 대형 산불, 지역적 가뭄과 홍수 등을 이해하고, 이를 극복하기 위한 인류의 노력에 대해 토의할 수 있다.

정부간기후변화협의체(IPCC)의 6차 평가보고서에서는 5가지의 예상 시나리오를 바탕으로 지구온난화가 앞으로 지구에 얼마나 심각한 영향을 미칠지 추정했다. 최악의 시나리오에 이르기까지 어떤 시나리오가 전개되든, 지구온난화는 해수면 상승과 함께 적어도 수십 년 동안 계속될 것이라고 전했다. 많은 국가들이 2015년 파리협정을 통해 지구온난화로 인한 지구 평균온도 상승을 산업화 이전보다 약 1.5℃ 이내로 제한하기로 약속했으며, 중공업과 같은 세계 경제 부문의 탈탄소화를 위한 노력이 이미 진행 중이다. 전 세계가 기후변화의 영향에 적응할 수 있도록 국가와 기업이 해야 할 일들에 대해 탐구해 보자.

관련 학과 경영학과, 공공행정학과, 정치외교학과, 행정학과

《기후변화 시대 환경정책의 이해》, 강은숙 외 1명, 윤성사(2022)

[12기환03-03]

탄소중립 사회를 이루기 위한 탄소 저감 관련 과학기술 개발 현황을 알아보고, 이의 적용 사례를 제시할 수 있다.

지구온난화에 따른 기후변화에 지속적으로 대비하기 위해서는 기온 상승의 원인이 되는 이산화탄소와 메테인(메탄) 등 온실기체의 배출량을 줄여 기후변화를 완화해야 한다. 화석연료의 사용과 삼림 황폐화를 억제하고, 나무를 심어 광합성에 의한 이산화탄소 환원 효과를 높이는 정책이 중요하다. 이러한 정책의 일환으로 '교토 의정서'에서 채택된 탄소배출권거래제는 영국(2002년), EU(2005년), 일본(2006년), 한국(2015년) 등지에서 시행 중이다. 기후변화협약 및 교토 의정서와 관련된 국제 사회의 움직임에 대해 탐구해 보자.

관련 학과 공공인재학과, 공공행정학과, 국제통상학과, 정치외교학과

《탄소 사회의 종말》, 조효제, 21세기북스(2020)

[12기환03-04]

기후 위기와 환경생태 변화에 대응하기 위한 국제 사회의 노력을 알아보고, 민주시민으로서 참여 방안을 제안할 수 있다.

세계 곳곳에서 기온이나 강수량 등이 정상적인 범위를 벗어난 이상기후 현상이 발생하고 있다. 112년 만에 이집트에서는 눈이 내려 피라미드와 스핑크스가 하얀 눈에 덮이고, 남미 대륙에서는 겨울 기온이 40도에 육박하는 이상고온 현상이 지속되기도 했다. 이러한 이상기후 현상에 대비한 국가 간 협의체의 역할과 국가 정책, 그리고 공익을 위한 홍보 전략에 대해 모둠별로 토의한 후 발표해 보자.

관련 학과 광고홍보학과, 미디어커뮤니케이션학과, 신문방송학과, 언론정보학과, 정치외교학과

《일반인을 위한 기후변화의 과학과 정치》, 정진영 외 6명, 경희대학교출판문화원(2019)

선택 과목	수능	융합과학 탐구	절대평가	상대평가
융합 선택	X		5단계	X

단원명 | 융합과학 탐구의 이해

| 🔍 | 인류 사회, 문제 해결, 융합적 탐구, 예술, 창작, 탐구 과정, 데이터의 종류와 가치, 지식의 창출

[12융탐01-01]

과학이 다양한 분야와 연계하여 인류 사회의 문제 해결에 기여하였음을 이해하고, 융합적 탐구의 유용성을 느낄 수 있다.

➲ 과학은 생물학, 지질학, 화학 등과 연계되어 환경 문제를 해결하는 데 도움을 주고, 이러한 연계는 복잡한 문제의 효과적인 해결책을 찾는 데 중요한 역할을 한다. 과학과 사회 전반에 관한 융합적 탐구는 과학의 윤리적 측면과 사회적 영향을 이해할 수 있게 해준다. 이는 과학적 결정이 사회에 미치는 영향을 고려할 수 있는 시민을 양성하는 데 중요하다. 과학이 다양한 분야와 연계되어 인류 사회의 문제를 해결하는 데 기여한 사례를 조사하여 토론해 보자.

관련 학과 경영학과, 경제학과, 공공인재학과, 공공행정학과, 군사학과, 도시행정학과, 무역학과, 미디어커뮤니케이션학과, 법학과, 사회학과, 언론정보학과, 정치외교학과

《문과 남자의 과학 공부》, 유시민, 돌베개(2023)

[12융탐01-02]

예술에서의 창작이나 사회과학적 탐구 과정을 이해하고, 과학적 탐구 과정과의 공통점과 차이점을 비교할 수 있다.

➲ 과학적 탐구는 주로 자연과학 및 공학 분야에서 이루어진다. 이는 자연 현상 및 기술적 문제에 대한 탐구로, 실험과 데이터 수집, 분석을 통해 현상을 이해하고 문제를 해결하는 과정이다. 창작은 주로 감각적·감정적·미적인 표현에 초점을 맞추는 예술 분야에서 이루어지며 그림, 음악 작곡, 무용 등이 이에 해당한다. 사회과학적 탐구는 문제 해결 및 인간 행동 이해에 중점을 두는 사회적·문화적 주제를 다루며, 탐구 방법으로는 조사, 설문조사, 분석 등이 있다. 예술에서의 창작과 사회과학적 탐구 과정을 비교하여 공통점과 차이점을 분석하여 발표해 보자.

관련 학과 경영학과, 경제학과, 공공인재학과, 공공행정학과, 국제통상학과, 무역학과, 법학과, 언론정보학과, 정치외교학과, 지리학과, 행정학과, 회계학과

《과학을 보다》, 김범준 외 3명, 알파미디어(2023)

단원명 | 융합과학 탐구의 과정

| 🔍 | 관찰, 경험, 데이터, 탐구 문제, 모형, 고안, 문제 해결, 탐구 도구, 데이터 수집, 타당성, 신뢰성, 시각 자료, 평균, 표준편차, 가설, 분석 결과, 결론 도출, 발표, 토론

[12융탐02-06]

데이터 분석 결과를 바탕으로 결론을 도출하고 평가할 수 있다.

➲ 데이터 분석 결과를 바탕으로 결론을 도출하고 평가하는 과정은 과학뿐만 아니라 경영 분야에서도 중요한 역할을 한다. 기업은 고객 관련 데이터를 수집하고, 이 데이터에는 고객의 구매 이력, 행동 데이터, 인구 통계 정보, 고객 서비스 상호작용 등이 포함된다. 데이터 분석 전문가는 이 데이터를 사용하여 고객 이탈 여부를 분석한 후 이탈하는 고객을 정의하고, 어떤 패턴이 이탈과 관련이 있는지를 연구한다. 그리고 가설을 설정하고 데이터를 분석하여 최종 결과를 토대로 기업에게 고객 이탈을 줄이기 위한 전략 및 대응을 제안한다. 기업은 이를 바탕으로 마케팅 전략을 조정하거나 고객 서비스를 개선할 수 있다. 공공데이터포털(www.data.go.kr)에 접속하여 관심 있는 분야의 주제를 선정하고 데이터를 내려받은 후 분석 결과를 바탕으로 결론을 도출하고 발표해 보자.

관련 학과 경영학과, 경제학과, 공공인재학과, 공공행정학과, 군사학과, 도시행정학과, 무역학과, 미디어커뮤니케이션학과, 법학과, 사회학과, 언론정보학과, 정치외교학과

《교과세특 탐구활동 솔루션》, 한승배 외 2명, 캠퍼스멘토(2023)

단원명 | 융합과학 탐구의 전망

| 🔍 | 과학기술, 미래 사회, 융합과학 기술, 인류의 난제, 탐구 윤리, 윤리적 쟁점, 사회 문제 해결

[12융탐03-03]

융합과학 탐구 과정에서 준수해야 할 윤리에 대해 알아보고, 과학기술의 발달에 따라 발생할 수 있는 윤리적 쟁점을 토론할 수 있다.

➲ 융합과학의 탐구 과정에서 윤리는 중요한 요소이고, 과학적 탐구와 기술 개발 시에는 환경, 안전, 인권, 도덕 등의 윤리적 책임이 고려되어야 한다. 또한 기술이 사회에 미치는 영향을 평가하고 개발된 기술이 공정하고 평등한 이익을 가져올 수 있도록 해야 한다. 데이터 사용 시에는 프라이버시 보호와 데이터 무단 사용 방지를 위해 윤리적인 지침을 준수하고, 다양한 분야의 전문가, 규제 기관, 윤리위원회와 협력하여 융합과학의 탐구 과정에서 발생 가능한 윤리적 문제를 신중하게 고려해야 한다. 인간의 소비 방식을 중심으로 과학기술이 발달하면서 발생할 수 있는 윤리적 쟁점을 조사한 후 토론해 보자.

관련 학과 경영학과, 경제학과, 공공인재학과, 공공행정학과, 군사학과, 도시행정학과, 무역학과, 미디어커뮤니케이션학과, 법학과, 사회학과, 언론정보학과, 정치외교학과

착한 소비는 없다

최원형, 자연과생태(2020)

책 소개

이 책은 우리의 무분별한 소비 방식이 어떻게 폭염과 한파, 미세먼지, 빙하 감소, 물과 식량 부족, 생물 멸종, 방사능 피폭, 노동 착취, 성 테러 등과 이어지는지를 일상 속 사례를 들어 설명한다. 덜 쓰고, 여러 번 다시 쓰고, 꼼꼼하게 살펴 쓰는 방식이 어떻게 지속가능한 지구, 사회로 방향을 트는 데 도움이 되는 똑똑한 소비로 이어지는지를 알려주면서 우리의 소비 방식을 바꿔야 한다고 주장한다.

세특 예시

교과 연계 도서 발표 활동에서 '착한 소비는 없다(최원형)'를 읽고, 인간의 소비 방식을 중심으로 과학기술이 발달하면서 발생할 수 있는 윤리적 쟁점을 조사하여 보고서를 작성함. 인간이 무분별하게 소비해 온 방식이 어떻게 폭염과 한파, 미세먼지, 빙하 감소, 물과 식량 부족, 생물 멸종, 방사능 피폭, 노동 착취, 성 테러 등과 이어지는지를 일상 속 사례를 중심으로 구체적인 대안을 발표함.

[12융탐03-04]

융합과학 기술을 활용하여 사회 문제를 해결하는 과정에서 시민 참여가 문제 해결에 도움을 준 사례를 제시할 수 있다.

현대 사회에서 기술 기업들은 단순한 제품 개발을 넘어, 환경 문제나 공공 건강과 같은 사회적 문제를 해결하기 위한 기술을 연구하고 있다. 특히 이러한 문제 해결 과정에서 시민들과의 협력은 중요한 요소로 작용한다. 시민들은 과학적 연구에 직접 참여하거나 데이터 수집을 통해 기업에 유용한 정보를 제공하며, 이는 시민 과학이라는 형태로 나타난다. 이렇게 수집된 데이터는 기업의 연구 개발뿐만 아니라 정책 수립과 사회적 문제 해결을 위한 중요한 자료로 활용된다. 또한 시민들과 기업 간의 파트너십은 상호 협력적인 방식으로 발전해 간다. 기업은 시민들의 기여를 통해 더 정밀한 연구를 수행할 수 있고, 시민들은 자신이 제공한 데이터가 사회적 변화를 이끄는 데 기여한다는 점에서 보람을 느끼게 된다. 이러한 협력 모델을 통해 시민들의 데이터가 연구 및 정책 제안에 어떻게 활용되는지, 그리고 기술 기업과 시민들 간의 파트너십이 어떻게 형성되는지 조사하여 발표해 보자.

관련 학과 경영학과, 경제학과, 공공인재학과, 공공행정학과, 군사학과, 도시행정학과, 무역학과, 미디어커뮤니케이션학과, 법학과, 사회학과, 언론정보학과, 정치외교학과

《과학관 옆 사회교실》, 이두현 외 12명, 살림Friends(2023)

교과세특 탐구주제 바이블 _사회계열(2022 개정 교육과정 적용)

1판 1쇄 찍음 2025년 2월 3일

출판 (주)캠토
저자 서수환·유홍규·안준범·안병선·이남설·김래홍·허정욱·전소영·고재현·은동현
강서희·한승배·김강석

총괄기획 이사라 (lsr@camtor.co.kr)
디자인 Gem
R&D 오승훈·민하늘·박민아·최미화·강덕우·송지원·국희진·양채림·윤혜원·송나래·황건주
미디어사업 이동준
교육사업 문태준·박흥수·정훈모·송정민·변민혜
브랜드사업 윤영재·박선경·이경태·신숙진·이동훈·김지수·조용근·김연정
경영지원 김동욱·지재우·임철규·최영혜·이석기·노경희
발행인 안광배

주소 서울시 서초구 강남대로 557(잠원동, 성한빌딩) 9F
출판등록 제 2012-000207
구입문의 (02) 333-5966
팩스 (02) 3785-0901
홈페이지 www.campusmentor.co.kr (교구몰)

ISBN 979-11-92382-43-2
ISBN 979-11-92382-41-8 (세트)